Recueil de jurisprudence du Québec

Cour d'appel
Cour supérieure
Cour du Québec

Société
québécoise
d'information
juridique

Recueil préparé par
la Société québécoise d'information juridique
    Mme Suzanne Paquet, directrice générale

Services juridiques
    Me Micheline Montpetit, directrice
    Me Suzanne Bergeron
    Me Daniel Champagne
    Me Lina Desbiens
    Me Monique Desrosiers
    Me Chantal Gagnon
    Me Gil Hamelin
    Me Johanne Lauzon
    Me Dominique Loslier
    Me Francine Tremblay-Portugais

Services techniques
    Mme Johanne Carré (publications)
    Mme Louise Lambert (publications)
    Mme Aline Lamoureux (documentation)
    Mme José Trahan (publications)

Sous la direction du Conseil d'administration
    Me Jacques J. Anctil
    Me Denis Coulombe
    M. Jean-Paul Gagné
    Hon. François-Michel Gagnon
    Me Pierre Gagnon, bâtonnier
    Me Pierre-C. Gagnon
    Me Jean Latulippe
    Hon. Louis LeBel
    Me Jacques L'Heureux
    Me Pierre Mackay
    Me Guy Mercier
    M. Denis Turcotte
    Me Jacques Viau, c.r., bâtonnier, président

Publié et distribué par SOQUIJ

    Le Fonds d'études juridiques du
    Barreau du Québec a contribué
    à la réalisation de cette publication.

© SOQUIJ 1992
Dépôt légal : Bibliothèque nationale du Québec
1er trimestre 1992
ISBN : 2-89032-567-9

RÉPARTITION DES 18 JUGEMENTS

Ce tableau indique la répartition, par Cour et rubrique principale de droit, des jugements reproduits dans ce fascicule.

Cour d'appel		Cour supérieure		Cour du Québec	
	pages		pages		pages
Concurrence	2534	Droits et libertés	2607	Environnement	2736
Famille	2514	Famille	2683	Fiscalité	2727
Pénal (droit)	2427	Sûretés	2704		
	2447	Travail	2693		
	2519		2714		
Preuve	2490				
Procédure civile	2434				
Protection du consommateur	2526				
Sûretés	2497				
Travail	2438				
	2477				

[1991] R.J.Q. 2427 à 2433

Cour d'appel

DOUGLAS JANOFF, appelant, c.
SA MAJESTÉ LA REINE, intimée

PÉNAL (DROIT) — *avoir été trouvé dans une maison de débauche — présomption de l'article 198 (1) d) C.Cr. — renversement du fardeau de la preuve — violation des articles 7 et 11 d) de la Charte canadienne des droits et libertés — absence de justification au sens de l'article premier de la charte — article 198 (1) d) C.Cr. déclaré inopérant.*

Appel d'un jugement de la Cour supérieure ayant confirmé la déclaration de culpabilité prononcée en cour municipale sous l'accusation d'avoir été trouvé dans une maison de débauche. Accueilli; l'article 180 (1) d) C.Cr. (maintenant art. 198 (1) d)) est déclaré inopérant et l'appelant est acquitté.

L'appelant a été poursuivi en cour municipale sous l'inculpation d'avoir été « trouvé » dans une maison de débauche. La preuve comprenait quatre admissions, dont l'une consistait en le plaidoyer de culpabilité du tenancier de la maison de débauche. L'appelant s'en est pris à la validité constitutionnelle de la présomption prévue à l'article 198 (1) d) C.Cr., qui, par le dépôt de la seule preuve de la déclaration de culpabilité du tenancier de la maison de débauche, fait présumer que la maison où il se trouvait lors de son arrestation constituait une maison de débauche. Le premier juge a rejeté cet argument et a reconnu l'appelant coupable. Lors de son appel en Cour supérieure, le même débat fut engagé mais sans succès: le juge s'est dit d'avis que la présomption créée par l'article 198 (1) d) était valide et n'entrait pas en conflit avec les garanties juridiques de la charte. L'appelant soutient que l'article 180 (1) d) (maintenant art. 198 (1) d) C.Cr.) violerait les articles 7 et 11 d) de la Charte canadienne des droits et libertés car, à son procès, l'inculpé peut se voir opposer un jugement rendu dans une autre instance à laquelle il n'était et ne pouvait pas être partie. Par conséquent, tout en n'ayant qu'à présenter une « preuve contraire », l'accusé se voit néanmoins imposer un lourd fardeau puisqu'il s'oppose à un jugement qui, jusque-là, constitue « chose jugée ». La Couronne n'a invoqué qu'un argument de pure « commodité administrative » en disant que cette présomption lui rend d'inestimables services en évitant l'encombrement des rôles.

La présomption énoncée à l'article 198 (1) d) C.Cr. enfreint des règles élémentaires du droit de la preuve relatives au ouï-dire, au témoignage d'opinion et à la pertinence. De plus, cette présomption impose à l'inculpé un lourd fardeau. Comme ces règles élémentaires constituent, au sens des articles 7 et 11 d) de la charte, des principes de justice fondamentale qui assurent le respect du droit à un procès équitable, il s'ensuit que la disposition législative qui crée cette présomption entre en conflit avec ces articles. L'argument de « commodité administrative » soulevé par la Couronne n'est pas une justification au sens de l'article premier de la charte. Faute de preuve de justification, l'article 198 (1) d) C.Cr. doit être déclaré inopérant. Cette conclusion nous amène à ne pas pouvoir tenir compte de la quatrième admission, relative à la condamnation contre le tenancier et en son absence. En l'espèce, il n'y a pas matière à condamnation car les autres admissions ne suffisent pas pour prouver que le local dans lequel l'appelant a été trouvé constitue une maison de débauche.

Législation citée

Charte canadienne des droits et libertés dans Loi de 1982 sur le Canada, (L.R.C. 1985,

---

Juges Dubé, Baudouin et Proulx — C.A. Montréal 500-10-000016-871 (Juge Claude Guérin, C.S. Montréal 500-36-000397-862, 1986-12-16), 1991-09-09 — Melançon, Marceau et associés, Me Michael Cohen, pour l'appelant — Me Patrick Long, pour l'intimée.

91-01-1890
J.E. 91-1465

app. II, n° 44, annexe B, partie I), art. 1, 7, 11 *d)* — *Code criminel*, (L.,R.C. 1985, c. C-46), art. 197, 197 à 213, 198 (1) *d)*, 201 (1), 201 (2), 210 (1), 210 (2) *b)*, 349 (2) — *Code criminel*, (S.R.C. 1970, c. C-34), art. 180 (1) *d)*, 193 (1), 193 (2) *b)* — *Déclaration canadienne des droits*, (S.R.C. 1970, app. III) — *Constitution of the United States*, sixième amendement.

Jurisprudence citée

Irwin Toy Ltd. c. Québec (Procureur général), (1989) 1 R.C.S. 927, (1989) 58 D.L.R. 577 (S.C.C.), (1989) 94 N.R. 167 (S.C.C.), (1990) 24 Q.A.C. 2 (S.C.C.) et (1989) 25 C.P.R. 417 (S.C.C.); *Kirby c. United States*, 174 U.S. 47 (1899); *Maleau c. R.*, C.A. Montréal 500-10-000198-851, le 25 juin 1987 *(J.E. 87-838)*; *Patterson c. R.*, [1968] R.C.S. 157, (1968) 3 C.R. 23 (S.C.C.) et (1968) 2 C.C.C. 247 (S.C.C.); *R. c. Corbett*, (1988) 1 R.C.S. 670; *R. c. Delisle*, (1980) 50 C.C.C. 317 (B.C.C.A.); *R. c. Martin*, (1980) 53 C.C.C. 425 (Ont. C.A.); *R. c. Oakes*, (1986) 1 R.C.S. 103, [1986] D.L.Q. 270 (C.S. Can.), (1986) 26 D.L.R. 200 (S.C.C.), (1986) 24 C.C.C. 321 (S.C.C.), (1986) 65 N.R. 87 (S.C.C.), (1986) 19 C.R.R. 308 (S.C.C.), (1986) 50 C.R. 1 (S.C.C.) et (1986) 14 O.A.C. 335 (S.C.C.); *R. c. Potvin*, (1989) 1 R.C.S. 525, (1989) 21 Q.A.C. 258 (S.C.C.), (1989) 47 C.C.C. 289 (S.C.C.) et (1989) 68 C.R. 193 (S.C.C.); *R. c. Seaboyer*, C.S. Can. 20666 et 20835, le 22 août 1991 *(J.E. 91-1312)*; *R. c. Shelley*, (1981) 2 R.C.S. 196 et (1981) 123 D.L.R. 748 (S.C.C.); *R. c. Vinette*, (1975) 2 R.C.S. 222; *Singh c. Ministre de l'Emploi et de l'Immigration*, (1985) 1 R.C.S. 177, (1985) 17 D.L.R. 422 (S.C.C.), (1985) 14 C.R.R. 13 (S.C.C.), (1985) 58 N.R. 1 (S.C.C.) et (1985) 12 Admin. L.R. 137 (S.C.C.).

Doctrine citée

Béliveau, Pierre. *Les garanties juridiques dans les chartes des droits*. Montréal: Éd. Thémis, 1991. 658 p.; Fortin, Jacques. *Preuve pénale*. Montréal: Éd. Thémis, 1984. 855 p., p. 417.

●

TEXTE INTÉGRAL DU JUGEMENT

La Cour:

Statuant sur le pourvoi de l'appelant contre un jugement de la Cour supérieure, juridiction criminelle, district de Montréal, rendu le 16 décembre 1986 par l'honorable juge Claude Guérin, confirmant en appel la déclaration de culpabilité prononcée en Cour municipale de Montréal sur l'inculpation suivante:

> Le 2 juin 1984, à Montréal, district judiciaire de Montréal, a, illégalement et sans excuse légitime, été trouvé dans une maison de débauche, et ce au 1250 Stanley, en contravention à l'article 193 (2) *b)* du *Code criminel*.

Après étude du dossier, audition et délibéré;

Pour les motifs exprimés dans l'opinion écrite de M. le juge Michel Proulx, déposée avec le présent arrêt, auxquels souscrivent MM. les juges André Dubé et Jean-Louis Baudouin;

Accueille le pouvoir;

Déclare inopérant le paragraphe (1) *d)* de l'article 180 du *Code criminel*[1];

Ordonne que soit consigné un jugement d'acquittement.

M. le juge Proulx

Introduction

Ce pourvoi soulève la validité constitutionnelle de l'article 180 (1) *d)* du *Code criminel* [maintenant 198 (1) *d)*[2]] en regard des articles 7 et 11 *d)* de la *Charte canadienne des droits et libertés*[3].

Les textes de loi pertinents

À la partie VII (art. 197 à 213) du *Code criminel*, qui traite des «maisons de désordre,

---

(1) S.R.C. 1970, c. C-34.
(2) L.R.C. 1985, c. C-46.
(3) Dans *Loi de 1982 sur le Canada*, (L.R.C. 1985, app. II, n° 44, annexe B, partie I).

jeux et paris », le législateur définit ainsi la « maison de désordre », à l'article 197 : « Maison de débauche, maison de pari ou maison de jeu. »

Au même article se retrouvent les définitions spécifiques de ce qu'est une « maison de débauche, de pari et de jeu ».

Or, à l'article 198, le législateur a introduit diverses présomptions qui s'appliquent dans la poursuite des infractions relatives aux maisons de désordre, dont celle qui fait l'objet du pourvoi et qui est énoncée au paragraphe (1) *d)* en ces termes :

d) la preuve qu'une personne a été déclarée coupable d'avoir tenu une maison de désordre constitue, aux fins de poursuites contre quiconque est soupçonné d'avoir habité la maison ou d'y avoir été trouvé, au moment où la personne a commis l'infraction dont elle a été déclarée coupable, en l'absence de toute preuve contraire, une preuve que la maison était alors une maison de désordre.

Cette disposition réfère au cas de la personne inculpée d'avoir « habité » la maison de désordre ou de « s'y être trouvée », de même que celle qui a « tenu » une maison de désordre. De fait, le législateur fait la distinction entre l'infraction d'être un tenancier d'une maison de jeu ou de paris [maintenant art. 201 (1)] et d'une maison de débauche [maintenant art. 210 (1)] d'avec celle d'être « trouvé » dans une maison de jeu ou de paris [art. 201 (2)], ou encore dans une maison de débauche [art. 210 (2) *b)*] : la « tenue » d'une maison de désordre est poursuivie comme acte criminel, tandis que celle d'y être « trouvé » l'est sur déclaration sommaire de culpabilité.

Les faits et procédures

L'appelant fut poursuivi en Cour municipale de Montréal sous l'inculpation d'avoir été « trouvé » dans une maison de débauche. Au procès, la preuve fut présentée par voie d'admissions des parties comme suit (m.a., p. 2) :

1) Le 2 juin 1984, vers deux heures de la nuit, Douglas Janoff a été trouvé dans le local portant le numéro 1250 de la rue Stanley à Montréal ;

2) Le 2 juin 1984, le local situé au 1250, rue Stanley à Montréal était un endroit muni d'un permis de bar émis par la Régie des permis d'alcool du Québec et ouvert au public en général ;

3) Le 2 juin 1984, monsieur Janoff avait connaissance que des actes de masturbation buccale, masturbation manuelle et de sodomie entre individus étaient commis en public au 1250, rue Stanley en la Ville de Montréal ;

4) Le 19 novembre 1984, la Corporation 103467 Canada Incorporée a plaidé coupable devant le juge Louis-Jacques Léger à l'accusation d'avoir, le 2 juin 1984, tenu une maison de débauche (193 (1) C.Cr.) au 1250, rue Stanley à Montréal et, le 19 décembre 1984, elle fut condamnée à une amende de 10 000 $.

Les faits n'étant pas contestés, l'appelant s'en est pris uniquement à la validité constitutionnelle de la présomption prévue à l'article 180 (1) *d)* (maintenant art. 198 (1) *d)*), voulant ainsi éviter que le juge conclue sur cette base à l'existence d'une maison de débauche.

Le juge du procès n'a pas retenu le moyen invoqué par l'appelant et, se déclarant par ailleurs satisfait de la preuve de tous les éléments essentiels de l'inculpation, a trouvé l'appelant coupable. Appel fut entrepris en Cour supérieure, où, à nouveau, le même débat fut engagé : le juge de la Cour supérieure rejeta l'appel.

L'appelant obtint subséquemment l'autorisation d'un juge de cette Cour pour en appeler du jugement de la Cour supérieure pour le motif que l'article 180 (1) *d)* [maintenant art. 198 (1) *d)*] est en violation des articles 7 et 11 *d)* de la *Charte canadienne des droits et libertés*, et que, partant, il devrait être acquitté de l'inculpation vu l'absence de toute preuve.

Le jugement de la Cour supérieure

En Cour supérieure, le juge s'est dit d'avis, comme le juge du procès, que la présomption créée au paragraphe (1) *d)* de l'article 180 (maintenant art. 198) était valide et n'entrait donc pas en conflit avec les garanties juridiques de la charte. Il s'est exprimé comme suit (m.a., p. 26) :

Dans la présente affaire, l'article 180 (1) d) ne renverse pas le fardeau de la preuve. Cet article crée une présomption « juris tantum » qui peut être repoussée et qui, en fait, peut être mise de côté si le juge en vient à la conclusion que la Couronne n'a pas prouvé la culpabilité de l'accusé, hors de tout doute raisonnable.

La Cour n'a pas à se demander si ce renversement de preuve est irraisonnable et ainsi inconstitutionnel (suivant Oakes), puisque ce renversement de preuve ne concerne pas la culpabilité de l'accusé, mais constitue simplement le renversement d'une preuve pouvant établir la culpabilité de l'accusé.

La Cour est d'opinion que le juge de première instance n'a pas erré en droit lorsqu'il a déclaré l'article 180 (1) d) constitutionnel.

Analyse

i) La nature et l'effet de la présomption

Il y a lieu de s'interroger au départ sur la nature et l'effet de la présomption en jeu. Il s'agit, certes, d'une présomption de droit (et non de fait) qui, en raison des mots «en l'absence de toute preuve contraire», ne crée pas un renversement du fardeau de preuve mais impose néanmoins un fardeau de présentation. Comme toute présomption de droit, elle est obligatoire («*mandatory*»), ce qui entraîne pour le juge l'obligation de donner effet à la présomption en l'absence d'une preuve contraire. Dans ce cas, la simple preuve de la *déclaration de culpabilité d'avoir tenu une maison de désordre* fait présumer, au procès de la personne inculpée d'y avoir été trouvée, le fait qu'à ce moment (où elle y a été trouvée) la maison constituait une maison de désordre.

Au procès de la personne inculpée d'être «trouvée», sans excuse légitime, dans une maison de désordre, l'un des éléments essentiels à la charge de la poursuite consiste à démontrer que le local constitue une maison de désordre. Pour établir cet élément, la poursuite peut donc simplement établir le fait de la condamnation prononcée par un autre tribunal contre le tenancier du local, et reviendra à l'inculpé (d'y être trouvé) qui veut contester la valeur de cette preuve *prima facie* le fardeau de présenter une preuve susceptible de créer un doute raisonnable quant au caractère du local.

La déclaration de culpabilité contre la personne inculpée d'être la tenancière du local peut avoir été rendue à la suite d'un plaidoyer de culpabilité ou encore à la suite d'un procès.

ii) La question constitutionnelle

L'appelant expose que cette présomption constitue une violation des articles 7 et 11 *d*) de la *Charte canadienne des droits et libertés*, qui se lisent comme suit :

7. [Vie, liberté et sécurité.] Chacun a droit à la vie, à la liberté et à la sécurité de sa personne ; il ne peut être porté atteinte à ce droit qu'en conformité avec les principes de justice fondamentale.

11. [Affaires criminelles et pénales.] Tout inculpé a le droit :

[…]

d) d'être présumé innocent tant qu'il n'est pas déclaré coupable, conformément à la loi, par un tribunal indépendant et impartial à l'issue d'un procès public et équitable ;

L'objection faite au maintien de la validité constitutionnelle de cette présomption provient essentiellement des constatations suivantes, à savoir que : (1) l'inculpé à son procès peut se voir opposer un jugement rendu dans une autre instance dans laquelle il n'était et ne pouvait pas être partie, et (2) tout en n'ayant qu'à présenter une «preuve contraire», l'accusé se voit néanmoins imposer un lourd fardeau puisqu'il s'oppose à un jugement qui jusque-là constitue «chose jugée».

La première constatation soulève l'existence de règles fondamentales de preuve en common law et qui prévalent toujours en droit canadien, soit celles du ouï-dire, de la pertinence et du témoignage d'opinion. Ces règles de preuve sont imbriquées dans un système de droit qui permet d'assurer finalement un procès juste et équitable.

Dans l'hypothèse où la déclaration de culpabilité que l'on veut mettre en preuve avait été rendue à la suite d'un plaidoyer de culpabilité, cela signifierait une atteinte au principe, pourtant fort bien établi, qu'un accusé n'est lié que par son propre aveu.

La Cour suprême du Canada, dans l'arrêt *Vinette*[4], n'a pas écarté la règle de common law suivant laquelle *le plaidoyer de culpabilité ne vaut que contre son auteur*: la Cour a ajouté cependant que, dans le cas de la participation du complice après le fait, le plaidoyer de culpabilité de l'auteur principal pouvait lui être opposé, étant acquis toutefois qu'en l'espèce la défense avait eu l'occasion de contre-interroger l'auteur principal, qu'on avait fait témoigner et qui fait état de son plaidoyer.

S'il s'agit d'un jugement de culpabilité disposant du fond de l'affaire, alors l'accusé se voit opposer l'opinion d'un autre tribunal, ce jugement constituant également du ouï-dire puisqu'il fait preuve de son contenu, c'est-à-dire de la déclaration de culpabilité prononcée par un autre tribunal.

L'accusé n'a pas été *confronté* avec les témoins entendus au procès antérieur, c'est-à-dire qu'il n'a pas et ne pouvait pas les contre-interroger.

Cette preuve ne peut également avoir de pertinence, étant ici admis qu'un jugement antérieur ne vaut qu'entre les parties qui ont eu l'occasion d'être entendues. *Res inter alios acta*.

Cette Cour, dans l'arrêt *Maleau*[5], a fait sien cet extrait de l'opinion du juge Lacourcière, en Cour d'appel d'Ontario, s'exprimant ainsi au nom de la Cour, dans l'arrêt *Martin*[6] :

> On the question of admissibility of this evidence it is clear and, indeed, fairly conceded by Mr. Watt, that the evidence of Comeau's acquittal was not conclusive or even probative of his innocence or guilt and, at the appellant's trial, was inadmissible to prove this issue, and irrelevant thereto because it merely represented the opinion of another criminal Court: see *Hollington v. F. Hewthorn and Co., Ltd., et al.* [1943] 1 K.B. 587 at pp. 594-5. That case has long stood for the proposition that evidence of a conviction in a criminal Court is, on principle and authority, inadmissible in a subsequent civil action arising from the same facts as *res inter alios acta* and infringing "... the hearsay as well as the opinion rule because it would have been treated as the equivalent of an assertion of negligence by a non-witness...": see *Cross on Evidence*, 4th ed. (1974), p. 394. See also the decision of the High Court of Australia in *Helton v. Allen*, [1940] 63 C.L.R. 691, dealing with evidence of a previous acquittal in a subsequent civil proceeding. There is no doubt that evidence of a previous acquittal is inadmissible as an evidentiary fact in a subsequent civil proceeding unless it is a fact in issue, as in an action for malicious prosecution, on the principle that the standard of proof is different and lesser in the latter proceeding: see generally *Cross on Evidence*, 4th ed. (1974), p. 398.

Ma seconde constatation concerne le fardeau de preuve qui incombe à la personne inculpée qui veut réfuter cette présomption. Même si la disposition législative qui crée cette présomption n'opère pas un renversement de la preuve mais autorise l'application du jugement antérieur « en l'absence de toute preuve contraire », cette preuve contraire doit néanmoins être suffisante pour écarter un jugement qui a force de chose jugée. Contrairement à d'autres présomptions où le fait substitué peut être réfuté par une preuve contraire dont l'inculpé a connaissance ou qui lui est accessible [par exemple art. 349 (2)], il en est rarement ainsi dans le cas sous étude. La personne inculpée d'être «trouvée» dans une maison de débauche peut ignorer l'identité du tenancier et des autres témoins à charge entendus au procès du tenancier, ce qui rend son fardeau de « produire une preuve contraire », sinon impossible, beaucoup plus lourd que dans le commun des cas. C'est le juge en chef Laskin qui, dans l'arrêt *Shelley*[7], avait exprimé cet avis sur l'effet de certaines présomptions :

> S'il s'agit d'un fait que l'accusé ne peut raisonnablement être en mesure de prouver, soit qu'il l'ignore ou qu'il ne peut raisonnablement être en mesure de le connaître, cela équivaut à une exigence impossible à remplir.

Imaginons le cas où l'inculpé ne voudrait contester que l'une des conclusions du jugement qui lui est opposé, soit celle que le local était

---

(4) *R. c. Vinette*, (1975) 2 R.C.S. 222.
(5) *Maleau c. R.*, C.A. Montréal 500-10-000198-851, le 25 juin 1987 (*J.E.* 87-838), p. 4 de l'opinion du juge Nichols.
(6) *R. c. Martin*, (1980) 53 C.C.C. 425 (Ont. C.A.), 432.

(7) *R. c. Shelley*, (1981) 2 R.C.S. 196, 200.

tenu « pour la pratique d'actes d'indécence ». Puisque le jugement emporte chose jugée, il est donc inattaquable et l'accusé doit en quelque sorte, dans la mesure de ses moyens (est-il nécessaire de le souligner?), prendre l'initiative de produire, en défense, la preuve qui pourra susciter un doute raisonnable que le local n'est pas une maison de débauche, malgré la substitution par l'effet de la présomption.

En résumé, cette présomption, énoncée à l'article 180 (1) d) C.Cr. [maintenant art. 198 (1) d)], enfreint des règles de base de notre droit à la preuve, relatives au ouï-dire, au témoignage d'opinion et à la pertinence; de plus, cette présomption met à la charge de l'inculpé un lourd fardeau. Comme ces règles de base constituent, au sens de l'article 7 de la charte et de l'article 11 d) de la charte, qui garantit un procès équitable [8], des préceptes de justice fondamentale qui assurent le respect du droit à un procès équitable, il s'ensuit que la disposition législative qui crée cette présomption entre en conflit avec les articles 7 et 11 d) de la charte [9].

La Cour suprême des États-Unis, dans l'arrêt *Kirby c. United States* [10], a conclu qu'une disposition législative similaire à celle qui fait l'objet de ce pourvoi était contraire au sixième amendement de la Constitution. Dans cette affaire était attaquée une disposition qui permettait à la poursuite, au procès d'un inculpé de possession illégale d'objets volés, d'invoquer contre cet inculpé un jugement rendu dans une autre instance contre le voleur, aux fins d'établir cet élément du vol contre celui qui est inculpé de la possession illégale.

Parmi les garanties juridiques qui sont énoncées au sixième amendement de la Constitution américaine est consacré le droit à la confrontation (« *the right [...] to be confronted with the witnesses against him* »). C'est à l'égard de ce droit spécifique que la Cour a conclu que la présomption découlant du jugement antérieur viole le sixième amendement (« *[...] is in violation of the clause of the Constitution of the United States declaring that in all criminal prosecutions the accused shall be confronted with the witnesses against him* ») [11].

La *Charte canadienne des droits et libertés* ne prévoit pas spécifiquement le droit à la « confrontation ». Toutefois, comme la règle du ouï-dire trouve sa justification dans la théorie du système accusatoire, qui expose tout témoin, cité par une partie, au test du contre-interrogatoire par la partie adverse [12], et que, par ailleurs, cette règle est couverte par l'article 11 d) quant à la garantie d'un procès équitable, c'est en ce sens, comme je l'ai souligné antérieurement, que la production du jugement antérieur va à l'encontre de la charte.

Terminant sur cet aspect, j'en viens donc à la conclusion que l'article 180 (1) d) C.Cr. [maintenant art. 198 (1) d)] viole les articles 7 et 11 d) de la charte [13], contrairement à ce qu'avait décidé le juge de la Cour supérieure.

Revient alors à l'État de justifier, par le biais de l'article 1 de la charte, que néanmoins cette disposition peut se justifier. À cet égard, le fardeau imposé à l'intimée est d'établir cette justification par « une preuve forte et persuasive » [14]; cette règle s'applique évidemment dans les cas où une preuve est nécessaire, c'est-

---

(8) Relativement à la constitutionnalité de moyens de preuve ou de règles de preuve et, par conséquent, à la reconnaissance des règles de preuve comme principes de justice fondamentale et garanties d'un procès équitable, voir *R. c. Corbett*, (1988) 1 R.C.S. 670 et, plus récemment *R. c. Seaboyer*, C.S. Can. 20666 et 20835, le 22 août 1991 *(J.E. 91-1312)*.

(9) Comme le fait remarquer le Pr Pierre Béliveau. *Les garanties juridiques dans les chartes des droits*. Montréal: Éd. Thémis, 1991. 658 p., l'article 11 d), quant à la garantie d'un procès équitable, et l'article 7 sont fréquemment invoqués en conjonction, à l'exemple de l'arrêt *R. c. Potvin*, (1989) 1 R.C.S. 525.

(10) 174 U.S. 47 (1899).

(11) *Id.*, 61.

(12) Jacques Fortin. *Preuve pénale*. Montréal: Éd. Thémis, 1984. P. 417.

(13) Je dois souligner ici qu'en 1979 la Cour d'appel de la Colombie-Britannique, dans l'arrêt *R. c. Delisle*, (1980) 50 C.C.C. 317 (B.C.C.A.), avait conclu que cette présomption n'entrait pas en conflit avec la présomption d'innocence énoncée à la *Déclaration canadienne des droits*, (S.R.C. 1970, app. III).

(14) *Irwin Toy Ltd. c. Procureur général du Québec*, (1989) 1 R.C.S. 927, 984.

à-dire lorsque les éléments constitutifs d'une analyse en entier de l'article premier sont manifestes ou évidents en soi[15].

En l'espèce, l'intimée n'a invoqué devant cette Cour qu'un seul argument pour le maintien de cette disposition, soit «les services inestimables à la Couronne» que rend cette disposition en «évitant l'encombrement des rôles» du fait du recours à cette présomption contre les inculpés d'être trouvés dans une maison de désordre.

Sans plus, cette réponse constitue un argument de pure «commodité administrative» qu'a rejeté la Cour suprême à maintes reprises, plus particulièrement dans l'arrêt *Singh*[16], où Mme la juge Wilson a dit:

> Les garanties de la *Charte* seraient certainement illusoires s'il était possible de les ignorer pour des motifs de commodité administrative. Il est sans doute possible d'épargner beaucoup de temps et d'argent en adoptant une procédure administrative qui ne tient pas compte des principes de justice fondamentale, mais un tel argument, à mon avis, passe à côté de l'objet de l'art. 1. Les principes de justice naturelle et d'équité en matière de procédure que nos tribunaux ont adoptés depuis longtemps et l'enchâssement constitutionnel des principes de justice fondamentale à l'art. 7 comportent la reconnaissance implicite que la prépondérance des motifs de commodité administrative ne l'emporte pas sur la nécessité d'adhérer à ces principes.

À défaut d'une preuve plus «forte et probante», il me reste à considérer si des éléments manifestes ou évidents en soi peuvent par ailleurs sauvegarder cette disposition en vertu de l'article premier.

En me référant à mes observations antérieures, qui m'ont mené à la conclusion que cette disposition portait atteinte à plus d'un principe de justice fondamentale et à l'équité procédurale, je ne peux qu'exprimer l'avis qu'en l'espèce aucun élément n'a été établi afin de démontrer que cette mesure qui restreint des garanties fondamentales: (1) a été soigneusement conçue pour atteindre l'objectif législatif et présente un lien rationnel avec cet objectif, (2) porte le moins possible atteinte au droit et (3) satisfait au critère de proportionnalité entre les effets de cette mesure sur les droits garantis et la réalisation de cet objectif[17].

En conséquence, je suis d'avis que l'article 180 (1) *d*) [maintenant art. 198 (1) *d*)] doit être déclaré inopérant.

Dispositif

Vu cette conclusion quant à l'invalidité constitutionnelle de cette disposition, quelle en est donc la conséquence sur le jugement de culpabilité rendu contre l'appelant et qu'a maintenu la Cour supérieure? Considérant la preuve présentée au procès sur la base des admissions des parties, que j'ai indiquées préliminairement, il convient donc de ne plus tenir compte de la quatrième admission, relative à la condamnation contre le tenancier, et de se limiter aux trois autres admissions, la poursuite ne pouvant plus invoquer le jugement antérieur.

La troisième admission n'établit, tout au plus, que *le jour* où l'appelant a été trouvé dans ce local se pratiquaient des actes d'indécence à cet endroit. Or, il est bien établi que, pour constituer une «maison de débauche», il ne suffit pas d'établir la commission d'actes d'indécence en un seul jour: le local doit être employé fréquemment ou habituellement à des fins de prostitution ou pour la pratique d'actes d'indécence[18].

Quant aux deux premières admissions, elles ne peuvent aucunement établir cet élément litigieux.

En l'absence de preuve que le local dans lequel l'appelant a été «trouvé» constitue une maison de débauche, il me faut conclure à l'acquittement de l'appelant.

---

(15) *R. c. Oakes*, (1986) 1 R.C.S. 103, 138.
(16) *Singh c. Ministre de l'Emploi et de l'Immigration*, (1985) 1 R.C.S. 177, 218-219.

(17) Je me réfère ici à l'arrêt *Oakes, supra*, note 15, 138-139.
(18) *Patterson c. R.*, [1968] R.C.S. 157.

[1991] R.J.Q. 2434 à 2438

Cour d'appel

LA PRÉVOYANCE CIE
D'ASSURANCE,
défenderesse appelante, c.
SILOS ÉLÉVATEURS
STE-BRIGIDE INC.,
demanderesse intimée,
et LES CONSULTANTS
J.R. MASSON & ASSOCIÉS LTÉE
et un autre, défendeurs principaux
et requérants intervenants

PROCÉDURE CIVILE — appel — rejet — absence d'autorisation préalable — péremption d'instance — jugement interlocutoire.

Requête pour rejet d'appel. Accueillie.

Les intervenants présentent une requête en rejet de l'appel d'un jugement de la Cour supérieure ayant rejeté la requête de l'appelante en péremption d'instance au motif qu'il ne pouvait y avoir de péremption d'instance tant qu'une cause inscrite pour enquête et audition n'était pas rayée du rôle. Ils allèguent que l'appel a été interjeté sans permission préalable de la Cour d'appel. Il s'agit en l'espèce de déterminer si le jugement qui rejette une requête en péremption d'instance est un jugement interlocutoire ou final.

D'une part, la péremption d'instance n'échappe pas au lien juridique entre les plaideurs; elle est directement liée au rapport d'instance entre eux. Il ne s'agit donc pas d'un litige distinct et indépendant de l'instance principale auquel faisait référence M. le juge Mayrand dans l'arrêt Syndicat des employés de Transport Dumont (C.S.N.) c. Nap. Dumont Ltée. D'autre part, en l'espèce, il y a eu inscription pour enquête et audition au fond, et le dossier a été porté au rôle provisoire; l'effet du refus d'accueillir la requête en péremption n'est donc pas définitif puisque, si aucun acte de procédure utile n'est produit, la requérante en péremption pourra à nouveau formuler sa demande dans un an. Il s'agit donc d'un jugement interlocutoire; en vertu de l'article 511 C.P., la Cour, en accordant s'il y a lieu la permission d'interjeter appel, pourra alors ordonner la continuation des procédures en première instance ou les suspendre. Par conséquent, la décision rendue par la Cour suprême dans l'arrêt Everest c. Champion Savings Corp., sur laquelle se fondaient les prétentions de l'appelante, ne peut plus s'appliquer depuis l'entrée en vigueur des nouvelles dispositions du Code de procédure civile.

Législation citée

C.P., art. 29, 265, 511.

Jurisprudence citée

Doyle c. Sparling, [1986] R.J.Q. 2560 (C.A.); Droit de la famille — 278, [1986] R.D.J. 292 (C.A.); Everest c. Champion Savings Corp., (1962) 1 R.C.S. 289; Hamel, Ruel, Beaulieu & Associés c. Nutribec Inc., [1988] R.D.J. 157 (C.A.) et (1990) 25 Q.A.C. 287 (Que. C.A.); Marazza Inc. c. Masonry Construction Co., [1953] B.R. 290; Massé c. Belleau, [1989] R.D.J. 365 (C.A.); Milne c. Pytel, [1990] R.D.J. 261 (C.A.); Pigeon c. Zuliani, [1983] R.D.J. 316 (C.A.); Prévoyance (La), Cie d'assurance c. Silos élévateurs Ste-Brigide Inc., [1989] R.D.J. 463 (C.A.); So-

---

Juges Mailhot, Baudouin et Fish — C.A. Montréal 500-09-001362-904 (Juge Jacques Vaillancourt, C.S. Iberville (Saint-Jean-sur-Richelieu) 755-05-000304-814, 1990-08-23), 1991-09-09 — Pépin, Létourneau, pour l'appelante — Mᵉ Gary D.D. Morrison, pour les intervenants et requérants.

N.D.L.R.: Le jugement de cette Cour ayant rejeté l'appel de deux jugements interlocutoires de la Cour supérieure qui accueillait la requête de l'intimée permettant la remise de la présentation de la requête de l'appelante en péremption d'instance et qui rejetait par la suite cette requête a été résumé au J.E. 89-1585.

91-01-1886
J.E. 91-1474

ciété canadienne du cancer c. Impérial Tobacco Ltée, [1989] R.J.Q. 820 (C.A.), (1989) 59 D.L.R. 743 (Que. C.A.) et (1990) 25 Q.A.C. 201 (Que. C.A.); Syndicat des employés de Transport Dumont (C.S.N.) c. Nap. Dumont Ltée, [1978] C.A. 530.

Doctrine citée

LeBel, Louis. « L'appel des jugements interlocutoires en procédure civile québécoise », (1986) 17 *R.G.D.* 391-411, 397, 398.

•

TEXTE INTÉGRAL DU JUGEMENT

La Cour:

Statuant sur une requête en rejet d'un pourvoi contre un jugement de la Cour supérieure (district d'Iberville, l'honorable Jacques Vaillancourt) qui a, le 23 août 1990, rejeté une requête en péremption d'instance (art. 265 C.P.) présentée par l'appelante, la Prévoyance, Compagnie d'assurances ;

Après étude du dossier, audition et délibéré ;

Pour les motifs exprimés à l'opinion de Mme la juge Mailhot, déposée avec le présent arrêt, et auxquels souscrivent MM. les juges Baudouin et Fish :

Accueille la requête des intervenants avec dépens ;

Rejette l'appel avec dépens en faveur des intervenants.

Mme la juge Mailhot. Le 23 août 1990, un jugement de la Cour supérieure (l'honorable Jacques Vaillancourt, district d'Iberville) a rejeté une requête en péremption d'instance (art. 265 C.P.) présentée par l'appelante La Prévoyance, Compagnie d'assurances, pour les motifs suivants :

> Vu qu'il existe au dossier deux (2) inscriptions pour enquête et audition au mérite non rayées dont l'une par la demanderesse concernant la défenderesse-requérante déposée le 21 avril 1986 et cotée sous le numéro onze (11) de la liste des pièces de la Cour d'appel ;

> Vu que le présent dossier a été porté au rôle provisoire du 15 juin 1990 présidé par l'Honorable Juge Kevin Downs avec note concernant « la règle 15... » ;

> Vu que tant qu'une cause inscrite pour enquête et audition n'est pas rayée du rôle, il ne peut y avoir de péremption d'instance (1). Les parties n'ayant plus à la faire avancer, la cause suit son cours (2).

> Vu qu'il s'agit d'un cas où la péremption ne peut courir ;

> (1) *Sayer c. McDougall*, 25 R.L. n.s. 334 cité dans Anctil, Jacques J., Revue de droit de l'Université de Sherbrooke 1974, Commentaires sur le Code de Procédure civile, Tome I page 281.

> (2) *Jodoin c. Lussier*, 42 R.P. 418 cité idem.

Le 7 septembre 1990, l'appelante interjetait appel.

Les intervenants, Les consultants J.R. Masson & Associés ltée et Jean R. Masson, présentent une requête pour rejet du pourvoi parce que interjeté sans obtention préalable d'une autorisation de la Cour d'appel.

La question à décider : le jugement qui rejette une requête en péremption d'instance est-il un jugement interlocutoire ou final ?

Il ne semble pas que notre Cour ait déjà eu à décider spécifiquement de la question.

S'appuyant sur une décision rendue par la Cour suprême du Canada avant le code de procédure de 1965, *Everest c. Champion Savings Corp.*[(1)], l'appelante, La Prévoyance, plaide qu'il s'agit d'un jugement final et qu'il y a donc appel *de plano*. Elle ajoute que le législateur, en modifiant le *Code de procédure civile* et, en particulier, en édictant l'article 29 en 1965, est présumé avoir connu la jurisprudence antérieure et que, comme il n'a pas prévu d'exception pour la péremption d'instance, il faut présumer qu'il considérait un tel jugement comme un jugement final et que la présomption qu'il a édictée à l'article 29 *in fine* ne s'applique pas à l'espèce.

Les consultants Masson invoquent différents jugements de notre Cour pour plaider qu'il y a

---

(1) (1962) 1 R.C.S. 289.

une présomption qu'il s'agit d'un jugement interlocutoire lorsqu'il ne s'agit pas du dernier jugement rendu par le tribunal de première instance à l'égard d'un litige. Ils se basent, entre autres, sur l'opinion exprimée par notre collègue LeBel dans un article paru dans la *Revue générale de droit*[2] où, en particulier, celui-ci précise : « Littéralement, tout jugement rendu à compter de l'institution de la demande jusqu'au jugement final devrait être considéré comme interlocutoire. »

Je note au passage que la péremption d'instance est incluse au chapitre des incidents dans le code de procédure.

Le juge Nichols, dans *Doyle c. Sparling*[3], traitant de la procédure de récusation (art. 234 *et sqq.* C.P.), écrit :

> La loi fait donc du faux incident une instance principale, au même titre que l'instance au cours de laquelle il a lieu. Cette qualification particulière en fait, à mon sens, un litige distinct et indépendant de l'instance principale, au point où il faut écarter dans ce cas particulier la présomption de l'article 29.
>
> La récusation ne jouit pas d'un tel statut. Malgré la procédure particulière prévue par le code de procédure aux articles 234 *et sqq.*, je ne puis me convaincre qu'il s'agit là d'un recours distinct et indépendant, ayant fait l'objet d'un jugement final appelable de plein droit.

Dans ce même arrêt, le juge Monet[4], dissident quant à la nature d'un jugement portant sur une demande de récusation, fait néanmoins des commentaires utiles à l'examen de la question :

> La récusation peut se définir ainsi [Raymond Guillien et Jean Vincent. *Lexique de termes juridiques*. 6e éd. Paris : Dalloz, 1985. P. 374.] :
>
>> Procédure par laquelle le plaideur demande que tel magistrat s'abstienne de siéger, parce qu'il a des raisons de suspecter sa partialité à son égard.

Étant donné sa gravité intrinsèque, on ne s'étonne pas que le législateur l'ait strictement réglementée et, bien sûr, ne l'a pas abandonnée à la libre appréciation des parties. De plus, il a indéniablement voulu éviter qu'elle soit utilisée comme un moyen dilatoire, de façon abusive ou vexatoire. Aussi, il n'y a aucune commune mesure entre la récusation et des incidents comme l'amendement (chap. I), la participation de tiers au procès (chap. II), la contestation et la correction de procès-verbaux (chap. IV), la constitution de nouveau procureur (chap. VII), la reprise d'instance (chap. VIII), le désistement (chap. IX), *la péremption d'instance* (chap. X) ou la réunion d'action (chap. XI), bien qu'elle se trouve au même titre IV du *Code de procédure civile*. En revanche, elle s'apparente, dans une certaine mesure, à l'inscription de faux (chap.III).

[Les italiques sont de la soussignée.]

Et plus loin, il ajoute[5] :

> [...]
>
> L'instance est *l'exercice* et la *mise en œuvre* de ce droit. Le fait que deux personnes deviennent des plaideurs adversaires engagés dans un procès les place dans un rapport juridique nouveau, bien qu'il coexiste avec le lien de droit antérieur, c'est le lien juridique d'instance. Ce rapport d'instance entre ces plaideurs a un objet propre.
>
> La récusation échappe en quelque sorte au lien juridique entre les plaideurs. Elle a un objet distinct, selon sa définition même *(supra)*. Elle est assujettie à des règles qui lui sont propres et qui, à certains égards, sont exorbitantes du droit commun.

À mon avis, la péremption d'instance n'échappe pas au lien juridique entre les plaideurs : elle est directement liée au rapport d'instance entre eux. Il ne s'agit donc pas, à mon avis, d'un litige distinct et indépendant, auquel référait le juge Albert Mayrand dans l'affaire *Syndicat des employés de Transport Dumont (C.S.N.) c. Nap. Dumont Ltée*[6].

---

(2) Louis LeBel. « L'appel des jugements interlocutoires en procédure civile québécoise », (1986) 17 *R.G.D.* 391, 397.

(3) [1986] R.J.Q. 2560 (C.A.), 2563.

(4) *Id.*, 2564.

(5) *Id.*, 2565.

(6) [1978] C.A. 530.

Dans *Société canadienne du cancer c. Impérial Tobacco Ltée*[7], mes collègues Tyndale et Tourigny ont fait écho, avec approbation, aux commentaires suivants du juge Yves Bernier, parlant au nom de la Cour dans *Droit de la famille — 278*[8] :

> En d'autres termes, outre le jugement vraiment interlocutoire, pour les fins de l'application des articles 29 et 511 C.P. (c'est-à-dire sujet à l'obtention de la permission), est aussi considéré comme interlocutoire le jugement mettant fin à un incident dans une instance dont le tribunal demeure saisi. Est donc réputé interlocutoire tout jugement prononcé dans un dossier après la formation d'une instance principale et avant le jugement qui en dessaisit la Cour, qu'il dispose ou non d'un incident qui décide d'une façon finale d'une question accessoire à l'instance principale, d'un procès dans un procès, d'un jugement définitif, provisoire ou préparatoire, qu'il affecte ou non le fond de l'instance principale.

Comme le précise mon collègue LeBel[9] dans l'article qu'il a rédigé, malgré toutes les tentatives de simplification, la qualification de jugement interlocutoire demeure délicate et elle suppose l'analyse de l'effet du jugement sur un incident particulier et de celui-ci sur l'instance principale. Et mon collègue LeBel de citer le juge Bissonnette[10] en 1953 :

> Le jugement qui se rend sur un incident doit s'apprécier, quant à son caractère définitif ou non, selon l'effet qu'il produit sur l'incident même ou encore sur le développement de la contestation ou sur la marche de l'instance même.

Ici, l'on constate du jugement de première instance qu'il y a eu inscription pour enquête et audition au fond, et que le dossier a été porté au rôle provisoire ; l'effet du refus d'accorder la requête en péremption n'est pas définitif puisque, si aucun acte de procédure utile ne survient, la requérante en péremption peut à nouveau faire une demande semblable un an après.

Ainsi, examinant l'effet du jugement rendu par le juge de première instance, je suis d'avis qu'il ne s'agit pas d'un jugement final, mais d'un jugement interlocutoire. Et, conformément à l'article 511 C.P., la Cour, en accordant s'il y a lieu la permission d'appeler, pourra ou non ordonner la continuation des procédures en première instance ou les suspendre.

C'est cette position qui semble avoir prévalu dans le passé tant à notre Cour que chez les plaideurs, si j'en juge des affaires suivantes, où l'on a statué comme s'il s'agissait de jugements interlocutoires :

Milne c. Pytel[11]

Jugement accueillant pour les frais une requête en péremption d'instance — traité comme jugement interlocutoire (permission d'appeler le 29/09/89).

La Prévoyance, Cie d'assurance c. Silos élévateurs Ste-Brigide Inc.[12]

Jugement rejetant une requête en péremption d'instance — traité comme un jugement interlocutoire.

Massé c. Belleau[13]

Jugement accueillant pour les frais seulement une requête en péremption d'instance — traité comme un jugement interlocutoire (permission d'appeler le 04-07-1989).

Hamel, Ruel, Beaulieu & associés c. Nutribec Inc.[14]

Jugement accueillant une requête en péremption d'instance pour les frais seulement — traité comme un jugement interlocutoire.

---

(7) [1989] R.J.Q. 820 (C.A.).
(8) [1986] R.D.J. 292 (C.A.).
(9) *Loc. cit. supra*, note 2, 398.
(10) *Marazza Inc. c. Masonry Construction Co.*, [1953] B.R. 290, 292-293.

(11) [1990] R.D.J. 261 (C.A.).
(12) [1989] R.D.J. 463 (C.A.).
(13) [1989] R.D.J. 365 (C.A.).
(14) [1988] R.D.J. 157 (C.A.).

Pigeon c. Zuliani[15]

Jugement rejetant une requête en péremption d'instance — traité comme un jugement interlocutoire (permission d'appeler le 08-10-1982).

Je conclus que l'arrêt *Everest* n'a plus d'application devant les dispositions postérieures du *Code de procédure civile*, que le jugement *a quo* est un jugement interlocutoire et que la requête des intervenants en rejet d'appel est bien fondée. Je propose de l'accueillir avec dépens et de rejeter l'appel avec dépens en faveur des intervenants.

---

(15) [1983] R.D.J. 316 (C.A.).

[1991] R.J.Q. 2438 à 2446

Cour d'appel

DOMTAR INC.,
requérante appelante, c.
COMMISSION D'APPEL
EN MATIÈRE DE
LÉSIONS PROFESSIONNELLES,
intimée,
et ROLAND LAPOINTE
et une autre, mis en cause

TRAVAIL — accidents du travail et maladies professionnelles — indemnité — remplacement du revenu — période initiale de 14 jours — mise à pied — interprétation de l'article 60 de la Loi sur les accidents du travail et les maladies professionnelles (L.A.T.M.P.) — « aurait normalement travaillé » — contrôle judiciaire.

Appel d'un jugement de la Cour supérieure ayant rejeté une requête en évocation d'une décision de la Commission d'appel en matière de lésions professionnelles (C.A.L.P.). Accueilli.

La C.A.L.P. a reconnu au travailleur mis à pied le droit de recevoir 90 % de son salaire net pour les 14 premiers jours de son incapacité, sans tenir compte de la fermeture de l'usine. La Cour supérieure a rejeté une requête en

---

Juges Nichols, Mailhot et Baudouin — C.A. Québec 200-09-000455-870 (Juge Vincent Masson, C.S. Québec 200-05-002715-865, 1987-06-30), 1991-09-11 — Stein, Monast, Me *René Delorme*, pour l'appelante — Levasseur, Delisle, Me *Claire Delisle*, pour l'intimée — Trudel, Nadeau, Me *Laurent Roy*, pour le mis en cause Roland Lapointe — Lafontaine, Chayer, Me *Berthi Fillion*, pour la mise en cause C.S.S.T.

Références antérieures: [1985-86] B.R.P. 505; [1986] C.A.L.P. 116; [1987] C.A.L.P. 254 (C.S.) (D.T.E. 87T-661)

91-01-1903
J.E. 91-1516

évocation de cette décision, considérant que la C.A.L.P. avait agi dans le cadre de sa compétence et que la décision n'était pas déraisonnable. La Commission étant protégée par une clause privative, la Cour ne pouvait donc intervenir. L'article 60 L.A.T.M.P. prévoit que l'employeur doit verser au travailleur 90 % de son salaire net pour chaque jour où il aurait normalement travaillé, et ce, pendant les 14 jours suivant le début de son incapacité. La C.S.S.T. et l'employeur soutiennent que les 14 jours complets ne sont pas dus si, pendant ce temps, surviennent des événements tels qu'une mise à pied temporaire, la fin d'un contrat de louage de services à durée fixe, des vacances prévues avant l'accident, une grève ou un lock-out.

Mme la juge Mailhot et M. le juge Nichols: *La C.S.S.T. et la C.A.L.P. sont deux organismes à compétence spécialisée qui ont exprimé des avis sur l'interprétation à donner à l'article 60 L.A.T.M.P. Compte tenu du problème grave d'interprétation et du conflit jurisprudentiel qui en résulte, la Cour se doit de laisser de côté sa réserve judiciaire traditionnelle parce que celle-ci ne mettrait pas fin à l'instabilité de la situation. Quant à l'interprétation de l'article 60 de la loi, les mots «pour chaque jour ou partie de jour où ce travailleur aurait normalement travaillé» visent à faire en sorte que la personne accidentée soit traitée comme les autres personnes qui travaillent, c'est-à-dire qu'elle ait droit à un salaire comme elle y aurait droit si l'employeur avait du travail à confier qu'elle pourrait accomplir, si ces journées faisaient partie de son horaire habituel, si son contrat était toujours en vigueur, etc., en somme, si elle avait normalement travaillé, n'eût été son incapacité. Cette interprétation est plus équitable et s'harmonise avec les autres dispositions de la loi. Celle-ci est d'application générale et ne vise pas à créer un régime plus favorable à une catégorie d'employés par rapport à d'autres qui peuvent être soumis aux aléas du marché du travail, ce qui comprend le choix de faire la grève ou l'obligation de subir un lock-out. D'ailleurs, l'objet de l'appel devant la C.A.L.P. est le paiement d'une indemnité de remplacement du revenu, si tant est qu'il y ait un revenu. Par ailleurs, le chapitre consacré au financement du régime et particulièrement à la fixation des cotisations fait voir que le montant des salaires payés durant une année a un effet direct sur la cotisation fixée. Ainsi, les variantes telles les mises à pied ont une conséquence directe sur le montant global des salaires payés. Par conséquent, l'article 60 vise le paiement du salaire auquel la victime de la lésion aurait logiquement eu droit si elle avait travaillé normalement. Comme il n'y a pas de salaire lorsqu'il y a fermeture d'établissement, grève, lock-out, mise à pied ou congé non rémunéré, il ne peut découler d'obligation de payer 90 % du salaire net pendant ces périodes.*

M. le juge Baudouin *partage l'opinion de la juge Mailhot et ajoute que l'ambiguïté d'une disposition législative ne peut servir à justifier toute interprétation que pourrait en faire une instance administrative, fût-elle déraisonnable. En l'espèce, sans trouver l'interprétation de la C.A.L.P. manifestement déraisonnable, la Cour doit intervenir pour mettre fin au conflit entre deux instances administratives. Il s'agit d'une situation identique à celle de* Produits Pétro-Canada Inc. c. Moalli, *dans laquelle la Cour avait accepté de mettre de côté sa réserve judiciaire traditionnelle.*

Législation citée

Accidents du travail et les maladies professionnelles (Loi sur les), (L.R.Q., c. A-3.001), art. 60, 292, 305 al. 1, 306, 405, 409.

Jurisprudence citée

Blanchard c. Control Data Canada Ltée, (1984) 2 R.C.S. 476 et (1985) 55 N.R. 194 (S.C.C.); *Commission de la santé et de la sécurité du travail du Québec c. B.G. Chéco international ltée,* T.T. Montréal 500-29-000476-90, le 18 mars 1991 *(D.T.E. 91T-451); Commission de la santé et de la sécurité du travail du Québec c. Commission d'appel en matière de lésions professionnelles du Québec,* C.S. Montréal 500-05-003743-877, le 11 juin 1987; *Commission de la santé et de la* sécurité du travail du Québec. c. Commission d'appel en matière de lésions professionnelles, [1987] R.J.Q. 1531 (C.S.) ; *J.M. Asbestos Inc. c. Brazeau*, C.S. Montréal 500-05-011618-863, le 12 juin 1987 ; *Maçonnerie Godbout Inc. c. Commission d'appel en matière de lésions professionnelles du Québec*, [1987] R.J.Q. 2491 (C.S.) ; *Produits Pétro-Canada Inc. c. Moalli*, [1987] R.J.Q. 261 (C.A.) ; *Syndicat canadien de la Fonction publique, section locale 963 c. Société des alcools du Nouveau-Brunswick*, (1979) 2 R.C.S. 227, (1979) 25 N.B.R. 237 (S.C.C.), (1980) 97 D.L.R. 417 (S.C.C.), (1979) 26 N.R. 341 (S.C.C.), (1979) 51 A.P.R. 237 (S.C.C.) et (1979) 10 C.L.L.C. 111 (S.C.C.) ; *Wabush Iron Co. c. Commission d'appel en matière de lésions professionnelles du Québec*, C.S. Québec 200-05-002709-868, le 29 juillet 1987 *(D.T.E. 87T-784)*.

•

TEXTE INTÉGRAL DU JUGEMENT

La Cour :

Statuant sur le pourvoi contre un jugement de la Cour supérieure (district de Québec, l'honorable Vincent Masson) qui a, le 30 juin 1987, rejeté la requête en évocation de l'appelante à l'encontre d'une décision de la Commission d'appel en matière de lésions professionnelles ;

Après étude du dossier, audition et délibéré ;

Pour les motifs exprimés aux opinions de Mme la juge Mailhot et de M. le juge Baudouin, déposées avec le présent arrêt, et auxquels souscrit M. le juge Nichols :

Accueille le pourvoi avec dépens ;

Fait droit à la demande d'évocation avec dépens ;

Casse la décision de la Commission d'appel en matière de lésions professionnelles et déclare que l'appelante a payé à M. Roland Lapointe l'indemnité à laquelle il avait droit en vertu de l'article 60 de la *Loi sur les accidents du travail et les maladies professionnelles*[1].

Mme la juge Mailhot. Le pourvoi porte sur l'interprétation de l'article 60 de la *Loi sur les accidents du travail et les maladies professionnelles*, lequel « fait l'objet d'une véritable pomme de discorde »[2] en ce moment entre la Commission de la santé et de la sécurité du travail (C.S.S.T.), les bureaux de révision et la Commission d'appel en matière de lésions professionnelles (C.A.L.P.).

La C.S.S.T. et les bureaux de révision ont adopté une position, laquelle ne fut pas confirmée en appel par la C.A.L.P. Des demandes en évocation devant la Cour supérieure ont été refusées, déclarant que l'interprétation favorisée par la C.A.L.P. n'était pas déraisonnable. Certains jugements ont été portés en appel et ces appels sont encore pendants[3].

Le juge de première instance a bien résumé les faits ici en cause[4] :

> En 1985, la requérante exploitait une usine de papier journal à Dolbeau et Roland Lapointe y travaillait comme menuisier.
>
> Le 17 décembre 1985, la requérante annonça la fermeture temporaire de son usine pour la

---

(1) L.R.Q., c. A-3.001 [ci-après nommée « L.A.T.M.P. »].

(2) Expression utilisée à juste titre par le juge Claude Saint-Arnaud, du Tribunal du travail, dans un jugement récent : *Commission de la santé et de la sécurité du travail du Québec c. B.G. Chéco international ltée*, T.T. Montréal 500-29-000476-90, le 18 mars 1991 *(D.T.E. 91T-451)*.

(3) *J.M. Asbestos Inc. c. Brazeau*, C.S. Montréal 500-05-011618-863, le 12 juin 1987, juge Piché, en appel (C.A. Montréal 500-09-000857-870) ; *Maçonnerie Godbout inc. c. Commission d'appel en matière de lésions professionnelles du Québec*, [1987] R.J.Q. 2491 (C.S.), en appel (C.A. Québec 200-09-000309-879) ; *Wabush Iron Co. c. Commission d'appel en matière de lésions professionnelles du Québec*, C.S. Québec 200-05-002709-868, le 29 juillet 1987 *(D.T.E. 87T-784)*, juge Gagnon, désistement d'appel le 15 juillet 1988 (C.A. Québec 200-09-000510-872) ; *Commission de la santé et de la sécurité du travail du Québec c. Commission d'appel en matière de lésions professionnelles du Québec*, C.S. Montréal 500-05-003743-877, le 11 juin 1987, juge Martin ; *Commission de la santé et de la sécurité du travail du Québec. c. Commission d'appel en matière de lésions professionnelles*, [1987] R.J.Q. 1531 (C.S.).

(4) [1987] C.A.L.P. 254 (C.S.), 255.

période du 21 décembre 1985, 16 h, au 2 janvier 1986, 8 h et normalement Roland Lapointe ne devait pas travailler durant cette fermeture.

Cependant, le 17 décembre 1985, vers 11 h 30, Roland Lapointe fut victime d'un accident du travail et la requérante l'a indemnisé pour la journée du 18 décembre ainsi que pour les journées du 19 et 20 décembre durant lesquelles Roland Lapointe aurait normalement travaillé avant la fermeture temporaire de l'usine.

Le 24 janvier 1986, dame Francine Coulombe du service de la réparation de la Commission de la santé et de la sécurité du travail décidait que le paiement effectué par la requérante était exact et, dès le 30 janvier 1986, Roland Lapointe demandait à la Commission de la santé et de la sécurité du travail d'émettre une ordonnance de paiement contre la requérante.

Le 10 février 1986, dame Francine Coulombe décidait qu'une ordonnance de paiement ne pouvait être émise contre la requérante.

Le 21 février 1986, Roland Lapointe demandait la révision de la décision du 10 février et le 10 avril 1986 le bureau de révision paritaire de la Commission et de la santé et de la sécurité du travail maintenant la décision originale.

En avril 1986, Roland Lapointe en appelait de cette décision devant la Commission d'appel en matière de lésions professionnelles et, le 27 novembre 1986, ladite Commission d'appel accueillait l'appel et déclarait que Roland Lapointe avait droit de recevoir 90 % de son salaire net pour chaque jour ou partie de jour où il aurait normalement travaillé, selon son horaire habituel de travail, du 22 décembre 1985, date de fermeture de l'usine, jusqu'au 1er janvier 1986, en raison de sa lésion professionnelle.

D'où la présente requête en évocation [de l'employeur] à l'encontre de cette décision de l'intimée.

Puisque les décisions de la C.A.L.P. bénéficient de la protection d'une clause privative, le juge, après analyse des textes, a conclu que l'organisme n'avait pas excédé sa compétence, son interprétation n'étant pas déraisonnable [5]:

> En agissant ainsi, nous sommes d'opinion que la Commission d'appel intimée a rempli l'une des fonctions dont elle était chargée par la loi et a agi à l'intérieur de sa compétence globale.
>
> La décision de la Commission d'appel est peut-être mal fondée, mais elle a néanmoins été prise dans les cadres de sa compétence.
>
> De plus, nous sommes loin de croire qu'une telle décision est déraisonnable puisque la commission d'appel a respecté les règles de l'interdépendance des dispositions législatives comme le proposait l'honorable Louis-Philippe Pigeon dans le volume dont nous avons fait mention précédemment.
>
> Par surcroît, à la lumière de la jurisprudence soumise par les parties, si l'article 60 est si clair, nous nous demandons pour quelle raison tant d'arbitres, de commissions, de tribunaux ont dû se pencher et rendre des décisions au sujet dudit article.
>
> Nous retenons donc que la Commission d'appel n'a nullement excédé sa juridiction.

Devant la Cour, toutes les parties étaient représentées et ont produit des mémoires: l'employeur appelant (Domtar), la C.A.L.P. (intimée), l'employé et la C.S.S.T. (mise en cause).

Avant d'aborder les moyens de Domtar, je rappelle que l'article 405 exclut tout appel visant directement la substance d'une décision de la C.A.L.P. et que la clause privative (art. 409) exclut les recours extraordinaires, sauf en matière de compétence:

> 409. Sauf sur une question de compétence, une action en vertu de l'article 33 du Code de procédure civile [chapitre C-25] ou un recours extraordinaire au sens de ce code ne peut être exercé, et une mesure provisionnelle ne peut être ordonnée contre la Commission d'appel ou l'un de ses commissaires agissant en sa qualité officielle.
>
> Un juge de la Cour d'appel peut, sur requête, annuler sommairement une action accueillie, un bref ou une ordonnance délivré ou une injonction accordée à l'encontre du présent article.

Ainsi, pour que la décision de la C.A.L.P. soit infirmée, il faut démontrer que celle-ci est sortie de sa compétence ou a donné une interprétation au texte visé qui soit déraisonnable au point de ne pouvoir rationnellement s'appuyer sur la législation pertinente et, de ce fait, exiger une intervention judiciaire: *Syndicat canadien de la*

---

(5) *Id.*, 257.

Fonction publique, section locale 963 c. Société des alcools du Nouveau-Brunswick[6]. Comme le souligne le juge Lamer dans l'arrêt *Blanchard c. Control Date Canada Ltée*[7], le test imposé est alors extrêmement sévère. Le juge de première instance avait bien conscience des contraintes dans lesquelles il travaillait. Il affirme que, même si la décision de la C.A.L.P. était mal fondée, elle ne pouvait être révisée par la cour si elle avait été prise dans le cadre de sa compétence. Le juge Masson a bien exposé la distinction entre une décision qui est « mal fondée » et une décision qui est manifestement absurde ou déraisonnable.

La tâche, devant notre Cour, était donc de démontrer que le juge de première instance a erré en concluant que l'interprétation de la C.A.L.P. n'était pas manifestement déraisonnable en ce qui concerne l'article 60 de la L.A.T.M.P. :

> 60. L'employeur au service duquel se trouve le travailleur lorsqu'il est victime d'une lésion professionnelle lui verse, si celui-ci devient incapable d'exercer son emploi en raison de sa lésion, 90 % de son salaire net *pour chaque jour ou partie de jour où ce travailleur aurait normalement travaillé, n'eût été de son incapacité, pendant les 14 jours complets suivant le début de cette incapacité.*
>
> L'employeur verse ce salaire au travailleur à l'époque où il le lui aurait normalement versé si celui-ci lui a fourni l'attestation médicale visée dans l'article 199.
>
> Ce salaire constitue l'indemnité de remplacement du revenu à laquelle le travailleur a droit pour les 14 jours complets suivant le début de son incapacité et la Commission en rembourse le montant à l'employeur dans les 14 jours de la réception de la réclamation de celui-ci, à défaut de quoi elle lui paie des intérêts, déterminés conformément à l'article 323, à compter du premier jour de retard.
>
> Si, par la suite, la Commission décide que le travailleur n'a pas droit à cette indemnité, en tout ou en partie, elle doit lui en réclamer le trop-perçu conformément à la section I du chapitre XIII.

[Le texte à interpréter est en italique.]

Domtar (et la C.S.S.T. également) soutient, en premier lieu qu'il faut lire de façon continue les mots « *aurait normalement travaillé, n'eût été de son incapacité, pendant les 14 jours complets suivant le début de son incapacité* » et, en deuxième lieu, que, par « *aurait normalement travaillé* », il faut comprendre « *aurait en réalité travaillé* » (Les italiques sont de la soussignée.). Il ressortirait que l'employeur devrait tenir compte de la fermeture de l'usine dans la détermination de la proportion des 14 jours suivant le début de l'incapacité pour laquelle il doit à l'employé une indemnité de remplacement du revenu. Domtar et la C.S.S.T. argumentent donc que les 14 jours complets ne sont pas dus s'il survient pendant ces jours des événements tels qu'une mise à pied temporaire, la fin d'un contrat de louage de services à durée fixe, des vacances prévues avant l'accident, une grève ou un lock-out.

Les commissaires de la C.A.L.P, dans des décisions qualifiées de principe, restreignent l'expression « *aurait normalement travaillé* » à l'horaire habituel de travail de la personne accidentée et excluent les « facteurs [ou] circonstances extrinsèques à l'incapacité du travailleur de travailler en raison de sa lésion professionnelle pour déterminer à quelle période il aurait travaillé[8] ». (Les italiques sont de la soussignée.)

Pour disposer du litige, vu le véhicule du recours en évocation utilisé, il suffirait de décider si l'interprétation adoptée par la C.A.L.P. est manifestement déraisonnable.

Toutefois, l'appelante nous invite à aller plus loin. Elle demande l'intervention de notre Cour vu les conflits jurisprudentiels et la « pomme de discorde » qui persistent, afin de terminer le litige et de dire quelle est l'interprétation juste, comme si, en somme, il s'agissait d'une demande de jugement déclaratoire.

---

(6) (1979) 2 R.C.S. 227, 237.
(7) (1984) 2 R.C.S. 476, 493.

(8) M.a., p. 65 ; [1986] C.A.L.P. 116, 118.

De fait, l'on sait que, si notre Cour rejetait l'appel à la suite d'une conclusion que l'interprétation de la C.A.L.P. n'était pas déraisonnable, les difficultés ne seraient pas réglées. En effet, l'appelante a déposé un jugement récent du Tribunal du travail qui illustre bien cet énoncé. Dans l'affaire *Commission de la santé et de la sécurité du travail du Québec c. B.G. Chéco international ltée*, précitée, la C.S.S.T. a intenté une poursuite de nature pénale contre un employeur qui refusait de verser à un travailleur 90 % de son salaire net pendant sept jours, l'employeur invoquant pour sa défense que le travailleur avait reçu, quatre jours avant qu'il ne soit victime d'une lésion professionnelle, un avis de mise à pied pour manque temporaire de travail, mise à pied qui a pris effet trois jours après la lésion. Le juge du Tribunal du travail, après une analyse serrée, acquitte l'employeur. Des extraits des commentaires du juge St-Arnaud sont utiles à l'analyse [9] :

> La Cour Supérieure, comme c'était son rôle, s'est limitée à juger du caractère déraisonnable de l'interprétation retenue, sans substituer sa propre interprétation, et c'est dans cette optique qu'il faut lire et comprendre certains commentaires qu'on y retrouve. Il est possible que la Cour d'Appel sente la nécessité, devant cette situation quelque peu chaotique et dans le but de mettre un point final à cette controverse, de déroger à la règle d'abstention judiciaire et de dégager elle-même une interprétation de la loi, comme elle a jugé bon et utile de le faire à titre d'exemple dans *Produits Pétro Canada Inc. vs Moalli* 1987 R.J.Q. 261, à propos d'articles contestés de la *Loi sur les normes du travail*, (L.R.Q. c. N-1.1) mais cela n'a pas été le cas jusqu'à présent.

> Par ailleurs, il va sans dire, mais je crois que mieux vaut ici le dire, qu'une décision jugée non déraisonnable n'est pas nécessairement une décision bien fondée en droit, de sorte que le Tribunal n'est présentement lié par aucun précédent. Il est appelé, à son tour, à la suite de la C.A.L.P., à se pencher sur l'interprétation de cette même disposition controversée, non pas comme s'il siégeait en appel des décisions de la C.A.L.P., mais dans l'exercice de sa compétence pénale, en regard des principes qui doivent s'appliquer en semblable matière, notamment celui voulant que les lois pénales s'interprètent restrictivement.

> Le Tribunal doit en effet essentiellement se demander, ce que n'avait pas à se demander la C.A.L.P., si le législateur, en créant l'obligation prévue à l'article 60, et en faisant une infraction pénale, s'est exprimé dans un langage clair, puisqu'on ne peut présumer de son intention de le faire (*Blouin vs Longtin* 1971 1 R.C.S. 577).

Et, après son analyse des textes, le juge poursuit [10] :

> Il découle de l'ensemble de ces textes que le mécanisme mis en place pour les quatorze (14) premiers jours est prévu en totalité à l'article 60, qu'il s'agit d'une disposition qui à elle seule établit toutes les modalités s'appliquant à un tel cas, sans qu'il ne soit besoin, pour fins d'interprétation ou d'application, de recourir aux nombreuses autres dispositions de la loi prévues dans cette section. Il s'agit donc d'une disposition complète en elle-même et dont le caractéristique principale, constituant en le versement par un employeur d'une partie du salaire journalier en fonction d'une prestation de travail fourni, exception faite du cas d'incapacité, se différencie essentiellement du mécanisme général d'indemnisation mis en place, lorsque la Commission, relayant l'employeur, prend en charge elle-même l'administration de l'indemnité et le paiement aux travailleurs. Dans ce dernier cas en effet, il n'est aucunement tenu compte de quelque situation extrinsèque à la condition du travailleur, notamment de toute référence au maintien ou non d'une relation d'emploi et cette indemnité, comme son nom l'indique, a précisément pour objet de remplacer le revenu. Or c'est précisément le droit à cette indemnité qui est consacré à l'article 44 de la loi.

> Certes le troisième paragraphe de l'article 60 nous dit que le travailleur a droit à ladite indemnité dont le salaire versé par son employeur fait office. Mais il faut cependant réaliser, compte tenu des textes et du contexte général de la loi, qu'il est fort précaire d'affirmer que pour les quatorze (14) premiers jours *l'exercice de ce droit* n'aurait aucunement été conditionné à la fourniture d'une prestation de travail, commandant

---

(9) Voir *supra*, note 2, pp. 11-12 du jugement.

(10) *Id.*, pp. 19-20 du jugement.

ce salaire, ce qui ne se pose plus comme question à compter du quinzième jour, et que telle aurait été l'intention du législateur. C'est la conclusion à laquelle il faut en arriver, et ce même s'il faut constater que dans certains cas le travailleur, victime d'une lésion professionnelle, pourra, dans les quatorze (14) premiers jours, être privé d'une partie de sa compensation, au motif que sa perte de revenu aurait dû de toute façon être subie.

[...]

Dans un tel cas, le Tribunal n'a pas d'autre choix que de faire bénéficier la défenderesse de l'interprétation de la loi qui lui est la plus favorable, une telle interprétation étant dans les circonstances au moins tout aussi justifiable.

Dans l'affaire *Produits Pétro-Canada Inc. c. Moalli*[11], notre Cour, faisant référence à un conflit jurisprudentiel et à un problème grave d'interprétation, a décidé qu'il était dans l'intérêt de la justice de trancher immédiatement le conflit, laissant de côté la réserve judiciaire traditionnelle, parce que cette réserve, tout en conduisant normalement au rejet de la demande d'évocation, ne mettait pas fin à l'instabilité de la situation:

> Ces règles de prudence et de réserve conduiraient normalement au rejet de la demande d'évocation dans le présent dossier. Cependant, l'appelant invoque un problème particulier à ce type d'affaire où doivent être étudiés les articles 124 et 97 de la *Loi sur les normes du travail*, soit les conflits à l'intérieur de la jurisprudence arbitrale comme de celle de la Cour supérieure. D'après lui, l'existence de ce conflit justifierait l'intervention des tribunaux supérieurs. Il s'agirait d'assurer la constance et la stabilité de l'application de droit. L'existence du conflit est incontestable. Il suffit de se référer aux auteurs cités plus haut et à la jurisprudence que le juge Hannan analysait dans l'affaire *Ventes Mercury des Laurentides Inc. c. Bergevin* [[1983] C.S. 463.]. D'ailleurs, les parties dans le présent dossier nous en ont fait un exposé complet. Celui-ci démontre la réalité et la gravité d'un conflit jurisprudentiel qui ne connaît pas de solution depuis l'entrée en vigueur de la *Loi sur les normes du travail*.

> Deux thèses rationnellement défendables s'affrontent.
>
> [...]
>
> Le sort des plaideurs, depuis plusieurs années, dépend largement de l'identité de l'arbitre saisi de la plainte de congédiement. Les positions se sont cristallisées. En définitive, l'on applique deux règles de droit distinctes et incompatibles. Cette situation justifierait-elle l'intervention de la Cour supérieure ?

Il est vrai que, dans le cas présent, le sort des plaideurs ne dépend pas de l'identité du membre du tribunal administratif. Mais l'incertitude demeurera, et le sort des poursuites ne sera pas réglé de façon satisfaisante puisque la C.S.S.T., qui s'est rangée à l'interprétation de l'article 60 imposée par la C.A.L.P., se voit obligée de poursuivre des employeurs qui refusent d'accepter l'interprétation de la C.A.L.P. et qui, en fin de compte, bénéficient d'acquittements suite à l'application (probablement à juste titre) de la théorie du doute raisonnable «devant deux thèses rationnellement défendables qui s'affrontent», que ce soit à l'occasion du recours administratif ou du recours pénal. Ainsi, l'interprétation soutenue par la C.A.L.P. aboutit à un cul-de-sac. L'idéal de justice qui veut que triomphe la règle de droit n'y trouve pas vraiment son compte. Il est certainement souhaitable que ce soit l'intention du législateur qui l'emporte. Quelle est donc celle-ci ? En dépit du fait que les termes utilisés puissent prêter à deux interprétations non déraisonnables, peut-on la préciser ?

Comme il s'agit de deux organismes à compétence spécialisée qui ont exprimé des avis sur l'interprétation à donner et vu la difficulté réelle illustrée ci-haut, je propose de suivre la voie d'exception indiquée dans *Pétro-Canada*[12] et énoncée par mon collègue LeBel :

> Le présent appel pose clairement ce problème d'interprétation, au sujet duquel s'affrontent des opinions «diamétralement opposées» [Georges Audet et Robert Bonhomme. *Le congédiement en droit québécois*. Cowansville : Y. Blais, 1985. P. 116.]. L'on ne saurait nier son

---

(11) [1987] R.J.Q. 261(C.A.), 266-267.

(12) *Id.*, 268.

importance pour la pratique juridique de ce secteur des relations de travail. À ce moment, il apparaît que *nous nous trouvons devant une de ces situations exceptionnelles où, par dérogation à la règle générale d'abstention judiciaire, il faut que les tribunaux supérieurs interviennent pour dégager une interprétation de la loi et éviter que les intéressés ne soient soumis à deux règles de droit différentes, sinon aux simples aléas de la désignation des arbitres* […]

Avec égards pour l'avis contraire, je suis d'avis que l'intention du législateur en cette matière n'est pas de traiter les travailleurs accidentés de façon différente des autres travailleurs en ce qui concerne les 14 premiers jours visés par l'article 60. À mon avis, si le législateur voulait que tous les 14 premiers jours qui suivent le début de l'incapacité soient payés par l'employeur, il n'avait pas à ajouter les mots «*pour chaque jour ou partie de jour où ce travailleur aurait normalement travaillé*» (Les italiques sont de la soussignée.). Ces mots visent à assurer que la personne accidentée soit traitée comme les autres personnes qui travaillent, c'est-à-dire qu'elle ait droit à un salaire comme elle y aurait droit si l'employeur avait du travail à confier et pouvait le faire ou si ces journées faisaient partie de son horaire habituel, ou si son contrat était toujours en vigueur, etc. — en somme, si elle avait normalement travaillé, n'eût été de son incapacité.

Cette interprétation est plus équitable pour tous et s'harmonise avec les autres dispositions de la L.A.T.M.P. Car, même si l'on accepte que cette loi est remédiatrice et cherche à indemniser une personne victime d'une lésion professionnelle, elle demeure une loi d'application générale et elle ne vise pas, à mon avis, à créer un régime plus favorable pour celle-ci par rapport aux autres employés, lesquels peuvent être soumis aux aléas du marché du travail, incluant le choix de faire la grève ou l'obligation de subir un lock-out.

D'ailleurs, l'objet de l'appel devant la C.A.L.P. est énoncé comme suit[13] :

L'appelant demande à la Commission d'appel d'infirmer la décision du bureau de révision et d'ordonner à la Commission de lui verser une indemnité de remplacement du revenu pour la période du 22 décembre 1985 au 1er janvier 1986.

Une indemnité de remplacement du revenu, si revenu il y avait normalement eu, selon moi.

Les situations de mise à pied, de grève ou de lock-out, etc., font partie de ce que l'on peut appeler la réalité économique d'aujourd'hui. Ce sont des situations prévisibles et réglementées dans le domaine des relations de travail. Le *Code du travail*[14] et presque toutes les conventions collectives en traitent.

D'ailleurs, un autre aspect de la loi est utile à l'analyse de l'expression «*aurait normalement travaillé*». En effet, le chapitre consacré au financement du régime, et en particulier à la fixation de la cotisation, fait voir que le montant des salaires payés durant une année a un effet direct sur la cotisation qui est fixée. Ainsi, les variantes telles que mise à pied, grève, lock-out, fermeture saisonnière ou autres ont une conséquence directe sur le montant global des salaires payés. Ainsi, l'article 292 prévoit :

292. L'employeur transmet chaque année à la Commission, avant le 1er mars, un état qui indique, notamment, pour chacun de ses établissements :

1° le montant des salaires bruts gagnés par ses travailleurs au cours de l'année civile précédente ; et

2° une estimation des salaires bruts qu'il prévoit payer à ses travailleurs pendant l'année civile en cours.

L'exactitude de cet état est attestée par une déclaration signée par l'employeur ou son représentant qui a une connaissance personnelle des matières qui y sont mentionnées.

Et la cotisation est alors fixée en utilisant les chiffres fournis :

305. La Commission cotise annuellement l'employeur au taux applicable à l'unité dans laquelle il est classé ou, le cas échéant, au taux personnalisé qui lui est applicable et lui indique

---

[13] [1986] C.A.L.P. 116, 116-117.

[14] L.R.Q., c. C-27.

le montant de sa cotisation pour chacun de ses établissements.

[...]

306. La Commission calcule le montant d'une cotisation à partir de l'estimation faite par l'employeur des salaires qu'il prévoit devoir payer pendant l'année en cours et ajuste le montant de la cotisation de l'année précédente à partir de la déclaration faite par l'employeur du montant des salaires qu'il a payés pendant cette année.

Je conclus donc que, lorsque le législateur, à l'article 60, oblige l'employeur à verser à une victime d'une lésion professionnelle 90 % de son salaire net, il vise le paiement du salaire auquel elle aurait logiquement eu droit si elle avait travaillé normalement. Comme, généralement, il n'y a pas d'obligation de payer un salaire lorsqu'il y a fermeture d'établissement, grève, lock-out, mise à pied, congé non rémunéré etc., il ne peut en découler d'obligation de payer 90 % du salaire net pendant ces périodes.

Je propose en conséquence d'accueillir le pourvoi avec dépens, de faire droit à la demande d'évocation avec dépens, de casser la décision de la C.A.L.P. et de déclarer que l'appelante a payé à M. Roland Lapointe l'indemnité à laquelle il avait droit en vertu de l'article 60 de la *Loi sur les accidents du travail et les maladies professionnelles*.

M. le juge Baudouin. J'ai eu le privilège de prendre connaissance de l'opinion de ma collègue, l'honorable Louise Mailhot, dans le présent litige.

L'article 60 de la *Loi sur les accidents du travail et les maladies professionnelles*, dans sa rédaction actuelle, peut prêter à plusieurs interprétations, notamment aux deux qui sont soutenues par les parties au présent dossier.

Il ne suffit pas cependant, à mon avis, de démontrer qu'un article de loi est ambigu, manque de clarté ou peut être interprété de plusieurs façons pour permettre automatiquement de conclure que toute interprétation donnée à celui-ci par une instance administrative ne peut *jamais* être « manifestement déraisonnable ». En d'autres termes, l'ambiguïté d'une disposition législative ne peut, *ipso facto*, servir à justifier toute interprétation et à écarter péremptoirement le caractère déraisonnable de celle-ci.

En l'espèce, j'estime, comme ma collègue, que le rôle de notre Cour est de mettre fin à ce conflit entre les deux organes administratifs, conflit qui est source d'incertitude et qui n'est pas dans l'intérêt d'une saine justice. Sans donc nécessairement trouver que l'interprétation donnée par la Commission d'appel est *manifestement* déraisonnable (même si elle me paraît illogique, eu égard à une interprétation rationnelle de la loi lue dans son ensemble et peu conforme à la philosophie qui s'en dégage), je crois que nous sommes en présence d'une situation identique à celle à laquelle notre Cour a eu à faire face dans l'affaire *Produits Pétro-Canada Inc. c. Moalli*.

Pour cette raison, je suis d'avis de disposer du pourvoi de la façon dont le propose Mme la juge Mailhot.

[1991] R.J.Q. 2447 à 2476

Cour d'appel

YVES PLAMONDON,
accusé appelant, c.
SA MAJESTÉ LA REINE,
poursuivante intimée*

PÉNAL (DROIT) — procédure pénale — acte d'accusation privilégié — trois chefs d'accusation — meurtre au premier degré — procès conjoint — procès devant jury — divulgation de la preuve — mise en garde — témoins complices et non fiables — droit à un procès juste et équitable — tribunal impartial — attitude du juge à l'égard du procureur de l'accusé.

Appel d'un jugement de la Cour supérieure ayant prononcé un verdict de culpabilité sous trois chefs d'accusation de meurtre au premier degré. Rejeté.

L'appelant se pourvoit à l'encontre d'un verdict de culpabilité prononcé par un jury sous trois chefs d'accusation énoncés dans un acte d'accusation privilégié, à la suite duquel il a été condamné à l'emprisonnement à perpétuité. L'accusé fait le commerce de drogue et est bien connu dans ce milieu. Les trois meurtres auraient été commis dans le cours normal de ses affaires : ses victimes auraient été tuées à cause de dettes. Dès l'ouverture du procès à Québec, le juge a entendu deux requêtes préliminaires, la première en séparation des chefs d'accusation, qui fut rejetée, et la seconde visant à obtenir copie des déclarations extrajudiciaires des témoins, qui fut accueillie partiellement. Le procès a commencé le lendemain mais a avorté. Le juge a ordonné un changement de venue, et un nouveau procès a commencé à Montréal. La veille de l'audience, les requêtes ont à nouveau été examinées, puis elles ont connu le même sort qu'à Québec. Quelques jours avant l'audience devant la Cour d'appel, l'appelant s'est vu refuser une requête en vue d'obtenir une réouverture d'enquête aux fins de présenter une nouvelle preuve. Il propose maintenant cinq motifs au soutien de son appel : 1° le premier juge aurait erré en ordonnant la tenue d'un procès conjoint sous les trois chefs d'accusation ; 2° la Couronne, en choisissant de procéder par voie de mise en accusation privilégiée, aurait compromis son droit à un procès juste et équitable en ne lui révélant pas assez longtemps à l'avance et avec suffisamment de détails les éléments de preuve au soutien de l'accusation ; 3° il n'aurait pas bénéficié, dans l'exposé du juge au jury, d'une mise en garde suffisante contre l'imprudence qu'il y avait à croire des témoins non fiables, comme c'était le cas de ses principaux accusateurs ; 4° le juge aurait erré en déclarant au jury qu'il ne pouvait s'interroger sur le défaut par la Couronne de produire certaines preuves ; et 5° le juge, de par ses interventions nombreuses et hostiles à l'égard de l'avocat de la défense, l'aurait privé de son droit à un procès juste et impartial.

En inscrivant trois chefs d'accusation de meurtre au premier degré dans le même acte d'accusation, ce qui entraînait en principe la tenue d'un seul procès pour l'ensemble des trois chefs, l'intimée s'appuyait sur un motif légitime. En effet, elle souhaitait prouver que les agissements de l'appelant lors de chacun des meurtres révélaient l'existence d'un système et voulait ainsi renforcer la crédibilité de ses témoins relativement à chacun de ces meurtres. Lorsqu'il est question d'une preuve de faits similaires extrêmement préjudiciables, il est préférable que le juge indique clairement en quoi la preuve est pertinente, surtout lorsque le procès se tient en présence

---

Juges Beauregard, Tourigny et Dussault — C.A. Québec 200-10-000087-861 (Juge Jacques Ducros, C.S. Québec 200-01-007444-858, 1986-04-18), 1991-03-27 — Me Martin Tremblay, pour l'appelant — Me Georges Letendre, pour l'intimée.

* Jugement porté en appel C.S. Can. 22477.

91-01-1427

J.E. 91-651

d'un jury. Il ressort clairement du jugement de première instance, quoique d'une façon implicite, que le premier juge s'est posé la question de la pertinence et de la valeur probante de la preuve des faits similaires, et qu'il a nettement jugé que la preuve en cause démontrait l'existence d'un modus operandi suffisamment précis pour justifier sa recevabilité et ayant une valeur probante suffisante pour contrebalancer le préjudice qu'elle causerait à l'appelant. Ne constatant aucune « erreur manifeste de droit ou de compétence » ni d'« erreur grossière » dans la façon dont le premier juge a exercé sa discrétion, il y a lieu de conclure qu'il l'a exercée d'une façon judiciaire. La procédure de mise en accusation privilégiée, sans enquête préliminaire, doit être accompagnée d'une divulgation suffisante de la preuve par d'autres moyens afin d'être jugée compatible avec les dispositions de l'article 7 de la Charte canadienne des droits et libertés. Dans le cas présent, un document intitulé « Divulgation de la preuve » fut remis à l'appelant une quinzaine de jours avant le début du procès, et ce texte était suffisamment précis pour l'informer sur la façon dont le ministère public entendait conduire la preuve. Le refus du juge d'ordonner la production des déclarations extrajudiciaires des principaux témoins à charge avant leur assermentation se justifiait par le risque appréhendé que ces témoins puissent être l'objet de tentatives d'intimidation et d'entrave à la justice. Comme il ne pouvait pas prendre à la légère ces représentations du ministère public et qu'il était soucieux de ne pas nuire à l'intérêt de l'accusé, le premier juge a alors précisé que, sur réception des déclarations extrajudiciaires visées, l'avocat de l'accusé aurait chaque fois le droit d'ajourner le procès afin de préparer son contre-interrogatoire. Depuis l'arrêt Vetrovec c. R., il n'y a pas de catégorie spéciale réservée aux complices et, comme dans le cas de tous les autres témoins, le juge du procès est libre de faire à leur sujet une mise en garde au jury. Suivant ce principe, il paraît clair que le juge du procès n'était pas tenu de formuler une mise en garde à l'égard de tous les témoins qui ont déposé, ni de faire des mises en garde distinctes pour le témoin complice et pour les autres témoins non fiables. En pratique, cependant, le juge du procès a estimé, suivant la règle du « bon sens » formulée par la Cour suprême dans Vetrovec, que la crédibilité de ces témoins, liés entre eux, exigeait une mise en garde. En cela, il a exhorté le jury à la prudence et l'a invité à chercher des éléments confirmatifs ailleurs dans la preuve par rapport à l'ensemble des témoignages présentés tout en mettant l'accent sur celui du complice Desbiens (le témoignage de ce dernier suffisait en soi à faire condamner l'appelant sous le premier chef d'accusation). Suivant son droit le plus strict, l'accusé a choisi de ne pas témoigner et de ne présenter aucun témoin. Son avocat s'est attaché essentiellement à faire ressortir ce qui lui paraissait être les principales faiblesses de la preuve du poursuivant, notamment en discréditant ses principaux témoins et en invitant à plusieurs reprises le jury à s'interroger sur le défaut de ce dernier de citer certains témoins susceptibles d'étayer sa preuve. La jurisprudence reconnaît que le ministère public bénéficie d'une très large discrétion dans le choix des témoins susceptibles d'établir le bien-fondé d'une inculpation. La preuve démontre que la poursuite a cité tous les témoins qu'elle avait annoncés, ainsi que plusieurs autres. Le juge a cependant commis une erreur de droit lorsque, confirmant l'énoncé du procureur de l'appelant selon lequel il n'avait pas de fardeau de preuve, il a ajouté qu'il devait créer un doute raisonnable. Il y a toutefois lieu de rejeter ce motif d'appel en appliquant l'article 686 (1) b) (iii) C.Cr. si l'on est convaincu qu'« aucun tort important ou aucune erreur judiciaire grave ne s'est produit » et qu'en l'absence de cette erreur le résultat aurait été le même. Tant par sa formulation de portée générale qu'en raison du cadre précis dans lequel elle a été faite, cette observation du juge ne pouvait laisser croire au jury que le procureur de l'appelant avait l'obligation de créer un doute raisonnable. L'appelant soutient qu'il n'a pas eu droit à un procès juste et équitable devant un tribunal impartial. Or, en analysant les interventions du juge dans *leur ensemble, on constate qu'elles étaient tout à fait justifiées et qu'elles n'ont aucunement limité le procureur de l'appelant dans sa méthode de travail, ni dans son droit de contre-interroger pleinement et efficacement les témoins de la poursuite. Ces interventions n'ont pu être comprises par les jurés que comme des manifestations d'une surveillance normale exercée par le juge dans le déroulement du procès, et non comme destinées à miner la confiance qu'ils pouvaient avoir dans le procureur de l'appelant. Ce dernier n'a donc pas été privé d'un procès juste et équitable devant un tribunal impartial.*

Législation citée

Charte canadienne des droits et libertés dans *Loi de 1982 sur le Canada*, (L.R.C. 1985, app. II, n° 44, annexe B, partie I), art. 7 — *Code criminel*, (L.R.C. 1985, c. C-46), art. 577, 591, 686 (1) *b*) (iii) — *Code criminel*, (S.R.C. 1970, c. C-34), art. 212, 214, 218, 507, 507 (3), 520 — *Preuve au Canada (Loi sur la)*, (L.R.C. 1985, c. C-5), art. 10 (1).

Jurisprudence citée

Boardman c. Director of Public Prosecutions, (1974) 3 All E.R. 887 et [1975] A.C. 421; *Boulet c. R.*, (1978) 1 R.C.S. 332 et (1977) 75 D.L.R. 223; *Brouillard dit Chatel c. R.*, (1985) 1 R.C.S. 39 et [1985] R.D.J. 38 (C.S. Can.); *Caccamo c. R.*, (1976) 1 R.C.S. 786 et (1975) 29 C.R. 78 (S.C.C.); *Dabbah c. A.G. of Palestine*, [1944] A.C. 156; *Director of Public Prosecutions c. Hester*, [1973] A.C. 296, (1973) 57 Cr. App. R. 212 et (1972) 3 All E.R. 1056; *Drolet c. R.*, C.A. Québec 200-10-000136-83, le 13 février 1987 *(J.E. 87-367)*; *Gagnon c. R.*, [1987] R.L. 522 (C.A.) et (1988) 12 Q.A.C. 32 (Que. C.A.); *Grondkowski c. Malinowski*, (1945-46) 31 Cr. App. R. 116; *Guay c. R.*, (1979) 1 R.C.S. 18 et (1979) 42 C.C.C. 536 (S.C.C.); *Jones c. National Coal Board*, (1957) 2 All E.R. 155; *Kirsch c. R.*, (1981) 1 R.C.S. 440; *Lemay c. R.*, (1952) 1 R.C.S. 232, (1952) 14 C.R. 89 (S.C.C) et (1952) 102 C.C.C. 1 (S.C.C.); *Makin c. A.G. of New South Wales*, [1894] A.C. 57; *Patterson c. R.*, [1970] R.C.S. 409 et (1971) 2 C.C.C. 227 (S.C.C.); *R. and Arviv (Re)*, (1985) 20 D.L.R. 422 (Ont. C.A.) et (1985) 1 R.C.S. v; *R. c. Arviv*, (1985) 19 C.C.C. 395 (Ont. C.A.); (1985) 45 C.R. 354 (Ont. C.A.) et (1985) 51 O.R. 551 (Ont. C.A.); *R. c. B. (C.R.)*, (1990) 1 R.C.S. 717, (1990) 55 C.C.C. 1 (S.C.C.) et (1990) 76 C.R. 1 (S.C.C.); *R. c. Baskerville*, (1916) 2 K.B. 658 et (1916-17) 12 Cr. App. R. 81; *R. c. Denis*, (1967) 1 C.C.C. 196 (Que. C.A.); *R. c. Doiron*, (1985) 19 C.C.C. 350 (N.S.C.A.); *R. c. Gallagher*, (1974) 59 Cr. App. R. 239; *R. c. Green*, (1988) 1 R.C.S. 228; *R. c. Hulusi*, (1974) 58 Cr. App. R. 378; *R. c. Koffman*, (1985) 20 C.C.C. 232 (Ont. C.A.); *R. c. Lalonde*, (1972) 1 O.R. 376 (H.C.J.), (1972) 5 C.C.C. 168 (Ont. H.C.J.) et (1971) 15 C.R. 1 (Ont. H.C.J.); *R. c. Morin*, (1986) 23 C.C.C. 550 (Ont. H.C.J.); *R. c. Oliva*, (1965) 49 Cr. App. R. 298; *R. c. Pavlukoff*, (1953) 106 C.C.C. 249 (B.C.C.A.); *R. c. Robertson*, (1987) 1 R.C.S. 918; *R. c. Rosamond*, (1983) 149 D.L.R. 716 (Sask. Q.B.); *R. c. Torbiak*, (1975) 18 C.C.C. 229 (Ont. C.A.) et (1974) 26 C.R. 108 (Ont. C.A.); *R. c. Turkeiwicz*, (1980) 50 C.C.C. 406 (Ont. C.A.); *R. c. Valley*, (1986) 26 C.C.C. 207 (Ont. C.A.); *R. c. Yanover*, (1985) 20 C.C.C. 300 (Ont. C.A.); *R. c. Yebes*, (1987) 2 R.C.S. 168; *R. c. Zehr*, (1981) 54 C.C.C. 65 (Ont. C.A.); *Seneviratne c. R.*, (1936) 3 All E.R. 36; *Simard c. R.*, C.A. Québec 200-10-000112-883, le 30 octobre 1989 *(J.E. 90-32)*; *Skogman c. R.*, (1984) 2 R.C.S. 93 et (1984) 13 C.C.C. 161 (S.C.C.); *Sweitzer c. R.*, (1982) 1 R.C.S. 949; *Taillefer c. R.* [1989] R.J.Q. 2023 (C.A.) et (1990) 26 Q.A.C. 246 (Que. C.A.); *Tidds Trial*, (1820) 33 How. St. Tr. 1338; *Vetrovec c. R.*, (1982) 1 R.C.S. 811 et (1982) 67 C.C.C. 1 (S.C.C.).

Doctrine citée

Joy. *Evidence of Accomplices*. Dublin, 1836. P. 14; Fauteux, Gérald. *Le livre du magistrat*. Ottawa: Approvisionnements et Services Canada, 1980. 203 p., p. 56; Grenier, Bernard. « La Charte et le droit à la communication de la preuve », dans Formation permanente du Barreau du Québec. *Nouveaux développements en droit criminel découlant de la Charte canadienne des droits et libertés*. Cowansville : Y. Blais, 1988. Pp. 101-116, 107 ; Grossman, Barry K. « Disclosure by the Prosecution: Reconciling Duty and Discretion », (1987-88) 30 *Crim. L.Q.* 346-377, 365 ; Hébert, Jean-Claude. « Chroniques. La preuve circonstancielle — Le verdict déraisonnable — Le choix des témoins par la couronne », (1987) 47 *R. du B.* 1186-1198, 1194 *et sqq.*

•

TEXTE INTÉGRAL DU JUGEMENT

La Cour :

Statuant sur le pourvoi d'Yves Plamondon contre des verdicts de culpabilité prononcés par un jury, le 18 avril 1986, au terme d'un procès présidé par l'honorable Jacques Ducros, de la Cour supérieure (juridiction criminelle) du district de Montréal, en vertu desquels il fut déclaré coupable sur chacun des trois chefs d'accusation suivants, que le Procureur général du Québec a déclaré privilégiés conformément aux dispositions de l'article 507 (3) du *Code criminel*[1] (devenu art. 577) :

> 1.- Au Lac Beauport, district de Québec, le ou vers le 13 août 1985, a illégalement commis un meurtre au premier degré sur la personne de Claude Simard, contrairement aux articles 212, 214 et 218 du *Code criminel* canadien.
>
> 2.- À Québec, district de Québec, le ou vers le 13 avril 1985, a illégalement commis un meurtre au premier degré sur la personne de Denis Ouellet, contrairement aux articles 212, 214 et 218 du *Code criminel* canadien.
>
> 3.- À Québec, district de Québec, le ou vers le 1er décembre 1983, a illégalement commis un meurtre au premier degré sur la personne de Armand Sanschagrin, contrairement aux articles 212, 214 et 218 du *Code criminel* canadien.

Après étude du dossier, audition et délibéré ;

Pour les motifs exposés dans l'opinion écrite du juge Dussault, dont un exemplaire est déposé avec le présent arrêt, et auxquels souscrivent le juge Beauregard et la juge Tourigny ;

M. le juge Dussault. L'appelant, Yves Plamondon, se pourvoit contre des verdicts de culpabilité prononcés par un jury, le 18 avril 1986, au terme d'un procès par l'honorable Jacques Ducros, de la Cour supérieure (juridiction criminelle) du district de Montréal, en vertu desquels il fut déclaré coupable sur chacun des trois chefs d'accusation énoncés dans l'acte d'accusation suivant, que le Procureur général du Québec a déclaré privilégiés conformément aux dispositions de l'article 507 (3) du *Code criminel* (devenu art. 577)[2] :

> 1.- Au Lac Beauport, district de Québec, le ou vers le 13 août 1985, a illégalement commis un meurtre au premier degré sur la personne de Claude Simard, contrairement aux articles 212, 214 et 218 du *Code criminel* canadien.
>
> 2.- À Québec, district de Québec, le ou vers le 13 avril 1985, a illégalement commis un meurtre au premier degré sur la personne de Denis Ouellet, contrairement aux articles 212, 214 et 218 du *Code criminel* canadien.
>
> 3.- À Québec, district de Québec, le ou vers le 1er décembre 1983, a illégalement commis un meurtre au premier degré sur la personne de Armand Sanschagrin, contrairement aux articles 212, 214 et 218 du *Code criminel* canadien.

Le même jour, l'appelant fut condamné, sur chacun de ces trois chefs, à l'emprisonnement à perpétuité[3].

Les faits

Yves Plamondon est bien connu dans le milieu de la drogue pour en faire le commerce. La preuve révèle qu'il s'approvisionnait à Montréal, ville où il habitait. Il acheminait ensuite la drogue à Québec, par l'intermédiaire d'un dénommé Clément Demers. Les fins de semaine, Plamondon se rendait lui-même à Québec pour y cueillir les profits de ce commerce lucratif. Il se faisait généralement accompagner de sa concubine, Johanne Robitaille, qui tenait sa comptabilité. C'est dans le cours normal de ces activités qu'auraient été commis les meurtres de Claude Simard, de Denis Ouellet et d'Armand Sanschagrin,

---

(1) S.R.C. 1970, c. C-34 maintenant L.R.C. 1985, c. C-46.

(2) M.a., annexe I, vol. I, p. 105.

(3) M.a., annexe II, vol. XIV, pp. 3134-3135.

tous tués par balles de revolver, tirées à bout portant, dans le dos.

Claude Simard s'était associé à un dénommé Jean-Pierre Boudreau pour faire le commerce de la drogue. Dans le cours de ce commerce, il avait contracté des dettes envers l'appelant. Ce dernier voulut se faire payer et, à cette fin, tenta, sans succès, avec l'aide de Simard et d'un dénommé André Desbiens, de retracer Jean-Pierre Boudreau, qu'il savait en possession d'une partie de la drogue qu'il avait offerte aux associés à titre d'avance. Le soir du 13 août 1985, il convoqua Claude Simard à la taverne Desrosiers sous prétexte de lui avancer une autre livre de haschisch. Apprenant de ce dernier qu'il venait d'échouer dans une ultime tentative pour trouver son associé, il aurait alors décidé de le tuer. Croyant qu'ils allaient chercher le haschisch promis, Simard accompagna l'appelant et Desbiens à Lac Beauport. C'est à cet endroit, sur une route déserte, qu'il fut trouvé sans vie.

Denis Ouellet faisait aussi le commerce de la drogue. Dans le cours de ce commerce, il avait contracté diverses dettes, dont une de 3 900 $ envers l'appelant. Ce dernier lui aurait alors demandé de venir à Québec le rencontrer à la taverne Desrosiers. Au terme de cette rencontre, qui eut lieu le 13 avril 1985, Ouellet se serait rendu en compagnie de l'appelant jusqu'à la rue Bourdage. La journée même, on l'y retrouva sans vie dans sa voiture.

Armand Sanschagrin avait aussi contracté des dettes de drogue, non pas envers l'appelant mais envers certaines personnes du monde interlope. Incapable de payer ses dettes, il aurait accepté de commettre un vol qualifié lors d'une rencontre avec l'appelant à la brasserie Le Tonneau. La réalisation de ce projet l'aurait amené à suivre l'appelant jusqu'à l'escalier qui relie la côte Franklin à la rue Kirouac. Il fut retrouvé mort à cet endroit le 1er décembre 1983.

Lors du procès, le ministère public fit entendre plusieurs témoins, dont le principal fut André Desbiens. Ce dernier a relaté les circonstances qui ont entouré l'exécution de Claude Simard à Lac Beauport, indiquant avoir lui-même assisté à cette exécution. Il a témoigné également d'un plan conçu par l'appelant pour exécuter Denis Ouellet et a avoué avoir caché l'arme qui aurait servi à le tuer. Desbiens a déclaré enfin avoir reçu des confidences de l'appelant concernant le meurtre d'Armand Sanschagrin. Le témoignage de Desbiens fut capital. C'est essentiellement sur la foi de ce témoignage que l'appelant fut déclaré coupable de meurtre au premier degré sur chacun des trois chefs d'accusation précités.

Les requêtes préliminaires au procès

Dès l'ouverture du procès dans le district de Québec, le 18 février 1986, le juge chargé de présider entendit hors jury plusieurs requêtes, dont deux très importantes. La première, sous forme écrite, demandait la séparation des chefs d'accusation [4]. Le juge la prit en délibéré et la rejeta le 24 février 1986 [5]. La seconde, simplement verbale, visait à obtenir à l'avance copie des déclarations extrajudiciaires des témoins. Le juge l'accueillit partiellement séance tenante. Le procès commença effectivement devant jury le 10 mars suivant, mais avorta dès le lendemain. Le juge ordonna alors un changement de venue, et un nouveau procès, toujours sous sa présidence, débuta dans le district de Montréal le 17 mars 1986. La veille de l'audition du tout premier témoin, cette journée fut consacrée à une nouvelle audition de ces requêtes [6].

La requête pour séparation des chefs d'accusation

Tant le 18 février que le 17 mars 1986, le procureur de l'appelant a plaidé, à l'appui de cette requête, que le document résumant la preuve que le ministère public entendait présenter lors du procès [7] ne faisait voir aucune similitude entre les trois chefs d'accusation à telle enseigne que, si on procédait séparément sur

---

(4) M.a., annexe I, vol. 1, pp. 82-83. Produite le 13 janvier 1986, cette requête avait été entendue trois jours plus tard par le juge Trottier, qui l'avait renvoyée au juge du procès pour décision: C.S. Québec 200-01-007444-858, le 20 janvier 1986.

(5) *Id.*, pp. 80-95.

(6) *Id.*, pp. 118-189.

(7) *Id.*, pp. 97-104: *Divulgation de la preuve*.

chacun de ces chefs, il ne serait pas possible d'utiliser dans l'un la preuve disponible dans chacun des deux autres, et vice versa, ces chefs ne pouvant nullement faire l'objet d'une preuve de faits similaires.

Le substitut du Procureur général, pour sa part, a souligné que le document intitulé « Divulgation de la preuve » faisait clairement ressortir plusieurs similitudes entre chacun des trois chefs d'accusation. Il a ajouté que, même si l'on procédait sur un seul chef, la preuve disponible dans les deux autres serait admissible comme preuve de faits similaires. Il a insisté en particulier sur les similitudes suivantes : l'identité du mobile dans chacun des trois meurtres (dettes de drogue); les victimes ont toutes été attirées par un stratagème (deux à la taverne Desrosiers, l'autre à la brasserie Le Tonneau); les victimes furent toutes tuées par une arme de fort calibre et de façon presque identique, soit tirées à bout portant et dans le dos; et, finalement, l'appelant fut la toute dernière personne vue avec les victimes avant leur décès. Il a conclu, en conséquence, qu'il n'était pas dans l'intérêt de la justice de séparer ces chefs d'accusation et de multiplier les procès.

Le 24 février 1986, au terme d'un long jugement dans lequel il étudia les pouvoirs du juge du procès sous l'article 520 du *Code criminel* (devenu art. 591) et la jurisprudence en matière de faits similaires, le premier juge rejeta la requête [8]. Il déclara ne pas être convaincu « que les fins de la justice exigent que l'accusé subisse son procès séparément sur chacun des chefs d'accusation ou même sur deux des trois chefs d'accusation », estimant au contraire « que les fins de la justice exigent que l'accusé subisse un seul procès sur les trois chefs d'accusation » [9]. Le 17 mars 1986, à la suite de la nouvelle audition de la requête, le même juge conclut qu'il n'avait « rien à ajouter aux motifs mentionnés dans [son] jugement du 24 février » et le déposa tel quel dans le dossier du nouveau procès [10].

La requête pour production de déclarations extrajudiciaires

Comme la requête initiale dans le même sens, la requête présentée par le procureur de l'appelant, le 17 mars 1986, visant à obtenir à l'avance copie des déclarations extrajudiciaires des témoins, fut accueillie en partie seulement, le premier juge la rejetant en ce qui concerne les principaux témoins à charge qui provenaient tous du milieu du commerce de la drogue [11], soit André « Bull » Desbiens, Michel « Mike » Blass, Johanne Robitaille, Jean-Pierre Boudreau et Clément Demers. Soulignant avoir des indices sérieux lui permettant de craindre que la sécurité de ces témoins soit en danger ou encore qu'ils ne fassent l'objet de tentatives d'intimidation, le juge estima, dans les circonstances, que les intérêts de la justice devaient prévaloir sur ceux de l'accusé. Il ordonna, par conséquent, que les déclarations extrajudiciaires de ces principaux témoins ne soient remises à l'appelant qu'au moment de leur assermentation et « non avant [12] ». Il ordonna toutefois que les déclarations des autres témoins dont le nom apparaît au document intitulé « Divulgation de la preuve » soient immédiatement remises au procureur de l'appelant [13].

La requête en réouverture d'enquête et présentation d'une preuve nouvelle

Quelques jours avant l'audition devant la Cour d'appel, l'appelant présenta une requête pour obtenir une réouverture d'enquête aux fins de présenter une nouvelle preuve. Dès le début de l'audience, la Cour entendit les représentations des parties sur cette requête et la rejeta séance tenante [14]. La Cour exprima l'avis que la requête ne satisfaisait pas aux règles dégagées par la jurisprudence pour permettre la réception de la preuve proposée, ajoutant, au surplus, que la requête ne contenait pas de déclaration sous serment de qui que ce soit soutenant de connais-

---

(8) *Id.*, p. 80-95.
(9) *Id.*, p. 94.
(10) *Id.*, pp. 119-120.

(11) *Id.*, pp. 121-122 et 189-193.
(12) *Id.*, p. 193.
(13) *Id.*, p. 189.
(14) *Plamondon c. R.*, C.A. Québec 200-10-000087-861, le 13 septembre 1990.

sance personnelle les faits qui y étaient allégués.

Les motifs d'appel

L'appelant propose cinq motifs au soutien de son appel; il convient de les reproduire tels que formulés :

1. L'honorable juge de première instance a commis une erreur de droit en décidant que les trois événements faisant l'objet de chacun des chefs d'accusation reprochés à votre appelant étaient susceptibles d'être mis en preuve dans un procès tenu sur un seul de ces chefs, au motif qu'il s'agissait d'actes similaires, et cette erreur a vicié sa décision d'ordonner la tenue d'un procès conjoint sur les trois chefs d'accusation.

2. La Couronne, ayant choisi de procéder par voie de mise en accusation privilégiée, a compromis le droit de votre appelant à un procès juste et équitable en ne lui révélant pas suffisamment longtemps à l'avance et avec suffisamment de détails les éléments de preuve au soutien de l'accusation.

3. Votre appelant n'a pas bénéficié, dans l'exposé du juge au jury, d'une mise en garde suffisante contre l'imprudence qu'il y avait à croire des témoins tarés comme l'étaient ses principaux accusateurs.

4. L'honorable juge de première instance a commis une erreur de droit en déclarant au jury qu'il ne pouvait s'interroger sur le défaut par la Couronne d'avoir produit certaines preuves.

5. L'honorable juge de première instance, par ses interventions nombreuses et hostiles à l'égard de l'avocat de la défense, a privé l'accusé de son droit à un procès juste et impartial.

Examinons maintenant chacun de ces motifs.

1. Le premier juge a-t-il erré en refusant de séparer les chefs d'accusation?

L'appelant reconnaît d'emblée qu'« en principe la question de la séparation ou de la réunion des chefs d'accusation est déterminée par le juge de première instance dans l'exercice de sa discrétion judiciaire [15] ». Cela n'empêche pas toutefois, selon lui, que la Cour d'appel peut « intervenir si le dossier fait voir que l'exercice de cette discrétion fut vicié par une erreur de droit ou qu'il en ait résulté pour l'accusé un préjudice tel que son droit à un procès juste et équitable a été compromis [16] ». Or, à son avis, c'est précisément ce qui s'est produit en l'espèce.

L'appelant soutient en substance que l'erreur de droit à la source du préjudice considérable que lui a causé la tenue d'un seul procès découle essentiellement du fait qu'avant de conclure que les preuves disponibles pour chacun des trois meurtres pourraient de toute façon être admises dans des procès séparés, à titre de faits similaires, le premier juge aurait dû s'interroger, d'une part, sur la pertinence qu'ont ces preuves les unes envers les autres — ce qu'il aurait omis de faire — et, d'autre part, une fois cette pertinence « spéciale » établie, sur l'aptitude de ces preuves, en raison de leur similitude, à se conférer mutuellement une valeur probante suffisante pour contrebalancer le préjudice qu'elles causeraient inévitablement à l'appelant — ce sur quoi il se serait trompé [17].

a) La pertinence de la preuve

Soulignons, d'entrée de jeu, que les plus hautes instances judiciaires reconnaissent que les divers chefs d'un acte d'accusation peuvent, dans certains cas, servir de faits similaires les uns par rapport aux autres [18]. Elles reconnaissent également qu'il s'agit là d'une décision qui relève de la discrétion du juge du procès [19], tout comme l'est d'ailleurs la décision d'admettre en preuve des faits similaires lorsqu'il n'y a qu'un seul chef d'accusation [20]. Dans un cas comme dans l'autre, toutefois, il faut que la preuve « porte

---

(15) M.a., vol. I, p. 9.

(16) *Ibid.*
(17) *Id.*, p. 10.
(18) *Guay c. R.*, (1979) 1 R.C.S. 18; *Boardman c. Director of Public Prosecutions*, (1974) 3 All E.R. 887.
(19) *Guay, supra*, note 18, 32.
(20) *R. c. C.R.B.*, (1990) 1 R.C.S. 717, 733-734, par la juge McLachlin, au nom de la majorité, laquelle brosse un large tableau de l'évolution historique des critères applicables à l'admission de la preuve de faits similaires, en Angleterre et au Canada.

sur une question dont le jury est saisi[21] » (La traduction est du soussigné.), en d'autres termes, qu'elle ait « rapport [avec] une question qu'il importe de trancher pour résoudre le procès[22] ».

Appliquant ce critère à l'espèce, l'appelant soutient qu'il n'existe pas de motif légitime pour introduire en preuve, dans le procès d'un des meurtres qu'on lui reproche, la preuve des deux autres[23]. Il fonde sa prétention sur le fait qu'aucune des catégories esquissées par le comité judiciaire du Conseil privé dans *Makin c. A.G. of New South Wales*[24], dont la liste s'est précisée et allongée au cours des années sans jamais pourtant en venir à être considérée comme exhaustive[25], ne s'appliquerait en l'espèce. À son avis, « dans [son] procès [...] sur l'un quelconque de ces chefs, la seule question qui se serait posée au jury aurait été celle de savoir s'il croyait ou non la version rapportée par les témoins de la poursuite[26] ». Il s'empresse de préciser toutefois que « la crédibilité des témoins, même s'il s'agit là d'une question que le jury doit se poser dans sa délibération, n'est pas l'un des points en litige au sens où l'entendent la Chambre des lords et la Cour suprême lorsqu'elles disent que la preuve d'actes similaires doit être justifiée par sa pertinence sur l'une des questions en litige[27] ».

Je suis d'avis que l'appelant a tort. En inscrivant trois chefs d'accusation de meurtre au premier degré dans le même acte d'accusation, ce qui entraînait en principe la tenue d'un seul procès pour l'ensemble des trois chefs, l'intimée s'appuyait sur un motif légitime. Elle souhaitait prouver que les agissements de l'appelant lors de chacun des meurtres révélaient « l'existence d'un système ou d'un dessein[28] » et, par ce moyen, renforcer la crédibilité de ses témoins sur chacun de ces meurtres. Contrairement à ce que soutient l'appelant, la démarche de l'intimée s'inscrit donc très bien dans le cadre de « [l]a méthode des catégories associée à l'arrêt *Makin*[29] ». Cela n'a plus vraiment d'importance toutefois étant donné qu'en raison de son caractère trop mécanique cette méthode a été rejetée aussi bien en Angleterre[30] qu'au Canada[31] au profit d'un principe général plus souple qui consiste à déterminer « si la valeur probante de la preuve présentée l'emporte sur son effet préjudiciable[32] », à l'égard duquel « le juge du procès possède en droit un large pouvoir discrétionnaire[33] ».

La difficulté en l'espèce vient peut-être du fait que, dans les conclusions de son jugement du 24 février 1986[34], le premier juge n'a pas indiqué expressément la question à laquelle se rapportait la preuve de faits similaires, en d'autres termes en quoi, dans un procès séparé, la preuve des deux autres meurtres aurait eu une pertinence sur « une question qu'il importe de trancher pour résoudre le procès[35] ». Comme le souligne Mme la juge McLachlin, de la Cour suprême, dans *R. c. C.R.B.*[36] : « Il me semble qu'il est préférable, dans les cas où il est question d'une preuve de faits similaires extrêmement préjudiciable, que le juge indique clairement en quoi la preuve est pertinente. Cela est encore plus vrai quand il y a un jury. »

Une analyse attentive du jugement du premier juge me convainc toutefois que ce défaut est bien plus apparent que réel, celui-ci ayant préféré

---

(21) *Makin c. A.G. of New South Wales*, [1894] A.C. 57, 65 par lord Herschell; *Boardman, supra,* note 18, 893 où lord Morris parle d'« un rapport vraiment important avec les questions à trancher » (La traduction est du soussigné.).
(22) *Boulet c. R.*, (1978) 1 R.C.S. 332, 352, juge Beetz.
(23) M.a., vol. I, p. 11.
(24) Voir *supra,* note 21.
(25) *Sweitzer c. R.*, (1982) 1 R.C.S. 949, 952-953, par le juge McIntyre.
(26) M.a., vol. I, pp. 11-12.
(27) *Id.*, p. 12.

(28) Voir *supra,* note 25.
(29) Voir *supra,* note 20, 726.
(30) *Boardman, supra,* note 18.
(31) Voir *supra,* note 25, 953 ; *Guay, supra,* note 18, 32, par le juge Pigeon : « Il n'y a pas de catalogue rigide des cas où cette preuve [de faits similaires] est recevable » ; *R. c. Robertson*, (1987) 1 R.C.S. 918, 943.
(32) Voir *supra,* note 20, 735.
(33) *Id.*, 733.
(34) Voir *supra,* note 4, pp. 94-95.
(35) Voir *supra,* note 22.
(36) Voir *supra,* note 20, 738.

laisser parler la doctrine et la jurisprudence plutôt que de faire lui-même de longs développements. À mon avis, il ressort clairement du jugement — quoique de façon relativement implicite en raison de la technique de rédaction utilisée — que le premier juge s'est posé à bon escient la question de la pertinence de la preuve et qu'il a nettement jugé que la preuve des faits similaires en cause (les agissements de l'appelant lors de chacun des meurtres) se rapportait à la question de savoir s'il fallait croire les témoins de l'intimée [37].

b) *La valeur probante de la preuve*

Appliquant à l'espèce le critère élaboré par la jurisprudence moderne voulant que, pour être admis à titre de faits similaires, les éléments de preuve doivent avoir un caractère de similitude tel qu'il leur confère une valeur probante suffisamment grande pour contrebalancer leur effet préjudiciable [38], l'appelant soutient que le premier juge s'est trompé en retenant comme suffisants, du moins implicitement, certains des points de similitude allégués par le substitut du Procureur général dans sa plaidoirie, ceux-ci lui paraissant à maints égards artificiels, voire même puérils [39].

Voyons d'abord comment le premier juge a résumé cette plaidoirie, qui l'a manifestement amené à conclure que l'appelant devait subir son procès « sur les trois chefs d'accusation conjointement [40] ».

Me De La Sablonnière a plaidé que la simple lecture de la pièce J-1 faisait ressortir une foule de similitudes et que même si on procédait sur un seul chef, la preuve des deux autres chefs serait admissible comme preuve de faits similaires et que, par conséquent, il n'est pas dans l'intérêt de la justice de diviser ces chefs d'accusation et de multiplier les procès. Parmi les similitudes, le procureur de l'intimée a mentionné les suivantes :

— même mobile dans chaque cas. Les victimes devaient des « dettes de drogue » de plusieurs centaines de dollars à l'accusé ;

— toutes les victimes ont été attirées par l'accusé Plamondon par un stratagème ou offre de faveur, deux à la taverne Desrosiers, et l'autre à la brasserie Le Tonneau ;

— les trois victimes ont été assassinées par une arme de fort calibre et de façon presque identique ; la première, cinq balles dans le dos et la nuque ; la deuxième, quatre balles dans la tête et la nuque, et la troisième, trois balles dans le dos et trois balles à l'abdomen ;

— dans chacun des trois cas, l'accusé Plamondon est identifié comme étant la dernière personne vue avec la victime avant son décès.

Toujours selon Me De La Sablonnière, le mobile et le modus operandi sont similaires et le requérant ne s'est pas déchargé de son fardeau d'établir par prépondérance de preuve que les intérêts de la justice exigent trois procès séparés.

Le premier juge a-t-il commis une erreur en voyant suffisamment de points communs entre les trois meurtres pour juger implicitement que, même s'il ordonnait la tenue de procès séparés, la preuve recueillie sur chacun des meurtres devrait nécessairement être admise dans les autres à titre de faits similaires et en permettant en conséquence au ministère public de procéder sur les trois chefs d'accusation dans un seul procès ?

En lisant son jugement, je constate d'abord que le premier juge, tant en ce qui concerne l'exercice du pouvoir que lui donne l'article 520 du *Code criminel* (devenu art. 591) d'ordonner la tenue de procès séparés qu'en ce qui concerne la question des faits similaires, a formulé les bons critères juridiques, même s'il l'a fait de façon plutôt implicite en laissant parler la doctrine et la jurisprudence pertinente. Cela est vrai, comme je l'ai mentionné plus haut, en ce qui concerne la pertinence de la preuve de faits similaires ; cela l'est également en ce qui concerne la valeur probante de cette preuve.

Il reste à déterminer toutefois si le premier juge a eu raison de conclure comme il l'a fait et de refuser ainsi de séparer les chefs d'accusation. Soulignons que la jurisprudence donne au tribunal

---

(37) *Ibid.*, par analogie.
(38) Voir *supra*, note 20, 735.
(39) M.a., vol. I, pp. 16 *et sqq*.
(40) M.a., annexe I, vol. I, p. 95. Voir *supra*, note 4, pp. 119-122 et 189-193.

d'appel un rôle fort restreint à cet égard. Il ne lui appartient pas en effet de prendre la place du premier juge et de substituer son jugement au sien « quant à savoir où se situe l'équilibre entre le préjudice et la valeur probante [...] de la preuve [41] ». Comme le souligne Mme la juge McLachlin, de la Cour suprême, résumant la jurisprudence sur la question [42] :

> Un troisième aspect de la façon dont notre Cour a traité la règle de la preuve de faits similaires depuis l'arrêt *Boardman* est la tendance à largement respecter la décision du juge du procès, à qui revient la tâche délicate de soupeser la valeur probante de la preuve et son effet préjudiciable. Dans l'arrêt *Morris* [[1983] 2 R.C.S. 190], la Cour a affirmé qu'il appartient au juge du procès de déterminer si la preuve a une valeur probante suffisante. De même, dans les arrêts *Guay, Robertson, Morin* [[1988] 2 R.C.S. 345] et *D.(L.E.)* [[1989] 2 R.C.S. 111], la Cour a confirmé la décision du juge du procès quant à la preuve de faits similaires. Ce respect envers la décision du juge du procès peut être perçu en partie comme une fonction de la nature plus générale et discrétionnaire de la règle moderne, à l'étape où la valeur probante de la preuve doit être soupesée en fonction de son effet préjudiciable. Par suite du rejet de la méthode des catégories, l'admissibilité d'une preuve de faits similaires depuis l'arrêt *Boardman* est une question qui comporte effectivement l'exercice d'un certain pouvoir discrétionnaire. Comme on l'a souligné dans l'arrêt *Morris*, le poids à accorder à la preuve est une question qui relève du juge des faits. Généralement, lorsque le juge du procès possède en droit un large pouvoir discrétionnaire, *les tribunaux d'appel hésitent à s'immiscer dans l'exercice de ce pouvoir en l'absence d'une erreur manifeste de droit ou de compétence.*

[Les italiques sont du soussigné.]

En lisant cet extrait, on constate qu'il appartenait au premier juge de décider, dans la présente espèce, si les éléments de preuve mis en avant par l'intimée concernant les agissements de l'appelant lors de chacun des trois meurtres démontraient l'existence d'un *modus operandi* suffisamment spécifique pour justifier leur recevabilité, en d'autres termes, si la valeur probante de ces éléments l'emportait sur tout effet préjudiciable que leur réception pouvait avoir à l'égard de l'appelant. Ne constatant aucune « erreur manifeste de droit ou de compétence » ou encore d'« erreur grossière » dans la façon dont le premier juge a exercé sa discrétion, je conclus qu'il l'a exercée de façon judiciaire en décidant que, toutes choses prises en compte, les fins de la justice seraient mieux servies par la tenue d'un seul procès sur l'ensemble des trois chefs d'accusation. En conséquence, je propose que ce premier motif d'appel soit rejeté.

2. La divulgation de la preuve a-t-elle été insuffisante et tardive ?

Dans le cadre du pourvoi actuel, l'appelant ne conteste pas la décision du Procureur général de procéder par voie de mise en accusation privilégiée. Il plaide toutefois « que le choix de cette procédure oblige [...] la Couronne à donner à l'accusé une communication de la preuve suffisante pour que son procès soit juste et équitable [43] ». Il fait valoir essentiellement « qu'un procès criminel tenu en l'absence de l'enquête préliminaire et sans divulgation *suffisante de preuve* ne satisferait pas aux critères de l'article 7 de la *Charte canadienne des droits et libertés* [44] ».

De façon plus précise, l'appelant formule trois griefs. Le premier vise le document intitulé « Divulgation de la preuve [45] » que lui a communiqué le ministère public durant la dernière semaine du mois de janvier 1986, soit deux semaines avant le début de son procès. À son avis, « la divulgation consentie par la Couronne (dans ce document) était tellement réduite qu'elle ne constitue même pas le squelette de la cause [46] ». Le deuxième grief concerne le double refus du juge du procès d'ordonner au ministère

---

(41) Voir *supra*, note 20, 738.
(42) *Id.*, 733. Voir dans le même sens *R. c. Green*, (1988) 1 R.C.S. 228 ; *Drolet c. R.*, C.A. Québec 200-10-000136-83, le 13 février 1987 (*J.E.* 87-367), dans lequel le juge Dubé parle de la nécessité d'une « erreur grossière ».
(43) M.a., vol. I, p. 24.
(44) *Ibid.*
(45) Voir *supra*, note 4, pp. 97-104 : *Divulgation de la preuve*.
(46) M.a., vol. I, p. 27.

public de lui remettre une copie des déclarations extrajudiciaires des principaux témoins à charge avant que ceux-ci ne soient assermentés [47]. Selon l'appelant, l'argument du ministère public, retenu par le juge, voulant « que la sécurité des témoins pourrait être compromise [par une telle ordonnance] est tout à fait fallacieux » et ne constitue qu'un « prétexte [48] ». Le troisième grief concerne le cas particulier de Johanne Robitaille, concubine de l'appelant et un des principaux témoins à charge. L'appelant soutient qu'il n'a jamais reçu, le vendredi 4 avril 1986, les déclarations extrajudiciaires de ce témoin malgré le fait que ce dernier venait d'être assermenté. Il ajoute que le juge aurait même refusé d'en « ordonner la remise à l'ajournement [...] privant [ainsi] l'avocat de l'accusé de la préparation d'un contre-interrogatoire durant la fin de semaine [49] ». Examinons tout à tour chacun de ces griefs.

a) La prétendue insuffisance du document intitulé « Divulgation de la preuve »

Essentiellement, l'appelant plaide que le « résumé fort imparfait donné à la défense fin janvier 1986 à 15 jours de la date du début de procès » ne constituait pas « une divulgation suffisante de la preuve pour permettre à celle-ci de préparer adéquatement la cause [50] ». Nous invitant à comparer « les informations contenues à ce résumé avec la totalité de la preuve apportée par les principaux témoins [51] », il conclut pour sa part que cette comparaison démontre clairement « que la divulgation pratiquée en l'espèce était tellement éloignée de ce qu'elle aurait dû être que [son] droit à un procès juste et équitable en a été irrémédiablement compromis [52] ».

Soulignons au départ que la question de la divulgation de la preuve avant procès a surtout fait l'objet de prononcés judiciaires dans des situations où une enquête préliminaire était en cause. Dans de tels cas, même depuis la *Charte canadienne des droits et libertés* [53], les tribunaux se sont montrés peu enclins à intervenir pour étendre l'obligation du poursuivant de révéler la preuve au-delà de ce qui est nécessaire pour qu'un accusé soit cité à son procès [54].

Qu'en est-il cependant dans une situation où, comme en l'espèce, il n'y a pas eu d'enquête préliminaire, le Procureur général ayant préféré procéder par voie de mise en accusation privilégiée? Dans une telle situation, les tribunaux semblent être disposés à reconnaître à l'inculpé un droit à la divulgation de la preuve plus étendu. Comme le souligne le juge Martin, parlant au nom de la Cour d'appel de l'Ontario, dans *R. c. Arviv* [55] :

> The preferring of a direct indictment under s. 507(3) of the Code *in combination with the failure of the Crown to make adequate disclosure might*, however, result in an accused being unable to make full answer and defence at this trial, thereby contravening s. 7 of the Charter and enabling the trial judge to fashion a remedy under s. 24(1).

[Les italiques sont du soussigné.]

Auparavant, il avait pris soin toutefois de préciser [56] :

> A preliminary hearing is not, of course, *the only way* of providing disclosure or discovery of the Crown's case.

[Les italiques sont du soussigné.]

---

(47) Voir *supra*, note 4, pp. 121-122 et 189-193.
(48) Voir *supra*, note 46.
(49) M.a., vol. I, p. 27.
(50) *Id.*, pp. 28-29.
(51) *Id.*, p. 29.
(52) *Id.*, p. 33.

(53) Dans *Loi de 1982 sur le Canada*, (L.R.C. 1985, app. II, nº 44, annexe B, partie I).
(54) L'arrêt de la Cour suprême dans *Patterson c. R.*, [1970] R.C.S. 409, statuant qu'il n'y a pas d'obligation générale de divulgation de la preuve à l'enquête préliminaire fait toujours autorité. Voir Barry K. Grossman. « Disclosure by the Prosecution: Reconciling Duty and Discretion », (1987-88) 30 *Crim. L.Q.* 346, 365. Dans *Skogman c. R.*, (1984) 2 R.C.S. 93, 105, le juge Estey précise toutefois que l'enquête préliminaire sert aussi à l'accusé en ce qu'elle lui permet de « découvrir et d'apprécier la nature de la preuve qui sera déposée contre lui à son procès ».
(55) (1985) 45 C.R. 354 (Ont. C.A.), 366, autorisation de pourvoi refusée par la Cour suprême (1985) 1 R.C.S. v. Voir dans le même sens *R. c. Rosamond*, (1983) 149 D.L.R. 716 (Sask. Q.B.).
(56) *Id.*, 365.

Il paraît clair, suivant ces principes, que la procédure de mise en accusation privilégiée, sans enquête préliminaire, doit être accompagnée d'une divulgation suffisante de la preuve par d'autres moyens pour être jugée compatible avec l'article 7 de la *Charte canadienne des droits et libertés*[57]. Nulle part, toutefois, ne trouve-t-on dans la jurisprudence une définition précise du contenu de cette obligation de divulgation avant procès[58]. Évaluée dans chaque cas, l'aptitude de la preuve à fournir à l'accusé une défense pleine et entière et à lui assurer un procès juste et équitable demeure en fait le meilleur guide.

Dans la présente espèce, un examen attentif du document intitulé « Divulgation de la preuve » me convainc que ce dernier constitue non seulement un de ces autres moyens valables (par opposition à l'enquête préliminaire) pour communiquer la preuve, mais que cette divulgation le fut en temps utile et de façon suffisamment précise. D'une part, comme je l'ai déjà mentionné, ce document fut remis à l'appelant une quinzaine de jours avant le début du procès. D'autre part, on y trouve pour chacun des trois meurtres, sans aucune exception, le nom de toutes les personnes (environ une dizaine par meurtre) qui ont effectivement témoigné au procès ainsi qu'un résumé substantiel de ce qu'elles allaient dire. Cela est particulièrement vrai en ce qui concerne André Desbiens, le principal témoin à charge. On y trouve beaucoup de détails, notamment sur la manière qu'aurait utilisée l'appelant pour commettre les trois meurtres. On trouve également au document des précisions sur les preuves d'écoute électronique envisagées.

À mon avis, ce document de neuf pages informait l'appelant efficacement sur la façon dont le ministère public entendait procéder pour faire la preuve des trois accusations de meurtre qu'il avait déposées, certainement bien davantage que ne l'aurait fait une enquête préliminaire au cours de laquelle il lui aurait suffit, selon toute vraisemblance, de faire témoigner les médecins légistes et le principal témoin à charge. Il est vrai que ce document ne contient pas une description exhaustive de tous les témoignages tels qu'ils ont effectivement été rendus lors du procès. Il ne me paraît pas toutefois que le caractère exhaustif des témoignages annoncés soit le critère qui s'applique. Il suffit à mon avis que ce document ait contenu un résumé substantiel de la preuve et qu'il ait fourni les renseignements nécessaires à la préparation, sans mauvaise surprise, d'une défense pleine et entière et au déroulement d'un procès juste et équitable. Dans la présente espèce, je ne doute pas que le document contesté répondait à ces exigences. Je partage entièrement l'avis du premier juge lorsqu'il affirme que « les neuf pages [du document en cause] donnent une bonne idée de ce que la Couronne entend prouver et de la façon dont elle entend le prouver et par qui et comment[59] ». Je ne retiens donc pas ce premier grief.

b) *Le refus d'ordonner la production des déclarations extrajudiciaires des principaux témoins à charge avant leur assermentation*

Soulignons d'abord qu'en présentant pour la deuxième fois sa requête pour obtention des déclarations extrajudiciaires des témoins de la poursuite, le 17 mars 1986, le procureur de l'appelant a reconnu qu'il avait reçu, conformément à l'ordonnance émise par le président du tribunal le 18 février 1986, à la suite d'une première présentation de sa requête, les déclarations extrajudiciaires de plusieurs témoins ainsi que les rapports d'experts, les photos et autres pièces[60]. Il a admis qu'en réalité seules les déclarations extrajudiciaires de cinq ou six des principaux témoins à charge continuaient toujours à faire problème, l'ordonnance du 18 février 1986 l'empêchant d'avoir accès à

---

[57] Voir Bernard Grenier. « La Charte et le droit à la communication de la preuve », dans Formation permanente du Barreau du Québec. *Nouveaux développements en droit criminel découlant de la Charte canadienne des droits et libertés*. Cowansville : Y. Blais, 1988. Pp. 101,107.

[58] *Simard c. R.*, C.A. Québec 200-10-000112-883, le 30 octobre 1989 (*J.E. 90-32*), p. 4 de l'opinion du juge LeBel.

[59] M.a., annexe I, vol. I, p. 132.
[60] *Id.*, p. 121.

ces déclarations avant que ces personnes ne soient appelées à témoigner.

Essentiellement, l'appelant plaide devant nous que le juge du procès a mal exercé sa discrétion en acceptant, le 17 mars 1986, comme il l'avait d'ailleurs fait un mois auparavant, les prétentions du ministère public voulant qu'il y ait un « risque que ces témoins puissent être l'objet de tentatives d'intimidation et d'entrave à la justice [61] ». Il fait valoir « qu'en l'absence d'une preuve formelle que la remise des déclarations pourrait réellement compromettre la sécurité de ceux qui les ont faites, [il] ne devrait pas être donné suite à la simple suggestion verbale du Substitut du Procureur Général à cet effet [62] ». Il précise que, si elle devait l'être, la sécurité des témoins était de toute façon déjà compromise par le document intitulé « Divulgation de la preuve », « puisque le nom et les détails suffisants pour établir l'identité de chaque témoin étaient contenus à ce document, de même que le caractère compromettant ou non compromettant pour l'accusé de leurs dépositions [63] ». Il ajoute qu'à tout événement « les témoins clés de la Couronne, ceux qui seuls auraient pu être l'objet de pression ou de menaces, étaient sous la protection de la police et même sous sa dépendance immédiate [64] ».

Rappelons d'abord que, aussi bien suivant les principes de la common law relatifs au droit de l'accusé à un procès juste et équitable que suivant l'article 10 (1) de la *Loi sur la preuve au Canada* [65], il est reconnu que le juge du procès bénéficie d'une large discrétion dans l'exercice de son pouvoir d'ordonner au ministère public de remettre à l'accusé une copie des déclarations extrajudiciaires faites par les témoins à charge [66]. S'il paraît clair que les tribunaux doivent exercer ce pouvoir discrétionnaire de façon à assurer à l'accusé un procès juste et une défense pleine et entière [67], il arrive toutefois que, dans l'intérêt de la justice, ils doivent aussi tenir compte d'autres considérations, lesquelles sont susceptibles par exemple d'influencer le moment où les déclarations extrajudiciaires pourront être remises [68]. Dans la présente espèce, c'est précisément ce que le premier juge a cru devoir faire devant les représentations du ministère public, s'appuyant sur un cas concret [69], voulant qu'il y ait risque que cinq ou six des principaux témoins à charge puissent être l'objet de tentatives d'intimidation ou d'entrave à la justice [70] :

> Mais je le répète et je fais miennes avec le plus grand respect les remarques de Lord Godard, les remarques de mes collègues des autres provinces à l'effet que la règle veut qu'avant le procès seule la Couronne ait discrétion pour donner à la Défense les déclarations de ses témoins et qu'au procès, seul le juge ait discrétion pour l'ordonner. J'entends l'ordonner et je l'ordonne mais dans le cas des témoins dont il a été question *j'ordonne que ces déclarations soient remises à la Défense lorsque le témoin sera appelé et assermenté et non avant. Je considère que c'est dans l'intérêt de la justice, tout en ne nuisant en rien à l'intérêt de l'accusé présumé innocent et qui aura toute la latitude voulue pour faire une défense pleine et entière.*

[Les italiques sont du soussigné.]

Soulignant qu'il ne pouvait pas prendre à la légère ces représentations du ministère public étant donné que le milieu de la drogue, dans lequel les trois meurtres auraient été commis, « est sûrement un milieu un peu spécial dans lequel on ne retrouve pas beaucoup de Dames de Ste-Anne ou d'Enfants de Marie [71] » mais, soucieux de ne pas nuire à l'intérêt de l'accusé et de respecter ses droits, le premier juge précise que, sur réception des déclarations extrajudiciaires visées, l'avocat de l'accusé aura le droit

---

(61) *Id.*, pp. 189-190.
(62) M.a., vol. I, p. 28.
(63) *Ibid.*
(64) *Ibid.*
(65) L.R.C. 1985, c. C-5.
(66) *R. c. Lalonde*, (1972) 5 C.C.C. 168 (Ont. H.C.J.), 180.

(67) Voir par exemple *R. c. Doiron*, (1985) 19 C.C.C. 350 (N.S.C.A.).
(68) Voir *supra*, note 66, 175 ; *Grondkowski c. Malinowski*, (1945-46) 31 Cr. App. R. 116, lord Godard.
(69) Voir m.a., annexe I, vol. I, p. 161.
(70) *Id.*, p. 193.
(71) *Id.*, p. 190.

d'obtenir un ajournement chaque fois qu'il l'estimera nécessaire pour préparer son contre-interrogatoire[72] :

> J'ai déjà déclaré, et je déclare de nouveau que j'ordonnerai et j'ordonne immédiatement pour que la Couronne soit au courant, que dès qu'un témoin sera appelé, sera assermenté, les témoins dont il a été question, qui sont, qui font partie du milieu dont j'ai parlé, dès qu'un témoin sera appelé, la Couronne devra remettre à la Défense la déclaration du témoin. Et j'accorderai au procureur savant, compétent et expérimenté procureur de la Défense, qui a au moins autant d'expérience que moi étant donné que nous avons été admis au Barreau la même année, je permettrai à ce moment-là au procureur de la Défense, *je lui accorderai tout le temps qu'il désirera pour prendre connaissance de la déclaration qui aurait pu être faite, qui aurait été faite par le témoin avant de procéder à son contre-interrogatoire.*
>
> [Les italiques sont du soussigné.]

Il ajoute[73] :

> Un autre argument que Maître Maranda m'a fait valoir, c'est qu'il est possible qu'ayant pris connaissance d'une déclaration plus tard ou ayant interrogé un témoin, plus tard un autre témoin vienne et contredise le témoin antérieur et qu'il aurait besoin de l'ensemble de la preuve afin de contre-interroger le premier témoin, pour prendre mon exemple qui m'a été mentionné ; bon, *je lui accorderai à ce moment-là, le cas échéant, le droit de rappeler le premier témoin si jamais il s'avérait des contradictions flagrantes ou des contradictions inexpliquées et inexplicables sur certains détails importants dans la cause.*
>
> [Les italiques sont du soussigné.]

Avec égards pour les prétentions de l'appelant, je ne puis me convaincre en lisant ces extraits que le premier juge a exercé sa discrétion d'une manière qui justifierait notre Cour d'intervenir. Il lui appartenait en effet d'apprécier le sérieux des représentations du ministère public concernant, entre autres, le danger que pourrait faire courir aux principaux témoins à charge, sur le plan de leur sécurité, la divulgation avant procès de leurs déclarations extrajudiciaires. Il lui appartenait de le faire, toutefois, d'une manière qui ne niait pas les droits fondamentaux de l'appelant. À mon avis, c'est clairement ce qu'il a fait lorsqu'il a accompagné sa décision de ne pas ordonner une divulgation immédiate des déclarations concernées de l'engagement, formulé dans les termes précités, d'accorder au procureur de l'appelant le droit d'obtenir des ajournements et même de rappeler des témoins à la barre[74]. Je ne retiens donc pas ce deuxième grief.

c) Le défaut de divulguer les déclarations extrajudiciaires de Johanne Robitaille au moment de son assermentation

L'appelant plaide que, même si dans le cas de cinq ou six des principaux témoins à charge, dont Johanne Robitaille, le premier juge a ordonné la production de leur déclaration extrajudiciaire au fur et à mesure qu'ils seraient assermentés, il n'a jamais reçu la déclaration de cette dernière le vendredi 4 avril 1986, alors même qu'elle avait été dûment assermentée et appelée à commencer un témoignage qu'elle termina effectivement le lundi 7 avril suivant.

En lisant les dépositions du vendredi 4 avril 1986, je constate que l'interrogatoire de Johanne Robitaille a effectivement débuté cette journée-là mais qu'il fut ajourné à 1 h de l'après-midi pour être remis au lundi suivant. S'il est vrai que rien n'indique dans la partie de ces dépositions concernant ce témoin que le procureur du ministère public ait communiqué au procureur de l'appelant une copie des déclarations extrajudiciaires de Mlle Robitaille, je n'y trouve pas d'indication, par ailleurs, que ce dernier se soit adressé au président du tribunal pour demander d'être mis en possession immédiate de ces déclarations, conformément aux ordonnances des 18 février et 17 mars 1986, non plus évidemment que celui-ci ait refusé une telle demande[75],

---

(72) *Id.*, pp. 191-192.
(73) *Id.*, pp. 192-193.

(74) *Caccamo c. R.*, (1976) 1 R.C.S. 786, 810, par le juge de Grandpré parlant pour la majorité ; *R. c. Morin*, (1986) 23 C.C.C. 550 (Ont. H.C.J.), 559, par le juge Sutherland ; *Taillefer c. R.* [1989] R.J.Q. 2023 (C.A.), 2033, opinion du juge LeBel.

(75) M.a., annexe II, vol. X., pp. 2120-2159.

comme le prétend pourtant le procureur de l'appelant dans son mémoire d'appel[76].

En réalité, il faut plutôt lire les dépositions du lundi 7 avril 1986 pour comprendre ce qui s'est passé. Celles-ci font voir que c'est durant cette journée, lorsque le procureur du ministère public eut complété son interrogatoire, que le procureur de l'appelant fut mis en possession des déclarations extrajudiciaires de Johanne Robitaille[77]:

Par la Couronne
Alors j'ai terminé mon interrogatoire, Votre Seigneurie. *Je remets les déclarations de mademoiselle Robitaille.*
[Les italiques sont du soussigné.]

Le procureur de l'appelant informa alors le président du tribunal qu'il avait demandé au procureur de la poursuite, le vendredi précédent, qu'on lui remette une copie de ces déclarations[78]:

Par la défense
Alors Votre Seigneurie, *j'avais demandé à mon savant ami vendredi* de me donner les déclarations pour que je profite du week-end pour les lire, étant donné que j'ai été avisé qu'elles doivent prendre page [sic] mais je ne les ai pas obtenues.
[Les italiques sont du soussigné.]

Il demanda ensuite au président du tribunal de lui accorder un ajournement[79]:

Par la défense
[...] Alors je demanderais la permission d'en prendre connaissance avant de commencer mon contre-interrogatoire.

Cette demande donna lieu à l'échange suivant[80]:
Vous avez besoin de combien de temps, Maître?

Par la défense
Pour les lire, peut-être quinze minutes *mais pour les [...] vraiment en prendre connaissance, une demi-heure,* parce qu'il y a une trentaine de pages... Faudrait pas exagérer.

Par la Cour:
On va prendre notre demi-heure *pour commencer.*
[Les italiques sont du soussigné.]

Dans les circonstances, il me paraît difficile de conclure, comme l'appelant m'invite à le faire, que le déroulement de ces événements l'a privé de son droit à un procès juste et équitable. D'une part, le procureur de l'appelant était parfaitement au courant lors de l'assermentation de Johanne Robitaille, le vendredi 4 avril 1986, qu'il pouvait demander au président du tribunal d'ordonner que le poursuivant lui remette immédiatement une copie des déclarations extrajudiciaires de cette dernière, en application de l'ordonnance qu'il avait déjà prononcée le 17 mars précédent. C'est lui qui a choisi de procéder plutôt par une demande officieuse. D'autre part, le président du tribunal me semble avoir très bien respecté l'engagement qu'il avait pris le 17 mars 1986 d'accorder au procureur de l'appelant le droit d'obtenir un ajournement lorsque des circonstances semblables se présenteraient[81]. En effet, il a non seulement accordé le délai de 30 minutes que ce dernier lui avait demandé pour prendre connaissance des déclarations en cause, mais il a pris soin d'ajouter « pour commencer[82] ». Je ne retiens donc pas ce troisième grief et je propose en conséquence que ce deuxième motif d'appel soit rejeté en entier.

3. Le juge a-t-il donné au jury une mise en garde suffisante concernant les témoins complices ou tarés?

L'appelant soutient essentiellement que la mise en garde du premier juge concernant les témoins complices ou tarés ne satisfait pas aux principes énoncés par la Cour suprême dans

---

(76) Voir *supra*, note 49 et le texte correspondant.
(77) M.a., annexe II, vol. X, p. 2167.
(78) *Id.*, p. 2168. Il ne pouvait s'agir manifestement que d'une demande formulée privément, hors du tribunal, puisque, comme on vient de le voir, on ne trouve nulle trace d'une telle demande dans les dépositions du vendredi 4 avril 1986: voir *supra*, note 75.
(79) *Ibid.*
(80) *Ibid.*

---

(81) Voir *supra*, note 69, pp. 191-192.
(82) Voir *supra*, note 77, p. 2168.

l'arrêt *Vetrovec c. R.*[83]. Plus précisément, il plaide que le premier juge a commis deux erreurs. D'une part, en mettant surtout l'accent sur André Desbiens, complice dans le meurtre de Simard, il aurait laissé croire au jury qu'il ne parlait que de Desbiens et non des nombreux autres témoins tarés présentés par le poursuivant, lesquels auraient pourtant dû faire l'objet d'une mise en garde claire[84]. D'autre part, en lisant aux jurés des extraits de l'arrêt *Vetrovec*, agencés de manière à en dénaturer le sens, et en omettant de leur préciser le danger qu'il y aurait de trouver l'accusé coupable sur la foi du témoignage d'un complice dont les aspects incriminant l'accusé ne seraient pas confirmés, le premier juge aurait non seulement détruit tout l'effet de sa mise en garde concernant André Desbiens mais aurait causé un tort irréparable à l'accusé[85].

a) Le juge n'aurait pas donné de mise en garde pour les témoins tarés autres que le complice André Desbiens?

Rappelons d'abord que l'élément le plus fondamental de l'arrêt *Vetrovec*[86] est la décision qu'y a prise la Cour suprême de considérer le complice, et par extension le témoin taré, de la même manière que tout autre témoin. S'écartant de ses propres décisions antérieures[87] et soulignant « la tendance manifeste des cours anglaises à écarter les *impedimenta* formalistes dont le concept de corroboration s'est alourdi et à revenir aux principes de base[88] », la Cour suprême reconnaît dans cet arrêt « qu'il n'y a pas de catégorie spéciale réservée aux "complices[89]" » et que, comme pour tous les autres témoins, le juge du procès est libre de faire ou non une mise en garde au jury.

Appliquant ce principe à la présente espèce, il me paraît clair que le juge du procès n'était pas tenu de faire une mise en garde à l'égard de tous et chacun des témoins qui ont déposé ni de faire des mises en garde distinctes pour le témoin complice et pour les autres témoins tarés. À la limite, le juge aurait pu choisir de ne faire aucune mise en garde, même à l'égard du complice Desbiens, si, s'étant attaché aux faits de la cause et ayant examiné tous les facteurs susceptibles de porter atteinte à la crédibilité de ce dernier, il l'avait estimé digne de foi[90].

En pratique toutefois, conscient que la présente espèce avait donné lieu à la présentation par le ministère public de plusieurs témoins tarés et liés entre eux, dont le complice André Desbiens, le juge du procès a estimé, suivant en cela la règle du « bon sens » formulée par la Cour suprême dans l'arrêt *Vetrovec*[91], que la crédibilité de ces témoins, en particulier de Desbiens, exigeait que le jury soit mis en garde.

À cette fin, il commença d'abord par instruire les membres du jury quant au droit applicable à la cause, par les guider dans leur rôle comme juge des faits[92] et par leur indiquer, en soulignant qu'il ne prétendait pas être exhaustif, les facteurs dont ils pouvaient tenir compte pour décider de la crédibilité à accorder aux témoignages rendus devant eux[93]. Parmi ces facteurs, deux retiennent particulièrement l'attention[94] :

> Sixième facteur dont vous pouvez tenir compte : vous pouvez sûrement tenir compte *de l'intérêt ou de l'absence ou du manque d'intérêt que peut avoir un témoin à incriminer l'accusé.*
>
> Septièmement, autre facteur, et je vous suggère que même si vous êtes les seuls juges des faits et que vous n'êtes aucunement obligés ou tenus de suivre mon opinion, *qu'il s'agit d'un facteur très important* : le témoignage rendu par tel ou tel témoin, ou rendu par divers témoins, *est-il confirmé par d'autres témoins ou par d'autres preuves, les exhibits par exemple,* ou au

---

(83) (1982) 1 R.C.S. 811.
(84) M.a., vol. I, pp. 35, 40.
(85) *Id.*, pp. 45-47.
(86) Voir *supra*, note 83, 830-831, par le juge Dickson.
(87) Voir par exemple, *Kirsch c. R.*, (1981) 1 R.C.S. 440.
(88) Voir *supra*, note 83, 819. Ce formalisme origine essentiellement de l'arrêt de la Cour d'appel d'Angleterre dans *R. c. Baskerville*, (1916) 2 K.B. 658.
(89) *Id.*, 830.

(90) *Id.*, 823.
(91) *Id.*, 831.
(92) M.a., annexe II, vol. XIV, pp. 2897-2898.
(93) *Id.*, pp. 2899-2903.
(94) M.a., annexe II, vol. XIV, pp. 2902-2903.

contraire est-ce que ce ou ces témoignages sont contredits par l'ensemble de la preuve ? Je suis certain que je ne vous apprends rien en vous disant que normalement une personne raisonnable sera plus portée à croire un témoignage qui est confirmé par d'autres preuves, en tout ou en partie, qu'un témoignage qui est contredit par l'ensemble de la preuve.

[Les italiques sont du soussigné.]

Il est à mon avis incontestable que cette partie des directives du juge, laquelle s'étend sur plusieurs pages, touche tous les témoins sans distinction. Singulièrement, il ressort des extraits précités que c'est par rapport à l'ensemble des témoignages présentés que le juge du procès a exhorté le jury à la prudence et à se demander s'il existait des éléments confirmatifs ailleurs dans la preuve.

À juste titre, le juge du procès a senti le besoin par la suite de centrer son avertissement sur les témoins ayant des antécédents judiciaires, et plus particulièrement sur le complice André Desbiens [95] :

Il y a également toute la question des témoins qui possèdent des casiers judiciaires. Et en ce qui concerne le premier chef d'accusation, le chef d'accusation concernant Claude Simard, la question du complice, étant donné qu'André Desbiens a admis avoir été complice. En d'autres termes, ce qu'il est convenu d'appeler communément « les témoins tarés ».

[Les italiques sont du soussigné.]

Ici encore, toutefois, il me paraît que le juge du procès, malgré l'accent légitime qu'il a mis sur le complice Desbiens (est-il nécessaire de rappeler que le témoignage de ce dernier était suffisant en soi pour faire condamner l'appelant sur le premier chef d'accusation ?), s'est exprimé de manière à indiquer que son avertissement visait aussi les autres témoins tarés :

Je suis convaincu, et je suis convaincu de nouveau que je ne vous apprends rien lorsque je vous dis que ce genre de témoignage, le témoignage d'un témoin « taré » ou le témoignage d'un « complice » doit être examiné avec prudence. Il doit être examiné avec circonspection [96].

[…]

Encore une fois, là je ne veux pas me tromper. La Cour suprême a examiné en détail toute la question de la crédibilité qui doit être accordée aux témoins complices ou aux autres témoins tarés [97].

[…]

Il est évident qu'il est dangereux ou imprudent de trouver un accusé coupable sur le simple témoignage d'un complice, d'un témoin taré qui n'est aucunement confirmé par d'autres preuves. Mais si ce témoignage est confirmé par d'autres témoins ou par d'autres preuves ou simplement si vous croyez le complice ou le témoin « taré », vous avez parfaitement le droit de le faire [98].

[Les italiques sont du soussigné.]

Je ne puis donc accepter la prétention de l'appelant voulant qu'en raison du contexte où il a été prononcé «cet avertissement, malgré sa portée générale, n'a pu s'appliquer en toute logique dans l'esprit des jurés qu'au témoignage de Monsieur Desbiens [99] ». Un examen attentif de l'ensemble des directives me convainc que les jurés n'ont pu être induits en erreur à ce sujet.

b) *Le juge aurait erré dans sa mise en garde concernant le complice André Desbiens*

L'appelant formule ici deux reproches distincts. En premier lieu, il fait grief au juge du procès d'avoir cité dans ses directives des extraits de l'arrêt *Vetrovec* d'une manière « quelque peu fallacieuse [100] » parce que prêtant à confusion quant au contexte d'où ils sont tirés et quant à leur auteur véritable. Il s'en prend essentiellement à l'énoncé suivant que le juge du procès aurait prêté erronément au juge en chef de la Cour suprême, lequel, à son avis, aurait eu pour effet de diminuer considérable-

---

(95) *Id.*, p. 2903.
(96) M.a., annexe II, vol. XIV, p. 2905.
(97) M.a., annexe II, vol. XIV, p. 2905.
(98) *Id.*, p. 2908.
(99) M.a., vol. I, p. 44.
(100) *Id.*, p. 45.

ment la portée de sa mise en garde dans l'esprit des membres du jury [101] :

> Troisième énoncé et je cite :
>> En toute logique, si le complice avoue franchement sa participation à l'infraction, la mise en garde ne devrait pas être nécessaire. J'irais...
>
> C'est le Juge en Chef qui parle
>> ...jusqu'à affirmer qu'il arrive beaucoup moins fréquemment qu'un complice accuse un innocent par malveillance qu'il n'arrive qu'un témoin irréprochable accuse un innocent par erreur.

L'appelant plaide que «ces deux passages, ainsi raboutés et attribués au Juge en Chef de la plus haute Cour du pays, semblent indiquer clairement que de l'avis de la Cour suprême du Canada il est extrêmement rare qu'un témoin complice mente, et qu'il est même plus fréquent de voir un témoin parfaitement honnête accuser par erreur un innocent que de voir un témoin complice accuser frauduleusement le prévenu [102] ». À son avis, «il n'est pas besoin d'épiloguer longtemps [103] » sur l'effet que ces passages ont pu avoir sur les membres du jury.

Ce reproche de l'appelant n'est pas fondé. Il suffit, pour s'en convaincre, de replacer la citation contestée dans son contexte et de l'examiner à son mérite.

Comme je l'ai mentionné plus haut, le juge du procès commence ses directives en énonçant des principes généraux pouvant servir de guide aux jurés dans l'appréciation de la crédibilité des témoins, quels qu'ils soient. Il aborde ensuite plus spécifiquement la question des témoins qui ont des antécédents judiciaires, tels les complices ou autres témoins tarés. Plutôt que de résumer l'état du droit sur la question en ses propres mots, il préfère toutefois, pour éviter de se tromper [104], laisser parler la Cour suprême, celle-ci ayant examiné en détail toute cette question quelques années auparavant dans l'arrêt *Vetrovec*. À cette fin, il lit aux jurés pas moins de sept énoncés tirés des notes du juge Dickson, le rédacteur de l'arrêt, dont le troisième, contesté par l'appelant.

Cet énoncé ainsi que les deux qui le précèdent proviennent de cette partie de l'arrêt *Vetrovec* dans laquelle le juge Dickson, passant en revue certaines justifications classiques de l'exigence de mise en garde «automatique» consacrée par l'arrêt *Baskerville* lorsqu'un complice témoigne [105], explique pourquoi il ne les trouve pas convaincantes. Il paraît clair du contexte que ce n'est pas dans l'absolu mais uniquement pour dégager la Cour suprême de cette exigence que le juge Dickson formule l'énoncé contesté.

Il est difficile de croire, à mon avis, que le jury ait pu comprendre cet énoncé autrement, surtout lorsqu'on constate que le juge du procès lui en a lu quatre autres [106] dans lesquels le juge Dickson rappelle la solution de «bon sens» adoptée à l'origine en Angleterre voulant que le jury ait l'obligation d'«examiner les circonstances pour voir si suffisamment de faits importants sont confirmés pour [se] convaincre que l'essentiel de la version est exact [107] ». Que le juge du procès ait erronément présenté la deuxième partie de cet énoncé [108] comme venant du juge en chef de la Cour suprême alors qu'il s'agissait en réalité de l'extrait d'un ouvrage du baron en chef Joy [109], cité avec approbation par le juge Dickson, n'a pu à mon avis induire le jury à se méprendre sur la portée de l'énoncé contesté.

Le second reproche de l'appelant concerne le caractère, à son avis, trop général de la mise en garde que le juge du procès a donnée au jury. Essentiellement, il plaide que, «si le juge décide de donner la mise en garde de *Vetrovec*, il doit le faire de façon complète et précise et dire que la confirmation doit porter sur les éléments du récit du complice impliquant l'accusé [110] ». Au-

---

(101) M.a., annexe II, vol. XIV, p. 2905.
(102) M.a., vol. I, pp. 45-46.
(103) *Id.*, p. 45.
(104) Voir *supra*, note 97 et le texte correspondant.

(105) Voir *supra*, note 88.
(106) M.a., annexe II, vol. XIV, pp. 2906-2908.
(107) Voir *supra*, note 83, 823.
(108) Voir *supra*, note 101 et le texte correspondant.
(109) Joy. *Evidence of Accomplices*. Dublin, 1836. P. 14.
(110) M.a., vol., I, p. 47.

trement, poursuit-il, « la mise en garde, au lieu d'aider l'accusé, lui cause un tort irréparable puisqu'elle invite implicitement les jurés à le trouver coupable au cas où le témoignage du complice serait corroboré sur des faits "neutres" ou n'impliquant pas nécessairement l'accusé[111] ». Je suis d'avis que ce reproche de l'appelant n'est pas fondé.

D'une part, les avertissements du juge au procès, tant à l'égard de tous les témoins sans distinction[112] qu'à l'égard plus spécialement des témoins ayant des antécédents judiciaires, dont au premier rang le complice Desbiens[113], me paraissent constituer dans le contexte où ils sont donnés « une mise en garde claire et précise » au sens de l'arrêt *Vetrovec*[114], suffisante « pour attirer l'attention du jury sur les dangers de se fier à la déposition d'un témoin sans plus de précaution[115] ».

D'autre part, dans sa mise en garde concernant les témoins qui ont des antécédents judiciaires, tel le complice Desbiens, le juge du procès me paraît avoir fait un pas de plus. Laissant parler la Cour suprême, il a indiqué clairement aux jurés, par citations interposées, qu'ils devaient non seulement disposer d'éléments de nature à confirmer le témoignage d'un complice avant de se fonder sur celui-ci, mais que la confirmation devait porter sur un aspect du récit du complice qui incrimine l'accusé :

Quatrièmement :

> Vous devez examiner les circonstances pour voir *si suffisamment de faits importants sont confirmés pour vous convaincre que l'essentiel de la version est exact*. Chacun de vous doit se poser la question suivante : suis-je convaincu en mon for intérieur que, dans l'ensemble, ce témoignage est vrai, de sorte que je puisse m'y fier sans crainte[116] ?

[Les italiques sont du soussigné.]

Sixièmement :

> Ce que l'on recherche, d'après la règle de Common Law...

le Common Law, c'est le droit commun,

> ... c'est la confirmation, à partir d'autres sources, que le témoin suspect dit la vérité *quant à un aspect de sa version qui démontre que c'est l'accusé qui a commis l'infraction* dont il est inculpé[117].

[Les italiques sont du soussigné.]

Je suis donc d'avis qu'ayant choisi de mettre en garde le jury concernant les dépositions du complice Desbiens le juge du procès s'est acquitté de sa tâche, tant sur le plan du fond que de la forme, d'une manière qui respecte les principes énoncés par la Cour suprême dans l'arrêt *Vetrovec*. Comme le souligne le juge Dickson[118] :

> À cause de l'infinie variété des circonstances qui se présentent dans les procès criminels, il n'est pas raisonnable de chercher à réduire en une règle, en une formule ou en une directive la notion de prudence qu'il faut exercer dans l'examen de la déposition d'un témoin. [...] Aucun [...] terme [...] n'est magique.

Pour toutes ces raisons, je propose de rejeter ce troisième motif d'appel.

4. *Le juge a-t-il erré en déclarant au jury qu'il ne pouvait s'interroger sur le défaut du ministère public d'avoir produit certaines preuves ?*

Rappelons d'abord que, suivant son droit le plus strict, l'appelant a choisi dans l'espèce non seulement de ne pas témoigner lui-même mais de ne présenter aucun témoin. En plaidoirie,

---

(111) *Ibid.*
(112) Voir *supra*, note 94 et le texte correspondant.
(113) Voir *supra*, notes 96-98 et le texte correspondant.
(114) Voir *supra*, note 83, 831.
(115) *Ibid.* Voir dans le même sens *R. c. Yanover*, (1985) 20 C.C.C. 300 (Ont. C.A.), 321-326, par le juge Martin, au nom de la Cour.
(116) *Id.*, 823-824. Il s'agit en réalité d'un extrait des directives données au jury par le baron Garrow dans *Tidds Trial*, (1820) 33 How. St. Tr. 1338, 1483, cité avec approbation par le juge Dickson.
(117) *Id.*, 829. Il s'agit en réalité d'un extrait des notes de lord Diplock dans *Director of Public Prosecutions c. Hester*, (1972) 3 All E.R. 1056, 1073 cité avec approbation par le juge Dickson.
(118) *Id.*, 831. Voir dans le même sens *R. c. Yanover*, *supra*, note 115, 326.

son avocat s'est attaché essentiellement à faire ressortir ce qui lui paraissait être les principales faiblesses de la preuve du poursuivant, notamment en discréditant les principaux témoins du ministère public et en invitant à plusieurs reprises le jury à s'interroger sur le défaut de ce dernier d'avoir cité certains témoins susceptibles d'étayer sa preuve.

C'est en résumant à l'intention du jury «les théories ou les plaidoiries des avocats de la Couronne et de la défense [119] » que le juge du procès a été amené, en ce qui concerne la plaidoirie de la défense, plus particulièrement par rapport aux nombreuses interrogations qu'elle soulevait, à faire la déclaration suivante, contestée par l'appelant [120] :

> Et là-dessus, je vous dis que les parties, les deux avocats sont maîtres de leur preuve, maîtres absolus de leur preuve et qu'ils ont le droit aussi tous les deux au bénéfice du doute raisonnable. C'est eux qui décident qui ils vont appeler et qui ils n'appelleront pas comme témoins. Et, règle générale, on appelle un témoin quand on pense qu'il peut faire avancer notre cause. C'est tout ce que je veux vous dire là-dessus.
>
> Vous, vous devez juger sur la preuve qui a été faite devant vous et pas sur des questions hypothétiques : pourquoi on n'a pas appelé un tel ? Pourquoi on n'a pas appelé un tel ? *Tout ce qu'on sait, c'est qu'ils n'ont pas été appelés. Ils n'ont pas été appelés ni par un ni par l'autre.*
>
> [Les italiques sont du soussigné.]

Concernant cette déclaration, l'appelant reproche au juge du procès non seulement d'avoir omis de commenter lui-même le défaut du ministère public de présenter certains témoins, mais surtout, «par ses propos extrêmement catégoriques», d'avoir laissé «clairement entendre aux jurés qu'ils doivent tout à fait s'abstenir de poser des questions de ce genre et de tirer des inférences défavorables à la Couronne de son défaut de produire certains témoins [121] ». Dans ce contexte, il reproche également au juge du procès de ne pas avoir permis à son avocat

«d'exercer pleinement son droit de commenter l'abstention de la poursuite de faire entendre certains témoins importants [122] ». Il le blâme, enfin, de lui avoir « implicitement reproché [...] de ne pas avoir fait lui-même entendre des témoins », ce qui a pu «détruire dans l'esprit du jury la compréhension claire et nette de notions aussi fondamentales que le fardeau de la preuve imposé à la Couronne et le bénéfice du doute raisonnable [123] ».

a) Le juge aurait donné au jury une directive inappropriée

Soulignons au départ que la jurisprudence reconnaît que le ministère public bénéficie d'une très large discrétion dans le choix des témoins susceptibles d'établir le bien-fondé d'une inculpation [124]. S'il est vrai, comme l'a souligné lord Roche au nom du comité judiciaire du Conseil privé dans *Seneviratne c. R.* [125], que le ministère public a sans aucun doute l'obligation de citer tous les témoins «*essential to the unfolding of the narratives on which the prosecution is based* [126] », cela n'implique pas toutefois qu'il doive citer tous ceux susceptibles de témoigner de faits matériels [127]. À moins qu'il ne paraisse que l'omission du ministère public de citer un témoin a été motivée par une raison détournée ou inappropriée, les tribunaux n'interviendront pas dans l'exercice de sa discrétion à cet

---

(119) M.a., annexe II, vol. XIV, p. 3086.
(120) M.a., annexe II, vol. XIV, pp. 3104-3105.
(121) M.a. vol. I, p. 50.
(122) *Id.*, p. 55.
(123) *Ibid.*
(124) Jean-Claude Hébert. «Chroniques. La preuve circonstancielle — Le verdict déraisonnable — Le choix des témoins par la couronne», (1987) 47 *R. du B.* 1186, 1194 et sqq.
(125) (1936) 3 All E.R. 36.
(126) *Id.*, 49.
(127) Dans *Lemay c. R.*, (1952) 1 R.C.S. 232, 242, le juge Rand fait d'ailleurs remarquer: «*Material witnesses in this content are those who can testify to material facts, but obviously that is not identical with being "essential to the unfolding of the narrative".* »

égard. Comme l'explique le juge McIntyre, parlant pour la Cour suprême dans *R. c. Yebes*[128] :

> Le ministère public a le pouvoir discrétionnaire de choisir les témoins qui seront cités lorsqu'il présentera sa preuve à la cour. On ne doit pas intervenir à cet égard à moins que le ministère public ne l'ait exercé pour une raison détournée ou inappropriée [...]. Bien que le ministère public ne puisse être tenu de citer un témoin donné [sauf pour ce qui est de l'exception précitée], l'omission de le faire peut créer une faille dans sa preuve, ce qui fera en sorte qu'il ne se sera pas déchargé de son fardeau de la preuve et permettra à l'accusé de demander un acquittement. C'est en ce sens que l'on peut s'attendre que le ministère public cite tous les témoins essentiels à la narration des événements sur lesquels sa preuve est fondée.

Reconnaissant ainsi au ministère public un large pouvoir discrétionnaire dans le choix des témoins qu'il désire faire entendre, les tribunaux ont été amenés tout naturellement à indiquer que le juge du procès doit se montrer prudent dans ses commentaires au jury concernant l'abstention du poursuivant de citer un témoin, et surtout avant d'en tirer une inférence défavorable[129]. Comme le souligne lord Megaw, rendant jugement au nom de la Cour d'appel d'Angleterre dans *R. c. Gallagher*[130] :

> [...] as a matter of general principle [...]. It is permissible for a judge in an appropriate case to tell the jury that they are entitled to take into account the fact that a potential witness who has not been called has not indeed been called. It is of course clear that in making any such comment, *the judge must exercise care*, just as a judge has got to exercise care when he thinks it right to make a comment in respect of the failure of a defendant himself to give evidence at the trial. But, *it would be wrong and inappropriate to seek to tie the hands of the trial judge by laying down or attempting to lay down any particular formulae*, because it must depend essentially upon the infinitely varying facts of the different cases. In the view of this Court, the formulae, if that is the right word, which were suggested in Bryant and Dickson [(1946) 31 Cr.App.R. 146] and Wheeler [(1967) 52 Cr.App.R. 28] were formulae which were applicable to the particular facts of those particular cases.

[Les italiques sont du soussigné.]

Même s'il s'agissait en l'espèce du défaut de la défense d'avoir cité un témoin, il paraît clair du contexte que cette remarque s'applique également lorsque le défaut vient du ministère public. On constate, de plus, en lisant la dernière partie de l'extrait précité, que les tribunaux se refusent à énoncer à l'intention du juge du procès une formule de directive universelle. À ce sujet, lord Megaw poursuit[131] :

> This Court takes the view that the same general approach is right in respect of a comment on the failure to call a witness as it is right in respect of a comment by a judge on the failure of an accused person to give evidence. We would, with respect, repeat and adopt the words used in the judgment of this Court delivered by Lawton L.J. in Sparrow (1972) 57 Cr.App.R. 352, 363; [1973] 1 W.L.R. 488, 496. The learned Lord Justice having referred to the formula suggested by Lord Parker C.J. in Bathurst (1968) 52 Cr.App.R. 251, 257; [1968] 2 Q.B. 99, 107 in respect of the failure of an accused person to give evidence, continued at pp. 363 and 496: "In many cases, a direction in some such terms as these will be all that is required; but we are sure that Lord Parker C.J., *never intended his words of guidance to be regarded as a judicial directive to be recited to juries in every case* in which a defendant elects not to give evidence. What is said must depend upon the facts of each case and in some cases the interests of justice call for *a stronger comment*. The trial judge, who has the feel of the case, is the person who must exercise his discretion in this matter to ensure that a trial is fair. A

---

(128) (1987) 2 R.C.S. 168, 190-191. Cet arrêt confirme la règle de common law définie par l'arrêt *Lemay, supra*, note 127, 240-241, par le juge Kerwin, et p. 256 par le juge Cartwright. Voir dans le même sens *Dabbah c. A.G. of Palestine*, [1944] A.C. 156 (P.C.), 167-169, par lord Thankerton; *R. c. Oliva*, (1965) 49 Cr. App. R. 298, 310 par le juge en chef Parker.

(129) *R. c. Zehr*, (1981) 54 C.C.C. 65 (Ont. C.A.), 68, par le juge Brooke; *R. c. Koffman*, (1985) 20 C.C.C. 232 (Ont. C.A.), 236-237, par le juge Martin; *R. c. Oliva*, (1965) 49 Cr.App.R. 198, 310. Notons que les tribunaux ont indiqué que la même prudence était de mise en ce qui concerne l'abstention de la défense.

(130) (1984) 59 Cr.App.R. 239, 244-245.

(131) *Id.*, 245.

discretion is not to be fettered by laying down rules and regulations for its exercise."
[Les italiques sont du soussigné.]

Examinant la directive contestée [132] à la lumière de ces principes, je suis d'avis, contrairement à ce que soutient l'appelant, qu'elle est appropriée dans les circonstances de l'espèce.

D'une part, si on se reporte à la liste des témoins possibles, qui, selon l'appelant, auraient dû être cités par le ministère public parce que susceptibles d'étayer sa preuve, aucun ne paraît être essentiel à la narration des événements qui sous-tendent les trois inculpations dont il a fait l'objet, du moins si on se fie à ce qu'il nous indique comme contenu possible de leur témoignage [133]. En réalité, la preuve démontre que le ministère public a cité non seulement tous les témoins qu'il avait annoncés dans son document intitulé « Divulgation de la preuve [134] », dont certains étaient manifestement essentiels à la narration des événements concernés, mais également plusieurs autres, pas moins d'une cinquantaine, et qu'il a produit 102 *exhibits* [135] qui ont permis au jury de mieux suivre les témoignages présentés.

D'autre part, on ne trouve rien dans la preuve qui laisse supposer que l'omission du ministère public de citer un témoin, quel qu'il soit, a été motivée par une raison détournée ou inappropriée. L'appelant ne le prétend d'ailleurs pas. Ajoutons que l'avocat de ce dernier n'a fait en aucun temps une requête au juge du procès pour que des personnes non citées comme témoins soient appelées devant la Cour pour qu'il puisse les contre-interroger [136].

S'il est vrai, comme le souligne lord Megaw dans l'arrêt *Gallagher*, que [137] :

[...] it is impossible to take the view that the failure to call a witness cannot in a proper case be a matter to be taken into account by the jury [...].

il n'en demeure pas moins, comme il le précise lui-même, qu'en cette matière [138] :

[...] great care must be taken to avoid the possibility that injustice may be done by leaving the jury under the impression that the failure to call a particular witness is something of importance, where in fact there may have been some perfectly good and valid reason why a witness should not be called, which would not bear upon the jury's decision.

Dans ces circonstances, il me paraît que le juge du procès s'est bien dirigé en droit en formulant la directive contestée. À mon avis, il se devait d'être prudent en commentant à l'intention du jury l'exercice que le ministère public a fait de son pouvoir discrétionnaire de choisir les témoins qui lui semblaient pertinents. Il ne me paraît pas exister en l'espèce de circonstances particulières qui auraient commandé que le juge du procès commente cet exercice avec plus de fermeté. Je ne retiendrais donc pas le reproche de l'appelant concernant cette directive du juge.

b) Le juge n'aurait pas permis au procureur de l'appelant d'exercer pleinement son droit de commenter l'omission du ministère public de citer certains témoins

L'appelant s'en prend particulièrement à l'intervention suivante du juge du procès, survenue le 15 avril 1986 durant sa plaidoirie [139] :

Restez avec la preuve, parce que vous revenez toujours : « pourquoi un tel a pas été appelé, pourquoi un tel a pas été appelé, pourquoi un tel a pas été appelé... ». Ils n'ont pas été appelés parce que vous avez pas voulu les appeler puis la Couronne non plus. C'est bien simple, ils étaient disponibles aux deux.

Essentiellement, il soutient que, par cette intervention, le juge du procès l'a empêché d'exercer pleinement son droit d'attirer l'attention du jury sur le défaut du ministère public de

---

(132) Voir *supra*, note 120 et le texte correspondant.
(133) M.a., vol. I, p. 49.
(134) Voir *supra*, note 4, pp. 97-104 : *Divulgation de la preuve*.
(135) M.a., annexe II, vol. XIII, p. 2720 ; vol. XIV, p. 2957.
(136) *R. c. Oliva, supra,* note 129.
(137) Voir *supra*, note 130, 245.

(138) *Ibid*.
(139) M.a., annexe II, vol. XIII, p. 2851.

citer certaines personnes comme témoins [140]. Je suis d'avis que ce reproche n'est pas fondé.

D'une part, en lisant la plaidoirie du procureur de l'appelant [141], il paraît clair que ce dernier a pu tout au long du déroulement de celle-ci commenter abondamment, sans être interrompu par le juge du procès, le fait que le ministère public a omis de citer comme témoins certaines personnes qui auraient pu étayer sa preuve.

Ainsi, abordant tour à tour chacune des trois inculpations de meurtre, il a indiqué au jury, en ce qui concerne le meurtre d'Armand Sanschagrin, combien il estimait regrettable que le ministère public n'ait pas fait entendre Mlle Andrée Landry et M. Sanschagrin père, lesquels auraient été susceptibles de fournir certains détails sur les allées et venues d'Armand Sanschagrin le jour du meurtre [142]. Il a ajouté qu'il en était de même pour Mme Claudette Moisan, laquelle aurait pu fournir de l'information sur l'identité de l'agresseur [143]. En ce qui concerne le meurtre de Denis Ouellet, le procureur de l'appelant a insisté encore sur le fait que le poursuivant n'a pas fait entendre Claudette Moisan. Cette dernière, à son avis, aurait pu fournir certaines précisions sur la manière dont on a disposé de l'arme après le meurtre [144]. En ce qui concerne enfin le meurtre de Claude Simard, le procureur de l'appelant a attiré l'attention du jury sur le fait que le ministère public n'a pas cité comme témoin le propriétaire ou le concierge du 76, rue Saint-François, immeuble où il prétendait que l'appelant habitait, lesquels auraient pu préciser qui était locataire de la chambre ou de l'appartement concerné au moment où on l'a perquisitionné [145]. Il a souligné également l'absence comme témoin de M. Bill Keagle, lequel aurait pu fournir certains détails sur la manière dont l'arme a été cachée après le meurtre [146]. Il a fait de même en ce qui concerne Manon Leclerc, laquelle aurait pu donner certains détails concernant une clé qu'elle aurait fournie au témoin André Desbiens et à Marc Plamondon, frère de l'appelant, pour qu'ils se rendent au 76, rue Saint-François [147] après le meurtre.

D'autre part, replaçant l'intervention précitée [148] dans son contexte, on constate qu'elle est survenue beaucoup plus tard dans la plaidoirie, à l'occasion d'une affirmation du procureur de l'appelant concernant la mise en preuve de l'heure de certains appels téléphoniques. Pour bien comprendre, rappelons que lors de la présentation de la preuve du ministère public, le 8 avril 1986, le procureur de l'appelant avait présenté hors jury une requête demandant qu'on lui transmette les bobines contenant l'enregistrement des conversations téléphoniques survenues entre M. Jean-Noël Daley et son épouse et qu'on l'informe de l'heure de ces appels [149]. Le ministère public s'était opposé à la divulgation de la teneur de ces conversations mais avait accepté volontiers d'informer le procureur de l'appelant de l'heure où elles avaient eu lieu [150] :

M^e De La Sablonnière :

Alors, après vérification, votre Seigneurie, il y a eu appel de monsieur Daley à son épouse à 21 h 39 et un deuxième appel de sa femme à Jean-Noël Daley à 21 h 50.

Interrogé alors par le juge du procès, qui voulait savoir s'il désirait que ces heures soient mises en preuve devant le jury, le procureur de l'appelant répondit ce qui suit [151] :

La Cour :

Bon, est-ce que vous voulez que ça soit dit devant le jury ?

Me Maranda :

Je vais être obligé de contre-interroger mon confrère. *J'ai l'information, je ferai mes demandes en temps et lieu, votre Seigneurie, après réflexion.*

---

(140) Soulignons que la jurisprudence reconnaît clairement ce droit : *R. c. Koffman, supra,* note 129.
(141) M.a., annexe II, vol. XIII, pp. 2712-2875.
(142) *Id.,* pp. 2728-2729.
(143) *Id.,* p. 2736.
(144) *Id.,* pp. 2809-2810.
(145) *Id.,* pp. 2826-2827.
(146) *Id.,* p. 2828.

(147) *Id.,* p. 2829.
(148) Voir *supra,* note 139 et le texte correspondant.
(149) M.a., annexe II, vol. XI, pp. 2437-2453.
(150) *Id.,* p. 2451.
(151) *Ibid.*

[Les italiques sont du soussigné.]

Toutefois, le 15 avril 1986, alors qu'il n'avait pas fait de telles demandes, le procureur de l'appelant, dans la partie de sa plaidoirie touchant certains appels téléphoniques, tenta d'établir de façon détournée, par déduction, les heures des appels entre Jean-Noël Daley et son épouse [152]:

> Mais il y a eu d'autres appels de faits ce jour-là, à même ce téléphone-là: Il y Monsieur Bérubé qui a appelé, qui a appelé sa femme une couple de fois semble-t-il d'après ce qu'il dit; *et ce sont là des points de repère qui nous permettraient de déduire à quelle heure précisément Monsieur Daley a fait les appels...*

[Les italiques sont du soussigné.]

Le juge du procès intervint aussitôt [153]:

> ... là-dessus je vous interromps immédiatement parce que là *si on est pour parler de malhonnêteté vous savez exactement à quelle heure ces appels-là ont été faits, ça vous a été déclaré devant moi, formellement. Je vous ai demandé si vous vouliez que ce soit déclaré devant le jury, vous avez dit: « J'y penserai. »*...

[Les italiques sont du soussigné.]

Le procureur de l'appelant reconnut alors qu'il avait décidé de ne pas mettre en preuve l'heure de ces appels [154]:

> ... *J'admets que j'ai choisi de ne pas le mettre en preuve*...

[Les italiques sont du soussigné.]

Il s'ensuivit un bref échange [155]:

> *Par la Cour:*
> C'est ça. Bon bien parlez-en pas.
> *Par la défense:*
> ... j'admets ça. Mais...
> *Par la Cour:*
> Restez donc avec la preuve...
> *Par la défense:*
> ... la Couronne aussi a choisi de pas le mettre en preuve.

à la suite duquel le juge du procès fit l'intervention précitée, contestée par l'appelant: « Restez avec la preuve [...] » [156]

Le début de cette intervention, « Restez avec la preuve », me paraît incontestablement reliée aux heures des appels téléphoniques non produites en preuve et, dans les circonstances, justifiée. La suite (« parce que vous revenez toujours, pourquoi un tel a pas été appelé [...] ») ne constitue, à mon avis, qu'un simple rappel, adressé à la même occasion au procureur de l'appelant, qu'il a aussi usé abondamment de son droit de commenter le défaut du ministère public de faire entendre certaines personnes comme témoins. Elle n'a nullement empêché, à mon sens, le procureur de l'appelant d'exercer pleinement ce droit. Je ne retiens donc pas ce reproche.

c) *Le juge aurait créé une certaine confusion dans l'esprit du jury sur le sens des notions de fardeau de preuve imposé au ministère public et de bénéfice du doute raisonnable*

L'intervention précitée du juge du procès [157], demandant au procureur de l'appelant de rester avec la preuve et lui rappelant qu'il revenait continuellement sur l'omission du ministère public de citer certains témoins alors qu'il avait lui-même décidé de ne pas citer ces témoins pourtant disponibles aux deux parties, fut immédiatement suivie de l'échange suivant [158]:

> *Par la défense:*
> C'est ça. Sauf...
> *Par la Cour:*
> C'est pas plus compliqué que ça.
> *Par la défense:*
> Sauf que moi j'ai pas de fardeau.
> *Par la Cour:*
> Sauf que vous avez pas de fardeau et sauf que quand même vous devez créer un doute raisonnable.
> *Par la défense:*

---

(152) M.a., annexe II, vol. XIII, pp. 2847-2848.
(153) M.a., annexe II, vol. XIII, p. 2848.
(154) *Id.*, p. 2850.
(155) *Ibid.*

(156) Voir *supra*, note 139 et le texte correspondant.
(157) *Ibid.*
(158) M.a., annexe II, vol. XIII, p. 2851.

C'est ça.

Par la Cour:

Et que si la meilleure façon de créer un doute raisonnable, si ce témoin-là vous était favorable, je suis certain que vous auriez appelé.

[Les italiques sont du soussigné.]

Cet échange me paraît malheureux. Je suis d'avis, en effet, que le juge du procès a commis une erreur de droit lorsque, confirmant l'énoncé du procureur de l'appelant voulant que ce dernier n'ait pas de fardeau de preuve, il a par la suite ajouté qu'il devait quand même créer un doute raisonnable [159]. Cette affirmation était susceptible de créer une certaine confusion dans l'esprit du jury sur le sens des notions de fardeau de preuve imposé au ministère public et de bénéfice du doute raisonnable.

Je proposerais, toutefois, en application du sous-paragraphe 686 (1) b) (iii) C.Cr. de rejeter ce motif d'appel, étant convaincu qu'« aucun tort important ou aucune erreur judiciaire grave ne s'est produit » et qu'en l'absence de cette erreur le résultat aurait nécessairement été le même.

En effet, deux jours après l'échange précité [160], soit le 17 avril 1986, alors qu'il donnait ses directives au jury, le juge du procès a expliqué très clairement, en des termes qui ne laissaient place à aucune interprétation, les notions de fardeau de preuve imposé au poursuivant et, par conséquent, de bénéfice du doute raisonnable [161] :

Cette responsabilité, *cette obligation de prouver la culpabilité d'un accusé*, comme on vous l'a dit, *repose toujours et uniquement sur la poursuite. Il n'y a pas d'exception à cette règle et il ne saurait être question qu'un accusé ait à prouver son innocence.*

[Les italiques sont du soussigné.]

S'il est possible que l'échange précité [162] ait créé une certaine confusion dans l'esprit du jury sur le sens de ces notions fondamentales, celle-ci n'a pu qu'être dissipée par ces propos subséquents du juge du procès indiquant que l'obligation du poursuivant de prouver la culpabilité d'un accusé hors de tout doute raisonnable ne souffrait aucune exception. À la suite d'un énoncé aussi net, je ne vois pas comment le jury aurait pu être induit en erreur sur le sens de ces notions par les propos suivants du juge du procès, prononcés un peu plus tard durant la journée du 17 avril 1986, alors qu'il résumait cette partie de la plaidoirie du procureur de l'appelant dans laquelle ce dernier commentait le défaut du ministère public d'avoir cité certaines personnes comme témoins [163] :

Me Maranda prétend que lui n'a rien à prouver.

Ça c'est vrai, il n'a pas à prouver l'innocence de son client. Mais la meilleure façon de contredire quelqu'un, sans conjecturer, est par une preuve digne de foi.

À mon avis, tant par sa formulation de portée générale qu'à raison du cadre précis dans lequel elle a été faite, cette observation du juge ne pouvait laisser croire au jury que le procureur de l'appelant avait l'obligation de créer un doute raisonnable. Je ne retiens donc pas ce reproche et je propose en conséquence que ce quatrième motif soit rejeté en entier.

5. *Le juge a-t-il privé l'appelant de son droit à un procès juste et équitable par son comportement à l'endroit du procureur de ce dernier?*

Passant en revue la jurisprudence qui traite du comportement que doit avoir un juge présidant un procès devant jury [164], particulièrement à l'endroit du procureur de l'accusé [165], l'appelant indique que les tribunaux répriment générale-

---

(159) *Ibid.*
(160) Voir *supra*, note 158 et le texte correspondant.
(161) M.a., annexe II, vol. XIV, p. 2915.
(162) Voir *supra*, note 158 et le texte correspondant.
(163) M.a., annexe II, vol. XIV, p. 3105.
(164) *Brouillard dit Chatel c. R.*, (1985) 1 R.C.S. 39, 44, par le juge Lamer; *R. c. Torbiak*, (1974) 26 C.R. 108 (Ont. C.A.), 109-110, par le juge Kelly; *R. c. Denis*, (1967) 1 C.C.C. 196 (Que. C.A.), 206-207, par le juge Rivard; *R. c. Pavlukoff*, (1953) 106 C.C.C. 249 (B.C.C.A.), 267, par le juge O'Halloran; *Lalancette c. R.* voir *Gagnon c. R.*, (1988) 12 Q.A.C. 32 (Que. C.A.), 36, par le juge Malouf.
(165) *R. c. Hulusi*, (1974) 58 Cr. App. R. 378, par lord Lawton; *R. c. Turkeiwicz*, (1980) 50 C.C.C. 406 (Ont. C.A.), 413-414, par le juge Zuber; *R. c. Valley*, (1986) 26 C.C.C. 207 (Ont. C.A.), 232, par le juge Martin.

ment tout comportement hostile ou partial démontrant « de l'aversion, du mépris, de l'incrédulité ou [...] jetant du ridicule sur tout ce qui se rattache à l'accusé, c'est-à-dire à sa personne, ses témoins, ses prétentions et son avocat [166] ». Il en résulte, selon lui, « que le juge du procès ne peut déconsidérer la personne de l'avocat de l'accusé, ni ses méthodes, ni son travail sans porter du même coup un grave préjudice à la cause de la défense [167] ». Or, plaide-t-il, c'est précisément ce que le juge du procès a cru bon de faire à plusieurs reprises en l'espèce.

L'appelant soutient, en effet, qu'en plus d'avoir été ridiculisé de nombreuses fois par le juge du procès son avocat a été limité dans ses méthodes de travail par les interventions hostiles de ce dernier, tant lors de ses contre-interrogatoires que lors de sa plaidoirie [168]. Il ajoute, au surplus, que certaines interventions du juge ont limité illégalement le contre-interrogatoire de son avocat en l'empêchant de poser des questions qu'il estimait pourtant légales [169]. Il conclut enfin que, prises globalement, les interventions du juge l'ont privé d'un procès juste et équitable devant un tribunal impartial au sens de la *Charte canadienne des droits et libertés*. La règle fondamentale voulant que justice non seulement soit rendue mais paraisse avoir été rendue n'aurait pas été respectée en l'espèce [170].

Plus précisément, sur un procès qui a duré plus de cinq semaines, l'appelant reproche au juge une douzaine d'interventions [171]. Si on excepte une intervention visant à rappeler au procureur de l'appelant qu'il allait au-delà de la preuve [172], les autres interventions visaient toutes soit à faire en sorte que ce dernier cesse un contre-interrogatoire prolixe ou ne respectant pas les règles de l'art, soit à l'empêcher de plaider en droit devant le jury ou encore de contre-interroger les témoins de manière à susciter des débats de droit.

En lisant le texte de chacune de ces interventions, il me paraît utile de les ranger en deux groupes distincts, suivant en cela la démarche plus ou moins implicite adoptée par l'appelant dans son mémoire. Le premier groupe comprend la grande majorité des interventions contestées dont on peut disposer sommairement. Le second groupe comporte trois interventions qui nécessitent une analyse plus approfondie en raison des problèmes particuliers qu'elles soulèvent.

Suivant une jurisprudence bien établie, c'est en fonction de leur impact sur le déroulement juste et équitable du procès qu'il faut examiner ces interventions [173]. Comme l'a souligné le juge Kelly, de la Cour d'appel de l'Ontario, dans *R. c. Torbiak* [174] :

> Since the limits of the allowable conduct are not absolute, but relative to the facts and circumstances of the particular trial within which they are to be observed, *every alleged departure during a trial from the accepted standards of judicial conduct must be examined with respect to its effect on the fairness of the trial.*

[Les italiques sont du soussigné.]

De plus, il arrive souvent, comme le précise lord Denning dans *Jones c. National Coal Board* [175], qu'il faille examiner les interventions du juge du procès dans leur ensemble pour être vraiment en mesure d'apprécier si elles sont préjudiciables ou non.

a) Les interventions manifestement sans conséquence

À mon avis, sont clairement de cette nature les deux interventions du juge du procès survenues respectivement les 26 et 27 mars 1986, au

---

(166) M.a., vol. I, p. 60.
(167) *Id.*, p. 61.
(168) *Ibid.*
(169) *Id.*, p. 63.
(170) *Id.*, pp. 68-71.
(171) *Id.*, pp. 62-63.
(172) Voir *supra*, note 139 et le texte correspondant. Nous avons déjà examiné cette intervention en détail : voir *supra*, notes 148-156 et le texte correspondant.

(173) *Brouillard dit Chatel c. R.*, (1985) 1 R.C.S. 39, 48 : « En conclusion, si le juge peut et doit intervenir pour que justice soit rendue il doit quand même le faire de telle sorte que justice *paraisse être rendue. Tout est dans la façon.* » (Les italiques sont du soussigné.) Voir également Gérald Fauteux. *Le livre du magistrat.* Ottawa : Approvisionnements et Services Canada, 1980. p. 56.
(174) (1974) 26 C.R. 108 (Ont. C.A.), 110.
(175) (1957) 2 All E.R. 155, 158-159.

cours desquelles ce dernier a interrompu certains contre-interrogatoires du procureur de l'appelant pour le motif qu'ils étaient répétitifs et traînaient inutilement en longueur.

D'une part, le 26 mars 1986, alors que le procureur de l'appelant contre-interrogeait depuis un bon moment le témoin André Desbiens sur les circonstances de son arrestation survenue après qu'il eut omis de faire un arrêt obligatoire alors qu'il circulait en voiture dans les rues de Québec en compagnie de l'appelant, le juge du procès l'invita poliment à changer de sujet, constatant qu'il spéculait sur cet événement et que le sujet avait été traité à fond [176]:

Par la Cour :

Maître Maranda, ça sert à rien, moi mon rôle est d'empêcher des interrogatoires qui durent, qui traînent en longueur, ça, c'est mon rôle, c'est mon devoir, ç'a été répété à maintes et maintes reprises par tous les Tribunaux. Si j'accomplis mon rôle puis je vous dis d'arrêter, c'est pas parce que je veux engager une discussion qui va durer une autre demi-heure (½ h) avec vous, je vous dis que cet incident-là, ça fait quarante-cinq (45) minutes ou à peu près qu'on en parle ; pourriez-vous changer de sujet puis aller à quelque chose d'autre, qu'on arrive à un moment donné là aux faits qui sont pertinents ou importants. D'ailleurs si vous avez d'autres domaines, tout ça, ç'a été dit, redit, quand même que vous commenceriez hier, après-midi puis que vous passiez à un autre sujet puis que vous reveniez là-dessus puis que vous passez à Bérubé puis que vous revenez là-dessus puis que vous passez à Breton puis vous revenez-là-dessus, c'est pas dit que ç'a pas été dit ça, ç'a été dit.

D'autre part, le 27 mars 1986, alors que le procureur de l'appelant interrogeait très longuement M. André Desbiens, cette fois sur sa présence à la brasserie Le Tonneau le 1er décembre 1983, le juge du procès précisa comme suit son rôle et son devoir, à la suite d'une objection du procureur du ministère public s'opposant à la poursuite du contre-interrogatoire à raison de son caractère répétitif [177]:

Par la Cour :

Là, on revient à la première partie. Ç'a été traité. Tel que c'est mon rôle et mon devoir de le faire, je ne permettrai pas que vous reveniez une troisième ou quatrième fois là-dessus. Bon.

Par la défense :

Je veux pas revenir là-dessus. C'est simplement un point de départ pour une nouvelle question.

Par la Cour :

Vous êtes revenu là-dessus. Vous avez posé trois questions auxquelles le témoin a répondu exactement la même chose qu'il avait répondu trois fois auparavant. C'est ce qu'on appelle revenir là-dessus. L'objection est maintenue. Si vous avez des questions qui n'ont pas été traitées, allez-y. Si vous n'en avez pas, dites que vous n'avez plus de questions.

Par la défense :

À ce moment-là, monsieur, où vous aviez des craintes, vous étiez sous une libération conditionnelle, n'est-ce pas ?

Par la Cour :

Ça, ç'a été dit. Je ne permets pas la question.

[Les italiques sont du soussigné.]

Par ailleurs, toujours le 27 mars 1986, lors du contre-interrogatoire de M. André Desbiens, le procureur de l'appelant interrogea ce dernier sur les conséquences juridiques de la situation dans laquelle il se trouvait : « Alors, disons que comme personne en libération conditionnelle jusqu'en 1992, vous n'aviez qu'à commettre une simple infraction pour être retourné au pénitencier, n'est-ce pas ? [178] » Recevant une réponse affirmative, le procureur de l'appelant enchaîna immédiatement : « Sans avoir à risquer ce qui aurait pu être véritablement l'emprisonnement à vie ? [179] » Le juge s'oppose alors avec raison, à mon avis, à la forme de cette question, précisant que le témoin Desbiens s'est vu imposer une peine d'emprisonnement à vie et que seule la Commission des libérations conditionnelles pourrait ultérieurement décider de sa sortie [180]:

---

(176) M.a., annexe II, vol. VI, pp. 1220.
(177) *Id.*, p. 1362.

(178) *Id.*, p. 1363.
(179) *Ibid.*
(180) *Id.*, pp. 1364-1365.

Par la Cour :
Les gens sont condamnés à l'emprisonnement à vie ou ils ne sont pas condamnés à l'emprisonnement à vie puis ensuite la Commission des libérations conditionnelles du Canada décide quand ils vont sortir.

[...]

C'est la seule, la seule et unique qui a le droit de décider en droit puis ça c'est des instructions que je donne aux jurés...

Il s'agit là manifestement, à mon avis, d'une intervention sans conséquence sur le déroulement juste et équitable du procès.

Sans conséquence également est cette autre intervention du juge du procès, survenue le 27 mars 1986 à la suite d'une remarque du procureur de l'appelant lors de l'interrogatoire par le ministère public de M. Jean-Pierre Boudreau à l'effet que « le ouï-dire est une objection qui appartient à l'accusé [181] », par laquelle le juge précisait que « le ouï-dire est du ouï-dire que ce soit pour la Couronne ou pour l'accusé » et demandait au procureur de l'appelant de ne pas faire « une autre remarque comme ça [182] ». Il en va de même, à mon avis, de l'intervention du juge du procès, le 3 avril 1986, toujours lors du contre-interrogatoire de M. Pierre Boudreault, rappelant au procureur de l'appelant qu'un témoin ne peut pas se souvenir de tous les faits et gestes qui se sont déroulés dans une taverne [183]. De même en est-il de cette autre remarque du juge, faite à la même occasion, soulignant qu'il est dangereux dans les causes criminelles de se perdre dans les détails, avec laquelle le procureur de l'appelant se dit « [a]bsolument d'accord [184] ».

Tout aussi valable et non préjudiciable est, à mon avis, cette autre intervention du juge du procès, survenue le 3 avril 1986 lors du contre-interrogatoire de Michel Blass, visant à empêcher le procureur de l'appelant de lui poser une question suggestive susceptible de le pousser à argumenter [185]. Ce dernier le reconnut de bonne grâce d'ailleurs : « [...] : *its a bad form* [186] ». Il en va de même de cette autre intervention du juge, survenue toujours à l'occasion du contre-interrogatoire de Michel Blass le 3 avril 1986, empêchant le procureur de l'appelant de dire que ce dernier avait confessé 12 meurtres alors qu'en réalité il avait plaidé coupable à 12 accusations d'homicides involontaires [187]. D'ailleurs, le procureur de l'appelant donna raison au juge puisque, peu après, il admit : « La preuve révèle qu'il a plaidé coupable à des homicides involontaires [188] ».

Ne porte pas davantage à conséquence, à mon avis, cette autre intervention du juge du procès survenue le 9 avril 1986 lorsque le ministère public voulut faire témoigner le biologiste François Julien comme expert sur la compatibilité des matériaux de plastique d'un masque. En contre-interrogatoire, le procureur de l'appelant tenta d'établir que ce dernier n'avait pas fait d'étude particulière en ce domaine [189]. Intervenant alors pour demander des précisions supplémentaires au témoin, le juge constata que, malgré le fait que le biologiste n'avait pas fait d'étude particulière sur la question, celui-ci avait tout de même une expérience pratique suffisante pour être qualifié d'expert. Faisant une analogie avec la fonction judiciaire, le juge lança alors cette boutade à mon point de vue fort anodine : « c'est en forgeant que vous devenez forgeron. C'est ça ? [190] »

Soulignons enfin que le juge était parfaitement justifié d'intervenir le 15 avril 1986, lors de la plaidoirie du procureur de l'appelant [191], pour l'empêcher d'exposer au jury le contenu de la loi québécoise sur les libérations conditionnelles dans le but d'expliquer les faveurs qu'aurait reçues André Desbiens. Le procureur de l'appelant reconnut en quelque sorte le bien-fondé de

---

(181) *Id.*, p. 1399.
(182) *Id.*, p. 1400.
(183) M.a., annexe II, vol. IX, pp. 1950-1956.
(184) *Id.*, p. 1951.

(185) *Id.*, pp. 2033-2034.
(186) *Id.*, p. 2034.
(187) *Id.*, pp. 2047-2048.
(188) *Id.*, p. 2048.
(189) M.a., annexe II, vol. XII, pp. 2553-2556.
(190) *Id.*, p. 2556.
(191) *Id.*, pp. 2762-2766.

cette intervention du juge puisqu'il ajouta : « Merci de [...] De toute façon monsieur Desbiens a admis qu'il avait des congés humanitaires. *Bon, moi je vous parlerai pas de droit là*, mais il a des congés de la prison. (192) » (Les italiques sont du soussigné.)

Au terme de l'examen de ce premier groupe d'interventions du juge du procès, je conclus que celles-ci étaient non seulement modérées mais généralement tout à fait justifiées. Le procureur de l'appelant l'a d'ailleurs reconnu lui-même à plusieurs reprises de façon plus ou moins explicite. En conséquence, je suis d'avis que ces interventions ne l'ont pas limité indûment dans sa méthode de travail en général ni illégalement dans son droit de contre-interroger pleinement et efficacement les témoins de la poursuite.

b) Les interventions à première vue surprenantes mais finalement sans conséquence

L'appelant fait grand état des propos suivants que le juge du procès a adressés à son procureur, le 2 avril 1986, lors du contre-interrogatoire de Mme Francine Pineault [193] :

Encore une fois, vous confondez le témoin. Si vous pensez que je vais vous acquitter de toutes les accusations ce n'est pas vrai.

Ce n'est sûrement pas vrai.

[Les italiques sont du soussigné.]

À son avis, ces propos sont non seulement « étonnants » et « malheureux » mais également tout à fait « incompréhensibles, soit qu'ils veuillent dire ce que réellement ils paraissent vouloir dire, soit qu'ils aient un sens équivoque qui échappe à [son] actuel procureur [194] ».

À première vue, cette intervention du juge du procès peut sembler surprenante, voire même équivoque. À l'analyse, toutefois, on constate qu'il n'en est rien. Il suffit, en effet, de la replacer dans son contexte pour voir qu'elle se situe dans le prolongement d'une première remarque que le juge avait faite au procureur de l'appelant quelques instants auparavant alors qu'il lui avait demandé d'« essaye[r] de ne pas confondre le témoin pour rien [195] ». À la suite de cette remarque, le procureur de l'appelant avait repris son contre-interrogatoire autrement et posé la question suivante au juge, sans toutefois obtenir de réponse : « Est-ce que je suis acquitté *de l'accusation* de vouloir confondre le témoin, votre Seigneurie ? [196] » (Les italiques sont du soussigné.). Il paraît donc clair de ce contexte que le juge référait à cette question demeurée en suspens lorsqu'il fit l'intervention contestée, laquelle n'a pu pour cette raison avoir un impact négatif sur le déroulement juste et équitable du procès.

L'appelant fait grand état également de deux autres interventions du juge du procès, survenues le 15 avril 1986 lors de la plaidoirie de son procureur, dans lesquelles le juge aurait laissé entendre que ce dernier aurait fait preuve de malhonnêteté.

La première survint lorsque le procureur de l'appelant tenta d'établir de façon détournée, par déduction, les heures de certains appels téléphoniques qu'il avait choisi de ne pas mettre en preuve [197]. Là-dessus, le juge l'avait immédiatement interrompu en ces termes : « [...] parce que là si on est pour parler de *malhonnêteté* vous savez exactement à quelle heure ces appels-là ont été faits, ça vous a été déclaré devant moi, formellement [...] [198] » (Les italiques sont du soussigné.). Il ressort clairement du contexte que cette allusion à une certaine malhonnêteté visait strictement cette tentative du procureur de l'appelant d'établir par déduction les heures de certains appels téléphoniques, que le juge du procès estimait incorrecte dans les circonstances. D'une portée restreinte et circonscrite à cet épisode seulement, cette allusion n'a pas pu, à mon avis, laisser planer un doute sur l'intégrité du procureur de l'appelant susceptible de mettre en péril le déroulement d'un procès juste et équitable.

---

(192) *Id.*, p. 2765.
(193) M.a., annexe II, vol. VIII, p. 1868.
(194) M.a., vol. I, p. 65.

(195) Voir *supra*, note 193, p. 1860.
(196) *Id.*, p. 1863.
(197) Voir *supra*, note 149-156 et le texte correspondant.
(198) Voir *supra*, note 153 et le texte correspondant.

La seconde intervention survint lorsque le procureur de l'appelant laissa entendre que M. André Desbiens aurait été avantagé en ce qui concerne la sentence qu'il a reçue pour sa participation au meurtre de Claude Simard [199]:

> [...] Vous avez une preuve plus que raisonnable que l'automobile de Bull Desbiens se trouvait sur les lieux avoisinant le meurtre, ça il y a aucune erreur là-dessus. Vous avez une preuve hors de tout doute raisonnable que Monsieur Desbiens a fait venir Monsieur Simard à la Taverne Desrosiers, le soir même de sa mort. Vous avez aussi une preuve que sur les indications de Bull Desbiens, la police a retrouvé l'arme du crime. À ce moment-là, je pense qu'il y a pas grand doute sur qui a pu tuer Monsieur Simard ; la réponse c'est Bull Desbiens. Et que fait-il après ça, puisqu'il n'a pas l'intention nous dit-il de se défendre contre ça, et *d'ailleurs il est assez difficile d'imaginer qu'il aurait pu le faire, bien si c'est pour lui procurer quelqu'avantage, si à la place d'avoir vingt-cinq années de pénitencier ferme avant une libération conditionnelle, à moins d'une révision par la Cour...*
>
> [Les italiques sont du soussigné.]

Le juge du procès l'interrompt aussitôt en ces termes [200]:

> *Par la Cour:*
>
> Encore une fois, ça, Maître Maranda, dans vingt-huit ans d'expérience si vous avez pas appris que vous n'aviez pas le droit de parler de sentence, je vais vous l'apprendre. Deuxièmement ce n'est pas nécessairement vingt-cinq années fermes, c'est une hérésie légale parce qu'il y a d'autres articles du code, 672 du code criminel...
>
> *Par la défense:*
>
> Je viens de le dire.,
>
> *Par la Cour:*
>
> Je vous demande d'ignorer ça complètement et *je vous dis que ce n'est pas ignorance de la part de Maître Maranda, on parlait de malhonnêteté tout à l'heure là, bon peut-être qu'on va en parler dans le moment.*
>
> [Les italiques sont du soussigné.]

Ici encore le contexte démontre que cette allusion du juge du procès à une malhonnêteté intellectuelle possible du procureur de l'appelant visait un événement bien particulier et était par conséquent d'une portée limitée ne pouvant à mon avis avoir de conséquences sérieuses sur le déroulement juste et équitable du procès. Ajoutons que le procureur de l'appelant a pu par la suite, sans évidemment discuter ou traiter de sentence, plaider abondamment, sans être interrompu, sur les faveurs obtenues par le témoin André Desbiens [201]:

> C'est ça. Je m'excuse mais là je ne sais plus où j'étais quand j'ai été interrompu. En tout cas il m'apparaît à moi qu'il y a une grosse différence entre un homicide involontaire et puis un meurtre qualifié au point de vue des sentences. Et qu'on a fait une faveur à Monsieur Desbiens, faveur qu'il s'est méritée par anticipation en mettant à la place ou en ajoutant un personnage qui s'appelle Yves Plamondon, qui, ç'a transparu évidemment au cours de la preuve, n'était pas un personnage favori de la police, et qui, disons vous en avez eu la preuve là, a été arrêté deux fois pour des altercations avec des policiers. Alors c'était sans doute un personnage qui était acceptable à jeter en pâture aux policiers.

L'analyse de ce deuxième groupe d'interventions me convainc qu'aucune d'entre elles n'a pu influencer le jury d'une façon telle que l'appelant ait été privé de son droit à un procès juste et équitable. Il en va de même lorsqu'on considère dans leur ensemble les 12 interventions contestées. Ces interventions n'ont pu être comprises par les jurés autrement que comme des manifestations d'une surveillance normale exercée par le juge dans le déroulement du procès et non comme visant à miner la confiance qu'ils pouvaient avoir à l'endroit du procureur de l'appelant. En conséquence, je propose que ce cinquième motif d'appel soit rejeté.

Pour toutes ces raisons, je suis d'avis que l'appelant n'a pas été privé d'un procès juste et équitable devant un tribunal impartial. Je propose par conséquent de rejeter son appel.

---

(199) M.a., annexe II, vol. XIII, p. 2774
(200) *Id.*, p. 2774.

(201) *Id.*, p. 2776. Voir également p. 2778.

Cour d'appel

SYNDICAT DÉMOCRATIQUE DES SALARIÉS DE LA SCIERIE LEDUC (CSD), intimé appelant, c. DAISHOWA INC., DIVISION DE SCIERIE LEDUC, appelante intimée, et DENIS ALLARD et autres, mis en cause intervenants

TRAVAIL — activité de pression — grève — vote de grève — retour au travail — infraction pénale — interprétation stricte en droit pénal.

Appel d'un jugement de la Cour supérieure ayant infirmé le jugement rendu par le Tribunal du travail et acquitté l'employeur d'avoir contrevenu à l'article 109.1 du Code du travail (C.tr.). Rejeté, avec dissidence.

L'employeur a été trouvé coupable par le Tribunal du travail d'avoir contrevenu aux dispositions anti-briseurs de grève (art. 109.1 et 142.1 C.tr.). Les plaintes ont été déposées par le syndicat après qu'un groupe d'employés opposés à la direction syndicale fut retourné au travail à la suite d'une rencontre avec l'employeur lors de laquelle ils ont convenu d'un règlement quant à leurs conditions de travail. Le Tribunal du travail a considéré que la grève ne pouvait légalement se terminer que par le vote de la majorité des syndiqués en grève, et que ce vote devait être pris selon les mêmes formalités que celles qu'exige le Code du travail pour le déclenchement de la grève. Le vote ayant été pris en marge du syndicat, il n'a donc pas mis fin à la grève, et l'employeur, en reprenant ses employés à son service, a contrevenu à l'article 109.1 C.tr. La Cour supérieure a renversé le verdict et acquitté l'employeur au motif que, comme le Code du travail est muet quant aux conditions requises pour qu'une grève légale soit considérée légalement terminée, elle se termine lorsque la majorité des employés décide d'y mettre fin et de reprendre le travail. La question est de savoir si la grève s'est terminée par le fait que les employés sont retournés au travail et si la loi est suffisamment claire pour soutenir une condamnation pénale.

MM. les juges Vallerand et McCarthy: L'article 109.1 interdit l'utilisation de salariés pendant la durée d'une grève déclarée conformément au Code du travail. Le fait qu'il y ait deux sortes de grève, légale et illégale, n'implique pas qu'il y ait aussi deux façons, légale et illégale, d'y mettre fin. Il s'agit d'une infraction de responsabilité stricte, et le juge, ayant constaté un problème juridique dont la solution pouvait être difficile, devait acquitter l'employeur. Cependant, il n'aurait pas dû se prononcer sur la fin de la grève. Il s'agit d'une matière qui relève du droit pénal et non pas des relations du travail; c'est pourquoi la règle de l'interprétation restrictive doit s'appliquer.

*M*me *la juge Tourigny, dissidente: La théorie d'interprétation stricte en matière criminelle et pénale veut que, devant une disposition qui crée une infraction criminelle ou pénale ambiguë, ou lorsque plusieurs interprétations sont possibles et qu'aucune ne paraît mieux fondée qu'une autre, les tribunaux doivent adopter la plus favorable à l'accusé et le faire bénéficier de l'ambiguïté de la loi. Cela ne signifie cependant pas que toute ambiguïté apparente d'interprétation satisfait à ces exigences. En effet, cette règle d'interprétation ne doit pas être appliquée a priori sans que*

Juges McCarthy, Vallerand et Tourigny (diss.) — C.A. Québec 200-10-000073-903 (Juge Paul Corriveau, C.S. Québec 200-36-000210-898, 1990-03-30), 1991-08-26 — Thibaudeau, Bradley, Me *Peter Bradley*, pour l'appelant — Gagné, Letarte, Me *Michel Héroux*, pour l'intimée — Dignard, Robert, Me *Gilles Fiset*, pour les intervenants.

Références antérieures: [1990] T.T. 71 (D.T.E. 90T-129); [1990] R.J.Q. 1117 (C.S.) (J.E.90-711 et D.T.E. 90T-548)

91-01-1874
J.E. 91-1479

le tribunal appelé à statuer n'ait tenté au préalable, et dans un effort raisonnable, de faire ressortir la volonté du législateur, puisqu'il s'agit là du but ultime de tout processus d'interprétation, même en matière criminelle. Il faut donc qu'une ambiguïté réelle et sérieuse subsiste après un effort raisonnable d'interprétation de la part du Tribunal. En l'espèce, l'examen des lois du travail québécoises et de la doctrine en cette matière permet de croire qu'il n'y a pas d'ambiguïté dans l'interprétation qu'il faut donner aux dispositions de la loi. En droit du travail québécois, la grève appartient au syndicat. Dès que ce ne sont pas tous les salariés qui retournent au travail, le principe général voulant que ce soit le syndicat qui décide de la fin de la grève garde tout son effet. Il n'y a donc pas d'ambiguïté réelle quant au moment où survient la fin de la grève, ni quant à l'intention du législateur lorsqu'il a édicté les dispositions anti-briseurs de grève. Par ailleurs, rien dans la preuve ne révèle que la prévenue ignorait la situation ou qu'elle aurait pris toutes les précautions raisonnables pour éviter de contrevenir à la loi.

Législation citée

Code criminel, (S.R.C. 1970, c. C-34), art. 202, 214 (5) — Code du travail, (L.R.Q., c. C-27), art. 1 g) «grève», 12, 106, 109.1, 109.1 c), 142.1.

Jurisprudence citée

Guérard c. Groupe I.P.A. pièces d'auto Ltée, [1984] C.A. 327 ; Hutt c. R., (1978) 2 R.C.S. 476 ; Marcotte c. Sous-procureur général du Canada, (1976) 1 R.C.S. 108, (1975) 19 C.C.C. 257 (S.C.C.), (1975) 51 D.L.R. 259 (S.C.C.) et (1975) 3 N.R. 613 (S.C.C.) ; Marinier c. Fraternité inter-provinciale des ouvriers en électricité, [1988] R.J.Q. 495 (C.S.) ; Paul c. R., (1982) 1 R.C.S. 621 et (1982) 67 C.C.C. 97 (S.C.C.) ; R. c. Chase, (1987) 2 R.C.S. 293 et (1988) 37 C.C.C. 97 (S.C.C.) ; R. c. Goulis, (1981) 60 C.C.C. 347 (Ont. C.A.) ; R. c. Paré, (1987) 2 R.C.S. 618 ; R. c. Stevens, (1984) 11 C.C.C. 518 (Ont. C.A.) ; R. c. Tutton, (1989) 1 R.C.S. 1392, (1989) 69 C.R. 289 (S.C.C.) et (1989) 48 C.C.C. 129 (S.C.C.) ; Syndicat des employés de Uniroyal (C.S.N.) c. Union des ouvriers du caoutchouc synthétique, local 78 de l'Union internationale des employés de distilleries, rectification, vins et industries connexes d'Amérique, [1980] T.T. 150 ; Towne Cinema Theatres Ltd. c. R., (1985) 1 R.C.S. 494 ; Travailleurs unis du pétrole (local 2) c. Shell Canada Ltée, [1983] C.A. 162.

Doctrine citée

Côté, Pierre-André. *Interprétation des lois.* Cowansville: Y. Blais, 1982. 695 p., p. 419 ; Côté, Pierre-André. *Interprétation des lois.* 2e éd. Cowansville: Y. Blais, 1990. 756 p., pp. 451, 453, 456-457 ; Côté-Harper, Gisèle, Manganas, Antoine D. et Turgeon, Jean. *Droit pénal canadien.* 3e éd. Cowansville: Y. Blais, 1989. 785 p., pp. 49-50 ; Gagnon, Robert P., LeBel, Louis et Verge, Pierre. *Droit du travail.* Québec: P.U.L., 1987. 933 p., pp. 77-80, 572-573 ; Kloepfer, Stephen. «The Status of Strict Construction in Canadian Criminal Law», (1983) 15 *Ottawa L. Rev.* 553-572, 565 ; Maxwell, Peter Benson. *Maxwell on the Interpretation of Statutes.* 11th ed. by Roy Wilson and Brian Galpin. London: Sweet & Maxwell, 1962. 448 p., p. 266 ; Maxwell, Peter Benson. *Maxwell on the Interpretation of Statutes.* 12th ed. by P. St. J. Langan. Toronto: Carswell, 1969. 391 p., p. 239 ; Verge, Pierre. «Syndicalisation de la grève», (1983) 38 *Relat. ind.* 475-506, 480-481, 483-484.

•

TEXTE INTÉGRAL DU JUGEMENT

La Cour :

Statuant sur le pourvoi contre un jugement de la Cour supérieure, district de Québec, prononcé par l'honorable Paul Corriveau, le 30 mars 1990, qui a accueilli l'appel de l'intimée, Daishowa inc., de la décision du Tribunal du travail prononcée le 19 décembre 1989 par l'honorable Paul Yergeau, infirmé le jugement rendu en première instance et acquitté l'intimé de l'accusation portée contre elle, le tout, sans frais ;

Après audition, examen du dossier et délibéré ;

Pour les motifs qui apparaissent à l'opinion du juge Vallerand, déposée avec le présent arrêt, auxquels souscrit le juge McCarthy ;

Rejette l'appel, avec dépens fixés à 750 $;

Mme la juge Tourigny, pour les motifs exprimés dans son opinion, également déposée avec le présent arrêt, aurait accueilli l'appel, cassé le jugement de la Cour supérieure et restauré avec toutes ses conclusions le jugement du Tribunal du travail.

M. le juge Vallerand. Le torchon brûle — c'est le moins qu'on puisse dire — entre les dirigeants du syndicat et plusieurs, voire la majorité, de ses membres.

Les employés de Daishowa inc. viennent de changer d'allégeance syndicale. La négociation d'une nouvelle convention achoppe, semble-t-il, sur la question de l'ancienneté. On déclenche une grève légale dont certains des employés affirment qu'ils ne connaissent ni les motifs ni même la date. D'aucuns se plaignent du manque de transparence des dirigeants du syndicat ; une majorité importante force la convocation d'une réunion où elle entend destituer quelques-uns des dirigeants — un vœu qu'une majorité très importante rejette à raison, d'aucuns prétendront, d'une forte dose d'intimidation.

Un syndiqué s'enquiert, pour le compte d'un groupe de sept de ses collègues de travail dissidents, auprès d'un cadre de l'entreprise à savoir en quoi consistent précisément les offres de l'employeur. Celui-ci les renseigne. La démarche fait tache d'huile ; on fait savoir à l'employeur que de légères modifications mettraient fin à la grève ; l'employeur se rend à la demande ; les dissidents convoquent une réunion des syndiqués dont sont exclus *manu militari*, les partisans de la direction du syndicat, affirme celui-ci, les fauteurs de désordre, répondent leurs adversaires. Quoi qu'il en soit du respect des principes de la démocratie et des règlements internes de l'association, une nette majorité des membres du syndicat vote le retour au travail sans autres formalités.

Quarante-cinq des 77 employés membres du syndicat se présentent donc au travail au-delà des piquets de grève dressés par les partisans de la direction du syndicat. Ils sont accueillis par l'employeur, qui entend respecter les engagements pris à l'endroit de ses interlocuteurs et fait savoir qu'il accueillera tous les employés qui souhaitent rentrer.

Le syndicat dépose contre l'employeur une plainte d'ingérence dans une association de salariés en contravention de l'article 12 du *Code du travail*[1]. La plainte sera rejetée faute de preuve. Il dépose aussi — et c'est là ce qui nous retient — une plainte en vertu des articles 109.1 *c)* et 142.1 du même code :

> 109.1. Pendant la durée d'une grève déclarée conformément au présent code ou d'un lock-out, il est interdit à un employeur :
>
> [...]
>
> c) d'utiliser, dans l'établissement où la grève ou le lock-out a été déclaré, les services d'un salarié qui fait partie de l'unité de négociation alors en grève ou en lock-out [...]
>
> [...]
>
> 142.1. Quiconque contrevient à l'article 109.1 commet une infraction et est passible d'une amende d'au plus $1,000 pour chaque jour ou partie de jour pendant lequel dure l'infraction.

Le juge du Tribunal du travail déclare l'employeur coupable et le condamne à l'amende. Saisie du pourvoi, la Cour supérieure, statuant *de novo* sur les preuves administrées devant le Tribunal et versées à son dossier, prononce l'acquittement.

Le syndicat se pourvoit. J'estime qu'il convient de rejeter le pourvoi.

Les parties ont versé au dossier toutes les admissions nécessaires pour, d'un commun accord, limiter leur débat à la seule question de savoir si, le 5 mai 1989, les employés rentrés au travail, la grève était terminée et donc l'interdit de l'article 109.1 du *Code du travail* devenu sans objet, et si, le cas échéant, la loi est suffisam-

---

(1) L.R.Q., c. C-27.

ment claire pour soutenir une condamnation pénale.

Le juge du Tribunal du travail — je le signale en passant car ce n'est pas son jugement qui est ici entrepris, la Cour supérieure ayant statué *de novo* — s'en est pris à l'employeur, qu'il a, à toutes fins utiles, jugé coupable d'ingérence dans les affaires du syndicat, ce dont, faut-il le dire, l'inculpée n'était pas accusée devant lui. Il a ensuite fait une longue et, ma foi, remarquable étude de l'économie du *Code du travail* pour conclure que la grève ne pouvait légalement se terminer que par le vote de la majorité des syndiqués en grève, un vote pris selon les mêmes formalités qu'exige le *Code du travail* pour son déclenchement. Il conclut — ce que la prévenue concède du reste — que le vote de l'entrée au travail fut pris en marge du syndicat, qu'il n'a donc pas mis un terme à la grève et que l'employeur, en reprenant ses employés à son service, a contrevenu à l'article 109.1.

La Cour supérieure — et c'est de son jugement qu'il s'agit devant nous — est plus laconique. Elle constate que le *Code du travail* est muet sur le sujet des conditions requises pour qu'une grève légale soit considérée comme légalement terminée. Elle prend appui sur ce qu'écrivait le juge Brière, du Tribunal du travail[2] :

> J'en conclus qu'une grève légale appartient à l'association accréditée pour représenter les travailleurs constituant une unité de négociation. Normalement, elle se termine par la signature d'une convention collective et le retour au travail, avec ou sans protocole. Mais, une grève légale pourrait-elle se terminer simplement par le retour au travail de tous les salariés, ou de la majorité d'entre eux, ou même d'une minorité, sans que le syndicat lui-même n'y mette fin? Notre législation sur ce point est bien inadéquate.
>
> Normalement une grève légale devrait se terminer comme elle a commencé, c'est-à-dire par une décision du syndicat accrédité et d'une majorité de ses membres.
>
> Par ailleurs, si tous les salariés rentrent au travail, c'est-à-dire cessent leur arrêt concerté de travail, il n'y a plus grève, quoique puisse en penser la direction du syndicat. Car, la grève n'existe pas sans qu'il y ait effectivement une cessation concertée de travail, et elle ne peut pas continuer d'exister par la seule volonté du syndicat sans que ne continue d'exister une cessation concertée de travail.

de même que sur ce propos du Pr Pierre-André Côté[3] :

> On veut dire par là que si, dans la détermination de leur sens ou de leur portée, il surgit une difficulté réelle, une difficulté que le recours aux règles ordinaires d'interprétation ne permet pas de surmonter d'une façon satisfaisante, alors on est justifié de préférer l'interprétation la plus favorable à celui qui serait susceptible d'être trouvé coupable d'infraction.

La Cour conclut[4] :

> Le retour au travail de la majorité des membres du syndicat accrédité entraîne nécessairement la conclusion qu'il y a concertation chez les syndiqués pour que cesse l'arrêt concerté de travail qui avait été à l'origine de la grève.
>
> Le Tribunal n'a pas à s'immiscer dans l'analyse de l'exercice de ce droit qu'ont les syndiqués de se concerter pour mettre fin à une grève et reprendre le travail. Qu'ils contreviennent ou non, en agissant de la sorte, aux statuts et règlements internes adoptés par le syndicat pour son fonctionnement ne concerne pas le Tribunal.
>
> Comme le législateur n'a pas légiféré pour déclarer comment se termine une grève entreprise conformément aux dispositions du code, le Tribunal conclut que, en telle absence de législation, cette grève peut se terminer lorsque la majorité des salariés concernés décide d'y mettre fin et de reprendre le travail. Cette situation s'étant produite le 3 mai 1989, la grève a cessé à cette date. Cet élément essentiel de grève n'ayant par conséquent pas été prouvé, l'appel est accueilli et l'appelante, acquittée.

---

(2) *Syndicat des employés de Uniroyal (C.S.N.) Union des ouvriers du caoutchouc synthétique, local 78 de l'Union internationale des employés de distilleries, rectification, vins et industries connexes d'Amérique*, [1980] T.T. 150, 170.

(3) Pierre-André Côté. *Interprétation des lois*. Cowansville : Y. Blais, 1982. P. 419.

(4) [1990] R.J.Q. 1117 (C.S.), 1121.

Je partage, quant à ses conclusions, l'avis du juge de la Cour supérieure, quoique j'estime qu'il est allé trop loin en route vers son dispositif. Il y a, il faut bien en convenir, été poussé par le juge du Tribunal du travail, qui s'est astreint à traiter l'affaire comme s'il s'agissait pour lui de disposer de la question pour des fins de relations de travail : la décision de rentrer au travail, intervenue hors les murs, est-elle une décision qui lie tous les membres de l'association, quelles que soient les circonstances de sa signature ? Ou, au contraire, est-elle frappée de vices de forme fondamentaux qui la rendent nulle, inopposable et au syndicat et à ses 32 membres, qui en soutiennent les dirigeants ? C'était là oublier qu'il était saisi d'une plainte pénale qui s'inscrit avant tout dans le domaine du droit pénal, qui a ses règles propres.

Le juge de la Cour supérieure, en revanche, s'est correctement dirigé sur le droit lorsqu'il a conclu que le silence du *Code du travail* sur le sujet des conditions mises à la cessation de la grève et les prodiges d'interprétation judiciaire qu'impose le cas doivent déboucher sur l'acquittement de celui qui est inculpé d'une infraction. Mais ce même juge est allé trop loin lorsque, avant de conclure, il a statué que la grève était terminée. Une fois constaté que le problème juridique était à ce point de solution difficile, il devait, je pense, acquitter la prévenue sans exprimer d'avis sur un problème dont la solution n'était dès lors plus de sa compétence et demeure essentielle au règlement, par la juridiction compétente, du conflit de travail qui continue d'opposer l'employeur et le syndicat.

Ce disant, je suis bien conscient de cet arrêt de notre Cour où celui qui est aujourd'hui son juge en chef écrivait[5] :

> Si le législateur avait voulu faire exception pour prévoir que le remplaçant d'un cadre n'est pas assujetti à cette interdiction et peut lui-même, pendant la grève, remplir les fonctions d'un salarié, il l'aurait dit.
>
> [...]

> Libre à l'employeur de remplacer des cadres ou d'en embaucher de nouveaux mais ces derniers ne peuvent, pendant la grève, exécuter les fonctions d'un salarié.

Il est acquis au débat que les infractions pour contravention aux dispositions de l'article 109.1. sont de responsabilité stricte, par opposition à des infractions de responsabilité absolue.

Invoquant l'arrêt *R. c. Corp. de la ville de Sault Ste-Marie* [(1978) 2 R.C.S. 1299.], l'intimée plaide bonne foi dans son interprétation de l'article 109.1. À mon point de vue, ce qu'elle plaide c'est plutôt l'erreur de droit.

En effet, ce qu'elle nous dit c'est en somme ceci : c'est de bonne foi que j'ai interprété le *Code du travail* comme me permettant de faire exécuter par de nouveaux cadres les fonctions de salariés en grève.

La défense que reconnaît l'arrêt *Sault-Ste-Marie* est une défense de fait et non une défense qui s'appuie sur une mauvaise interprétation législative.

En l'espèce, j'estime que l'arrêt *Sault Ste-Marie* ne trouve pas application.

La situation est bien différente de celle où un inculpé soutient qu'il croyait, pour des motifs raisonnables, à un état de fait inexistant, qui, s'il avait existé, aurait rendu son acte innocent.

Son collègue Kaufman, dans une brève opinion de concours, ajoutait[6] :

> I have had the advantage of reading the notes prepared by Mr. Justice Bisson, and I agree with him that *the law is clear and unambiguous* and that the appeal must, *therefore*, be allowed and the convictions restored.

[Les italiques sont du soussigné.]

Or, précisément, tel n'est pas ici le cas. Le *Code du travail*, à son article 1 g), définit la grève : « la cessation concertée de travail par un groupe de salariés ». Mais, à l'article 106, il déclare interdite la grève « tant qu'une association des salariés en cause n'a pas été accréditée et n'y a pas acquis droit suivant l'article 58 ». Puis à l'article 109.1, celui qui nous concerne et qui interdit les briseurs de grève, il restreint l'interdit à « [p]endant la durée d'une grève déclarée conformément au présent code ».

---

(5) *Guérard c. Groupe I.P.A. pièces d'auto Ltée*, [1984] C.A. 327, 329-330.

(6) *Id.*, 330.

Est-ce dire que, s'il y a deux telles choses différentes qu'une grève légale et une grève illégale, on doit en tirer le corollaire qu'il y a aussi une fin de grève légale et une fin de grève illégale? La réponse ne saute pas aux yeux[7]; et m'apparaît s'appliquer au cas la réserve qu'exprimait notre collègue Kaufman (supra), qui fait écho à ce propos de la Cour suprême du Canada[8]:

> Même si je devais conclure que les dispositions pertinentes sont ambiguës et équivoques [...] je devrais conclure en faveur de l'appelant en l'espèce. Il n'est pas nécessaire d'insister sur l'importance de la clarté et de la certitude lorsque la liberté est en jeu. Il n'est pas besoin de précédent pour soutenir la proposition qu'en présence de réelles ambiguïtés ou de doutes sérieux dans l'interprétation et l'application d'une loi visant la liberté d'un individu, l'application de la loi devrait alors être favorable à la personne contre laquelle on veut exécuter ses dispositions. Si quelqu'un doit être incarcéré, il devrait au moins savoir qu'une loi du Parlement le requiert en des termes explicites, et non pas, tout au plus, par voie de conséquence.

Notre Cour a clairement étendu l'application de ce principe aux affaires pénales[9].

Maxwell[10], prenant appui sur la jurisprudence britannique, va encore plus loin:

> The principle applied in construing a penal Act is that if, in construing the relevant provisions, "there appears any reasonable doubt or ambiguity," it will be resolved in favour of the person who would be liable to the penalty. "If there is a reasonable interpretation which will avoid the penalty in any particular case," said Lord Esher M.R., "we must adopt that construction. If there are two reasonable constructions we must give the more lenient one. That is the settled rule for the construction of penal sections." [*Tuck & Sons v. Priester* (1887) 19 Q.B.D. 629, at p. 638.]

Bref, le moins qu'on puisse dire, c'est que la plainte pénale n'est pas un moyen acceptable d'obtenir l'interprétation judiciaire d'un texte de loi ambigu.

Appel rejeté, donc, avec dépens établis à 750 $.

Mme la juge Tourigny, dissidente. J'ai pris connaissance de l'opinion de mon collègue Vallerand mais, avec égards, je ne puis la partager.

Dans un premier temps, je dois dire que je ne partage pas les vues de mon collègue sur la théorie d'interprétation stricte en matière criminelle et pénale. À mon avis, l'ambiguïté à elle seule ne suffit pas pour créer un doute raisonnable, et il faut qu'à l'interprétation il demeure une ambiguïté raisonnable et un doute sérieux pour que le principe puisse s'appliquer. J'ajouterai, et j'y reviendrai plus loin, que, lorsque l'interprétation favorable à l'accusé mènerait à un résultat que n'a pas voulu le législateur et qui ne concorde pas, même en matière criminelle, avec la philosophie et les buts poursuivis par la loi, il n'y a pas lieu d'appliquer pareille interprétation stricte.

Dans un deuxième temps, je suis d'avis qu'il n'y a ici pas d'ambiguïté au sens dégagé par les auteurs et la jurisprudence dans le texte lui-même, et que, dans les faits, rien ne me paraît fonder un doute raisonnable en faveur de l'accusé.

Comme mon collègue Vallerand l'a mentionné, les parties s'entendent sur tous les faits. Le seul élément qui n'est pas admis est la fin de la grève.

Comme mon collègue l'a également mentionné, le texte de loi ne précise pas clairement et explicitement quand la grève prend fin.

C'est à partir de cette absence de précision, qui crée, selon mon collègue, une ambiguïté qui doit bénéficier à l'accusé, qu'il propose de maintenir le jugement de première instance.

Je n'ai évidemment pas l'intention de remettre en cause le principe d'interprétation restrictive

---

(7) *Marinier c. Fraternité inter-provinciale des ouvriers en électricité*, [1988] R.J.Q. 495 (C.S.); Robert P. Gagnon, Louis LeBel et Pierre Verge. *Droit du travail*. Québec: P.U.L., 1987. Pp. 77-80.

(8) *Marcotte c. Sous-procureur général du Canada*, (1976) 1 R.C.S. 108, 115.

(9) *Travailleurs unis du pétrole (local 2) c. Shell Canada Ltée*, [1983] C.A. 162.

(10) Peter Benson Maxwell. *Maxwell on the Interpretation of Statutes*. 12th ed. by P. St. J. Langan. Toronto: Carswell, 1969. P. 239.

en droit criminel, maintes fois répété par la Cour suprême. Il est acquis que, en présence d'une disposition qui crée une infraction criminelle ou pénale qui soit ambiguë, ou lorsque plus d'une interprétation est possible et qu'aucune d'entre elles ne paraisse mieux fondée l'une que l'autre, les tribunaux doivent adopter l'interprétation la plus favorable à l'accusé — autrement dit, faire bénéficier ce dernier de l'ambiguïté de la loi.

Cela ne veut pas dire pour autant que toute ambiguïté, absence de précision ou difficulté apparente d'interprétation rencontre ces exigences.

C'est l'opinion du Pr Pierre-André Côté dans *Interprétation des lois* [11] :

> Les lois pénales, c'est-à-dire celles qui prévoient des infractions, s'interprètent restrictivement. On veut dire par là que si, dans la détermination de leur sens ou de leur portée, il surgit une difficulté réelle, une difficulté que le recours aux règles ordinaires d'interprétation ne permet pas de surmonter d'une façon satisfaisante, alors on est justifié de préférer l'interprétation la plus favorable à celui qui serait susceptible d'être trouvé coupable d'infraction.
>
> [...]
>
> Nul ne songerait à contester l'opportunité d'un principe qui incite le juge à favoriser l'accusé lorsque la loi présente un doute sérieux ou une difficulté réelle d'interprétation. Encore faut-il, cependant, que l'interprète s'assure qu'un tel doute ou une telle difficulté existe bien. Le principe de l'interprétation favorable à l'accusé n'entre pas en jeu à la moindre difficulté : on doit se heurter à une incertitude réelle.
>
> [...]
>
> Le principe de l'interprétation restrictive des lois pénales n'aurait donc pas été complètement écarté par l'effet des lois d'interprétation : il est simplement passé au second plan, n'étant applicable que si l'effort d'interprétation impartiale commandé par l'article 12 de la loi fédérale d'interprétation et l'article 41 de la loi québécoise laisse subsister un doute raisonnable quant au sens ou à la portée du texte.

C'est sous cette forme que le principe paraît maintenant formulé par les tribunaux tant canadiens qu'anglais. Cela signifie donc que, même en matière pénale, il est indiqué de rechercher l'intention véritable du législateur et de retenir le sens qui permet d'atteindre l'objet que vise ce dernier, même si cela exige la correction d'erreurs matérielles.

Les auteurs Côté-Harper, Manganas et Turgeon, dans *Droit pénal canadien* [12], soulignent que la façon dont les tribunaux canadiens ont appliqué ce principe et interprété l'interprétation restrictive n'est pas si évidente :

> Il existe un principe fondamental en droit criminel à savoir que les textes de loi ne doivent pas s'interpréter de façon large et libérale mais de façon restrictive. Ce principe va de pair avec celui qui veut que le doute profite à l'accusé.
>
> Les choses cependant ne semblent pas si évidentes. Une difficulté provient au départ de l'article 12 de la *Loi d'interprétation*, qui se lit comme suit :
>
>> Tout texte est censé apporter une solution de droit et s'interprète de la manière la plus équitable et la plus large qui soit compatible avec la réalisation de son objet.
>
> Étant donné que ce texte ne fait pas de distinction entre le droit pénal et d'autres branches du droit, nous retrouvons dans plusieurs décisions l'effort des juges d'appliquer ce principe au droit pénal. Ainsi, dans *Préfontaine c. La Reine*, le juge Brossard de la Cour d'appel du Québec s'est prononcé en ce sens dans un cas où il fallait interpréter les termes «au moment de leur libération» employés à l'article 446(1)f) du Code criminel. Dans cette affaire, l'appelant était accusé d'avoir «illégalement» participé à un «événement au cours duquel des pigeons captifs furent mis en liberté au moyen d'une trappe pour essuyer un coup de feu au moment de leur libération».
>
> En première instance, le juge de la Cour des Sessions de la paix acquitte l'accusé en interprétant de façon stricte les termes en litige. La couronne se porte en appel par voie *de novo* contre ce jugement et la Cour du Banc de la

---

(11) Pierre-André Côté. *Interprétation des lois*. 2e éd. Cowansville : Y. Blais, 1990. Pp. 451, 453 et 456-457.

(12) Gisèle Côté-Harper, Antoine D. Manganas et Jean Turgeon. *Droit pénal canadien*. 3e éd. Cowansville : Y. Blais, 1989. Pp. 49-50.

Reine (juridiction criminelle) casse le premier jugement et trouve l'accusé coupable de l'infraction qui lui était reprochée, en interprétant les termes en litige comme faisant partie du texte globalement. Cette méthode large et libérale a été entérinée par la Cour d'appel et le juge Brossard a conclu que cette façon d'interpréter le texte globalement lui paraissait plus juste, plus large, plus libérale et plus propre à assurer la réalisation des objets recherchés par le législateur dans cette disposition. En effet, dit-il,

> L'objet de cette disposition pénale n'est évidemment pas de permettre le tir au pigeon dans des conditions données; il est manifestement de défendre qu'aucuns s'y livrent, en groupe, et sournoisement sur de malheureuses petites bêtes qu'on laisse soudainement s'échapper de trappes où elles ont été emprisonnées pour les fins de ces tueries.

Cependant, comme le soutenait récemment un auteur, l'article 12 de la *Loi d'interprétation* ne contient pas de référence explicite aux lois pénales et il n'est pas certain qu'il écarte le principe de l'interprétation stricte, surtout si on se réfère à l'article 3(3) de la même loi:

> Sauf incompatibilité avec la présente loi, toute règle d'interprétation utile peut s'appliquer à un texte.

Cette tendance vers l'interprétation libérale serait fondée sur une affirmation dans *Maxwell* à l'effet que l'interprétation restrictive était autrefois justifiés lorsque plusieurs infractions de common law étaient punissables de la peine de mort. Mais puisque cette raison n'existe plus de nos jours, on devrait donc interpréter les mots utilisés par le législateur d'une manière fidèle et honnête, conforme à leur vrai sens et à l'objet recherché.

Le Pr Stephen Kloepfer, dans un article intitulé « The Status of Strict Construction in Canadian Criminal Law »[(13)] s'exprimait comme suit:

> The principle of strict construction has both a descriptive and a referential aspect. The former concerns the conditions of semantic uncertainty that need to be fulfilled before the principle may appropriately be invoked. Fittingly, the clearest statement of those conditions has been provided by the judge who has long been the principle's most consistent Canadian exponent. Mr. Justice Martin of the Ontario Court of Appeal stated recently:
>
>> This court has on many occasions applied the well-known rule of statutory construction that if a penal provision is reasonably capable of two interpretations that interpretation which is the more favourable to the accused must be adopted... I do not think, however, that this principle always requires a word which has two accepted meanings to be given the more restrictive meaning. Where a word used in a statute has two accepted meanings then either or both meanings may apply. The court is first required to endeavour to determine the sense in which Parliament used the word from the context in which it appears. It is only in the case of an ambiguity which still exists after the full context is considered, where it is uncertain in which sense Parliament used the word, that the above rule of statutory construction requires the interpretation which is the more favourable to the defendant to be adopted. This is merely another way of stating the principle that the conduct must be clearly brought within the proscription.

Cette citation, que l'on retrouve dans l'arrêt *R. c. Goulis*[(14)], était d'ailleurs reprise par Mme la juge Wilson dans l'arrêt *R. c. Paré*[(15)]. Commentant le principe de l'interprétation stricte, elle s'exprimait comme suit[(16)]:

> Il s'agit d'un principe très ancien dont l'importance a atteint son apogée à une époque révolue où un grand nombre d'infractions entraînaient la peine capitale. Comme le fait remarquer Stephen Kloepfer dans son article intitulé « The Status of Strict Construction in Canadian Criminal Law » (1983), 15 *Ottawa L. Rev.* 553, aux pp. 556 à 560, ce principe n'était qu'un outil parmi tant d'autres employés par les tribunaux pour atténuer l'effet des dispositions pénales draconiennes de l'époque. Au cours des deux derniers siècles, les peines prévues en droit criminel sont devenues beaucoup moins sé-

---

(13) Stephen Kloepfer. « The Status of Strict Construction in Canadian Criminal Law », (1983) 15 *Ottawa L. Rev.* 553, 565.

(14) (1981) 60 C.C.C. 347 (Ont. C.A.).
(15) (1987) 2 R.C.S. 618.
(16) *Id.*, 630.

vères. Le droit criminel demeure toutefois le domaine où l'État empiète de la manière la plus spectaculaire et la plus importante sur les libertés individuelles. Donc, bien que la justification initiale du principe ait été minée sensiblement, la gravité de l'imposition d'une peine quelconque en matière criminelle commande que tout doute raisonnable joue en faveur de l'accusé.

Ce point a été souligné par le juge Dickson (alors juge puîné) dans l'arrêt *Marcotte c. Sous-procureur général du Canada*, [1976] 1 R.C.S. 108, à la p. 115 :

> Il n'est pas nécessaire d'insister sur l'importance de la clarté et de la certitude lorsque la liberté est en jeu. Il n'est pas besoin de précédent pour soutenir la proposition qu'en présence de réelles ambiguïtés ou de doutes sérieux dans l'interprétation et l'application d'une loi visant la liberté d'un individu, l'application de la loi devrait alors être favorable à la personne contre laquelle on veut exécuter ses dispositions. Si quelqu'un doit être incarcéré, il devrait au moins savoir qu'une loi du Parlement le requiert en des termes explicites, et non pas, tout au plus, par voie de conséquence.

Le fait que le principe conserve encore toute sa vitalité se dégage aussi des arrêts *R. c. Goulis* (1981), 60 C.C.C. (2d) 347 (C.A. Ont.), et *Paul c. La Reine*, [1982] 1 R.C.S. 621. Par conséquent, la question qui se pose est non pas de savoir si le principe de l'interprétation stricte existe, mais plutôt de savoir quelles en sont les conséquences en l'espèce.

Il me paraît donc que la règle d'interprétation stricte ne peut faire obstacle aux efforts des tribunaux pour déterminer le sens et la portée véritables d'un texte de loi donné. Elle ne devrait pas être appliquée a priori, sans que le tribunal appelé à statuer n'ait tenté au préalable, et dans un effort raisonnable, de faire ressortir la volonté du législateur, puisqu'il s'agit là du but ultime de tout processus d'interprétation, même en matière criminelle. De nombreux arrêts de la Cour suprême l'ont d'ailleurs souligné [17].

Ces décisions du plus haut tribunal du pays démontrent, à mon avis, l'ampleur de l'effort d'interprétation qui doit être tenté avant d'en venir à la conclusion que l'ambiguïté est réelle et que des doutes sérieux demeurent quant à l'intention du législateur.

Dans l'arrêt *Paul c. R.*[18], l'honorable Antonio Lamer, alors juge puîné à la Cour suprême du Canada, s'exprimait de la façon suivante, au nom de la Cour :

> Les tribunaux ont toujours été réticents à donner aux lois une interprétation exceptionnelle. Les décisions publiées sur le sujet l'illustrent bien. Mais cette réticence n'a pas empêché les tribunaux de s'écarter des règles ordinaires d'interprétation si, par leur emploi, le droit devait devenir ce que le M. Bumble de Dickens disait qu'il pouvait parfois être « un âne, un idiot » (Dickens, *Oliver Twist*).
>
> Sur ce point, Maxwell disait (*Maxwell on Interpretation of Statutes*, 12e éd., par P. St. J. Langan, 1969, à la p. 228) :
>
> [Traduction]
>
> 1. Modification du texte pour correspondre à l'intention
>
> Lorsque le texte d'une loi, dans son sens ordinaire et son interprétation grammaticale, conduit à une solution en contradiction manifeste avec le but apparent de la loi, ou à des problèmes ou absurdités qui peuvent difficilement avoir été voulus, on peut lui donner une interprétation qui modifie le sens des mots, et même la structure de la phrase. On peut le faire en s'écartant des règles de grammaire, en donnant un sens inhabituel à certains mots ou même en les ignorant complètement, au motif qu'il n'est pas possible que le législateur ait voulu dire ce que ses mots signifient, et que les modifications faites sont de simples corrections d'un texte bâclé qui donnent réellement à la loi son sens véritable. Lorsque l'objet principal et l'intention d'une loi sont clairs, ils ne doivent pas être réduits à néant en raison de l'incompétence du rédacteur ou de son ignorance de la loi, sauf en cas de nécessité ou du caractère absolument

---

(17) Voir à cet effet *Hutt c. R.*, (1978) 2 R.C.S. 476 ; *Towne Cinema Theatres Ltd. c. R.*, (1985) 1 R.C.S. 494 ; *R. c. Chase*, (1987) 2 R.C.S. 293.

(18) (1982) 1 R.C.S. 621, 662-663.

univoque des termes utilisés. Lord Reid a dit qu'il préférait croire à une erreur de la part du rédacteur, lors de sa révision, plutôt qu'une tentative délibérée d'introduire une règle irrationnelle : « les règles d'interprétation ne sont pas rigides au point d'empêcher une solution réaliste ».

Le baron Alderson, dans *Attorney-General v. Lockwood* (1842), 9 M. & W. 377, 152 E.R. 160, interprétant une loi pénale, disait (à la p. 397) :

> [Traduction] À mon avis, la règle de droit valable pour l'interprétation de toutes les lois et qui est, par conséquent, applicable à l'interprétation de celle-ci, est de les interpréter, qu'elles soient pénales ou réparatrices, en fonction du sens ordinaire, littéral et grammatical des mots utilisés pour les formuler, à moins que cette interprétation ne conduise à une solution en contradiction claire et nette avec le but apparent de la loi ou à des absurdités manifestes et évidentes.

Le baron Parke, dans *Becke v. Smith* (1836), 2 M. & W. 191, 150 E.R. 724, avait exprimé substantiellement le même principe, ajoutant toutefois une réserve quant à la limite jusqu'à laquelle un tribunal pouvait aller (à la p. 195) :

> [Traduction] C'est une règle très utile, *(b)* dans l'interprétation d'une loi, que d'adhérer au sens ordinaire des mots utilisés et à l'interprétation grammaticale, à moins que cela ne soit en contradiction avec l'intention du législateur, qui doit ressortir de la loi elle-même, ou conduise à des absurdités ou illogismes évidents, auquel cas le texte peut être modifié de façon à éviter pareille situation, mais pas plus.
>
> *(b)* Le juge *Burton*, dans *Warburton v. Loveland*, 1 Hudson & Brooke's Irish Reports, 648.

Les deux énoncés sont typiques des nombreux autres sur le sujet qui indiquent soit les prérequis au recours à l'interprétation exceptionnelle, soit les limites de son exercice.

Il me paraît donc également qu'en interprétant la loi, même en matière criminelle et même dans le cadre que je viens de mentionner, l'intention du législateur et le but poursuivi par la loi doivent être considérés.

C'est également de cette façon que Mme la juge Wilson, dans l'arrêt *Paré*, que j'ai cité précédemment, s'exprimait. L'affaire *Paré* portait sur l'interprétation de l'article 214(5) du *Code criminel*[19] et plus particulièrement du mot « concomitant » qu'il comporte. Elle s'exprimait comme suit, en expliquant la démarche qui doit être suivie[20] :

> Il reste encore à déterminer si, compte tenu du régime établi par le texte législatif en question et du but qu'il vise, il est raisonnable de donner une interprétation restrictive au terme « concomitant ».

Plus loin, commentant une interprétation du même mot donnée par le juge Martin, de la Cour d'appel de l'Ontario, dans l'arrêt *R. c. Stevens*[21], elle précise son accord avec la façon dont le juge Martin interprétait la disposition et conclut[22] : « Cette solution me paraît le mieux exprimer les considérations de politique générale qui sous-tendent la disposition en question. »

Elle termine sur cette question[23] : « C'est ce point de vue qui, à mon avis, traduit le mieux la philosophie qui sous-tend le par. 214(5). »

Maxwell[24] me paraît aller dans le même sens :

> The rule of strict construction, however, whenever invoked, comes attended with qualifications and other rules no less important, and it is by the light which each contributes that the meaning must be determined. Among them is the rule that that sense of the words is to be adopted which best harmonises with the context and promotes in the fullest manner the policy and object of the legislature. The paramount object, in construing penal as well as other statutes, is to ascertain the legislative intent, and the rule of strict construction is not violated by permitting the words to have their full meaning, or the more extensive of two meanings, when best effectuating the inten-

---

(19) S.R.C. 1970, c. C-34.
(20) Voir *supra*, note 15, 631.
(21) (1984) 11 C.C.C. 518 (Ont. C.A.).
(22) Voir *supra*, note 15, 632.
(23) *Id.*, 633.
(24) Peter Benson Maxwell. *Maxwell on the Interpretation of Statutes.* 11th ed. by Roy Wilson and Brian Galpin. London: Sweet & Maxwell 1962. P. 266.

tion. They are, indeed, frequently taken in the widest sense, sometimes even in a sense more wide than etymologically belongs or is popularly attached to them, in order to carry out effectually the legislative intent, or, to use Sir Edward Coke's words, to suppress the mischief and advance the remedy.

Plus récemment, dans l'affaire *R. c. Tutton*[25], Mme la juge Wilson, après avoir souligné l'ambiguïté « notoire » de l'article 202 du *Code criminel*, concluait de la façon suivante :

Devant une ambiguïté aussi fondamentale, j'estime que le tribunal devrait donner à la disposition en cause l'interprétation la plus conforme *non seulement à son texte et à son objet*, mais aussi, dans la mesure du possible, celle qui s'accorde le mieux avec les concepts et les principes plus larges du droit : voir aussi l'arrêt *R. c. Paré*, [1987] 2 R.C.S. 618.

[Les italiques sont de la soussignée.]

De tout cela, je déduis donc que le principe de l'interprétation stricte n'est pas si strict qu'il veuille dire que toute ambiguïté, imprécision de la part du législateur ou difficultés quelconque de l'interprétation résultent, presque automatiquement, en une interprétation qui bénéficie à l'accusé. Il faut une ambiguïté réelle et sérieuse qui subsiste après un effort raisonnable d'interprétation de la part du Tribunal.

Si les principes en cette matière ont été dégagés en matière strictement criminelle, notre Cour, comme le souligne mon collègue Vallerand, les a appliqués au droit pénal[26].

Les propos de Mme la juge Wilson dans l'affaire *Tutton* traitant non pas du principe de l'interprétation stricte mais de la responsabilité absolue, peuvent-ils apporter un tempérament à l'application en matière pénale ? Il n'est pas impossible de le penser. Dans cette affaire, Mme la juge Wilson s'exprime de la façon suivante[27] :

Cette Cour a dit clairement dans l'arrêt *Sault Ste-Marie* et dans d'autres décisions qu'un verdict de responsabilité criminelle en l'absence de la preuve d'un état d'esprit répréhensible, qu'on y parvienne en raison de la nature de l'acte commis ou d'une autre preuve, est une anomalie qui s'accorde mal avec les règles de la responsabilité pénale et de la justice fondamentale : voir aussi les arrêts *Beaver v. The Queen*, [1957] R.C.S. 531, *Pappajohn c. La Reine*, [1980] 2 R.C.S. 120, *Sansregret c. La Reine*, [1985] 1 R.C.S. 570, et *R. c. Robertson*, [1987] 1 R.C.S. 918. Cela s'applique particulièrement aux infractions sanctionnées par une peine d'emprisonnement d'une durée considérable et qui, étant donné leur nature, leur gravité et la réprobation qui s'y rattachent, constituent de véritables infractions criminelles déclarées telles dans le but de punir une conduite coupable plutôt que d'assurer le bien-être public. En l'absence de dispositions et d'intentions législatives contraires non ambiguës, j'estime que cette Cour devrait être très hésitante à considérer une grave infraction criminelle comme une infraction de responsabilité absolue.

L'on voit donc que Mme la juge Wilson fait une distinction fondée sur la gravité des infractions et semble vouloir traiter différemment les infractions criminelles graves de celles qui sont édictées dans le seul but d'assurer le bien-être public. Pareille distinction pourrait-elle s'appliquer lorsqu'il s'agit d'interprétation stricte ? Je n'exprime pas d'opinion formelle sur la question.

En résumé, je suis d'avis que l'interrogation que peut a priori soulever un texte de loi n'est pas ambiguïté ou doute raisonnable en soi et qu'il faut poursuivre l'analyse et l'interprétation conformément aux décisions que je viens de citer.

Dans l'affaire qui nous occupe, il est certain que les mots « fin de la grève » n'apparaissent pas comme tels dans les articles qui ont fait l'objet des plaidoiries des procureurs.

L'examen des lois du travail québécoises et de la doctrine en cette matière m'amène à croire, avec égards, qu'il n'y a pas d'ambiguïté dans l'interprétation qu'il faut donner aux dispositions de la loi.

En droit du travail québécois, la grève appartient au syndicat. Le Pr Pierre Verge, dans un

---

(25) (1989) 1 R.C.S. 1392, 1404.
(26) Voir *supra*, note 9.
(27) Voir *supra*, note 25, 1401-1402.

article intitulé « Syndicalisation de la grève »[28], s'exprime comme suit :

> C'est l'association accréditée qui devient titulaire du droit de grève des salariés, du moins dans le cadre de cette législation du travail. Certes, le fait de grève continue de se définir comme auparavant, mais il se dissocie du droit de grève. Avant l'intervention législative, en principe, la notion de grève coïncidait, avons-nous vu, avec celle de grève légale, comme en droit du travail français contemporain ; selon le *Code du travail*, la grève légale est, au contraire, une notion virtuelle distincte de la grève. *Le droit de faire grève aux moments prévus par la loi est un attribut important d'un groupement syndical* : l'association accréditée. Par rapport au groupe de salariés en fonction duquel l'accréditation a été accordée, la seule grève légale possible est celle qui est décidée par l'association accréditée, pourvu que celle-ci respecte les conditions posées par la loi. En droit québécois, la notion de grève sauvage a tout son sens : elle est illégale. L'addition récente de l'existence d'un vote de grève vient assurer la participation des seuls membres de l'association accréditée compris dans l'unité de négociation à la prise de décision syndicale. Bien qu'elle ne vise pas l'ensemble des salariés compris dans cette unité et obligatoirement représentés par l'association, mais seulement ceux d'entre eux qui sont membres de cette dernière, cette exigence rapproche, certes, en un sens, la grève légale de certains des individus qui vont y participer. Toutefois, formellement, il ne s'agit là que d'une modalité particulière de l'exercice d'un droit de grève qui compète toujours à l'association accréditée.
>
> [Les italiques sont de la soussignée.]

Continuant ses propos, relativement au concept unitaire de la grève, le Pr Verge[29] s'exprime comme suit :

> La conception unitaire de la grève légale se trouve d'ailleurs fortement accentuée à la suite de l'adoption par le législateur québécois du régime dit « anti-briseurs de grève » en 1977. Les différentes interdictions qui composent cette mesure ont trait, d'une part au recours par l'employeur aux services des salariés-grévistes d'une unité de négociation pendant une grève légale à l'échelle de celle-ci, et, surtout, d'autre part, à la substitution de remplaçants par rapport à ces salariés-grévistes représentés par l'association accréditée. *Contrairement au régime classique de la grève issu du droit commun, les salariés de l'unité n'ont plus la faculté de manifester ou non individuellement leur adhésion au mouvement de grève qui se poursuit sous l'égide de l'association accréditée qui les représente en acceptant ou en refusant de travailler durant la grève légale. La cessation collective de travail est absolue, sous réserve de certaines exceptions de caractère vraiment particulier.* La grève légale déclarée par l'association accréditée est, dans sa réalisation, à la mesure de l'unité de négociation. Un des effets bénéfiques du régime est d'éliminer des situations d'affrontement entre grévistes et briseurs de grève sur ce que l'on est convenu d'appeler les *lignes de piquetage* ; normalement le processus de négociation s'accélère aussi. *En somme, l'emprise de l'association accréditée sur la grève se resserre d'autant ; elle paraît, en principe, entière.*
>
> Cette emprise syndicale sur la grève légale n'apparaît pas toutefois nettement en ce qui a trait à la cessation du mouvement. La loi est muette à ce sujet, si ce n'est, indirectement, l'addition, en 1977, de cette formalité de la ratification obligatoire de la signature, le cas échéant, d'un projet de convention collective, par voie de scrutin secret parmi les membres de l'association accréditée compris dans l'unité de négociation. La ratification d'un tel projet d'accord inclinerait à conclure que l'arrêt de travail a totalement pris fin. Cependant, il faut observer, tout comme dans le cas de la déclaration de la grève, que les personnes habilitées à participer à la ratification se limitent, au sein de l'unité de négociation, aux seuls membres du syndicat et que ce scrutin secret ne se présente que comme une formalité dont l'inobservation ne donne ouverture qu'à une sanction pénale. Surtout, le mouvement de grève ne débouchera pas nécessairement sur un tel projet d'accord ; le mode de cessation de la grève doit être envisagé, pour lui-même, plus généralement. *De deux choses l'une : l'instance syndicale favorise ou non la poursuite de la grève. Dans l'affirmative, le régime anti-briseurs de grève continue de produire ses effets*

---

(28) Pierre Verge. « Syndicalisation de la grève », (1983) 38 *Relat. ind.* 475, 480-481.

(29) *Id.*, 483-484 ; voir au même effet, Robert P. Gagnon, Louis LeBel et Pierre Verge, *op. cit. supra*, note 7, pp. 572-573.

et la grève demeure en principe entière ; dans la négative, un nouveau dilemme se présente : l'ensemble des salariés est, ou non, fidèle, à la consigne syndicale de retour au travail. Advenant un refus de la part de certains salariés de reprendre le travail, on peut se demander si une décision concertée de leur part à l'effet de poursuivre, quant à eux, un arrêt de travail qu'était [sic] à l'origine légal, les placera dans une situation d'illégalité au moment d'exécuter leur décision. Les conditions d'acquisition du droit de grève étant établies en fonction du syndicat accrédité, on devrait conclure à l'illégalité de ce geste qui ne bénéficie pas du concours du représentant collectif des salariés. Par contre, l'absence d'imposition légale d'un constat de fin de grève pourrait peut-être inciter à poser que c'est encore grève légale originaire qui se poursuit. *Enfin, situation plutôt exceptionnelle, si, cette fois, tous les salariés de l'unité en grève retournaient au travail, l'absence d'accord formel de la part de l'association accréditée à la reprise du travail ne ferait pas obstacle à une conclusion à l'effet que la grève a pris fin. L'un des éléments constitutifs de la notion de grève ne se retrouve plus, à savoir la cessation de travail.*

[Les italiques sont de la soussignée.]

Le syndicat décide donc, selon la façon prévue au *Code du travail*, s'il doit, oui ou non, y avoir fin de la grève. Lui seul a l'autorité pour le faire. La seule exception envisagée par les auteurs est celle où *tous* les salariés rentreraient ensemble au travail. Évidemment, à ce moment, les éléments constitutifs de la grève n'existeraient plus : plus d'arrêt de travail, plus de concertation.

C'est d'ailleurs à partir de ce principe que le juge de première instance a d'abord envisagé la question. Citant une décision de l'honorable Marc Brière, du Tribunal du travail, *Syndicat des employés de Uniroyal (C.S.N.) c. Union des ouvriers du caoutchouc synthétique, local 78 de l'Union internationale des employés de distilleries, rectification, vins et industries connexes d'Amérique*, qui confirmait que, si tous les salariés rentraient au travail, il n'y avait plus de grève, le juge de première instance élargit cependant ce concept et l'applique non pas seulement lorsque la totalité des employés rentrent

au travail, mais lorsque la majorité d'entre eux décident de le faire.

Avec égards pour le juge de première instance, et pour les raisons que je viens de mentionner, un tel élargissement du principe ne peut prévaloir. Dès qu'un certain nombre d'employés décident de ne pas rentrer au travail dans les circonstances comme celle qui nous occupe, il me paraît y avoir arrêt concerté de travail.

Il me semble, précisément, que ce sont ces raisons qui ont incité le législateur à légiférer dans le sens où il l'a fait, comme le mentionne le Pr Verge. Il n'y a pas lieu, à ce moment, de s'interroger sur l'importance de la majorité, sur le nombre de personnes qui ont décidé de rentrer ou de ne pas rentrer. Dès que ce ne sont pas tous les salariés qui retournent au travail, à mon avis, le principe général, qui veut que ce soit le syndicat qui décide de la fin de la grève, garde toute son application.

J'en viens donc à la conclusion qu'il n'y a pas d'ambiguïté réelle quant au moment où survient la fin de la grève, et pas d'ambiguïté non plus quant à l'intention du législateur lorsqu'il a édicté les dispositions connues comme «anti-briseurs de grève».

Comme le mentionnait l'honorable Claude Bisson, alors juge puîné à notre Cour, dans une affaire de *Guérard c. Groupe I.P.A. pièces d'auto Ltée*[30] :

La philosophie qui sous-tend les interdictions de l'article 109.1 m'apparaît la suivante : le rapport de force qui existait lors du début de la phase des négociations ne doit pas être modifié pendant une grève ou un lock-out pour permettre à ce que j'appellerais du «sang neuf» de venir — à titre de nouveau cadre ou de remplaçant — exécuter les fonctions d'un salarié en grève ou «lock-outé».

Dans le cas qui nous occupe, la preuve ne révèle en rien que l'intimée, Daishowa, ignorait la situation ou qu'elle aurait, pour reprendre les mots du juge Bisson dans l'affaire précitée, «pris toutes les précautions de fait raison-

---

(30) Voir *supra*, note 5, 329.

nables »[31] pour éviter de se placer en situation de contravention à la loi.

Sans reprendre l'analyse faite par le juge du Tribunal du travail, qu'il me suffise de mentionner qu'il apparaît de la preuve que l'intimée savait que l'exécutif syndical était mis à l'écart de tout le processus de discussion des conditions de travail, qu'elle a elle-même, par l'entremise de personnes qui ne faisaient pas partie de l'exécutif syndical, soumis des propositions aux travailleurs en grève, que ces propositions étaient différentes de celles qui avaient été préalablement soumises au syndicat et qu'elle est entrée en contact directement avec les salariés de l'entreprise.

Ajoutant à ces faits que, lors de l'assemblée des dissidents, il n'y a pas eu de scrutin, voire même pas de vote du tout, et que les renonciations à la grève sont des renonciations individuelles, je ne vois pas, dans ces circonstances, quelque élément que ce soit dans les faits qui permettrait de soulever un doute raisonnable en faveur de Daishowa.

Je suis donc d'avis que l'appel devrait être accueilli, que le jugement de la Cour supérieure devrait être cassé et que le jugement du Tribunal du travail devrait être restauré avec toutes ses conclusions.

---

(31) *Id.*, 330.

[1991] R.J.Q. 2490 à 2496

Cour d'appel

DENIS CADIEUX,
demandeur appelant, c.
LE SERVICE DE GAZ NATUREL LAVAL INC.,
défenderesse intimée

PREUVE — objection — enregistrement d'une conversation — admissibilité — critères — droit à la vie privée.

Appel d'un jugement interlocutoire de la Cour du Québec ayant accueilli une objection à la preuve. Accueilli.

Au cours de l'audience, l'appelant a voulu déposer en preuve l'enregistrement d'une conversation qu'il avait eue près de cinq ans auparavant avec le président de l'intimée. Cette conversation avait été enregistrée à l'insu de ce dernier, d'où l'objection de l'intimée. Le premier juge a statué, d'une part, que, pour admettre la preuve de l'enregistrement d'une conversation faite clandestinement, il fallait que la partie qui voulait la produire en établisse préalablement l'authenticité et, d'autre part, que la seule façon d'en assurer l'authenticité était de remettre immédiatement après l'enregistrement un double aux personnes qui avaient participé à la conversation et qui étaient alors en mesure de vérifier si elle avait été enregistrée intégralement. Comme en l'espèce cette exigence n'avait pas été remplie, il a maintenu l'objection de l'intimée. Il s'agit de détermi-

---

Juges Gendreau, Brossard et Proulx — C.A. Montréal 00-09-001316-900 (Juge Jean Dionne, C.Q. Montréal 500-02-030241-868, 1990-08-21), 1991-09-12 — Bélanger, Garceau, Me *Denis Dolbec*, pour l'appelant — Me *André Gauthier*, pour l'intimée.

Référence antérieure : J.E. 90-1402 (C.Q.)

91-01-1895
J.E. 91-1502

ner si l'enregistrement mécanique d'un entretien fait à l'insu de l'un des interlocuteurs mais légalement obtenu est admissible en preuve et à quelles conditions.

D'une part, la cause R. c. Duarte n'apporte pas une réponse péremptoire au dossier, car la présente affaire porte sur un objet différent. D'autre part, la recevabilité en preuve de l'enregistrement mécanique d'un entretien par l'un des interlocuteurs ne constitue pas en soi une atteinte au droit à la protection de la vie privée. En effet, un tel document fait preuve des circonstances et du contenu d'une conversation sur lesquels, par ailleurs, les interlocuteurs sont appelés à témoigner. Comme l'événement faisant l'objet du document sonore est un élément du procès, il ne peut constituer une intrusion dans la vie privée. Ainsi, dans la mesure où l'enregistrement mécanique d'une conversation par l'un des interlocuteurs respecte les conditions générales d'admissibilité énoncées dans la loi et que son contenu est pertinent au procès, il devrait être produit sans que les dispositions de l'article 5 de la Charte des droits et libertés de la personne n'y fassent échec. Cependant, comme son utilisation est propice à tous les abus, la production d'un enregistrement mécanique impose à celui qui la demande l'obligation de faire la preuve d'abord de l'identité des interlocuteurs, de l'authenticité et de la fiabilité du document et, enfin, de l'audibilité et de l'intelligibilité des propos. De plus, le juge doit être « entièrement convaincu » et exercer sa discrétion avec une grande rigueur. Quant à celui à qui on oppose ce moyen de preuve, il devrait lui être possible, s'il le demande, d'obtenir le document en vue de l'examiner personnellement ou avec l'aide d'experts. Par ailleurs, même si un document contenant une conversation satisfait aux exigences énumérées ci-haut, il pourra encore être écarté s'il n'est pas probant. Enfin, comme l'affirme la doctrine, l'enregistrement doit être considéré comme « un procédé autonome et distinct de la preuve écrite et testimoniale ». En ce qui concerne les motifs du premier juge, la remise d'une copie de l'enregistrement immédiatement après sa réalisation n'est pas « la seule façon d'assurer l'authenticité du document » ni de « vérifier si la conversation a été enregistrée intégralement ». En l'espèce, puisque l'appelant n'a pu faire la preuve de l'authenticité du document, ni l'intimée, la réfuter, il y a lieu d'accueillir l'appel afin de permettre aux parties de faire cette démonstration.

Législation citée

Charte canadienne des droits et libertés dans *Loi de 1982 sur le Canada*, (L.R.C. 1985, app. II, n° 44, annexe B, partie I), art. 8 — *Code criminel*, (L.R.C. 1985, c. C-46), art. 183 et sqq. — *Charte des droits et libertés de la personne*, (L.R.Q., c. C-12), art. 5.

Jurisprudence citée

Bodnoff-Hercy (In re succession de feu Anne): Hercy c. Hercy, C.S. Montréal 500-05-004449-797, le 19 mai 1982 *(J.E. 82-620)*; *Erez Sewing Machine Co. c. Vêtement Super Vogue Inc.*, [1980] C.P. 157; *Fraternité des policiers et pompiers de Sorel Inc. c. Dupuis*, C.S. Richelieu (Sorel) 765f-05-000237-872, le 2 mars 1988 *(J.E. 88-642)*; *Morrow c. Royal Victoria Hospital*, [1972] C.S. 114; *Pagé c. Beaudry*, [1977] C.S. 1103; *R. c. Duarte*, (1990) 1 R.C.S. 30, (1990) 65 D.L.R. 240 (S.C.C.), (1990) 53 C.C.C. 1 (S.C.C.) et (1990) 74 C.R. 281 (S.C.C.); *R. c. Sanelli*, (1988) 60 C.R. 142 (Ont. C.A.) et (1988) 38 C.C.C. 1 (Ont. C.A.); *Renzo c. Prudential-Bache Securities Canada Ltd.*, [1991] R.J.Q. 373 (C.S.); *Schacter c. Birks*, [1985] C.S. 343.

Doctrine citée

Bellemare, Daniel-A. « Écoute électronique », (1980) 40 *R. du B.* 696-701; Carel. « Les modes de preuve au XXe siècle », *Gaz. Pal.* 1957. 1. doctrine. 32-36; Colombo, Jonathan G. « Notes. The Right to Privacy in Verbal Communication: the Legality of Unauthorised Participant Recording », (1990) 35 *R.D. McGill* 921-942; Ducharme, Léo. « Chroniques régulières. Preuve », (1972) 32 *R. du B.* 269-270; Glenn, Patrick H. « Chroniques régulières. Le droit au respect de la vie privée empêche-t-il la preuve en matière civile par enregistrement clandestin ? », (1980) 40 *R. du B.* 827-831 ; Ivainer, Théodore. « Le magnétophone, source ou preuve de rapports juridiques en droit privé », *Gaz. Pal.* 1966. 2. doctrine. 91-96, 91 *et sqq.* ; Kélada, Henri. *Notions et techniques de preuve civile.* Montréal : Wilson & Lafleur, 1986. 410 p., pp. 365 *et sqq.*, 368-389 ; Mazeaud, Henri et Mazeaud, Léon. « Obligations en général et responsabilité civile », (1955) 53 Rev. trim. dr. civ. 647-673, 673 ; Patenaude, Pierre. « Les nouveaux moyens de reproduction et le droit de la preuve », (1986) 46 *R. du B.* 773-788 ; Patenaude, Pierre. *La preuve, les techniques modernes et le respect des valeurs fondamentales : enquête, surveillance et conservation de données.* Sherbrooke : Éd. Revue de droit, Université de Sherbrooke, 1990. 296 p., pp. 107 *et sqq.* ; Royer, Jean-Claude. *La preuve civile.* Cowansville : Y. Blais, 1987. 663 p., p. 336 ; Sopinka, John and Lederman, Sidney, N. *The Law of Evidence in Civil Cases.* Toronto : Butterworths, 1974. 637 p., pp. 29-31.

•

TEXTE INTÉGRAL DU JUGEMENT

La Cour :

Parties ouïes sur le mérite de l'appel d'un jugement interlocutoire de la Cour du Québec (honorable Jean Dionne), rendu le 21 août 1990, maintenant l'objection de l'intimée à la production en preuve d'un enregistrement sur bande magnétique de communications privées entre les parties ;

Après avoir examiné le dossier, entendu les parties et délibéré ;

Pour les motifs exprimés dans l'opinion écrite de M. le juge Paul-Arthur Gendreau, déposée avec le présent jugement, et à laquelle souscrivent ses collègues, MM. les juges Brossard et Proulx :

Accueille l'appel avec dépens, casse le jugement prononcé, rejette l'objection de principe faite à la preuve de l'enregistrement mécanique et retourne le dossier à la Cour du Québec pour que soit entendue et jugée la preuve relative à l'authenticité et fiabilité de cet enregistrement si l'appelant désire encore le produire ou, dans le cas contraire, que l'affaire soit continuée selon la loi.

M. le juge Gendreau. L'enregistrement mécanique d'un entretien, fait à l'insu de l'un des interlocuteurs mais légalement obtenu, est-il admissible en preuve et, dans l'affirmative, à quelles conditions ? C'est la question que pose le pourvoi.

L'appelant, Denis Cadieux, a assigné l'intimée, le service de gaz naturel Laval inc., pour salaire et dommages. Au cours de sa preuve au procès, il voulut introduire l'enregistrement d'une conversation qu'il avait eue, près de cinq ans plus tôt, avec Papineau, le président de l'intimée. Il voulait ainsi démontrer que Papineau avait à l'époque tenu des propos différents de ceux qu'il avait rapportés au juge.

Statuant sur l'objection de l'intimée à la production de ce document audio, le juge affirme, pour le requérant, la nécessité de la preuve préalable de l'authenticité du document. Puis, il précise le test acceptable :

> La seule façon, écrit-il, d'assurer l'authenticité du document est de remettre immédiatement après l'enregistrement un double à la ou les personnes qui ont participé à la conversation.
>
> Cette ou ces personnes sont alors en mesure de vérifier si la conversation a été enregistrée intégralement.

Cette exigence n'avait évidemment pas été rencontrée en l'espèce. Le juge a maintenu l'objection de l'intimé et refusé à l'appelant de faire sa preuve, d'où l'appel.

L'admissibilité de principe d'un enregistrement mécanique comme élément de preuve est généralement reconnue par la jurisprudence[1] et la doctrine[2].

Avant de discuter des autres questions, il convient de préciser tout de suite qu'en l'espèce la légalité de l'enregistrement au regard des dispositions du *Code criminel*[3] (art. 183 *et sqq.*) est acquise au débat : il fut réalisé par l'un des deux interlocuteurs. Il est donc inutile d'examiner la question de l'admissibilité d'une preuve illégalement obtenue, comme l'intimée nous le propose[4]. D'autre part, l'arrêt *R. c. Duarte*[5], quelque intéressant et utile qu'il soit à la solution de notre affaire, n'apporte pas une réponse péremptoire au dossier comme l'a plaidé l'avocat de Service de gaz naturel. En effet, la Cour suprême examinait alors la nature de la surveillance participative dans le cadre d'une enquête policière et a conclu que «[...] l'interception de communications privées, par un organe de l'État, avec le consentement de l'auteur de la communication ou de la personne à laquelle il la destine, sans autorisation judiciaire préalable, constitue une atteinte aux droits et libertés garantis par l'art. 8 »[6] de la *Charte canadienne des droits et libertés*[7]. Manifestement, notre débat n'est pas celui-là.

Cela dit, j'aborderai maintenant la prétention de l'intimée qui veut que l'interception clandestine d'un entretien avec le consentement de l'auteur ou de la personne à laquelle il la destine viole la protection de la vie privée garantie par l'article 5 de la *Charte des droits et libertés de la personne*[8]. Même si les tribunaux ont manifesté un certain malaise à reconnaître l'usage de ce procédé[9], ils ont généralement fait passer leur souci de la recherche de la vérité devant leur réticence[10].

L'admissibilité de l'enregistrement mécanique d'un entretien par l'un des interlocuteurs, quelque indiscret, inélégant et peu souhaitable que soit le procédé, pour reprendre les propos tenus par les frères Mazeaud[11], n'est pas en soi une violation du droit à la protection de la vie privée. En effet, ce document démontre les circonstances et le contenu d'une conversation que, par ailleurs, la partie a niée ou dévoilée à son témoignage. En somme, l'opérateur du magnétophone, qui est aussi l'un des interlocuteurs, est appelé avec l'autre interlocuteur à témoigner

---

(1) *Renzo c. Prudential-Bache Securities Canada Ltd.*, [1991] R.J.Q. 373 (C.S.); *Fraternité des policiers et pompiers de Sorel Inc. c. Dupuis*, C.S. Richelieu (Sorel) 765-05-000237-872, le 2 mars 1988 *(J.E. 88-642)*, juge Arsenault; *In re succession de feu Anne Bodnoff-Hercy: Hercy c. Hercy*, C.S. Montréal 500-05-004449-797, le 19 mai 1982 *(J.E. 82-620)*, juge Pinard; *Erez Sewing Machine Co. c. Vêtement Super Vogue Inc.*, [1980] C.P. 157; *Pagé c. Beaudry*, [1977] C.S. 1103; *Morrow c. Royal Victoria Hospital*, [1972] C.S. 114.

(2) Les auteurs ont aussi abordé la question positivement: commentaire de l'arrêt *Morrow*, Léo Ducharme. «Chroniques régulières. Preuve», (1972) 32 *R. du B.* 269-270; commentaire de la décision *Erez Sewing Machine Co.*, Patrick H. Glenn. «Chroniques régulières. Le droit au respect de la vie privée empêche-t-il la preuve en matière civile par enregistrement clandestin?», (1980) 40 *R. du B.* 827-831; Pierre Patenaude. «Les nouveaux moyens de reproduction et le droit de la preuve», (1986) 46 *R. du B.* 773-788; Henri Kélada. *Notions et techniques de preuve civile*. Montréal: Wilson & Lafleur, 1986. Pp. 365 *et sqq.*; Daniel-A Bellemare. «Écoute électronique», (1980) 40 *R. du B.* 696-701; Jonathan G. Colombo, «Notes. The Right to Privacy in Verbal Communication: the Legality of Unauthorised Participant Recording», (1990) 35 *R.D. McGill* 921-942; John Sopinka and Sidney N. Lederman. *The Law of Evidence in Civil Cases.* Toronto: Butterworths, 1974. Pp. 29-31; Jean-Claude Royer. *La preuve civile.* Cowansville: Y. Blais, 1987. P. 336.

(3) L.R.C. 1985, c. C-46.

(4) Dans *Schacter c. Birks*, [1985] C.S. 343, le juge Deschesnes affirme l'inadmissibilité dans un procès civil d'un enregistrement illégal au sens du *Code criminel.*

(5) (1990) 1 R.C.S. 30.

(6) *Id.*, 60.

(7) Dans *Loi de 1982 sur le Canada*, (L.R.C. 1985, app. II, n° 44, annexe B, partie I).

(8) L.R.Q., c. C-12.

(9) Cette réticence n'est pas nouvelle: en 1955, les frères Mazeaud, tout en reconnaissant l'admissibilité en preuve de la conversation enregistrée sur magnétophone, affirmaient qu'«enregistrer les paroles de quelqu'un par surprise constitue plus qu'une inélégance, une véritable tromperie», concluant que cela n'était pas suffisant pour faire rejeter la preuve «puisqu'elle constitue l'expression de la vérité»; ils proposaient aux tribunaux de ne pas encourager ce procédé déloyal. Henri Mazeaud et Léon Mazeaud. «Obligations en général et responsabilité civile», (1955) 53 *Rev. trim. dr. civ.* 647, 673.

(10) *Erez Sewing Machine Co. c. Vêtement Super Vogue Inc.*, [1980] C.P. 157; *Renzo c. Prudential-Bache Securities Canada Ltd.*, [1991] R.J.Q. 373 (C.S.).

(11) *Loc. cit. supra*, note 9.

de cet entretien. C'est parce que l'événement, lui-même objet du document sonore, est un élément du procès que j'ai peine à concevoir que ce qui, peut-être, pourrait constituer une intrusion dans la vie privée continue de l'être au moment où il est devenu un enjeu du procès. Le juge Cory — il était alors à la Cour d'appel — exprime bien cette idée dans l'arrêt *R. c. Sanelli*[(12)]; il écrit :

> Given that it is accepted that the informant may testify in this manner as to pertinent conversations, the admission of electronic recordings of those conversations would seem to be a reasonable, logical and sequential step in trial proceedings. In this regard, the accurate transcript of the conversation should as often benefit the accused as the informant.

Cette affaire est mieux connue par l'arrêt de la Cour suprême qui l'a suivie, *R. c. Duarte*. Or, dans cette affaire, le juge La Forest n'a pas écarté cette explication de la Cour d'appel de l'Ontario. Non seulement cite-t-il ce passage, mais il ajoute [(13)] :

> The same point, but with an added twist, was made by the Supreme Court of the United States in the following passage in *Lopez v. United States*, 373 U.S. 427 (1963), at pp. 438-39;

> Once it is plain that Davis could properly testify about his conversation with Lopez, the constitutional claim relating to the recording of that conversation emerges in proper perspective.

> *Stripped to its essentials, petitioner's argument amounts to saying that he has a constitutional right to rely on possible flaws in the agent's memory, or to challenge the agent's credibility without being beset by corroborating evidence that is not susceptible of impeachment. For no other argument can justify excluding an accurate version of a conversation that the agent could testify to from memory.* We think the risk that petitioner took in offering a bribe to Davis fairly included the risk that the offer would be accurately reproduced in court, whether by faultless memory or mechanical recording.
> [Emphasis added.]

The decision in *Lopez v. United States* proceeds on the basis that participant surveillance is inherently less offensive than third party surveillance because the agent of the state hears nothing that his interlocutor did not intend him to hear. As the court there put it, at p. 439:

> [...] the device was used only to obtain the most reliable evidence possible of a conversation in which the Government's own agent was a participant and which that agent was fully entitled to disclose. And the device was not planted by means of an unlawful physical invasion of petitioner's premises under circumstances which would violate the fourth Amendment. It was carried in and out by an agent who was there with petitioner's assent, and it neither saw nor heard more than the agent himself.

Je ne propose cette situation que pour illustrer et appuyer mon propos sur la question relative à la violation de la vie privée puisque, comme je l'ai déjà écrit, l'affaire *Duarte* est relative à la validité de la surveillance participative en regard de la protection constitutionnelle vis-à-vis les fouilles et perquisitions abusives.

Je conclus cette question en rappelant que, dans la mesure où l'enregistrement mécanique d'une conversation par l'un des interlocuteurs rencontre les conditions générales d'admissibilité de la loi, que son contenu est pertinent au procès, elle devrait être produite et que l'article 5 de la charte québécoise ne devrait pas y faire échec, comme il n'empêche pas la production d'écrits privés adressés à des tiers ou même des papiers domestiques.

Si l'enregistrement audio est une technique fiable il remplace même les sténographes officiels dans les palais de justice — son utilisation est sujette et propice à tous les abus. La machine audio ou vidéo est soumise à son opérateur. Plus il sera habile et plus son équipement sera sophistiqué, plus il lui sera possible de truquer l'enregistrement ou, plus subtilement, de donner à un aspect ou à une partie de l'entretien un relief qu'il n'avait pas en réalité. Un autre

---

(12) (1988) 60 C.R. 142 (Ont. C.A.), 151 et (1988) 38 C.C.C. 1 (Ont. C.A.), 10.

(13) Voir *supra*, note 5, 40-41.

groupe de problèmes se rattache à la conservation du document et sa toujours possible altération qui, si elle est faite par un technicien compétent et bien outillé, sera difficilement décelable.

Aussi, la production d'un enregistrement mécanique impose à celui qui la recherche la preuve, d'abord, de l'identité des locuteurs, ensuite, que le document est parfaitement authentique, intégral, inaltéré et fiable et, enfin, que les propos sont suffisamment audibles et intelligibles. Les conséquences d'une erreur dans l'appréciation du document subséquemment admis en preuve sont si importantes que le juge doit être «entièrement convaincu», pour reprendre les mots du juge Pinard dans *Hercy c. Hercy* (déjà cité). Cette conviction n'est certes pas régie par la règle du droit criminel, mais le juge devra ici exercer sa discrétion avec une grande rigueur.

Sans proposer de règles ou normes précises, laissant aux plaideurs le soin de faire leur démonstration, la preuve du requérant devrait néanmoins être conduite de manière à entraîner une réponse affirmative aux critères que j'ai énumérés plus tôt. Quant à celui à qui on oppose ce moyen de preuve, il devrait lui être possible, s'il le demande, d'obtenir le document pour l'examiner personnellement ou avec l'aide d'experts. Il appartiendra alors au juge de définir les conditions de cet examen afin d'éviter toute altération.

J'ajoute aussi que, même si un document contenant une conversation rencontre les critères que j'ai énumérés, il pourra encore être écarté parce que non probant. Sans examiner la question à fond, puisqu'elle ne se pose pas ici, du moins pas encore, je signale qu'il est concevable qu'une partie n'enregistre qu'un ou quelques entretiens portant sur la même négociation ou, les ayant tous enregistrés, n'utilise que celui *lui* convenant, détruisant tous les autres. Il pourrait aussi arriver que l'on conçoive l'entretien pour provoquer ce qui pourrait être ensuite interprété comme un aveu. Au surplus, même en excluant ces situations plus exceptionnelles et, quelque authentique, complet et fiable que soit l'enregistrement, il n'en demeure pas moins que, parce que les propos sont secrètement recueillis, la position de l'opérateur-interlocuteur est nettement avantagée. Il peut même inconsciemment moduler son attitude, ayant à l'esprit qu'il pourra un jour être entendu. Aussi les questions, les réponses, les affirmations, les négations, les silences pourront-ils être dirigés et contrôlés vers son objectif, car il sait qu'il se constitue une arme, ce que son interlocuteur ignore, dont il décidera seul de l'usage en fonction de ses seuls intérêts.

Enfin, il convient de rappeler que l'enregistrement n'est pas un écrit. La jurisprudence comme la doctrine le traite généralement comme un commencement de preuve par écrit [14] Il n'est pas non plus un témoignage. Ce procédé est incompatible avec la notion de témoin, cette personne interrogée sous serment et contradictoirement, hors cour ou devant le juge du procès, pour attester des faits à sa connaissance personnelle et objets du débat judiciaire. Je suis d'accord avec le professeur Royer lorsqu'il affirme juridiquement plus fondé «[l]e courant jurisprudentiel qui considère l'enregistrement sonore comme un procédé autonome et distinct de la preuve écrite ou testimoniale [...] » [15].

Cela dit, examinons les motifs du premier juge pour interdire la production de la bande sonore [16] :

> La Cour est d'avis que pour admettre la preuve de l'enregistrement d'une conversation faite clandestinement, il faut que la partie qui veut la

---

(14) *Erez Sewing Machine Co., supra,* note 10; *Pagé c. Beaudry,* [1977] C.S. 1103; les commentaires de l'arrêt *Morrow,* Léo Ducharme; «Chroniques régulières. preuve», (1972) 32 *R. du B.* 269-270; Pierre Patenaude. *La preuve, les techniques modernes et le respect des valeurs fondamentales : enquête, surveillance et conservation de données.* Sherbrooke: Éd. Revue de droit, Université de Sherbrooke, 1990, Pp. 107 *et sqq.* En France: Théodore Ivainer. «Le magnétophone, source ou preuve de rapports juridiques en droit privé», *Gaz Pal.* 1966. 2. doctrine. 91 *et sqq.*; Carel. «Les modes de preuve au XXe siècle», *Gaz Pal.* 1957. 1. doctrine. 32-36.

(15) Jean-Claude Royer. *La preuve civile.* Cowansville: Y. Blais, 1987. P. 336. Voir aussi Henri Kélada. *Notions et techniques de preuve civile.* Montréal: Wilson & Lafleur, 1986. Pp. 368-369.

(16) C.Q. Montréal 500-02-030241-868, le 21 août 1990 *(J.E. 90-1402),* p. 3 du jugement.

produire en établisse préalablement l'authenticité.

Il est notoire, que n'importe qui, disposant d'un minimum de technique et de moyens, peut trafiquer un enregistrement, soit en effaçant une partie du ruban, soit en coupant les bouts du ruban et recoller les parties pour obtenir les résultats que l'on veut, ou utiliser d'autres trucs, afin de ne garder d'un enregistrement, que la partie que l'on veut conserver ou qui sert les fins auxquelles on la destine.

La seule façon d'assurer l'authenticité du document est de remettre immédiatement après l'enregistrement un double à la ou les personnes qui ont participé à la conversation.

Cette ou ces personnes, sont alors en mesure de vérifier si la conversation a été enregistrée intégralement.

Même si, comme dans l'instance la Cour permettait à monsieur Cadieux de remettre à monsieur Papineau une copie de l'enregistrement, celui-ci ne serait pas en mesure de vérifier si on a intégralement enregistré l'entretien, puisque celui-ci a eu lieu voilà plus de cinq ans. Comment peut-on se rappeler de détails d'une conversation au bout d'une telle période de temps?

Dans les circonstances particulières de cette affaire, la Cour ne permet pas la production de cet enregistrement.

À mon avis et avec beaucoup d'égard, la remise d'une copie de l'enregistrement immédiatement après sa réalisation n'est pas « la seule façon d'assurer l'authenticité du document » ni de « vérifier si la conversation a été enregistrée intégralement ». Je crois avoir déjà exprimé l'étendue et l'objet de la preuve nécessaire dont le juge aura à se satisfaire pour autoriser la production du document.

Les seules indications que nous ayons sur cette démonstration se trouvent aux notes écrites soumises au juge Dionne. L'intimée y affirmait alors que cette preuve n'avait pas été faite et l'appelant, que le tribunal ne devrait décider de l'authenticité du document qu'après « représentations et témoignages »[17].

Ma compréhension de l'affaire est que les parties ne se sont pas rendues jusque-là. Ainsi, si je me réfère au dossier, il y aurait eu au moins deux entretiens ou séances de négociations entre MM. Cadieux et Papineau, et c'est à la suite (et peut-être à cause) du contenu de la première que l'appelant apporta son magnétophone. Les parties ont discuté des principes et des règles et, par l'effet du jugement entrepris, l'appelant n'a jamais pu faire sa preuve et l'intimée la réfuter.

Aussi, je proposerais que l'appel soit accueilli pour rejeter l'objection de principe à la production de l'enregistrement sonore proposé et permettre la preuve de l'authenticité de la fiabilité du document. Dépens contre l'intimée.

---

(17) Dossier de l'appelant du 15 octobre 1990, pp. 21 (pour l'intimée) et 89 (pour l'appelant).

[1991] R.J.Q. 2497 à 2513

Cour d'appel

LA BANQUE TORONTO-DOMINION,
défenderesse appelante, c.
KOREA EXCHANGE BANK
OF CANADA,
demanderesse intimée,
et STELLA HANDBAGS LTD.,
défenderesse,
et THORNE ERNST & WHITNEY,
mise en cause

SÛRETÉS — *gage* — *connaissement* — trust receipt — *BANQUES ET INSTITUTIONS FINANCIÈRES* — *article 178 de la Loi sur les banques* — *rang des créanciers*.

Appel d'un jugement de la Cour supérieure ayant accueilli une saisie avant jugement pratiquée par l'intimée et déclaré que celle-ci avait droit au produit de la liquidation d'inventaire. Rejeté, avec dissidence.

Stella Handbags Ltd. (Stella) avait financé ses importations de produits d'Asie auprès de l'intimée. Lorsque celle-ci payait les fournisseurs de Stella, elle se faisait remettre par ceux-ci les connaissements délivrés par les transporteurs des marchandises. Ces connaissements n'étaient remis à Stella qu'après l'obtention d'un « trust receipt » par lequel cette dernière reconnaissait prendre possession de la marchandise à titre de mandataire pour l'intimée, qui conservait ses droits en vertu des connaissements. L'appelante avait obtenu de Stella une sûreté sur tout son stock en vertu

---

Juges Tyndale, LeBel et Beauregard (diss.) — C.A. Montréal 500-09-000480-897 (Juge John H. Gomery, C.S. Montréal 500-05-005349-889, 1989-03-21), 1991-09-26 — Mendelsohn, Rosentzveig, M\e Martin Desrosiers, pour l'appelante — McDougall, Caron, M\e Sylvia Reiter, pour l'intimée.

91-01-1971
J.E. 91-1548

de l'article 178 de la Loi sur les banques. Stella a fait défaut de rembourser les deux banques, et il s'agit de déterminer laquelle des deux peut réaliser sa créance contre les biens qui font encore partie de l'inventaire de Stella. L'intimée prétend que les marchandises n'ont jamais fait partie du stock de Stella et, par conséquent, qu'elles ne sont pas couvertes par la sûreté de l'appelante. Elle ajoute que les connaissements lui ont conféré un titre de propriété sur les produits qui en faisaient l'objet. Pour sa part, l'appelante soutient que, en remettant les connaissements et les produits à Stella, l'intimée a abandonné ses sûretés et que les trust receipts *n'ont pu créer de sûreté sur les biens de Stella.*

M. le juge LeBel: *Le connaissement comporte, selon la loi, le droit de se faire transférer le titre que possédait son endosseur. Cependant, ce transfert de droit demeure sujet au droit de l'endosseur de se faire remettre le bien s'il s'acquitte de sa dette. À défaut, la loi accorde au détenteur du connaissement le droit de vendre les biens qu'il vise. L'objectif de la loi est de conférer une sûreté qui donne le droit de posséder le bien et d'en disposer par la suite dans le but d'éteindre la dette principale. L'endossement du connaissement confère donc certains éléments du droit de propriété. La législation bancaire et le droit québécois ne font aucune mention du* trust receipt *et, bien que la fiducie ait été incorporée au droit québécois, l'on n'y trouve pas globalement cette institution, qui provient du droit anglais. Il faut chaque fois se demander quelle était l'intention des parties, que signifiait l'engagement et quelles étaient ses conséquences juridiques par rapport au droit québécois. Il faut chercher à insérer le mécanisme dans le système de droit québécois. En principe, sauf pour une cause légitime de préférence, les biens du débiteur constituent le gage commun de ses créanciers. Cependant, le principe de la liberté des conventions peut également jouer, et il faut examiner l'ensemble de la transaction afin de voir si ces deux principes peuvent s'harmoniser. En l'espèce, l'intimée a acquis, dans l'ensemble de la transaction, une forme de sûreté, un gage* sans dépossession résultant de la délivrance et de l'endossement des connaissements. Suivant les ententes qui précédaient la délivrance de ceux-ci et qui en forment le substrat juridique, elle a acquis certains droits rattachés à la propriété. Toutefois, le droit de Stella d'obtenir les biens et de procéder à leur vente aux fins de son commerce subsiste toujours sous réserve de rendre compte du produit de ses ventes, en vertu du trust receipt. L'article 2 de la Loi sur les connaissements, les reçus et les cessions de biens en stock reconnaît le droit du détenteur du connaissement de vendre les marchandises en vue de l'acquittement de sa créance, et le trust receipt peut, à cet égard, être considéré comme un mode d'exécution de la garantie. Le débiteur exécute alors un mandat pour le compte de son créancier qui n'entend pas éteindre la sûreté. En l'espèce, ce dernier pourrait désigner un agent mandataire pour procéder à la vente ou recourir aux services de sa débitrice, même si celle-ci était en défaut de remplir ses engagements, plutôt que de vendre lui-même. L'arrangement pris en vertu du trust receipt paraît donc conforme à la législation québécoise sur les connaissements et semble préserver le gage des créanciers sur la chose et le produit de sa vente.

M. le juge Tyndale: *Le fait que les dispositions du* Code civil du Bas Canada *de 1866 n'aient pas prévu le mécanisme du* trust receipt *n'empêche pas ce document d'être considéré comme un contrat innommé. Les parties ont conclu un accord conforme à l'ordre public, sans fraude ou dissimulation, et l'on doit lui donner effet.*

M. le juge Beauregard, dissident: *En payant et en recevant les connaissements des fournisseurs, l'intimée a été subrogée dans les droits de ceux-ci et a acquis les droits conférés aux détenteurs de tels connaissements. Ces derniers ne comportaient pas le droit de propriété des biens, et les fournisseurs ne s'étaient pas réservé la propriété des biens vendus. L'intimée n'était pas tenue d'abandonner la possession des produits tant que Stella ne l'avait pas remboursée mais, en les remettant, elle abandonnait son droit de rétention comme subrogée des vendeurs impayés et comme détentrice des connaissements. Les* trust receipts *n'ont pas fait survivre les sûretés conférées par les connaissements, car il est de l'essence même de pareilles sûretés que les biens ne soient pas remis au débiteur. Même si ce dernier stipulait expressément qu'il n'a pas la possession juridique de ceux-ci, nul ne peut stipuler contre le fait physique de la possession d'un connaissement et des biens qui en font l'objet. C'est pour parer à cette situation que la* Loi sur les connaissements, les reçus et les cessions de biens en stock *a été adoptée. En effet, cette loi permet à un créancier, moyennant certaines formalités, d'obtenir une sûreté sur des biens mobiliers dont le débiteur a la possession. En l'espèce, ni la* Loi sur les banques *ni les dispositions législatives provinciales particulières ne permettent d'obtenir une sûreté par le mécanisme du* trust receipt. *Les causes de préférence sur les biens meubles sont établies par la loi, et la liberté de contracter ne permet pas de créer une sûreté, sauf par le biais d'un contrat de gage, lequel nécessite la dépossession du débiteur. Par ailleurs, si les fournisseurs de Stella s'étaient réservé la propriété des biens vendus, l'intimée aurait pu mettre Stella en possession de ceux-ci sans que l'appelante acquière une sûreté sur ces biens. Si l'on tenait pour acquis que le fait pour l'intimée d'avoir la détention des connaissements lui permettant de vendre les produits lui donnait le droit de faire cette vente par l'entremise de Stella, il deviendrait possible de financer des biens en stock sans être tenu de suivre les formalités de la* Loi sur les banques *ou de la* Loi sur les connaissements, les reçus et les cessions de biens en stock. *Le pourvoi devrait donc être accueilli et la saisie, cassée.*

Législation citée

C.C., art. 1156, 1740, 1970, 1979, 1979a, 1979e, 1981, 1982, 2421 — *Banques (Loi sur les)*, (L.R.C. 1985, c. B-1), art. 178, 179 (1), 180 (2), 186 — *Banques (Loi sur les)* dans *Loi de 1980 remaniant la législation bancaire*, (S.C. 1980-81-82-83, c. 40, art. 2), art. 178, 179 (1), 180 (2), 186 — *Connaissements, les reçus et les cessions de biens en stock (Loi sur les)*, (L.R.Q., c. C-53), art. 1, 2 — *Pouvoirs spéciaux des corporations (Loi sur les)*, (L.R.Q., c. P-16).

Jurisprudence citée

Banque de Montréal c. Hall, (1990) 1 R.C.S. 121 et (1990) 65 D.L.R. 361 (S.C.C.); *Banque Molson c. Rochette*, (1888) 14 Q.L.R. 261 (S.C.); *Banque Molson c. Rochette*, (1889) 17 R.L. 139 (B.R.); *Banque Nationale c. Royer*, (1911) 20 B.R. 341; *Banque Toronto-Dominion c. General Motors Acceptance Corp. du Canada Ltée*, [1987] R.L. 393 (C.A.); *Birks c. Birks*, [1983] C.A. 485; *Crown Trust Co. c. Higher*, (1977) 1 R.C.S. 418; *Distribution Omnibus Inc. (In re): Bérol Canada Inc. c. Samson Bélair Inc.*, [1986] R.J.Q. 2286 (C.A.); *Dominion Shipbuilding and Repair Co. (Re)*, (1922-23) 53 O.L.R. 485 (H.C.); *Gosselin c. Ontario Bank*, (1905) 36 R.C.S. 406; *Laliberté c. Larue*, [1931] R.C.S. 7; *Mascaro c. Giglio*, [1991] R.D.I. 33 (C.A.); *Merchants Bank of Canada c. McGrail*, (1878) 22 L.C.J. 148 (C. Rev.); *Morin G.M.C. Ltée (In re): Leblond, Buzzetti et associés Ltée c. Guaranty Trust Co. of Canada*, C.A. Québec 200-09-000740-826, le 4 avril 1985 (J.E. 85-448); *Rousseau Inc. c. Boulanger*, [1992] B.R. 772; *Sewell c. Burdick*, (1885) 10 App. Cas. 74.

Doctrine citée

Falconbridge, John Delatre. *Crawford and Falconbridge Banking and Bills of Exchange*. 8th ed. by Bradley Crawford. Toronto: C.L.B., 1986. 2 volumes, pp. 460-462; Falconbridge, John Delatre. *Falconbridge on Banking and Bills of Exchange*. 7th ed. by Arthur W. Rogers. Toronto: C.L.B., 1969. 946 p., p. 203; Fortin, Édith. *La nature des droits conférés aux créanciers en vertu de l'article 12 de la Loi sur les connaissements, les reçus et les cessions de biens en stock*. Québec: Faculté de droit, Université Laval, 1983 [Thèse de maîtrise], pp. 3-4, 11, 15-16, 36-37;

LeDain, Gerald E. «Security Upon Moveable Property in the Province of Quebec», (1955-56) 2 *R.D. McGill* 77-113, 99, 100-101, 102; Mignault, Pierre-Basile. *Le droit civil canadien*. Tome 8. Montréal: Wilson & Lafleur, 1909. 434 p., p. 403; Perrault, Antonio. *Traité de droit commercial*. Tome 2. Montréal: Éd. Albert Lévesque, 1936. 829 p., p. 250; Pourcelet, Michel. *Le transport maritime sous connaissement: droit canadien, américain et anglais*. Montréal: P.U.M., 1972. 280 p., pp. 9, 19, 42; Waters, D.W.M. *Law of Trusts in Canada*. 2nd ed. Toronto: Carswell, 1984. 1240 p., pp. 1088-1115.

●

TEXTE INTÉGRAL DU JUGEMENT

La Cour:

Statuant sur le pourvoi de l'appelante, La Banque Toronto Dominion, contre un jugement de la Cour supérieure prononcé à Montréal le 21 mars 1989 par l'honorable juge John H. Gomery, accueillant une saisie avant jugement pratiquée par l'intimée, Korea Exchange Bank of Canada, et déclarant que celle-ci avait droit au produit de la liquidation d'un inventaire de marchandises appartenant à Stella Handbags Ltd.;

Pour les motifs exposés dans les opinions de MM. les juges Tyndale et LeBel, déposées avec le présent jugement:

Rejette le pourvoi, avec dépens.

M. le juge Beauregard, dissident, pour les motifs exposés dans l'opinion également déposée avec le présent jugement, aurait accueilli le pourvoi, cassé la saisie avant jugement pratiquée en l'instance et déclaré l'appelante propriétaire du produit de la liquidation de l'inventaire, le tout, avec dépens.

M. le juge Beauregard, dissident. Avec égards, je ne partage pas l'opinion du juge de première instance ni celles des juges Tyndale et LeBel.

Stella Handbags Ltd. importait des produits d'Asie. Elle finançait ses importations au moyen de lettres de crédit délivrées aux fournisseurs à sa demande par Korea Exchange Bank of Canada. Lorsque Korea payait les fournisseurs, elle se faisait remettre par ceux-ci les connaissements qui leur avaient été délivrés par les transporteurs. Chaque fois qu'une cargaison arrivait à Montréal, Korea remettait à Stella le connaissement pertinent à cette cargaison et Stella prenait possession des produits. Mais cela ne se faisait pas sans qu'à chaque occasion Korea obtienne un *trust receipt* de Stella. Ce document consistait en une reconnaissance par Stella qu'elle ne prenait possession des produits que comme mandataire de Korea, qui conservait tous ses droits en vertu du connaissement.

Par ailleurs, c'est la Banque Toronto-Dominion qui généralement finançait l'exploitation de Stella et, à cette fin, Toronto-Dominion avait, en application de l'article 178 de la *Loi sur les banques*[1], obtenu de Stella une sûreté sur tout l'inventaire de cette dernière.

Stella fit défaut de rembourser ce qu'elle devait aux deux banques et la question est de savoir laquelle des deux banques peut réaliser sa créance contre les biens importés d'Asie et qui font encore partie de l'inventaire de Stella.

Korea prétend que juridiquement les produits n'ont jamais fait partie de l'inventaire de Stella et qu'en conséquence Toronto-Dominion n'a aucune sûreté sur ces produits. En revanche, Toronto-Dominion prétend que, en remettant les connaissements et les produits à Stella, Korea a abandonné ses sûretés et que les *trust receipts* n'ont absolument aucun fondement juridique comme contrat ayant pu créer des sûretés sur des biens qui appartenaient à Stella.

Les parties s'entendent pour dire que c'est le droit québécois qui trouve application relativement aux importations faites par Stella.

Korea ne prétend pas par ailleurs que les fournisseurs de Stella se sont réservé la propriété des produits vendus et que, comme subrogée des fournisseurs, elle est elle-même propriétaire des produits. En conséquence, lors des diverses ventes, la propriété des produits est passée des fournisseurs à Stella.

Mais Korea prétend quand même que les connaissements lui ont conféré un titre de propriété dans les produits qui faisaient l'objet des connaissements. Cette prétention me paraît mal fondée.

En payant les fournisseurs, Korea a, en application de l'article 1156 C.C., été subrogée dans les droits des fournisseurs: droits du vendeur qui ne s'est pas réservé la propriété de la chose vendue. D'autre part, en acquérant des fournisseurs les connaissements que leur avaient délivrés les transporteurs, Korea a acquis les droits conférés par la loi aux détenteurs de connaissements: en l'espèce, ces droits ne comportaient pas la propriété des biens qui faisaient l'objet des connaissements puisque, encore une fois, cette propriété avait été acquise par Stella.

Détenant les droits du vendeur impayé qui ne s'est pas réservé la propriété de la chose vendue et ceux qui lui avaient été conférés par les connaissements, Korea pouvait se faire remettre les produits par les transporteurs et, sauf stipulations contraires antérieures de sa part, elle n'était pas obligée d'abandonner la possession des produits aussi longtemps que Stella ne lui remboursait pas ce qu'elle avait payé aux fournisseurs. Mais, de fait, Korea avait accepté de financer Stella même après l'arrivée des produits au Canada et, à chaque cargaison, elle a consenti à remettre les produits à Stella même si elle n'était pas remboursée.

Donc, en première analyse, en délivrant les connaissements à Stella et en mettant celle-ci en possession des produits, Korea abandonnait les droits de rétention qu'elle détenait comme subrogée des vendeurs impayés et comme détenteur des connaissements.

Mais Korea prétend que, en deuxième analyse, ce n'est pas le cas puisque la délivrance des connaissements et la remise des produits à Stella ne se sont faites qu'en échange des *trust receipts* aux termes desquels Stella reconnaissait que la délivrance des connaissements et la remise des produits ne détruisaient pas la sûreté que Korea détenait sur les produits.

---

(1) Dans *Loi de 1980 remaniant la législation bancaire*, (S.C. 1980-81-82-83, c. 40, art. 2) [maintenant L.R.C. 1985, c. B-1].

À mon humble avis, il est évident que les *trust receipts* n'ont pas fait survivre les sûretés conférées par les connaissements. Il est de l'essence même d'une sûreté conférée par un connaissement ou un reçu d'entrepôt que les biens qui font l'objet du titre ne soient pas remis au débiteur. Sauf exceptions [2], le contrat de gage présuppose que le débiteur n'a pas la possession de l'objet du gage. Le gage conféré par un connaissement ou un reçu d'entrepôt n'est qu'une application de ce principe de base: lorsqu'un bien se trouve en possession d'un tiers transporteur ou magasinier, il n'est pas en possession du débiteur. Pas plus que le droit de rétention du vendeur impayé n'est conservé par le vendeur qui remet la chose vendue à l'acheteur, quand bien même celui-ci stipulerait expressément, noir sur blanc, que la rétention subsiste, les droits du créancier qui détient un connaissement ou un reçu d'entrepôt ne sont-ils conservés lorsque ce créancier remet le connaissement ou le reçu d'entrepôt au débiteur avec les biens qui en font l'objet, quand bien même le débiteur stipulerait expressément que, bien qu'en possession réelle des biens, il n'a pas une possession juridique de ceux-ci. La possession d'un connaissement ou d'un reçu d'entrepôt et des biens qui en font l'objet est un fait physique: on ne peut stipuler contre ce fait physique d'une façon fictive puisque c'est la possession physique d'un bien mobilier qui fait présumer du titre de propriété du possesseur. Voyant que A est en possession physique d'un bien mobilier, B peut présumer que A est le propriétaire du bien sans avoir à vérifier si le possesseur n'aurait pas reconnu à un tiers que la possession, bien que réelle, n'était pas véritable.

La *Loi sur les banques*, qui n'exclut pas la possibilité qu'une banque puisse obtenir une sûreté en application d'une disposition législative provinciale, ne prévoit pas le mécanisme du *trust receipt*. Mais l'article 180 (2) de la *Loi sur les banques* prévoit qu'une sûreté conférée par un connaissement ou un reçu d'entrepôt peut être remplacée par la sûreté de l'article 178. Bref, une banque peut avoir une sûreté sur un bien meuble par le biais d'un connaissement ou d'un reçu d'entrepôt aussi longtemps que la possession du bien n'est pas remise au débiteur et, lorsque la banque remet la possession du bien au débiteur, elle peut conserver sa sûreté par le mécanisme prévu à l'article 178, pourvu que des formalités soient respectées pour la protection des tiers.

En application des dispositions législatives qui existaient au Québec avant la fin de 1982 le créancier qui avait une sûreté au moyen d'un connaissement ou d'un reçu d'entrepôt et qui n'était pas une banque ne pouvait pas, s'il remettait les biens qui faisaient l'objet du titre, conserver sa sûreté dans ces biens. Pour contrer cette situation, le législateur québécois adopta la *Loi sur les cessions de biens en stock*[3], qui permet à un créancier, à certaines conditions et suivant certaines formalités de publicité, d'avoir une sûreté sur des biens mobiliers dont le débiteur a la possession. Ainsi, le créancier qui n'était pas une banque acquérait par cette nouvelle loi la possibilité de convertir une sûreté conférée par un connaissement ou un reçu d'entrepôt en une sûreté semblable à celle que les banques pouvaient obtenir en application de l'article 178. Si, avant décembre 1982, il avait été possible que le créancier détenteur d'un connaissement conserve sa sûreté même après voir délivré le connaissement à son débiteur — et cela, par le biais d'un contrat semblable au *trust receipt* du présent dossier —, il aurait été inutile que le législateur adopte, ce mois-là, la *Loi sur les cessions de biens en stock*.

Revenant à l'article 178, il faut dire que, dans leur contrat de base, Korea et Stella avaient prévu la possibilité que Korea obtienne une sûreté en application de cet article. Mais, par la suite, Korea n'a pas obtenu une telle sûreté et elle s'est contentée des *trust receipts*. Ce faisant, Korea inventait ou importait au Québec une nou-

---

(2) *Id.*, art. 178; *Loi sur les connaissements*, (L.R.Q., c. C-53), titre modifié par la *Loi sur les cessions de biens en stock*, (L.Q. 1982, c. 55), art. 1, pour devenir la *Loi sur les connaissements, les reçus et les cessions de biens en stock*; *Loi sur les pouvoirs spéciaux des corporations*, (L.R.Q., c. P-16); «nantissements agricole et commercial» (art. 1979*a* et 1979*e* C.C.).

(3) L.Q. 1982, c. 55.

velle forme de sûreté qui ne peut exister ici. Il est bien évident qu'un créancier qui n'a pas détenu une sûreté en vertu d'un connaissement ne peut obtenir un gage sur un bien de son débiteur en laissant celui-ci en possession du bien et en lui faisant simplement signer une reconnaissance fictive à l'effet que la possession physique n'équivaut pas à une possession juridique. Ce faisant, le créancier dénaturerait le contrat de gage, dont l'élément essentiel est que le débiteur n'a pas la possession du bien. Or, la situation n'est pas changée du fait que, avant de remettre la possession du bien au débiteur, le créancier détenait une sûreté en vertu d'un connaissement.

On nous dit que le mécanisme du *trust receipt* est utilisé ailleurs, en particulier en Angleterre, aux États-Unis et dans les autres provinces du Canada: peut-être, mais, en ce qui nous concerne, nous devons appliquer la *Loi sur les banques*, qui n'offre pas cette façon d'obtenir une sûreté, et le droit québécois, qui ne le fait pas non plus.

Si, ailleurs au Canada, une banque peut obtenir une sûreté au moyen d'un *trust receipt*, cela est fait non pas en application de la *Loi sur les banques*, mais en application de dispositions législatives provinciales particulières qui permettent cette sûreté sous certaines conditions et avec des formalités particulières de publicité pour la protection des tiers. Or, comme il n'y a pas au Québec de dispositions législatives qui assureraient la publicité pour la protection des tiers de ce genre de contrat, il serait tout à fait inopportun que le droit prétorien importe le mécanisme du *trust receipt* sans pouvoir importer en même temps tout ce qui va avec ce mécanisme pour la protection des tiers. Si Korea a pensé que le droit québécois était moins exigeant que le droit ontarien en ce que le droit québécois ne prévoit aucun mécanisme pour la publicité des *trust receipts*, elle a fait erreur. Si le droit québécois n'exige aucun mécanisme de publicité pour les *trust receipts*, ce n'est pas parce qu'il est moins exigeant que le droit ontarien, mais c'est parce qu'au départ le droit québécois ne reconnaît pas le *trust receipt* comme mécanisme de création d'une sûreté.

Pour tout dire, je suis d'accord avec le jugement de première instance et l'arrêt de la Cour dans l'affaire *Banque Molson c. Rochette*[4]. Si certains des motifs du juge de première instance dans cette affaire peuvent donner lieu à un débat, les « considérants » de l'arrêt de la Cour constituent, même s'ils datent de plus d'un siècle, encore du bon droit.

Là où je ne partage pas l'opinion du premier juge dans le présent dossier, c'est lorsque celui-ci affirme que Stella n'a jamais été propriétaire des biens importés et que son droit de propriété était conditionnel au paiement des créances de Korea. Avant de remettre les biens à Stella, Korea avait, sous réserve des stipulations de son contrat de base avec Stella, tous les droits des fournisseurs dans lesquels elle avait été subrogée, et elle avait également les droits que lui conféraient les connaissements. Toujours sous réserve des stipulations du contrat de base entre elle et Stella, Korea avait le droit de se faire remettre la possession des biens par les transporteurs, de retenir ces biens et éventuellement de faire vendre ces biens pour se rembourser des sommes payées aux fournisseurs. Mais Korea n'a jamais été la propriétaire des biens achetés par Stella. Il est bien évident qu'un connaissement qui est obtenu pour servir simplement de sûreté ne confère pas à son détenteur tous les attributs du droit de propriété.

Là où je suis en désaccord avec le juge Tyndale, c'est lorsque celui-ci affirme que les *trust receipts* étaient des contrats qui pouvaient valablement être faits par Stella et qui pouvaient lier Toronto-Dominion. Les causes de préférence sur les biens meubles sont établies par la loi, et la liberté de contracter ne permet pas de créer une sûreté, sauf par un contrat de gage, lequel nécessite la dépossession du débiteur, ou par d'autres mécanismes précis que j'ai rappelés plus haut[5]. Or, ici, nous ne sommes pas en présence d'un contrat de gage ni en présence d'une sûreté créée par un mécanisme particulier prévue par la loi. Il est certain que les fournisseurs de Stella auraient pu se réserver la

---

(4) (1888) 14 Q.L.R. 261 (S.C.) et (1889) 17 R.L. 139 (B.R.).
(5) Voir *supra*, note 2.

propriété des produits vendus; à ce moment-là, Korea aurait pu mettre Stella en possession des biens sans que Toronto-Dominion acquière une sûreté sur ces biens. Mais il est acquis que ce n'est pas ce qui s'est produit.

Finalement, là où je suis en désaccord avec le juge LeBel, c'est lorsque celui-ci, prétendant que, lorsqu'elle détenait les connaissements, Korea avait le droit de faire vendre les produits importés, affirme que Korea avait le droit de faire cette vente par l'entremise de Stella. À mon humble avis, cette proposition ne trouve aucun fondement dans les faits du dossier. Lorsque Korea a remis les connaissements et les biens à Stella, celle-ci n'avait pas de dette exigible à l'endroit de Korea et Korea ne cherchait pas véritablement à réaliser ses sûretés. Korea continuait simplement à financer Stella tout en prétendant conserver ses sûretés sur les produits remis à Stella. D'autre part, la proposition viole le principe suivant lequel un gage sans dépossession n'est pas un gage et suivant lequel une sûreté obtenue par un connaissement ou un reçu d'entrepôt n'a plus de valeur lorsque le créancier remet le document et les biens qui en font l'objet au débiteur. Si la proposition était bien fondée, le droit québécois permettrait le financement de biens en stock sans la nécessité de suivre les formalités de la *Loi sur les banques* ou de la *Loi sur les connaissements, les reçus et les cessions de biens en stock*[6]. Enfin, si la proposition était bien fondée, le mécanisme du *field warehousing*[7], instauré pour respecter la règle suivant laquelle il n'y a pas de gage sans dépossession, serait utilisé bien inutilement.

Indépendamment de son argument fondé sur les *trust receipts*, Korea n'a pas fait valoir de droits qu'elle aurait comme subrogée des fournisseurs, c'est-à-dire de droits comme vendeur impayé qui ne s'est pas réservé la propriété des biens vendus. Ainsi, elle n'a pas prétendu que Toronto-Dominion n'avait pas les droits d'un tiers qui a acquis un bien de bonne foi et contre valeur ou les droits d'un gagiste commercial. Elle n'a pas prétendu que, suivant la bonne interprétation de l'article 179 (1) de la *Loi sur les banques*, ses droits, comme vendeur impayé qui ne s'est pas réservé la propriété du bien vendu, sont supérieurs à ceux de Toronto-Dominion. En conséquence, je n'étudie pas la valeur de telles prétentions.

Je propose d'accueillir le pourvoi, avec dépens, et d'accueillir, également avec dépens, la requête de La Banque Toronto-Dominion et de casser la saisie faite le 28 avril 1988 des biens de Stella Handbags Ltd. par l'huissier Michel Panneton.

M. le juge Tyndale. I agree with the opinion of my brother LeBel.

The *Civil Code of Lower Canada* of 1866 does not describe or deal with a "trust receipt," but that does not prevent such a document from being evidence of a valid innominate contract. In this case, as in many others like it in the world of commerce, the parties have so arranged their affairs as to give rise to certain rights and obligations, without violating public order or good morals, without fraud or dissimulation, and effect should be given to their agreements.

M. le juge LeBel

Origine du litige

Ce pourvoi découle d'un conflit entre deux banques, l'appelante, La Banque Toronto-Dominion (T.D.), et l'intimée, Korea Exchange Bank of Canada (Korea), à propos de la liquidation d'un inventaire de sacs à main appartenant à leur cliente commune, Stella Handbags Ltd. (Stella), de Montréal. Leur débitrice se trouvant en difficultés financières au début de 1988, elles tentèrent toutes deux de liquider à leur profit cet inventaire. Elles s'entendirent au moins pour le vendre, mais non pour se partager le produit de la vente. Il fallut recourir à la Cour supérieure. Dans un jugement prononcé le 21 mars 1989, l'honorable juge John H. Gomery reconnut que Korea avait conservé un droit de propriété dans l'inventaire, en vertu de reçus fidéicommissaires, ou «*trust receipts*», remis en échange de connaissements lors de l'arrivée de la marchandise à Montréal. T.D. ne pouvait lui

---

(6) L.R.Q., c. C-53.
(7) Gerald E. LeDain. «Security Upon Moveable Property in the Province of Quebec», (1955-56) 2 *R.D. McGill* 77, 99.

opposer les droits auxquels elle prétendait en vertu des sûretés qu'elle détenait, notamment celles créées en vertu de l'article 178 de la *Loi sur les banques* et d'un acte de fiducie en vertu de la *Loi sur les pouvoirs spéciaux des corporations* [8] (voir m.a., pp. 53-54).

Les faits de cette affaire demeurent simples. Il sera toutefois utile de les rappeler avant d'analyser l'argumentation juridique des parties.

Stella importait des sacs à main de pays d'Extrême-Orient, comme la Corée ou Hongkong. Pour financer cette opération, elle recourut aux services de Korea. Celle-ci lui offrit le financement nécessaire, en vertu d'une convention désignée sous le nom de « *Agreement for Commercial Letter of Credit* ». Elle convint, en vertu de cette entente, d'émettre de temps à autres des lettres de crédit pour assurer le paiement des exportateurs asiatiques. En contrepartie des crédits émis, l'emprunteuse, Stella, devait notamment transporter à la Banque des garanties par voie de connaissements (m.a., p. 91) :

> 4. The undersigned shall give the Bank from time to time security by way of bills of lading, warehouse receipts, policies or certificates of insurance, security under Section 178 of the Bank Act of Canada and any other security required by the Bank covering all goods, wares, merchandise and other commodities which may be purchased or shipped under or by virtue of a Credit (hereinafter called "the goods") and this undertaking shall be deemed to be a promise to give such security within the meaning of Section of the Bank Act.

La même convention prévoyait que Korea avait un droit à la possession des biens importés ainsi que celui d'en disposer, comme si elle était un vendeur impayé (m.a., p. 91) :

> The Bank shall have the absolute right and title to and the unqualified right to the possession and disposal of the goods, whether or not released to the Undersigned on trust or bailee receipt or otherwise, and all bills of lading, warehouse receipts, policies or certificates of insurance and other documents accompanying or relative to any bill and the proceeds of each and all of the foregoing and shall be entitled to exercise all the rights of the Undersigned as unpaid sellers of the goods, until such time as all the obligations and liabilities at any time incurred by the Undersigned and any of them to the Bank under or in connection with a Credit or this Agreement as well as all other obligations and liabilities to the Bank heretofore or hereafter incurred by the Undersigned and any of them (all of the aforesaid obligations and liabilities being hereinafter called "the obligations and liabilities") have been fulfilled and paid, the whole being hereby assigned and pledged to the Bank as security for the fulfilment and payment of the obligations and liabilities, and the Bank, whenever it thinks fit, may without notice to the Undersigned, without prejudice to any of its claims or rights against the Undersigned and at the cost and expense of the Undersigned, place the goods in charge of any broker, warehouseman or other agent, either for storage or for sale, and the Bank shall not incur any liability whatever for the default of any such broker, warehouseman or other agent.

Lors de l'expédition des marchandises vers le Canada, des connaissements étaient habituellement émis, indiquant Stella comme destinataire ultime. Pour que celle-ci obtienne la livraison des biens à leur arrivée au Canada, à Montréal, Korea remettait les connaissements contre signature d'un document intitulé « *trust receipt* » (voir m.a., p. 115). Ce « reçu fidéicommissaire » autorisait Stella à prendre possession des biens visés par le connaissement. Cependant, il reconnaissait que la Banque demeurait propriétaire des biens (m.a., p. 115) :

> The undersigned (thereinafter called the "Trustee") hereby acknowledges to have received in trust from Korea Exchange Bank of Canada (hereinafter called "the Bank") the documents listed below representing the goods therein specified and/or the goods described below, and agrees and acknowledges that the Bank's right, title and interest in and to said documents and said goods is not altered or affected but remains in the Bank...

> In consideration of such receipt and other valuable consideration, the Trustee agrees to hold said documents and goods in trust for the Bank and, subject to its rights, title and interest therein or thereto, to use the same promptly without expense to the Bank for any one or more of the following purpose(s) only but without liberty to pledge the same:-

> 1. To transfer to carrier (land, water or air).

---

(8) L.R.Q., c. P-16.

2. To transfer to warehouse.
3. To sell said goods.

The Trustee agrees to account by delivering to the Bank immediately upon receipt thereof by the Trustee, any one or more of the following, according to the purposes for which the goods are withdrawn:-

1. Negotiable Bills of Lading, blank endorsed or to the order of the Bank.
2. Negotiable Warehouse Receipts, blank endorsed or to the order of the Bank.
3. Proceeds of the sale of such goods in whatever form received, to be applied by the Bank to the payment of any obligations of the undersigned to the Bank; if such proceeds be notes bills receivable, acceptances or in any form other than cash, they shall not be so applied by the Bank until paid, with option however to discount such items and apply proceeds subject to final payment thereof.

The Trustee agrees to pay all charges for storage or otherwise in connection with said goods, documents and any proceeds thereof, and will at all times hold said goods, documents and proceeds separate and apart from the property of the Trustee and in trust for the Bank and will definitely show such separation and trust in all its records and entries.

The Trustee agrees, at Trustee's own expense, to keep the said goods insured at all times against damage by fire or water, theft and any other risk to which the goods may be subject, in companies approved by the Bank, to their full insurable value, the sum insured to be payable, in case of loss, to said Bank, and the Trustee will deposit the insurance policies with the said Bank upon demand and upon default of the Trustee to effect such insurance, the Bank shall be entitled but not bound to effect insurance of the goods to such extent as it sees fit and the Trustee will pay on demand the premium and interest thereon.

The Trustee agrees that the Bank assumes no responsibility or liability for the correctness, validity or genuineness of the documents released to the Trustee hereunder or for the existence, character, quantity, quality, condition, value or delivery of any goods purported to be represented by way of any of such documents, or of any goods described herein.

The Bank may, at any time, cancel this Trust Receipt and take possession of the said goods and any documents representing the same.

De son côté, T.D. finançait les opérations courantes de Stella et lui accordait une marge de crédit. Stella se trouvant en difficultés financières, T.D. prit possession d'un inventaire de sacs à main, principalement sous l'autorité de l'article 178 de la *Loi sur les banques*. Korea intervint et s'en prétendit propriétaire, en invoquant les *trust receipts*. T.D. répliqua que ces *trust receipts* étaient sans effet à son endroit, équivalant à un gage sans dépossession. Ils n'avaient alors aucune validité en droit civil québécois. Korea prit la position que les *trust receipts* préservaient les droits qu'elle possédait en vertu des connaissements applicables à l'ensemble de la marchandise en litige. Ce conflit fut éventuellement porté devant la Cour supérieure.

Le jugement de la Cour supérieure

Le cœur du jugement de la Cour supérieure se retrouve dans quelques passages. Après avoir examiné les conventions intervenues entre les parties et la législation applicable, l'honorable juge Gomery se prononce sur la nature des droits de Korea. Selon lui, cette dernière aurait conservé un droit de propriété dans la chose vendue et Stella n'aurait agi, en somme, que comme mandataire, pour son compte. La remise de la possession des biens visés par un connaissement n'entraînait pas une annulation de tous les droits qu'ils confèrent, malgré un arrêt à l'effet contraire de notre Cour dans l'affaire *Banque Molson c. Rochette* (m.a., pp. 53-54):

> [...] The Bank's surrender of possession of the goods described in a bill of lading does not automatically annul its privileged right. The authority to the contrary in the *Banque Molson v. Rochette* decisions is doubtful at best. In any event, that case may be distinguished, both as to the facts and law, from the present matter; for example, the *Bank Act* now in force expressly permits banks to acquire personal property in relation to the security arrangements made with its customers (s.173(1)(e)), and there is no suggestion here that Plaintiff has exposed Defendant to loss by delay in the initiation of its legal proceedings.
>
> When Plaintiff entrusted the goods to Stella for purposes of storage or sale, it did not lose control over them, or surrender the rights it had with respect to them by virtue of the bill of lading.

The parties did not purport, by signing the trust receipt, to annul the bill of lading or to substitute for it a new form of security: they intended only to authorize Stella to deal with the goods as Plaintiff's mandatary. The Trust Receipt gave Stella no greater proprietary rights than it had before, and whatever rights Plaintiff had remained intact. There is no reason not to respect the intent of the parties as it is expressed by the plain meaning of the contractual arrangements into which they entered.

Accordingly, the goods described in the bills of lading and trust receipts never became part of Stella's inventory, and it was not in a position to pledge them, or to convey a right to their ownership or possession to Defendant.

À cause de la validité de cette réserve de propriété, les sacs à main ne s'étaient jamais trouvés inclus légalement dans l'inventaire de Stella. En conséquence, les sûretés créées en vertu de l'article 178 de la *Loi sur les banques* et, peut-on ajouter, en vertu de la *Loi sur les pouvoirs spéciaux des corporations* ne sauraient s'y appliquer. Il reconnut, pour ces motifs, le droit de Korea à l'inventaire et au produit de sa vente.

Le pourvoi

Dans son pourvoi, T.D. s'attaque à la base juridique du jugement. D'après elle, l'ensemble de la transaction avait un caractère artificiel; elle visait à créer un gage sans dépossession en faveur de l'intimée. Ce gage, hors des cas prévus par la législation québécoise, était invalide en vertu de l'article 1970 C.C. Jusqu'à la livraison à Montréal, par le transport ou le nantissement du connaissement, Korea détenait une forme de garantie prévue par la législation, notamment en vertu de la *Loi sur les banques* et de la *Loi sur les connaissements, les reçus et les cessions de biens en stock*. L'objet de l'ensemble de la transaction consistait non pas dans l'acquisition des biens par Korea, mais par Stella, et dans l'octroi d'une garantie à Korea. Le reçu fidéicommissaire, ou *trust receipt*, par ailleurs, en droit québécois, n'avait aucun effet juridique. Le gage s'éteignait au moment de la remise du connaissement et de la prise de possession des biens par Stella. À partir de ce moment, Korea, qui avait voulu créer un gage sans dépossession hors des cas prévus par la législation québécoise, ne conservait plus qu'un droit de créance et ne détenait plus aucune sûreté opposable à des tiers sur les biens en litige.

Korea, de son côté, soutenait que, dès l'origine de la transaction, elle avait acquis un droit assimilable à un droit de propriété dans les marchandises importées par Stella. Au moment de la remise du connaissement et du transfert de la possession à Stella, ce droit ne s'éteignait pas. Au contraire, suivant les conventions entre les parties, il subsistait, et Stella vendait pour son compte, comme son mandataire, et assumait l'obligation de lui remettre le produit de ces transactions.

Le dossier pose ainsi un problème très précisément circonscrit de droit des sûretés. Les transactions intervenues ont-elles laissé à Korea des droits dans l'inventaire de Stella, droits qu'elle peut opposer à des tiers, comme la Banque Toronto-Dominion, qui ont financé les activités de la débitrice, Stella, et en ont obtenu les garanties commerciales usuelles? Par ailleurs, les parties ont traité cette affaire en prenant pour acquis que le droit québécois était applicable. Il n'y a eu aucune discussion sur cette question. Par ailleurs, l'on n'a pas soulevé les problèmes juridiques que pourrait poser l'octroi de sûretés sur les biens d'autrui ou sur ceux laissés en la possession d'un facteur, au sens de l'article 1740 C.C. Dans le cadre défini par les parties, si le *trust receipt* a l'effet que lui a donné le juge Gomery, les droits de Korea doivent prévaloir sur ceux de T.D. Il faudra alors analyser d'abord la situation juridique de Korea avant la livraison à Montréal et préciser la nature des droits qu'elle a obtenus à l'origine. Ensuite, l'on étudiera l'effet de cette livraison et la portée du *trust receipt*.

Les connaissements et la nature des droits conférés à Korea

Il est admis que tout l'inventaire en litige avait fait l'objet de connaissements émis au cours des opérations d'importation. D'usage constant dans les opérations commerciales, ces instruments se définissent comme un titre représentatif de la marchandise et le document constatant le contrat. Le connaissement permettra au porteur de se faire remettre la marchandise et déterminera les obligations des contractants [9]. Transférable par endossement lorsqu'il est fait au porteur ou à ordre, ce titre ne confère pas de meilleur titre que celui de l'endosseur [10]. Dans ses dispositions sur le contrat d'affrètement, le *Code civil du Bas Canada* reconnaît cette négociabilité du connaissement et cette capacité de transférer la propriété des biens qu'il vise par simple endossement :

> Art. 2421. Lorsque d'après les termes du connaissement la délivrance de la marchandise doit être faite à une personne ou à ses ayants cause, cette personne peut transporter son droit par endossement et délivrance du connaissement, et la propriété de la marchandise ainsi que tous les droits et obligations y relatifs sont par là censés passer au porteur, sauf néanmoins les droits des tiers, tel que pourvu dans ce code.

Rattachée à un contrat particulier, cette dernière disposition ne rend pas compte de la diversité des situations juridiques auxquelles s'applique le connaissement. Non seulement a-t-il constitué d'un mode de transmission de la propriété mais, aussi, apparaît-il comme une méthode de création de sûretés, à tel point que l'on signale que, pour évaluer la portée réelle d'un connaissement, il faut finalement s'en remettre à l'analyse des conventions sous-jacentes. C'est de cette façon que l'on pourra qualifier la transaction et déterminer les droits des parties [11]. Il peut servir à la transmission pure et simple d'un bien. Il est également utilisé pour créer des garanties sur des biens mobiliers. À ce titre, des dispositions législatives diverses s'en préoccupent et tentent d'en déterminer les effets. Le *Code civil du Bas Canada* y faisait déjà référence, en soulignant la présence de dispositions sur le sujet dans d'autres lois :

> Art. 1979. Les règles spéciales concernant le métier de prêteur sur gage sont contenues dans les lois relatives aux prêteurs sur gages et aux prêts sur gage.

Les lois fédérales concernant les banques et le commerce de banque, en ce qu'elles se rapportent aux banques, et le chapitre 54 des *Statuts refondus* du Canada en ce qui concerne les particuliers, contiennent des dispositions spéciales pour le transport par endossement des connaissements, spécifications de bois, reçus ou certificats donnés par les gardiens d'entrepôts ou de quais, meuniers, maîtres de vaisseaux ou entrepreneurs de transports faits en faveur des banques constituées ou des particuliers comme gage, et pour la vente des effets et marchandises représentés par tels documents.

Depuis longtemps, une loi provinciale, connue maintenant sous le nom de *Loi sur les connaissements, les reçus et les cessions de biens en stock*, détermine les conditions d'émission et les effets des connaissements. Par ailleurs, la *Loi sur les banques* accorde aux institutions qu'elle régit la possibilité d'acquérir des connaissements ou récépissés d'entrepôt, soit pour les fins de garanties, soit pour celles de paiement d'une dette contractée envers elles :

> 186. (1) La banque peut acquérir et détenir tout récépissé d'entrepôt ou connaissement à titre de garantie soit du paiement de toute dette contractée envers elle, soit de toute obligation contractée par elle pour le compte d'une personne, dans le cadre de ses opérations bancaires.
>
> (2) Tout récépissé d'entrepôt ou connaissement confère à la banque qui l'a acquis, en vertu du paragraphe (1), à compter de la date de l'acquisition :
>
> *a)* les droit et titre de propriété que le précédent détenteur ou propriétaire avait sur le récépissé d'entrepôt ou le connaissement et sur des effets, denrées ou marchandises qu'il vise ;
>
> *b)* les droit et titre qu'avait la personne, qui les a cédés à la banque, sur les effets, denrées ou marchandises y mentionnés, si le récépissé d'entrepôt ou le connaissement est fait directement en faveur de la banque, au lieu de l'être en

---

(9) Michel Pourcelet. *Le transport maritime sous connaissement : droit canadien, américain et anglais*. Montréal : P.U.M., 1972. Pp. 9, 19 et 42 ; voir aussi Édith Fortin. *La nature des droits conférés aux créanciers en vertu de l'article 12 de la Loi sur les connaissements, les reçus et les cessions de biens en stock*. Québec : Faculté de droit, Université Laval, 1983 [Thèse de maîtrise]. Pp. 3-4.

(10) Édith Fortin, *op. cit. supra*, note 9, p. 4 ; John Delatre Falconbridge. *Falconbridge on Banking and Bills of Exchange*. 7th ed. by Arthur W. Rogers. Toronto : C.L.B., 1969. P. 203.

(11) Pour l'application de ce principe en droit anglais, voir Édith Fortin, *op. cit. supra*, note 9, p. 11 ; *Sewell c. Burdick*, (1885) 10 App. Cas. 74, 75.

faveur de leur précédant détenteur ou propriétaire. 1980-81-82-83, ch. 40, art. 2 « 186 ».

De plus, la même loi prévoit la possibilité de substitution de telles garanties, par exemple d'un récépissé d'entrepôt contre un connaissement :

180. [...]

(2) La banque peut :

a) lors de l'expédition de biens pour lesquels elle détient un récépissé d'entrepôt, ou une garantie visée à l'article 178, remettre le récépissé ou la garantie et recevoir en échange un connaissement ;

b) lors de la réception de biens pour lesquels elle détient un connaissement ou une garantie visée à l'article 178, soit remettre le connaissement ou la garantie, entreposer les biens et obtenir en conséquence un récépissé d'entrepôt ou soit expédier les biens, en totalité ou en partie, et obtenir ainsi un autre connaissement ;

c) remettre tout connaissement ou récépissé d'entrepôt qu'elle détient et recevoir en échange une garantie visée par la présente loi ;

d) lorsque, sous le régime de l'article 178, elle détient une garantie sur du grain entreposé dans un silo, obtenir en échange de la garantie, un connaissement portant sur ledit grain ou du grain de la même espèce ou catégorie, expédié à partir du silo, jusqu'à concurrence de la quantité expédiée ;

e) lorsqu'elle détient une garantie quelconque portant sur du grain, obtenir en échange de cette garantie et jusqu'à concurrence de la quantité couverte par celle-ci, un connaissement ou un récépissé d'entrepôt portant sur ledit grain ou du grain de même grade ou type, ou tout document qui lui donne droit, en vertu de la *Loi sur les grains du Canada*, à la livraison dudit grain ou du grain de même grade ou type. 1980-81-82-83, ch. 40, art. 2 « 180 ».

On notera cependant un aspect important de cette législation sur les banques. Bien qu'elle reconnaisse le droit de la banque de détenir telle garantie, elle n'indique pas la nature des droits que confère l'acquisition par la banque de ces instruments. Il faut s'en rapporter, pour ceci, à la législation provinciale [12] :

Banks still lend on the security of warehouse receipts and bills of lading, but this type of collateral is not nearly so important now as it has been in the past. As in the case of securities (see & 1404.1), the law applicable to banks' dealings in these documents is now chiefly to be found in provincial P.P.S.A.s. or case law. The exceptional provisions of the *Bank Act* applicable only to banks can be fairly briefly discussed.

Sous réserve des questions traitées spécifiquement par la *Loi sur les banques*, à l'égard desquelles cette dernière prévaudra sur la législation provinciale [13], l'on doit donc examiner la loi provinciale dans le cas du Québec et la *Loi sur les connaissements, les reçus et les cessions de biens en stock*. L'article 1 de cette loi précise l'effet de l'émission d'un tel connaissement :

1. Tout connaissement, ou tout reçu donné par un garde-magasin, un meunier, un propriétaire de quai, un patron de vaisseau ou un roulier public, pour des céréales, denrées, marchandises ou effets qui sont ou doivent être emmagasinés ou déposés dans un entrepôt, un moulin, ou dans tout autre endroit au Québec, ou expédiés dans un vaisseau, ou livrés à un roulier public pour les transporter d'un endroit quelconque à un autre au Québec ou à travers le Québec, ou sur les eaux qui le baignent, ou du Québec à tout endroit quelconque, soit que ces céréales doivent être délivrées en espèces sur le reçu ou être converties en farine, peut, par endossement fait par le propriétaire, ou par une personne qui a droit de recevoir ces céréales, effets, denrées ou marchandises, ou par son procureur ou son agent, être transporté comme garantie du paiement de toute lettre de change ou billet, ou de toute autre dette.

L'effet de cet endossement est de transférer, à compter de sa date, tout droit ou titre sur ces céréales, effets, denrées ou marchandises, possédé par la personne qui fait l'endossement, sujet toutefois au droit de l'endosseur de se faire rendre ces articles, si la lettre de change, le billet ou la dette est payée à son échéance.

Le connaissement comporte, selon la loi, le droit de se faire transférer le titre que possédait l'endosseur du connaissement. Cependant, ce transfert de droit reste sujet de celui de l'endos-

---

(12) John Delatre Falconbridge. *Crawford and Falconbridge Banking and Bills of Exchange*. 8th ed. by Bradley Crawford. Volume 1. Toronto : C.L.B., 1986. P. 460.

(13) *Id.*, pp. 460-461 ; *Banque de Montréal c. Hall*, (1990) 1 R.C.S. 121.

seur à se faire remettre le bien s'il s'acquitte de sa dette. À défaut, l'article 2 de la loi accorde au détenteur du connaissement le droit de vendre les biens qu'il vise. Il en retient par la suite le produit, en acquittement partiel ou total de la dette :

> 2. Dans le cas de non-paiement à échéance de la lettre de change, du billet ou de la dette, la personne à qui ils ont été transférés peut vendre ces céréales, effets, denrées ou marchandises, et en retenir le produit, ou une somme, à même ce produit, égale au montant dû sur la lettre de change, le billet ou la dette, avec les intérêts ou les frais, remettant à l'endosseur le surplus s'il y en a.

Dans la *Loi sur les connaissements, les reçus et les cessions de biens en stock*, l'usage de connaissements apparaît principalement comme une technique de garantie. Elle vise à conférer une sûreté, qui confère le droit de posséder le bien et d'en disposer par la suite, dans le but d'éteindre la dette principale. Bien que l'article 2421 du *Code civil du Bas Canada* ait parlé de transfert de propriété, l'effet juridique du connaissement dépendra à la fois de l'intention des parties et de la portée que lui donnent les articles 1 et 2 de la *Loi sur les connaissements, les reçus et les cessions de biens en stock*[14]. Il opère principalement comme un mécanisme de gage sans dépossession, conférant un droit de vendre et de s'approprier le produit de cette vente[15]. Il permet, en somme, à son détenteur d'obtenir la possession, de vendre et d'obtenir le produit de cette vente[16]. Pour les fins de la constitution de la sûreté, l'endossement du connaissement confère ici certains éléments du droit de propriété, c'est-à-dire, comme on l'a vu, celui de posséder la chose, d'obtenir la possession de la chose et celle d'en disposer, mais pour des fins limitées.

La convention pour l'émission de lettres de crédit intervenue entre Korea et Stella emploie un langage beaucoup plus large. Son texte affirme l'intention que l'on entend transférer à la Banque les droits que possédait l'exportateur, propriétaire original (m.a., p. 91). La Banque acquiert, en principe, son titre et ses droits. Ce transfert de droit se situe cependant dans le cadre d'une opération de financement. Elle a un caractère accessoire à celle-ci. L'objet ultime de l'opération est de permettre la vente au Canada, par Stella et à son bénéfice, d'objets fabriqués à l'étranger. L'objectif global de la transaction était de conférer une sûreté à la Banque. Cette sûreté prenait la forme d'une sorte de gage sans dépossession.

Il faut maintenant déterminer la nature et l'étendue des droits des parties lors de la remise des connaissements, de la prise de possession des biens qu'ils couvraient par la débitrice ainsi que par la suite. On rencontre ici le problème des reçus fidéicommissaires, ou *trust receipts*, et la prise de possession des biens par Stella.

La portée des *trust receipts*

Une fois la marchandise parvenue à Montréal, Stella en prenait possession et signait des *trust receipts* en faveur de Korea. Leur rédaction reconnaissait les droits de l'intimée et affirmait que l'importateur ne prenait possession des biens que pour le compte de son prêteur, à titre de mandataire. À cette étape, les prétentions des parties, déjà différentes dans l'analyse des droits conférés à Korea en vertu des connaissements, s'opposent radicalement. Si T.D. concède que la détention des connaissements conférait à Korea une sûreté valide sur l'inventaire jusqu'à ce point, à ce moment, elle s'affirme par la remise des connaissements et la prise de possession de marchandise, la sûreté s'est éteinte. Elle aurait été remplacée par un accord qui crée une forme d'arrangement ne constituant pas une sûreté prévue par la *Loi sur les banques* et, encore moins, une forme de gage ou de garantie reconnue par le droit civil du Québec. Pour l'intimée, la sûreté subsiste. Elle est demeurée propriétaire des biens visés par les connaissements. L'importateur vend pour son compte et son bénéfice. Selon elle, l'on donne ainsi effet à un type d'engagement et de sûreté, communément utilisé dans le commerce inter-

---

(14) Édith Fortin, *op. cit. supra*, note 9, pp. 15-16.
(15) *Id.*, pp. 36-37; *Gosselin c. Ontario Bank*, (1905) 36 R.C.S. 406; *Banque Nationale c. Royer*, (1911) 20 B.R. 341.
(16) Antonio Perrault. *Traité de droit commercial*. Tome 2. Montréal : Éd. Albert Lévesque, 1936. P. 250.

national, dont la validité devrait être reconnue au Québec.

Une étude écrite par le Pr G.E. LeDain[17] (tel qu'il était alors) décrivait les fonctions du *trust receipt* et notait qu'il était utilisé à l'époque essentiellement par les banques au Québec (m.a., pp. 146-147):

> The trust receipt is used in Quebec almost exclusively by the banks, although there is nothing to prevent other lenders on the security of a documentary pledge from making use of it as well. It is a document which is signed by a person to whom the bank surrenders a bill of lading or warehouses receipt for certain limited purposes, such as clearing the goods through customs, the substitution of one kind of bill of lading for another on trans-shipment, or sale of the goods on the bank's behalf. The borrower acknowledges in the trust receipt to have received the document of title as an agent, "trustee" or "bailee" for the purpose mentioned therein, and if the purpose be sale, he undertakes to sell the property and collect the proceeds for the account of the bank. There is no doubt that this undertaking is binding on the borrower and that he is liable to criminal prosecution for acts in fraud of the leader's rights, but what effect as regards third parties, such as the borrower's creditors, does such a surrender of the document of title have on the lender's security in Quebec?
>
> The practice is a well established banking custom, and it has been settled in English law, since the decision of the House of Lords in *North Western Bank Ltd.* v. *John Poynter, Son & Macdonald*, that by surrendering the document of title to the borrower for a limited purpose under trust receipt (or "letter of trust" as it is generally called in England) the lender does not lose his security interest as pledgee in the goods or the proceeds thereof. It would appear, however, that a third party purchaser or pledgee in good faith will be protected as taking from an agent who has been entrusted with the possession of the goods or the documents of title for sale.

Acquise en droit anglais ou américain, la validité du *trust receipt* soulève un problème immédiat au Québec. D'abord, rien dans la *Loi sur les banques* n'en traite expressément. Si l'on mentionne la garantie de l'article 178, si l'on définit et réglemente l'émission et la détention des instruments que sont les récépissés d'entrepôt et les connaissements, il en va tout autrement des *trust receipts*. La législation bancaire n'en fait aucune mention[18].

L'utilisation du terme «*trust*» ou «*trust receipt*» n'a pas la même connotation en droit québécois que dans celui des autres provinces canadiennes. Bien que la fiducie ait été incorporée à différents titres, dans le droit privé ou dans le droit corporatif québécois, l'on ne se retrouve pas globalement devant l'institution provenant du droit anglais. Il faut à chaque fois se demander: Quelle était l'intention des parties? Que signifiait l'engagement ou l'acte? Quelles étaient ses conséquences juridiques par rapport au système de droit québécois? Une opinion récente de M. le juge Vallerand rappelait cette réalité du système juridique québécois[19]:

> Le «trust», dans le sens «beneficial ownership» du droit britannique, n'existe pas en droit civil du Québec. Mais alors que diable signifie donc «in trust for» dans un contrat régi par le droit civil? De prime abord, rien du tout, sauf qu'il est un principe qui veut que ceux qui contractent ne parlent pas pour ne rien dire et qu'il faut donc rechercher le sens de leur convention, l'expression de leur volonté, au-delà des maladresses, des ambiguïtés de leur texte.

Comme l'a déjà constaté la Cour suprême du Canada, le trust, tel qu'organisé par la common law et l'*equity* contemporaines, n'existe pas comme tel en droit civil québécois[20]:

> Le «trust», sauf dans la forme restreinte où on le trouve au chapitre de la fiducie (Code civil, livre troisième, titre deuxième, chapitre IVa), n'a jamais existé dans le système légal de la province de Québec, qui ne comprend d'ailleurs aucun mécanisme (machinery) pour le faire

---

(17) *Loc. cit. supra*, note 7, 100-101.

(18) *Id.*, 101; John Delatre Falconbridge, *op. cit. supra*, note 12, pp. 460-462.

(19) *Mascaro c. Giglio*, [1991] R.D.I. 33 (C.A.), 34, opinion du juge Vallerand; voir, au même sens, D.W.M. Waters. *Law of Trusts in Canada*. 2nd ed. Toronto: Carswell, 1984. Pp. 1088-1115.

(20) *Laliberté c. Larue*, [1931] R.C.S. 7, 18; voir au même sens *Crown Trust Co. c. Higher*, (1977) 1 R.C.S. 418, 424-425, opinion du juge de Grandpré; *Birks c. Birks*, [1983] C.A. 1985.

fonctionner. Il serait inconcevable que le législateur, par l'usage, non pas même du mot « trust », mais de l'appellation « trust deed », eût voulu introduire d'un seul coup le « trust » anglais avec sa complexité et ses multiples aspects si foncièrement étrangers à l'économie du droit de [sic] Québec. On ne crée pas, de façon aussi sommaire, une révolution aussi profonde.

Il faut donc d'abord procéder à une recherche d'intention lorsque l'on explore ce concept en droit. L'on doit aussi examiner comment insérer le mécanisme dans le système de droit civil québécois.

Sous réserve maintenant de nombreuses exceptions, découlant de législations diverses, comme la *Loi sur les pouvoirs spéciaux des corporations* et la *Loi sur les connaissements, les reçus et les cessions de biens en stock*, le droit québécois des sûretés demeure, en principe, défavorable au gage mobilier sans dépossession (art. 1970). Cette approche veut préserver le principe de l'égalité des créanciers et éviter la constitution de gages ou de sûretés secrètes, au détriment des tiers de bonne foi. En principe, sauf pour une cause légitime de préférence, comme l'une des sûretés ou des privilèges reconnus par la loi, les biens du débiteur constituent le gage commun de ses créanciers. Ceux-ci se les partagent au prorata de leur créance (art. 1981, 1982 C.C.). Par ailleurs, en sens contraire, peut jouer également un autre principe, celui de la liberté des conventions, principe lui-même nécessaire pour donner effet notamment à certaines formes d'activité et de créativité commerciales. Il faut examiner l'ensemble de la transaction pour voir si ce principe fondamental de liberté des conventions commerciales peut ici s'harmoniser avec les règles du droit des sûretés québécois.

Le premier juge a procédé à une revue attentive de la jurisprudence et de la doctrine. Il a constaté à cet égard qu'il existait indéniablement, en droit québécois, des opinions défavorables à la reconnaissance de la validité du *trust receipt* à l'égard des tiers. Certains jugements anciens y ont vu un gage secret, sans dépossession, non prévu par le droit civil. Compris ainsi, il deviendrait inopposable aux tiers. Cela aurait été la position du juge Casault, de la Cour supérieure, dans *Banque Molson c. Rochette*[21]. À son avis, « [l]e créancier [muni] d'un gage, [qu'il] remet à son débiteur [selon] une reconnaissance écrite de ce dernier [qui] ne le prend que comme fidéicommissaire [...] perd son privilège ; ce mode de conversion de possession, admis par le droit anglais, n'[est] pas reconnu par le nôtre »[22]. Cette opinion aurait été endossée par notre Cour dans un arrêt du 6 décembre 1888[23]. Le rapport judiciaire, malheureusement, ne contient aucune indication des motifs retenus par la Cour à cette époque. Il mentionne seulement que le jugement de la Cour supérieure, dont on rapportait à nouveau les attendus, avait été confirmé. Cependant, cette affaire soulevait également d'autres problèmes, notamment le pouvoir même de la banque demanderesse de prendre, à l'époque, ce type de garantie ainsi que le défaut du créancier de se pourvoir en temps utile et l'effet de son inaction sur les sûretés. Le motif fondamental du jugement n'est pas facile à identifier.

Dix ans auparavant, la Cour de révision, dans l'affaire *Merchants Bank of Canada c. McGrail*[24], avait reconnu la validité du *trust receipt*. Cependant, Mignault[25] concluait à l'inefficacité du *trust receipt* comme sûreté en droit :

> Ainsi, si le créancier remet l'objet du gage au débiteur qui s'engage à le conserver pour lui, il perd son droit de gage. De même, le débiteur ne peut se constituer dépositaire pour le compte du gagiste, en remettant à ce dernier un reçu où il reconnaît posséder pour lui.

On remarquera, par ailleurs, qu'en Ontario un jugement, maintenant assez ancien, d'une cour de première instance avait mis en doute également l'efficacité du *trust receipt*. L'on estimait qu'il s'agissait d'un *chattel mortgage* qui aurait dû être assujetti aux règles d'enregistrement en

---

(21) (1888) 14 Q.L.R. 261 (S.C.), juge Casault.
(22) *Id.*, au résumé.
(23) *Banque Molson c. Rochette*, (1889) 17 R.L. 139 (B.R.).
(24) (1878) 22 L.C.J. 148 (C. Rev.).
(25) Pierre-Basile Mignault. *Le droit civil canadien*. Tome 8. Montréal : Wilson & Lafleur, 1909. P. 403, note 4.

vigueur à ce moment[26]. Crawford[27] remarquait que cette décision avait longtemps compromis l'usage de cette technique :

> It is upon such a substitution of collateral that the concept of "trust receipts" is based. Although widely used in Britain and the United States, such security arrangements have not been relied upon in Canada since Rose J. ruled that such a document was merely a bill of sale and void against creditors if not duly registered.

LeDain soulignait la possibilité qu'une telle approche restrictive soit conforme aux règles traditionnelles de droit québécois. Si c'était le cas, cependant, elle s'avérerait fort incommode vis-à-vis certaines exigences du commerce international des activités d'importation, comme on le voit ici (m.a., p. 148)[28] :

> Although this view may be in strict conformity with the civil law principles, it is from the commercial point of view extremely inconvenient, and one may ask whether this is not a case for application of article 1978 of the Civil Code which provides: "The rules contained in this chapter, are subject in commercial matters to the laws and usages of commerce." The English decisions on this question appear to have been influenced very largely by consideration for commercial necessity and usage. As Lord Wright put it in the Privy Council: "Such procedure is the usual course of business, and is obviously either necessary, or at least convenient for the conduct of the business in question." The fact, however, that this is a necessary and well established commercial practice is one thing: whether, as a matter of commercial usage, a bank is regarded and treated by other creditors as retaining its security interest under a trust receipt, is another thing. But quite apart from commercial usage in this sense, it may be argued that inasmuch as the creditor is treated by both federal and provincial law as having a right of ownership in virtue of a documentary pledge, the civil law rule of 1970 should not be applied to the analysis of his position under a trust receipt; that in such case he should be regarded as an owner who has entrusted property for certain limited purposes to an agent, and he should have the right, not only as regards the borrower but as regards the borrower's creditors as well, to claim as his own property the document of title, the goods themselves or even the proceeds of their sale if they are identifiable. As will be seen, this view is consistent with the one which is taken of the bank's rights as holder of section 88 security.

L'on se rappellera aussi que, même assez récemment, la jurisprudence québécoise a parfois persisté dans sa méfiance vis-à-vis des arrangements qui apparaissaient formellement comme des transferts de propriété mobilière mais dont la réalité était toute différente. Dans la mesure où le but essentiel de l'opération était de constituer une sûreté mobilière sans dépossession, hors des cas prévus par la législation, l'on a refusé de reconnaître leur opposabilité aux autres créanciers[29]. Par contre, d'autres courants de jurisprudence se sont montrés plus ouverts à la reconnaissance de la validité d'arrangements qui demeurent fondamentalement des modes de prise de sûreté mais reposent sur la technique de réserve de propriété. Des jugements récents de notre Cour l'attestent. L'on a utilisé notamment les techniques de vente conditionnelle ou de réserve de propriété pour reconnaître le droit de celui qui prétendait à la propriété du bien, dans le cadre d'ententes destinées à assurer le financement d'une entreprise[30].

Les arguments de l'intimée reposent en grande partie sur la reconnaissance de cette réserve de propriété pour régler le problème. Les contrats intervenus seraient simples. L'on devrait considérer toute la transaction comme l'équivalent d'une vente de l'exportateur à Ko-

---

(26) *Re Dominion Shipbuilding and Repair Co.*, (1922-23) 53 O.L.R. 485 (H.C.), juge Rose.
(27) *Op. cit. supra*, note 12, p. 462.
(28) *Loc. cit. supra*, note 7, 102.

(29) Voir, par exemple, *Rousseau Inc. c. Boulanger*, [1992] B.R. 772.
(30) Sur la validité des clauses de réserve de propriété, voir l'opinion de M. le juge Gendreau dans *In re Distribution Omnibus Inc.: Bérol Canada Inc. c. Samson Bélair Inc.*, [1986] R.J.Q. 2286 (C.A.), 2288-2290; voir aussi *Banque Toronto-Dominion c. General Motors Acceptance Corp. du Canada Ltée*, [1987] R.L. 393 (C.A.); *In re Morin G.M.C. Ltée : Leblond, Buzzetti et associés Ltée c. Guaranty Trust Co. of Canada*, C.A. Québec 200-09-000740-826, le 4 avril 1985 (*J.E. 85-448*).

rea, qui serait demeurée propriétaire tout au cours de cette transaction.

Pour tenir compte des rapports avec la législation sur les connaissements et des termes mêmes des conventions entre les parties, l'on doit nuancer. L'on ne se trouve pas ici devant un transfert pur et simple de propriété à Korea. Celle-ci, dans l'ensemble de cette transaction, a acquis une forme de sûreté, un gage sans dépossession résultant de l'émission et de l'endossement des connaissements. Suivant les ententes qui précédaient l'émission de ces connaissements et qui en forment le substrat juridique, elle acquiert certains des droits rattachés à la propriété. On lui reconnaît notamment le droit à la possession et le droit à la disposition des biens. Ces droits ne sont cependant pas illimités. Elle ne les exerce qu'au terme de l'opération d'importation.

Subsiste toujours le droit de Stella, l'importatrice, d'obtenir les biens à leur arrivée au Canada et de procéder à leur vente pour les fins de son commerce, sous réserve de son obligation de rendre compte du produit de ses ventes, en vertu du *trust receipt*. À ce moment, la remise du connaissement et l'émission du *trust receipt* constituent-elles une rupture de la chaîne des sûretés, une véritable substitution d'une garantie valable à celles qui auraient déjà été émises? L'article 2 de la *Loi sur les connaissements, les reçus et les cessions de biens en stock* reconnaît le droit fondamental du détenteur du connaissement de vendre les marchandises pour l'acquittement de sa créance. Le *trust receipt*, à cet égard, peut être considéré comme un mode d'exécution de la garantie. Le débiteur exécute un mandat pour le compte de son créancier. Il reconnaît qu'il vend, comme son représentant, et qu'il doit lui rendre compte du produit de la vente. Le créancier n'entend pas éteindre la sûreté. Il serait libre de désigner un agent comme mandataire pour procéder à la vente. Le sens de ces engagements serait en définitive d'obliger l'institution financière à laisser à l'importateur ce mandat de vente, tant et aussi longtemps qu'il ne serait pas en défaut en vertu de ses engagements. Même après ce défaut, le créancier conserverait la faculté de recourir aux services de sa débitrice plutôt que de vendre lui-même ou par l'intermédiaire d'un autre agent. À cet égard, l'arrangement pris en vertu du *trust receipt* paraît conforme à la législation québécoise sur les connaissements et préserve le gage des créanciers sur la chose et le produit de sa vente. La solution retenue par le premier juge pouvait ainsi s'harmoniser avec les règles du droit québécois tout en respectant les besoins du commerce d'importation et d'exportation.

Pour ces motifs, je suggérerais donc de rejeter le pourvoi, avec dépens.

[1991] R.J.Q. 2514 à 2518

Cour d'appel

DROIT DE LA FAMILLE — 1463

FAMILLE — mariage — patrimoine familial — biens meubles donnés au conjoint par contrat de mariage.

Appel d'un jugement de la Cour supérieure ayant accueilli une action en séparation de corps et accordé certaines mesures accessoires. Accueilli en partie.

Le jugement statue que les biens meubles donnés à un conjoint dans un contrat de mariage fait longtemps avant l'adoption de la loi instituant le patrimoine familial doivent être exclus de celui-ci. L'appelant soutient que cette conclusion contrevient à la prohibition absolue de déroger au régime.

Lorsqu'il a adopté la loi instituant le patrimoine familial, le législateur a voulu donner à ce nouveau régime une portée universelle ainsi qu'un caractère absolu et d'ordre public. Tous les époux, qu'ils aient contracté mariage avant ou après l'entrée en vigueur de la loi, y sont assujettis. Le régime est un effet du mariage et la constitution du patrimoine ne saurait faire partie de la négociation contractuelle. Il serait donc contradictoire d'affirmer que les biens donnés par un conjoint à son époux dans un contrat de mariage sont exclus de ce patrimoine. L'exclusion, prévue à l'article 462.2 C.C.Q., des biens dévolus par donation ne saurait viser celles faites entre conjoints, car la prohibition de se soustraire ou de déroger au régime ne serait plus absolue. C'est à tort que le premier juge a estimé que les dispositions relatives au patrimoine familial créaient une présomption irréfragable d'illégalité des donations consenties par contrat de mariage. En effet, le droit de propriété du bien donné et la validité du titre ne sont pas en cause; l'époux propriétaire du bien peut en disposer librement. Le droit du conjoint sur ce bien n'est qu'un droit de créance général sur la valeur du bien lorsqu'il y aura ouverture du patrimoine familial.

Législation citée

C.C.Q., art. 440, 462.2, 462.5, 462.10, 462.11.

Jurisprudence citée

Droit de la famille — 932, [1991] R.J.Q. 199 (C.S.); *Droit de la famille — 977*, [1991] R.J.Q. 904 (C.A.) et [1991] R.D.I. 346 (C.A.); *Droit de la famille — 980*, [1991] R.J.Q. 1104 (C.S.); *Droit de la famille — 1298*, [1990] R.D.F. 98 (C.S.); *Droit de la famille — 1317*, [1990] R.D.F. 272 (C.S.); *Droit de la famille — 1349*, [1990] R.D.F. 562 (C.S.); *Droit de la famille — 1412*, [1991] R.J.Q. 1911 (C.S.); *Gagné c. Gagné*, C.S. Québec 200-12-040685-894, le 18 juillet 1990.

Doctrine citée

Ciotola, Pierre. « Le patrimoine familial et diverses mesures destinées à favoriser l'égalité économique des époux », (1989) 2 *C.P. du N.* 1-133; Comtois, Roger. « Jurisprudence. L'objet des donations entre époux doit-il être exclu du patrimoine familial? », (1990-91) 93 *R. du N.* 528-532; Senécal, Jean-Pierre. *Le partage du patrimoine familial et les autres réformes du projet de loi 146*. Montréal: Wilson & Lafleur, 1989. 223 p.

●

Juges Gendreau, Mailhot et Fish — C.A. Québec 200-09-000451-903 (Juge Jules Allard, C.S. Québec 200-04-000414-894, 1990-06-07), 1991-10-01 — Fortin, Le Boutillier, Mᵉ *Carlos Fortin*, pour l'appelant — Levasseur, Fréchette, Mᵉ *Michel Giroux*, pour l'intimée.

N.D.L.R.: Le nom de certaines personnes a été omis (art. 815.4 C.P.).

91-01-1991
J.E. 91-1563

TEXTE INTÉGRAL DU JUGEMENT

La Cour:

Parties ouïes sur le mérite de l'appel d'un jugement de la Cour supérieure (chambre de la famille), district de Québec (honorable Jules Allard), rendu le 7 juin 1990, accueillant l'action en séparation de corps de l'intimée et prononçant certaines mesures accessoires ;

Après avoir examiné le dossier, entendu les parties et délibéré ;

Pour les motifs exprimés dans l'opinion écrite de M. le juge Paul-Arthur Gendreau, déposée avec le présent jugement et à laquelle souscrivent ses collègues Mme la juge Louise Mailhot et M. le juge Morris J. Fish ;

Accueille l'appel en partie, sans frais, et, procédant à rendre jugement :

Biffe du dispositif du jugement de la Cour supérieure les deux paragraphes suivants :

> Maintient les donations consenties par contrat de mariage, en faveur de la demanderesse, ceci comportant l'obligation pour le défendeur de remettre à la demanderesse le système de stéréo-vidéo-télé qu'il a amené avec lui lors de la séparation et déclare cette donation exécutée ;
>
> Déclare que les biens acquis par la demanderesse, par donation de meubles ayant été affectés à l'usage du ménage, sont exclus du patrimoine familial.

M. le juge Gendreau. L'appel soulève la question controversée de savoir si les biens meubles destinés à l'usage de la famille, donnés à un époux par son conjoint dans un contrat de mariage fait longtemps avant l'adoption de la *Loi modifiant le Code civil du Québec et d'autres dispositions législatives afin de favoriser l'égalité économique des époux*[1], doivent être inclus dans le patrimoine familial.

Le jugement a répondu négativement à cette question. Le juge en donne pour premier motif que l'article 462.2 C.C.Q. exclut du patrimoine familial les biens échus à un époux par donation, sans distinction du donateur. À cet argument de texte, il en ajoute un autre qu'il estime plus important : l'exclusion de la donation ne s'oppose pas à l'objet de la loi de favoriser l'égalité économique entre les époux ; à ce propos, il écrit :

> Si l'objectif fondamental de la loi est l'égalité économique des conjoints, ce qu'elle vise à écarter, en défendant toute renonciation d'avance, c'est que l'un des conjoints se retrouve désavantagé en regard du but du législateur, de préserver pour les époux certains actifs dans des biens qu'il regroupe dans un patrimoine familial, indépendamment de tout régime matrimonial.
>
> Lorsqu'il y a donation entre époux, c'est nécessairement à l'avantage du donataire. Le titre de la loi parle d'égalité économique, mais non pas d'équation, sans quoi le législateur n'aurait pas créé d'exceptions. Le législateur n'a d'ailleurs pas voulu que, par l'effet du partage des époux, ils se retrouvent avec le même actif, sans quoi ce patrimoine aurait été formé de tous les biens des époux.
>
> (m.a., p. 15)

et plus loin :

> Devrait-on dire que cette donation déjoue l'objectif fondamental de la législation ? La réponse est évidemment négative même si les époux ne se retrouvent pas sur le même pied à cause d'une donation faite avant mariage dans un contrat de mariage par une étrangère, qu'était alors la future belle-mère, pour favoriser le mariage.
>
> De plus, il me répugne de considérer que, du seul fait de l'existence de cette loi, survenant en cours du mariage, elle crée une présomption irréfragable qu'une donation faite plusieurs années auparavant, alors que les futurs époux de toute évidence ne pouvaient prévoir l'adoption d'une telle loi, équivaille à une renonciation illicite comme contraire à l'ordre public. La notion d'ordre public peut varier avec le temps, mais des citoyens honnêtes ne deviennent pas fautifs pour avoir respecté les règles de droit conformes à l'intérêt public à une autre époque.
>
> Par ailleurs, comment soutenir qu'une telle donation doive être considérée illégale et comme n'ayant jamais existée, comme étant contraire à l'ordre public, et puisse être légale et subsistante quant aux tiers. Si elle est contre l'ordre public, elle est nulle à l'égard de tous, sous réserve des droits des tiers de bonne foi.
>
> (m.a., pp. 16 et 17)

---

(1) L.Q. 1989, c. 55.

Il conclut ensuite :

> Maintient les donations consenties par contrat de mariage, en faveur de la demanderesse, ceci comportant l'obligation pour le défendeur de remettre à la demanderesse le système de stéréo-vidéo-télé qu'il a amené avec lui lors de la séparation et déclare cette donation exécutée ;
>
> Déclare que les biens acquis par la demanderesse, par donation de meubles ayant été affectés à l'usage du ménage, sont exclus du patrimoine familial ;
>
> (m.a., p. 30)

L'appelant attaque cette conclusion, estimant essentiellement que la donation des biens meubles incluse au contrat de mariage contrevient à la prohibition absolue de déroger par contrat de mariage ou autrement au nouveau régime du patrimoine familial (art. 462.10 C.C.Q.).

La thèse proposée par le jugement dont appel est aussi celle de M. le juge Trudel dans *Droit de la famille — 1412*[2] et de M. le juge Lesage dans *Droit de la famille — 932*[3], encore que celui-ci distingue les biens futurs, promis au moment du mariage, qu'il exclut du patrimoine familial, et les biens présents, donnés par contrat de mariage, qu'il propose d'inclure. C'est aussi la thèse que favorise le notaire Roger Comtois[4] dans un article paru récemment dans la *Revue du Notariat*.

Inversement, les jugements prononcés dans *Gagné c. Gagné*[5], *Droit de la famille — 1298*[6], *Droit de la famille — 1317*[7], *Droit de la famille — 1349*[8] et *Droit de la famille — 980*[9] ont affirmé que les biens décrits à l'article 462.2 C.C.Q., donnés par l'un des époux par contrat de mariage, devaient être inclus au patrimoine familial. Ces décisions sont principalement motivées par le fait que l'exclusion des biens permettrait de contourner le régime légal, universel et général du patrimoine familial, ce qui est interdit par l'article 462.10 C.C.Q. Cette thèse est aussi celle des professeurs Senécal[10] et Ciotola[11].

Avec beaucoup d'égards pour l'opinion du juge de première instance et ceux qui y concourent, je crois que l'appel doit réussir.

La loi qui institua le patrimoine familial visait à favoriser l'égalité économique des époux. Le législateur a, d'autre part, voulu donner à ce nouveau régime une portée générale et universelle et un caractère absolu et d'ordre public. Aussi, tous les mariages, quel que soit le régime matrimonial adopté, qu'ils aient été contractés avant ou après l'entrée en vigueur de la loi (sous réserve du désengagement permis pendant un temps limité), y sont assujettis sans que les époux puissent y déroger ou s'y soustraire (art. 440, 462.10, 462.11 C.C.Q.).

À ces principes et règles généralement reconnus, s'ajoutent ceux que mon collègue M. le juge Baudouin, pour la Cour, dégageait et exprimait avec clarté dans *Droit de la famille — 977*[12]. Il convient que j'en rappelle quelques-uns qui me semblent utiles à la solution de ce pourvoi :

> — *Sur la nature de l'institution*[13]
>
> [...] le patrimoine familial [écrivait-il] *est un effet direct du mariage* et non une sorte de régime matrimonial universel, supplémentaire et de base, même s'il peut éventuellement y être rattaché, dans le sens large du terme [...].
>
> [Les italiques sont du soussigné.]
>
> — *Sur la gestion des biens du patrimoine familial pendant le mariage*[14]

---

(2) [1991] R.J.Q. 1911 (C.S.).

(3) [1991] R.J.Q. 199 (C.S.).

(4) Roger Comtois. « Jurisprudence. L'objet des donations entre époux doit-il être exclu du patrimoine familial ? », (1990-91) 93 *R. du N.* 528-532.

(5) C.S. Québec 200-12-040685-894, le 18 juillet 1990, juge Moisan.

(6) [1990] R.D.F. 98 (C.S.).

(7) [1990] R.D.F. 272 (C.S.).

(8) [1990] R.D.F. 562 (C.S.).

(9) [1991] R.J.Q. 1104 (C.S.).

(10) Jean-Pierre Senécal. *Le partage du patrimoine familial et les autres réformes du projet de loi 146*. Montréal : Wilson & Lafleur, 1989. 223 p.

(11) Pierre Ciotola. « Le patrimoine familial et diverses mesures destinées à favoriser l'égalité économique des époux », (1989) 2 *C.P. du N.* 1-133.

(12) [1991] R.J.Q. 904 (C.A.).

(13) *Id.*, 908.

(14) *Ibid.*

[...] *pendant le mariage, les époux conservent sur les biens qui y sont affectés un plein pouvoir juridique et une pleine autonomie de gestion.* Le législateur n'a pas, en effet, en premier lieu, rendu ces biens indisponibles ou inaccessibles. En second lieu, le conjoint propriétaire du bien peut en disposer librement et la loi n'exige pas, avant de ce faire, qu'il obtienne le consentement, l'autorisation ou la participation de l'autre. Les seules limites sont celles du droit commun, celles inhérentes au régime matrimonial choisi (voir, par exemple, les restrictions imposées par *l'article 493 C.C.Q.*) et celles résultant de la protection spéciale accordée par le législateur à la résidence familiale et aux meubles de ménage qui s'y trouvent, prévues *aux articles 449 et sqq. C.C.Q.* On trouve confirmation de ce principe à *l'article 462.8 C.C.Q.* qui vise la situation particulière résultant de l'aliénation d'un bien tombant dans le patrimoine familial dans l'année précédant le décès ou l'introduction de l'instance en nullité, séparation de corps ou divorce.

[Les italiques sont du soussigné.]

— *Sur la nature du droit des époux sur ce patrimoine* [15]

Avec la plus grande déférence pour l'opinion contraire, *je suis d'avis que le droit des conjoints sur le patrimoine familial n'est pas un droit réel, emportant un droit de propriété, mais constitue au contraire un droit de créance général et personnel* pour les raisons suivantes :

[...]

L'attribution de la part du patrimoine familial n'est pas l'allocation d'un bien en particulier, mais d'une certaine universalité de valeur qui parfois, mais seulement parfois, peut être exécutée par une dation en paiement (*art. 462.6 C.C.Q.*) ou par le transfert de la propriété de la résidence familiale (*art. 462.7 C.C.Q.*).

Le droit au patrimoine familial me paraît donc être un droit de créance constitué par le mariage, qui s'ouvre au moment du décès (donc à terme) ou de l'institution de l'action [*Droit de la famille — 713*, [1990] R.J.Q. 2115 (C.A.).] en nullité, séparation de corps et divorce (donc sous condition), qui est liquidé par le jugement du Tribunal et exécuté soit par le paiement d'une somme d'argent, soit par le transfert et la remise de certains biens.

[Les italiques sont du soussigné.]

— *Sur l'interprétation des dispositions législatives* [16]

[...] la lecture de l'ensemble des textes me semble démontrer clairement que le législateur québécois a voulu introduire une mesure d'équité législative basée sur l'exercice d'une large discrétion judiciaire (*art. 462.4, 462.7, 462.8, 462.9 et 462.11 C.C.Q.*).

Les dispositions sur le patrimoine familial doivent donc, à mon avis, recevoir une interprétation généreuse, fonction des buts poursuivis par le législateur et compatible avec l'ensemble du droit et du *Code civil*.

[Les italiques sont du soussigné.]

Il serait, à mon avis, incompatible avec ces principes d'exclure les donations d'un époux à un autre par contrat de mariage de biens qui seraient par ailleurs inclus au patrimoine familial. En effet, le régime est un *effet du mariage* et la constitution du patrimoine est exclue du champ de la négociation contractuelle. En fait, le législateur a assumé que l'acquisition de certains biens découlait de la contribution commune des époux quelle qu'elle soit et sans égard à l'apport en liquidité de chacun d'eux. D'où l'exclusion des biens acquis avant le mariage ou dévolus par legs ou donation. Bien plus, à l'endroit des premiers, la plus-value accumulée durant le mariage et donc attribuable à celui-ci doit être incluse à la valeur du patrimoine (art. 462.5 C.C.Q.).

Il serait, à mon avis, contradictoire d'affirmer, d'une part, que le patrimoine familial est un effet du mariage dont l'établissement échappe totalement et absolument à la volonté des époux et décider, d'autre part, que les biens donnés par un époux à son conjoint dans un contrat de mariage ou autrement sont exclus de ce patrimoine au moment de l'ouverture du droit. Cela ne signifie pas pour autant que, pendant toute la durée du mariage, le bien, objet de la donation, ne soit pas la propriété du donataire, qui exerce à son égard tous les pouvoirs associés à cette qualité. Mais cela veut dire qu'au moment de l'ouverture du régime chaque conjoint acquiert un « droit de créance général et personnel » [17],

---

(15) *Id.*, 909.

(16) *Ibid.*
(17) *Ibid.*

suivant les termes du juge Baudouin, sur tous les biens qui composent alors le patrimoine, quel qu'en soit l'époux propriétaire.

À cela, j'ajoute que l'exclusion du patrimoine familial des biens dévolus par donation de l'article 462.2 C.C.Q. ne peut s'entendre de celles faites entre conjoints, car la prohibition de se soustraire ou de déroger au régime ne serait plus absolue et d'ordre public mais relative, ce qui me semble contrevenir à l'objet et à la finalité de la loi et aux termes du code.

Le juge écrit que la donation est faite à l'avantage du donataire et qu'il ne faut pas faire de l'égalité économique recherchée par la loi le partage égal des actifs des époux, sans quoi l'exception relative aux donations n'aurait plus de sens. Il est incontestable que le régime du patrimoine familial ne signifie pas la division de tous les actifs également entre les conjoints et que, au terme d'un jugement de divorce, la fortune de l'un pourra et sera souvent, sinon généralement, plus importante que celle de l'autre. Mais, au risque de me répéter, je crois cependant que la loi a voulu attribuer à chaque époux une égale créance sur la valeur d'un ensemble de biens qu'elle définit comme composant le patrimoine familial s'ils ont été acquis par les époux eux-mêmes (et non donnés ou légués par des tiers) au cours du mariage.

Enfin, le jugement dont appel aborde la question relative aux donations contenues à des contrats de mariage faits bien avant la mise en vigueur du nouveau régime. Le juge (je l'ai cité au texte plus tôt) a estimé, d'une part, inacceptable que l'adoption de la loi crée une « présomption irréfragable » que la donation « équivaille à une renonciation illicite comme contraire à l'ordre public » du patrimoine familial et, d'autre part, contradictoire qu'une donation soit illégale et contraire à l'ordre public entre les parties mais valide quant aux tiers.

Avec beaucoup d'égards, je ne crois pas que la loi crée une présomption irréfragable d'illégalité des donations faites par contrat de mariage. En effet, je l'ai déjà dit, le droit de propriété du bien donné et la validité du titre ne sont pas ici en cause : le donataire est propriétaire du bien dont il peut user et disposer à sa guise. Son conjoint n'acquiert qu'une créance sur la valeur de cet actif si ou lorsqu'il y a ouverture du patrimoine familial. Par ailleurs, comme le juge Baudouin l'a affirmé, la loi a voulu que le patrimoine soit un nouvel effet du mariage et il s'étend à tous les mariages quelle que soit la date de sa célébration. La discussion de la pertinence de l'objet et de la finalité de la loi me semble appartenir à un autre forum.

Je suis donc d'avis, en l'espèce, que les biens meubles donnés à l'intimée par contrat de mariage et qui rencontrent la définition de l'article 462.2 C.C.Q. sont inclus au patrimoine familial.

Je proposerais donc d'accueillir l'appel pour biffer du dispositif du jugement de la Cour supérieure les deux paragraphes suivants :

> Maintient les donations consenties par contrat de mariage, en faveur de la demanderesse, ceci comportant l'obligation pour le défendeur de remettre à la demanderesse le système de stéréo-vidéo-télé qu'il a amené avec lui lors de la séparation et déclare cette donation exécutée ;
>
> Déclare que les biens acquis par la demanderesse, par donation de meubles ayant été affectés à l'usage du ménage, sont exclus du patrimoine familial.

Vu les circonstances, je n'accorderais aucuns dépens à l'appelant.

[1991] R.J.Q. 2519 à 2526

Cour d'appel

LES INVESTISSEMENTS CONTEMPRA LTÉE
(REMORQUAGE QUÉBÉCOIS À VOS FRAIS), accusée appelante, c.
LA REINE, poursuivante intimée

PÉNAL (DROIT) — responsabilité pénale — peine — vol — méfait — remorquage — stationnement privé — droit de rétention — défense d'apparence de droit (notion) — amende — appel de verdict et de sentence.

Appel d'un jugement de la Cour municipale ayant déclaré l'appelante coupable de vol d'un véhicule et de méfait, et l'ayant condamnée à payer une amende de 20 000 $ sous le premier chef d'accusation et une de 5 000 $ sous le second. Accueilli; l'appelante est acquittée.

Le 12 juin 1987, un individu a garé son véhicule sur le terrain de stationnement d'un commerce sans avoir obtenu de permission pour ce faire. Un avis indiquait que les voitures illégalement garées seraient remorquées aux frais de leurs propriétaires. En effet, le propriétaire du stationnement avait conclu un contrat de service, d'entreposage et de remorquage qui donnait mandat à l'appelante de déplacer tout véhicule illégalement garé sur son terrain. Le contrat prévoyait que l'appelante réclamerait les frais d'entreposage, de remisage et de remorquage aux propriétaires des véhicules. L'appelante a donc remorqué le véhicule de l'individu en cause et l'a retenu jusqu'à ce que ce dernier lui paie 70 $. Le premier juge a conclu que l'appelante ne pouvait, au regard du droit civil, exercer un droit de rétention conditionnel au paiement des frais d'entreposage. Abordant la défense d'apparence de droit, il a reproché à l'appelante un aveuglement volontaire et une croyance « non sincère et honnête » dans le droit de rétention.

*En matière de vol, l'apparence de droit se situe au niveau de l'*actus reus *de l'infraction (art. 322 (1) C.Cr.). Pour sa part, la* mens rea *du vol se distingue par la volonté d'accomplir l'acte constituant l'*actus reus *et par l'intention « spécifique » décrite à l'article 322. Or, le premier juge a limité le débat à la seule question de l'apparence de droit sans s'interroger sur l'intention « spécifique » qui constitue également un élément essentiel de l'infraction devant être prouvé par la poursuite. En ce qui a trait à l'infraction de méfait, l'article 430 C.Cr. n'exige comme élément intentionnel que l'aspect « volontaire » de l'acte, tandis que l'article 429 (2) C.Cr. prévoit expressément que nul ne peut être déclaré coupable de méfait « s'il prouve qu'il a agi avec une justification ou une excuse légale et avec apparence de droit ». Par conséquent, en matière de méfait, l'apparence de droit constitue un moyen de défense à la charge d'un inculpé, tandis que, en matière de vol, c'est le poursuivant qui doit prouver, sur le plan de l'*actus reus*, l'absence d'apparence de droit au moment de la prise ou du détournement. L'apparence de droit peut découler d'une erreur de faits ou de droit. Il s'agit d'une croyance sincère et honnête en un droit, peu importe que ce dernier soit fondé ou non ; il suffit que le droit invoqué ait une vraisemblance ou une apparence. En l'espèce, la question de l'existence d'un droit de rétention n'avait pas à être tranchée. En effet, la question qui se soulevait quant à l'apparence de droit était reliée à l'erreur de droit plutôt qu'à l'erreur de faits. Or, au regard de la preuve, il faut conclure que la thèse de l'apparence de droit doit recevoir application en*

Juges Gendreau, Brossard et Proulx — C.A. Montréal 500-10-000136-885, 500-10-000138-881, 500-10-000135-887 et 500-10-000139-889 (Henri-Rosaire Desbiens, C.M. Montréal 17-12295, 1988-03-10), 1991-09-20 — Morello et associés, Me John N. Morello et Me Jean Fortin, pour l'appelante — Me Bernard Mandeville et Me Gabriel Bélanger, pour l'intimée.

Référence antérieure: [1988] R.J.Q. 1147 (C.M.) (J.E. 88-512)

91-01-1944
J.E. 91-1572

l'espèce et que l'appelante avait une croyance sincère et honnête en son droit de rétention, que ce dernier ait été bien fondé ou non.

Législation citée

Code criminel, (L.R.C. 1985, c. C-46), art. 322, 322 (1), 429 (2), 430 — *Code criminel*, (S.R.C. 1970, c. C-34), art. 283, 294 *a*), 387 (1) *c*), 387 (3).

Jurisprudence citée

Achard c. Investissements Contempra Ltée (Remorquage québécois à vos frais Enrg.), C.P. (Petites créances) Montréal 500-32-004135-853, le 2 octobre 1985 ; *Bertrand c. Investissements Contempra Ltée (Remorquage québécois à vos frais Enrg.)*, C.P. (Petites créances) Montréal 500-32-004010-866, le 29 octobre 1986 *(J.E. 87-63)* ; *Cinq-Mars c. R.*, C.A. Montréal 500-10-000406-866, le 21 août 1989 *(J.E. 89-1298)* et (1990) 51 C.C.C. 248 (Que. C.A.) ; *Kienapple c. R.*, (1975) 1 R.C.S. 729, (1974) 15 C.C.C. 524 (S.C.C.), (1974) 26 C.R. 1 (S.C.C.), (1974) 44 D.L.R. 351 (S.C.C.) et (1974) 1 N.R. 322 (S.C.C.) ; *Lemire c. Investissements Contempra Ltée (Remorquage québécois à vos frais Enrg.)*, C.P. (Petites créances) Montréal 500-32-008607-865, le 24 mars 1987 ; *R. c. DeMarco*, (1974) 13 C.C.C. 369 (Ont. C.A.) et (1973) 22 C.R. 258 (Ont. C.A.) ; *R. c. Howson*, (1966) 2 O.R. 63 (C.A.), (1966) 3 C.C.C. 348 (Ont. C.A.), (1966) 55 D.L.R. 582 (Ont. C.A.) et (1966) 47 C.R. 322 (Ont. C.A.) ; *Renda c. Investissements Contempra Ltée (Remorquage québécois à vos frais Enrg.)*, C.P. Montréal 500-02-048376-805, le 30 juillet 1982 *(J.E. 82-928)*.

Doctrine citée

Stuart, Don. *Canadian Criminal Law : A Treatise*. 2nd ed. Toronto : Carswell, 1987. 725 p., p. 285.

●

TEXTE INTÉGRAL DU JUGEMENT

500-10-000136-885

La Cour :

Statuant sur le pourvoi de l'appelante contre un jugement rendu par M. le juge Henri-Rosaire Desbiens, de la Cour municipale de Montréal, district de Montréal, le 10 mars 1988, qui a trouvé l'appelante coupable de l'accusation suivante :

> Le 12 juin 1987, a illégalement commis un vol, à savoir : un véhicule automobile d'une valeur dépassant mille (1 000,00$) dollars, la propriété de Dimitrios Dimopoulos, en contravention à l'article 294 *a*) défini par l'article 283 du *Code criminel* [1].

Après étude du dossier, audition et délibéré ;

Pour les motifs exprimés dans l'opinion écrite de M. le juge Michel Proulx, déposée avec le présent arrêt, auxquels souscrivent MM. les juges Paul-Arthur Gendreau et André Brossard ;

Accueille le pourvoi, casse le jugement de culpabilité et ordonne que soit consigné au dossier l'acquittement de l'appelante.

500-10-000138-881

La Cour :

Statuant sur le pourvoi de l'appelante contre un jugement rendu par M. le juge Henri-Rosaire Desbiens, de la Cour municipale de Montréal, district de Montréal, le 10 mars 1988, qui a trouvé l'appelante coupable de l'accusation suivante :

> Le 12 juin 1987, a illégalement et volontairement commis un méfait, en empêchant, interrompant, ou gênant l'emploi, la jouissance ou l'exploitation légitime d'un bien, à savoir : un véhicule automobile d'une valeur dépassant mille (1 000,00$) dollars, la propriété de Dimitrios Dimopoulos, en contravention à l'article 387 (1) *c*) et (3) du *Code criminel*.

Après étude du dossier, audition et délibéré ;

---

(1) S.R.C. 1970, c. C-34.

Pour les motifs exprimés dans l'opinion écrite de M. le juge Michel Proulx, déposée dans le dossier n° 500-10-000136-885, auxquels souscrivent MM. les juges Paul-Arthur Gendreau et André Brossard ;

Accueille le pourvoi, casse le jugement de culpabilité et ordonne que soit consigné au dossier l'acquittement de l'appelante.

500-10-000135-887

La Cour :

Statuant sur le pourvoi de l'appelante contre la sentence de 20 000 $ d'amende imposée à la suite d'un jugement de culpabilité sur une inculpation de vol d'un véhicule automobile, rendu par le juge Henri-Rosaire Desbiens, de la Cour municipale de Montréal, district de Montréal, le 10 mars 1988 ;

Après étude du dossier, audition et délibéré ;

Considérant que, par jugement rendu ce jour dans le dossier n° 500-10-000136-885, notre Cour a accueilli le pourvoi de l'appelante quant au jugement de culpabilité et ordonné l'acquittement ;

Déclare le pourvoi sans objet.

500-10-000139-889

La Cour :

Statuant sur le pourvoi de l'appelante contre la sentence, pour méfait, de 5 000 $ d'amende imposée à la suite d'un jugement rendu par M. le juge Henri-Rosaire Desbiens, de la Cour municipale de Montréal, district de Montréal, le 10 mars 1988 ;

Après étude du dossier, audition et délibéré ;

Considérant que, par jugement rendu ce jour dans le dossier n° 500-10-000136-885, notre Cour a accueilli le pourvoi de l'appelante quant au jugement de culpabilité et ordonné l'acquittement ;

Déclare le pourvoi sans objet.

M. le juge Proulx. « Remorquage à vos frais », tel était l'avis affiché qui était donné à celui ou celle qui garait son véhicule sur un terrain de stationnement sans avoir obtenu au préalable la permission du propriétaire du terrain.

L'appelante, spécialisée dans l'entreprise de remorquage depuis 1977, avait obtenu, aux termes d'un contrat de « service, d'entreposage et de remorquage » conclu avec la Banque d'Épargne le 24 novembre 1986, le mandat « d'effectuer le remorquage, l'entreposage et le remisage des véhicules stationnés sans droit et sans autorisation écrite sur un terrain situé à l'arrière du 10 et 12 Jean-Talon est et St-Laurent à Montréal » ; une clause de ce contrat (pièce P-12) stipulait que le remorqueur « réclamera les frais d'entreposage, de remisage et de remorquage au propriétaire du véhicule illicitement stationné […] ».

Le 12 juin 1987, malgré l'avis affiché, un individu stationna son véhicule automobile sur le terrain visé par le contrat. Peu de temps après, deux employés de l'appelante arrivèrent sur les lieux. Au cours de l'opération de remorquage, le propriétaire du véhicule se présenta et, avant que le véhicule ne fût déplacé, il somma les préposés de dégager son véhicule. Ces derniers, sur l'ordre de leur patron, avec qui ils communiquèrent par radio, exigèrent des frais que le propriétaire refusa de payer. Sur ce, le véhicule fut remorqué jusqu'à la fourrière, propriété de l'appelante.

Le véhicule fut retenu jusqu'à paiement par le propriétaire du véhicule d'une somme de 70 $.

L'appelante et les deux préposés qui avaient procédé au remorquage du véhicule entreposé par la suite furent inculpés de vol et de possession illégale du véhicule automobile, ainsi que de méfait [art. 387 (1) *c)* C.Cr.], pour avoir empêché ou interrompu l'emploi du véhicule.

Un procès fut tenu en Cour municipale de Montréal, au terme duquel l'appelante fut trouvée coupable de vol et de méfait, tandis que les deux préposés furent acquittés.

Le juge imposa à l'appelante une amende de 20 000 $ pour le vol et de 5 000 $ pour le méfait.

L'appelante se pourvoit contre les deux jugements de culpabilité ainsi que les sentences.

Le jugement de première instance

Pour le premier juge, ne se posait qu'une question, soit l'apparence de droit [2] (m.a., pp. 54-5):

> Si l'accusée ne réussit pas à créer un doute en établissant son apparence de droit, elle devra être déclarée coupable de vol et de méfait car ses préposés, agissant selon ses directives, savaient qu'ils prenaient et détenaient la propriété de quelqu'un d'autre. Ils savaient également que l'automobile n'appartenait pas au propriétaire du stationnement de qui ils avaient une autorisation. Les préposés de l'accusée n'avaient aucun intérêt dans la chose sauf le droit de remorquer et de retenir pour garantir les frais de remorquage invoqués par l'accusée.
>
> Si, après étude de la question, j'en viens à la conclusion que l'accusée avait le droit de remorquage et de rétention qu'elle invoque, elle aura droit à l'acquittement, car elle aurait alors non seulement « une apparence de droit », mais un « droit ».

Cette « apparence de droit », comme l'a cru le premier juge, devait reposer sur un « droit de remorquage et de rétention. »

C'est ainsi que, dans cette perspective, le juge de première instance s'est livré à une étude en profondeur de la question du droit de « remorquage et de rétention » pour finalement conclure que l'appelante ne pouvait, en droit civil, exercer aucun droit de rétention conditionnel au paiement des frais d'entreposage, commettant ainsi « une erreur mixte de droit civil et de droit privé » (m.a., p. 61-2).

Abordant la défense d'« apparence de droit », le premier juge, après une revue de la jurisprudence pertinente, s'est posé la question suivante: la croyance dans le droit de rétention était-elle raisonnable, sincère et honnête, bien qu'erronée en droit? (m.a., p. 71)

Tout en estimant que les deux préposés avaient démontré une croyance honnête et sincère, le juge du procès ne l'a pas vu ainsi quant à l'appelante, à qui il a reproché son aveuglement volontaire et une croyance « non sincère et honnête » par le biais des actes de ses officiers Lampron et Salois. Deux faits ont été retenus contre l'appelante, soit: 1) des jugements antérieurs à l'événement rendus en Cour provinciale, division des Petites créances, où n'a pas été reconnu le droit de rétention de l'appelante poursuivie en dommages par des propriétaires dont les véhicules automobiles avaient été remorqués et entreposés, et 2) la pièce P-24, qui démontrerait, selon le juge, « l'intention de l'appelante de vouloir entreprendre des démarches pour faire légaliser un droit de rétention qu'elle savait ou aurait dû savoir qu'elle n'avait pas » (m.a., p. 75).

Les moyens d'appel

Les moyens qu'invoque l'appelante contre les deux jugements de culpabilité soulèvent essentiellement les mêmes questions, mis à part le moyen par lequel l'appelante soutient que c'est à tort que le premier juge a trouvé l'appelante coupable à la fois de vol et de méfait, contrairement à la règle *Kienapple* [3]; l'intimée a d'ailleurs concédé l'erreur du juge sur ce point.

Comme je suis d'avis d'accueillir ce pourvoi aux motifs que le premier juge a erré tant dans la définition légale de l'apparence de droit que dans son application à l'espèce, il devient inutile d'examiner les autres moyens d'appel.

Analyse

Avec beaucoup d'égard pour le premier juge, je ne crois pas qu'il était essentiel pour la solution du litige de déterminer si l'appelante avait réussi à démontrer qu'en droit civil elle pouvait prétendre non seulement à un droit de remorquage mais de rétention. En premier lieu, la question ultime à trancher était celle de la responsabilité pénale de l'appelante en regard des éléments essentiels de l'accusation, et cette Cour, dans le cadre de cet appel, n'est pas plus justifiée de se prononcer sur cette question quand ce n'est pas le forum approprié. En second lieu, comme j'entends le développer ci-après, la notion de l'apparence de droit ne s'appuie pas sur la prémisse

---

(2) [1988] R.J.Q. 1147 (C.M.), 1149.

(3) *Kienapple c. R.*, (1975) 1 R.C.S. 729.

que le droit, dont on veut se prévaloir, a été démontré mais plutôt sur la croyance honnête en un droit, fût-elle mal fondée en droit.

Une prise de position par le juge du procès était d'autant plus à éviter que, comme nous le verrons plus loin, il y avait en Cour provinciale (division des petites créances) des jugements contradictoires sur la question du droit de rétention.

L'apparence de droit

En matière de vol, l'apparence de droit se situe au niveau de l'*actus reus* de l'infraction, qui est ainsi libellée [4] :

> Art. 322. (1) [Vol] Commet un vol quiconque prend frauduleusement et sans apparence de droit, ou détourne à son propre usage ou à l'usage d'une autre personne, frauduleusement et sans apparence de droit, une chose quelconque, animée ou inanimée, avec l'intention :
>
> a) soit de priver, temporairement ou absolument, son propriétaire, ou une personne y ayant un droit de propriété spécial ou un intérêt spécial, de cette chose ou de son droit ou intérêt dans cette chose ;
>
> b) soit de la mettre en gage ou de la déposer en garantie ;
>
> c) soit de s'en dessaisir à une condition, pour son retour, que celui qui s'en dessaisit peut être incapable de remplir ;
>
> d) soit d'agir à son égard de telle manière qu'il soit impossible de la remettre dans l'état où elle était au moment où elle a été prise ou détournée.

D'une part, l'*actus reus* du vol consiste dans la prise ou le détournement, acte qui doit être posé à la fois frauduleusement et sans apparence de droit. La *mens rea* du vol, d'autre part, se distingue par la volonté de poser l'acte constituant l'*actus reus*, mais en plus par l'intention spécifique ou additionnelle décrite à l'un des sous-paragraphes a), b), c) ou d) de cet article 322.

Je dois insister au départ sur cet aspect car le premier juge, comme je l'ai souligné ci-haut, a limité le débat à la seule question de l'apparence de droit, sans s'interroger en plus sur l'intention spécifique, qui constitue également un élément essentiel de l'accusation qui doit être établi par la poursuite.

Il en est autrement quant à l'infraction de méfait (art. 430 C.Cr.), dont l'appelante était également inculpée. En effet, le méfait défini à l'article 430 C.Cr. n'exige comme élément intentionnel que l'aspect « volontaire » de l'acte tandis qu'au paragraphe (2) de l'article 429 C.Cr. il est expressément prévu que nul ne peut être déclaré coupable de méfait « s'il prouve qu'il a agi avec une justification ou une excuse légale et avec *apparence de droit* » (Les italiques sont du soussigné.). Cet élément constitue donc ici un moyen de défense à la charge d'un inculpé tandis qu'en matière de vol c'est le poursuivant qui doit établir, au niveau de l'*actus reus*, l'absence de l'apparence de droit au moment de la prise ou du détournement.

La notion d'*apparence de droit* se présente sous deux volets, soit : *1)* la croyance honnête en un état de faits qui, s'il eut existé, aurait en droit justifié ou excusé l'acte reproché et *2)* une croyance honnête mais erronée en un droit légal (et non moral [5]). Le professeur Stuart [6], dans son traité, exprime son accord avec cette nuance faite par le juge Martin dans l'arrêt *DeMarco* [7] (arrêt qui, incidemment, fait maintenant jurisprudence sur la question) :

> One who is honestly asserting what he believes to be an honest claim cannot be said to act "without colour of right," even though it may be unfounded in law or in fact. [...] The term "colour of right" is also used to denote an honest belief in a state of facts which, if it actually existed, would at law justify or excuse the act done. [...] The term when used in the latter sense is merely a particular application of the doctrine of mistake of fact.

L'apparence de droit peut donc découler d'une erreur de fait ou d'une erreur de droit et, là-dessus, le premier juge a bien fait ressortir

---

(4) Code criminel, (L.R.C. 1985, c. C-46).

(5) *Cinq-Mars c. R.*, (1990) 51 C.C.C. 248 (Que. C.A.).
(6) Don Stuart. *Canadian Criminal Law : A Treatise*. 2nd ed. Toronto : Carswell, 1987. P. 285.
(7) *R. c. DeMarco*, (1974) 13 C.C.C. 369 (Ont. C.A.), 372.

cette distinction. Toutefois, et je reviens sur ce que j'ai amorcé antérieurement, il s'agira d'une croyance en un droit sincère et honnête, et, peu importe donc que ce droit soit fondé ou non, il suffira que le droit invoqué ait une vraisemblance, une apparence, soit un *honest claim*. Ce serait assez paradoxal d'exiger, quant à l'« apparence » de droit, la « reconnaissance » de ce droit.

Il y a certes des cas où la légalité du droit réclamé n'est pas contestée, ce qui ne crée aucune difficulté pour le juge du procès de se déclarer satisfait du bien-fondé du droit. Hormis ces situations, j'estime qu'un débat engagé, comme dans l'espèce, sur les rapports juridiques qui existaient entre l'appelante et le propriétaire du véhicule, avait pour effet de distraire les parties du véritable enjeu, soit la culpabilité ou l'innocence de l'appelante en regard des accusation de vol, de possession illégale et de méfait.

Je reconnais volontiers qu'en l'espèce le premier juge avait suivi, en ce faisant, la démarche du juge Laskin (en Cour d'appel d'Ontario) dans une affaire identique. Dans l'arrêt *Howson*[8], il s'agissait de l'employé d'une entreprise de remorquage qui avait exigé, pour la remise du véhicule automobile remorqué à son propriétaire récalcitrant, que ce dernier verse les frais de remorquage et d'entreposage. Trouvé coupable de vol, il obtint gain de cause en Cour d'appel, qui prononça l'acquittement. Le juge Laskin, tout en s'interrogeant sur l'« apparence de droit », a préféré trancher au départ la question de la légalité du droit de rétention : concluant à la non-existence du droit de rétention en common law, il se dit cependant satisfait de l'« apparence de droit » en raison de la croyance honnête de l'inculpé en un droit (même inexistant). Le juge Laskin ajouta que, dorénavant, l'entreprise, maintenant avertie de l'inexistence de ce droit de rétention qu'elle invoquait, ne pouvait plus plaider en sa faveur l'« apparence de droit ».

Dans une opinion distincte, le juge en chef Porter, avec l'accord du juge Evans, n'a pas cru opportun de s'arrêter à la question de la validité du droit de rétention. Plutôt, il s'est limité à la question de déterminer si l'appelant avait un « *colour of right* »[9] :

> The real question here is whether the accused had, under the circumstances, a colour of right sufficient to justify his refusal to release the vehicle. If not, upon the facts of this case, he would be guilty of theft.

Reprochant au premier juge son omission de considérer l'« apparence de droit », le juge en chef Porter devait conclure qu'il ressortait par ailleurs de la preuve et du propos du juge que l'appelant n'avait pas tenté ou eu l'intention de voler le véhicule automobile.

Avec égard et pour les motifs que j'ai exposés, j'estime, à l'exemple du juge en chef Porter, que la question de l'existence ou non du droit de rétention n'avait pas à être décidée. En l'espèce, la question qui se soulevait quant à l'apparence de droit était reliée à l'erreur de droit plutôt qu'à l'erreur de fait : l'appelante invoquait son contrat pour justifier sa conduite et non pas qu'elle avait été induite en erreur dans les faits. C'est ainsi que le premier juge a posé le problème[10] (m.a., p. 71-2) :

> Si je n'arrive pas à la conclusion que les employés, et surtout le président de l'accusée, Robert Salois, *croyaient sincèrement, honnêtement* et *de bonne foi avoir un droit de rétention*, je devrais déclarer l'accusée coupable.
>
> [Les italiques sont du soussigné.]

Deux faits ont été retenus par le premier juge pour conclure que la croyance erronée en droit de Salois, le président de la société appelante, « ne pouvait être sincère et honnête » : la pièce P-24, qui est un document rédigé par Salois, et, comme deuxième fait, des jugements en Cour civile qui ont conclu à l'inexistence du droit de rétention de l'appelante.

La pièce P-24

Tout en concédant à Salois une croyance sincère et de bonne foi en son droit de rétention

---

(8) *R. c. Howson*, (1966) 3 C.C.C. 348 (Ont. C.A.).

(9) *Id.*, 357-358.

(10) Voir *supra*, note 2, 1156.

depuis le début de ses activités en 1977, le premier juge lui a reproché ce document rédigé le 12 août 1986, suite à une rencontre avec des représentants de l'Office de la protection du consommateur. Ce document se lit ainsi (m.i., p. 56):

> Sujet: Pratiques saines dans le domaine du remorquage des véhicules stationnés sur des terrains privés sans autorisation:
>
> L'objectif visé est un règlement provincial pour le domaine du remorquage sur des terrains privés.
>
> Faisant partie des points à réglementer:
>
> 1. Le mandat légal entre le propriétaire du terrain et la compagnie de remorquage.
>
> 2. L'affichage raisonnable et uniforme sur le terrain contrôlé (bilingue si possible), et que le remorquage se fait qu'avant un délai raisonnable après l'affichage.
>
> 3. Des remorqueurs adéquatement formés et munis d'une carte d'investigateur de sécurité de la Sûreté du Québec.
>
> 4. La fourrière en distance «Centrale» des lieux de remorquage.
>
> 5. Des équipements de remorquage genre «Clamp Roue», qui laissent pas une présomption des dommages possibles.
>
> 6. La garantie de paiement à la compagnie de remorquage, dont soit le droit de rétention ou paiement contre travail exécuté.
>
> 7. La preuve de responsabilité de la part de la compagnie de remorquage en cas de bris ou autres dommages à l'auto remorquée, (min. $1,000,000,000.00 responsabilité et un dépôt de sécurité de $10,000.00).
>
> 8. La «Médiation» via la Cour Provinciale sur des cas litigieux.
>
> 9. Le recours à la Cour Provinciale avec dommages et intérêts alloués aux gagnants.
>
> Montréal, le 12 août 1986
> (signé) Robert Salois

Le premier juge, notant particulièrement le sixième paragraphe, s'est exprimé comme suit [11] (m.a., p. 74):

> Après avoir permis à Salois de prendre connaissance de ce document et en particulier de ce passage, il fut contre-interrogé comme suit:
>
> *Q.*: Est-ce que vous maintenez toujours votre réponse de tout à l'heure à l'effet que jamais avant le 12 juin 1987, vous n'avez en aucun temps eu le moindre doute quant à votre droit d'agir de la façon dont vous le faites.
>
> *R.*: En aucun temps, j'avais aucun doute.
>
> Déjà cet élément est de nature à affaiblir son témoignage et à faire mettre en doute la sincérité et l'honnêteté de sa croyance erronée.

Un peu plus loin dans son jugement, le juge ajoute [12]:

> Il est plausible, vraisemblable et même certain que, le 12 août 1986, il a fait des démarches pour faire légaliser un droit de rétention (voir P-24) qu'il savait ou aurait dû savoir qu'il n'avait pas.

Avec respect, j'estime que le premier juge s'est mépris sur le contexte et le sens de ce document. Comme l'appelante l'a démontré dans son mémoire, Salois a témoigné à l'effet que ce sont les représentants de l'Office de la protection du consommateur qui ont fait appel à sa collaboration en requérant de lui son opinion sur certains aspects à réglementer dans le «domaine du remorquage». C'était alors en avril 1986 et, à l'inverse du premier juge, je me dis qu'il aurait été pour le moins étonnant que, parmi les recommandations faites par Salois, la question du droit de rétention ne soit pas indiquée comme un des sujets prioritaires à régler. En effet, et, comme il en sera fait état ci-après dans l'examen du second grief fait par le juge, l'entreprise de l'appelante a dû faire face, dans les années antérieures, à de nombreux litiges devant les tribunaux où la question du droit de rétention a été contestée. Dans cette perspective, l'appelante, comme tous les intervenants dans ce débat, ne pouvait que recommander, comme cela apparaît dans la pièce P-24, que soit «réglementée la question du droit de rétention». Cela ne signifiait pas pour autant que l'appelante admettait que son droit de rétention n'avait pas de fondement et elle n'avait sans doute pas l'obligation de mettre fin à son entreprise en raison de la contestation.

---

(11) *Id.*, 1157.

(12) *Ibid.*

Comme second fait retenu par le premier juge pour conclure que la croyance de Salois ne pouvait plus être sincère et honnête, il a fait référence à quatre jugements[13] rendus entre 1982 et 1987 en Cour provinciale (division des petites créances), où fut décidé que l'appelante n'avait pas de droit de rétention. Le premier juge a considéré que ces jugements avaient « une incidence capitale et déterminante sur l'honnêteté de la croyance énoncée »[14] (m.a., p. 76) de l'appelant. Or, comme le dossier l'indique, d'autres jugements rendus à la même époque vont dans le sens contraire des décisions citées par le premier juge, l'un des juges statuant même à l'absence de faute de la part de l'appelant dans l'entreposage du véhicule automobile (m.a., p. 23-4).

Dans les circonstances, je crois que le premier juge, eût-il pris connaissance de ces autres jugements, n'aurait pu en arriver à la même conclusion. À mon avis, ces jugements contradictoires ne peuvent qu'appuyer la thèse de l'« apparence du droit » et rendre « sincère et honnête » la croyance de l'appelant en son droit de rétention, bien fondé ou non.

Cela permet de disposer du pourvoi de l'appelante quant à sa condamnation pour vol ainsi que pour l'infraction de méfait, qui, comme je l'ai souligné, ne peut subsister si preuve est faite d'une excuse légale et d'une apparence de droit.

Je proposerais, en conséquence, d'accueillir le pourvoi de l'appelante contre les jugements de culpabilité pour les infractions de vol et de méfait et de considérer par le fait même sans objet les deux appels de sentence.

---

(13) *Renda c. Investissements Contempra Ltée (Remorquage québécois à vos frais Enrg.)*, C.P. Montréal 500-02-048376-805, le 30 juillet 1982 (*J.E.* 82-928); *Achard c. Investissements Contempra Ltée (Remorquage québécois à vos frais Enrg.)*, C.P. (Petites créances) Montréal 500-32-004135-853, le 2 octobre 1985; *Bertrand c. Investissements Contempra Ltée (Remorquage québécois à vos frais Enrg.)*, C.P. (Petites créances) Montréal 500-32-004010-866, le 29 octobre 1986 (*J.E.* 87-63); *Lemire c. Investissements Contempra Ltée (Remorquage québécois à vos frais Enrg.)*, C.P. (Petites créances) Montréal 500-32-008607-865, le 24 mars 1987.

(14) Voir *supra*, note 2, 1158.

[1991] R.J.Q. 2526 à 2533

Cour d'appel

127097 CANADA LTD., appelante, c.
PROCUREUR GÉNÉRAL
DE LA PROVINCE DE QUÉBEC, intimé

PROTECTION DU CONSOMMATEUR — pratiques de commerce interdites — frais exigés lors de l'encaissement de chèques émis par le gouvernement — constitutionnalité de l'article 251 de la Loi sur la protection du consommateur.

Appel d'un jugement de la Cour supérieure ayant confirmé une déclaration de culpabilité relativement à l'infraction prévue à l'article 251 de la Loi sur la protection du consommateur. *Rejeté.*

L'appelante est une entreprise commerciale dont la seule activité consiste à encaisser des chèques et à en remettre au bénéficiaire la valeur inscrite moins certains frais; elle présente ensuite les chèques à la banque et en reçoit le plein paiement. On lui a reproché d'avoir contrevenu à l'article 251 de la Loi sur la protection du consommateur lorsqu'elle a encaissé certains chèques d'aide sociale émis par le gouvernement du Québec et en a remis 94 % de la valeur aux bénéficiaires. Le juge de la Cour des sessions de la paix a conclu que l'infraction était prouvée et a rejeté l'argument par lequel on avait invoqué l'incons-

---

Juges Gendreau, Mailhot et Fish — C.A. Montréal 500-10-000340-867 (Juge Réjean Paul, C.S. Montréal 500-36-000110-869, 1986-09-25), 1991-09-19 — Ogilvy, Renault, Me Pierre Bienvenu et Me Gregory Borden, pour l'appelante — Me Jean-François Jobin et Me Dominique Wilhelmy, pour l'intimé.

Références antérieures: [1986] R.J.Q. 1229 (C.S.P.) (J.E. 86-416); [1986] R.J.Q. 2566 (C.S.) (J.E. 86-1011)

91-01-1935
J.E. 91-1589

titutionnalité de l'article 251 de la loi. La Cour supérieure a confirmé ce jugement.

L'article 251 de la Loi sur la protection du consommateur s'inscrit parfaitement dans l'esprit de cette loi puisqu'il vise à protéger le citoyen consommateur contre une pratique commerciale socialement inacceptable. Son objet concerne donc une matière de compétence provinciale et nullement les effets de commerce au sens de l'article 91 paragraphe 18 de la Loi constitutionnelle de 1867. On ne saurait par ailleurs prétendre qu'il est incompatible avec la législation fédérale sur les lettres de change au motif qu'il met en échec la négociabilité du chèque en en fixant péremptoirement les modalités. La négociabilité d'une lettre de change se caractérise, d'une part, par le droit du détenteur d'en obtenir le plein paiement à son nom et, d'autre part, pour le détenteur régulier, par le droit de prendre la lettre de change libre de tous vices. L'article 251 ne s'attaque d'aucune façon à ces caractéristiques fondamentales de la Loi sur les lettres de change. Il ne vise qu'à limiter l'activité commerciale qui consiste à encaisser des chèques en interdisant au commerçant d'exiger des frais lorsqu'il s'agit de chèques émis par les gouvernements fédéral et provincial ou par une corporation municipale. Même s'il est vrai que l'article 251 influe sur la cession ou sur l'acquisition d'un chèque au sens commun du mot « négociation », cela n'a pas pour effet de rendre incompatibles, au sens du droit constitutionnel, la Loi sur la protection du consommateur et la Loi sur les lettres de change.

Législation citée

Constitutionnelle de 1867 (Loi), (L.R.C. 1985, app. II, n° 5), art. 91 paragr. 18, 93 paragr. 13, 93 paragr. 16 — Lettres de change (Loi sur les), (L.R.C. 1985, c. B-4), art. 16, 59 (1), 59 (3), 73 a), 73 b) — Lettres de change (Loi sur les), (S.R.C. 1970, c. B-5), art. 60 — Protection du consommateur (Loi sur la), (L.R.Q., c. P-40.1), art. 1 e) «consommateur», 250, 251, 277 a).

Jurisprudence citée

A.G. of Alberta c. Atlas Lumber Co., [1941] R.C.S. 87 ; A.G. of Ontario c. Barfried Enterprises Ltd., [1963] R.C.S. 570 ; Duplain c. Cameron, [1961] R.C.S. 693 ; Irwin Toy Ltd. c. Québec (Procureur général), (1989) 1 R.C.S. 927, (1989) 58 D.L.R. 577 (S.C.C.), (1989) 94 N.R. 167 (S.C.C.), (1990) 24 Q.A.C. 2 (S.C.C.) et (1989) 25 C.P.R. 417 (S.C.C.) ; Multiple Access Ltd. c. McCutcheon, (1982) 2 R.C.S. 161 et (1983) 138 D.L.R. 1 (S.C.C.) ; P.G. du Québec c. Greenspoon, [1980] C.A. 587 ; P.G. du Québec c. Kellogg's Co. of Canada, (1978) 2 R.C.S. 211.

Doctrine citée

Falconbridge, John Delatre. *Crawford and Falconbridge Banking and Bills of Exchange.* 8th ed. by Bradley Crawford. Volume 2. Toronto : C.L.B., 1986. Pp. 1173, 1185, 1487.

●

TEXTE INTÉGRAL DU JUGEMENT

La Cour :

Parties ouïes sur le mérite de l'appel d'un jugement de la Cour supérieure (honorable Réjean Paul), district de Montréal, rendu le 25 septembre 1986, qui rejetait l'appel de la condamnation de l'appelante à l'infraction prévue à l'article 277 a) en relation avec l'article 251 de la *Loi sur la protection du consommateur*[1] prononcée le 17 février 1986 par l'honorable Albert Ouellette, de la Cour des sessions de la paix de Montréal ;

Après étude du dossier, audition et délibéré ;

Pour les motifs exprimés à l'opinion écrite de M. le juge Paul-Arthur Gendreau, déposée avec le présent jugement, et à laquelle souscrivent ses collègues Mme la juge Louise Mailhot et M. le juge Morris J. Fish ;

---

(1) L.R.Q., c. P-40.1

Rejette l'appel et condamne l'appelante aux frais de 1 500 $ et accorde un délai de soixante (60) jours pour les acquitter.

M. le juge Gendreau. L'appel soulève la question de la compétence de la législature à promulguer l'article 251 de la *Loi sur la protection du consommateur*, qui interdit, comme pratique de commerce, d'exiger d'un consommateur des frais pour l'échange ou l'encaissement d'un chèque émis par les gouvernements fédéral ou provincial ou une corporation municipale.

Les faits

L'appelante est une entreprise commerciale qui, sous la raison sociale d'« Insta-chèques » (centre d'encaissement de chèques Moneymart), exploite « un centre d'encaissements de chèques » (pièce P-1, m.a., pp. 110 et 111). Ses opérations se poursuivent tous les jours de la semaine, de 9 h à 21 h, sauf les dimanches, le 25 décembre et le 1er janvier (m.a., pp. 75 et 76). Elle n'est ni une banque ni une caisse d'épargne et sa seule activité, d'où elle tire tous ses revenus, est celle d'encaisser les chèques et d'en remettre au bénéficiaire la valeur inscrite, réduite de frais ou commission. Devenue détentrice régulière de la lettre de change par l'effet de l'endossement, elle le présente ensuite à la banque et en reçoit le plein paiement. Pour s'assurer de l'identité du bénéficiaire, l'appelante exige l'impression d'une empreinte digitale (généralement celle du pouce) au verso du chèque.

C'est ainsi que, les 28 décembre 1984 et 28 janvier 1985, l'appelante encaissa les chèques d'aide sociale émis par le gouvernement du Québec à Sylvain Lelaidier et Donald Cyr, en leur remettant respectivement 146,64 $ et 76,14 $, soit 94 % de leur pleine valeur de 156 $ et 81 $, qu'elle recevait, peu après, de la banque où elle les déposait à son tour. D'avis que, ce faisant, l'appelante violait l'article 251 de la loi, le Procureur général déposa une sommation devant la Cour des sessions de la paix.

Au terme du procès, le juge Ouellette conclut que l'infraction était prouvée et rejeta l'argument d'inconstitutionnalité de l'article 251 de la loi. Siégeant en appel, la Cour supérieure (le juge Paul) confirmait ce jugement. Pour l'un et l'autre, l'article 251 avait pour objet la protection du consommateur, une matière de compétence provinciale, et non les lettres de change, matière réservée au Parlement.

Devant nous, seul l'argument constitutionnel est encore plaidé. L'appelante soutient que :

a) l'objet et l'effet de l'article 251 ne sont pas de compétence provinciale ; et que

b) s'ils étaient relatifs à une matière relevant de la province, l'article serait néanmoins inopérant parce que incompatible avec la législation fédérale des lettres de change mettant en échec la négociabilité du chèque.

Analyse

La résolution de ce pourvoi passe par la qualification de la loi attaquée au regard de la compétence conférée par la Constitution à chaque palier législatif.

L'appelante ne nie pas que la protection du consommateur soit de compétence provinciale par l'effet des paragraphes 13 (propriété et droit civil) et 16 (matières de nature locale ou privée dans la province) de l'article 93 de la *Loi constitutionnelle de 1867*[2]. Elle plaide que l'article 251 de la loi a pour objet et effet de légiférer sur les lettres de change (art. 91 paragr. 18) en ce qu'il restreint l'un des éléments essentiels de la lettre de change, sa négociabilité.

L'article 251 de la loi se lit :

Nul ne peut exiger de frais d'un consommateur pour l'échange ou l'encaissement d'un chèque ou d'un autre ordre de paiement émis par le gouvernement du Québec, par celui du Canada ou par une corporation municipale.

Cette disposition s'inscrit dans une importante loi de plus de 350 articles, divisée en sept titres, dont quatre :

— les contrats relatifs aux biens et aux services ou

---

[2] L.R.C. 1985, app. II, n° 5. *A.G. of Ontario c. Barfried Enterprises Ltd.*, [1963] R.C.S. 570 ; *P.G. du Québec c. Greenspoon*, [1980] C.A. 587 ; *P.G. du Québec c. Kellogg's Co. of Canada*, (1978) 2 R.C.S. 211 ; *Irwin Toy Ltd. c. Procureur général du Québec*, (1989) 1 R.C.S. 927.

— les pratiques de commerce,

— les comptes en fiducie,

— les ajouts d'information,

établissent des règles sur la conclusion et l'exécution des contrats les plus fréquemment conclus dans la vie quotidienne (le contrat de crédit, celui relatif aux véhicules automobiles, etc.) et font aux commerçants des règles de conduite et de nouvelles obligations sur les garanties, les représentations, la publicité et la nécessité des comptes en fidéicommis, etc. Les trois autres sont relatifs à l'administration de la loi, aux sanctions civiles et pénales, et à la mise en place de dispositions transitoires et de concordance.

La lecture de l'ensemble de ces dispositions me convainc qu'elle est conçue et construite dans le but de protéger le consommateur en faisant exception à l'égalité des contractants telle qu'elle se retrouve au *Code civil du Bas Canada*. C'est ainsi que la validité de certains contrats sera soumise à certaines conditions de fond et de forme, et que seront multipliées les conditions de leur annulation. La loi s'attaque à beaucoup d'autres aspects de la protection du consommateur en faisant échec à des pratiques ou à des usages qu'elle juge abusifs ou trompeurs. En somme, prenant en compte le considérable développement de la consommation, elle a voulu régir l'ensemble des relations commerçant/consommateur. Pour administrer la loi et surveiller l'application des nouvelles règles de droit substantif, le législateur a créé un office de la protection du consommateur, à qui il a confié de vastes pouvoirs.

Cette loi ne bénéficie cependant qu'au seul consommateur que l'article 1 *e)* définit ainsi : « [...] une personne physique, sauf un commerçant qui se procure un bien ou un service pour les fins de son commerce. »

C'est dans ce contexte général qu'il faut lire l'article 251 attaqué : il se retrouve au titre des « pratiques de commerce », dont les 40 articles définissent un certain nombre d'interdictions relatives à la publicité, aux représentations sur la qualité, le prix, les garanties d'un bien ou service et visent certaines pratiques commerciales. Parmi celles-ci s'en trouvent deux qui se rapportent aux chèques émis par les gouvernements fédéral, provincial ou municipaux : la première prohibe au commerçant de « faire de la publicité indiquant [...] qu'il échange ou accepte [de tels chèques] en paiement » (art. 250) et la seconde, celle qui est l'objet du débat, qui interdit d'exiger des frais pour l'échange ou l'encaissement d'un tel ordre de paiement.

Ces prohibitions, et surtout celle de l'article 251, s'expliquent par l'absence de risque que ces chèques ne soient pas honorés et aussi parce qu'un très grand nombre sont émis au titre de paiement de transfert et sont récurrents : allocations familiales, surplus de revenu garanti, aide sociale, assurance-chômage, etc.

Ainsi qu'on peut le constater, l'article 251 s'inscrit parfaitement à la loi puisqu'il vise à protéger le citoyen consommateur, cette personne physique non commerçante, contre la pratique d'un commerçant qui, absolument assuré que le chèque émis par un gouvernement sera promptement et totalement honoré, exige le paiement de frais, commission ou honoraires. En somme, le législateur a considéré cette pratique de commerce socialement inacceptable et a donc légiféré pour la réprimer. Dans ce sens-là, l'objet de la loi et de la disposition attaquée n'est certainement pas relatif aux effets de commerce au sens de l'article 91 (18).

L'appelante plaide cependant, à l'égard de son objet, que « l'article 251 fixe péremptoirement à la valeur au pair la considération qui peut être donnée lorsque ces chèques sont négociés » (p. 5 — sommaire de l'argumentation de l'appelante). Elle reprend cette proposition lorsqu'elle traite de l'effet de l'article 251 :

> L'effet de l'article 251, écrit-elle à son sommaire d'argumentation (p. 14), est de fixer péremptoirement les termes et conditions (le prix) auxquels peut être négociée une lettre de change, en l'occurrence un chèque émis par le gouvernement. L'article 251 arrive à ce résultat en prohibant le transfert de ces effets de commerce à moins qu'il ne se fasse à des termes et conditions (prix) dictées [sic] par cette loi provinciale.

À mon avis, l'appelante a tort, parce qu'elle se méprend sur la notion de négociabilité.

La lettre de change est « un écrit signé de sa main par lequel une personne ordonne à une autre de payer, sans condition, une somme d'argent précise, sur demande ou à échéance déterminée ou susceptible de l'être, soit à une troisième personne désignée — ou à son ordre —, soit au porteur ». C'est l'article 16 de la *Loi sur les lettres de change* [3]. Or, suivant l'article 59 (1), « il y a négociation quand le transfert de la lettre *constitue le cessionnaire en détenteur* de la lettre » (Les italiques sont du soussigné.), ce qui se fera par l'endossement du détenteur si la lettre est payable à ordre (art. 59 (3)). Ainsi, le détenteur, entre autres, « peut *intenter en son propre nom* une action fondée sur la lettre » (Les italiques sont du soussigné.) (art. 73 *a)*) et, s'il est détenteur régulier, « il détient la lettre libérée de tous vices de titre des parties qui le précèdent » et « il peut exiger le paiement de toutes les parties obligées par la lettre » (Les italiques sont du soussigné.) (art. 73 *b)*).

Dès lors, la négociabilité d'une lettre de change est le droit et la capacité de la céder et transférer de manière à ce que son détenteur puisse l'exécuter *en son nom propre* contre tous les obligés.

C'est ce que Crawford affirme au chapitre « The Quality of Negotiability » [4] :

> *The characteristic features of negotiability in modern law are as follows*. First, a negotiable instrument is transferable by delivery if it is payable to bearer, and by endorsement and delivery if it is payable to order. This mode of transfer is known as negotiation and has the effect of enabling a transferee to maintain an action upon the instrument. Secondly, a transferee of a current and apparently regular negotiable instrument who takes in good faith, for value and without notice of a defect in the title (or indeed, of the want of title) of his transferor, takes free from that defect, or in some cases, from that want of title. Both attributes must be present.

[Les italiques sont du soussigné.]

Plus loin, commentant l'article 60 de la *Loi sur les lettres de change* [5], l'auteur reprend la notion de négociabilité, soulignant que ces deux aspects ont en fait deux degrés ou deux qualités (« *There are two degrees or qualities of transferability* » [6]) qui sont souvent confondus. Pour lui, la qualité fondamentale (*the basic quality*) est celle liée au droit de poursuite du détenteur; et il ajoute [7] : « *There is also a higher quality of negotiability by which such a transfer may, in addition, confer a good title, free of defects affecting the transferor.* »

Or, la jurisprudence de la Cour suprême, comme le signalent Crawford et, avant lui, Falconbridge, est à l'effet que sera invalide la législation provinciale si elle s'attaque aux fondements des lettres de change [8] :

> A provincial statute purporting to deal directly with bills, cheques and notes in respect of some matter within the law of bills in the strict sense would be unconstitutional and invalid.
>
> We consider that the law of bills, cheques and notes in the strict sense includes the essential elements of that law as such, and that legislation defining those elements is necessarily legislation in relation to a matter coming within head 18 of s. 91 of the *Constitution Act, 1867*. Some of those essential elements are expressed in the *Bills of Exchange Act* and some are to be found only in the common law. Just as a provincial statute could not repeal or abrogate the effect of a valid provision of the *Bills of Exchange Act*, it appears to follow that even in the absence of further federal legislation, modern provincial legislation would be ineffective to change the rules of the common law of England and the law merchant made a part of the federal law by s. 10 of the *Bills of Exchange Act*.
>
> (4) *But, outside the limits of the law of bills in the strict sense, the law applicable to transac-*

---

(3) L.R.C. 1985, c. B-4.
(4) John Delatre Falconbridge. *Crawford and Falconbridge Banking and Bills of Exchange*. 8th ed. by Bradley Crawford. Volume 2. Toronto : C.L.B., 1986. P. 1173, n° 4703.1.

(5) S.R.C. 1970, c. B-5.
(6) *Op. cit. supra*, note 4, p. 1487.
(7) *Ibid.*
(8) *Id.*, 1185.

tions involving bills, cheques or notes in a province may be the law of that particular province.

In such matters provincial legislation may be valid, so far as it is legislation in relation to a matter, or for a purpose, coming within any of the classes of subjects assigned to the provincial Legislatures by s. 92 of the *Constitution Act* and so far as it is not invalidated by the doctrine of "paramountcy" for being inconsistent with valid federal legislation and therefore superseded.

[Les italiques sont du soussigné.]

La jurisprudence fournit deux illustrations concrètes de ces principes: *A.G. of Alberta c. Atlas Lumber Co.* [9] et *Duplain c. Cameron* [10].

Dans l'affaire *Winstanley*, la Cour avait invalidé une disposition législative qui soumettait *le droit d'action* du créancier à l'obtention (sujet à révocation) d'une permission ou permis discrétionnaire d'un tribunal administratif provincial. Le juge Rinfret [11] écrivait:

> And in this case it should be pointed out *that the right to sue, or to enforce payment, or to recover on a bill or note is of the very essence of bills of exchange; it is one of the essential characteristics of a bill or of a promissory note.* The matter falls within the strict limits of subhead 18 of sec. 91. It flows from the provisions establishing negotiability, which has become the primary quality of a bill or note and in which consist the true character and nature of these instruments.
>
> The provisions relating to the right to sue, to enforce payment and to recover before the courts are not incidental provisions; they are, in truth, the very pith and substance of the statute.
>
> If that be so, there is no question but the Alberta *Debt Adjustment Act* providing, as it does, that no action or suit "shall be taken, made or continued" to enforce payment of a debt—including debts evidenced by bills of exchange or promissory notes—is in direct conflict with valid Dominion legislation.
>
> *The Board created under the Provincial Act, as we have seen, has a absolute discretion to say whether or not the particular holder of a bill of exchange or of a promissory note will have the right and power to enforce payment by action or suit. The effect is to destroy the value of the negotiability of the bill* or note and to deprive the holder of a bill or note of the right and power to sue and enforce payment and recover, which are conferred upon him by the *Bills of Exchange Act*.

[Les italiques sont du soussigné.]

Inversement, dans l'arrêt *Duplain*, la Cour suprême a jugé valide une loi de la Saskatchewan parce que relative à la réglementation du commerce des valeurs mobilières (ce terme incluait les lettres de change), même si on y faisait l'obligation d'obtenir un permis à celui qui voulait s'y adonner. Le juge Ritchie [12] écrivait:

> The true effect of this provision is, in my opinion, most succinctly and accurately stated by Dean Falconbridge in his work on "Banking and Bills of Exchange," 6th ed., at p. 46 where he says:
>
>> The effect of s. 10 would appear to be that the background of law applicable to transactions in which bills, notes or cheques play a part may be either (1) the common law of England, so far as that background consists of rules of the law of bills and notes, in the strict sense, or (2) the commercial law of a particular province, outside of the limits of the law of bills and notes in the strict sense. It is submitted that the law of bills and notes in the strict sense includes the essential elements of that law as such, and that legislation defining those elements is necessarily legislation in relation to a matter coming within item 18 of s. 91 of the B.N.A. Act, and therefore that, even in the absence of further federal legislation, provincial legislation would be ineffective to change the rules of the common law of England made applicable by s. 10 of the Bills of Exchange Act. On the other hand, outside the limits of the law of bills and notes in the strict sense, as regards transactions more or less involving the use of bills or notes, the applicable law may be the law of a particular province, and not the common law of England, and in this field provincial legislation may be valid, so far as it is legislation in relation to a matter, or for a purpose, coming within any of the classes of subjects assigned to the provin-

---

(9) [1941] R.C.S. 87.
(10) [1961] R.C.S. 693.
(11) Voir *supra*, note 9, 101.

(12) Voir *supra*, note 10, 713-714.

cial legislatures by s. 92 of the B.N.A. Act and so far as it is not inconsistent with valid federal legislation.

In the case of *Attorney General for Alberta and Winstanley v. Atlas Lumber Co. Ltd.*, which was strongly relied on by the appellant, it was found that s. 8 of *The Debt Adjustment Act* of Alberta *had the effect of placing a limitation on the unqualified right of the holder of a promissory note to sue, a right which, as Rinfret J.* (as he then was) *said in that case at p. 101, "is of the very essence of bills of exchange." In the present case, on the contrary, in my view none of the sections of* The Securities Act *of Saskatchewan which are now under attack has any effect on the form, content, validity or enforceability of promissory notes or is otherwise concerned with the "law of bills and notes in the strict sense."* "Issue" is defined by s. 2 (j) of the *Bills of Exchange Act* as meaning. "The first delivery of a bill or note complete in form to a person who takes it as holder." Issue without registration may expose the issuer to proceedings under the *Act* if the provincial secretary consents to such proceedings being instituted (see s. 66), but failure to register has no bearing on the law governing the note itself.

[Les italiques sont du soussigné.]

De tout cela, je retiens :

a) que la négociation ou plus exactement la négociabilité d'une lettre de change est caractérisée, d'une part, par le droit du détenteur d'en chercher l'exécution à son nom contre tous les obligés et à sa pleine valeur et, d'autre part, pour le détenteur régulier, de prendre la lettre de change libre de tous vices ;

b) que ces caractéristiques sont relatives aux fondements de la *Loi sur les lettres de change* et constituent « *the law of bills and notes in the strict sense* » ;

c) que sera valide la loi provinciale qui ne s'attaque pas à ces fondements.

En l'espèce, la législation provinciale n'a pas pour effet ni objet d'empêcher le détenteur du chèque d'en poursuivre le plein paiement en son propre nom ; de même, le deuxième élément de la négociabilité, qui consiste à conférer au détenteur régulier une lettre de change libre de tout vice, n'est pas non plus affecté. La manière d'exercer le transfert, endossement et livraison, n'est pas non plus en cause.

L'article 251 ne vise qu'à restreindre le commerçant dont le négoce consiste à encaisser des chèques moyennant rémunération d'exiger des frais pour l'échange d'une catégorie de chèques (ceux émis par les gouvernements) à l'endroit d'une catégorie de personnes (les consommateurs). Cela, à mon avis, n'affecte en rien la *Loi sur les lettres de change* « *in the strict sense* » ; la forme, la validité et l'exécution du chèque continuent d'être exclusivement réglées par la *Loi sur les lettres de change*.

En résumé, l'appelante est et demeure un détenteur régulier du chèque que son client lui a remis après endossement. Elle peut obtenir et, de fait, elle a obtenu que la banque lui en paie, sur présentation, le plein montant. Toutefois, le législateur a voulu, pour des motifs d'équité ou de justice sociale, limiter l'activité commerciale qui consiste à encaisser certains chèques. Il en a fait, pour certains aspects, une pratique de commerce prohibée. Mais cela ne concerne en rien les caractéristiques fondamentales des lettres de change ou la loi qui les gouverne.

L'appelante a beaucoup insisté et, de fait, bonne partie de sa thèse tient dans l'argument qui veut que celui à qui un bénéficiaire cède un chèque peut en définir lui-même le prix qu'il paiera dans le cadre d'une libre négociation. Or, l'article 251 aurait pour *effet*, plaide-t-elle, d'entraver ou de réglementer cette cession et, ainsi, contrevient à la *Loi sur les lettres de change*.

Je ne reviendrai pas sur ce que j'ai dit sur l'objet de cet article, que j'estime conçu et construit pour la protection du consommateur. De même, je crois avoir clairement défini ce que je crois être la négociabilité d'une lettre de change au sens de la *Loi sur les lettres de change* et comment l'article 251 n'y contrevient pas.

Cela dit, je suis disposé à reconnaître que, au sens large et commun du mot « négociation », l'article 251 de la loi affecte la cession ou l'acquisition d'un chèque. À mon avis, cela n'a pas pour effet de rendre les deux lois de la protection du consommateur et des lettres de change incompatibles au sens du droit constitutionnel. Pour que la théorie de la prépondérance s'applique, puisque c'est de cela dont il s'agit, il faut que les deux lois soient impossibles d'application sans affecter l'objet même de la loi fédérale. Dans *Multiple Access Ltd. c. McCutcheon*[13], le juge Dickson (il n'était pas encore juge en chef) écrivait :

> Le juge Henry a affirmé que lorsqu'une loi provinciale et une loi fédérale portent toutes deux sur un même domaine, le critère quant à l'application de la doctrine de la prépondérance est de savoir si les deux lois peuvent [traduction] « coexister et s'appliquer concurremment ». *La doctrine de la prépondérance ne résulte pas nécessairement du fait qu'une personne est assujettie à une interdiction et à une peine en vertu de deux lois en même temps. À moins que la répétition de textes législatifs engendre en plus une incompatibilité, la loi fédérale ne suspend pas l'application de la loi provinciale.*
> [Les italiques sont du soussigné.]

Or, que l'acquéreur de certaines lettres de change soit tenu vis-à-vis certains clients (le consommateur) de n'exiger aucuns frais à l'occasion de cette acquisition sous peine d'amende ne réduit ni n'affecte en rien, est-il besoin de le redire, les deux caractéristiques de la négociabilité de la lettre de change. C'est, à mon avis, ce que la Cour suprême a dit dans *Duplain c. Cameron* (déjà cité), où le juge Cartwright écrit :

> So construed the statute does, in my opinion, restrict the right of a person trading in securities to issue promissory notes; he is prohibited from so doing unless he has complied with the provisions of the Act as to registration and the Securities Commission may refuse registration or may revoke a registration which it has allowed. *A person who disregards this prohibition is liable to prosecution but the statute does not purport to alter or affect the character of a promissory note which is in fact issued in breach of the statute. The rights of the holder of such a note are not impaired; he is free to enforce payment of the note, to negotiate it or to deal with it in any manner in accordance with the law of bills and notes.*
>
> [Les italiques sont du soussigné.]

En somme, l'article 251 s'inscrit dans le cadre de la protection du consommateur, vise la répression d'une pratique commerciale jugée abusive par le législateur, et ce n'est qu'incidemment et de façon indirecte qu'elle peut affecter, si elle l'affecte, la *Loi sur les lettres de change*.

À mon avis, les jugements des juges Ouellette, de la Cour des sessions de la paix, et Paul, de la Cour supérieure, sont bien fondés et je proposerais que l'appel soit rejeté, avec les dépens, que je fixerais à 1 500 $, et donnerais un délai de soixante (60) jours pour les acquitter.

---

(13) (1982) 2 R.C.S. 161.

[1991] R.J.Q. 2534 à 2604

Cour d'appel

LE PROCUREUR GÉNÉRAL
DU CANADA, intimé incident
défendeur appelant, c.
ALEX COUTURE INC. et autres,
appelants incidents
demandeurs intimés,
et GRANOFSKY HOLDINGS LTD.
et autres, mis en cause

CONCURRENCE — *Tribunal de la concurrence* — CONSTITUTIONNEL (DROIT) — *partage des compétences — principe de l'indépendance judiciaire* — DROITS ET LIBERTÉS — *droit d'association* — Charte canadienne des droits et libertés — Déclaration canadienne des droits — *constitutionnalité de la loi.*

Appel d'un jugement de la Cour supérieure ayant accueilli l'action directe en nullité contestant la Loi sur la concurrence et la constitutionnalité du Tribunal de la concurrence. Accueilli.

Juges Bisson (juge en chef), Dussault et Rousseau-Houle — C.A. Québec 200-09-000250-909 (Juge Jacques Philippon, C.S. Québec 200-05-001361-877, 1990-04-06), 1991-09-09 — Côté et Ouellet, Me Gaspard Côté et Me David Lucas, pour le Procureur général du Canada — Joli-Cœur, Lacasse et associés, Me André Joli-Cœur, pour Alex Couture inc. — Me Pierre Joli-Cœur, pour Gestion Murray Couture inc. — Stikeman, Elliot, Me Michel Décary, Me Réal Forest et Me René Cadieux, pour Sanimal Industries inc., Paul & Eddy inc., Fondoir Laurentide inc., Lomex inc. et Pierre Verville — Rochette, Boucher et Gagnon, Me Jean Bouchard et Me Guy Lamb, pour le Procureur général du Québec.

Référence antérieure: [1990] R.J.Q. 2668 (C.S.) (J.E. 90-1489)

91-01-1883
J.E. 91-1447

En janvier 1987, Verville et ses enfants se sont associés à Couture. Cette association a été formée au moyen de différentes transactions à l'issue desquelles les deux familles ont acquis à 100 % la demanderesse Sanimal Industries inc., compagnie mère des autres demanderesses, qui exploite une entreprise d'équarrissage d'animaux. À la suite d'une enquête sur les transactions intervenues, le directeur des enquêtes et recherches a demandé au Tribunal de la concurrence de délivrer une ordonnance en vertu de l'article 64 (1) de la Loi sur la concurrence (adopté par la Loi sur le Tribunal de la concurrence), enjoignant aux demandeurs et aux compagnies mises en cause de dissoudre l'ensemble des transactions et de se départir des éléments d'actif acquis. Les intimés ont formé une action directe en nullité de la Loi sur la concurrence. Le premier juge a déclaré inconstitutionnel le Tribunal de la concurrence aux motifs qu'il n'offrait pas de garanties suffisantes d'indépendance et d'impartialité, et que les articles 92 (1) e) (i), 92 (1) f) (i) et 92 (1) f) (ii) de la Loi sur la concurrence portaient atteinte à la liberté d'association garantie par l'article 2 de la Charte canadienne des droits et libertés. L'appelant prétend que la Loi sur la concurrence ne contrevient pas au partage des compétences établi par la Loi constitutionnelle de 1867 et que l'autorité du Parlement s'étend à la réglementation générale du commerce touchant l'ensemble du pays, ce qui inclut le pouvoir de légiférer en matière de préservation et de maintien de la libre concurrence dans l'intérêt national. De plus, il ajoute que cette loi doit s'appliquer même si l'industrie est réglementée par la province.

Une revue des dispositions de la Loi sur la concurrence *permet de conclure que cette loi comporte toujours, malgré les modifications qui y ont été apportées, un système de réglementation économique complexe visant à éliminer les activités qui diminuent la concurrence sur le marché et à décourager des formes de pratiques commerciales considérées comme préjudiciables à l'économie canadienne. De plus, ce système de réglemen-*

tation est soumis à un organisme de contrôle, soit le directeur des enquêtes et recherches. La loi porte toujours très clairement sur la réglementation du commerce en général et non sur celle d'un secteur ou d'un produit en particulier. Les questions relatives aux coalitions, aux monopoles ou aux trusts ont toujours été considérées comme des questions d'importance capitale pour l'économie canadienne, même si elles ont été, par le passé, réglementées par la voie du droit criminel. Le débat entourant la question de l'existence d'un marché canadien unique concerne essentiellement l'aspect économique de la concurrence. Or, la politique de la concurrence a également pour but de contrôler certaines formes de comportement jugées abusives pour les consommateurs ou les producteurs et d'assurer une protection contre une trop grande concentration du pouvoir économique. Aussi cette politique concerne-t-elle l'ensemble du pays, qui ne peut être vu, à cet égard, que comme formant une seule entité économique. Les modifications de 1986 n'ont pas modifié l'essence ni l'orientation de la Loi relative aux enquêtes sur les coalitions, et cette loi demeure justifiée en vertu de l'article 91 paragraphe 2 de la Loi constitutionnelle de 1867. Les dispositions de nature civile ne peuvent être fondées que si elles ont un lien nécessaire avec cette loi ou font partie intégrante de la loi. En l'espèce, les mécanismes d'application de nature civile introduits par les modifications de 1975 et de 1986 visent à faciliter l'application des politiques législatives fédérales et font partie intégrante de la nouvelle stratégie de réglementation du droit de la concurrence qui tend à le décriminaliser. Les recours de droit civil sont soigneusement délimités par les paramètres de la Loi sur la concurrence et font partie, à l'instar des recours de nature criminelle, d'un système législatif qui a pour but de conjuguer initiatives publiques et privées afin d'inciter au respect de la loi et, le cas échéant, d'assurer celui-ci. La loi actuelle ne constitue donc pas une mesure législative relative au droit civil qui relèverait de la compétence exclusive des provinces. Ses dispositions de nature civile sont des mesures accessoires à une loi valide,

en vertu du pouvoir du Parlement de légiférer en matière d'échanges et de commerce. Quant à l'exemption relative aux secteurs réglementés, sur laquelle les intimés fondent leur appel incident, elle peut être invoquée par une personne accusée d'avoir enfreint la Loi sur la concurrence lorsque la réglementation provinciale autorise le comportement qu'on lui reproche. Cependant, en l'espèce, il n'existe aucune incompatibilité fonctionnelle entre la loi et la réglementation provinciale applicable à l'industrie de l'équarrissage. En effet, la Loi sur les produits agricoles, les produits marins et les aliments vise à éviter la mise en circulation de produits impropres à la consommation, et l'on n'y trouve aucun souci de favoriser la concurrence dans l'industrie. Ce n'est pas là son objectif et ce n'est qu'accessoirement qu'on y trouve certaines règles pouvant aller dans le sens de la législation fédérale. La Loi sur la concurrence s'applique donc à l'industrie de l'équarrissage, et l'appel incident des intimés doit être rejeté. La question de la justification de la mesure législative aux termes de l'article premier de la Charte canadienne des droits et libertés n'avait pas été soulevée en première instance, mais l'appelant a raison de prétendre que, à partir du moment où le premier juge concluait à l'inconstitutionnalité des dispositions de la loi, celui-ci aurait dû proprio motu examiner la question en relation avec l'article premier de la charte. Le contexte constitutionnel canadien favorise un assouplissement des règles traditionnelles de preuve dans leur application aux faits législatifs et constitutionnels. Même s'il est souhaitable de présenter une preuve des faits législatifs en première instance, une telle preuve doit quand même être recevable en appel, sous réserve des considérations d'équité. Or, en l'espèce, une preuve extrinsèque des faits adjudicatifs a été faite en première instance et les intimés ont présenté une contre-preuve importante relativement à l'objet et à l'effet de la loi contestée. En conséquence, l'équité n'exige pas qu'il soit refusé à l'appelant de présenter une preuve pertinente quant à l'article premier. La liberté d'association, quant à elle, ne peut être interprétée indépendamment des autres droits et libertés auxquels la charte l'associe, car les libertés garanties par la charte visent à sauvegarder un ensemble complexe de valeurs interreliées. L'objet de la garantie protégée par la charte n'est pas le seul critère d'évaluation de la constitutionnalité d'une loi, car, même si cet objet est inattaquable, la procédure administrative créée pour sa mise en œuvre peut produire des effets inconstitutionnels, auquel cas la loi doit être déclarée invalide. On peut conclure de l'ensemble de la jurisprudence que l'article 20 de la charte protège la liberté de constituer une association de même que l'exercice collectif des droits et libertés individuels. Le but des dispositions législatives en cause n'est pas de tenter d'interdire un comportement collectif mais d'interdire un phénomène économique en raison de ses aspects anticoncurrentiels. De plus, les ordonnances demandées n'ont pas pour effet d'interdire aux intimés de s'associer mais plutôt d'interdire le fusionnement de quatre entreprises. L'association pourra continuer d'exercer des activités licites et de conclure toute convention avec d'autres entreprises, pourvu qu'il ne s'agisse pas de fusionnements qui diminuent sensiblement la concurrence. Par ailleurs, si l'on était en droit de prétendre que les dispositions de la loi portent atteinte à la liberté d'association, il s'agirait d'une atteinte minimale représentant un juste équilibre entre une telle liberté et l'objectif de protection et de sauvegarde de la concurrence dans le contexte d'une économie de marché, conformément aux dispositions de l'article premier de la charte. Quant aux garanties d'indépendance et d'impartialité, le Tribunal de la concurrence n'est pas une cour supérieure d'archives. Il s'agit d'une cour qui a de larges pouvoirs et qui est investie, aux termes de l'article 8 (2) de la Loi sur le Tribunal de la concurrence, des pouvoirs d'une cour supérieure d'archives. Sous réserve d'un pouvoir de sanctionner l'outrage au tribunal ex facie, à l'égard duquel la Cour suprême du Canada sera appelée à trancher sous peu, le Tribunal ne possède aucun pouvoir de contrôle et de surveillance, et n'a d'autre compétence intrinsèque que celle d'un tribunal inférieur. Par ailleurs, les pouvoirs que le Tribunal exerce ne correspondent pas à la compétence qu'exerçaient en 1866 les cours visées à l'article 96 puisque aucune d'elles ne possédait une compétence identique ou analogue. De plus, malgré le caractère particulier des recours exercés par le directeur, les fonctions du Tribunal demeurent essentiellement des fonctions judiciaires. Cependant, les recours exercés devant le Tribunal ne constituent qu'un aspect des mesures instaurées par le législateur et ils s'insèrent dans une loi comportant un système de réglementation économique intégré. Les ordonnances du Tribunal s'imbriquent donc dans un ensemble de dispositions visant à enrayer les pratiques anticoncurrentielles, et le législateur a estimé qu'un tribunal composé de certains membres non juristes serait mieux apte à peser les intérêts en jeu et à évaluer les conséquences économiques que peuvent avoir ses ordonnances. Compte tenu de ce contexte constitutionnel, l'article 96 ne devrait pas faire obstacle au pouvoir du Tribunal d'entendre les demandes qui lui sont présentées en application de la partie VIII de la Loi sur la concurrence (art. 75 à 107). En matière d'indépendance et d'impartialité, seuls les principes de justice fondamentale consacrés par la common law et l'article 2 de la Déclaration canadienne des droits doivent être respectés. En l'espèce, à l'égard de l'inamovibilité, même si la loi n'a pas prévu la tenue d'une audience préalable lors de la révocation de l'un des membres non juges du Tribunal, le gouverneur général en conseil serait tenu d'adopter une procédure équitable prévoyant la possibilité pour l'intéressé de se faire entendre. De plus, cette audience est prévue aux termes de l'article 64 de la Loi sur les juges. L'ensemble des dispositions et des règles de justice naturelle font suffisamment ressortir le fait que la charge des membres non juges est à l'abri de toute révocation discrétionnaire ou arbitraire. Leur rémunération n'est pas soumise à une ingérence arbitraire du pouvoir exécutif, et il n'y a pas lieu d'appréhender que le Tribunal ne dispose pas de l'indépendance institutionnelle. En effet, la loi a fait disparaître la cohabitation entre les *pouvoirs judiciaires et les pouvoirs administratifs d'enquête en confiant ces derniers au seul directeur. En ce qui a trait à la garantie d'impartialité, la preuve révèle le haut niveau d'improbabilité d'une situation qui inspirerait la crainte de partialité à une personne bien renseignée qui examinerait la question en profondeur, de façon réaliste et pratique. De plus, la loi contient des sauvegardes suffisantes pour assurer, en principe, l'impartialité du Tribunal.*

Législation citée

Charte canadienne des droits et libertés dans *Loi de 1982 sur le Canada*, (L.R.C. 1985, app. II, n° 44, annexe B, partie I), art. 1, 2, 2 d), 6 (2) b), 6 (3) b), 7, 8, 11 d), 20 — *Constitutionnelle de 1867 (Loi)*, (L.R.C. 1985, app. II, n° 5), art. 10, 91 paragr. 2, 91 paragr. 27, 92 paragr. 13, 92 paragr. 14, 92 paragr. 16, 96, 96 à 100, 97, 98, 99, 101 — *Constitutionnelle de 1982 (Loi)* dans *Loi de 1982 sur le Canada*, (L.R.C. 1985, app. II, n° 44, annexe B), art. 52 — *C.C.*, art. 1053 — *Code criminel*, (S.R.C. 1927, c. 36), art. 498 — *Code criminel*, (S.R.C. 1970, c. C-34), art. 195.1 (1) c), 251, 251 (4) — *Code criminel, 1892*, (S.C. 1892, c. 29), art. 520 — *Aéronautique (Loi sur l')*, (L.R.C. 1985, c. A-2), art. 9 — *Coalitions et des prix raisonnables, 1919 (Loi des)*, (S.C. 1919, c. 45) — *Coalitions formées pour gêner le commerce (Acte à l'effet de prévenir et supprimer les)*, (S.C. 1889, c. 41) — *Commission de commerce (Loi de la)*, (S.C. 1919, c. 37) — *Commission fédérale du commerce et de l'industrie (Loi sur la)*, (S.C. 1935, c. 59) — *Concurrence (Loi sur la)*, (L.R.C. 1985, c. C-34), art. 1.1, 2 (1) «entreprise», 4 à 6, 11 à 24, 22, 23, 31, 34, 36 (1), 45 (2.2), 49, 62, 64 (1), 67 (3), 74, 75, 75 à 106, 76, 77, 77 (4), 78, 79, 80, 81, 81 (3), 82, 83, 84, 85 à 90, 86, 91 «fusionnement», 91 à 103, 92, 92 (1), 92 (1) e) (i), 92 (1) e) (ii), 92 (1) f) (i), 92 (1) f) (ii), 92 (2), 93, 93 h), 95, 96, 99, 100, 102, 103, 104, 105, 105 à 107, 108 à 125, 111, 112, 123, 125, 126 — *Cour fédérale (Loi sur la)*, (L.R.C. 1985, c. F-7), art. 3, 29 — *Déclaration canadienne des droits*, (L.R.C. 1985, app. III), art. 2, 2 e) — *Enquêtes sur les coalitions (Loi des)*, (S.C. 1910, c. 9) — *Enquêtes sur les coalitions (Loi relative aux)*, (S.R.C. 1970, c. C-23), art. 10 (1), 10 (3), 31.1, 31.2 à 31.9, 32 (1) c) — *Enquêtes sur les coalitions, 1923 (Loi des)*, (S.C. 1923, c. 9) — *Indemnisation des agents de l'État (Loi sur l')*, (L.R.C. 1985, c. G-5) — *Interprétation (Loi d')*, (L.R.C. 1985, c. I-21) — *Interprétation (Loi d')* (S.R.C. 1970, c. I-23) — *Juges (Loi sur les)*, (L.R.C. 1985, c. J-1), art. 64, 65 (2), 69 — *Transports (Loi nationale sur les)*, (S.R.C. 1970, c. N-17) — *Tribunal de la concurrence (Loi sur le)*, (L.R.C. 1985, 2e suppl., c. 19), art. 3, 4, 5, 6, 7, 8 (2), 8 (3), 9, 9 (3), 10, 11, 12, 13, 16, 22, 23, 36 (1), 60, 61, 74, 75 à 108 — *Cour fédérale (Règles de la)*, (C.R.C. 1978, c. 663) — *Tribunal de la concurrence (Règles du)*, DORS/87-373 du 25/6/87, (1987) 121 Gaz. Can. II 2505 — *Charte des droits et libertés de la personne*, (L.R.Q., c. C-12), art. 3, 23 — *Mise en marché des produits agricoles (Loi sur la)*, (L.R.Q., c. M-35), art. 1 h), 16 — *Produits agricoles, les produits marins et les aliments (Loi sur les)*, (L.R.Q., c. P-29), art. 9, 10 — *Aliments (Règlement sur les)*, (R.R.Q. 1981, c. P-29, r. 1), art. 1.3.1.2, 2.1.1 à 2.1.6, 2.2.1 à 2.2.8, 7.3.11, 7.3.12 — *Law Society of Alberta (Rules of the)*, n° 75 B, 154 — *Restrictive Practices Court Act, 1976 (R.-U.)*, (1976, c. 33), art. 1 (1), 9 (4).

Jurisprudence citée

A.G. of Canada c. A.G. of Alberta, (1916) 1 A.C. 588 ; *A.G. of Ontario c. A.G. of Canada*, [1937] A.C. 405 ; *American Airlines Inc. c. Canada (Tribunal de la concurrence)*, (1989) 1 R.C.S. 236 ; *American Airlines Inc. c. Canada (Tribunal de la concurrence)*, (1989) 2 C.F. 88 (C.A.F.), (1989) 54 D.L.R. 741 (F.C.A.), (1989) 33 Admin. L.R. 229 (F.C.A.), (1989) 23 C.P.R. 178 (F.C.A.) et (1989) 89 N.R. 241 (F.C.A.) ; *Banque canadienne impériale de commerce c. Rifou*, (1986) 3 C.F. 486 (C.A.F.), (1986) 13 C.C.E.L. 293 (F.C.A.), (1986) 17 C.L.L.C. 12,259 (F.C.A.), (1987) 25 C.R.R. 164 (F.C.A.) et (1987) 72 N.R. 12 (F.C.A.) ; *Beauregard c. Canada*, (1986) 2 R.C.S. 56 ; *Bhatnager c. Canada (Ministre de l'Emploi et de l'Immigration)*, (1990) 2 R.C.S. 217 et (1990) 71 D.L.R. 84 (S.C.C.) ; *Black c. Law Society of Alberta*,

(1989) 1 R.C.S. 591 et (1989) 58 D.L.R. 317 (S.C.C.); *Board of Commerce Act, 1919 (In re)*, (1922) 1 A.C. 191; *Brasseries Labatt du Canada Ltée c. P.G. du Canada*, (1980) 1 R.C.S. 914; *Burns Foods Ltd. c. P.G. du Manitoba*, (1975) 1 R.C.S. 494; *Caloil Inc. c. P.G. du Canada*, [1971] R.C.S. 543; *Canadian Indemnity Co. c. P.G. de la Colombie-Britannique*, (1977) 2 R.C.S. 504; *Canadian Industrial Gas & Oil Ltd. c. Gouvernement de la Saskatchewan*, (1978) 2 R.C.S. 545; *Carnation Co. c. Quebec Agricultural Marketing Board*, [1968] R.C.S. 238; *Central Canada Potash Co. c. Gouvernement de la Saskatchewan*, (1979) 1 R.C.S. 42; *Chrysler Canada Ltd. c. Canada (Tribunal de la concurrence)*, (1990) 2 C.F. 565 (C.A.F.); *Chrysler Canada Ltd. c. Directeur des enquêtes et recherches*, Tribunal de la concurrence, le 20 février 1990; *Citizens Insurance Co. of Canada c. Parsons*, (1881-82) 7 App. Cas. 96; *Code criminel (Man.) (Renvoi relatif à l'art. 193 et à l'al. 195.1 (1) c) du)*, (1990) 1 R.C.S. 1123 et (1990) 77 C.R. 1 (S.C.C.); *Collymore c. A.G.*, [1970] A.C. 538; *Comité pour la république du Canada c. Canada*, (1991) 1 R.C.S. 139, (1991) 77 D.L.R. 385 (S.C.C.) et (1991) 120 N.R. 241 (S.C.C.); *Comité pour la république du Canada c. Canada*, C.S. Can. 20334, le 25 janvier 1991 *(J.E. 91-184)*, (1991) 77 D.L.R. 385 (S.C.C.) et (1991) 120 N.R. 241 (S.C.C.); *Committee for Justice and Liberty c. Office national de l'énergie*, (1978) 1 R.C.S. 369, (1976) 68 D.L.R. 716 (S.C.C.) et (1976) 9 N.R. 115 (S.C.C.); *Conseil canadien des relations du travail c. Paul L'Anglais Inc.*, (1983) 1 R.C.S. 147, (1983) 146 D.L.R. 202 (S.C.C.) et (1983) 47 N.R. 351 (S.C.C.); *Dairy Industry Act (Reference re Validity of Section 5 (a) of the)*, [1949] R.C.S. 1; *Directeur des enquêtes et des recherches c. Nutra Sweet Co.*, Tribunal de la concurrence 89/2, le 4 octobre 1990; *Director of Investigation and Research c. Air Canada*, (1989) 23 C.P.R. 160; *Director of Investigation and Research c. Air Canada*, (1990) 27 C.P.R. 476; *Director of Investigation and Research c. Palm Dairies Ltd.*, (1987) 12 C.P.R. 425; *Director of Investigation and Research c. Palm Dairies Ltd.*, (1987) 12 C.P.R. 540; *Dominion Trade and Industry Commission Act (Reference re)*, [1936] R.C.S. 379; *Dubois c. R.*, (1985) 2 R.C.S. 350, (1986) 48 C.R. 193 (S.C.C.) et (1986) 22 C.C.C. 513 (S.C.C.); *Farm Products Marketing Act (Reference Re)*, [1957] R.C.S. 198; *Ford c. Québec (Procureur général)*, (1988) 2 R.C.S. 712, (1989) 19 Q.A.C. 69 (S.C.C.) et (1989) 54 D.L.R. 577 (S.C.C.); *General Motors of Canada Ltd. c. City National Leasing*, (1989) 1 R.C.S. 641 et (1989) 58 D.L.R. 255 (S.C.C.); *Goodyear Tire and Rubber Co. of Canada Ltd. c. R.*, [1956] R.C.S. 303; *Hébert & Fils c. Desautels*, [1971] C.A. 285; *Hunter c. Southam Inc.*, (1984) 2 R.C.S. 145, (1985) 11 D.L.R. 641 (S.C.C.), (1985) 55 N.R. 241 (S.C.C.), (1984) 6 W.W.R. 577 (S.C.C.), (1984) 33 Alta L.R. 193 (S.C.C.), (1984) 38 D.T.C. 6467 (S.C.C.), (1985) 14 C.C.C. 97 (S.C.C.), (1984) 41 C.R. 97 (S.C.C.) et (1984) 9 C.R.R. 355 (S.C.C.); *Institut professionnel de la Fonction publique du Canada c. Territoires du Nord-Ouest (Commissaire)*, (1990) 2 R.C.S. 367 et (1990) 72 D.L.R. 1 (S.C.C.); *Irwin Toy Ltd. c. Québec (Procureur général)*, (1989) 1 R.C.S. 927, (1989) 58 D.L.R. 577 (S.C.C.), (1989) 94 N.R. 167 (S.C.C.), (1990) 24 Q.A.C. 2 (S.C.C.) et (1989) 25 C.P.R. 417 (S.C.C.); *Jeunes contrevenants (Î.-P.-É.) (Renvoi relatif à la Loi sur les)*, (1991) 1 R.C.S. 252, (1991) 77 D.L.R. 492 (S.C.C.) et (1991) 62 C.C.C. 385 (S.C.C.); *John Deere Plow Co. c. Wharton*, [1915] A.C. 330; *Lavigne c. Syndicat des employés de la fonction publique de l'Ontario*, C.S. Can. 21378, le 27 juin 1991 *(J.E. 91-1122 et D.T.E. 91T-743)*; *Location résidentielle (Loi de 1979 sur la) (Re)*, (1981) 1 R.C.S. 714; *MacDonald c. Vapor Canada Ltd.*, (1977) 2 R.C.S. 134, (1976) 22 C.P.R. 1 (S.C.C.) et (1976) 7 N.R. 477 (S.C.C.); *Mackeigan c. Hickman*, (1989) 2 R.C.S. 796, (1989) 61 D.L.R. 688 (S.C.C.), (1989) 50 C.C.C. 449 (S.C.C.) et (1990) 72 C.R. 129 (S.C.C.); *McEvoy c. P.G. du Nouveau-Brunswick*, (1983) 1 R.C.S. 704; *McKinney c. Université de Guelph*, (1990) 3 R.C.S. 229 et (1991) 76 D.L.R. 545 (S.C.C.); *Mississauga (Ville de) c. Peel (Mun. régionale de)*, (1979) 2 R.C.S. 244; *Montreal (City of) c. Montreal Street Railway*, [1912] A.C. 333; *Motor Vehicle Act (C.-B.) (Renvoi sur la)*, (1985) 2 R.C.S. 486, (1986) 48 C.R. 289 (S.C.C.), (1986)

24 D.L.R. 536 (S.C.C.), (1986) 18 C.R.R. 30 (S.C.C.), (1986) 23 C.C.C. 289 (S.C.C.), (1986) 1 W.W.R. 481 (S.C.C.), (1986) 69 B.C.L.R. 145 (S.C.C.), (1986) 36 M.V.R. 240 (S.C.C.) et (1986) 63 N.R. 266 (S.C.C.); *Multiple Access Ltd. c. McCutcheon*, (1982) 2 R.C.S. 161 et (1983) 138 D.L.R. 1 (S.C.C.); *Murphy c. C.P.R. Co.*, [1958] R.C.S. 626 et (1959) 15 D.L.R. 145 (S.C.C.); *Nova Scotia Board of Censors c. McNeil*, (1978) 2 R.C.S. 662, (1979) 44 C.C.C. 316 (S.C.C.) et (1978) 84 D.L.R. 1 (S.C.C.); *Office national de l'énergie (Loi sur l') (Can.) (Re)*, (1986) 3 C.F. 275 (C.A.F.); *Organisation des produits agricoles (Re)*, (1978) 2 R.C.S. 1198; *P.G. du Canada c. Inuit Tapirisat of Canada*, (1980) 2 R.C.S. 735, (1981) 115 D.L.R. 1 (S.C.C.) et (1980) 33 N.R. 304 (S.C.C.); *P.G. du Canada c. Law Society of British Columbia*, (1982) 2 R.C.S. 307, (1982) 137 D.L.R. 1 (S.C.C.), (1982) 5 W.W.R. 289 (S.C.C.), (1982) 37 B.C.L.R. 145 (S.C.C.), (1983) 19 B.L.R. 234 (S.C.C.), (1983) 66 C.P.R. 1 (S.C.C.) et (1982) 43 N.R. 451 (S.C.C.); *P.G. du Canada c. Miracle Mart Inc.*, [1982] C.S. 342 et (1982) 68 C.C.C. 242 (Que. S.C.); *P.G. du Canada c. Québec Ready Mix Inc.*, (1985) 2 C.F. 40 (C.A.F.) et (1986) 8 C.P.R. 145 (F.C.A.); *P.G. du Canada c. Transports nationaux du Canada Ltée*, (1983) 2 R.C.S. 206, (1984) 7 C.C.C. 449 (S.C.C.) et (1984) 38 C.R. 97 (S.C.C.); *P.G. du Manitoba c. Manitoba Egg and Poultry Association*, [1971] R.C.S. 689; *P.G. du Québec c. Grondin*, (1983) 2 R.C.S. 364; *Peel (Mun. régionale de) c. MacKenzie*, (1982) 2 R.C.S. 9 et (1983) 139 D.L.R. 14 (S.C.C.); *Philippe Beaubien & Cie c. Canadian General Electric Co.*, [1976] C.S. 1459 et (1977) 30 C.P.R. 100 (Que. S.C.); *Proprietary Articles Trade Association c. A.G. of Canada*, [1931] A.C. 310; *Public Service Employee Relations Act (Alb.) (Renvoi relatif à la)*, (1987) 1 R.C.S. 313, (1987) 38 D.L.R. 161 (S.C.C.), (1987) 78 A.R. 1 (S.C.C.), (1987) 3 W.W.R. 577 (S.C.C.), (1987) 51 Alta. L.R. 97 (S.C.C.), (1987) 18 C.L.L.C. 12,149 (S.C.C.) et (1987) 74 N.R. 99 (S.C.C.); *Québec Ready Mix Inc. c. Rocois Construction Inc.*, (1989) 1 R.C.S. 695, (1989) 60 D.L.R. 124 (S.C.C.) et (1989) 48 C.C.C. 501 (S.C.C.); *R. c. Big M Drug Mart Ltd.*, (1985) 1 R.C.S. 295, (1985) 18 C.C.C. 385 (S.C.C.), (1985) 58 N.R. 81 (S.C.C.), (1985) 3 W.W.R. 481 (S.C.C.), (1985) 18 D.L.R. 321 (S.C.C.), (1985) 13 C.R.R. 64 (S.C.C.), (1985) 60 A.R. 161 (S.C.C.), (1985) 37 Alta. L.R. 97 (S.C.C.) et (1985) 16 C.L.L.C. 12,108 (S.C.C.); *R. c. Eastern Terminal Elevator Co.*, [1925] R.C.S. 434; *R. c. Edwards Books and Art Ltd.*, (1986) 2 R.C.S. 713, (1987) 35 D.L.R. 1 (S.C.C.), (1987) 55 C.R. 193 (S.C.C.), (1987) 30 C.C.C. 385 (S.C.C.), (1987) 28 C.R.R. 1 (S.C.C.) (1987) 18 C.L.L.C. 14,001 (S.C.C.), (1987) 71 N.R. 161 (S.C.C.) et (1987) 19 O.A.C. 239 (S.C.C.); *R. c. Eldorado Nuclear Ltd. – Eldorado nucléaire Ltée*, (1983) 2 R.C.S. 551; *R. c. Jones*, (1986) 2 R.C.S. 284, (1987) 31 D.L.R. 569 (S.C.C.), (1986) 6 W.W.R. 577 (S.C.C.), (1987) 28 C.C.C. 513 (S.C.C.), (1987) 25 C.R.R. 63 (S.C.C.) et (1986) 69 N.R. 241 (S.C.C.); *R. c. Lippé*, C.S. Can. 22072, le 6 juin 1991 *(J.E. 91-934)*; *R. c. Lyons*, (1987) 2 R.C.S. 309 et (1988) 37 C.C.C. 1 (S.C.C.); *R. c. Morgentaler*, (1988) 1 R.C.S. 30, (1988) 37 C.C.C. 449 (S.C.C.), (1988) 62 C.R. 1 (S.C.C.), (1988) 63 O.R. 281 (S.C.C.), (1988) 44 D.L.R. 385 (S.C.C.), (1988) 31 C.R.R. 1 (S.C.C.), (1988) 82 N.R. 1 (S.C.C.) et (1988) 26 O.A.C. 1 (S.C.C.); *R. c. Oakes*, (1986) 1 R.C.S. 103, [1986] D.L.Q. 270 (C.S. Can.), (1986) 26 D.L.R. 200 (S.C.C.), (1986) 24 C.C.C. 321 (S.C.C.), (1986) 65 N.R. 87 (S.C.C.), (1986) 19 C.R.R. 308 (S.C.C.), (1986) 50 C.R. 1 (S.C.C.) et (1986) 14 O.A.C. 335 (S.C.C.); *R. c. Skinner*, (1990) 1 R.C.S. 1235, (1990) 77 C.R. 84 (S.C.C.) et (1990) 56 C.C.C. 1 (S.C.C.); *R. c. Thomas Fuller Construction Co. (1958) Ltd.*, (1980) 1 R.C.S. 695, (1980) 106 D.L.R. 193 (S.C.C.), (1980) 30 N.R. 249 (S.C.C.) et (1980) 12 C.P.C. 248 (S.C.C.); *R. c. Vermette*, (1987) 1 R.C.S. 577, (1987) 32 C.C.C. 519 (S.C.C.) et (1987) 57 C.R. 340 (S.C.C.); *R. c. Wetmore*, (1983) 2 R.C.S. 284, (1984) 7 C.C.C. 507 (S.C.C.) et (1984) 38 C.R. 161 (S.C.C.); *Rocket c. Collège royal des chirurgiens dentistes d'Ontario*, (1990) 2 R.C.S. 232 et (1990) 71 D.L.R. 68 (S.C.C.); *Rocois Construction Inc. c. Québec Ready Mix Inc.*, (1990) 2 R.C.S. 440 et (1991) 31 Q.A.C. 241 (S.C.C.); *Sobeys Stores Ltd. c. Yeomans et Labour Standards Tribunal (N.-É.)*, (1989) 1 R.C.S. 238 et (1989) 57 D.L.R. 1

(S.C.C.); *Société Radio-Canada c. Commission de police du Québec*, (1979) 2 R.C.S. 618, (1980) 101 D.L.R. 24 (S.C.C.), (1980) 48 C.C.C. 289 (S.C.C.), (1980) 14 C.P.C. 60 (S.C.C.) et (1979) 28 N.R. 541 (S.C.C.); *Supermarchés Dominion Ltée c. R.*, (1980) 1 R.C.S. 844; *Thomson Newspapers Ltd. c. Canada (Directeur des enquêtes et recherches, Commission sur les pratiques restrictives du commerce)*, (1990) 1 R.C.S. 425, (1990) 67 D.L.R. 161 (S.C.C.), (1990) 54 C.C.C. 417 (S.C.C.) et (1990) 76 C.R. 129 (S.C.C.); *Tomko c. Labour Relations Board (Nouvelle-Écosse)*, (1977) 1 R.C.S. 112; *Toronto Electric Commissioners c. Snider*, [1925] A.C. 396; *Valente c. R.*, (1985) 2 R.C.S. 673, (1985) 23 C.C.C. 193 (S.C.C.) et (1986) 49 C.R. 97 (S.C.C.); *Weidman c. Shragge*, (1911-12) 46 R.C.S. 1.

Doctrine citée

Augustine, Philip W. «Protection of the Right to Property under the Canadian Charter of Rights and Freedoms», (1986) 18 *Ottawa L.R.* 55-81, 77; Benyekhlef, Karim. «La notion de cour d'archives et les tribunaux administratifs», (1988) 22 *R.J.T.* 61-81; Binette, André. «Note. La mise en œuvre judiciaire de l'article 1 de la Charte canadienne des droits et libertés et le droit de la preuve», (1986) 27 *C. de D.* 939-964; Blache, Pierre. «L'impartialité et l'indépendance selon les articles 7 et 11d de la Charte canadienne», dans Formation permanente du Barreau du Québec. *Développements récents en droit administratif*. Tome 2. Cowansville: Y. Blais, 1989. Pp. 55-69, pp. 57, 62; Brun, Henri et Tremblay, Guy. *Droit constitutionnel*. 2e éd. Cowansville: Y. Blais, 1990. 1232 p., pp. 414-415, 692; Canada. Commission royale sur l'union économique et les perspectives de développement du Canada. *Rapport*. Volume 3. Ottawa: Approvisionnements et Services Canada, 1985. 779 p., p. 122; Canada. Ministère des Approvisionnements et Services. *Rapport de la Commission royale d'enquête sur les groupements de société*. 1978., P. 3; Conseil économique du Canada. *Rapport provisoire sur la politique de concurrence*. Ottawa: Imprimeur de la Reine, 1969. 269 p., pp. 115, 122-123, 123-124, 161-162; Dussault, René et Borgeat, Louis. *Traité de droit administratif*. 2e éd. Tome 3. Québec: P.U.L., 1989. 1342 p., p. 76; Elliot, Robin. «Case Comment. Constitutional Law — Judicature. Is Section 96 Binding on Parliament? Reference Re Establishment of Unified Criminal Court of New Brunswick», (1982) 16 *U.B.C.L. Rev.* 313-355; Elliot, Robin. «Case Comment. New Brunswick Unified Criminal Court Reference», (1984) 18 *U.B.C.L. Rev.* 127-141; Fortin, H.L. «L'application de la *Loi sur la concurrence* aux secteurs réglementés et aux sociétés d'État», Colloque sur le droit de la concurrence, Faculté de droit de l'Université Laval, 21-22 avril 1988; Garant, Patrice. «Le directeur des enquêtes et recherches et le Tribunal de la concurrence sous l'empire du droit administratif et de la Charte canadienne», Colloque sur le droit de la concurrence, Faculté de droit de l'Université Laval, 22 avril 1988, p. 1; Goldman, C.S. «Les nouvelles dispositions canadiennes sur les fusionnements de la Loi sur la concurrence», Conférence 22-23 octobre 1987, Fordham Corporate Law Institute, New York; Hailsham, Lord and McEwen, R. *The Law Relating to Monopolies, Restrictive Trade Practices and Resale Price Maintenance*. London: Butterworths, 1956. P. 44; Hogg, Peter W. and Grover, Warren. «The Constitutionality of the Competition Bill», (1975-76) 1 *Can. Bus. L.J.* 197-228, 199-200; Jacob, H.I. «The Inherent Jurisdiction of the Court» (1970) 23 *Current Legal Problems* 23-52, 49-50; Lederman, W.R. «The Independence of the Judiciary», (1956) 34 *R. du B. can.* 769-809; Morgan, B.G. «Proof of Facts in Charter Litigation», dans Robert J. Sharpe. *Charter Litigation*. Toronto: Butterworths, 1986. 456 p., p. 159; Mullan, David J. «The Uncertain Constitutional Position of Canada's Administrative Appeal Tribunals», (1982) 14 *Ottawa L.R.* 239-269, 260 et sqq.; Pépin, Gilles. «Chroniques. L'indépendance des tribunaux administratifs et l'article 23 de la Charte des droits et libertés de la personne», (1990) 50 *R. du B.* 766-792, 781; Pépin, Gilles. «Jurisprudence. L'indépendance judiciaire — L'article 11 (d) de la Charte canadienne — Une source d'inquiétude particulièrement pour les juges des cours inférieures et une source d'interrogation pour les membres des tribunaux administratifs », (1986) 46 *R. du B. can.* 550-562 ; Picher, P. *Courts of Record and Administrative Tribunal*. Ottawa : Commission de réforme du droit, 1976. Pp. 10, 25 ; Pinard, Danielle. « Le droit et le fait dans l'application des standards et la clause limitative de la *Charte canadienne des droits et libertés* », (1989) 30 *C. de D.* 137-187, 174 *et sqq.* ; Rosenberg, M. « La nouvelle législation sur la concurrence : Perspective globale », Colloque sur le droit de la concurrence, Faculté de droit de l'Université Laval, 22 avril 1988 ; Roy, Nicolas. « Le fédéralisme canadien sous l'œil de la concurrence réglementaire : le cas des mesures défensives en matière d'offres publiques d'achat », (1990) 31 *C. de D.*, 321-407, 339 ; Sheppard, Claude Armand. « The Enforcement of Restrictive Covenants in Quebec Law », (1963) 23 *R. du B.* 311-353.

●

TEXTE INTÉGRAL DU JUGEMENT

La Cour :

Statuant sur le pourvoi de l'appelant et sur l'appel incident des appelants incidents contre un jugement de la Cour supérieure (Québec, 6 avril 1990, le juge Jacques Philippon), lequel a accueilli en partie l'action intentée par les intimés et déclaré inconstitutionnels les alinéas 92 (1) *e)* (i), 92 (1) *f)* (i), 92 (1) *f)* (ii) de la *Loi sur la concurrence* [1] parce qu'ils portaient atteinte à la liberté d'association garantie par l'article 2 *d)* de la *Charte canadienne des droits et libertés* [2] ;

Il a aussi déclaré inconstitutionnel le Tribunal de la concurrence institué par cette loi pour le motif qu'il n'offrait pas de garanties suffisantes d'indépendance et d'impartialité.

Il a par ailleurs reconnu que la loi ne contrevenait pas au partage des compétences établi par la *Loi constitutionnelle de 1867* [3] et qu'elle était applicable aux activités exercées par les intimés, même si ces activités étaient déjà réglementées par la *Loi sur les produits agricoles, les produits marins et les aliments* [4].

Après étude du dossier, audition et délibéré ;

Pour les motifs exposés dans l'opinion écrite de Mme la juge Rousseau-Houle, dont un exemplaire est déposé avec le présent arrêt, et auxquels souscrivent M. le juge en chef Bisson et M. le juge Dussault ;

Accueille l'appel principal, avec dépens ;

Infirme le jugement entrepris quant aux éléments sur lesquels portait l'appel principal ;

Rejette l'action en nullité, avec dépens ;

Rejette l'appel incident, avec dépens.

Mme la juge Rousseau-Houle. Alex Couture inc. et les autres intimés contestent la constitutionnalité de la *Loi constituant le Tribunal de la concurrence, modifiant la Loi relative aux enquêtes sur les coalitions et la Loi sur les banques et apportant des modifications corrélatives à d'autres lois* [5]. Cette loi — avec modifications — se retrouve au chapitre 19 (2e supplément) des *Lois révisées du Canada (1985)*. Elle comporte quatre parties. La *première* (art. 1 à 17) [6], entrée en vigueur le 19 juin 1986, a pour titre la *Loi sur le Tribunal de la concurrence* ; elle porte sur la création de ce tribunal, sa composition et les pouvoirs qui lui sont dévolus. La *deuxième* partie (art. 18 à 45) [7], la *Loi sur la concurrence*, également entrée en vigueur le 19 juin 1986 — sauf les articles 108 à 124, entrés en vigueur le 15 juillet 1987 — modifie le titre de la *Loi relative aux enquêtes sur les coalitions* et amende plusieurs dispositions de cette loi. La *troisième* par-

---

(1) (L.R.C. 1985, c. C-34), modifiée par la *Loi sur le Tribunal de la concurrence*, (L.R.C. 1985, 2e suppl., c. 19), art. 18 *et sqq.*

(2) Dans *Loi de 1982 sur le Canada*, (L.R.C. 1985, app. II, n° 44, annexe B, partie I).

(3) L.R.C. 1985, app. II, n° 5.
(4) L.R.Q., c. P-29.
(5) L.C. 1986, c. 26.
(6) Art. 1 à 17.
(7) Art. 18 à 45.

tie (art. 46 à 59)[8] apporte certaines modifications corrélatives à diverses lois fédérales. La *quatrième* partie (art. 60 à 62)[9] contient des mesures transitoires entre les nouvelles dispositions de la *Loi sur la concurrence* et l'ancienne *Loi relative aux enquêtes sur les coalitions* quant aux enquêtes et affaires qui étaient pendantes devant la Commission sur les pratiques restrictives du commerce avant l'entrée en vigueur de la loi de 1986.

Les faits à l'origine de l'action prise par les intimés se sont produits en janvier 1987 et leur action a été intentée le 2 juillet 1987. La codification des *Lois révisées du Canada (1985)* n'est entrée en vigueur que le 12 décembre 1988. Néanmoins, afin de simplifier les renvois aux diverses dispositions législatives, c'est la numérotation de la codification du chapitre 19, 2e supplément, et du chapitre C-34 des lois révisées de 1985 qui sera utilisée.

Les questions constitutionnelles

Tant devant la Cour supérieure qu'en appel, les questions constitutionnelles soulevées par les intimés sont les suivantes :

1. La *Loi sur la concurrence* contrevient-elle au partage des compétences établi par la *Loi constitutionnelle de 1867* ?

2. Si la *Loi sur la concurrence* est valide, est-elle applicable à une industrie réglementée par la province ? Les activités exercées par les intimés sont réglementées par la *Loi sur les produits agricoles, les produits marins et les aliments*.

3. Les dispositions de la *Loi sur la concurrence* portant sur les fusionnements, particulièrement les articles 92 (1) *e)* (i), 92 (1) *f)* (i) et 92 (1) *f)* (ii), portent-elles atteinte à la liberté d'association garantie par l'article 2 *d)* de la *Charte canadienne des droits et libertés* ?

4. Le Tribunal de la concurrence institué par la loi[10] est-il inconstitutionnel, parce qu'il n'offre pas de garanties suffisantes d'indépendance et d'impartialité ?

Les faits et les procédures judiciaires

L'intimée Alex Couture inc. est une compagnie qui exploite, à Charny, un fondoir où elle traite par déshydratation les déchets et sous-produits d'origine animale pour fins de recyclage au profit de diverses industries alimentaires et chimiques. Elle produit et met en marché des protéines et des graisses. Sa production de protéines est écoulée sur le marché local, c'est-à-dire au Québec. Quant aux graisses, elles sont vendues en partie sur le marché local (40 %) ; le reste est exporté à l'étranger. Ces exportations représentent 40 % du chiffre d'affaires de la compagnie.

Antérieurement au 26 janvier 1987, la totalité des actions émises et en circulation de la compagnie Alex Couture inc. était la propriété de l'intimée Gestion Murray Couture inc., une société appartenant à M. Murray Couture et à ses cinq enfants.

Le 26 janvier 1987, Alex Couture est devenu propriétaire de la totalité des actions des intimées Fondoir Laurentide inc., Paul & Eddy inc. et Lomex inc.

Fondoir Laurentide inc. est une société par action exploitant un fondoir dans la région de Mirabel et dont la production est vendue à des meuneries locales. Contrairement à Alex Couture inc., Fondoir Laurentide inc. ne fait aucune récupération des matières premières qu'elle traite. Elle est approvisionnée à cet égard par l'intimée Paul & Eddy inc., dont la seule activité est la récupération des déchets et sous-produits d'origine animale. Au moment de la transaction du 26 janvier 1987, l'intimé Pierre Verville était l'actionnaire majoritaire et le président de Fondoir Laurentide inc. et de Paul & Eddy inc. Il était également président de Lomex inc.

L'intimée Lomex inc. est une entreprise de récupérateurs-fondeurs dont le fondoir est situé à Rivière-des-Prairies. Elle effectue le même genre d'opérations qu'Alex Couture inc. et s'approvisionne au Québec et en Ontario. Antérieurement au 26 janvier 1987, la totalité des actions

---

(8) Art. 46 à 59.
(9) Art. 60 à 62.
(10) *Id.*, partie I.

émises et en circulation de Lomex inc. étaient détenues par les mises en cause Granofsky Holdings inc. et 91586 Canada Ltd.

À cette même date du 26 janvier 1987, l'intimé Pierre Verville s'associait à Gestion Murray Couture inc. pour former la compagnie Sanimal Industries inc. Les actions émises et en circulation de Sanimal Industries inc. étaient acquises dans une proportion de 89,99 % par Gestion Murray Couture inc. et de 10,01 % par Pierre Verville[11].

À la fin de la journée du 26 janvier 1987, Gestion Murray Couture inc. et Pierre Verville détenaient donc la totalité des actions de Sanimal Industries inc., dont la filiale Alex Couture inc. détenait la totalité des actions émises et en circulation des intimées Fondoir Laurentide inc., Paul & Eddy inc. et Lomex inc.

Le ou vers le 28 janvier 1987, le directeur des enquêtes et recherches informait l'intimée Alex Couture inc. qu'il désirait faire enquête sur les transactions du 26 janvier 1987. Les intimées s'engageaient alors à restreindre, pendant cette enquête, l'intégration prévue aux divers documents contractuels et à maintenir le *statu quo*, tel qu'en font foi les pièces P-2 et P-3.

En juin 1987, le directeur des enquêtes et recherches présentait au Tribunal de la concurrence une demande en vertu de l'article 92 (1) de la *Loi sur la concurrence*. Cette demande visait à obtenir :

1. une ordonnance enjoignant au défendeur et aux défenderesses de dissoudre le fusionnement au sens de l'article 63 de la Loi sur la concurrence entre les compagnies Lomex Inc. et Alex Couture Inc. conformément aux directives jugées appropriées du Tribunal ;

2. une ordonnance enjoignant au défendeur et aux défenderesses de dissoudre le fusionnement au sens de l'article 63 de ladite loi entre les compagnies Paul & Eddy Inc., Fondoir Laurentide Inc. et Sanimal Industries Inc. conformément aux directives jugées appropriées du Tribunal ;

3. une ordonnance enjoignant à la compagnie Alex Couture Inc. de se départir de tous les éléments d'actif et de toutes les actions de Lomex Inc. qu'elle y détient ;

4. une ordonnance enjoignant à la compagnie Sanimal Industries Inc. de se départir de tous les éléments d'actif et de toutes les actions de Paul & Eddy Inc. et de Fondeur Laurentide Inc. qu'elle y détient ;

5. toute autre ordonnance que le Tribunal jugera appropriée sous réserve de l'assentiment des compagnies Alex Couture, Sanimal Industries Inc. et du directeur ;

le tout dans les 90 jours de l'ordonnance, ou dans tout autre délai que le Tribunal considérera approprié.

Le 2 juillet 1987, les intimés formaient une action directe en nullité de la *Loi constituant le Tribunal de la concurrence, modifiant la Loi relative aux enquêtes sur les coalitions et la Loi sur les banques et apportant des modifications corrélatives à d'autres lois*.

Le 6 août 1987, un juge de la Cour supérieure ordonnait la suspension de l'instance devant le Tribunal de la concurrence. Cette dernière ordonnance était maintenue par la Cour d'appel[12] pour valoir jusqu'à l'audition de l'action en Cour supérieure. Elle était renouvelée par le juge Philippon au début de l'audition pour valoir jusqu'au jugement au fond.

Le jugement de la Cour supérieure

M. le juge Philippon, de la Cour supérieure, a jugé que la *Loi sur la concurrence* constituait un exercice valide de la compétence du Parlement fédéral en vertu des pouvoirs reconnus par l'article 91 paragraphe 2 de la *Loi constitutionnelle de 1867* en matière de réglementation des échanges et du commerce. Il a conclu que la loi s'appliquait aux entreprises des intimés, même si ces entreprises sont soumises à la réglementation provinciale sur l'industrie de l'équarris-

---

[11] Au cours de son témoignage, le 2 octobre 1989, M. Murray Couture a cependant déclaré que Gestion Murray Couture inc. détenait maintenant 100 % des actions de Sanimal Industries inc. et que, depuis un an environ, Pierre Verville n'avait plus aucun lien d'affaires avec Sanimal Industries inc. ou toute autre entreprise du groupe.

[12] [1987] R.J.Q. 1971 (C.A.).

sage. Cette réglementation vise principalement la qualité des services et la salubrité des produits, et ne touche à la concurrence que d'une manière accessoire. Selon le juge de la Cour supérieure, l'objectif de la *Loi sur les produits agricoles, les produits marins et les aliments* n'est pas de favoriser la concurrence dans l'industrie de l'équarrissage, de sorte qu'il n'y a pas d'incompatibilité entre la législation fédérale et la législation provinciale.

Le premier juge a cependant considéré que certaines dispositions de la *Loi sur la concurrence* portaient atteinte au droit d'association des intimés, droit protégé par la *Charte canadienne des droits et libertés* (art. 2 d)) et par la *Déclaration canadienne des droits*[13] (art. 2 e)). Il a déclaré « *ultra vires* et inapplicables aux accords et transactions intervenus entre les intimés les dispositions 92 (1) e) (i), 92 (1) f) (i) et 92 (1) f) (ii) de la *Loi sur la concurrence* ».

Il a également déclaré inconstitutionnel le Tribunal de la concurrence institué par la loi de 1986. À son avis, le Parlement n'avait pas la compétence d'accorder les pouvoirs que la loi donne au Tribunal de la concurrence, l'assimilant à une cour supérieure d'archives avec tous les pouvoirs d'une véritable cour, sans accorder à ce Tribunal les attributs essentiels d'indépendance et d'impartialité reconnus à une cour supérieure. Il a jugé que l'insuffisance se manifestait « au plan de la structure du Tribunal quand il s'agit du choix des membres non juges, de leur rôle, du processus de révocation, du lien qui, par le jeu d'une disposition transitoire, persiste avec la branche exécutive de notre système, sans oublier la perception possible de partialité par une personne raisonnable en raison de ce lien qui persiste et du caractère à temps partiel de la fonction de l'un de ses membres » (jugement, m.a., p. 156).

1. Première question : La *Loi sur la concurrence* contrevient-elle au partage des compétences établi par la *Loi constitutionnelle de 1867*?

La loi dont la validité constitutionnelle est contestée a créé le Tribunal de la concurrence

et a modifié le titre et plusieurs dispositions de la *Loi relative aux enquêtes sur les coalitions*. La nouvelle *Loi sur la concurrence* aurait comme effet, selon les intimés, d'empiéter d'une manière inconstitutionnelle sur les compétences attribuées exclusivement aux provinces en matière de propriété et de droits civils, et généralement sur toutes les matières de nature locale dans la province[14].

I. Historique de la législation sur la concurrence

Historiquement, le domaine de la concurrence, des monopoles et des coalitions a été considéré comme relevant du champ de compétence du gouvernement fédéral.

La première loi sur la concurrence a été adoptée en 1889[15], un an avant l'adoption du *Sherman Act*[16] aux États-Unis. Cette loi, qui faisait passer les complots, les coalitions, les accords ou échanges visant à empêcher ou à réduire indûment la concurrence au rang d'infractions criminelles, était intégrée au *Code criminel* en 1892[17] (art. 520, coalition pour restreindre le commerce).

En 1910, était adoptée la première loi antitrust sous le nom de *Loi à l'effet de pourvoir à l'institution d'enquêtes sur les coalitions, monopoles, trusts et syndicats (mergers)*[18]. Cette loi prévoyait une procédure d'enquête dans le cas de coalitions, monopoles ou fusionnements et donnait à une commission de commerce composée de trois membres le pouvoir de faire des enquêtes et de faire rapport au ministre du Travail. Ce dernier était habilité à déterminer si un fusionnement limitait la concurrence ou était néfaste aux consommateurs ou aux producteurs.

En 1919, une nouvelle loi, *Loi des coalitions et des prix raisonnables, 1919*[19], remplaçait la

---

(13) L.R.C. 1985, app. III.

(14) *Loi constitutionnelle de 1867*, art. 92 paragr. 13 et 92 paragr. 16.
(15) *Acte à l'effet de prévenir et supprimer les coalitions formées pour gêner le commerce*, (S.C. 1889, c. 41).
(16) 1890, c. 647, 26 Slat 209.
(17) *Code criminel, 1892*, (S.C. 1892, c. 29).
(18) *Loi des enquêtes sur les coalitions*, (S.C. 1910, c. 9).
(19) S.C. 1919, c. 45.

loi de 1910 relative aux enquêtes sur les coalitions. Le législateur créait également une commission de commerce pour le Canada [20] et donnait à cette commission le pouvoir de déterminer ce qui constituait des profits excessifs et de rendre des ordonnances ayant comme effet de fixer des limitations de prix. Le Conseil privé, dans l'affaire *In re Board of Commerce Act, 1919* [21], déclarait ces deux lois inconstitutionnelles.

Une *Loi à l'effet de pourvoir à l'institution d'enquêtes sur les coalitions, monopoles, trusts et syndicats (mergers)* [22], était à nouveau promulguée en 1923. Le délit de coalition redevenait une infraction strictement criminelle et les pouvoirs d'enquête du registraire et des commissaires étaient limités « aux enquêtes relatives aux conduites présumées constituer l'infraction d'aider sciemment à la formation ou à la pratique de coalitions ou de fusionnements ». Le registraire et les commissaires chargés de faire des enquêtes ne disposaient plus du pouvoir de rendre des ordonnances visant à prévenir ou à faire cesser des comportements anticoncurrentiels. Le Conseil privé confirmait la constitutionnalité de cette loi dans *Proprietary Articles Trade Association c. A.G. of Canada* [23], sur la base de la compétence fédérale en matière de droit criminel. Le Conseil privé faisait cependant une mise en garde expresse contre toute interprétation de sa décision qui chercherait à dissiper l'idée que le pouvoir fédéral en matière de trafic et de commerce ne saurait servir à étayer la validité de cette loi [24].

En 1935, des modifications étaient apportées au *Code criminel* pour y insérer un article relatif à la discrimination dans le commerce [25]. La même année, une loi [26] établissait une commission fédérale du commerce et de l'industrie chargée d'enquêter et de recommander des poursuites au sujet des pratiques commerciales déloyales constituant des infractions aux lois du Parlement du Canada. Les pouvoirs d'enquête de la Commission étaient confirmés à l'exception du pouvoir donné au gouverneur en conseil d'approuver à l'avance, sur l'avis de la Commission, une entente conclue entre hommes d'affaires en vue de réglementer les prix ou la production dans une industrie lorsque cette entente n'était pas nuisible à l'intérêt public. La Cour suprême et le Conseil privé ont estimé que ce pouvoir était *ultra vires*, car il n'était pas nécessairement incident à l'aspect droit criminel de la loi en cause [27].

Par la *Loi modifiant la Loi des enquêtes sur les coalitions et le Code criminel* [28], la Commission fédérale du commerce et de l'industrie était remplacée par une commission sur les pratiques restrictives du commerce. Cette commission se voyait conférer des pouvoirs d'enquête, d'audition de témoins lorsque la preuve obtenue par le directeur révélait une situation contraire aux articles 32 et 34 de la loi ou à l'article 498 du *Code criminel* [29] (infraction d'être partie à une coalition). La Commission devait par la suite faire rapport au ministre. Ce rapport pouvait contenir des recommandations sur l'application des recours prévus par la présente loi ou d'autres recours. La loi de 1952 modifiait la partie IV (art. 29 à 31) de la loi (recours spéciaux) et donnait aux cours de juridiction criminelle des provinces le pouvoir, en sus de toute peine imposée, d'interdire la continuation ou la répétition d'une infraction, y compris le pouvoir d'ordonner la dissolution d'une fusion.

Ces dernières modifications étaient jugées valides par la Cour suprême dans l'arrêt *Goodyear Tire and Rubber Co. of Canada Ltd. c. R.* [30]. Les nouvelles sanctions que pouvaient imposer

---

(20) *Loi de la Commission de commerce*, (S.C. 1919, c. 37).
(21) (1922) 1 A.C. 191.
(22) *Loi des enquêtes sur les coalitions*, (S.C. 1923, c. 9) [S.R.C. 1927, c. 26].
(23) [1931] A.C. 310.
(24) *Id.*, 326.
(25) *Loi modifiant le Code criminel*, (S.C. 1935, c. 56).
(26) *Loi sur la Commission fédérale du commerce et de l'industrie*, (S.C. 1935, c. 59).

(27) *A.G. of Ontario c. A.G. of Canada*, [1937] A.C. 405, confirmant *Reference re Dominion Trade and Industry Commission Act*, [1936] R.C.S. 379.
(28) S.C. 1952, c. 39.
(29) S.R.C. 1927, c. 36.
(30) [1956] R.C.S. 303.

les tribunaux ne s'appliquaient que lorsqu'il y avait déjà eu déclaration de culpabilité. Elles constituaient donc des mesures découlant du pouvoir du Parlement fédéral en matière criminelle[31].

Le droit en matière de concurrence demeurait inchangé jusqu'en 1975. Toutefois, une réforme en profondeur de la loi s'était imposée bien avant cette date et des propositions expresses avaient été faites en 1969 dans le *Rapport provisoire du Conseil économique du Canada sur la politique de la concurrence*[32].

Donnant suite à ce rapport, le gouvernement présentait en 1971 le projet de loi C-256[33]. Ce projet, selon les recommandations du Conseil économique du Canada, proposait la décriminalisation des fusionnements et des monopoles ainsi que la création d'un tribunal spécialisé des pratiques concurrentielles pour trancher les affaires non criminelles. Face aux critiques qu'elles suscitaient, ces propositions étaient retirées et seule la première partie du projet de loi était finalement adoptée en décembre 1975, sous le titre de *Loi modifiant la Loi relative aux enquêtes sur les coalitions et la Loi sur les banques et abrogeant la Loi ayant pour objet la modification de la Loi modifiant la Loi relative aux enquêtes sur les coalitions et le Code criminel*[34].

Cette loi, mise en vigueur en 1976, introduisait des dispositions réglementaires concernant des pratiques ou activités pouvant limiter la concurrence et donnait à la Commission des pratiques restrictives de commerce, qui n'avait jusque-là que des pouvoirs d'enquête, certains pouvoirs quasi judiciaires et adjudicatifs. La Commission recevait notamment le pouvoir de prohiber : les refus de vendre, les ententes d'exclusivité, les ventes liées, les ventes par voie de consignation et la limitation des marchés lorsque ces pratiques pouvaient avoir pour effet de restreindre substantiellement la concurrence. Toutefois, la disposition relative aux fusions et monopoles (art. 49) demeurait au titre des infractions relatives à la concurrence et soustraite à la compétence de la Commission.

Cette loi ajoutait, au chapitre des recours spéciaux, certains recours additionnels à l'encontre des infractions relatives à la concurrence, dont le droit d'exiger d'une personne déclarée coupable d'une infraction des renseignements quant à ses affaires et le droit d'exercer un recours en dommages-intérêts. Le nouvel article 31.1 donnait ainsi à toute personne qui a subi un préjudice ou une perte par suite d'un comportement allant à l'encontre de la partie V (art. 32 à 39) (infractions relatives à la concurrence) ou par suite du défaut d'une personne de se conformer à une ordonnance rendue par la Commission ou une cour en vertu de la loi le droit de recouvrer des dommages-intérêts. Cette loi créait enfin certaines offenses nouvelles relatives à la concurrence.

La loi mise en vigueur en 1976 ne constituait que la première partie de la réforme proposée par le projet de loi C-256 de 1971. La réforme était complétée en 1986 par la création du Tribunal de la concurrence et par l'incorporation de nouvelles dispositions concernant principalement les monopoles, les fusionnements et les accords de spécialisation[35].

Comme les modifications apportées en 1986 sont en large part de nature civile, elles auraient comme effet, selon les intimés et le Procureur général du Québec, de modifier le caractère véritable de la *Loi relative aux enquêtes sur les coalitions*. La nouvelle *Loi sur la concurrence* constituerait désormais une mesure législative relative au droit civil relevant de la compétence exclusive des provinces.

La recherche de la validité constitutionnelle de la loi de 1986 ne saurait être entreprise sans

---

(31) *Loi constitutionnelle de 1867*, art. 91 paragr. 27.
(32) *Rapport provisoire sur la politique de concurrence*, Ottawa : Imprimeur de la Reine, 1969.
(33) 28e législature, 3e session, Canada, 1971.
(34) S.C. 1974-75-76, c. 76, refondu au 31 décembre 1984 et devenu le chapitre C-34 des *Lois révisées du Canada (1985)*.

---

(35) *Loi constituant le Tribunal de la concurrence, modifiant la Loi relative aux enquêtes sur les coalitions et la Loi sur les banques et apportant des modifications corrélatives à d'autres lois*, (L.R.C. 1985, 2e suppl., c. 19).

considérer la validité constitutionnelle de la loi antérieure, qu'elle modifie sous certains aspects.

II. La validité constitutionnelle de la Loi relative aux enquêtes sur les coalitions

La Cour suprême a unanimement décidé dans l'arrêt *General Motors of Canada Ltd. c. City National Leasing*[36] que cette loi est valide en vertu de la compétence fédérale en matière d'échanges et de commerce, et plus particulièrement en vertu du « deuxième aspect » de cette compétence, la compétence en matière d'échanges et de commerce « en général » et touchant l'ensemble du Canada.

City National Leasing avait été exclu du programme de subvention des taux d'intérêt préférentiels offert par General Motors. Invoquant que cela constituait une pratique de discrimination fondée sur les prix interdite par la *Loi relative aux enquêtes sur les coalitions*, City National Leasing avait intenté une action en vertu de l'article 31.1 de cette loi.

Cet article établit un droit d'action de nature civile à l'égard de certaines infractions à la loi. Or il appartient aux provinces d'établir un droit d'action de nature civile. La question que soulevait cette affaire était donc de savoir si la constitutionnalité de l'article 31.1 pouvait néanmoins être confirmée en raison de son rapport avec la loi. Pour répondre à cette question, le juge en chef Dickson a examiné deux points. Premièrement, la loi est-elle valide en vertu de la compétence fédérale en matière d'échanges et de commerce qui est conférée à l'article 91 paragraphe 2 de la *Loi constitutionnelle de 1867*? Deuxièmement, l'article 31.1 est-il si intimement lié à la loi qu'il est lui aussi constitutionnel en vertu de l'article 91 paragraphe 2? Il répond affirmativement à ces deux questions.

La compétence générale en matière d'échanges et de commerce a historiquement été cristallisée dans l'arrêt *Citizens Insurance Co. of Canada c. Parsons*[37]. Le Conseil privé a tracé les grandes lignes directrices d'application de cette compétence législative. Essentiellement, elle comporte deux volets : le pouvoir de réglementer le commerce international et interprovincial, et, selon la formule de sir Montague Smith dans cet arrêt, « le pouvoir général de réglementation économique touchant le Canada dans son ensemble[38] » [La traduction est de la soussignée.]. Par la suite, les tribunaux ont confirmé la validité des mesures fédérales relatives au premier volet, soit le commerce international ou extraprovincial[39]. Ils ont toutefois déterminé que le premier volet de l'arrêt *Parsons* ne justifiait pas la réglementation par l'État central d'une activité commerciale ou d'une industrie particulière[40], ni le contrôle de la production agricole ou industrielle dans une province[41]. Cependant, les plans provinciaux visant à contrôler les denrées apportées dans la province ou visant à fixer les prix sur le marché d'exportation[42] ont été jugés inconstitutionnels.

Le deuxième volet de la compétence fédérale esquissé dans l'arrêt *Parsons* est demeuré largement inexploité. Les tribunaux ont jugé qu'il ne permettait pas la réglementation d'un seul commerce ou industrie, même si ce commerce vise une partie importante de l'activité économique. Ils ont ainsi refusé de l'accepter pour justifier la réglementation du secteur

---

(36) (1989) 1 R.C.S. 641.
(37) (1881-82) 7 App. Cas. 96.

(38) *Id.*, 113.
(39) Voir l'affaire de la margarine, *Reference re Validity of Section 5 (a) of the Dairy Industry Act*, [1949] R.C.S. 1; *Murphy c. C.P.R. Co.*, [1958] R.C.S. 626; *Caloil Inc. c. P.G. du Canada*, [1971] R.C.S. 543; *Supermarchés Dominion Ltée c. R.*, (1980) 1 R.C.S. 844.
(40) Voir l'affaire de la margarine, *ibid*; *Carnation Co. c. Quebec Agricultural Marketing Board*, [1968] R.C.S. 238; *Canadian Indemnity Co. c. P.G. de la Colombie-Britannique*, (1977) 2 R.C.S. 504; *Nova Scotia Board of Censors c. McNeil*, (1978) 2 R.C.S. 662; *Re Organisation des produits agricoles*, (1978) 2 R.C.S. 1198; *Brasseries Labatt du Canada Ltée c. P.G. du Canada*, (1980) 1 R.C.S. 914.
(41) *Re Organisation des produits agricoles, ibid*; *Brasseries Labatt du Canada Ltée c. P.G. du Canada, ibid.*; *Central Canada Potash Co. c. Gouvernement de la Saskatchewan*, (1979) 1 R.C.S. 42.
(42) *P.G. du Manitoba c. Manitoba Egg and Poultry Association*, [1971] R.C.S. 689; *Burns Foods Ltd. c. P.G. du Manitoba*, (1975) 1 R.C.S. 494.

de l'assurance dans l'arrêt *A.G. of Canada c. A.G. of Alberta*[43], des prix et des profits dans *In re Board of Commerce Act, 1919*[44], des relations de travail dans *Toronto Electric Commissioners c. Snider*[45], et de la commercialisation de produits dans *R. c. Eastern Terminal Elevator Co.*[46] et *Brasseries Labatt du Canada Ltée c. P.G. du Canada*[47].

Sauf l'arrêt *A.G. of Ontario c. A.G. of Canada*[48] où le Conseil privé a confirmé la validité d'une loi fédérale qui créait une marque de commerce nationale, et l'arrêt *John Deere Plow Co. c. Wharton*[49], où il a été décidé que la réglementation de sociétés à charte fédérale relevait du volet général de l'article 91 paragraphe 2, les tribunaux n'ont pas cherché à donner un contenu au pouvoir général de réglementation économique touchant le Canada dans son ensemble et ont même parfois complètement omis de le considérer[50].

La Cour suprême a fait écho au deuxième volet de l'arrêt *Parsons* dans l'arrêt *MacDonald c. Vapor Canada Ltd.*[51]. Elle a jugé que la réglementation dont la validité constitutionnelle était en cause ne visait pas le commerce en général. Elle a néanmoins tenté, pour la première fois, de définir des principes plus précis concernant la validité des lois adoptées en vertu du pouvoir général en matière d'échanges et de commerce. Elle a de nouveau laissé entendre, dans l'affaire *Brasseries Labatt du Canada Ltée*, précitée, qu'un tel pouvoir général devait être créé mais elle a jugé qu'un pouvoir de cette nature ne saurait régir des commerces particuliers. La même restriction se retrouve dans la dissidence sur ce point non contestée du juge Dickson dans *R. c. Wetmore*[52].

Incité par les propos avant-gardistes du juge en chef Laskin dans *Vapor Canada Ltd.*, où celui-ci proposait les trois critères de validité suivants pour enclencher l'application du second volet de l'arrêt *Parsons*, soit :

1. que la mesure législative s'inscrive dans un système général de réglementation ;

2. que ce système fasse l'objet d'une surveillance constante par un organisme de réglementation ;

3. que la mesure législative porte sur le commerce dans son ensemble plutôt que sur un secteur particulier ;

M. le juge Dickson a poursuivi, dans *P.G. du Canada c. Transports nationaux du Canada Ltée*[53], l'œuvre de réhabilitation[54] du pouvoir général de réglementation économique du Parlement.

Dans cette affaire, la majorité de la Cour suprême a conclu que la compétence provinciale en matière d'administration de la justice (art. 92 paragr. 14) de la *Loi constitutionnelle de 1867* n'empêchait pas le gouvernement fédéral d'intenter directement des poursuites criminelles pour des infractions à la *Loi relative aux enquêtes sur les coalitions* (en l'espèce art. 32 (1) c)).

Les juges minoritaires, Dickson, Beetz et Lamer, exprimèrent l'avis que l'article 32 (1) c) de la loi a été validement adopté par le Parlement du Canada en vertu du pouvoir de légiférer en matière d'échanges et de commerce que lui confère l'article 91 paragraphe 2 de la *Loi constitutionnelle de 1867*. Satisfait, pour sa part, que le champ de la concurrence relevait tant de l'autorité du Parlement de légiférer en vertu du pouvoir général de réglementation économique

---

(43) (1916) 1 A.C. 588.
(44) (1922) 1 A.C. 191.
(45) [1925] A.C. 396.
(46) [1925] R.C.S. 434.
(47) (1980) 1 R.C.S. 914.
(48) [1937] A.C. 405.
(49) [1915] A.C. 330.
(50) *Supermarchés Dominion Ltée c. R.*, (1980) 1 R.C.S. 844.
(51) (1977) 2 R.C.S. 134.

(52) (1983) 2 R.C.S. 284.
(53) (1983) 2 R.C.S. 206.
(54) Nicolas Roy. « Le fédéralisme canadien sous l'œil de la concurrence réglementaire : le cas des mesures défensives en matière d'offres publiques d'achat », (1990) 31 *C. de D.* 321, 339.

qu'en vertu de celui de légiférer en droit criminel, M. le juge Dickson ajoutait aux trois critères formulés par M. le juge en chef Laskin dans *Vapor Canada Ltd.* deux autres critères :

4. que la constitution n'habilite pas les provinces conjointement ou séparément à adopter une telle loi ; et

5. que l'omission d'inclure une seule ou plusieurs provinces ou localités compromettrait l'application de ladite loi dans d'autres parties du pays [55].

Précisant que cette liste de critères n'était pas exhaustive et qu'une appréciation méticuleuse de chaque cas doit prévaloir [56], M. le juge Dickson a conclu que « la présence de tels facteurs rend au moins beaucoup plus probable que ce que vise la loi fédérale en cause est vraiment une question économique d'intérêt national plutôt que simplement une série de questions d'intérêt local [57] ».

L'arrêt *General Motors of Canada Ltd. c. City National Leasing* [58] a consacré la réhabilitation du pouvoir général de réglementation économique amorcée dans *Vapor Canada Ltd.* et *Transports nationaux du Canada Ltée*.

M. le juge en chef Dickson, analysant les divers arrêts du Conseil privé, rejette la position très expansionniste du pouvoir général de réglementation économique adoptée dans *John Deere Plow Co. c. Wharton* et celle trop restrictive prise dans l'affaire *In re Board of Commerce Act, 1919*. Pour le juge en chef Dickson, « le véritable équilibre entre la propriété et les droits civils d'une part et la réglementation des échanges et du commerce d'autre part réside quelque part entre une interprétation compréhensive du paragraphe 91 (2) et une interprétation qui rend la compétence générale en matière d'échanges et de commerce pratiquement insipide et dépourvue de sens [59] ». Il propose une méthode de détermination de la constitutionnalité de la loi qui comporte trois étapes. M. le juge en chef Dickson constate d'abord que l'article contesté [60] empiète sur un pouvoir provincial important, mais la disposition est de nature réparatrice et son application est soigneusement restreinte par les autres dispositions de la loi. Il juge ensuite que la loi contient un système de réglementation de la concurrence soumis à un organisme de surveillance et que la loi satisfait enfin aux critères de l'arrêt *Transports nationaux du Canada Ltée*. Il s'agit d'une loi « qui a pour objet l'économie non pas en tant que série d'entreprises locales distinctes, mais en tant qu'entité nationale intégrée » ; c'est une loi « que la Constitution n'habilite les provinces, conjointement ou séparément, à adopter » et « l'omission d'inclure une seule ou plusieurs provinces ou localités compromettant l'application » de la loi « dans d'autres parties du pays [61] ». La loi est conçue pour surveiller un aspect de l'économie qui doit être réglementé à l'échelle nationale si l'on veut que cet aspect soit réglementé efficacement [62].

Quant à l'article 31.1, il est, selon M. le juge en chef Dickson, suffisamment relié à ce système de réglementation économique contenue dans la *Loi relative aux enquêtes sur les coalitions* pour être justifié sur le plan constitutionnel. Cet article offre un recours de nature privée seulement pour des violations particulières de la loi et ne crée pas un droit général d'action de nature privée [63]. Il fait partie d'un système législatif qui a pour but d'établir « un mécanisme de sanction beaucoup plus complet et efficace qui permette de conjuguer les initiatives publiques et privées en vue d'inciter au respect de la Loi et, le cas échéant, de l'assurer [64] ».

Si la *Loi relative aux enquêtes sur les coalitions* et l'article 31.1 de cette loi constituent des

---

(55) Voir *supra*, note 53, 268, juge Dickson.
(56) *Ibid.*
(57) *Ibid.*
(58) Voir *supra*, note 36.
(59) *Id.*, 660.

(60) *Loi relative aux enquêtes sur les coalitions*, art. 31.1.
(61) Voir *supra*, note 36, 680.
(62) *Id.*, 682.
(63) *Id.*, 684.
(64) *Id.*, 686, citant le juge MacGuigan dans l'arrêt *P.G. du Canada c. Québec Ready Mix Inc.*, (1985) 2 C.F. 40 (C.A.F.), 77.

mesures législatives fédérales valides conformément à la compétence du Parlement en matière d'échanges et de commerce, en est-il ainsi de la *Loi sur la concurrence* et, plus particulièrement, des dispositions de cette loi relatives aux pratiques restrictives du commerce que le Tribunal de la concurrence peut examiner?

III. La détermination de la constitutionnalité de la Loi sur la concurrence

Selon les intimés et le Procureur général du Québec, l'arrêt *General Motors of Canada Ltd.* ne saurait régler le sort de la constitutionnalité de la *Loi sur la concurrence*. Cette loi aurait modifié considérablement la portée et le caractère de la *Loi relative aux enquêtes sur les coalitions*. Les nouveaux moyens prônés pour favoriser la concurrence seraient dans leur essence et leur substance de nature civile. En raison des amendements apportés en 1986, la *Loi relative aux enquêtes sur les coalitions* devenue *Loi sur la concurrence* ne répondrait plus aux critères reconnus par le juge en chef Dickson et ne réaliserait plus l'équilibre constitutionnel entre les pouvoirs du fédéral et ceux des provinces.

Les intimés soumettent de plus que la nature des procédures dans l'affaire *General Motors of Canada Ltd.*, soit une requête en irrecevabilité, n'a pas permis une preuve suffisamment élaborée des effets de la réglementation fédérale à l'échelle du Canada. La preuve qu'ils apportent quant aux conséquences économiques de la *Loi sur la concurrence* démontrerait qu'une réglementation provinciale de la concurrence serait constitutionnellement valide et pratiquement plus efficace qu'une réglementation nationale.

1. Les principaux amendements à la Loi relative aux enquêtes sur les coalitions découlant de la loi de 1986

La partie II de la *Loi constituant le Tribunal de la concurrence, modifiant la Loi relative aux enquêtes sur les coalitions et la Loi sur les banques et apportant des modifications corrélatives à d'autres lois* (art. 18 à 45) modifie toutes les parties de la *Loi relative aux enquêtes sur les coalitions*.

— Dispositions préliminaires

L'article 18 de la loi de 1986 remplace le titre de la *Loi relative aux enquêtes sur les coalitions* par le suivant: *Loi portant réglementation générale du commerce en matière de complots, de pratiques commerciales et de fusionnements qui touchent à la concurrence*. Le titre abrégé de la même loi devient *Loi sur la concurrence* (art. 19).

L'article 20 abroge les définitions de «commission», «fusions» et «monopoles». Ces derniers termes sont redéfinis sous le titre des fusionnements. Quant à la Commission sur les pratiques restrictives de commerce, elle est remplacée par le Tribunal de la concurrence, constitué en vertu de la *Loi sur le Tribunal de la concurrence*. Toutefois, en vertu des dispositions transitoires, les membres de la Commission sont maintenus en poste et peuvent continuer d'exercer les pouvoirs et fonctions qui leur étaient confiés en vertu de la *Loi relative aux enquêtes sur les coalitions* dans la mesure exclusivement où il leur faut donner suite à une requête, à une procédure ou à une affaire commencée en application de cette loi. Les membres qui sont maintenus en poste peuvent simultanément être nommés au Tribunal de la concurrence mais ne sont rémunérés qu'à l'égard de l'un de ces postes (art. 60 et 61).

L'article 21 ajoute une nouvelle disposition concernant l'assujettissement des corporations mandataires de la Couronne fédérale ou provinciale à la nouvelle loi. À cet égard, la Cour avait jugé dans *R. c. Eldorado Nuclear Ltd. – Eldorado nucléaire Ltée*[65] que des compagnies mandataires de l'État ne pouvaient être accusées d'une infraction à la *Loi relative aux enquêtes sur les coalitions*, car aucune disposition de cette loi ou de la *Loi d'interprétation*[66] n'avait pour effet de la rendre applicable à Sa Majesté. Les corporations mandataires de l'État sont dorénavant soumises à la *Loi sur la concurrence*.

---

(65) (1983) 2 R.C.S. 551.
(66) S.R.C. 1970, c. I-23.

— Modifications aux parties I, II et III

Les articles 22 et 23 apportent de nouvelles précisions relatives aux enquêtes tenues par le directeur des enquêtes et recherches.

L'article 24 abolit les anciens articles 11 à 24, réglementant la conduite des enquêtes effectuées par le directeur ou son représentant autorisé, et les remplace par de nouveaux articles 11 à 24. Ces articles ont trait à la conduite des enquêtes, à l'interrogation des témoins, aux mandats de perquisition, à la rétention et à la garde de documents et objets saisis, aux questions relevant du secret professionnel de l'avocat et à la détermination du caractère confidentiel des documents placés sous garde.

Les modifications apportées aux pouvoirs d'enquête se sont imposées suite à la décision de la Cour suprême dans *Hunter c. Southam Inc.*[67] déclarant que les pouvoirs en matière de fouille, de perquisition et de saisie conférés par les articles 10 (1) et 10 (3) de la *Loi relative aux enquêtes sur les coalitions* étaient incompatibles avec l'article 8 de la charte et inopérants parce qu'ils ne spécifiaient aucun critère approprié applicable à la délivrance des mandats et parce qu'ils désignaient un arbitre qui n'avait pas les qualités voulues pour les décerner.

Sous la nouvelle loi, seul le directeur ou son représentant autorisé possède un pouvoir d'enquête. Le Tribunal de la concurrence n'a aucune fonction administrative et aucun pouvoir d'enquête. Il n'est pas autorisé à émettre des mandats de perquisition ou des ordonnances de comparution, de saisie ou de production de documents. C'est à un juge d'une cour supérieure, d'une cour de comté ou de la Cour fédérale que le directeur ou son représentant autorisé doit s'adresser pour obtenir de tels mandats ou ordonnances. On a ainsi tenté d'incorporer les normes fixées par la Cour suprême dans *Hunter*.

Les autres modifications découlant des articles 25 et 26 reformulent simplement les dispositions générales de la partie III (art. 25 à 30) de l'ancienne loi.

— Modifications à la partie IV : Recours spéciaux

Sous ce titre, deux seuls articles sont modifiés.

L'article 27 remplace l'article 31 par un nouveau texte n'en changeant pas la substance.

L'article 28 modifie l'article 34 pour faire disparaître la dernière partie de l'article 34 (1), qui donnait à une cour supérieure de juridiction criminelle d'une province le pouvoir, lorsque la déclaration de culpabilité vise une fusion ou un monopole, d'ordonner à la personne déclarée coupable ou à toute autre personne d'accomplir les actes ou choses nécessaires pour dissoudre la fusion ou le monopole de la manière que prescrit le Tribunal.

Le fait d'être partie intéressée ou d'aider sciemment à une fusion ou monopole, ou à la formation d'une fusion ou monopole constituait, en vertu de l'article 49 de la *Loi relative aux enquêtes sur les coalitions*, un acte criminel. Seule une cour supérieure de juridiction criminelle au sens du *Code criminel*[68] avait juridiction pour juger cette infraction (art. 67 (3) de cette dernière loi).

Selon la nouvelle loi, les fusions et monopoles sont soustraits de la juridiction criminelle. Ils deviennent des affaires civiles que le Tribunal de la concurrence peut connaître[69].

— Modifications à la partie V

Cette partie est abrogée et les affaires que la Commission pouvait examiner deviennent la compétence du Tribunal de la concurrence[70].

— Modifications à la partie VI : Infractions relatives à la concurrence

Outre l'abolition de l'infraction d'être partie à une fusion ou monopole (art. 49), les modifications sous ce chapitre comportent un ajout (art. 45 (2.2)) quant à la preuve d'intention en matière de complot et modifient la peine pouvant

---

(67) (1984) 2 R.C.S. 145.

(68) S.R.C. 1970, c. C-34.
(69) Partie VIII (art. 75 à 106) de la *Loi sur la concurrence*.
(70) *Ibid.*

être imposée dans le cas d'infractions prévues à l'article 45. L'article 49, abrogé, est remplacé par un autre portant exclusivement sur les accords ou arrangements entre les banques.

— Modifications à la partie VII : Autres infractions

L'infraction pour omission de comparaître devant la Commission ou de se conformer à une ordonnance de production de documents est abolie et le paragraphe premier de l'article 74 est modifié de façon à se lire dorénavant comme suit :

> Quiconque contrevient ou fait défaut d'obtempérer à une ordonnance rendue par le *Tribunal* conformément à la partie VIII commet une infraction et encourt sur *déclaration de culpabilité* : a) [...]
>
> b) [...]

[Les italiques sont de la soussignée.]

Comme sous l'ancienne loi, le défaut d'une personne d'obtempérer à une ordonnance rendue par le Tribunal rend également cette personne passible d'une poursuite en dommages-intérêts de la part de toute personne qui subit une perte ou des dommages par suite de ce défaut (art. 36 (1)) [71].

Les autres modifications sous ce titre ne sont que des modifications de concordance.

— Modifications à la partie VIII

Cette partie est abrogée et remplacée par une nouvelle partie VIII : Affaires que le Tribunal peut examiner. On y traite des demandes pouvant être soumises par le directeur des enquêtes et recherches au Tribunal de la concurrence et des ordonnances que ce Tribunal peut rendre.

Le Tribunal de la concurrence s'est vu conférer, en grande partie, la compétence de l'ancienne Commission sur les pratiques restrictives du commerce. Ainsi, le Tribunal de la concurrence a la compétence de la Commission : le refus de vendre un produit (art. 75, ancien art. 37), les ventes par voie de consignation (art. 76, ancien art. 38), les pratiques d'exclusivité de ventes liées et limitation du marché (art. 77, ancien art. 39), les ordonnances quant aux mesures d'exécution de jugements étrangers et quant à la législation et directives étrangères (art. 82, 83, anciens art. 40, 41) et les refus de fournir par un fournisseur étranger (art. 84, ancien art. 42).

La nouvelle loi donne en plus au Tribunal de la concurrence le pouvoir d'examiner l'abus de position dominante (le monopole) (art. 78, 79), les pratiques systématiques des prix à la livraison (art. 80, 81), la limitation des exportations et les exemptions en faveur des accords de spéculation (art. 85 à 90), et les fusionnements (art. 91 à 103). Ces dernières pratiques restrictives du commerce étaient antérieurement rattachées aux infractions relatives à la concurrence. Il était apparu qu'elles se prêtaient mal à un contexte pénal. En particulier, les dispositions de droit criminel contenues dans la *Loi relative aux enquêtes sur les coalitions* s'étaient avérées inefficaces et inappropriées pour régler des cas de fusionnement risquant d'être anticoncurrentiels. M. Goldman, directeur des enquêtes et recherches, a noté que, durant les 75 années d'existence de cette loi, la Couronne n'avait porté que huit affaires de fusionnement devant les tribunaux, et elle n'avait eu gain de cause dans aucune des affaires contestées [72].

La nouvelle loi reprend les mêmes prohibitions concernant des conduites anticoncurrentielles abusives mais dans un contexte civil. Lorsque le directeur des enquêtes et recherches croit qu'il y a abus dans l'exercice d'une pratique restrictive du commerce de nature à vraisemblablement réduire substantiellement la concurrence, il s'adresse au Tribunal. Après audition des parties et examen des critères établis par la loi pour déterminer s'il y a ou non diminution sensible de la concurrence, celui-ci décide s'il y a un tel abus et, le cas échéant, est habilité à

---

(71) Il y a incertitude quant à savoir si la punition pour outrage au tribunal constituerait une autre possibilité d'assurer l'exécution des ordonnances du Tribunal de la concurrence dans la mesure où le Tribunal de la concurrence aurait une telle compétence.

(72) C.S. Goldman. « Les nouvelles dispositions canadiennes sur les fusionnements de la Loi sur la concurrence », Conférence 22-23 octobre 1987, Fordham Corporate Law Institute, New York.

rendre des ordonnances pour prohiber ou changer les pratiques jugées abusives. Les décisions ou ordonnances du Tribunal, qu'elles soient finales, interlocutoires ou provisoires, sont susceptibles d'appel devant la Cour d'appel fédérale. Toutefois, seule la Cour d'appel fédérale peut autoriser un appel sur une question de fait. Aucun appel ne peut être interjeté auprès du cabinet fédéral et celui-ci n'a aucun pouvoir d'annulation.

— Autres modifications

La loi de 1986 ajoute une partie IX: Transactions devant faire l'objet d'un avis (art. 108 à 124).

En vue d'assurer l'efficacité des dispositions sur les fusionnements et de prévenir les fusionnements peu souhaitables, le législateur a prévu que certaines transactions d'envergure visant une acquisition d'actifs ou d'actions, une fusion ou une association d'intérêts doivent faire l'objet d'un préavis au directeur. Ce dernier peut demander au Tribunal de la concurrence de délivrer une ordonnance provisoire ou finale interdisant la transaction. Si une telle demande n'est pas faite dans le délai pertinent, les parties peuvent procéder à la transaction.

Une dernière partie X (art. 125 à 128) concerne le pouvoir du directeur de présenter des observations et soumettre des éléments de preuve devant tout office, toute commission ou tout tribunal fédéral ou provincial.

L'ensemble de ces modifications permet-il de conclure que la *Loi sur la concurrence* s'inscrit toujours dans la foulée de la *Loi relative aux enquêtes sur les coalitions* et qu'elle est une loi fédérale valide en vertu du deuxième aspect de la compétence en matière d'échanges et de commerce?

2. *Les critères de validité de la* Loi sur la concurrence *en vertu de l'article 91 paragraphe 2 de la* Loi constitutionnelle de 1867

Les critères de validité d'une loi en vertu du deuxième volet de la compétence en matière d'échanges et de commerce ont été clairement définis dans l'arrêt *General Motors of Canada*

Ltd. Suivant l'analyse proposée par M. le juge en chef Dickson[73], il faut d'abord déterminer si les dispositions contestées empiètent sur les pouvoirs des provinces et, dans l'affirmative, dans quelle mesure.

— L'empiétement sur les pouvoirs des provinces

La *Loi sur la concurrence*, dans sa partie VIII (art. 75 à 107) (Affaires que le Tribunal peut examiner) et, accessoirement, dans sa partie IX (art. 108 à 124) (Transactions devant faire l'objet d'un avis), empiète sur les compétences attribuées exclusivement aux provinces en matière de propriété et de droits civils (art. 92) de la *Loi constitutionnelle de 1867*. L'empiétement en droit civil introduit par la loi de 1975[74] est accentué par l'attribution au Tribunal de la concurrence du pouvoir d'examiner d'autres infractions que l'on retrouvait avant 1976 au titre des infractions criminelles relatives aux échanges.

La loi de 1975 avait introduit deux formes de recours civil: l'action en dommages-intérêts en faveur de toute personne ayant subi un préjudice ou une perte par suite d'une infraction à la loi (art. 31.1 devenu art. 36 (1) dans le chapitre C-34 des *Lois révisées du Canada (1985)*) et les recours prenant forme d'ordonnances de la Commission à l'encontre de certaines pratiques restrictives de commerce considérées, non plus comme des infractions de nature criminelle, mais comme des infractions de nature civile (Partie IV.1 (art. 31.2 à 31.9), Affaires que la Commission peut examiner). La validité constitutionnelle de l'article 31.1 a été confirmée par la Cour suprême dans l'arrêt *General Motors of Canada Ltd.* parce que cette disposition, quoique empiétant sur les pouvoirs des provinces d'établir un droit d'action de nature civile, n'était pas une partie fondamentale de la loi et qu'elle était suffisamment reliée au système de réglementation économique contenue dans la loi. La question de la constitutionnalité des recours prenant

---

(73) Voir *supra*, note 36, 672.

(74) *Loi modifiant la Loi relative aux enquêtes sur les coalitions et la Loi sur les banques et abrogeant la Loi ayant pour objet la modification de la Loi modifiant la Loi relative aux enquêtes sur les coalitions et le Code criminel*, (S.C. 1974-75-76, c. 76).

la forme d'ordonnances de la Commission n'a pas été directement soulevée, bien que la loi dans son ensemble ait été jugée constitutionnelle.

En vertu de la partie VIII (art. 75 à 107), c'est dorénavant le Tribunal de la concurrence qui, à la suite d'une demande du directeur, a le pouvoir de rendre des ordonnances contre un certain nombre de pratiques restrictives du commerce, notamment l'exclusivité, les limitations de marché, les ventes liées auxquelles s'ajoutent l'abus de position dominante, la fixation systématique des prix à la livraison, les accords de spécialisation et les fusionnements limitant la concurrence. La partie IX (art. 108 à 124) oblige les parties, dans le cas de fusionnements majeurs, à transmettre au directeur un avis l'informant de la transaction envisagée. Le directeur décide alors s'il doit ou non présenter une demande au Tribunal en vertu de l'article 92.

Les ordonnances que peut rendre le Tribunal de la concurrence participent à la nature de celles que peuvent ordonner les tribunaux civils appelés à sanctionner des restrictions abusives à la libre concurrence [75].

Ainsi, le Tribunal de la concurrence peut ordonner à un fournisseur ou à un ensemble de fournisseurs d'accepter une personne comme client (art. 76), de cesser la pratique de la vente d'un produit par voie de consignation (art. 76) ou la pratique d'exclusivité ou de ventes liées (art. 77) et prescrire toute mesure pour rétablir ou favoriser la concurrence à l'égard d'un produit. Il peut interdire à un ensemble de fournisseurs de se livrer à la limitation du marché (art. 77) ou à la pratique d'application de prix à la livraison (art. 80). Il peut encore interdire à une ou des personnes de se livrer à des pratiques conduisant à un abus de position dominante (art. 78) et rendre toute ordonnance enjoignant à une personne de ne pas procéder à un fusionnement, de se départir d'éléments d'actif et même ordonner la dissolution d'un fusionnement (art. 92).

La partie VIII (art. 75 à 107) ajoute, dans l'intérêt du public, des mesures de protection contre la concurrence indue, mais les dispositions de la partie VIII ne fondent pas de recours civils en dommages-intérêts au profit de parties privées par suite d'un délit de concurrence déloyale. Elles n'accordent aucun droit à un particulier. Seul le directeur des enquêtes et recherches peut présenter une demande au Tribunal de la concurrence.

Néanmoins, l'objet de ces mesures est de réglementer des pratiques ou des comportements traditionnellement considérés comme civils et en grande partie susceptibles de poursuites devant les tribunaux civils. Les dispositions de la partie VIII constituent donc un élargissement des droits d'actions civils relevant des tribunaux provinciaux [76].

La présence de ces dispositions dans la *Loi sur la concurrence* ne fait-elle que souligner l'empiétement fédéral dans une matière de compétence provinciale ou cette présence est-elle justifiée dans le contexte d'une loi comportant un système de réglementation établi en vertu de la compétence générale en matière d'échanges et de commerce que confère l'article 91 paragraphe 2 de la *Loi constitutionnelle de 1867* ?

— Justification de l'empiétement sur les pouvoirs des provinces

Afin de déterminer si la gravité de l'empiétement sur les pouvoirs provinciaux a pour effet d'invalider la loi, il faut évaluer cet empiétement en regard des justifications possibles de la loi. Comme l'exprime M. le juge en chef Dickson, cette évaluation comporte, dans les cas visés par le « deuxième aspect » de l'article 91 paragraphe 2, un processus en deux étapes [77] :

> [...] [L]a Cour doit établir si la loi [comporte] *un système de réglementation* [conforme] aux conditions formulées dans les arrêts *Vapor Canada* et *Transports nationaux du Canada* précités [...] Si on conclut à la *validité du système*, la cour doit alors déterminer si la disposition contestée est *suffisamment inté-*

---

(75) Claude Armand Sheppard. « The Enforcement of Restrictive Covenants in Quebec Law », (1963) 23 *R. du B.* 311-353.

(76) *MacDonald c. Vapor Canada Ltd.*, (1977) 2 R.C.S. 134.
(77) Voir *supra*, note 36, 672.

grée au système pour pouvoir être maintenue en raison de ce rapport. Cela exige de la cour qu'elle examine la gravité de l'empiétement sur les pouvoirs provinciaux pour décider du critère qu'il convient d'appliquer à un tel rapport. Si la disposition respecte ce critère d'intégration, elle est conforme à la compétence du Parlement en tant qu'exercice de son pouvoir général en matière d'échanges et de commerce. Si la disposition n'est pas suffisamment intégrée au système de réglementation, elle ne peut être maintenue en vertu du deuxième aspect du par. 91 (2).

— Première étape : L'existence d'un système de réglementation dans la *Loi sur la concurrence*

La *Loi sur la concurrence*, tout comme la *Loi relative aux enquêtes sur les coalitions*, contient un système de réglementation économique qui se manifeste dans toute la loi. Ce système est sensiblement le même que celui qui a été reconnu valide dans l'arrêt *General Motors of Canada Ltd*.

Ainsi, la *partie I* (art. 7 à 24) de la *Loi sur la concurrence* concerne toujours le poste de directeur, dont le rôle et les responsabilités sont fondamentalement les mêmes sous réserve des règles nouvelles quant à la délivrance des mandats de perquisition et à la conduite des enquêtes. Le directeur demeure responsable des enquêtes. Il demeure également responsable de l'application de la loi en matière criminelle, en faisant rapport de l'affaire au Procureur général du Canada (art. 23, partie I), et de l'application des dispositions de la loi relatives aux infractions en matière civile en raison de son droit exclusif de demander au Tribunal de la concurrence d'ordonner réparation (partie VIII (art. 75 à 107)).

La *partie II* (anciens art. 18 à 24) abroge la Commission sur les pratiques restrictives du commerce. Celle-ci est remplacée par le Tribunal de la concurrence, qui n'a plus les pouvoirs d'enquête de la Commission et qui n'a plus à soumettre de rapport au ministre. On a voulu éviter tout lien entre les pouvoirs exécutif et judiciaire. Le Tribunal n'a que des fonctions adjudicatives. Il entend les demandes qui lui sont présentées par le directeur en application de la *partie VIII* de la *Loi sur la concurrence*.

La *partie III* (art. 25 à 30) de la loi contient toujours les dispositions générales sur l'administration du personnel.

La *partie IV* (art. 31 à 36) énumère toujours les recours spéciaux dans le cas de pratiques monopolistiques définies par la loi, et les *parties VI* (art. 45 à 62) *et VII* (art. 63 à 74) définissent les infractions générales en vertu de la loi.

La *partie V* (anciens art. 37 à 44) est remplacée par la *partie VIII* (art. 75 à 107), qui confère au Tribunal de la concurrence, plutôt qu'à la Commission, le pouvoir de rendre des ordonnances contre un certain nombre de pratiques restrictives du commerce.

Cet aperçu général de la *Loi sur la concurrence* permet de conclure que cette loi comporte, à l'instar de la *Loi relative aux enquêtes sur les coalitions*, un système de réglementation économique complexe. La loi a pour objet d'éliminer les activités qui diminuent la concurrence sur le marché. Elle identifie et définit les pratiques monopolistiques et établit une procédure d'enquête et un mécanisme de recours. Ce sont les éléments qui, selon M. le juge en chef Dickson dans l'arrêt *General Motors of Canada Ltd.*[78], « constituent un système de réglementation bien intégré qui vise à décourager des formes de pratiques commerciales considérées comme préjudiciables au Canada et à l'économie canadienne ».

Ce système de réglementation des activités monopolistiques fonctionne toujours sous l'œil vigilant d'un organisme de contrôle, soit le directeur des enquêtes et recherches. La loi satisfait donc à la condition de surveillance vigilante de l'application du système de réglementation.

Il faut également conclure, vu la décision de la Cour suprême dans l'arrêt *General Motors of Canada Ltd.*, que la *Loi sur la concurrence* satisfait aussi aux trois autres conditions. La loi porte toujours très clairement sur la réglementation du commerce en général et non sur la réglementation d'un secteur ou d'un produit en particulier. Elle vise en effet à éliminer les pratiques

---

(78) *Id.*, 676.

commerciales contraires à une saine concurrence à travers le pays et non un endroit, une entreprise ou un secteur particulier[79]. Son objet, tel que précisé par le législateur à l'article 1.1, est de:

> préserver et de favoriser la concurrence au Canada dans le but de stimuler l'adaptabilité et l'efficience de l'économie canadienne, d'améliorer les chances de participation canadienne aux marchés mondiaux tout en tenant simultanément compte du rôle de la concurrence étrangère au Canada, d'assurer à la petite et à la moyenne entreprise une chance honnête de participer à l'économie canadienne, de même que dans le but d'assurer aux consommateurs des prix compétitifs et un choix dans les produits.

Cet objet sous-tendait déjà toutes les lois antérieures en matière d'enquête sur les coalitions, de monopoles et de trust. Bien que ces matières n'aient pas fait l'objet d'une disposition particulière lors du partage des compétences en 1867, il appert qu'elles ont toujours été considérées comme une question d'importance capitale pour l'économie canadienne, même si elles ont été réglementées par la voie du droit criminel.

Pour la Cour suprême, dans l'arrêt *General Motors of Canada Ltd.*, non seulement s'agit-il d'une question d'intérêt national mais la réglementation de la concurrence, pour être efficace, doit être exclusivement nationale. Le juge en chef Dickson, s'appuyant sur l'étude des professeurs Hogg et Grover[80] ainsi que sur une étude préparée par A.E. Safarian pour le compte du gouvernement canadien et intitulée *Canadian Federalism and Economic Integration* [1974], conclut que divers facteurs économiques, géographiques et politiques expliquent la nécessité d'une réglementation nationale de la concurrence dans l'économie canadienne.

Cette conclusion l'amène à rejeter la prétention du Procureur général du Québec selon laquelle la réglementation de la concurrence ne relève pas de l'aspect intraprovincial de la compétence fédérale et qu'il faut donner à la loi une interprétation atténuée de façon à ce que la disposition législative contestée (art. 31.1) ne s'applique qu'au commerce interprovincial. Le Procureur général du Québec plaidait deux moyens à l'appui de sa thèse. Il soulignait d'abord que, dans le *Rapport provisoire sur la politique de concurrence* du Conseil économique[81], sur lequel le gouvernement fédéral s'appuyait pour affirmer que la concurrence relève exclusivement du fédéral, il y a un passage dans lequel on reconnaît le rôle important que sont appelées à jouer les provinces dans le domaine des lois locales relatives à la concurrence. Il argumentait en second lieu que le droit provincial, tant le *Code civil* que la common law, prévoit déjà certains recours en matière de concurrence déloyale. Il faisait enfin remarquer qu'aux États-Unis, 43 États, de concert avec le gouvernement fédéral, ont adopté des lois en matière de concurrence pour combattre les restrictions locales apportées au commerce.

Selon M. le juge en chef Dickson, les arguments quant aux divers facteurs rendant essentielle la réglementation de la concurrence à l'échelle fédérale apportaient une réponse à ces points[82]:

> Parce qu'il est tellement clair que la réglementation de la concurrence est d'intérêt national et parce que la concurrence ne peut être réglementée efficacement par une loi fédérale restreinte au commerce interprovincial, l'argument du Québec doit échouer. Je souligne également que, contrairement à l'opinion exprimée par le juge Marceau en Division de première instance de la Cour fédérale dans la décision *Quebec Ready Mix* [[1980] 1 C.F. 184] précitée, à la p. 208, le fait qu'il existe déjà un recours en droit québécois ne justifie pas l'invalidation d'une loi fédérale. Je répéterais ce que j'ai dit à la p. 175 de l'arrêt *Multiple Access* [[1982] 2 R.C.S. 161] précité, (lesquels propos ont été également cités par le juge MacGuigan en Cour d'appel dans l'arrêt *Procureur général du Canada c. Québec Ready Mix* [[1985] 2 C.F. 40]

---

[79] Voir *P.G. du Canada c. Miracle Mart Inc.*, (1982) 68 C.C.C. 242 (Que. S.C.).

[80] Peter W. Hogg and Warren Grover. «The Constitutionality of the Competition Bill», (1975-76) 1 *Can. Bus. L.J.* 197, 199-200.

[81] *Op. cit. supra*, note 32, pp. 122-123.

[82] Voir *supra*, note 36, 681-683.

précité, à la p. 78): «Il faut déterminer la validité de la loi fédérale sans tenir compte de la loi [...] [provinciale].»

D'autre part, la concurrence ne constitue pas un seul et même sujet, pas plus que l'inflation ou la pollution. Les provinces aussi peuvent traiter de concurrence dans l'exercice de leurs pouvoirs législatifs dans des domaines comme la protection du consommateur, les relations de travail, la commercialisation et ainsi de suite. Cependant, le fait est que le Parlement a aussi le pouvoir constitutionnel de réglementer les aspects intraprovinciaux de la concurrence.

[...]

Je suis donc d'avis que la *Loi relative aux enquêtes sur les coalitions* dans son ensemble est conforme à la compétence du Parlement à titre de loi relative aux échanges et au commerce en général et je répéterais la conclusion à laquelle je suis parvenu dans l'arrêt *Transports Nationaux du Canada*, précité, à la p. 278:

> Un système visant à réglementer la concurrence est, selon moi, un exemple du genre de législation qu'il serait pratiquement et constitutionnellement impossible à un gouvernement provincial d'adopter. Étant donné le libre mouvement des échanges interprovinciaux que garantit l'art. 121 de la *Loi constitutionnelle de 1867*, le Canada constitue, du point de vue économique, *un seul vaste* marché. Si jamais la concurrence doit être réglementée, c'est au fédéral qu'il appartient de le faire. Cela mène au syllogisme formulé par Hogg et Grover dans *The Constitutionality of the Competition Bill* (1977), 1 Can. Bus. L.J. 197, à la p. 200:
>
> «[Traduction] [...] le fédéral est seul à pouvoir réglementer d'une manière efficace la concurrence dans l'économie. Si le fédéral n'a pas compétence pour adopter une politique en matière de concurrence, il s'ensuit que le Canada ne peut avoir de politique dans ce domaine. Le déni du pouvoir constitutionnel fédéral a donc pour conséquence pratique la création d'une lacune dans le partage des pouvoirs législatifs.»

[Les italiques sont de la soussignée.]

Les intimés soutiennent que la question posée à la Cour suprême dans l'affaire *General Motors of Canada Ltd.* était différente et qu'elle n'a pas permis une preuve suffisante quant à l'effet et au degré d'empiétement de la loi sur un champ de compétence provinciale. Ils demandent de pouvoir établir, par une nouvelle preuve économique, que le Canada ne constitue pas, du point de vue économique, un seul vaste marché et que la concurrence pourrait être réglementée efficacement par les provinces.

Le concept du marché est intimement lié au droit de la concurrence et revêt une importance particulière dans un régime fédératif. Si la *Loi sur la concurrence* s'applique principalement en rapport avec des marchés locaux et des pratiques restreignant la concurrence locale, la nécessité d'une loi nationale n'est plus essentielle, car une réglementation provinciale peut alors s'avérer plus efficace.

Les intimés ont fait entendre en première instance les économistes André Raynaud, Donald Thompson et Pierre Fortin. Ceux-ci contestent l'énoncé à l'effet que le marché est concurrentiel à l'échelle du Canada. Il existe, selon eux, autant de marchés qu'il existe de produits ou de services ou de types d'activités (m.i.a., vol. IV, p. 582 et pp. 1051-1053). De plus, chaque marché comporte nécessairement une dimension géographique car, comme l'exprime l'économiste Pierre Fortin, «en sciences économiques on définit le marché comme le lieu de rencontres entre les offres et les demandes d'un bien ou d'un service» (m.i.a., vol. V, p. 847).

L'économie canadienne serait constituée de nombreux petits marchés locaux dispersés sur une vaste étendue géographique. L'importance des nombreux marchés locaux a été évoquée dans le rapport de 1978 de la *Commission royale d'enquête sur les groupements de société*[83] comme une des caractéristiques propres à notre pays et à notre économie (m.i.a., vol. III, p. 397).

La Commission royale de 1985 sur l'union économique et les perspectives de développe-

---

(83) Canada. Ministère des Approvisionnements et Services. *Rapport de la Commission royale d'enquête sur les groupements de société*. 1978. P. 3.

ment du Canada[84] a également noté l'importance du marché provincial local. Près des deux tiers de tout ce qui a été produit au Canada en 1979 a d'abord été vendu dans la province de production (m.i.a., vol. III, p. 513).

L'entreprise de l'intimée Alex Couture inc. illustre ces données. Les matières premières utilisées pour alimenter son fondoir proviennent à plus de 90 % du Québec. Quant à la mise en marché des produits, la production des protéines est écoulée sur le marché local; celle des graisses est exportée à l'étranger dans une proportion de 60 %, mais ces exportations représentent 40 % du chiffre d'affaire de la compagnie.

Selon les intimés, la Cour suprême, dans *General Motors of Canada Ltd.*, n'aurait pas été appelée à examiner en profondeur la notion de marché pertinent en matière de concurrence. À la lumière de la preuve qu'ils ont fournie, la conclusion de M. le juge en chef Dickson voulant que le Canada constitue, du point de vue économique, un seul vaste marché ne traduirait pas correctement la notion économique de concurrence.

Le débat que soulèvent les intimés concerne essentiellement les aspects économiques de la concurrence. Or, au Canada, la politique antitrust n'est pas fondée sur des considérations uniquement économiques en vue de promouvoir l'efficacité économique et l'utilisation optimale des ressources. Son but a été et demeure toujours le contrôle de certaines formes de comportement jugées abusives pour les consommateurs ou les producteurs et la protection contre une trop grande concentration du pouvoir économique.

M. le juge en chef Dickson a été sensible au choix de ces valeurs politiques. Référant à plusieurs analyses précédemment mentionnées, il a conclu que la politique de la concurrence concerne l'ensemble du pays, qui ne peut, à cet égard, être vu que comme formant une seule entité économique. À son avis, la portée de la compétence fédérale, en vertu du deuxième aspect de l'article 91 paragraphe 2, dépend dans chaque cas du degré jusqu'où la réglementation économique fédérale empiète sur le degré d'autonomie locale prévu par la Constitution. Il importe d'établir une démarcation entre les mesures validement orientées vers une réglementation générale de l'économie nationale et celles qui visent à un contrôle centralisé sur un grand nombre d'activités économiques. La réglementation relative aux enquêtes sur les coalitions fait partie de la première catégorie, car elle ne porte pas sur un seul commerce ou sur une série de commerces individuels.

Tout en analysant les autres critères qui sont censés conditionner l'exercice du pouvoir fédéral d'adopter une réglementation générale du commerce, c'est en réalité ce dernier critère qui apparaît dominant dans l'arrêt *General Motors of Canada Ltd.* La *Loi portant réglementation générale du commerce en matière de complots, de pratiques commerciales et de fusionnement qui touchent à la concurrence*[85] ne modifie ni l'essence ni l'orientation de la *Loi relative aux enquêtes sur les coalitions*. La *Loi sur la concurrence* contient un système de réglementation applicable à la poursuite des activités commerciales à travers le Canada. Elle répond en outre aux conditions analysées par le juge en chef Dickson dans *General Motors of Canada Ltd.* et qui tendent à caractériser une loi générale fédérale en matière d'échanges et de commerce. Il appert donc que cette loi est justifiée en vertu de l'article 91 paragraphe 2 de la *Loi constitutionnelle de 1867*.

La validité du système législatif ne confère pas en soi la validité aux dispositions se retrouvant aux parties VIII (art. 75 à 107) et IX (art. 108 à 124) de la *Loi sur la concurrence*, et plus particulièrement aux articles sur les fusionnements. Selon les étapes de l'analyse proposée par M. le juge en chef Dickson dans *General Motors of Canada Ltd.*, il faut déterminer si ces dispositions sont suffisamment intégrées au système pour pouvoir être maintenues en raison de ce rapport.

---

(84) Canada. Commission royale sur l'union économique et les perspectives de développement du Canada. *Rapport*. Volume 3. Ottawa : Approvisionnements et Services Canada, 1985. P. 122.

(85) *Loi sur la concurrence*, (L.R.C. 1985, c. C-34).

— Deuxième étape: L'intégration au système de réglementation

Comme les dispositions de nature civile constituent une partie importante de la *Loi sur la concurrence*, elles ne peuvent, en principe, être justifiées que si elles ont un lien nécessaire avec cette loi ou font partie intégrante de la loi [86].

Dans l'arrêt *General Motors of Canada Ltd.*, M. le juge en chef Dickson n'a pas exigé que l'exercice du pouvoir accessoire soit nécessaire, voire indispensable, à l'exercice efficace du pouvoir principal. Il a plutôt raisonné en termes de ce qui est fonctionnel pour l'exercice d'une compétence [87]. Il faut noter cependant que le juge en chef Dickson, après avoir parlé du rapport fonctionnel avec l'objectif de la loi, ajoute que le lien nécessairement accessoire entre l'article 31.1 et la loi existe [88].

Les demandes de nature civile soumises à la compétence du Tribunal de la concurrence en vertu des parties VIII et IX de la loi se rattachent exclusivement à des pratiques de commerce restreignant la concurrence. Ces pratiques, dans leur essence, ont toujours fait partie de la réglementation fédérale sur la concurrence. Jusqu'aux réformes de 1975 et de 1986, les infractions limitant les échanges tels les complots, l'abus de position dominante, les fusions, la fixation des prix à la livraison, les limitations du marché constituaient des infractions de nature criminelle.

C'est en vue de mieux adapter la loi aux divers aspects du rendement économique et de la rendre plus efficace que des dispositions de droit civil ont remplacé des dispositions de nature criminelle jugées inadéquates. Ainsi, le Conseil économique du Canada, dans son *Rapport provisoire sur la politique de concurrence* [89], proposait, aux fins de restructurer et d'améliorer la politique de concurrence au Canada, de confier à un tribunal de juridiction civile une grande variété de pratiques commerciales, dont les fusions et les accords de spécialisation et d'exportation.

Pour le Conseil économique du Canada [90]:

> Les principales raisons de chercher à placer la politique de concurrence du gouvernement fédéral sur une base de droit civil sont qu'un tel changement permettrait de mieux orienter cette politique vers la réalisation des objectifs économiques, d'en accroître l'efficacité et de la rendre plus facilement acceptable au grand public. La mesure de flexibilité que permet le droit civil est particulièrement souhaitable dans les secteurs de la politique qui ne se prêtent pas très bien aux interdictions à peu près formelles et où il peut y avoir lieu d'examiner, dans chaque cas, les répercussions économiques possibles des structures et des pratiques d'affaires en cause.
>
> [...]
>
> Même si le transfert au domaine du droit civil d'une partie de la politique de concurrence du Canada nous apparaît comme un progrès considérable et nécessaire, il faudrait, croyons-nous, que cette mesure soit accompagnée de la création d'un tribunal spécialisé. Se contenter d'établir des lois de caractère civil dans ce secteur, puis laisser aux tribunaux civils ordinaires la tâche de les appliquer au mieux de leurs connaissances, serait imposer à ces derniers un fardeau injuste. Ce serait, en somme, forcer les juges à rendre, presque de façon régulière, de difficiles jugements dans lesquels il leur faudrait faire la part des avantages et des inconvénients, à la lumière de théories et d'analyses économiques complexes.

Dans leur rapport intitulé *Dynamic Change and Accountability in a Canadian Market Economy* [91], 31 mars 1976, les auteurs Skeoch et McDonald ont également proposé qu'un organisme compétent spécialisé ait juridiction sur des questions telles que les fusions, les abus de

---

(86) *Mun. régionale de Peel c. MacKenzie*, (1982) 2 R.C.S. 9; *R. c. Thomas Fuller Construction Co. (1958) Ltd.*, (1980) 1 R.C.S. 695; *City of Montreal c. Montreal Street Railway*, [1912] A.C. 333.

(87) Voir dans le même sens: *Multiple Access Ltd. c. McCutcheon*, (1982) 2 R.C.S., 161.

(88) Voir *supra*, note 36, 684.

(89) *Op. cit. supra*, note 32, p. 115.

---

(90) *Id.*, pp. 123-124.

(91) Étude portant sur la deuxième phase de la réforme de la *Loi sur la concurrence*, pièce D-4, vol. 3 P.G.C., p. 403.

position dominante et la distinction préjudicieuse dans les prix [92].

Les mécanismes d'application de nature civile introduits par les lois de 1975 et 1986 visent à faciliter l'application des politiques législatives fédérales. Ils font partie intégrante de cette nouvelle stratégie de réglementation du droit de la concurrence telle qu'on la retrouve dans la *Loi constituant le Tribunal de la concurrence, modifiant la Loi relative aux enquêtes sur les coalitions et la Loi sur les banques et apportant des modifications corrélatives à d'autres lois*. Il existe donc un lien étroit entre le but de la loi et les moyens créés par le législateur pour prévenir les pratiques monopolistiques et assurer le respect de la loi.

Les recours de droit civil prenant la forme d'ordonnances du Tribunal de la concurrence sont de plus soigneusement délimités par les paramètres de la *Loi sur la concurrence*. L'application de la loi n'est pas laissée à l'initiative des particuliers sans contrôle public de surveillance par un organisme. À une exception près, soit une demande en vue d'enregistrer un accord de spécialisation en vertu de l'article 86, le directeur est la seule personne qui puisse présenter une demande au Tribunal de la concurrence. Toutefois, toute personne touchée par le résultat d'une décision peut demander la permission d'intervenir dans toute procédure dont est saisi le Tribunal (art. 9 (3) de la *Loi sur le Tribunal de la concurrence*).

Le Tribunal de la concurrence ne possède pas une compétence générale en matière d'actes illicites de concurrence déloyale et le fait que le directeur demande au Tribunal d'examiner une affaire pouvant constituer une pratique de commerce anticoncurrentielle n'empêche pas un particulier d'exercer un droit d'action en dommages-intérêts [93]. La compétence du Tribunal de la concurrence est limitée aux demandes formées par le directeur et portant strictement sur les affaires mentionnées à la partie VIII (art. 75 à 107). La loi précise, pour chacune de ces affaires constituant des pratiques restrictives de commerce, des critères précis déterminant l'infraction, les exceptions s'il y a lieu à l'application de la loi et la nature des ordonnances que le Tribunal peut rendre dans chaque cas.

Ainsi, à titre d'exemple, les arrangements non déguisés concernant la fixation des prix et la répartition des marchés sont illégaux seulement s'il est prouvé, d'après les critères pertinents, qu'ils diminuent sensiblement la concurrence (art. 77 (4), 81 (3)). En matière de fusionnement, lorsque le Tribunal détermine si un fusionnement réalisé ou proposé empêche ou diminue sensiblement la concurrence, ou aura vraisemblablement cet effet, la loi prévoit expressément sept facteurs permettant l'évaluation de l'effet concurrentiel d'un fusionnement et sa pertinence sur le marché touché par le fusionnement (art. 92, 93, 96).

La partie VIII de la loi inclut encore des dispositions précisant les conditions particulières s'appliquant aux ordonnances par consentement (art. 105) ainsi qu'aux ordonnances provisoires et conditionnelles en matière de fusionnement (art. 99, 100, 104).

On retrouve dans l'ensemble des dispositions des parties VIII et IX (art. 108 à 124) un système précis de réglementation qui s'intègre dans le système général établi par la *Loi sur la concurrence* et dont l'effet est de régir des activités ou des relations commerciales dépassant l'intérêt local.

La création de recours civils prenant la forme de demandes du directeur des enquêtes et recherches au Tribunal de la concurrence tout comme les actions de nature criminelle et le recours en dommages-intérêts prévu à l'article 36.1 font partie d'un système législatif qui a pour but d'établir, comme l'a exprimé le juge MacGuigan dans *P. G. du Canada c. Québec Ready Mix Inc.* [94], « un mécanisme de sanction beaucoup plus complet et efficace qui permette de conjuguer les initiatives publiques et privées en vue d'inciter au respect de la Loi et, le cas échéant, de l'assurer ».

---

(92) *Id.*, pp. 279-315.
(93) (L.R.C. 1985, c. C-34), art. 62.

(94) Voir *supra*, note 64, 77.

La validité constitutionnelle de ces dispositions doit donc être reconnue à titre de mesures accessoires à une loi valide en vertu du pouvoir du Parlement fédéral de légiférer en matière d'échanges et de commerce.

La *Loi sur la concurrence* est donc une loi valide en vertu de l'article 91 paragraphe 2 de la *Loi constitutionnelle de 1867*.

2. Deuxième question : La *Loi sur la concurrence* s'applique-t-elle à l'industrie exercée par les intimés

La *Loi sur la concurrence* et ses dispositions relatives aux fusionnements s'appliquent-elles à l'industrie de l'équarrissage exercée par les intimés, industrie déjà réglementée par la *Loi sur les produits agricoles, les produits marins et les aliments*[95] et le *Règlement sur les aliments*[96], adopté en vertu de cette loi. La *Loi sur la mise en marché des produits agricoles*[97] pourrait également réglementer cette industrie dans l'hypothèse où au moins 10 producteurs intéressés adresseraient à la Régie une demande d'approbation d'un plan conjoint pour la mise en marché d'animaux de ferme et de basse-cour vivants ou morts provenant d'un territoire désigné ou destiné à une fin spécifiée ou à un acheteur déterminé (art. 1 h) et 16 de la loi). En raison de l'existence de cette réglementation provinciale, la *Loi sur la concurrence* et plus particulièrement sa partie VIII (art. 75 à 107) ne doivent-elles pas être déclarées inopérantes ?

La *Loi sur la concurrence* n'exempte pas les industries réglementées de son champ d'application. Les exemptions à la loi sont prévues aux articles 4, 5 et 6, et aucune de ces dispositions ne réfère aux industries réglementées. Les articles 125 et 126 de la loi, qui permettent au directeur de présenter des observations et de soumettre des éléments de preuve devant un office, une commission ou un autre tribunal fédéral ou provincial, ne peuvent permettre non plus d'inférer la reconnaissance d'une exemption relative à une industrie ou à un secteur réglementé par un tel office ou commission à moins que l'exemption n'existe dans la loi réglementant l'industrie ou le secteur[98].

À défaut d'exemptions expresses ou implicites, l'exemption relative aux secteurs réglementés peut néanmoins être invoquée par une personne accusée d'avoir enfreint la *Loi sur la concurrence* lorsque la réglementation provinciale invoquée par cette personne autorise les comportements qu'on lui reproche. Cette exemption tire son véritable fondement juridique d'une règle d'interprétation issue du partage de la souveraineté propre à un régime fédéral et voulant que, chaque fois qu'on peut légitimement interpréter une loi fédérale de manière qu'elle n'entre pas en conflit avec une loi provinciale, il faille appliquer cette interprétation de préférence à toute autre qui entraînerait un conflit.

La question s'est particulièrement posée dans deux arrêts de la Cour suprême : *Reference re Farm Products Marketing Act*[99] et l'arrêt *P.G. du Canada c. Law Society of British Columbia*[100]. Dans la première affaire, les opposants à la loi provinciale créant un office de commercialisation doté du pouvoir, sous réserve de ratification par le lieutenant-gouverneur en conseil, d'approuver des plans de commercialisation ou de réglementation de produits agricoles faisaient valoir que la *Loi relative aux enquêtes sur les coalitions* et le *Code criminel* empêchaient le législateur provincial d'adopter le plan de réglementation concerné. La Cour suprême rejeta cette prétention parce que les plans contestés relevaient des pouvoirs de la province et que leur mise en œuvre était censée être dans l'intérêt du public. Selon le juge Locke[101], «l'accomplissement d'un acte que la législature a le pouvoir d'accomplir et qu'elle a

---

[95] L.R.Q., c. P-29.
[96] R.R.Q. 1981, c. P-29, r. 1.
[97] L.R.Q., c. M-35.
[98] Voir *Loi nationale sur les transports*, (S.R.C. 1970, c. N-17). Voir plus spécialement sur le sujet: H.L. Fortin, «L'application de la *Loi sur la concurrence* aux secteurs réglementés et aux sociétés d'État», Colloque sur le droit de la concurrence, Faculté de droit de l'Université Laval, 21-22 avril 1988.
[99] [1957] R.C.S. 198.
[100] (1982) 2 R.C.S. 307.
[101] Voir *supra*, note 99, 239, tel que traduit à (1982) 2 R.C.S. 307, 352.

autorisé ne peut constituer un crime contre l'État ».

Dans l'affaire *P.G. du Canada c. Law Society of British Columbia*, le Comité de discipline du Barreau avait reconnu Mᵉ Jarbour coupable d'une conduite indigne pour avoir fait de la publicité sur les services qu'il offrait. Il avait recommandé la suspension de son permis d'exercer. La question était de savoir si l'association avait comploté pour empêcher ou diminuer indûment la concurrence contrairement à l'article 32 de la *Loi relative aux enquêtes sur les coalitions*. Comme l'association s'était acquittée des obligations que lui impose une loi provinciale valide destinée à régir la profession dans l'intérêt à la fois du public et des membres de l'association, il ne pouvait avoir agi contrairement à l'intérêt public. Pour le juge Estey [102] :

> Tant que la *L.R.E.C.*, ou du moins sa partie V, revêtira un aspect pénal, il sera nécessaire dans des procédures pour sa mise en œuvre et son application de faire la preuve d'une conduite contraire à l'intérêt public. C'est cet aspect de la loi fédérale qui [...] peut être neutralisé par le pouvoir que confère une loi provinciale valide qui établit une réglementation.

M. le juge Estey ajoutait de plus qu'il n'était pas d'avis que les mots employés à l'article 32 (1) de la *Loi relative aux enquêtes sur les coalitions* se rapportaient aux mesures prises par l'association dans l'exercice du pouvoir dont elle était investie par une loi provinciale valide. Chaque fois qu'on peut légitimement interpréter une loi fédérale de manière qu'elle n'entre pas en conflit avec une loi provinciale, il faut appliquer cette interprétation de préférence à toute autre qui entraînerait un conflit [103]. En l'espèce, l'absence d'une conduite à la fois volontaire et contraire à l'intérêt public rendait l'article 32 inapplicable.

Ces décisions judiciaires portant sur l'exemption relative aux secteurs réglementés ont traité des rapports entre une réglementation provinciale valide et certaines infractions criminelles contenues dans la *Loi relative aux enquêtes sur les coalitions*. Dans la mesure où une conduite est prescrite ou autorisée par une réglementation valide, elle échappe aux interdictions de nature criminelle qui requièrent la preuve d'une conduite contraire à l'intérêt public.

La validité constitutionnelle de la *Loi relative aux enquêtes sur les coalitions* ayant été reconnue par la Cour suprême sur la base de l'exercice de la compétence du Parlement en matière de réglementation générale des échanges et du commerce, on peut se demander si la défense de comportement réglementé pourrait être soulevée devant le Tribunal de la concurrence lors d'une demande d'ordonnance pour faire cesser une pratique restrictive du commerce. En d'autres termes, la *Loi sur la concurrence*, du moins dans sa *partie VIII* (art. 75 à 107), pourra-t-elle avoir pour effet d'interdire certains aspects d'une conduite qu'une réglementation provinciale pourrait permettre par ailleurs ?

Il n'est pas nécessaire, en l'espèce, d'envisager cette hypothèse puisqu'il n'existe aucune incompatibilité fonctionnelle ou opérationnelle entre la *Loi sur la concurrence* et la réglementation provinciale applicable à l'industrie de l'équarrissage. La mise en œuvre de cette dernière réglementation ne restreint ni n'empêche l'application de la loi fédérale. Il est possible de se conformer à la fois aux règles fédérales et provinciales, de sorte qu'on ne saurait parler de prépondérance ou d'exclusion [104].

La *Loi sur les produits agricoles, les produits marins et les aliments* et le *Règlement sur les aliments* n'ont pas pour objectif de favoriser la concurrence dans les industries reliées aux produits agricoles ni de prévenir ou de sanctionner les pratiques monopolistiques anticoncurrentielles. La réglementation provinciale a pour but essentiel la santé et la sécurité du public. Elle édicte à cet effet des mesures visant à assurer que la récupération de déchets d'animaux et les opérations d'abattage et d'équarrissage d'ani-

---

(102) Voir *supra*, note 100, 354.
(103) *Id.*, 355-356.
(104) Voir *Multiple Access Ltd. c. McCutcheon*, (1982) 2 R.C.S. 161 ; *Irwin Toy Ltd. c. Procureur général du Québec*, (1989) 1 R.C.S. 927 ; Henri Brun et Guy Tremblay. *Droit constitutionnel*. 2ᵉ éd. Cowansville : Y. Blais, 1990. Pp. 414-415.

maux s'effectuent dans des conditions salubres et que des viandes impropres à la consommation humaine ne soient pas illégalement vendues aux consommateurs.

La Commission d'enquête sur le crime organisé (Ceco), dans son *Rapport intérimaire portant sur l'introduction frauduleuse de viande impropre sur le marché de la consommation humaine et la fraude en rapport avec la viande chevaline*[105], avait constaté qu'aucune loi québécoise n'obligeait un propriétaire d'abattoir à faire inspecter les animaux qu'il abattait et que ce n'était que pour les fins du commerce international et interprovincial qu'une demande d'inspection pouvait être faite au ministère fédéral de l'Agriculture, afin de faire estampiller la viande « Approuvé Canada ». L'enquête avait également démontré qu'une quantité importante de viande provenant d'animaux morts sans abattage ou atteints de maladies incurables était distribuée sur le marché de la consommation humaine plutôt que d'être acheminée aux entreprises d'équarrissage pour y être recyclée en graisses ou protéines.

En vue de pallier ces carences, la Commission préconisait un système de contrôle par voie d'émission de permis aux entreprises d'équarrissage chargées de récupérer les déchets d'animaux. Elle recommandait également la réglementation des abattoirs afin d'empêcher la distribution de viande impropre à la consommation humaine et suggérait des mesures en vue d'assurer la survie des petits abattoirs.

Le législateur québécois a donné suite à ces recommandations. La *Loi sur les produits agricoles, les produits marins et les aliments* prévoit que :

9. Nul ne peut, sans être détenteur d'un permis en vigueur :

a) exploiter un abattoir ;

b) exploiter un atelier de préparation, de conditionnement ou de transformation, pour fins de vente en gros, de viandes ou d'aliments carnés destinés à la consommation humaine ;

c) exploiter un atelier d'équarrissage d'animaux ;

d) à moins d'être déjà détenteur d'un permis d'exploitation d'atelier d'équarrissage d'animaux, récupérer des viandes impropres à la consommation humaine ;

e) [...]

10. Toute personne qui sollicite un permis doit transmettre sa demande au ministre.

Le ministre délivre le permis si le requérant remplit les conditions déterminées et verse les droits fixés par règlement.

Aucun permis ne peut être délivré à moins que, de l'avis du ministre, l'opération projetée par la personne qui sollicite le permis ne soit désirable dans l'intérêt public. Le ministre impose, à cette fin, toute condition qu'il juge à propos, et le permis doit indiquer les conditions ainsi imposées.

En ce qui concerne plus spécifiquement l'industrie visée de l'équarrissage, le *Règlement sur les aliments* précise les conditions exigées pour le transport, la préparation et la vente de viande impropre à la consommation. Ainsi, la demande de permis d'exploitation d'un atelier prévu à l'article 9 de la loi doit être accompagnée des plans et devis de l'établissement, de ses dépendances et du terrain (art. 1.3.1.2). Dans le cas d'une demande de permis d'exploitation d'un atelier d'équarrissage ou d'une demande de permis de récupération de viande impropre, le requérant doit fournir, sur demande, la description et le nombre de camions-remorques ou conteneurs qu'il utilise, le nom et l'adresse de tout distributeur, la liste des préposés à la récupération et la liste des ateliers d'équarrissage avec qui il fait affaire (art. 1.3, 7.3.11 et 7.3.12).

L'atelier d'équarrissage d'animaux doit respecter des normes établies au chapitre 2 du règlement quant au site et aux modes d'opération (sections 2.1 (art. 2.1.1 à 2.1.6) et 2.2 (art. 2.2.1 à 2.2.8)). Les normes de construction, d'équipement et d'aménagement de ces mêmes ateliers d'équarrissage sont précisées au chapitre 7 du règlement.

Le ramassage et la récupération de la viande impropre à la consommation humaine ne peuvent être faites que par l'exploitant d'un atelier

---

(105) Commission de police du Québec, 1975.

d'équarrissage ou par un récupérateur (section 7.3 (art. 7.3.1 à 7.3.13)). Les véhicules affectés au transport de la viande impropre doivent être aménagés et équipés de façon à protéger la propreté et la salubrité du produit transporté de manière à éviter toute cause de pollution ou de contamination (sections 2.3 (art. 2.3.1 à 2.3.6) et 7.3 (art. 7.3.1 à 7.3.13)).

Le contrôle qu'exerce le ministre sur l'émission de permis aux récupérateurs et exploitants d'ateliers d'équarrissage s'effectue au niveau de ces conditions déterminées par le règlement. Ce contrôle vise à assurer que la récupération et l'équarrissage de la viande impropre soient effectués par des personnes qui offrent des garanties suffisantes quant à la conformité, la salubrité, la propreté et la sécurité de leur équipement.

La conformité à toutes les conditions réglementaires n'assure cependant pas au requérant l'émission d'un permis. Le ministre peut refuser l'émission d'un permis s'il juge que l'opération projetée n'est pas désirable dans l'intérêt public. Selon les intimés, le ministre exercerait, par le contrôle du nombre d'intervenants dans le secteur, un contrôle de l'offre et de l'efficience du marché rendant inopérant le droit fédéral de la concurrence à l'égard de ce marché et des concurrents qui y sont engagés.

L'intérêt public invoqué au soutien d'une limitation d'intervenants dans le secteur ne peut être apprécié par le ministre que dans le cadre de la loi et du règlement et des buts visés, soit protéger la santé et la salubrité publiques et éviter que de la viande impropre à la consommation ne soit illégalement distribuée sur le marché de la consommation. Dans les lettres de refus de permis provenant du Ministère et produites au dossier, on mentionne expressément comme motif de refus que, dans l'intérêt public, il n'y a pas lieu de multiplier indûment la manipulation de ces produits afin d'en maintenir le contrôle et d'éviter leur introduction dans le circuit propre à la consommation humaine (m.e.a., vol. III, p. 439), pièce P-17).

Le contrôle exercé par le ministre n'a pas comme objectif de contrôler l'offre et l'efficience du marché de la récupération et de l'équarrissage des déchets d'animaux ni de réglementer la concurrence à l'égard de ce marché et à l'égard des concurrents qui y sont engagés. Comme l'a justement noté le juge Philippon, de la Cour supérieure, « certaines règles imposées ont une incidence sur la concurrence mais ce n'est qu'accessoirement que la législation provinciale touche la concurrence et ce n'est pas là l'objectif de la réglementation » (m.a., vol. I, p. 131).

On doit donc affirmer, à l'instar du juge Philippon, que, même réglementée par une loi provinciale, ce n'est pas en matière de concurrence qu'on trouvera, relativement à cette industrie, une incompatibilité entre la législation fédérale et la législation provinciale.

La *Loi sur la concurrence* s'applique donc à l'industrie de l'équarrissage exercée par les intimés, et l'appel incident de ces derniers ne peut en conséquence être accueilli.

3. Troisième question : Les dispositions de la *Loi sur la concurrence* portant sur les fusionnements, particulièrement les articles 92 (1) *e*) (i), 92 (1) *f*) (i), 92 (1) *f*) (ii), portent-elles atteinte à la liberté d'association garantie par l'article 2 *d*) de la *Charte canadienne des droits et libertés* ?

Le juge de la Cour supérieure a considéré qu'un fusionnement au sens de l'article 91 de la *Loi sur la concurrence* constituait l'exercice d'un droit d'association protégé par l'article 2 *d*) de la *Charte canadienne des droits et libertés*. Il a déclaré inconstitutionnels les articles 92 (1) *e*) (i), 92 (1) *f*) (i), 92 (1) *f*) (ii) parce qu'ils porteraient atteinte à la liberté d'association ainsi protégée.

Par leur association dans Sanimal Industries inc., Pierre Verville et Gestion Murray Couture inc. détenaient, le soir du 26 janvier 1987, la totalité des actions émises et en circulation de Sanimal Industries inc., dont la filiale Alex Couture inc. détenait, en vertu d'une acquisition faite durant cette même journée, la totalité des actions émises et en circulation de Lomex inc., Paul & Eddy inc. et Fondoir Laurentide inc. Le juge de la Cour supérieure a conclu que ces transactions avaient eu pour effet de former une association constituée des six intimées, personnes morales, et d'un individu, Pierre Verville. Cette association, selon lui, était menacée puisque le directeur des enquêtes et recherches avait fait signifier aux intimés et aux mises en cause un avis de demande devant le Tribunal de la concurrence en vertu de l'article 92 (1) de la *Loi sur la concurrence*. Dans la mesure où le Tribunal de la concurrence a le pouvoir d'ordonner aux compagnies intimées et à M. Verville de dissoudre les fusionnements et d'enjoindre à Alex Couture inc. ainsi qu'à Sanimal Industries inc. de se départir des éléments d'actif et des actions qu'ils détiennent dans Lomex inc., Paul & Eddy inc. et Fondoir Laurentide inc., les dispositions de la loi portent atteinte à la liberté d'association protégée par la charte et la *Déclaration canadienne des droits* [106].

Avant d'examiner si cette conclusion est bien fondée, il y a lieu de disposer de deux questions préliminaires.

— *L'intérêt de M. Pierre Verville*

Les parties admettent que les transactions effectués le 26 janvier 1987 ont eu pour effet de conférer à Gestion Murray Couture inc. et à M. Verville la totalité des actions de Sanimal Industries inc. Cette dernière compagnie a acquis, le même jour, par sa filiale Alex Couture inc. la totalité des actions émises et en circulation de Fondoir Laurentide inc., Lomex inc. et Paul & Eddy inc. M. Verville a par la suite cédé, en 1988, les actions qu'il détenait dans Sanimal Industries inc. à son associé, Gestion Murray Couture inc. Cependant, en juin 1987, lorsque le directeur des enquêtes et recherches a formé sa demande au Tribunal de la concurrence en vue d'obtenir une ordonnance enjoignant à M. Verville et aux six compagnies intimées de dissoudre le fusionnement réalisé, M. Verville était encore actionnaire. Vu les conclusions recherchées par le Tribunal de la concurrence, le premier juge a justement considéré que M. Verville conservait toujours l'intérêt légal pour agir et pour contester, en vertu de la charte canadienne, la validité constitutionnelle de certaines dispositions de la *Loi sur la concurrence* de même que l'indépendance et l'impartialité du Tribunal de la concurrence en vertu de l'article 11 *d*) de la charte.

— *La justification selon l'article 1 de la charte*

Le premier juge n'a pas abordé la question de la justification de la loi en vertu de l'article premier de la charte parce que le Procureur général du Canada n'avait soumis, à son avis, aucune preuve quant à une possible justification de la mesure législative en cause, aux termes de l'article premier de la charte.

Devant la Cour supérieure, le Procureur général du Canada a déposé une preuve extrinsèque comportant quatre documents:

— Pièce D-1 : extraits du *Rapport provisoire du Conseil économique du Canada sur la politique de concurrence*, juillet 1969 ;

— Pièce D-2 : extraits du *Rapport de la Commission royale d'enquête sur les groupements de société*, mars 1978 ;

— Pièce D-4 : extraits du *Rapport Skeoch McDonald*, 31 mars 1976, intitulé «Dynamic Change and Accountability in a Canadian Market Economy» ;

— Pièces D-6 et D-6A : *Conditions d'emploi et avantages sociaux applicables aux personnes nommées par le gouverneur en conseil et le Code régissant la conduite des titulaires de charge publique*.

Le Procureur général du Canada a ensuite déclaré que l'article 92 de la loi ne portait aucunement atteinte à la liberté d'association (m.i., vol. 2, pp. 230, 231, 272, 276) et qu'il n'entendait pas présenter d'autres arguments pour prouver que les dispositions législatives contestées sont raisonnables et justifiables en vertu de l'article premier de la charte (m.i., vol. 2, pp. 230, 231, 272, 287).

Quant au Procureur général du Québec, il est intervenu en première instance uniquement sur la question du partage des compétences pour supporter les intimés. Devant la Cour d'appel, son intervention a été reçue sur la question également de la liberté d'association. Le Pro-

---

(106) L.R.C. 1985, app. III.

cureur général du Québec soutient que les dispositions contestées ne portent pas atteinte à la liberté d'association mais il ne prend aucunement position sur la question de la justification en vertu de l'article premier.

Le Procureur général du Canada présente, à titre subsidiaire, devant la Cour d'appel, une argumentation au soutien de la justification des dispositions de la loi en vertu de l'article premier de la charte. Il argumente en outre que, à partir du moment où le juge de première instance a conclu à l'inconstitutionnalité des dispositions de la loi relatives au fusionnement, il aurait dû *proprio motu* examiner la question de la justification possible des dispositions législatives en cause à la lumière des documents déposés en preuve et des faits socio-économiques généraux dont il pouvait tenir compte, et ce, en vertu de la théorie de la connaissance d'office.

Les intimés s'élèvent contre cette prétention qui s'appuierait sur une conception inacceptable du fardeau de la preuve sous l'article premier de la charte. Ils s'objectent à la preuve de justification que veut introduire le Procureur général du Canada.

Bien que la prise en considération des objections faites par les intimés ne s'impose que dans l'éventualité où la Cour conclurait que les articles litigieux violent la liberté d'association, il y a lieu quand même de les rejeter dès à présent.

Depuis l'adoption de la charte, la Cour suprême, à maintes reprises, a pris connaissance d'office des faits législatifs et constitutionnels pour les fins d'une évaluation en vertu de l'article premier, à propos surtout de l'objectif poursuivi par une loi portant atteinte aux droits et libertés. Dans le *Renvoi sur la Motor Vehicle Act* (C.-B.)[107], la Cour a reconnu d'office l'importance d'éliminer les mauvais conducteurs de la route. Dans *R. c. Oakes*[108], c'est la répression du trafic de stupéfiants qui a été jugée comme un objectif suffisamment important aux fins de l'article premier. Le rôle de l'individu, de l'église et de l'État en matière d'éducation des jeunes a été reconnu d'office dans *R. c. Jones*[109]. Il en a été de même du rôle des parents dans *R. c. Edwards Books and Art Ltd.*[110]. Dans ces dernières décisions, la Cour suprême a pu prendre connaissance d'office de la proportionnalité entre l'objectif poursuivi et les moyens utilisés.

On constate que c'est la nature des faits connus d'office et les exigences de l'équité qui déterminent le rôle plus ou moins actif auquel les parties doivent être assujetties dans l'établissement de la preuve. Il n'en résulte pas moins que le contexte constitutionnel canadien favorise un assouplissement des règles traditionnelles de preuve dans leur application aux faits législatifs et constitutionnels[111]. S'il demeure souhaitable de présenter une preuve des faits législatifs en première instance, une telle preuve doit quand même être recevable en appel, sous réserve des considérations d'équité[112].

En l'espèce, une certaine preuve extrinsèque des faits adjudicatifs a été faite en première instance. Les intimés ont été suffisamment informés des éléments de preuve qu'invoquent maintenant dans son mémoire le Procureur général du Canada au soutien de la justification et de la raisonnabilité de la loi. Les intimés ont de plus soumis en première instance une contre-preuve orale et documentaire importante relativement à l'objet et à l'effet de la loi contestée. Ils ont repris cette contre-preuve dans leur mémoire d'appel. Il n'apparaît pas, dans ces circonstances, que l'équité exige que l'on refuse au Procureur général du Canada la permission de faire une preuve pertinente quant à l'article

---

(107) (1985) 2 R.C.S. 486, 521.
(108) (1986) 1 R.C.S. 103, 141.
(109) (1986) 2 R.C.S. 284, 296-297.
(110) (1986) 2 R.C.S. 713, 770.
(111) Voir Danielle Pinard. « Le droit et le fait dans l'application des standards et la clause limitative de la *Charte canadienne des droits et libertés* », (1989) 30 *C. de D.* 137, 174 *et sqq.*; André Binette. « Note. La mise en œuvre judiciaire de l'article 1 de la Charte canadienne des droits et libertés et le droit de la preuve », (1986) 27 *C. de D.* 939.
(112) B.G. Morgan. « Proof of Facts in Charter Litigation », dans Robert J. Sharpe. *Charter Litigation*. Toronto: Butterworths, 1986. P. 159.

premier de la charte. Le but de la *Loi sur la concurrence* et la portée des dispositions législatives contestées justifient également d'accorder cette permission.

I. Les dispositions législatives qui porteraient atteinte à la liberté d'association

Les dispositions de la *Loi sur la concurrence* qui ont été déclarées *ultra vires* par la Cour supérieure sont les articles 92 (1) *e)* (i), 92 (1) *f)* (i) et 92 (1) *f)* (ii) :

92. (1) Dans le cas où, à la suite d'une demande du directeur, le Tribunal conclut qu'un fusionnement réalisé ou proposé empêche ou diminue sensiblement la concurrence, ou aura vraisemblablement cet effet :

a) dans un commerce, une industrie ou une profession ;

b) entre les sources d'approvisionnement auprès desquelles un commerce, une industrie ou une profession se procure un produit ;

c) entre les débouchés par l'intermédiaire desquels un commerce, une industrie ou une profession écoule un produit ;

d) autrement que selon ce qui est prévu aux alinéas *a)* à *c)* ;

le Tribunal peut, sous réserve des articles 94 à 96 :

e) dans le cas d'un fusionnement réalisé, rendre une ordonnance enjoignant à toute personne, que celle-ci soit partie au fusionnement ou non :

(i) de le dissoudre, conformément à ses directives,

[...]

f) dans le cas d'un fusionnement proposé, rendre, contre toute personne, que celle-ci soit partie au fusionnement proposé ou non, une ordonnance enjoignant :

(i) à la personne contre laquelle l'ordonnance est rendue de ne pas procéder au fusionnement,

(ii) à la personne contre laquelle l'ordonnance est rendue de ne pas procéder à une partie du fusionnement,

[...]

Ces dispositions autorisent le Tribunal de la concurrence à dissoudre un fusionnement réalisé ou à ordonner que les parties se départissent des éléments d'actif ou d'actions de compagnies qui ont fait l'objet du contrat de fusion. Dans le cas d'un fusionnement proposé, le Tribunal peut ordonner à une personne de ne pas procéder au fusionnement, ou à une partie de celui-ci.

La définition que la loi donne au mot fusionnement se retrouve à l'article 91 :

[...] « fusionnement » désigne l'acquisition ou l'établissement, par une ou plusieurs personnes, directement ou indirectement, soit par achat ou location d'actions ou d'éléments d'actif, soit par fusion, association d'intérêts ou autrement, du contrôle sur la totalité ou quelque partie d'une entreprise d'un concurrent, d'un fournisseur, d'un client, ou d'une autre personne, ou encore d'un intérêt relativement important dans la totalité ou quelque partie d'une telle entreprise.

Les fusionnements auxquels la loi s'attache ne sont cependant que les fusionnements qui empêchent ou diminuent sensiblement la concurrence ou qui auront vraisemblablement cet effet (art. 92 (1)).

Le Tribunal de la concurrence appelé à statuer sur des fusionnements qui pourraient être prohibés par la loi dispose d'un certain nombre d'éléments lui permettant de décider si l'effet de la fusion sera d'empêcher ou de diminuer vraisemblablement la concurrence. Il s'agit notamment de la concurrence étrangère, de la déconfiture potentielle de l'entreprise visée, des entraves à l'entrée sur le marché, de la portée des changements et des innovations dans un marché. Tout autre facteur pertinent peut également être pris en compte (art. 93 *h)*).

Il est à noter que le Tribunal ne peut conclure à une diminution de la concurrence en se fondant uniquement sur la preuve d'une concentration plus grande du marché (art. 92 (2)). Il ne peut non plus émettre une ordonnance lorsque le fusionnement réalisé ou proposé entraîne des gains qui surpassent et neutralisent les effets négatifs d'une diminution de la concurrence (art. 96). Il a paru au législateur qu'il est primordial pour la performance de l'économie, surtout dans le contexte d'une économie ouverte comme celle du Canada, que soient prises en considération les économies de coûts considérables qui découlent des fusionnements, par exemple au moyen d'économies d'échelle [113].

Dans l'examen du fusionnement, le directeur doit faire preuve de circonspection. La loi lui donne divers moyens, tels les certificats de décision préalable, les avis consultatifs, les engagements, les ordonnances par consentement et les préavis de fusionnement pour empêcher que ne se réalisent des fusionnements qui pourraient être jugés anticoncurrentiels. La présentation d'une demande au Tribunal de la concurrence constitue le dernier recours.

En l'espèce, suite aux transactions conclues entre les intimés, le directeur des enquêtes et recherches a soumis une demande au Tribunal de la concurrence afin qu'il détermine si le fusionnement réalisé était contraire à la loi et qu'il impose, le cas échéant, les ordonnances appropriées.

II. Le droit d'association protégé par la charte

1. Les principes généraux

La liberté d'association est un droit fondamental qui existait avant l'adoption de la charte. Il y a plus de 100 ans, Alexis Tocqueville [114] faisait observer « que parmi les lois qui régissent les sociétés humaines, il y en a une qui semble plus précise et plus claire que toutes les autres. Pour que les hommes restent civilisés ou le deviennent, il faut que parmi eux l'art de s'associer se développe et se perfectionne. »

À part une certaine protection légale par l'article premier de la *Déclaration canadienne des droits* et l'article 3 de la *Charte des droits et libertés de la personne* [115] du Québec en tant que droit relié à la liberté de réunion, la liberté d'association possède sa propre justification philosophique, de sorte qu'elle a toujours été reconnue au Canada comme un droit fondamental [116]. Elle a acquis, par l'article 2 d) de la *Charte canadienne des droits et libertés*, un statut protégé en tant que droit indépendant et distinct des autres libertés fondamentales reconnues par la Constitution [117].

Quoique distincte des autres libertés fondamentales, la liberté d'association ne peut être interprétée indépendamment des autres droits et libertés auxquels la charte l'associe. La charte doit, en effet, s'interpréter comme un système où chaque élément contribue au sens de l'ensemble, et l'ensemble, au sens de chaque élément [118]. La teneur de chaque droit ne peut être comprise que par rapport aux autres dispositions de la charte puisque les droits et libertés garantis par la charte visent « à sauvegarder un ensemble plus ou moins fondamental de la société libre et démocratique qu'est le Canada [119] ».

Il est maintenant de jurisprudence constante qu'un droit ou une liberté garanti par la charte doit être vérifié au moyen d'une analyse de l'objet ou de la valeur du droit en question [120]. Ce droit doit être déterminé en fonction de la nature et des objectifs de la charte elle-même, des termes choisis pour énoncer ce droit ou cette liberté, des origines historiques des concepts enchâssés et, s'il y a lieu, en fonction du sens et de l'objet des autres libertés et droits parti-

---

(113) Voir M. Rosenberg. «La nouvelle législation sur la concurrence: Perspective globale», Colloque sur le droit de la concurrence, Faculté de droit de l'Université Laval, 22 avril 1988.

(114) Alexis de Tocqueville. «De la démocratie en Amérique», dans J.P. Mayer. *Les grands thèmes*. Paris: Gallimard, 1968. P. 258.

(115) L.R.Q., c. C-12.

(116) Voir *Renvoi relatif à la Public Service Employee Relations Act (Alb.)*, (1987) 1 R.C.S. 313, 403, juge MacIntyre.

(117) Comité mixte spécial du Sénat et de la Chambre des communes sur la Constitution du Canada. Procès-verbaux. Ottawa: Imprimeur de la Reine, 1980-1981, pp. 43, 69-70 (déclaration du ministre Jean Chrétien).

(118) *Dubois c. R.*, (1985) 2 R.C.S. 350, 365, juge Lamer.

(119) *R. c. Lyons*, (1987) 2 R.C.S. 309, 326, juge La Forest; *Thomson Newspapers Ltd. c. Directeur des enquêtes et recherches, Commission sur les pratiques restrictives du commerce du Canada*, (1990) 1 R.C.S. 425, 536, juge La Forest.

(120) *Hunter c. Southam Inc.*, (1984) 2 R.C.S. 145; *Renvoi relatif à la Public Service Employee Relations Act (Alb.)*, supra, note 116, 395.

culiers qui s'y rattachent selon le texte de la charte [121].

Comme la Cour suprême l'a souligné dans les arrêts *Hunter c. Southam Inc.*, précité, *Black c. Law Society of Alberta* [122] et *Comité pour la république du Canada c. Canada* [123], l'interprétation doit être libérale plutôt que formaliste et viser à réaliser l'objet de la garantie.

Cette volonté d'interpréter la charte d'une façon large et libérale a conduit la Cour suprême à reconnaître que, même si, en principe, la charte ne s'intéresse pas aux droits économiques [124] et que notre Constitution n'a pas choisi de protéger de la même façon que ne le fait la Constitution américaine la liberté contractuelle et les droits de propriété [125], il n'en résulte pas qu'un droit comportant un élément économique ne puisse être constitutionnellement protégé [126].

Ainsi, dans les arrêts *Ford c. Procureur général du Québec* [127]; *Irwin Toy Ltd.*, précité, et *Rocket c. Collège royal des chirurgiens dentistes d'Ontario* [128], la Cour suprême a jugé qu'il n'y avait aucune raison valable d'exclure l'expression commerciale de la protection de l'article 2 b) de la charte pour le motif que la publicité englobe plus que les intérêts économiques. Pour Mme la juge Wilson, dissidente dans l'arrêt *R. c. Skinner* [129] mais dont les propos sur ce point n'ont pas été contredits, « il [...] semble que cette logique vaut également pour l'al. 2 d) de la *Charte* [et qu'il n'y a] [...] aucune raison d'exclure l'activité associative ayant un objectif commercial de la portée du mot « association » employé à l'al. 2 d) de la *Charte* [130] ». Dans le *Renvoi relatif à la Public Service Employee Relations Act (Alb.)*, précité, M. le juge Dickson aurait reconnu que certaines activités collectives à des fins économiques, telles le droit de faire la grève et de négocier collectivement, sont des droits protégés par l'article 2. Il a noté par ailleurs — et son opinion sur ce point a rejoint celle de la majorité — que des préoccupations de nature exclusivement pécuniaire peuvent échapper à cette garantie [131].

L'objet du droit ou de la garantie protégé par la charte n'est pas le seul critère d'évaluation de la constitutionnalité d'une loi en fonction de la charte; l'effet d'une loi est également important pour déterminer sa constitutionnalité [132]. Même si l'objet est inattaquable, la procédure administrative créée pour la mise en œuvre de cet objet peut produire des effets inconstitutionnels, et la loi doit alors être invalidée. Ainsi, dans l'arrêt *R. c. Morgentaler*, la Cour a jugé que le fonctionnement administratif du mécanisme décisionnel établi par l'article 251 du *Code criminel* [133] portait atteinte aux droits garantis par l'article 7 de la charte. Dans ce même arrêt, le juge en chef Dickson a précisé que ce sont les effets en général de la loi et non les effets sur les parties au litige qui doivent être étudiés pour déterminer la validité d'une loi en vertu de l'article 52 de la *Loi constitutionnelle de 1982* [134]. Si, par ses effets, la mesure législative en cause porte atteinte à un droit ou une liberté garanti par la charte, cette atteinte ne pourra être justifiée que si elle répond aux critères de l'article premier de la charte.

---

(121) *R. c. Big M Drug Mart Ltd.*, (1985) 1 R.C.S. 295, 345, juge Dickson; *R. c. Morgentaler*, (1988) 1 R.C.S. 30, 52, juge Dickson.
(122) (1989) 1 R.C.S. 591.
(123) (1991) 1 R.C.S. 139.
(124) *Renvoi relatif à la Public Service Employee Relations Act (Alb.)*, supra, note 116, 412, juge MacIntyre et 371, juge Dickson; *Renvoi relatif à l'art. 193 et à l'al. 195.1 (1) c) du Code criminel (Man.)*, (1990) 1 R.C.S. 1123, 1171, juge Lamer.
(125) *Id.*, 1171, juge Lamer. Philip W. Augustine. « Protection of the Right to Property under the Canadian Charter of Rights and Freedoms », (1986) 18 *Ottawa L.R.* 55, 77.
(126) *Irwin Toy Ltd. c. Procureur général du Québec*, supra, note 104, 1002-1003, juge en chef Dickson.
(127) (1988) 2 R.C.S. 712.
(128) (1990) 2 R.C.S. 232.
(129) (1990) 1 R.C.S. 1235.

---

(130) *Id.*, 1250-1251.
(131) Voir supra, note 116, 367 et 371.
(132) *Big M Drug Mart Ltd.*, supra, note 121, 331, juge en chef Dickson.
(133) S.R.C. 1970, c. C-34.
(134) Dans *Loi de 1982 sur le Canada*, (L.R.C. 1985, app. II, n° 44, annexe B).

2. Le domaine et la portée de la liberté d'association

La première étape de la recherche de l'objet et du champ d'application de la liberté d'association consiste à vérifier la portée des termes utilisés par le constituant.

Le terme « liberté » a été ainsi défini par le juge Dickson, s'exprimant pour la Cour suprême dans *R. c. Big M Drug Mart Ltd.* [135] :

> La liberté peut se caractériser essentiellement par l'absence de coercition ou de contrainte. Si une personne est astreinte par l'État ou par la volonté d'autrui à une conduite que, sans cela, elle n'aurait pas choisi d'adopter, cette personne n'agit pas de son propre gré et on ne peut pas dire qu'elle est vraiment libre. L'un des objectifs importants de la *Charte* est de protéger, dans des limites raisonnables, contre la coercition et la contrainte. La coercition comprend non seulement la contrainte flagrante exercée, par exemple, sous forme d'ordres directs d'agir ou de s'abstenir d'agir sous peine de sanction, mais également les formes indirectes de contrôle qui permettent de déterminer ou de restreindre les possibilités d'action d'autrui. La liberté au sens large comporte l'absence de coercition et de contrainte et le droit de manifester ses croyances et pratiques. La liberté signifie que, sous réserve des restrictions qui sont nécessaires pour préserver la sécurité, l'ordre, la santé ou les mœurs publics ou les libertés et droits fondamentaux d'autrui, nul ne peut être forcé d'agir contrairement à ses croyances ou à sa conscience.

Cette définition a été précisée dans *R. c. Edwards Books and Art Ltd.* [136]. La Cour suprême a réitéré que le concept de coercition portant atteinte à la liberté garantie par l'article 2 inclut non seulement la contrainte flagrante mais également les formes indirectes de contrôle qui permettent de restreindre les possibilités d'action d'autrui.

Quant au concept d'association, le juge de la Cour supérieure, dans la présente affaire, fait voir l'amplitude des sens donnés à ce mot dans le langage courant et le langage juridique. Ainsi, dans le langage juridique britannique, le terme « association » peut se retrouver sous les vocables de « *society* », « *company* », « *partnership* », « *trade association* », « *uncorporated association* », « *credit union* ». Dans la langue française commune et le langage juridique français, le concept général d'association couvre également plusieurs espèces de regroupement de personnes à des fins lucratives ou non lucratives : société, union, syndicat, organisation, assemblée, solidarité. Le terme « association » est utilisé pour désigner tant l'acte de réunion de plusieurs personnes que l'institution qui en résulte.

Ce concept large et diversifié de l'association est celui qui a été envisagé par la Cour suprême dans l'analyse de la liberté d'association garantie par la charte. Le *Renvoi relatif à la Public Service Employee Relations Act (Alb.)*, précité, le confirme avec évidence. Dans cet arrêt, la Cour devait décider si la charte conférait une garantie constitutionnelle au droit d'un syndicat de faire la grève à titre d'accessoire de la négociation collective. La Cour, à la majorité, a décidé que la garantie constitutionnelle de la liberté d'association ne comprenait pas, dans le cas d'un syndicat, la garantie du droit de négocier collectivement et de faire la grève. Les juges de la majorité ont néanmoins pris soin de définir le concept de la liberté d'association de façon à lui donner l'extension la plus large possible pour éviter d'en restreindre le domaine d'application et l'utilité à celui des relations de travail.

Le juge McIntyre a rappelé que « [la liberté d'association] existait au Canada bien avant l'adoption de la *Charte* et [qu'elle] était reconnue comme un droit fondamental. Elle consistait en la liberté pour deux ou plusieurs personnes de s'associer, pourvu qu'elles n'enfreignent aucune règle spécifique de *common law* ou de droit écrit en poursuivant un objectif illicite ou en cherchant à atteindre un objet licite par des moyens illicites [137]. » « [Comme la charte ne définit pas cette liberté qu'elle consacre en tant que droit indépendant, la notion historique de liberté d'association basée sur les traditions et les phi-

---

(135) Voir *supra*, note 121, 336-337.
(136) (1986) 2 R.C.S. 713.

(137) Voir *supra*, note 116, 403.

losophies sociales de notre société doit être maintenue. La liberté d'association que l'on retrouve à l'article 2 d) de la charte demeure cette liberté] de se joindre à d'autres personnes, de vivre et de travailler avec elles. [Cette] liberté [...] confère un sens et une valeur à l'existence de l'individu et rend possible l'existence d'une société organisée [138] ».

En considérant la situation constitutionnelle de la liberté d'association, le juge McIntyre précise toutefois qu'il faut reconnaître que, bien qu'elle assure la promotion de nombreux intérêts collectifs et, naturellement, qu'elle ne puisse être exercée seule, il s'agit néanmoins d'une liberté qui appartient à l'individu et non aux groupes formés grâce à son exercice [139].

Pour le juge Le Dain, il paraît essentiel de garder à l'esprit que la notion de liberté d'association doit viser toute une gamme d'associations ou d'organisations de nature politique, religieuse, sociale ou économique ayant des objectifs très variés, de même que les activités qui permettent de poursuivre ces objectifs [140].

Le juge en chef Dickson, pour la minorité, partage le même point de vue en allant même plus loin puisqu'il est prêt à accepter que la liberté d'association comprendrait la liberté de faire la grève. Rappelant que la liberté d'association est la liberté de s'unir dans la poursuite d'un objectif commun ou pour promouvoir une cause commune, il note qu'elle se manifestait dans toutes les sphères de l'activité humaine [141]:

[C'est] une condition essentielle de toute société libre et démocratique, qui protège les individus de la vulnérabilité résultant de l'isolement qui assure la possibilité d'avoir une participation efficace dans la société. Dans toutes les sphères de l'activité humaine et tout au long de l'histoire, des individus ont formé des associations vouées à la poursuite d'intérêts et d'aspirations communs. En s'associant, les individus parviennent à faire entendre leurs voix pour façonner ce qui permet de répondre à leurs besoins, à leurs droits et à leurs libertés

Cette définition large de la liberté d'association a été de nouveau appliquée dans l'arrêt *Institut professionnel de la Fonction publique du Canada c. Commissaire des Territoires du Nord-Ouest* [142]. Tant les juges majoritaires que minoritaires ont alors été d'avis que les observations du juge McIntyre dans le *Renvoi relatif à la Public Service Employee Relations Act (Alb.)* sont compatibles avec la conception que la Cour a adoptée à l'égard des autres libertés prévues à l'article 2 de la charte.

Le juge McIntyre avait livré, dans ce dernier arrêt, une analyse poussée des différentes théories avancées par la jurisprudence pour déterminer la nature et la portée de la liberté d'association. Il avait dégagé six théories différentes en indiquant que ces six formulations de la notion de liberté d'association n'étaient pas les seules qui pouvaient être dégagées. Selon M. le juge McIntyre:

– La première formulation de la liberté d'association se limite au droit de s'associer à d'autres pour réaliser des desseins communs ou pour atteindre certains objectifs. Ni les objets ni les actes du groupe ne sont protégés par la liberté d'association. C'est là la conception adoptée dans l'arrêt *Collymore c. A.G.* [143].

– La seconde conception énonce que la liberté d'association garantit l'exercice collectif de droits constitutionnels ou, en d'autres termes, la liberté d'exercer collectivement des activités que la Constitution garantit à chaque individu. Cette théorie a été adoptée aux États-Unis pour décrire la portée de la liberté d'association sous le régime de la Constitution américaine.

– La troisième conception postule que la liberté d'association repose sur le principe que l'individu a le droit d'accomplir de concert avec d'autres ce qu'il peut licitement accomplir seul et, à l'inverse, que les individus et les organisa-

---

(138) *Id.*, 393.
(139) *Id.*, 397.
(140) *Id.*, 390.
(141) *Id.*, 334.

(142) (1990) 2 R.C.S. 367.
(143) [1970] A.C. 538.

tions n'ont pas le droit d'accomplir de concert ce qui est illicite d'accomplir seul.

— La quatrième conception accorderait une protection constitutionnelle aux activités collectives qu'on pourrait qualifier de fondamentales dans notre culture et selon nos traditions, et qui, d'un commun accord, méritent protection.

— La cinquième conception a pour assise la proposition voulant que la liberté d'association, au sens de l'article 2 *d*) de la charte, accorde une protection constitutionnelle à toutes les activités essentielles à la réalisation des objectifs licites de l'association. À ce titre, la liberté d'association pourrait inclure la liberté de négocier collectivement et de faire la grève.

— La sixième conception dégagée par la jurisprudence, et de loin la plus large, étendrait la protection de l'article 2 *d*) de la charte à tous les actes accomplis collectivement sous réserve seulement d'une restriction en vertu de l'article premier de la charte.

S'exprimant pour lui-même, le juge McIntyre a jugé que la cinquième et la sixième théorie constituaient des définitions inacceptables de la liberté d'association. À son avis, la cinquième conception rejette la nature individuelle de la liberté d'association. En l'acceptant, on attribuerait un statut constitutionnel indépendant aux objectifs et activités d'une association, et, par conséquent, on conférerait des droits constitutionnels plus grands aux membres. Quant à la sixième conception, elle conférerait, en termes encore plus généraux, un statut constitutionnel à certaines activités, simplement parce qu'elles sont exercées collectivement.

La quatrième conception n'a pas non plus été retenue par M. le juge McIntyre. Selon ce dernier[144] :

> La liberté d'association a pour objet d'assurer que diverses fins puissent être poursuivies en commun aussi bien qu'individuellement. La liberté d'association n'a rien à voir avec les activités ou fins elles-mêmes ; elle concerne la manière dont ces activités ou ces fins peuvent être poursuivies. Si certaines activités, comme fonder un foyer, s'instruire ou gagner sa vie, sont importantes, voire même fondamentales, leur importance ne découle pas toutefois de leur nature collective potentielle. Leur importance résulte de la structure et de l'organisation de notre société et elles sont aussi importantes lorsqu'elles sont exercées individuellement que lorsqu'elles le sont collectivement [...] L'institution du mariage, par exemple, pourrait fort bien être protégée par la combinaison de la liberté d'association et d'autres droits et libertés. La liberté d'association seule, toutefois, n'a rien à voir avec le comportement : son objet est de garantir que certaines activités et certains buts puissent être poursuivis collectivement. Lorsqu'on envisage cet objet, il devient clair que l'al. 2 *d*) de la *Charte* ne saurait être interprété de manière à protéger certains actes ou buts spécifiques, qu'ils soient ou non fondamentaux dans notre société.

Relativement à cette quatrième conception, le juge McIntyre, dans l'arrêt *Black c. Law Society of Alberta*[145], aurait toutefois considéré que les règlements nos 154 et 75 B[146] de la Law Society of Alberta, qui interdisaient aux membres de la Law Society de s'associer avec quelqu'un qui n'était pas un membre actif qui résidait en Alberta de même que de s'associer avec plus d'un cabinet d'avocats, portaient atteinte à la liberté d'association garantie par l'article 2 *d*) de la charte. Selon lui, ces règlements empêchaient non seulement les membres résidents de poursuivre certaines activités avec d'autres mais de s'associer avec des membres non résidents et de former plus d'une association pour pratiquer le droit.

Le juge La Forest, pour la majorité, n'a pas abordé dans l'arrêt *Black* la question de la liberté d'association. Il a considéré que les règlements nos 154 et 75 B violaient tous les deux l'article 6 paragraphe 2 *b*) de la charte et qu'ils n'étaient justifiés ni par l'article 6 paragraphe 3 *b*) de la charte ni par l'article premier. Ces règlements compromettaient sérieusement la capacité des avocats intimés de maintenir une association viable pour gagner leur vie et ren-

---

(144) Voir *supra*, note 116, 406.

(145) (1989) 1 R.C.S. 591.
(146) *Rules of the Law Society of Alberta*.

daient un tel arrangement commercial tout à fait impossible[147]. Selon le juge La Forest, le droit d'un citoyen de gagner sa vie en offrant ses services n'importe où au Canada conférait un maximum de pertinence tout à fait suffisante à la rubrique liberté de circulation et d'établissement qui précède l'article 6[148]. Compte tenu de cette conclusion, il n'était pas nécessaire d'examiner si les règlements violaient également l'article 2 d).

Même si le juge La Forest a reconnu un droit très large quant aux formes d'association grâce auxquelles un citoyen peut gagner sa vie en offrant ses services n'importe où au Canada, on ne peut déduire de l'arrêt *Black* que l'article 2 d) protège une activité pour le seul motif qu'il s'agit de l'exercice d'un droit fondamental pour un individu. Le juge McIntyre y confirme toutefois son opinion à l'effet que la liberté d'association s'entendrait également de la liberté de s'associer et d'exercer avec d'autres des droits qui sont licites lorsqu'ils sont exercés par un seul individu (3e conception de la liberté d'association).

Dans l'arrêt *Institut professionnel de la Fonction publique du Canada*, le juge Sopinka, qui a rendu le jugement principal, auquel ont souscrit pour l'essentiel deux juges de la majorité, a adopté les trois premières conceptions de la liberté d'association retenues par M. le juge McIntyre dans le renvoi précité et réaffirmé que les restrictions apportées à *l'activité* de négocier collectivement ne touchent pas normalement la capacité des personnes à titre individuel de constituer des syndicats ou d'y adhérer. Il a ajouté que la troisième conception, qui postule que l'article 2 d) protège l'exercice collectif des droits légitimes des personnes prises individuellement, doit être clairement affirmée car elle découle de la première conception[149]:

> Pour que la liberté de constituer une association, de la maintenir et d'y appartenir ait un sens, il faut qu'elle englobe la liberté pour les gens de se regrouper afin de poursuivre les objectifs qu'ils peuvent légitimement poursuivre à titre individuel. Une restriction apportée à l'exercice collectif d'une activité que la loi permet aux personnes, prises individuellement, d'exercer constitue essentiellement une attaque contre la capacité des personnes à titre individuel de constituer une association à cette fin.

Le juge La Forest s'est associé aux motifs du juge Sopinka mais n'a pas estimé nécessaire de dire quoi que ce soit au sujet de la question de savoir si le droit d'association doit comprendre la liberté pour les gens de se regrouper afin de poursuivre les objectifs qu'ils peuvent légitimement poursuivre à titre individuel[150].

Mme la juge L'Heureux-Dubé, tout en se ralliant aux motifs énoncés par le juge Sopinka, a ajouté que, à son avis, l'article 2 d) n'a jamais été conçu pour protéger les activités ou les objectifs d'une association même si la réalisation de ses objectifs est fondamentale à l'existence de l'association[151]. Elle a cité avec approbation les motifs de l'opinion de la juge Wilson dans l'arrêt *R. c. Skinner*, qui, dissidente mais non sur ce point, a exposé, selon elle, la portée exacte de la liberté d'association[152]:

> Deuxièmement, pour décider si une activité donnée est protégée par l'al. 2 d) de la Charte, nous devons centrer l'analyse sur la question de savoir si une personne cherche à s'associer à une autre, et non sur la nature des activités ou des objectifs qu'elles désirent poursuivre en commun. Selon la majorité dans cet arrêt [Renvoi...], les activités que les individus désirent exercer en commun ne sont pas elles-mêmes protégées par l'al. 2. d). Seul le fait de se joindre à d'autres est protégé. À cet égard, les observations du juge McIntyre sont compatibles avec la conception que notre Cour a adoptée à l'égard d'autres libertés prévues à l'article 2 de la *Charte*.

Dans ce même arrêt *Skinner*, Mme la juge Wilson a rappelé qu'une interprétation large et libérale de l'article 2 d) exige que l'on conçoive le droit à la liberté d'association comme comportant la protection d'une capacité d'une personne de s'associer à d'autres, indépendam-

---

(147) Voir *supra*, note 145, 619.
(148) *Id.*, 622.
(149) Voir *supra*, note 142, 403.

(150) *Id.*, 390-391.
(151) *Id.*, 393.
(152) Voir *supra*, note 129, 1249.

ment de la question de savoir s'il est envisagé de former une « association » au sens technique du terme. De même que l'on ne peut « écarter une activité humaine du champ de la garantie de la liberté d'expression en se basant sur le contenu ou la signification [*Irwin Toy Ltd. c. Québec (Procureur général)* [1989] 1 R.C.S. 927, 969], [...] il est également important qu'[on] n'écarte pas une activité humaine du champ de la garantie de la liberté d'association en se basant sur l'objectif en vue duquel les parties cherchent à s'associer[153] ».

Bien que la Cour suprême ait majoritairement conclu, dans l'arrêt *Skinner* tout comme dans *Renvoi relatif à l'art. 193 et à l'al. 195.1 (1) c) du* Code criminel *(Man.)*, que la cible de la disposition contestée dans ces affaires, soit l'article 195.1 (1) c) du *Code criminel*, était une activité d'expression, à savoir la communication dans un lieu public dans le but de se livrer à la prostitution, et que cet article ne portait pas atteinte à une conduite associative[154], il a majoritairement été reconnu dans ces arrêts que, en principe, des activités ne peuvent être exclues du champ d'application de la garantie en raison du contenu ou du message transmis ni pour la seule raison qu'elles sont des infractions criminelles[155].

Il ressort de ces arrêts que ce ne sont pas toutes les formes de rapport que les individus entretiennent entre eux qui sont protégées par l'article 2 d). Comme l'a exprimé le juge en chef Dickson dans *Skinner*[156] : « Le simple fait qu'une disposition limite la possibilité d'activités ou de conventions commerciales ne suffit pas, à mon avis, pour démontrer *prima facie* la présence d'une entrave à la liberté d'association. » S'il en était autrement, et compte tenu de la complexité des relations humaines dans la société moderne, cela reviendrait à attribuer un statut constitutionnel à toutes les activités exercées par un individu, indépendamment du fondement même du droit d'association[157].

De l'ensemble de la jurisprudence, on peut conclure que l'article 2 d) protège la liberté de constituer une association et l'exercice collectif des droits et libertés individuels consacrés par la Constitution. L'article 2 d) pourrait également protéger la liberté non seulement de constituer une association mais également d'exercer en association une activité qui est permise aux individus, comme l'ont reconnu les juges McIntyre dans le *Renvoi relatif à la Public Service Employee Relations Act (Alb.)*, de même que le juge en chef Dickson et le juge Sopinka dans *Institut professionnel de la Fonction publique du Canada*.

III. L'application au présent litige

Le juge de la Cour supérieure a estimé que les articles 92 (1) e) (i), 92 (1) f) (i), 92 (1) f) (ii) étaient susceptibles de porter atteinte à la liberté d'association garantie par la charte. Ces dispositions, selon lui, pouvaient empêcher M. Verville et les six compagnies de poursuivre en association des activités commerciales et industrielles par ailleurs licites.

Il a mentionné, avec justesse, que les fusionnements que le directeur attaquait n'étaient susceptibles d'être dissous par le Tribunal de la concurrence que s'ils violaient la *Loi sur la concurrence*, c'est-à-dire s'ils diminuaient ou étaient susceptibles de diminuer sensiblement la concurrence. Mais, comme, à son avis, c'est en vertu de ces fusionnements que les intimés exerçaient dorénavant leurs activités industrielles autres qu'anticoncurrentielles — à supposer qu'il en est qui le soient —, ces fusionnements constituaient l'exercice d'un droit d'association protégé par la charte.

La loi, en permettant au Tribunal de la concurrence d'empêcher ou de dissoudre ces fusionnements, pouvait en effet priver les intimés du droit de s'associer pour exercer des activités

---

(153) *Ibid.*
(154) Voir *supra*, note 129, 1244.
(155) *Renvoi relatif à l'art. 193 et à l'al. 195.1 (1) c) du* Code criminel *(Man.)*, (1990) 1 R.C.S. 1123, 1183 et 1204.
(156) Voir *supra*, note 129, 1245.

(157) Voir *Lavigne c. Syndicat des employés de la fonction publique de l'Ontario*, C.S. Can. 21378, le 27 juin 1991 *(J.E. 91-1122 et D.T.E. 91T-743)*.

licites. Pour le juge de la Cour supérieure, cette simple possibilité d'atteinte à la charte entraînait une déclaration d'*ultra vires* sans qu'il soit nécessaire d'examiner l'effet de la loi vis-à-vis des intimés.

Le Procureur général du Canada soutient que le juge de la Cour supérieure a erré en tenant pour acquis que les fusionnements en soi devaient être considérés comme le résultat du droit de s'associer, alors qu'ils désignent plutôt le résultat de transactions décrites à l'article 91 de la loi, notamment l'acquisition d'actions ou d'éléments d'actif d'entreprises concurrentes. La demande du directeur ne viserait qu'à annuler l'acquisition des firmes Lomex inc., Paul & Eddy inc. et Fondoir Laurentide inc. Elle n'aurait aucunement pour but d'interdire aux membres de la famille Couture, par Gestion Murray Couture inc., de s'associer avec M. Verville.

À cet égard, le Procureur général du Canada invoque que la *Loi sur la concurrence* n'interdit en aucune façon la formation d'une association quelconque, quel qu'en soit le but. Ce qui est interdit, c'est le fait par une seule ou plusieurs personnes, par suite du genre de transactions indiquées à l'article 91, d'être en mesure d'empêcher la concurrence dans un marché donné ou de la diminuer sensiblement.

Le Procureur général du Canada ajoute que l'essence de l'activité visée par les articles 92 (1) *e*) (i), 92 (1) *f*) (i), 92 (1) *f*) (ii) est à caractère économique, commercial et contractuel. Contrairement aux dispositions en cause, dans les affaires *Ford* et *Irwin Toy Ltd.*, où la Cour suprême a reconnu que la publicité englobe plus que de simples intérêts économiques, on ne pourrait en dire autant des dispositions législatives qui réglementent les fusionnements et qui permettent au directeur et au Tribunal de la concurrence d'intervenir au cœur d'une relation contractuelle en substituant leur volonté à celle des parties. Reconnaître que la charte accorde une protection aux relations d'affaires que des individus sont susceptibles d'avoir par leurs compagnies respectives équivaudrait à constitutionnaliser, par le biais de la liberté d'association, le droit de propriété et les droits économiques en découlant.

Le Procureur général du Québec rappelle que les dispositions législatives en cause ne visent pas toute acquisition ou prise de contrôle mais uniquement les fusionnements qui empêchent ou diminuent sensiblement la concurrence. De tels fusionnements ne sauraient être protégés par l'article 2 *d*) de la charte, puisqu'il s'agirait d'associations vouées à des fins illicites.

Il convient d'examiner si les fusionnements peuvent être considérés comme des conduites associatives protégées par l'article 2 *d*) de la charte et, si oui, si les dispositions de la *Loi sur la concurrence* portant sur les fusionnements sont susceptibles, par leur objet ou leur effet, de porter atteinte au droit d'association garanti par la charte.

1. La définition de fusionnement

Sous le terme fusionnement, la loi vise l'acquisition ou l'établissement, même indirectement, par une ou plusieurs personnes, du contrôle sur quelque partie d'une entreprise d'une autre personne, ou même simplement d'un intérêt relativement important dans quelque partie d'une telle entreprise. L'entreprise est définie à l'article 2 (1) comme comportant à la fois une entreprise de biens et de services. Sont toutefois exclus du champ d'application de la loi le sport amateur et les coalitions d'ouvriers. Les banques, les offices de commercialisation et les conférences maritimes ne sont pas exclus mais sont soumis à certaines dispositions particulières.

Sous réserve de ces exceptions et de certaines limitations pour les entreprises à risques partagés (art. 95 et 112) et l'acquisition d'actions comportant droit de vote ou d'éléments d'actif (art. 111), l'article 91 viserait toute association par laquelle une ou plusieurs personnes acquièrent ou établissent un contrôle ou un intérêt relativement important sur quelque partie ou la totalité d'une entreprise. Ainsi, dans *Director of Investigation and Research c. Air Canada*[158], le directeur a demandé au Tribunal d'ordonner la dissolution d'un fusionnement résultant d'un « li-

---

(158) (1989) 23 C.P.R. 160 et (1990) 27 C.P.R. 476.

mited partnership » institué pour combiner les opérations du système informatisé de réservation opéré par Air Canada et ses filiales avec d'autres systèmes informatisés opérés par Canadian Airline et Canadian Pacific Airlines.

La définition extrêmement large du terme « fusionnement » correspond à la définition également très large du terme « coalition » que l'on retrouvait dans l'ancienne *Loi des enquêtes sur les coalitions*[(159)]. Le terme « coalition » comprenait entre autres : 1) les syndicats (*mergers*), les trusts et les monopoles ; 2) la relation résultant de l'achat, de la location ou de l'acquisition par un autre mode par toute personne de tout contrôle sur la totalité ou sur une partie de l'entreprise d'une autre personne ou de toute participation à cette entreprise ; 3) tout contrat, convention, accord ou entente qui aurait pour effet, ou qui serait destiné à avoir pour effet d'empêcher ou diminuer la concurrence, de restreindre ou de léser l'industrie ou le commerce.

Le Conseil économique du Canada signalait dans son *Rapport provisoire sur la politique de concurrence*[(160)] que la définition de « coalition » dans la loi de 1923 semblait applicable effectivement à la plupart sinon à la totalité des services, mais, comme la majorité des poursuites intentées étaient fondées sur l'article du *Code criminel* interdisant les coalitions plutôt que sur la *Loi relative aux enquêtes sur les coalitions*, la situation quant aux services n'avait jamais été tirée au clair par les tribunaux.

Les termes « coalition » et « trust » étaient supprimés du texte législatif en 1960 pour laisser place aux termes « monopoles » et « fusion » seulement. La fusion était définie comme :

[…] l'acquisition, par une ou plusieurs personnes, soit par achat ou location d'actions ou d'éléments d'actif, soit autrement, de tout contrôle sur la totalité ou quelque partie de l'entreprise d'un concurrent, fournisseur, client ou autre personne, ou d'un intérêt dans la totalité ou quelque partie d'une telle entreprise, moyennant quoi la concurrence :

a) dans un commerce ou une industrie,

b) entre les sources d'approvisionnement d'un commerce ou d'une industrie,

c) entre les débouchés pour les ventes d'un commerce ou d'une industrie, ou

d) autrement que dans les circonstances prévues aux alinéas *a), b)* et *c)*,

est ou semble devoir être réduite au détriment ou à l'encontre de l'intérêt du public, qu'il s'agisse de consommateurs, de producteurs ou d'autres personnes (article 2 S.R.C., 1970, c. C-23).

La loi de 1976[(161)] remplaçait les alinéas *a)* à *c)* par les suivants :

« *a)* dans un commerce, une industrie ou une profession,

b) entre les sources d'approvisionnement d'un commerce, d'une industrie ou d'une profession,

c) entre les débouchés pour les ventes d'un commerce, d'une industrie ou d'une profession, ou ».

En 1986, le législateur incorporait la nouvelle définition que l'on retrouve à l'article 91 et soustrayait les fusionnements de la juridiction criminelle[(162)]. La nouvelle définition énumère diverses formes de transactions ou d'opérations constituant des fusionnements. Tout fusionnement, au sens de la loi, n'implique pas une association d'intérêts ou une association de personnes dans la poursuite d'objectifs communs, mais il est possible qu'une telle association se réalise par le moyen d'un fusionnement.

Dans cette hypothèse, comme l'acte de réunion peut difficilement être dissocié de l'institution qui en résulte, le terme « association » désignant en effet une union ou une organisation

---

(159) S.C. 1923, c. 9 [refondue à S.R.C. 1927, c. 26].

(160) Conseil économique du Canada. *Rapport provisoire sur la politique de concurrence*. Ottawa: Imprimeur de la Reine, 1969. Pp. 161-162.

(161) *Loi modifiant la Loi relative aux enquêtes sur les coalitions et la Loi sur les banques et abrogeant la Loi ayant pour objet la modification de la Loi modifiant la Loi relative aux enquêtes sur les coalitions et le Code criminel*, (S.C. 1974-75-76, c. 76).

(162) *Loi constituant le Tribunal de la concurrence, modifiant la Loi relative aux enquêtes sur les coalitions et la Loi sur les banques et apportant des modifications corrélatives à d'autres lois*, (L.R.C. 1985, 2e suppl., c. 19).

de personnes pour la poursuite d'un but commun [163], un fusionnement pourrait constituer l'exercice d'un droit visé par la liberté d'association au sens de la première conception reconnue par la Cour suprême dans le *Renvoi relatif à la Public Service Employee Relations Act (Alb.)*, soit le droit de s'associer pour réaliser des desseins communs.

Afin de déterminer si les dispositions de la *Loi sur la concurrence* relatives aux fusionnements portent atteinte à la liberté d'association, il s'impose, selon la méthode préconisée par la Cour suprême dans les arrêts *Ford, Irwin Toy Ltd., Black*, et le renvoi relatif au *Code criminel*, d'examiner l'objet et l'effet de ces dispositions.

2. L'objectif des dispositions législatives en cause

En édictant, à la partie VIII de la loi, des mesures visant à restreindre ou à dissoudre des fusionnements qui empêchent ou diminuent sensiblement la concurrence ou qui auraient vraisemblablement cet effet, le législateur ne vise pas au premier chef la formation ou le maintien d'associations entre individus ou entre individus et personnes morales; il ne réglemente pas non plus directement, comme il le fait à la partie VII de cette même loi, des comportements ou des activités anticoncurrentielles. Il édicte essentiellement des mesures et une procédure visant à favoriser la concurrence et à accroître l'efficacité dans l'ensemble de l'économie canadienne en vue de réaliser l'objet même de la *Loi sur la concurrence*.

Cet objet énoncé à l'article 1.1 est:

> [...] de préserver et de favoriser la concurrence au Canada dans le but de stimuler l'adaptabilité et l'efficience de l'économie canadienne, d'améliorer les chances de participation canadienne aux marchés mondiaux tout en tenant simultanément compte du rôle de la concurrence étrangère au Canada, d'assurer à la petite et à la moyenne entreprise une chance honnête de participer à l'économie canadienne, de même que dans le but d'assurer aux consommateurs des prix compétitifs et un choix dans les produits.

Dans l'affaire *General Motors of Canada Ltd. c. City National Leasing*, précitée, le juge en chef Dickson a bien fait ressortir l'objet d'une loi visant à protéger la concurrence lorsqu'il a écrit, en parlant de l'ancienne *Loi relative aux enquêtes sur les coalitions*, que la «loi a pour objet d'éliminer les activités qui diminuent la concurrence sur le marché. Toute la loi est conçue en fonction de cet objet. Elle identifie et définit les pratiques monopolistiques. Elle établit [...] un système de réglementation bien intégré qui vise à décourager des formes de pratiques commerciales considérées comme préjudiciables au Canada et à l'économie canadienne [164]. »

Le juge La Forest, dans l'arrêt *Thomson Newspapers Ltd. c. Directeur des enquêtes et recherches, Commission sur les pratiques restrictives du commerce du Canada* [165], a de nouveau mis cet objectif en exergue:

> Au fond, la Loi vise réellement la réglementation de l'économie et du commerce en vue de protéger les conditions de concurrence cruciales au fonctionnement d'une économie de libre marché. Cet objectif comporte évidemment des conséquences pour la prospérité matérielle du Canada. Il comporte également des incidences politiques importantes en ce qu'il vise à prévenir la concentration du pouvoir [...]

Le législateur, à l'article 92 de la loi, porte une attention particulière aux transactions commerciales susceptibles d'entraîner un monopole ou de diminuer sensiblement la concurrence dans un marché donné. Les fusionnements en

---

(163) Cette définition est celle généralement retenue. Voir P.E. Littré, *Grand Dictionnaire de la langue française*, [1901]: «réunion de plusieurs personnes pour un but commun»; *Webster's New Twentieth Century Dictionary*, [1956]: «*union of persons in a company; a society formed for transaction or carrying on some business for mutual advantage; a partnership*»; The *Shorter Oxford English Dictionary*, [1956]: «*a body of persons associated for a common purpose*»; *Black's Law Dictionary, Fifth ed.*, [1979]: «*the act of a number of persons in uniting together for some special purpose or business*»; Robert *Dictionnaire alphabétique et analogique de la langue française:* «action de s'associer, groupement qui en résulte.»

(164) Voir *supra*, note 36, 676.
(165) (1990) 1 R.C.S. 425, 510.

soi ne sont pas interdits mais il sera loisible au directeur des enquêtes et recherches de s'adresser au Tribunal de la concurrence en vue d'obtenir une ordonnance pour empêcher la réalisation d'un fusionnement dont l'effet serait d'empêcher ou de diminuer sensiblement la concurrence dans un marché donné ou, le cas échéant, d'en obtenir la dissolution.

Le but des dispositions législatives en cause portant sur les fusionnements n'est pas de tenter d'interdire un comportement collectif en raison de sa nature concertée ou collective mais, comme le mentionne le Procureur général du Canada, « d'interdire un phénomène économique en raison de ses aspects anticoncurrentiels et non en raison du fait qu'il s'agit d'une activité collective en tant que telle ». La cible de ces dispositions n'est pas une activité d'association mais la prohibition des monopoles et des fusionnements qui diminueront sensiblement la concurrence.

Il ne suffit cependant pas de considérer l'objet d'une loi lorsqu'il s'agit de mesurer la validité d'une mesure législative à l'aune de la charte. L'effet de la loi doit également être pris en considération.

3. L'effet des dispositions législatives en cause

Selon les intimés, les dispositions de la *Loi sur la concurrence* portant sur les fusionnements établiraient un remède structurel qui porterait atteinte à la liberté d'association. La procédure administrative édictée par la partie VIII de la loi comporte diverses étapes, dont l'étape ultime peut être une ordonnance de dissolution d'une association. Cette procédure pourrait avoir pour effet d'entraver, tout au moins temporairement, la formation ou le maintien d'une association formée pour la poursuite d'objectifs communs licites et porterait donc atteinte à l'article 2 d) de la charte. Le fait que ces objectifs communs revêtent un caractère commercial ou économique n'empêcherait pas l'application de la charte puisque c'est le droit même de former ou de maintenir une association qui serait en cause et non une simple préoccupation de nature exclusivement pécuniaire.

La procédure administrative créée par la loi donne au directeur seul le pouvoir de porter une demande devant le Tribunal de la concurrence en vue d'obtenir une ordonnance visant à prohiber ou à dissoudre un fusionnement. Cette demande apparaît comme la solution de dernier recours, lorsqu'il lui a été impossible d'amener les parties à modifier le fusionnement envisagé.

Préalablement à l'exercice de ce recours, la loi donne au directeur certains pouvoirs en vue d'obtenir un règlement à l'amiable. Le directeur peut émettre un certificat de décision préalable (art. 102) s'il est convaincu que la transaction ne lui donnera pas de motifs suffisants pour prétendre, avec succès devant le Tribunal, que la concurrence sera diminuée sensiblement une fois que le certificat de décision préalable aura été délivré. Ce fusionnement, pourvu qu'il se réalise dans l'année de la délivrance du certificat, ne peut être contesté pour les mêmes motifs ou des motifs substantiellement identiques (art. 103).

Si le fusionnement proposé ne soulève pas de problème de concurrence dans l'immédiat mais que le directeur a certaines craintes ou incertitudes quant aux répercussions futures du fusionnement, il peut émettre un avis consultatif et se réserver le droit de contester ultérieurement le fusionnement tout en indiquant qu'il a l'intention de suivre de près certains aspects du marché pendant la période [166].

Les engagements sont un autre moyen d'obtenir qu'un fusionnement soit conforme à la loi sans qu'il soit besoin d'amorcer des procédures devant le Tribunal. Le directeur peut obtenir des parties à un projet d'acquisition ou de fusion l'engagement qu'elles vont restructurer la transaction ou céder, avant ou après la vente, une partie des actions ou des éléments d'actif à un autre acheteur.

Le directeur peut demander au Tribunal de rendre une ordonnance rendant exécutoire une

---

[166] Voir Directeur des enquêtes et recherches. *Rapport annuel 1985-1988*. Ottawa: Consommation et Corporation. P. 7; C.S. Goldman, directeur des enquêtes et recherches. Texte d'une conférence prononcée au Colloque sur le nouveau droit de la concurrence, Université Laval, 22 avril 1988. P. 15.

ordonnance dont le contenu a fait l'objet d'un consentement entre les parties et le directeur (art. 105). Ces ordonnances de consentement seront demandées lorsque le directeur juge qu'il est nécessaire de rendre les dispositions de l'ordonnance exécutoire parce que l'affaire est particulièrement importante ou comporte des conditions inhabituelles ou exceptionnelles. Le Tribunal peut refuser d'accorder une telle ordonnance si la nature ou la portée des modalités de l'ordonnance ne sont pas satisfaisantes eu égard aux objectifs de la loi [167].

Outre ces diverses méthodes permettant de régler à l'amiable les fusionnements, la loi prévoit, dans le cas de fusionnements très importants, l'exigence d'un avis au directeur. Les articles 108 à 125 déterminent le type de transactions nécessitant cet avis et en fixent les conditions. Selon le type de transactions et la déclaration utilisée, la période d'attente avant de pouvoir réaliser un fusionnement varie alors de sept à 21 jours depuis la réception par le directeur des renseignements demandés, à moins que le directeur n'avise avant l'expiration de ce délai qu'il n'envisage pas de présenter une demande en vertu de l'article 92 à l'égard de la transaction proposée (art. 123).

Comme les fusionnements ne sont plus des infractions criminelles, le législateur a estimé que cette approche consultative et participative était particulièrement propre à réaliser la mise en application efficace de la loi.

Pour les intimés, cette procédure administrative serait telle que les parties vont tout faire pour régler administrativement le dossier avec le directeur plutôt que de procéder à un fusionnement. Cette procédure aurait également pour effet d'assujettir inutilement un trop grand nombre de projets de fusionnement à une procédure de révision, d'approbation ou de consentement officiel. Les critères que le Tribunal peut prendre en considération lors de l'étude de la demande par le directeur seraient au surplus trop vagues et imprécis.

Les craintes des intimés n'apparaissent pas justifiées. Selon le directeur des enquêtes et recherches [168], entre juin 1986 et avril 1988, seulement 10 % des fusionnements au Canada ont fait l'objet d'une ouverture de dossier par le personnel du bureau du directeur. Parmi les 180 fusionnements examinés, cinq ont été restructurés, cinq ont été abandonnés et deux sont devant le Tribunal. La demande déposée par le directeur contre Alex Couture inc. serait actuellement la seule affaire pendante devant le Tribunal (m.i., p. 87). Les autres fusionnements se sont déroulés sans encombre ou après des modifications mineures [169].

De plus, la loi encadre de façon suffisamment précise, aux articles 92 (2), 93 et 96, entre autres, les éléments dont le Tribunal peut tenir compte pour déterminer l'« illicité » d'un fusionnement. Ces éléments permettent aux parties à un fusionnement d'être raisonnablement prévenues des conséquences de leur conduite. De plus, ces éléments sont suffisamment nombreux, variés et détaillés pour éviter de laisser large place à l'arbitraire en permettant aux responsables de l'application de la loi de faire prévaloir leurs préférences personnelles [170].

Lorsqu'une ordonnance est demandée au Tribunal, le directeur a le fardeau d'établir que le fusionnement ne favorise pas la concurrence. Les éléments et facteurs établis par le législateur peuvent alors constituer des moyens de défense que le Tribunal doit prendre en considération. Les parties à un fusionnement peuvent en outre porter en appel devant la Cour d'appel fédérale toute décision ou ordonnance du Tribunal (art. 13).

Sans doute le système administratif établi par la loi peut-il causer certains inconvénients aux parties à un fusionnement et les obliger éventuellement à modifier ou à restreindre leur projet

---

(167) *Director of Investigation and Research c. Palm Dairies Ltd.*, (1987) 12 C.P.R. 540.

(168) C.S. Goldman, *supra*, note 166, p. 18.
(169) *Ibid.*
(170) *Irwin Toy Ltd., supra*, note 104, 989, juge en chef Dickson; renvoi relatif au *Code criminel* (Man.), *supra*, note 155, 1152, juge Lamer; *Comité pour la république du Canada*, *supra*, note 123, 209-215, juge L'Heureux-Dubé.

de fusionnement. Les dispositions législatives en cause ne portent cependant pas atteinte à la liberté d'association parce qu'elles ont pour effet de rendre plus difficiles les négociations commerciales. Le simple fait que des dispositions limitent la possibilité d'activités ou de conventions commerciales ne suffit pas pour démontrer *prima facie* la présence d'une entrave à la liberté d'association garantie par l'article 2 *d)*[171].

Ce genre de structure administrative n'est pas de lui-même restrictif au point de violer la liberté d'association garantie par la charte. Par exemple, dans l'arrêt *R. c. Morgentaler*, la Cour suprême a jugé que l'article 251 du *Code criminel* violait l'article 7 de la charte parce que la procédure et les restrictions établies par cet article pour avoir droit à un avortement rendaient la défense illusoire et revenaient au non-respect des principes de justice naturelle. Le système administratif établi par l'article 251 (4) n'offrait pas de norme adéquate à laquelle les comités de l'avortement thérapeutique devaient se référer lorsqu'ils avaient à décider si un avortement thérapeutique devait être autorisé. Dans *Black c. Law Society of Alberta*, les règlements déclarés inconstitutionnels rendaient impossible l'établissement de cabinets d'avocats multiprovinciaux. Comme il ressortait des faits que ces règlements n'avaient pas d'autres fins, ils ont été déclarés invalides en raison de leur effet parce qu'ils établissaient une distinction fondée principalement sur la province de résidence[172].

La procédure administrative prévue aux articles 92 *et sqq.* ne produit pas de tels effets. Seule la poursuite d'objectifs ou d'activités illicites peut faire l'objet de prohibition ; or de tels objectifs ou activités ne sauraient avoir une protection constitutionnelle. La liberté d'association considérée dans son acception large, soit l'exercice collectif des droits légitimes des personnes prises individuellement, n'est pas empêchée.

Si on devait considérer que les ordonnances de prohibition et, plus particulièrement, que les ordonnances de dissolution de fusionnement, dans le cas de fusionnements résultant d'une association, peuvent porter atteinte au droit d'association parce que ces ordonnances privent d'existence une association qui pourrait par ailleurs poursuivre certaines fins licites, il faut observer que, dans de tels cas, l'existence même de l'association, si elle est inséparable des fins poursuivies, pourrait être protégée par d'autres garanties constitutionnelles comme dans l'arrêt *Black*, par exemple. Si, par ailleurs, la question porte uniquement sur la nature des activités ou des objectifs que désirent poursuivre en commun des personnes qui cherchent à s'associer, selon la jurisprudence majoritaire de la Cour suprême, ces objectifs ou activités ne sont pas eux-mêmes protégés par la charte.

Avec égards pour l'opinion contraire, il m'apparaît que, dans la présente affaire, la liberté d'association n'est pas au cœur du litige. Les ordonnances demandées par le directeur n'affectent pas l'association formée par M. Verville et Gestion Murray Couture inc. dans Sanimal Industries inc. C'est l'acquisition par la compagnie Alex Couture inc., dont les actions sont détenues par Sanimal Industries inc., de trois compagnies concurrentes, Lomex inc., Paul & Eddy inc. et Fondoir Laurentide inc., qui constitue les fusionnements soumis à l'examen du Tribunal et qui, éventuellement, pourront donner lieu à des ordonnances. La demande du directeur ne vise aucunement à interdire aux membres de la famille Couture, par Gestion Murray Couture inc., de s'associer à M. Verville mais plutôt à interdire le fusionnement de quatre entreprises. Si les ordonnances demandées sont prononcées, Sanimal Industries inc. sera frustrée dans ses objets mais la liberté d'association n'aura pas été enfreinte pour autant. L'association pourra continuer d'exercer des activités licites par sa filiale Alex Couture inc. et conclure toute transaction ou convention avec d'autres entreprises dans la province ou à l'extérieur de la province pourvu qu'il ne s'agisse pas de fusionnements pouvant être qualifiés, aux termes de la loi, de fusionnements qui empêchent ou diminuent sensiblement la concurrence sur le marché de l'industrie visée.

---

(171) *R. c. Skinner*, (1990) 1 R.C.S. 1235, 1245, juge en chef Dickson.
(172) Voir *supra*, note 145, 624-625, juge La Forest.

Vu cette conclusion, il n'y a pas lieu d'examiner si les dispositions législatives en cause porteraient atteinte à la *Déclaration canadienne des droits*[173].

Comme les parties ont soumis devant la Cour une argumentation écrite et verbale substantielle quant à l'article premier de la charte, il m'apparaît opportun de disposer de cette question, même si une preuve de justification des dispositions législatives contestées ne s'impose pas vu la conclusion à laquelle je suis arrivée.

IV. La justification aux termes de l'article premier de la charte

Selon les principes établis dans l'arrêt *R. c. Oakes*[174] et constamment réaffirmés depuis, pour établir qu'une restriction est raisonnable et que sa justification peut se démontrer dans le cadre d'une société libre et démocratique, il faut, premièrement, que l'objectif que visent à servir les mesures qui apportent une restriction à un droit ou à une liberté garantis par la charte soit suffisamment important pour justifier la suppression d'un droit ou d'une liberté garantis par la Constitution. Il faut, en deuxième lieu, que les moyens choisis soient raisonnables et que la justification puisse se démontrer. Cela nécessite l'application d'une sorte de critère de proportionnalité comportant trois éléments. Les *moyens choisis* doivent être soigneusement conçus pour atteindre l'objectif en question. Ces *moyens* doivent être de nature à porter le moins possible atteinte au droit ou à la liberté en question. Il doit enfin y avoir *proportionnalité* entre les effets des mesures restreignant un droit ou une liberté garantis par la charte et l'objectif reconnu comme suffisamment important. Même si on satisfait aux deux premiers éléments du critère de proportionnalité, il se peut qu'en raison de la gravité de ses effets préjudiciables sur des particuliers ou sur des groupes la mesure ne soit pas justifiée par les objectifs qu'elle est destinée à servir[175].

1. L'objectif des mesures législatives

L'actuelle *Loi sur la concurrence* tire son origine d'une loi de 1889, *Acte à l'effet de prévenir et supprimer les coalitions formées pour gêner le commerce*[176]. Le législateur reconnaissait déjà à cette époque qu'une loi destinée à empêcher les accords ou les échanges visant à supprimer ou à réduire indûment la concurrence s'imposait dans l'intérêt de l'économie canadienne.

La nouvelle *Loi sur la concurrence* sous-tend toujours les mêmes objectifs, soit éliminer les pratiques commerciales contraires à une saine concurrence de manière à améliorer le rendement de l'économie et à accroître le bien-être des Canadiens.

L'importance de ces objectifs législatifs a été soulignée dans diverses études dont le *Rapport provisoire du Conseil économique du Canada sur la politique de concurrence* [1969], le *Rapport de la Commission royale d'enquête sur les groupements de société* [1978], le *Rapport Skeoch-McDonald* intitulé «*Dynamic Change and Accountability in a Canadian Market Economy*» [1976] et le *Rapport de la Commission royale sur l'union économique et les perspectives de développement du Canada* [1985]. Ces études ont suggéré diverses mesures et approches pour assurer une politique efficace de la concurrence dans l'économie canadienne. Elles ont cependant toutes conclu à la nécessité d'une réglementation sur les fusionnements.

L'importance de la réglementation de la concurrence a été également reconnue par la Cour dans l'arrêt *General Motors of Canada Ltd. c. City National Leasing*, précité. Notant que la loi prévoit un vaste choix de recours de nature administrative et criminelle contre les sociétés qui s'adonnent à certaines pratiques tendant à diminuer la concurrence, le juge en chef Dickson, pour la Cour, a émis l'opinion que la loi comporte «un système complexe de réglementation de la concurrence qui vise à accroître le bien-être économique du pays dans son ensemble[177]» et qui «vise à décourager des

---

(173) L.R.C. 1985, app. III.
(174) (1986) 1 R.C.S. 103.
(175) *Id.*, 138-139, juge Dickson.

(176) S.C. 1889, c. 41.
(177) Voir *supra*, note 36, 682.

formes de pratiques commerciales considérées comme préjudiciables au Canada et à l'économie canadienne [178] ». Il a ajouté que les « effets néfastes de pratiques monopolistiques dépassent les frontières provinciales » et que « [l]a concurrence est une question non pas d'intérêt purement local mais d'importance capitale pour l'économie canadienne [179] ».

L'importance de la réglementation de l'économie et du commerce en vue de protéger les conditions de concurrence cruciales au fonctionnement d'une économie de marché a été également retenue par le juge La Forest dans l'arrêt *Thomson Newspapers Ltd.* [180]. Dans ce même arrêt, la juge L'Heureux-Dubé [181] a rappelé que, si les dispositions législatives peuvent avoir donné lieu à diverses qualifications constitutionnelles au cours des années, la Cour suprême a toujours affirmé que la raison d'être fondamentale de ces dispositions était de supprimer les pratiques contraires à la libre concurrence. Elle a cité [182] le juge Idington qui, dans l'arrêt *Weidman c. Shragge* [183], avait écrit: [traduction] « Éliminez la concurrence et vous annihilerez la force qui a permis à l'humanité d'en arriver là où elle en est aujourd'hui. »

Mme la juge Wilson, toujours dans l'arrêt *Thomson Newspapers Ltd.*, a mentionné que la partie de la loi dans laquelle figure l'article 17 « [...] sert deux objectifs. [Elle] assure la tenue d'enquêtes efficaces sur les activités criminelles ou quasi criminelles dont on soupçonne l'existence [et] permet de surveiller l'activité économique au Canada afin d'assurer la réalisation des objectifs économiques du gouvernement [184]. » Chacun de ces objectifs est suffisamment important, selon elle, pour justifier qu'on porte atteinte à des droits et libertés individuels. La dissidence de la juge Wilson dans cet arrêt porte sur l'article premier de la charte. Les moyens choisis pour réaliser ces objectifs ne lui paraissaient cependant pas raisonnables en l'espèce.

La partie de la loi portant sur les fusionnements se rattache sûrement au deuxième objectif identifié par la juge Wilson et on ne peut que conclure qu'il s'agit là d'un objectif se rapportant à des préoccupations réelles et importantes dans une société libre et démocratique.

2. *La proportionnalité entre les moyens retenus et l'objectif législatif*

Pour prévenir les pratiques monopolistiques et assurer le respect de la loi, le législateur a opté, en 1986, pour la décriminalisation des fusionnements et a confié l'examen de ces pratiques commerciales à un tribunal de juridiction civile. À cette fin, le législateur a institué une procédure comportant diverses étapes précédemment décrites. La structure administrative mise en place par le législateur impose, comme nous l'avons vu, certaines restrictions et peut causer des inconvénients aux parties à un fusionnement.

Compte tenu cependant de l'expérience canadienne passée en matière de contrôle des fusionnements et compte tenu des divers critères retenus par le législateur en vue de réaliser un équilibre entre les objectifs d'efficience de l'économie, de participation des petites et moyennes entreprises aux marchés canadiens et mondiaux et de protection des consommateurs, les mesures adoptées au titre des fusionnements n'apparaissent pas inéquitables, injustes, ni fondées sur des considérations irrationnelles.

La question n'est pas de savoir si le Parlement a soupesé les pressions et les intérêts de façon sage mais plutôt si la limite qu'il a imposée à un droit ou à une liberté est raisonnablement justifiée [185].

Il ne s'agit pas non plus d'obliger le gouvernement à démontrer qu'une méthode moins importune n'aurait pas pu être choisie, auquel cas tous les efforts législatifs seraient rendus vains et l'équilibre inhérent à l'article premier

---

(178) *Id.*, 676.
(179) *Id.*, 678.
(180) Voir *supra*, note 165, 510.
(181) *Id.*, 565.
(182) *Ibid.*
(183) (1911-12) 46 R.C.S. 1, 28.
(184) Voir *supra*, note 165, 488.

(185) *Renvoi relatif à l'art. 193 et à l'al. 195.1 (1) c) du* Code criminel *(Man.)*, (1990) 1 R.C.S. 1123, 1199, juge Lamer.

serait renversé par des exigences d'un rigorisme indéfendable [186].

Lorsque, comme en l'espèce, il s'agit de mesures législatives où le gouvernement tente de se faire médiateur entre des groupes concurrents, il n'est pas facile de trouver le point d'équilibre et d'être absolument certain d'où il se trouve. Le point d'équilibre n'a cependant pas à être déterminé dans ces cas avec autant de certitude que lorsque la violation se produit dans le contexte du droit criminel comme l'a souligné le juge La Forest dans l'arrêt *McKinney c. Université de Guelph* [187].

Il m'apparaît que les dispositions de la *Loi sur la concurrence* portant sur les fusionnements établissent raisonnablement un équilibre entre les intérêts privés des individus touchés par ces mesures et l'intérêt de l'État.

Si on était en droit de prétendre que les articles 92 (1) *e*) (i), 92 (1) *f*) (i) et 92 (1) *f*) (ii) portent atteinte à la liberté d'association, il s'agirait d'une atteinte minimale représentant un juste équilibre entre une telle liberté et l'objectif de protection et de sauvegarde de la concurrence dans le contexte d'une économie de marché.

4. Quatrième question : Le Tribunal de la concurrence est-il inconstitutionnel parce qu'il n'offre pas des garanties suffisantes d'indépendance et d'impartialité ?

La création, en 1986, du Tribunal de la concurrence constitue l'une des modifications majeures apportées par le Parlement à la législation sur la concurrence. Ce tribunal remplace la Commission sur les pratiques restrictives (art. 20 et 24 de la loi) en tant qu'organisme décisionnel chargé d'entendre les demandes présentées en application des dispositions civiles de la partie VIII de la *Loi sur la concurrence*.

À la différence de l'ancienne Commission, qui avait également pour rôle de surveiller l'exercice des pouvoirs d'enquête du directeur, d'instituer des enquêtes et de conseiller le gouvernement en matière de recherche et de politique, le Tribunal n'a que des fonctions adjudicatives. Il ne possède aucun pouvoir d'enquête et ses membres ne jouent aucun rôle actif dans le processus qui mène à une demande d'ordonnance.

Par la loi de 1986, le législateur semble avoir voulu distinguer nettement trois ordres d'institution [188] :

— *l'institution judiciaire*, en l'occurrence la Cour criminelle, devant qui sont prises des poursuites criminelles par le Procureur général du Canada ;

— *l'instance administrative*, le directeur des enquêtes et recherches, dont le rôle est de faire enquête sur les faits et de faire rapport, soit en vue du déclenchement des poursuites criminelles sous la partie VI de la loi, soit en vue de saisir le Tribunal de la concurrence d'une demande présentée en vertu de la partie VIII de la même loi ;

— *l'instance quasi judiciaire*, le Tribunal de la concurrence, qui statue sur les agissements ou pratiques prétendues anticoncurrentielles et ordonne des mesures de redressement ou autres remèdes adéquats.

Le législateur a estimé que la création d'un tribunal spécialisé composé de juges de la Cour fédérale, section de première instance, et de membres non juges serait mieux adaptée que la Cour fédérale et que les cours supérieures des

---

[186] *Comité pour la république du Canada c. Canada*, (1991) 1 R.C.S. 139, 222, juge L'Heureux-Dubé.
[187] (1990) 3 R.C.S. 229, 285-286.

[188] Voir Patrice Garant. « Le directeur des enquêtes et recherches et le Tribunal de la concurrence sous l'empire du droit administratif et de la Charte canadienne », Colloque sur le droit de la concurrence, Faculté de droit de l'Université Laval, 22 avril 1988. P. 1.

provinces[189] pour examiner la légalité des transactions et des pratiques commerciales ayant un impact considérable sur le système économique canadien.

Le juge Philippon, de la Cour supérieure, a conclu que, malgré certains attributs d'un tribunal administratif, les pouvoirs accordés au Tribunal de la concurrence débordaient largement le rôle purement administratif et faisaient tomber l'organisme dans la catégorie des cours qui ont de larges pouvoirs. À son avis, le Parlement n'avait pas la compétence d'accorder les pouvoirs que la loi accorde au Tribunal de la concurrence, l'assimilant à une cour supérieure d'archives avec tous les pouvoirs d'une véritable cour, sans accorder à ce tribunal les attributs essentiels d'indépendance.

En concluant ainsi, le juge Philippon apparaît clairement s'en remettre au principe général de l'indépendance judiciaire formulé par le juge en chef Dickson dans l'arrêt *Beauregard c. Canada*[190] et repris dans l'arrêt *Mackeigan c. Hickman*[191]. La Cour suprême y affirme résolument que la conception moderne du principe de l'indépendance judiciaire liant tant le Parlement du Canada que les assemblées législatives trouve sa raison d'être dans la reconnaissance que les tribunaux ne sont pas chargés uniquement de statuer sur des affaires individuelles mais assument également le rôle de protecteur de la Constitution et des valeurs qui y sont enchâssées. Les dispositions de la *Loi constitutionnelle de 1867* relatives au système judiciaire, particulièrement les articles 96, 99 et 100, appuient le principe de l'indépendance judiciaire et établissent le fondement constitutionnel de cette indépendance, du moins pour les cours supérieures[192].

Pour le juge Philippon, le Tribunal de la concurrence n'offrirait pas de garanties suffisantes d'indépendance en raison du fait qu'il se compose de membres non juges ne jouissant pas de l'inamovibilité prévue à l'article 99 de la *Loi constitutionnelle de 1867*. Il ne répondrait pas non plus aux garanties minimales d'indépendance et d'impartialité auxquelles a référé le juge Le Dain dans l'arrêt *Valente c. R.*[193].

Ce tribunal, qui a le pouvoir de punir pour outrage (art. 8 (3)), offre-t-il les garanties suffisantes d'indépendance et d'impartialité requises aux fins de l'article 11 d) de la *Charte canadienne des droits et libertés*?

I. Le Tribunal de la concurrence et les garanties d'indépendance et d'impartialité des cours visées à l'article 96 de la Loi constitutionnelle de 1867

L'étude de cette question exige que l'on examine l'organisation, les pouvoirs et le statut juridique du Tribunal de la concurrence.

1. La composition et l'organisation du Tribunal de la concurrence

Le Tribunal se compose d'au plus quatre membres nommés par le gouverneur en conseil sur recommandation du ministre de la Justice et choisis parmi les juges de la section de première instance de la Cour fédérale, et d'au plus huit autres membres nommés par le gouverneur en conseil sur recommandation du ministre des Consommateurs et des Sociétés, lequel doit rechercher l'avis du conseil consultatif constitué à cette fin (art. 3).

Le président du Tribunal est nommé par le gouverneur en conseil parmi les juges. Le président assume la direction des travaux du Tribunal et voit à la répartition des tâches entre ses membres (art. 4).

---

(189) En 1984, la ministre de la Consommation et des Corporations à l'époque, Judy Erola, avait adopté une approche différente. Dans le *projet de loi C-29*, déposé à la Chambre des communes, elle avait proposé d'investir la section de première instance de la Cour fédérale ainsi que les cours supérieures des provinces de la juridiction maintenant dévolue au Tribunal de la concurrence. (Cf. Projet de loi C-29, *Loi modifiant la Loi relative aux enquêtes sur les coalitions et la Loi sur les banques et apportant des modifications corrélatives à d'autres lois*, 2e session, 32e législature, 1983-1984, première lecture, 2 avril 1984. [Chambre des Communes, 32-33 Elizabeth II].

(190) (1986) 2 R.C.S. 56, 70.
(191) (1989) 2 R.C.S. 796.

(192) *Mackeigan c. Hickman*, id., 812, juge La Forest.
(193) (1985) 2 R.C.S. 673.

La durée maximale du mandat des juges est de sept ans et ceux-ci occupent leur poste aussi longtemps qu'ils demeurent juges de la Cour fédérale (art. 5 (1)). La durée maximale du mandat des autres membres est de sept ans et ceux-ci occupent leur poste à titre inamovible, sous réserve de révocation motivée que prononce le gouverneur en conseil (art. 5 (2)). La loi ne précise pas toutefois les motifs pouvant justifier la décision du gouverneur en conseil.

Au terme de son premier mandat ou d'un mandat subséquent, un membre peut être nommé pour un autre mandat (art. 5 (3)). Après l'expiration de son mandat, une personne peut continuer à exercer les pouvoirs d'un membre du Tribunal à l'égard de toute question dont elle avait été saisie au cours de son mandat (art. 5 (4)). En cas d'absence ou d'empêchement d'un membre du Tribunal, le gouverneur en conseil peut, pour la durée qu'il précise, nommer un membre suppléant (art. 5 (5)). Le statut de ces membres suppléants n'est pas précisé dans la loi.

Les membres juges reçoivent la rémunération et les indemnités auxquelles ils ont droit aux termes de la *Loi sur les juges*[194] (art. 6 (2)). Les autres membres reçoivent la rémunération que fixe le gouverneur en conseil (art. 6 (1)). Pour l'application de la *Loi sur l'indemnisation des agents de l'État*[195] et des règlements pris en application de l'article 9 de la *Loi sur l'aéronautique*[196], les autres membres sont réputés faire partie de l'administration publique fédérale (art. 6 (3)).

Préalablement à leur entrée en fonctions, les membres du Tribunal prêtent serment d'exercer régulièrement, fidèlement et au mieux de leur capacité et de leurs connaissances les pouvoirs et attributions qui leur sont dévolus (art. 7).

Le Tribunal siège en quorum de trois à cinq membres, parmi lesquels il doit y avoir un juge et un autre membre non juge (art. 10 (1)). Un membre ne peut participer aux activités du Tribunal lorsque celui-ci est saisi d'une question en rapport avec laquelle il a un intérêt financier direct ou indirect (art. 10 (3)). La notion d'intérêt financier direct ou indirect n'est pas définie mais il existe un code d'éthique régissant la conduite des titulaires de charge publique en ce qui concerne les conflits d'intérêts et l'après-mandat[197], auquel sont soumis les membres non juges.

Dans toute procédure devant le Tribunal, seuls les juges qui siègent ont compétence pour trancher les questions de droit mais tous les membres qui siègent ont compétence pour trancher les questions de fait ou les questions mixtes de fait et de droit (art. 12 (1)). S'il y a divergence d'opinions entre les membres sur une question donnée, l'opinion de la majorité l'emporte. Dans l'hypothèse où les opinions sont également partagées entre les membres, le président de la séance peut trancher toute question (art. 12 (3)). Dans le cas cependant d'outrage au tribunal, personne ne peut être puni pour outrage au tribunal à moins qu'un juge ne soit d'avis que la conclusion qu'il y a eu outrage et la peine sont justifiées dans les circonstances (art. 8 (3)). Il est à remarquer que la loi ne précise pas, comme elle le fait à l'article 11 dans le cas de demandes d'ordonnance provisoire présentées en application des articles 100 (1) et 104 (1) de la *Loi sur la concurrence*, que cette décision peut être du ressort exclusif du président ou d'un juge désigné par le président et siégeant seul. On constate de plus que l'article 8 (3) est placé sous le titre « *Compétence et pouvoirs du Tribunal* ». Il semblerait donc que la décision de punir pour outrage au tribunal relève de la compétence du Tribunal, mais que cette décision comporte une exception à la règle de l'article 12 voulant que l'opinion de la majorité des membres l'emporte. Dans le cas d'outrage au tribunal, la majorité du Tribunal doit inclure nécessairement un juge.

---

(194) L.R.C. 1985, c. J-1.
(195) L.R.C. 1985, c. G-5.
(196) L.R.C. 1985, c. A-2.

(197) Gouvernement du Canada. Bureau du sous-registraire général adjoint du Canada. Version révisée, novembre 1985.

Cette interprétation est celle qui a été retenue en droit anglais[198] relativement à l'article 9 (4) de la *Restrictive Practices Court Act 1976*[199]. Cet article prévoit que : « *No person shall be punished for contempt of the Court except by or with the consent of a judge who is a member of the Court.* » Il m'apparaît que malgré la formulation différente de la loi britannique, cette interprétation peut également être appliquée sous l'empire de l'article 8 (3) de la loi.

L'article 13 dispose, enfin, que les décisions ou ordonnances du Tribunal, qu'elles soient finales, interlocutoires ou provisoires, sont susceptibles d'appel devant la Cour d'appel fédérale comme s'il s'agissait d'un jugement de la section de première instance de cette cour. L'article 13 (2) prévoit toutefois qu'un appel sur une question de fait n'a lieu qu'avec l'autorisation de la Cour d'appel fédérale[200].

Le recours à la Cour supérieure demeure possible, à titre accessoire, dans le cadre d'une action contestant la constitutionnalité d'une loi[201].

2. *La compétence et les pouvoirs du Tribunal de la concurrence*

Le Tribunal a compétence pour statuer sur toutes les demandes qui lui sont présentées en application de la partie VIII de la *Loi sur la concurrence* de même que toute question s'y rattachant. Sauf en ce qui a trait aux demandes relatives aux accords de spécialisation, seul le directeur des enquêtes et recherches peut saisir le Tribunal de la concurrence d'une demande aux termes de la partie VIII de la loi. Si la demande du directeur est jugée bien fondée, le Tribunal peut ordonner la cessation d'une pratique ayant pour effet de limiter la concurrence ou rendre toute autre ordonnance prévue aux articles pertinents à l'affaire dont il s'agit.

Aucune disposition n'accorde au Tribunal le pouvoir d'émettre une injonction, mais le Tribunal ou un juge siégeant seul peut, à l'égard d'un fusionnement proposé dans les conditions prévues à l'article 100 (1) de la loi, rendre une ordonnance provisoire interdisant à toute personne nommée dans la demande de poser tout geste qui, de l'avis du Tribunal, constituerait ou tendrait à la réalisation du fusionnement proposé ou à sa mise en œuvre (art. 11).

Le Tribunal ou un juge seul peut encore, lorsqu'une demande d'ordonnance a été faite en application de la partie VIII (sauf en ce qui concerne les ordonnances provisoires en vertu de l'article 100), rendre toute ordonnance provisoire qu'il considère justifiée conformément aux principes normalement pris en considération par les cours supérieures en matières interlocutoires et d'injonction (art. 104 (1)).

Le Tribunal peut également rendre une ordonnance par consentement lorsque le directeur et la personne concernée s'entendent sur le contenu de l'ordonnance, et qu'il juge que ce contenu répond aux objectifs de la loi[202].

Enfin, l'article 106 attribue au Tribunal le pouvoir d'annuler ou de modifier, à la demande du

---

(198) Voir Lord Hailsham and R. McEwen. *The Law Relating to Monopolies, Restrictive Trade Practices and Resale Price Maintenance*. London : Butterworths, 1956. P. 44.

(199) U.K. 1976, c. 33.

(200) L'actuel article 29 de la *Loi sur la Cour fédérale*, (L.R.C. 1985, c. F-7), prévoit que, lorsqu'une décision ou ordonnance d'un office fédéral est susceptible d'appel devant la Cour fédérale, une telle décision ou ordonnance ne peut faire l'objet de révision, de restriction, de prohibition, d'évocation, d'annulation, ni d'aucune autre intervention, sauf dans la mesure et de la manière prévues dans cette loi. La *Loi modifiant la Loi sur la Cour fédérale, la Loi sur la responsabilité de L'État, la Loi sur la Cour suprême et d'autres lois en conséquence*, (L.C. 1990, c. 8), sanctionnée le 29 mars 1990 mais non encore en vigueur, modifie l'article 28 de la *Loi sur la Cour fédérale* et donne à la Cour d'appel fédérale compétence pour connaître des demandes de contrôle judiciaire visant entre autres le Tribunal de la concurrence (art. 28 (1) n)).

(201) *P.G. du Canada c. Law Society of British Columbia*, (1982) 2 R.C.S. 307 ; *Conseil canadien des relations du travail c. Paul L'Anglais Inc.*, (1983) 1 R.C.S. 147 ; *Procureur général du Canada c. Alex Couture Inc.*, [1987] R.J.Q. 1971 (C.A.).

---

(202) *Director of Investigation and Research c. Palm Dairies Ltd.*, (1987) 12 C.P.R. 425.

directeur ou de la personne concernée, une ordonnance qu'il a déjà rendue.

Quiconque enfreint ou fait défaut de se conformer à une ordonnance rendue par le Tribunal conformément à la partie VIII de la loi est coupable d'une infraction pouvant faire l'objet d'une poursuite par voie de mise en accusation ou par procédure sommaire punissable par des peines d'amende et d'emprisonnement (art. 74).

Le défaut d'obtempérer à une ordonnance du Tribunal peut donner ouverture à une action en dommages-intérêts de la part de toute personne qui subit une perte ou un dommage par suite de ce défaut (art. 36 (1)). La cour fédérale a compétence pour entendre une action fondée sur cet article mais les tribunaux de droit commun demeurent compétents pour entendre une action fondée sur l'article 1053 du *Code civil du Bas Canada*[203].

La loi confère en outre au Tribunal les pouvoirs, droits et privilèges d'une cour supérieure d'archives pour assurer la comparution, la prestation de serment et l'interrogatoire des témoins ainsi que la production et l'examen des pièces, l'exécution de ses ordonnances et toute autre question relevant de sa compétence.

La question se pose de savoir si le Tribunal de la concurrence a également reçu les pouvoirs d'une cour supérieure pour sanctionner, par voie d'outrage au tribunal, le non-respect de l'une ou l'autre de ses ordonnances ou s'il n'a que le pouvoir de punir pour outrage commis en présence du tribunal (*in facie curiæ*).

Aux termes de sa loi constitutive, le Tribunal de la concurrence est une cour d'archives (art. 9 (1)). Le simple octroi de ce statut de cour d'archives à un organisme ou à un tribunal n'implique pas celui de cour supérieure d'archives ni ne métamorphose un tribunal administratif en cour de justice[204]. Ce statut confère des pouvoirs plutôt qu'il n'affecte le processus général d'adjudication du Tribunal ou de l'organisme. Parmi les divers attributs d'une cour d'archives, les plus significatifs sont le pouvoir de citer pour outrage au tribunal, l'immunité judiciaire et le caractère irréfragable des dossiers[205]. Une cour d'archives n'a cependant le pouvoir que de citer pour outrage au tribunal *in facie*. L'outrage *ex facie* relève de la juridiction exclusive d'une cour supérieure puisqu'il se rattache au pouvoir de contrôle et de surveillance que la Cour supérieure peut exercer sur les tribunaux inférieurs[206].

Bien qu'étant une cour d'archives, le Tribunal de la concurrence a néanmoins été investi de certains pouvoirs additionnels d'une cour supérieure d'archives pour la comparution, la prestation de serment et l'interrogatoire des témoins, ainsi que pour la production et l'examen des pièces, l'exécution de ses ordonnances et toute autre question relevant de sa compétence (art. 8 (2)). En donnant au Tribunal les pouvoirs d'une cour supérieure d'archives quant à l'exécution de ses ordonnances, le législateur a-t-il simplement voulu suppléer à une procédure d'homologation des décisions, qui n'existe pas de façon formelle au fédéral, et signifier que l'exécution des ordonnances du Tribunal se ferait alors de la même manière qu'un jugement d'une cour supérieure ? Une décision du Tribunal valide et exécutoire ne constituerait pas par elle-même un titre exécutoire, elle ne pourrait être exécutée que par un recours exercé devant une cour de justice. En vertu du principe fondamental qui veut que nul ne peut se faire justice à soi-même, un organisme administratif ne peut mettre ses décisions à exécution forcée

---

(203) Voir *Québec Ready Mix Inc. c. Rocois Construction Inc.* (1989) 1 R.C.S. 695. L'action intentée en Cour supérieure a cependant été ultérieurement rejetée pour cause de litispendance en raison de l'identité, en l'espèce, de l'objet de deux réclamations : *Rocois Construction Inc. c. Québec Ready Mix Inc.*, (1990) 2 R.C.S. 440.

(204) Voir sur cette question : Karim Benyekhlef. « La notion de cour d'archives et les tribunaux administratifs », (1988) 22 *R.J.T.* 61 ; P. Picher. *Courts of Record and Administrative Tribunal*. Ottawa : Commission de réforme du droit, 1976. P. 10.

(205) H.I. Jacob. « The Inherent Jurisdiction of the Court », (1970) 23 *Current Legal Problems* 23, 49-50.

(206) *Société Radio-Canada c. Commission de police du Québec*, (1979) 2 R.C.S. 618 ; *R. c. Vermette*, (1987) 1 R.C.S. 577.

sans y être expressément autorisé par un texte de loi.

Dans l'arrêt *Chrysler Canada Ltd. c. Directeur des enquêtes et recherches*[207], la présidente du Tribunal, Mme la juge Reed, a été d'avis que l'analyse des dispositions législatives pertinentes montrait qu'on avait voulu attribuer au Tribunal le pouvoir de punir tant l'outrage commis en sa présence que celui commis hors sa présence.

La Cour fédérale d'appel a infirmé cette décision[208]. Le juge en chef Iacobucci, au nom de la Cour, écrit «[qu']il est bien connu que le Tribunal est une cour de juridiction inférieure et que, en *common law*, les pouvoirs de sévir pour outrage qui sont conférés à une telle cour se limitent à l'outrage en sa présence (*in facie curiæ*). Pour que le Tribunal puisse punir l'outrage commis hors sa présence, il est donc nécessaire qu'une disposition législative lui accorde ce pouvoir[209]». Contrairement au Tribunal de la concurrence, la Cour fédérale d'appel n'a pas trouvé, dans l'article 8 de la loi, l'expression claire d'une intention du législateur d'attribuer au Tribunal le pouvoir de punir l'outrage commis par ceux qui ne respectent pas les ordonnances rendues par le Tribunal en vertu de la partie VIII de la *Loi sur la concurrence*[210] :

> Les procédures entamées pour punir une partie qui n'a pas respecté une ordonnance rendue par le Tribunal en vertu de la partie VIII de la *Loi sur la concurrence* ne sont certainement pas des demandes fondées sur la partie VIII de la *Loi sur la concurrence*. Elles ne constituent pas non plus, à mon sens, une «question s'y rattachant» [Le juge en chef Iacobucci note que sur le plan grammatical, il semblerait que l'expression «toute question s'y rattachant» modifie le terme «demandes». Toutefois, l'avocat de l'appelante a soutenu que cette expression s'appliquait aux mots «entend les demandes». Dans l'un et l'autre cas, le résultat est le même, car l'audition d'une demande inclut les éléments que sont la production et l'appréciation de la preuve, et la prise d'une décision ; à mon avis, l'exécution d'ordonnances ne se rapporte pas à ces éléments.], et ne se rapportent pas à l'audition de telles demandes. L'exécution d'une ordonnance est assurément une question rattachée à cette ordonnance ; elle n'est toutefois pas rattachée à la demande ou à l'audition dont l'ordonnance est l'aboutissement. Par conséquent, le paragraphe 8 (1) ne signifie pas que la compétence du Tribunal comprend le pouvoir de punir le manquement aux ordonnances rendues en vertu de la partie VIII de la *Loi sur la concurrence*.
>
> À première vue, le paragraphe 8 (2) semble conférer ce pouvoir au Tribunal puisqu'il lui accorde tous les pouvoirs conférés à une cour supérieure d'archives, pour ce qui est, entre autres, de «l'exécution de ses ordonnances». Toutefois, il faut lire ces mots dans leur contexte. L'expression «l'exécution de ses ordonnances» employées dans ce paragraphe fait partie d'une énumération de questions qui sont considérées comme «relevant de [la] compétence du [Tribunal]». On ne saurait considérer l'exécution d'une ordonnance finale rendue conformément à la partie VIII de la *Loi sur la concurrence* comme relevant de la compétence du Tribunal au sens où on l'entend au paragraphe 8 (1). Les mots «exécution de ses ordonnances» utilisés au paragraphe 8 (2) renvoient donc seulement à l'exécution des nombreuses ordonnances que le Tribunal peut rendre pour faire en sorte que les demandes faites en vertu de la partie VIII de la *Loi sur la concurrence* soient décidées d'une manière juste et raisonnable [Le juge en chef Iacobucci renvoie à l'arrêt *Re Loi sur l'Office national de l'énergie (Can.)*, (1986) 3 C.F. 275 (C.A.F.), dans lequel le juge Heald a dit [à la page 282], à propos d'une disposition sur la *Loi sur l'Office national de l'énergie* dont le libellé était presque identique à celui du paragraphe 8 (2) de la *Loi sur le tribunal de la concurrence*, qu'on pouvait la considérer comme des «pouvoirs de réunion d'éléments de preuve».]. L'exécution de ces ordonnances relève indubitablement de la compétence du Tribunal.

En dernier lieu, le paragraphe 8 (3) n'aide pas l'intimé. Bien qu'on y dise expressément que le Tribunal a le pouvoir de connaître des procédures relatives à l'outrage, rien n'indique que ce pouvoir de sévir n'est pas limité à l'outrage commis en sa présence. Il ressort toutefois de ce paragraphe que le législateur avait clairement à l'esprit le pouvoir de punir l'outrage lorsqu'il

---

(207) Tribunal de la concurrence, le 20 février 1990.
(208) *Chrysler Canada Ltd. c. Tribunal de la concurrence du Canada*, (1990) 2 C.F. 565 (C.A.F.).
(209) *Id.*, 569.
(210) *Id.*, 570-572.

a rédigé l'article 8, de sorte qu'on ne peut conclure que c'est par mégarde qu'il a omis d'attribuer expressément au Tribunal le pouvoir de réprimer l'outrage commis hors sa présence.

L'affaire a été portée devant la Cour suprême. La requête en autorisation de pourvoi à la Cour suprême a été accordée le 2 mai 1991. La compétence du Tribunal quant à ce pouvoir demeure donc une question encore ouverte.

Dans l'exercice de ses divers pouvoirs, le Tribunal agit sans formalisme et en procédure expéditive dans la mesure où les circonstances et l'équité le permettent (art. 9 (2)). Il peut autoriser toute personne à intervenir dans les procédures afin de présenter des observations la concernant (art. 9 (3)). Ainsi, dans l'arrêt *American Airlines Inc. c. Tribunal de la concurrence du Canada*[211], confirmé par la Cour suprême[212], il a été jugé que le Tribunal peut permettre à toute personne de présenter des éléments de preuve et qu'il jouit d'une compétence et d'un pouvoir discrétionnaire sur la procédure. À cet égard, il est pleinement investi de pouvoirs de nature judiciaire.

À l'instar des cours, le Tribunal de la concurrence peut adopter des règles de procédure d'application générale afin de régir la pratique et la procédure et concernant l'accomplissement de ses travaux, la gestion de ses affaires internes et les responsabilités de son personnel (art. 16). En application de cette disposition, le Tribunal a adopté les *Règles du Tribunal de la concurrence*[213]. Ces règles suivent globalement le modèle des *Règles de la Cour fédérale*[214] et il est prévu que ces dernières s'appliquent *mutatis mutandis* dans les cas non prévus par les *Règles du Tribunal de la concurrence*.

L'ensemble de ces pouvoirs conférés au Tribunal de la concurrence a-t-il comme effet, tel que l'a reconnu le juge de la Cour supérieure, de faire tomber l'organisme dans la catégorie des cours qui ont de larges pouvoirs?

3. Le statut juridique et le fondement constitutionnel du Tribunal de la concurrence

Contrairement à la *Loi sur la Cour fédérale*[215] du Canada et à la *Restrictive Practices Court Act 1976*[216] de la Grande-Bretagne, le Tribunal de la concurrence n'est pas une cour supérieure d'archives. Il s'agit d'une cour d'archives qui est investie, pour les fins de l'article 8 (2) de la loi, des pouvoirs d'une cour supérieure d'archives. Comme le note P. Picher[217], cela n'a pas pour effet de modifier le statut du Tribunal en lui donnant tous les pouvoirs d'une cour supérieure :

> Almost without exception every federal tribunal which is a court of record has been given the additional powers of a superior court of record for limited purposes. If a court of record tribunal were deemed to be a superior court of record instead of an inferior court of record there would be no need to specifically grant the tribunal the additional powers of a superior court of record for they would already possess them by virtue of their court of record status.

Sous réserve de la décision de la Cour suprême quant au pouvoir du Tribunal de punir pour outrage au tribunal *ex facie*, le Tribunal ne possède aucun pouvoir de contrôle et de surveillance, et n'a d'autre juridiction inhérente que celle d'un tribunal inférieur.

La qualification de tribunal inférieur est celle qui paraît décrire le plus adéquatement cet organisme administratif créé par une loi en vue d'exercer des fonctions d'adjudication. Cette qualification est d'ailleurs celle qu'a retenue le Tribunal lui-même dans les affaires *Director of*

---

(211) (1989) 2 C.F. 88 (C.A.F.).
(212) *American Airlines Inc. c. Tribunal de la concurrence du Canada*, (1989) 1 R.C.S. 236.
(213) DORS/87-373 du 25/6/87, (1987) 121 Gaz. Can. II 2505.
(214) C.R.C. 1978, c. 663.

(215) (L.R.C. 1985, c. F-7), art.3.
(216) (U.K. 1976, c. 33), art. 1 (1).
(217) *Op. cit. supra*, note 204, p. 25.

Investigation and Research c. Air Canada[218] et *Directeur des enquêtes et des recherches c. Nutra Sweet Co.*[219]. Elle a également été retenue par la Cour fédérale d'appel dans la décision *Chrysler Canada Ltd.*, précitée.

Dans l'affaire *Nutra Sweet Co.*, précitée, M. le juge Strayer, au nom du Tribunal, a reconnu[220] :

> [...] that most of its functions are of a judicial nature. In substance we determine facts on the basis of evidence and we apply pre-existing law to those facts to render binding decisions. Procedurally it is clear that we must respect the rules of natural justice and fairness in the conduct of our hearings. But we are, as Federal Court of Appeal has recently pointed out, « an inferior Court. » We do not have the *implied powers of a superior court and we are subject to the supervision of a superior court.*

[Les italiques sont de la soussignée.]

Étant donné que le pouvoir d'émettre des ordonnances et celui de punir pour outrage au tribunal constitueraient, selon les intimés, un élément fondamental de la compétence des cours supérieures, il faudrait déterminer si le Tribunal ne doit pas cependant être assimilé à une cour visée à l'article 96 de la *Loi constitutionnelle de 1867*. Ce Tribunal devrait alors être présidé par des juges nommés par le gouverneur général.

La thèse voulant que le Parlement fédéral puisse également être assujetti aux restrictions constitutionnelles des articles 96 à 100 de la *Loi constitutionnelle de 1867* lorsqu'il confère à des tribunaux fédéraux des pouvoirs constitutionnellement exercés par des cours visées à l'article 96 a été soutenue par plusieurs auteurs,

dont le Pr W. R. Lederman[221]. Dans l'affaire *Banque canadienne impériale de commerce c. Rifou*[222], les juges Urie et Mahoney, tout en concluant avec le juge Stone que les pouvoirs conférés à l'arbitre en matière de congédiement injuste n'étaient pas *ultra vires* des pouvoirs du Parlement du Canada, ont, en *obiter*, souscrit à cette thèse. Ils ont émis l'opinion que l'arrêt *McEvoy c. P.G. du Nouveau-Brunswick*[223] ne permettait pas de concilier le statut constitutionnel d'un tribunal indépendant avec la notion selon laquelle, dans les limites de ses compétences législatives, le Parlement est libre d'attribuer à quiconque les pouvoirs traditionnellement exercés par ce tribunal.

Le juge en chef Lamer, dans l'affaire *Renvoi relatif à la Loi sur les jeunes contrevenants (Î.-P.-É)*[224], mentionne que l'article 96 de la *Loi constitutionnelle de 1867* est considéré comme un moyen de protéger la compétence fondamentale des cours supérieures afin d'assurer une certaine uniformité du système judiciaire dans tout le pays. Il s'exprime comme suit[225] :

> Dans l'arrêt *McEvoy c. Procureur général du Nouveau-Brunswick*, [1983] 1 R.C.S. 704, notre Cour a également précisé que l'art. 96 peut s'appliquer non seulement pour limiter la compétence des assemblées législatives mais également celle du Parlement. L'entente constitutionnelle exprimée à l'art. 96 lie le Parlement tout autant que les assemblées législatives provinciales. En d'autres termes, si la compétence conférée aux tribunaux pour adolescents par le

---

(218) (1989) 23 C.P.R. 160. Cet arrêt a été infirmé sous la désignation *American Airlines Inc. c. Tribunal de la concurrence du Canada*, (1989) 1 R.C.S. 236, mais ni la décision de la Cour fédérale d'appel ni celle de la Cour suprême qui l'a confirmée n'ont examiné la question de savoir si le Tribunal de la concurrence est une cour dont la création découle de l'article 101 de la *Loi constitutionnelle de 1867*.

(219) Tribunal de la concurrence 89/2, le 4 octobre 1990.

(220) *Id.*, pp. 114-115 du jugement.

(221) W.R. Lederman. « The Independence of the Judiciary », (1956) 34 *R. du B. can.* 769 ; Voir également Robin Elliot. « Case Comment. Constitutional Law — Judicature. Is Section 96 Binding on Parliament ? Reference re Establishment of Unified Criminal Court of New Brunswick », (1982) 16 *U.B.C.L. Rev.* 313 ; Robin Elliot. « Case Comment. New Brunswick Unified Criminal Court Reference », (1984) 18 *U.B.C.L. Rev.* 127 ; David J. Mullan. « The Uncertain Constitutional Position of Canada's Administrative Appeal Tribunals », (1982) 14 *Ottawa L.R.* 239, 260 *et sqq.* ; Henri Brun et Guy Tremblay. *Droit constitutionnel*. 2e éd. Cowansville : Y. Blais, 1990. P. 692.

(222) (1986) 3 C.F. 486 (C.A.F.).

(223) (1983) 1 R.C.S. 704.

(224) (1991) 1 R.C.S. 252.

(225) *Id.*, 264.

Parlement constitue un élément fondamental de la compétence des cours supérieures, le Parlement ne peut attribuer une telle compétence à des tribunaux présidés par des juges qui ne sont pas nommés conformément à l'art. 96.

Le critère permettant de déterminer si, suivant la Constitution, un pouvoir peut être attribué à un tribunal inférieur ou à un tribunal administratif a été dégagé par le juge Dickson, alors juge puîné, dans le *Renvoi sur la location résidentielle*, [[1981] 1 R.C.S. 714], aux pp. 734 à 736 [...].

Il ne me semble pas que dans ce dernier arrêt, pas plus que dans l'arrêt *McEvoy*, la Cour suprême n'ait conclu cependant que l'article 96 impose des restrictions à la liberté du Parlement du Canada de confier à d'autres personnes qu'à des juges des cours supérieures des fonctions qui appartiennent normalement à ceux-ci lorsque ces personnes sont également nommées par le gouverneur général [226].

Pour les fins du présent litige, il ne m'apparaît pas nécessaire d'émettre d'opinion sur cette question, vu les conclusions auxquelles j'arrive en appliquant, par analogie au Tribunal de la concurrence, le critère dégagé par le juge Dickson pour régler les contestations des compétences des tribunaux administratifs et des tribunaux inférieurs créés par les assemblées législatives.

Ce critère comporte trois étapes. La *première* porte sur l'examen, dans le contexte des conditions qui prévalaient en 1867, de la compétence ou du pouvoir particulier attribué au tribunal. Si le pouvoir ne correspond pas à la compétence qu'exerçaient auparavant les cours visées à l'article 96, la question se trouve réglée. Si, cependant, le pouvoir est identique ou analogue à un pouvoir que les cours visées à l'article 96 exerçaient au moment de la Confédération, il faut alors passer à la deuxième étape. La *deuxième* étape porte sur l'examen de la fonction dans son cadre institutionnel pour établir si la fonction est encore judiciaire. Ce qui est déterminant, c'est l'objet de la décision plutôt que le mode d'adjudication et ce n'est que si on peut encore qualifier le pouvoir de judiciaire qu'il devient nécessaire de passer à la *troisième* étape, l'examen de la fonction globale du tribunal, afin d'évaluer dans tout son contexte institutionnel la fonction attaquée.

La première étape représente une sorte de critère préliminaire, un moyen de décider si, dans un sens formel, l'article 96 a effectivement été violé. Il s'agit de qualifier le pouvoir ou la compétence en considérant la nature du litige plutôt que le recours particulier invoqué, et de rechercher si la compétence ou le pouvoir en cause correspondent généralement à ceux qu'exerçaient les cours visées à l'article 96 à l'époque de la Confédération. Cette recherche historique doit idéalement inclure un examen des conditions historiques générales prévalant au Royaume-Uni et dans les quatre provinces qui ont formé la Confédération à l'origine [227]. Si le pouvoir ou la compétence conférés aux tribunaux provinciaux appartenaient exclusivement aux cours visées à l'article 96 à l'époque de la Confédération, il est évident que l'article 96 sera violé. S'il s'agit d'une compétence concurrente ou partagée entre deux niveaux de juridiction, la Cour suprême semble avoir énoncé, dans l'arrêt *P.G. du Québec c. Grondin* [228], un critère qui requiert que l'engagement pratique des tribunaux inférieurs ait été généralement parallèle à la tâche attribuée aux cours supérieures. Mme la juge Wilson, dans l'arrêt *Sobeys Stores Ltd.*, précité, fait remarquer qu'il ne s'agit pas de prétendre que leur compétence doit avoir été parfaitement ni même en général concurrente, car la nature même de la distinction entre un tribunal inférieur et une cour supérieure signifiera invariablement que la compétence du premier était limitée d'une certaine manière [229]. Ce que les cours doivent rechercher est ce que j'appellerais un engagement général

---

(226) Voir René Dussault et Louis Borgeat. *Traité de droit administratif*. 2e éd. Tome 3, Québec : P.U.L., 1989. P. 76.

(227) Voir l'arrêt *Sobeys Stores Ltd. c. Yeomans et Labour Standards Tribunal (N.-É.)*, (1989) 1 R.C.S. 238, 252-254, juge Wilson.

(228) (1983) 2 R.C.S. 364.

(229) Voir *supra*, note 227, 260.

partagé dans un domaine de compétence [230]. Un tel engagement pourra valider un tribunal inférieur à l'étape de l'analyse historique.

S'il s'agit toutefois de nouveaux recours pour des causes d'action traditionnelle, Mme la juge Wilson est d'avis que la question est alors plus adaptée aux second et troisième volets du critère, qui sont conçus précisément pour permettre aux tribunaux d'envisager de nouvelles solutions à de vieux problèmes, solutions qui répondent mieux aux nouvelles conditions sociales [231].

En appliquant ce critère à trois volets, l'on constate que les affaires de la partie VIII de la loi portées devant le Tribunal de la concurrence par le directeur des enquêtes et recherches ont trait à des litiges qui soulèvent des problèmes économiques dont il n'était à peu près pas question dans les lois en vigueur en 1867. À cette époque, la réglementation du droit de la concurrence telle qu'on la connaît aujourd'hui était à toutes fins utiles inexistante. Aucun tribunal n'avait ce pouvoir d'intervenir, à la demande d'un représentant de l'État, dans un marché économique afin d'assurer le respect de règles édictées en vue de préserver et de favoriser la concurrence au Canada. L'histoire démontre que les premières lois canadiennes contre les coalitions relevaient exclusivement du droit criminel. Les pratiques restrictives du commerce que l'on retrouve à la partie VIII constituaient jusqu'en 1976, pour les pratiques restrictives du commerce autres que les fusionnements et monopoles, et jusqu'en 1986, pour ces dernières pratiques restrictives, des infractions de nature criminelle. Les cours de juridiction criminelle des provinces qui entendaient des accusations de coalition s'étaient vu conférer, en 1952, le pouvoir de rendre des ordonnances ayant pour effet d'interdire la continuation des coalitions ou de dissoudre des fusions, des trusts ou des monopoles en sus de toute autre peine que la cour pouvait imposer à la suite d'une déclaration de culpabilité. Ces sanctions constituaient des mesures qui découlaient toujours du pouvoir du Parlement fédéral en matière criminelle [232].

En 1976, la Commission sur les pratiques restrictives du commerce se voyait conférer le pouvoir de prohiber les refus de vendre, les pratiques d'exclusivité, les ventes liées, les ventes par voie de consignation et la limitation des marchés lorsque ces pratiques avaient pour effet de restreindre substantiellement la concurrence. En 1986, la Commission était remplacée par le Tribunal de la concurrence. Ce tribunal était habilité à connaître les affaires qui étaient de la compétence de l'ancienne Commission et recevait en outre le pouvoir d'examiner l'abus de position dominante (monopole) et les fusionnements. Ces dernières infractions étaient à leur tour soustraites de la juridiction criminelle.

Les genres de litiges dont est saisi le Tribunal présentent un caractère novateur. Il s'agit de litiges entre un représentant de l'État et une partie privée. Les procédures, bien que civiles dans leur nature, ont été conçues en vue de protéger l'intérêt public et non dans le seul intérêt de la partie qui entreprend les procédures. Quant aux ordonnances que peut rendre le Tribunal, elles peuvent être définies comme des moyens de nature réglementaire jugés nécessaires à la réalisation des objectifs de la *Loi sur la concurrence*. Historiquement, aucun tribunal visé à l'article 96 de la *Loi constitutionnelle de 1867* n'apparaîtrait avoir possédé une juridiction identique ou généralement analogue.

Les intimés soutiennent qu'une analyse des dispositions de la loi ne permet pas une telle conclusion. Le Tribunal se serait vu accorder des pouvoirs qui sont de la nature de ceux attribués à une cour supérieure à l'époque de la Confédération, tels le pouvoir d'injonction et celui de punir pour outrage au tribunal commis hors cour.

Aucune disposition de la loi n'accorde au Tribunal le pouvoir d'émettre une injonction. Cependant, l'examen des articles 75 à 108 démontre que les pouvoirs qu'exerce le Tribunal sont presque essentiellement des pouvoirs

---

(230) *Ibid.*
(231) *Id.*, 253.

(232) Voir *Goodyear Tire and Rubber Co. of Canada Ltd. c. R.*, [1956] R.C.S. 303.

d'émettre des ordonnances, qui ne sont pas sans présenter une certaine analogie avec les injonctions que peut émettre une cour supérieure sous la réserve que seul le directeur peut présenter une demande d'ordonnance devant le Tribunal. Lorsqu'il entend une telle demande, le Tribunal n'a aucun pouvoir d'enquête ; c'est le directeur des enquêtes et recherches qui est seul autorisé à faire enquête et qui décide de porter ou non une affaire devant le Tribunal. Celui-ci aborde, de la même façon qu'une cour de justice, les questions soulevées par la demande du directeur et décide, selon les normes fixées par le législateur, si une ordonnance doit être émise pour faire cesser une pratique jugée contraire à la loi ou empêcher qu'une telle pratique ne soit mise en œuvre.

Dans l'arrêt *Tomko c. Labour Relations Board (Nouvelle-Écosse)*[233], la Cour suprême a insisté sur les différences entre les ordonnances que prononce la Commission des relations de travail et les injonctions qu'émet une cour supérieure :

> La Commission des relations de travail ou le Comité de l'industrie de la construction n'aborde pas la délivrance d'un ordre de ne pas faire de la même façon qu'une cour de justice examine une demande d'injonction. Contrairement à ce que fait une cour, la Commission ou le Comité fait sa propre enquête sur les questions soulevées par une plainte et décide lui-même, à partir de ses propres constatations, s'il y a lieu de décerner un ordre provisoire ; et il est tenu de le faire sans égard à ce qui va causer le plus grand préjudice, dès qu'il est convaincu qu'il y a arrêt de travail illégal. La Commission ou le Comité exerce une surveillance continuelle en vue d'en arriver à un règlement, si cela est possible, et c'est là un facteur qui joue d'ordinaire contre la délivrance d'une injonction par une cour. Il existe d'autres différences entre les façons respectives d'aborder le problème, telle que l'absence, sous le régime de l'art. 49, de toute exigence d'un engagement relatif aux dommages, et l'on peut douter que les exigences de divulgation complète ou de conduite irréprochable soient aussi rigoureuses

sous l'art. 49 que lors d'une demande d'injonction provisoire.

M. le juge Dickson a rappelé à cet égard, dans l'arrêt *Re Loi de 1979 sur la location résidentielle*[234], qu'en général :

> [...] on peut dire que les provinces peuvent maintenant conférer des « fonctions judiciaires » à des organismes administratifs dans le cadre d'un système plus large. Cependant, il y aura encore des cas où, comme dans *Le procureur général du Québec et autre c. Farrah* [[1978] 2 R.C.S. 638.], une « fonction judiciaire » relevant de l'art. 96 est isolée du reste de la structure administrative de la loi pertinente. Dans l'affaire *Farrah*, on avait donné à un tribunal des transports une juridiction d'appel sur les décisions de la Commission des transports du Québec. Le tribunal avait pour seule fonction de trancher des questions de droit. Comme cette fonction était habituellement remplie par les tribunaux visés à l'art. 96 et qu'elle était complètement séparée du cadre institutionnel de la Loi, les articles attaqués ont été déclarés inconstitutionnels. Mis à part les cas de ce genre, on ne peut plus soutenir que l'art. 96 empêche une province de conférer à un tribunal administratif les pouvoirs « judiciaires » accessoires qu'exerçaient auparavant les tribunaux établis à l'art. 96.

On ne peut nier que les pouvoirs du Tribunal d'émettre des ordonnances à la demande du directeur constituent un aspect dominant de la fonction du Tribunal. Ces pouvoirs s'exercent dans le cadre d'un litige et exigent, pour chaque cas, l'analyse du droit, l'application du droit aux faits, une décision et l'ordonnance qui en résulte. Les fonctions du Tribunal, malgré le caractère particulier des recours exercés par le directeur, demeurent essentiellement des fonctions judiciaires. Il apparaît donc souhaitable, dans cette optique, de passer à la troisième étape du processus énoncé dans le renvoi sur la location résidentielle.

Un tribunal administratif d'une province ne serait invalide que si la seule ou la fonction principale du tribunal est de juger et qu'on puisse dire que le tribunal fonctionne comme un cour visée

---

[233] (1977) 1 R.C.S. 112, 122-123.

[234] (1981) 1 R.C.S. 714, 732-733.

à l'article 96[235]. Il a été reconnu à cette fin qu'il ne faut pas considérer les pouvoirs du tribunal en dehors du contexte où ils peuvent être exercés. Dans le cas du Tribunal de la concurrence, il faudrait rechercher si les ordonnances sont inséparables de la réalisation d'objectifs plus larges visés par le législateur dans l'élaboration de sa politique de la concurrence et si le cadre institutionnel dans lequel fonctionne le Tribunal le distingue d'une cour visée à l'article 96.

Les recours exercés devant le Tribunal et qui donnent ouverture aux ordonnances prévues aux articles 75 à 108 de la loi ne constituent qu'un aspect des mesures instaurées par le législateur pour favoriser et préserver la concurrence. Ces recours s'insèrent dans une loi comportant un système de réglementation économique intégré comprenant l'identification des pratiques interdites, la création d'une procédure d'enquête et l'établissement d'un mécanisme de recours en vue de décourager des formes de pratiques considérées comme préjudiciables à l'économie canadienne[236].

Ces recours s'ajoutent aux mesures visant à réprimer les infractions criminelles prévues à la partie VI de la loi et sont complétés par des actions édictées en vue de permettre l'exécution forcée des décisions du Tribunal. Ces voies d'exécution forcée sont une action pénale pouvant être accompagnée d'une injonction et une action civile. L'article 74 de la loi prévoit que quiconque viole ou transgresse une ordonnance rendue par la Commission commet une infraction passible, sur déclaration de culpabilité, d'une amende et d'une peine d'emprisonnement. L'article 33 stipule que la Cour fédérale ou une cour supérieure de juridiction criminelle peut émettre une injonction provisoire pour empêcher une personne désignée dans la demande de faire quelque chose qui pourrait constituer une infraction à la partie VI ou à l'article 74, ou tendant à la perprétation d'une telle infraction. L'article 34 permet au Tribunal, au moment d'une déclaration de culpabilité à une infraction visée à la partie VI, ou à une cour supérieure de juridiction criminelle d'une province, dans les trois ans qui suivent la déclaration de culpabilité, en sus de toute autre peine, d'interdire la continuation ou la répétition d'une infraction ou l'accomplissement d'un acte ou d'une chose qui tend à la continuation de l'infraction.

L'action civile est prévue à l'article 36 (1) *b)*. Le législateur permet à toute personne qui a subi une perte ou des dommages par suite du défaut d'une personne d'obtempérer à une ordonnance rendue par le Tribunal ou par un autre tribunal en vertu de la présente loi de réclamer et recouvrer devant la Cour fédérale, de la personne qui n'a pas obtempéré à l'ordonnance, une somme égale au montant de perte ou des dommages ou toute somme supplémentaire que le Tribunal peut fixer.

Les personnes lésées par une pratique restrictive du commerce ou des délits de concurrence déloyale conservent le droit d'intenter devant les tribunaux de droit commun une action fondée sur l'article 1053 C.C., tout comme elles peuvent s'adresser à la Cour supérieure pour obtenir une injonction en pareilles circonstances[237].

Les ordonnances du Tribunal s'imbriquent donc dans un ensemble de dispositions visant à enrayer les pratiques, les comportements et agissements anticoncurrentiels dans les marchés canadiens. Pour émettre ces ordonnances, le législateur a estimé qu'un tribunal composé de certains membres non juristes serait mieux adapté que la Cour fédérale de première instance et que les cours supérieures des provinces à peser les intérêts en jeu et à évaluer les conséquences économiques que peuvent avoir les ordonnances à l'égard de la partie poursuivie. Le Tribunal ne tranche pas un litige comme le ferait une cour de justice dans une affaire civile relative au droit des contrats. Il doit veiller à préserver l'intérêt général de l'économie canadienne et à assurer à l'ensemble des consom-

---

(235) *Id.*, 735.
(236) *General Motors of Canada Ltd. c. City National Leasing*, (1989) 1 R.C.S. 641, 676.

(237) Voir *Hébert & Fils c. Desautels*, [1971] C.A. 285; *Philippe Beaubien & Cie c. Canadian General Electric Co.*, (1977) 30 C.P.R. 100 (Que. S.C.).

mateurs des prix compétitifs et un choix dans les produits.

Considérant ce contexte institutionnel, l'article 96 ne devrait donc pas faire obstacle au pouvoir du Tribunal d'entendre les demandes qui lui sont présentées en application de la partie VIII de *Loi sur la concurrence.*

Quant au pouvoir du Tribunal de sanctionner par voie d'outrage au tribunal le non-respect de ses ordonnances, j'estime qu'il n'apparaît pas opportun d'examiner si un tel pouvoir pourrait, comme le laisse entendre M. le juge Dickson dans l'arrêt *Société Radio-Canada c. Commission de police du Québec*[238], s'analyser également à la lumière des critères reconnus dans les arrêts *Ville de Mississauga c. Mun. régionale de Peel*[239], *Tomko*[240] et le renvoi sur la location résidentielle[241]. Les parties n'ont pas soumis de preuve à cet égard et ce n'est pas cette question qui est premièrement en litige mais bien le pouvoir d'émettre des ordonnances.

Comme cependant les intimés demandent, dans les conclusions de leur action directe en nullité, que la *Loi constituant le Tribunal de la concurrence* soit déclarée nulle et inconstitutionnelle, j'estime nécessaire de préciser que, à mon avis, l'inconstitutionnalité d'un tel pouvoir n'aurait pas pour effet de rendre inconstitutionnel le Tribunal lui-même. Seul le pouvoir pourrait être jugé *ultra vires*. Les ordonnances du Tribunal continueraient à pouvoir être exécutées par les autres voies d'exécution forcée.

Les exigences constitutionnelles quant à la sélection des juges (art. 97 et 98) et quant à la durée de leur fonction et à l'établissement de leurs salaires (art. 99 et 100) ne trouveraient donc pas application dans le cas du Tribunal de la concurrence, puisque ce tribunal ne pourrait être assimilé à une cour supérieure.

Avec beaucoup d'égards, je ne puis en conséquence partager l'opinion du premier juge et conclure que le Tribunal de la concurrence est invalide au plan de la *Loi constitutionnelle de 1867*. Il reste à se demander si le Tribunal offre des garanties suffisantes d'impartialité et d'indépendance au regard de l'article 11 *d)* de la *Charte canadienne des droits et libertés.*

II. *Le Tribunal de la concurrence et les garanties d'indépendance et d'impartialité requises aux fins de l'article 11* d) *de la* Charte canadienne des droits et libertés

S'agissant de déterminer, pour les fins du présent litige, si le Tribunal offre des garanties suffisantes d'indépendance et d'impartialité aux intimés qui désirent s'opposer à une demande d'ordonnance présentée par le directeur, seuls paraissent devoir être respectés les principes de justice fondamentale consacrés par la common law et l'article 2 *e)* de la *Déclaration canadienne des droits* et qui se résument globalement dans le fait que la décision soit rendue par une autorité impartiale et indépendante au terme d'une audition valable.

Les intimés demandent cependant que la *Loi sur le Tribunal de la concurrence* soit déclarée nulle dans son ensemble. À cet égard, il m'apparaît nécessaire, comme semble d'ailleurs l'avoir fait le premier juge, d'examiner si les conditions d'indépendance judiciaire requises aux fins de l'article 11 *d)* de la charte sont rencontrées.

Bien que les intimés ne soient pas des inculpés au sens de l'article 11 *d)* de la charte, cet article de même que l'article 7, qui garantit l'effet de la justice fondamentale en matière de liberté, sécurité et protection de la vie[242], pourraient être invoqués par les intimés au soutien de leur action en nullité. Le Tribunal a, en effet, le pouvoir de punir pour outrage au tribunal, du moins *in facie*. Or, lorsqu'il s'agit d'allégation d'outrage au tribunal, même dans une instance civile, les garanties requises par l'équité et la justice naturelle tomberaient sous l'égide des

---

(238) (1979) 2 R.C.S. 618, 647-648.
(239) (1979) 2 R.C.S. 244.
(240) *Tomko c. Labour Relations Board (Nouvelle-Écosse)*, (1977) 1 R.C.S. 112.
(241) *Re Loi de 1979 sur la location résidentielle*, (1981) 1 R.C.S. 714.

(242) *Renvoi sur la Motor Vehicle Act (C.-B.)*, (1985) 2 R.C.S. 486.

articles 11 d) et 7 de la charte, puisque l'outrage au tribunal a une dimension criminelle, ou du moins quasi criminelle [243].

1. L'interprétation des garanties d'indépendance et d'impartialité aux fins de l'article 11 d) de la charte

L'indépendance judiciaire comme garantie constitutionnelle aux fins de l'article 11 d) de la charte a été interprétée par le juge Le Dain dans l'arrêt *Valente c. R.* [244] comme « visant le statut ou la relation d'indépendance judiciaire, autant que l'état d'esprit ou l'attitude du tribunal dans l'exercice concret de ses fonctions judiciaires ».

Le test ou critère pour évaluer l'indépendance du juge ou du tribunal doit, selon le juge Le Dain, être celui de la crainte raisonnable de partialité proposée par le juge de Grandpré dans l'arrêt *Committee for Justice and Liberty c. Office national de l'énergie* [245] :

> [...] la crainte de partialité doit être raisonnable et le fait d'une personne sensée et raisonnable qui se poserait elle-même la question et prendrait les renseignements nécessaires à ce sujet.

Selon les termes de la Cour d'appel, ce critère consiste à se demander « à quelle conclusion en arriverait une personne bien renseignée qui étudierait la question en profondeur, de façon réaliste et pratique ».

Le juge Le Dain ajoute que cette perception d'une personne raisonnable et bien informée doit en être une « d'un tribunal jouissant des conditions ou garanties objectives essentielles d'indépendance judiciaire, et non pas une perception de la manière dont il agira en fait, indépendamment de la question de savoir s'il jouit de ces conditions ou garanties [246] ».

Pour décider si la garantie d'indépendance judiciaire est respectée, trois conditions essentielles doivent, selon le juge Le Dain, être analysées. Ce sont 1) l'inamovibilité, 2) la sécurité financière et 3) l'indépendance institutionnelle du tribunal relativement aux décisions administratives qui portent directement sur l'exercice des fonctions judiciaires.

Ces conditions essentielles de l'indépendance pour les fins de l'article 11 d) doivent avoir un lien raisonnable avec la diversité des institutions auxquelles s'applique l'article 11 d). L'essence de la garantie d'indépendance n'est cependant pas exprimée par le juge Le Dain sous forme d'un principe ouvrant sur des normes d'exigences diverses, mais sous forme de conditions minimales en ce qui concerne l'inamovibilité, la sécurité financière et l'indépendance institutionnelle [247].

Ces conditions minimales qui relèvent du statut ou de l'indépendance collective du juge s'ajoutent à l'aspect individuel de l'indépendance judiciaire qui se reflète dans l'état d'esprit ou l'attitude du tribunal dans l'exercice concret de ses fonctions judiciaires.

L'indépendance judiciaire, dans son aspect individuel, se rapproche de la garantie d'impartialité. Bien qu'il n'ait pas eu à traiter de l'application de la garantie d'impartialité dans l'arrêt *Valente*, le juge Le Dain a tracé une frontière entre les concepts d'indépendance et d'impartialité [248] :

> Même s'il existe de toute évidence un rapport étroit entre l'indépendance et l'impartialité, ce sont néanmoins des valeurs ou exigences séparées et distinctes. L'impartialité désigne un état d'esprit ou une attitude du tribunal vis-à-vis des points en litige et des parties dans une instance donnée. Le terme « impartial », comme l'a souligné le juge en chef Howland, connote une absence de préjugé, réel ou apparent. Le

---

(243) *Bhatnager c. Ministre de l'Emploi et de l'Immigration du Canada*, (1990) 2 R.C.S. 217.
(244) (1985) 2 R.C.S. 673, 691.
(245) (1978) 1 R.C.S. 369, 394.
(246) *Id.*, 689.

(247) Pierre Blache. « L'impartialité et l'indépendance selon les articles 7 et 11 d de la charte canadienne », dans Formation permanente du Barreau du Québec. *Développements récents en droit administratif*. Tome 2. Cowansville: Y. Blais, 1989. P. 62. Voir également Gilles Pépin. « Jurisprudence. L'indépendance judiciaire — L'article 11 (d) de la Charte canadienne — Une source d'inquiétude particulièrement pour les juges des cours inférieures et une source d'interrogation pour les membres des tribunaux administratifs », (1986) 46 *R. du B. can.* 550.
(248) Voir *supra*, note 244, 685.

terme « indépendant » à l'al. 11 d), reflète ou renferme la valeur constitutionnelle traditionnelle qu'est l'indépendance judiciaire. Comme tel, il connote non seulement un état d'esprit ou une attitude dans l'exercice concret des fonctions judiciaires, mais aussi un statut, une relation avec autrui, particulièrement avec l'organe exécutif du gouvernement, qui repose sur des conditions ou garanties objectives.

Pour le juge Le Dain, la notion d'attitude ou d'état d'esprit caractéristique du concept d'impartialité n'est pas étrangère à la notion d'indépendance mais c'est la relation d'indépendance qui, à son avis, est le premier sens. Un tribunal dépourvu du statut objectif ou de la relation d'indépendance ne peut être considéré comme indépendant aux termes mêmes de l'article 11 d), quelle que soit la manière dont il paraît avoir agi dans une espèce particulière [249].

Le juge Le Dain semble s'être appliqué à situer l'impartialité dans l'esquisse d'une conception d'indépendance, de sorte qu'elle a pu apparaître comme une dimension de l'indépendance au sens large [250] ou comme une condition minimale de l'indépendance-statut [251].

Dans l'arrêt *R. c. Lippé* [252], le juge en chef Lamer, s'exprimant pour la cour sur cette question, rappelle que, si l'importance de la distinction entre l'impartialité et l'indépendance n'est pas toujours apparente, la distinction peut revêtir une importance particulière dans une affaire qui met en cause des allégations de partialité sur le plan institutionnel [253]. Tout en réaffirmant que l'indépendance judiciaire est une condition fondamentale qui contribue à la garantie d'un procès dénué de partialité et qu'elle est essentielle à la perception d'impartialité qu'a le public, il conclut qu'il peut arriver que l'indépendance judiciaire ne soit pas suffisante.

Nonobstant l'indépendance judiciaire, il peut aussi exister une crainte raisonnable de partialité sur le plan institutionnel ou structurel [254].

Tout comme l'exigence d'indépendance judiciaire, l'exigence d'impartialité institutionnelle doit, pour les fins de l'article 11 d), être consacrée comme garantie constitutionnelle, car la garantie constitutionnelle d'un tribunal indépendant et impartial doit être suffisamment étendue pour la renfermer [255].

Comme les intimés font valoir, dans le présent litige, que la nomination de membres non juges à temps partiel met en cause l'impartialité du Tribunal de la concurrence, il convient d'examiner, outre les trois conditions de l'inamovibilité, de la sécurité financière et de l'indépendance institutionnelle, celle de l'impartialité institutionnelle.

2. *Les garanties d'indépendance et d'impartialité aux fins de l'article 11* d)

— L'inamovibilité

En raison de l'importance qui y a été attachée traditionnellement, l'inamovibilité est la première condition essentielle de l'indépendance judiciaire pour les fins de l'article 11 d) de la charte. Dans l'arrêt *Valente*, le juge Le Dain a défini l'essence de l'inamovibilité comme suit [256] :

> L'essence de l'inamovibilité pour les fins de l'al. 11 d), que ce soit jusqu'à l'âge de la retraite, pour une durée fixe, ou pour une charge *ad hoc*, est que la charge soit à l'abri de toute intervention discrétionnaire ou arbitraire de la part de l'exécutif ou de l'autorité responsable des nominations.

Le juge de la Cour supérieure a conclu que les décrets de nomination des membres non juges rendaient l'inamovibilité ambiguë et que le mode de révocation prévu à l'article 5 (2) n'était pas conforme au minimum requis par l'arrêt *Valente*.

---

(249) *Id.*, 688.
(250) Pierre Blache, *supra*, note 247, p. 57.
(251) Gilles Pépin. « Chroniques. L'indépendance des tribunaux administratifs et l'article 23 de la Charte des droits et libertés de la personne », (1990) 50 *R. du B.* 766, 781.
(252) C.S. Can. 22072, le 6 juin 1991 (*J.E. 91-934*).
(253) *Id.*, p. 21 de l'opinion du juge Lamer.

---

(254) *Id.*, pp. 25-26.
(255) *Id.*, p. 26.
(256) Voir *supra*, note 244, 698.

La loi constitutive du Tribunal de la concurrence édicte, comme on l'a déjà vu, que la durée maximale du mandat des juges est de sept ans et que ceux-ci occupent leur poste aussi longtemps qu'ils demeurent juges de la Cour fédérale (art. 5 (1)). En vertu des lois qui les régissent, les juges de la Cour fédérale du Canada occupent leur charge à titre inamovible jusqu'à un âge précis de mise à la retraite à moins seulement d'être révoqué sur adresse du Sénat et de la Chambre des communes. Ils jouissent de ce qui est généralement considéré comme le plus haut degré d'inamovibilité.

Pour les membres non juges, la durée maximale de leur mandat est de sept ans et ils occupent leur poste à titre inamovible, sous réserve de révocation motivée que prononce le gouverneur en conseil (art. 5 (2)). L'inamovibilité est donc expressément prévue pour les membres non juges et elle est pour une durée fixe.

Au moment de l'instruction de la présente affaire devant la Cour supérieure, au mois d'octobre 1989, il y avait deux personnes habilitées à siéger à titre de membres non juges: Mme Sarrazin, nommée le 28 septembre 1987 à titre inamovible pour un mandat de cinq ans, et M. Roseman, nommé le 4 mai 1987 à titre inamovible pour un mandat de sept ans, à compter du 12 mai 1987. M. Roseman avait précédemment siégé au Tribunal de la concurrence en vertu de trois mandats consécutifs d'une durée de trois mois chacun. Ces mandats mentionnaient que M. Roseman était désigné pour siéger « during good behavior ». Précédemment à sa nomination comme membre du Tribunal à temps plein, M. Roseman était membre de l'ancienne Commission sur les pratiques restrictives du commerce. Quant à Mme Sarrazin, elle n'agit comme membre du Tribunal que sur demande. En dehors de ses fonctions à titre de membre du Tribunal, Mme Sarrazin est consultante auprès d'entreprises et d'institutions privées et publiques dans le domaine financier et la planification stratégique.

Puisque M. Roseman est actuellement membre du Tribunal à titre inamovible pour une durée de sept ans, il n'y a pas lieu d'examiner l'incidence des très courts mandats antérieurs par rapport aux exigences d'indépendance et d'impartialité. Il n'a pas été prouvé que cette pratique de mandats de courte durée constituait une pratique courante et qu'elle a été effectivement utilisée dans d'autres cas que celui de M. Roseman lors de la mise en opération du Tribunal.

Relativement à la pratique des mandats sans durée minimale, les intimés ont demandé de produire en preuve le *Rapport du groupe de travail de l'Association du Barreau Canadien sur l'indépendance des tribunaux et organismes administratifs fédéraux au Canada*, préparé par le professeur Ratushny et paru en septembre 1990 [257]. Certaines recommandations de ce rapport porteraient sur la durée des mandats des membres à temps plein et à temps partiel des tribunaux de même nature que celui du Tribunal de la concurrence. Cette requête a été prise en délibéré. Étant donné les nombreux documents déjà produits au dossier au soutien de l'argumentation des intimés sur cette question et vu que cette preuve nouvelle n'apparaît pas indispensable pour les fins de la justice, je suis d'avis de ne pas permettre cette preuve additionnelle.

La preuve documentaire au dossier démontre que les membres non juges habilités à siéger au Tribunal ont des mandats d'une durée de cinq à sept ans. Il y a lieu cependant d'examiner si le mode et la procédure de révocation des membres non juges n'ont pas pour effet d'annihiler le principe de l'inamovibilité reconnu à l'article 5 (2) de la loi.

Les membres non juges peuvent être révoqués avant la fin de leur mandat par le gouverneur en conseil. Une telle révocation doit être motivée (art. 5 (2)). La loi ne prévoit pas les motifs spécifiques de révocation, mais une telle exigence n'est pas requise comme condition essentielle d'indépendance judiciaire pour les fins de l'article 11 d) de la charte. La charge des membres non juges étant déclarée inamovible, ce ne sera que pour des motifs se rattachant à

---

(257) Ottawa: Association du Barreau canadien, septembre 1990.

l'exercice de la fonction de la personne en cause que le gouverneur en conseil pourra prononcer la révocation. À cet égard, le mode de révocation apparaît suffisant. Comme l'a exprimé le juge Le Dain dans l'arrêt *Valente* [258] :

> Il se peut que la nécessité d'une adresse au corps législatif rende la révocation d'un juge plus difficile en pratique à cause de la solennité, de la lourdeur et de la visibilité de la procédure, mais qu'un motif soit nécessaire, comme le définit la loi, et qu'une enquête judiciaire soit prévue au cours de laquelle le juge visé a pleinement l'occasion de se faire entendre, constituent à mon avis, une restriction suffisante du pouvoir de révocation pour les fins de l'al. 11 *d)*.

La *Loi sur le Tribunal de la concurrence* ne prévoit pas expressément la tenue d'une audition préalable selon une procédure offrant à la personne visée la possibilité de se faire entendre. Les règles de la justice naturelle et l'article 69 de la *Loi sur les juges* [259] suppléent de façon satisfaisante à cette absence de disposition législative précise. Dans l'hypothèse où le gouverneur en conseil serait appelé à exercer son pouvoir de révocation d'un membre non juge, il serait tenu d'adopter une procédure équitable prévoyant la possibilité pour l'intéressé de se faire entendre [260]. Par ailleurs, l'article 69 de la *Loi sur les juges* prévoit que, sur une demande à cet effet de la part du ministre de la Justice du Canada, le Conseil canadien de la magistrature se doit de tenir une enquête sur la révocation éventuelle de tout titulaire nommé à titre inamovible aux termes d'une loi fédérale, à l'exception des détenteurs de certains postes énumérés aux alinéas *a)* et *b)* de l'article 69 et dans la mesure où l'on allègue à l'encontre du titulaire visé l'un ou l'autre des motifs de révocation prévus à l'article 65 (2) de la *Loi sur les juges*. Ces motifs sont l'âge ou l'invalidité, le manquement à l'honneur et à la dignité, le manquement aux devoirs de sa charge et la situation d'incompatibilité, qu'elle soit imputable au juge ou à toute autre cause.

Dans le cas où il peut être appelé à tenir une telle enquête concernant un membre non juge du Tribunal de la concurrence, le Conseil est tenu, aux termes de l'article 64 de la *Loi sur les juges*, de fournir à l'intéressé la possibilité de se faire entendre et de soumettre les éléments de preuve qu'il estime pertinents. Le rapport d'enquête est ensuite présenté au ministre de la Justice, qui peut révoquer le titulaire en cause sur la base de ce rapport d'enquête. Le fait que ce processus d'enquête ne puisse être déclenché qu'à la discrétion du ministre de la Justice ne permet pas, à mon avis, de conclure que le standard minimum que commande l'arrêt *Valente* n'est pas respecté.

L'ensemble de ces dispositions et les règles de justice naturelle concernant l'inamovibilité font suffisamment ressortir, à mon avis, que la charge des membres non juges du Tribunal est à l'abri de toute révocation discrétionnaire ou arbitraire de la part du gouverneur en conseil responsable des nominations.

— La sécurité financière

La deuxième condition de l'indépendance judiciaire pour les fins de l'article 11 *d)* de la charte est la sécurité financière. Cette sécurité consiste essentiellement, selon le juge Le Dain dans l'arrêt *Valente*, « en ce que le droit au traitement et à la pension soit prévu par la loi et ne soit pas sujet aux ingérences arbitraires de l'exécutif, d'une manière qui pourrait affecter l'indépendance judiciaire [261] ».

Le juge Le Dain a ajouté que, bien qu'il puisse être théoriquement préférable que les traitements des juges soient fixés par le corps législatif, plutôt que par le pouvoir exécutif, et qu'ils grèvent le fonds du revenu consolidé, plutôt que d'exiger une affectation de crédit annuelle, il ne pensait pas que l'une ou l'autre de ces caractéristiques devaient être considérées comme essentielles à la sécurité financière qui peut être raisonnablement perçue comme suffisante pour assurer l'indépendance au sens de l'article 11 *d)* de la charte [262].

---

(258) Voir *supra*, note 244, 697.
(259) L.R.C. 1985, c. J-1.
(260) *P.G. du Canada c. Inuit Tapirisat of Canada*, (1980) 2 R.C.S. 735.

(261) Voir *supra*, note 244, 704.
(262) *Id.*, 706.

La *Loi sur le Tribunal de la concurrence* prévoit que les membres non juges reçoivent la rémunération que fixe le gouverneur en conseil. Ils ont droit aux indemnités de déplacement auxquelles un juge a droit aux termes de la *Loi sur les juges* et sont réputés faire partie de l'administration publique fédérale pour l'application de la *Loi sur l'indemnisation des agents de l'État* et des règlements en application de l'article 9 de la *Loi sur l'aéronautique* (art. 6).

En vertu du système de rémunération de la fonction publique, M. Roseman recevait, en octobre 1989, un salaire se situant dans une échelle de traitement allant de 82 000 $ à 96 500 $. À la même date, Mme Sarrazin recevait, lorsqu'elle siégeait au Tribunal, une allocation fixée selon un *per diem* variant de 355 $ à 415 $.

Pour les intimés, le salaire des membres non juges demeurerait soumis aux ingérences arbitraires de l'exécutif, car il n'y a aucune garantie dans la loi que le traitement initial, une fois fixé, ne sera pas diminué. Le président du Tribunal serait éventuellement capable d'influencer le salaire des membres par l'évaluation de leur performance. De plus, l'actuel système d'évaluation décrit au document administratif portant sur les *Conditions d'emploi et avantages sociaux applicables aux personnes nommées par le gouverneur en conseil, Fonction publique du Canada* ne constitue qu'une politique ou une pratique qui peut évoluer dans le temps à la discrétion de l'exécutif, de sorte que la sécurité financière d'un juge pris individuellement ne serait pas assurée de façon objective.

Le document, faisant état de la politique administrative relative aux avantages sociaux et aux conditions d'emploi applicables aux membres non juges, mentionne, au titre III « Politique de rémunération » :

> Il appartient au gouverneur en conseil d'établir les taux de rémunération de toutes les personnes qu'il nomme à des postes et au Conseil du Trésor de fixer l'échelle de traitement et de définir les autres conditions d'emploi applicables aux personnes classées dans groupes GIC 1 à 11 et DM 1 à 3.
>
> [...]

La politique applicable à la rémunération sous toutes ses formes du groupe de la haute direction jusqu'au niveau EX 1 équivalent à GIC 4 de la catégorie de gestion à la Fonction publique repose sur le principe de sa comparabilité avec la rémunération moyenne dans les autres secteurs de l'économie. L'écart salarial applicable aux niveaux supérieurs et aux postes du groupe DM est modulé de façon appropriée.

Au titre IV « Niveau et échelles de traitement », il est prévu que :

> Le Conseil du Trésor établit les échelles de traitement suite aux recommandations que le Groupe consultatif soumet au Premier ministre. Le Groupe présente ses recommandations après avoir examiné le rapport qui existe entre les niveaux de rémunération applicables aux SM et EX 1 et ceux de leurs homologues de l'extérieur, l'écart salarial à respecter entre les niveaux supérieurs successifs, et les autres facteurs qu'il juge utile de considérer.

Le titre V portant sur l'évaluation du rendement, précise que :

> Le rendement de chaque membre de conseils, commissions et autres est évalué à partir d'éléments tels que la formulation des politiques et conseils dans ce domaine, gestion et administration, arbitrage et réglementation, corrélation et coordination, analyse et interprétation, et la durée de la période en poste.
>
> Dans tous les cas, il revient au gouverneur en conseil de statuer en ce qui concerne le traitement personnel.
>
> Les appréciations du rendement des membres de conseils et organismes quasi-judiciaires sont complétées par le chef de l'organisme. Ces rapports d'appréciation sont soumis au Bureau du Conseil privé pour fins de planification des *ressources humaines seulement*. Les traitements personnels de ces personnes sont, pour chaque organisme, identiques.

[Les italiques sont de la soussignée.]

Ce document ne constitue qu'une politique administrative ; il traduit néanmoins la pratique actuelle du gouvernement dans l'établissement de l'échelle des traitements et le taux de rémunération des membres non juges. À la lumière de cette politique, on ne saurait conclure que la détermination du traitement des membres non juges est soumise à une ingérence arbitraire de l'exécutif.

Quant à l'incidence de l'évaluation de leur rendement sur le traitement, le document distingue selon qu'il s'agit de l'évaluation de personnes qui sont titulaires d'un poste relevant directement d'un ministère ou du gouvernement et qui sont admissibles à la prime au rendement et les titulaires d'organismes quasi judiciaires. Pour ces derniers, les évaluations sont préparées par le chef de l'organisme de qui ils relèvent et sont soumis au bureau du Conseil privé pour fins de planification des ressources humaines seulement.

Contrairement à l'opinion du premier juge pour qui la détermination du traitement par le gouverneur en conseil et le mécanisme d'évaluation des membres non juges constituaient des obstacles à la perception d'indépendance et d'impartialité du Tribunal, il m'apparaît qu'une personne raisonnablement bien informée et renseignée ne saurait sérieusement craindre que les membres non juges du Tribunal ne jouissent pas, pendant la durée de leur mandat, de la garantie de sécurité financière requise aux fins de l'article 11 *d)* de la charte.

— L'indépendance institutionnelle

La troisième condition de l'indépendance judiciaire pour les fins de l'article 11 *d)* de la charte est l'indépendance institutionnelle du Tribunal relativement aux questions administratives qui ont directement un effet sur l'exercice de ses fonctions judiciaires. Dans l'arrêt *R. c. Lippé*, précité, le juge en chef Lamer, pour la majorité, a statué que le contenu du principe de l'indépendance judiciaire, analysé dans le contexte du rapport existant entre le pouvoir judiciaire et le pouvoir exécutif, doit être limité à l'indépendance vis-à-vis du gouvernement [263]. Il a ajouté que le fait de donner à l'indépendance judiciaire un sens restreint ne réduit pas pour autant la garantie constitutionnelle. L'article 11 *d)* de la charte canadienne et l'article 23 de la charte québécoise garantissent l'impartialité [264].

En l'espèce, le juge de la Cour supérieure a jugé que le Tribunal de la concurrence ne respectait pas cette condition d'indépendance institutionnelle en raison du lien étroit existant entre un membre non juge, M. Roseman, et la branche exécutive du gouvernement.

Il est admis que M. Roseman occupait en 1987 et continue d'occuper le poste de membre de l'ancienne Commission sur les pratiques restrictives du commerce, et ce, en conformité avec les dispositions transitoires de la *Loi sur la concurrence*.

L'article 60 de la loi [265] prévoit au paragraphe premier que les membres de la Commission sur les pratiques restrictives du commerce [266] nommés en application de la *Loi relative aux enquêtes sur les coalitions* [267] sont maintenus en poste et peuvent continuer d'exercer les pouvoirs et fonctions qui leur étaient confiés avant l'entrée en vigueur de la loi de 1986. Les membres qui sont maintenus en poste aux termes de cette disposition peuvent simultanément être nommés au Tribunal de la concurrence mais ils ne sont toutefois rémunérés qu'à l'égard de l'un de ces postes (art. 60 (3)). Le gouverneur en conseil peut abroger le paragraphe 1 s'il est d'avis qu'il n'y a plus d'enquêtes, de procédures ou d'autres affaires pendantes devant la Commission en application de ce paragraphe et que la Commission a fait rapport au ministre des Consommateurs et des Sociétés à l'égard de toutes les enquêtes commencées devant elle.

L'article 61 prévoit, quant à lui, que, par l'application de la *Loi sur la concurrence* telle que modifiée par la présente loi, une ordonnance de la Commission sur les pratiques restrictives du commerce rendue en vertu de l'article 60 est réputée être une ordonnance du Tribunal de la concurrence en vertu de la *Loi [amendée] sur la concurrence*.

---

(263) Voir *supra*, note 252, p. 24.
(264) *Id.*, p. 25.

(265) L.R.C. 1985, 2ᵉ suppl., c. 19.
(266) Cette Commission a été abolie par les articles 20 et 24 de la même loi.
(267) Maintenant nommée *Loi sur la concurrence*, (L.R.C. 1985, c. C-34).

Le juge de la Cour supérieure a vu dans la double fonction occupée par M. Roseman un danger de cohabitation entre la branche exécutive du gouvernement et la branche judiciaire. Il a rappelé que la Commission des pratiques restrictives du commerce, que l'on trouve à l'ancienne loi, a essentiellement les pouvoirs des commissaires nommés en vertu de la *Loi relative aux enquêtes sur les coalitions* et le pouvoir de faire des rapports provisoires et définitifs au ministre. Il a référé à cet égard à l'arrêt *Hunter c. Southam Inc.*[268], où la Cour suprême a jugé que la nature administrative des devoirs d'enquête de la Commission cadrait mal avec la neutralité et l'impartialité nécessaires pour évaluer la preuve permettant de juger de l'opportunité de procéder à une perquisition en vertu de la *Loi relative aux enquêtes sur les coalitions*. Un membre de la Commission ne pouvait, en conséquence, être l'arbitre impartial nécessaire pour accorder une autorisation valable.

Le juge Philippon a estimé que la neutralité et l'impartialité jugées nécessaires dans le cas de fouille abusive protégée par l'article 8 de la charte l'était tout autant dans le présent litige, car le directeur des enquêtes et recherches est intéressé à la mise en application efficace de la loi d'une manière qui s'apparente à celle de la Commission dans son rôle continué. Comme M. Roseman fait partie de cette Commission et est également membre du Tribunal, cela entraînerait le danger de cohabitation dont traite le juge en chef Dickson dans l'arrêt *Beauregard c. Canada*[269] :

> Sur le plan institutionnel, l'indépendance judiciaire s'entend de la préservation de l'indépendance et de l'intégrité du pouvoir judiciaire et d'une garantie de son immunité contre toute ingérence injustifiée des pouvoirs législatif et exécutif ou même contre toute cohabitation trop étroite avec ceux-ci.

Avec égards, il m'apparaît que, suite à l'arrêt *Hunter*, précité, le danger de cohabitation auquel réfère le juge Philippon lorsqu'il envisage le rôle que joue encore la Commission pour les affaires pendantes n'existe plus. L'attribution à la Commission ou à ses membres des pouvoirs d'enquête ayant pour effet d'empêcher le membre de la Commission d'agir de façon judiciaire lorsqu'il autorise une fouille, une perquisition ou une saisie a été jugée incompatible avec les dispositions de l'article 8 de la *Charte canadienne des droits et libertés*. Les articles 10 (3) et, implicitement, 10 (1) de la *Loi relative aux enquêtes sur les coalitions*[270] ont été en conséquence déclarés inopérants.

La référence au rôle du directeur qui s'apparentait au rôle de l'ancienne Commission ne m'apparaît pas non plus justifier les craintes qu'entretient le premier juge. La nouvelle loi a apporté des modifications aux pouvoirs d'enquête et de perquisition que possédait la Commission (nouveaux art. 11 à 24 de la loi). Elle a fait disparaître la cohabitation jugée trop étroite entre les pouvoirs administratifs d'enquête et les pouvoirs judiciaires en ne conférant plus les premiers au Tribunal de la concurrence, mais au seul directeur et selon des normes fixées par l'arrêt *Hunter*. Le Tribunal de la concurrence, à la différence de la Commission, n'a aucune fonction administrative et aucun pouvoir d'enquête. Seul le directeur possède un pouvoir d'enquête mais il n'est pas autorisé à émettre des mandats de perquisition ou des ordonnances de comparution, de saisie ou de production de documents. Il doit s'adresser à un juge d'une cour supérieure, d'une cour de comté ou de la Cour fédérale pour obtenir de tels mandats ou ordonnances. En ce qui concerne les rapports qu'il doit faire au ministre, ce n'est que dans le cas où le directeur discontinue une enquête qu'il doit remettre au ministre un rapport écrit qui fait état des renseignements obtenus de même que du motif de la discontinuation (art. 22).

Quant à la possibilité que M. Roseman entende, comme membre du Tribunal, une affaire dont il avait déjà été saisi comme membre de la Commission et au sujet de laquelle il avait fait une enquête, il s'agit là d'une situation purement hypothétique. Elle supposerait que M. Roseman

---

(268) (1984) 2 R.C.S. 145.
(269) (1986) 2 R.C.S. 56, 77.

(270) S.R.C. 1970, c. C-23.

serait appelé à faire partie de la formation désignée par la présidente du Tribunal pour entendre cette affaire. Advenant que ce soit le cas, les moyens appropriés pourraient être une demande de récusation à son endroit ou une requête en prohibition en vue de l'empêcher de siéger lors de cette affaire. Comme les faits à l'origine du présent litige sont tous postérieurs à l'entrée en vigueur de la loi le 19 juin 1986, la possibilité de conflits entre les fonctions n'existe pas car il ne peut s'agir d'une affaire où une enquête pourrait avoir lieu en vertu des dispositions transitoires de la loi.

Les intimés ont invoqué devant la Cour d'appel que l'indépendance institutionnelle pourrait encore être mise en péril par le fait qu'aucune disposition de la loi ne prévoit que le poste de président du Tribunal est à titre inamovible et que le président ne peut être démis sans motif. L'indépendance institutionnelle du Tribunal est, à mon avis, suffisamment consacrée par les dispositions des articles 4 et 5 (1) de la loi.

Étant donné la législation applicable à ce Tribunal, les usages qui président à ses relations avec le gouvernement, l'indépendance individuelle dont jouissent ses membres en raison de leur statut objectif personnel garantissant leur inamovibilité et leur sécurité financière, on peut conclure qu'une personne réaliste et bien informée serait d'avis qu'il n'y a pas lieu d'appréhender que le Tribunal ne prenne pas ses décisions en toute liberté et qu'il présente les garanties d'indépendance requises pour les fins de l'article 11 d) de la charte.

— La garantie d'impartialité

L'existence de partialité individuelle de la part d'un membre du Tribunal n'est aucunement alléguée dans la présente affaire. La partialité évoquée par le juge de première instance aurait trait à l'institution même du Tribunal. À son avis, la possibilité que des membres non juges exercent la double fonction de membres de la Commission et du Tribunal de même que la nomination de membres non juges pour siéger à temps partiel pourraient constituer une atteinte à l'impartialité.

La question de la dualité des fonctions ne suscite pas, comme on l'a vu, de craintes sérieuses quant à l'indépendance judiciaire. Celle des juges à temps partiel mérite examen. La loi ne prévoit pas que les membres non juges du Tribunal doivent posséder quelque qualification que ce soit pour occuper le poste de membre du Tribunal. L'article 3 (3) ne fait que permettre au gouverneur en conseil de constituer un conseil consultatif chargé de le conseiller en ce qui concerne les nominations. Étant donné les demandes dont est saisi le Tribunal et sa vocation, on peut présumer que les membres non juges auront une formation et une expérience professionnelle active dans le domaine commercial, financier ou économique. Le membre non juge, qui peut actuellement siéger à temps partiel, continue d'exercer ses autres fonctions à caractère économique et financier. Il pourrait en résulter une situation de conflits d'intérêts qui laisserait planer un doute sur l'impartialité du Tribunal.

Le juge en chef Lamer, dans l'arrêt *R. c. Lippé*, précité, a tracé les confins de ce concept d'impartialité institutionnelle contenu dans la garantie constitutionnelle d'un « tribunal indépendant et impartial ». Il a reconnu que « [l]e statut objectif du tribunal peut s'appliquer tout autant à l'exigence d'"impartialité" qu'à celle d'"indépendance". Par conséquent, qu'un juge particulier ait ou non entretenu des idées préconçues ou des préjugés, si le système est structuré de façon à susciter une crainte raisonnable de partialité sur le plan institutionnel, on ne satisfait pas à l'exigence d'impartialité [271]. »

Le critère applicable à l'impartialité institutionnelle sera le même que celui adopté dans l'arrêt *Valente* quant à la question de l'indépendance judiciaire, soit celui de la perception d'une personne bien renseignée qui étudierait la question en profondeur, de façon réaliste et pratique. Selon le juge en chef Lamer, pour une telle personne, le fait qu'un juge est juge à temps partiel ne soulève pas en soi une crainte raisonnable de partialité [272]. Cependant, les activités

---

(271) Voir *supra*, note 252, p. 27 de l'opinion du juge Lamer.
(272) *Id.*, p. 31.

qu'exerce un juge lorsqu'il ne siège pas peuvent soulever une telle crainte.

Pour déterminer quelles occupations soulèveront une crainte raisonnable de partialité sur le plan institutionnel, le juge en chef Lamer propose une évaluation en deux étapes [273] :

> Première étape : Compte tenu d'un certain nombre de facteurs, y compris mais sans s'y restreindre, la nature de l'occupation en cause et les parties qui comparaissent devant ce genre de juge, une personne parfaitement informée, éprouvera-t-elle une crainte raisonnable de partialité dans un *grand nombre* de cas?
>
> Deuxième étape : Si la réponse à cette question est négative, on ne saurait alléguer qu'il y a crainte de partialité sur le plan institutionnel et la question doit se régler au cas par cas.
>
> Si toutefois la réponse à cette question est affirmative, cette occupation est en soi incompatible avec les fonctions de juge. [...] il faut [alors] se demander quelles sont les garanties existantes qui réduiront au minimum les effets préjudiciables, et si elles sont suffisantes pour respecter la garantie d'impartialité institutionnelle prévue à l'al. 11 *d)* de la *Charte* canadienne.

Si on applique ce critère aux faits de l'espèce, il se peut, comme le prétendent les intimés, que soit nommé au Tribunal de la concurrence un conseiller en acquisition d'entreprises travaillant pour une firme de comptables ou de conseillers d'entreprises et qui, à ce titre, consacre son temps à la poursuite des intérêts de clients dont l'identité n'est pas toujours connue. Ce conseiller, en qualité de membre du Tribunal, pourrait être appelé à juger des litiges qui pourraient impliquer des personnes dont les intérêts sont opposés à ceux de ses clients.

Le haut niveau d'improbabilité de l'exemple démontre assez clairement, à mon avis, que la situation n'est pas susceptible de se présenter dans un grand nombre de cas. Si l'on considère, de plus, le nombre restreint des affaires portées devant le Tribunal de la concurrence, on ne peut raisonnablement penser que, dans les affaires où il siège, de nombreux conflits d'intérêts pourraient échapper au membre à temps partiel tout autant qu'au justiciable.

La *Loi sur le Tribunal de la concurrence* contient également des sauvegardes suffisantes pour assurer, en principe, l'impartialité du Tribunal. Il s'agit de l'article 7, ayant trait au serment d'office que doivent prêter tous les membres du Tribunal, de l'article 5 (3), qui limite le nombre de fois où les mandats des membres peuvent être renouvelés, et de l'article 10 (3), qui interdit à un membre de siéger lors d'une affaire dans laquelle il a un intérêt financier quelconque direct ou indirect. La protection contre les conflits d'intérêts est encore assurée par le *Code régissant la conduite des titulaires de charge publique en ce qui concerne les conflits d'intérêts et l'après-mandat* [274], auquel sont soumis les membres non juges.

On ne saurait, dans ces circonstances, alléguer qu'il y a crainte de partialité sur le plan institutionnel.

Le Tribunal de la concurrence répond donc à toutes les exigences que comporte la garantie constitutionnelle d'un tribunal indépendant et impartial aux fins de l'article 11 *d)*. Les mécanismes qu'institue la loi assurent ainsi le droit à une audition impartiale selon les principes de justice fondamentale, de sorte que le Tribunal possède en définitive tous les attributs essentiels d'un tribunal indépendant et impartial.

Les deux motifs d'appel du Procureur général du Canada sont donc bien fondés.

En conséquence, je proposerais :

D'accueillir l'appel principal, avec dépens ;

D'infirmer le jugement entrepris quant aux éléments sur lesquels portait l'appel principal ;

De rejeter l'action en nullité, avec dépens.

Quant à l'appel incident, je proposerais qu'il soit rejeté, avec dépens.

---

(273) *Id.*, pp. 31-32.

(274) *Op. cit. supra*, note 197.

COUR SUPÉRIEURE

[1991] R.J.Q. 2607 à 2683

Cour supérieure

FÉDÉRATION DES INFIRMIÈRES
ET INFIRMIERS DU QUÉBEC
et autres, demanderesses, c.
PROCUREUR GÉNÉRAL
DU QUÉBEC, défendeur*

DROITS ET LIBERTÉS — *libertés fondamentales* — *activités de pression* — *services essentiels* — *validité de la* Loi assurant le maintien des services essentiels dans le secteur de la santé et des services sociaux *(Loi 160)* — *libertés fondamentales* — *liberté d'association* — *nature pénale ou disciplinaire des sanctions* — *droits judiciaires* — *équité procédurale.*

Action en nullité de la Loi 160. Accueillie en partie.

Les syndicats demandeurs demandent au Tribunal de déclarer nulle la Loi 160, adoptée à la veille de débrayages massifs dans le secteur de la santé et des services sociaux. Ils invoquent les arguments suivants : 1) la loi contrevient à la liberté syndicale, qui est une liberté fondamentale garantie par l'article 3 de la Charte des droits et libertés de la personne du Québec, différente de la liberté d'association, également prévue à cet article ; 2) la loi crée des sanctions pénales (interruption des retenues à la source des cotisations syndicales, réduction du traitement et perte d'ancienneté) qui ne donnent pas ouverture à un processus judiciaire tel que garanti par l'article 11 de la Charte canadienne des droits et libertés ; 3) la loi porte atteinte à la sécurité économique et psychologique, à la liberté syndicale et à la liberté d'exercer la profession de son choix, garanties par l'article 7 de la charte canadienne ; 4) les articles 9, 18, 20 et 23 de la loi sont contraires à l'article 23 de la charte québécoise parce qu'ils contreviennent aux principes de la suprématie du droit et de la séparation des pouvoirs en donnant à l'employeur le droit de rendre un jugement de nature extrajudiciaire sans que soit reconnu le droit d'accès aux tribunaux ; 5) la loi viole le droit à l'égalité garanti par l'article 15 de la charte canadienne, puisque ses mesures répressives sans précédent affectent un groupe ayant besoin d'aide pour atteindre l'égalité avec les autres (73 % des employés visés par la Loi 160 sont des femmes) ; 6) les sanctions prévues à la loi constituent des peines cruelles et inusitées en raison de leur nombre et de leur gravité ; 7) les articles 20, 21 et 22 de la loi constituent une saisie abusive contraire à l'article 8 de la charte canadienne et à l'article 24.1 de la charte québécoise, car ils permettent à l'employeur de saisir sans autorisation judiciaire préalable l'équivalent d'un jour de paie supplémentaire pour chaque jour de grève ; 8) le gouvernement ne pouvait adopter plusieurs décrets prévoyant des dates d'application différentes pour les sanctions ou, s'il le pouvait, les décrets adoptés sont nuls car ils n'ont pas été publiés en anglais ; et 9) la loi porte atteinte illégalement aux conventions collectives librement négociées qui font de l'ancienneté un critère objectif de détermination de plusieurs droits dans le cadre des relations de travail dans le secteur de la santé et des services sociaux. Le

---

Juge Pierre Viau — C.S. Montréal 500-05-003736-871, 500-05-011218-862, 500-05-004281-877 et 500-05-002341-871, 1991-08-19 — Melançon, Marceau (*Me Georges Marceau*) et *Me Hélène Caron*, pour la Fédération des infirmières et infirmiers du Québec — Lapierre, St-Denis et associés, *Me Michel Boyer*, pour la Centrale de l'enseignement du Québec — Trudel, Nadeau et associés, *Me Gilles Grenier*, pour la Fédération des travailleurs et travailleuses du Québec (F.T.Q.) — Sauvé, Ménard et associés, *Me Jean Laframboise*, pour la Fédération des affaires sociales (F.A.S.) — Bernard, Roy et associés (*Me Jean-François Jobin* et *Me André Fauteux*) et *Me Madeleine Aubé* pour le Procureur général.

*Jugement porté en appel nos 500-09-001432-913, 500-09-001431-915, 500-09-001430-917 et 500-09-001446-913.

91-02-1517
J.E. 91-1449

Procureur général, quant à lui, plaide principalement que la *Loi 160* ne porte atteinte à aucun droit ni à aucune liberté garantis par les chartes. Subsidiairement, il prétend que les restrictions aux droits et aux libertés qu'elle peut contenir sont justifiées et satisfont aux exigences édictées à l'article 1 de la charte canadienne et à l'article 9.1 de la charte québécoise.

1) La liberté syndicale, c'est-à-dire le droit de négocier et de faire la grève, n'est pas une liberté fondamentale protégée par l'une ou l'autre des chartes. Elle n'équivaut pas à la liberté d'association, qui, elle, est protégée. Les pactes et traités internationaux invoqués par les syndicats ne reconnaissent pas non plus le droit de négocier et de faire la grève comme droit fondamental; ils ne font référence qu'à la même notion de liberté d'association que celle que nous connaissons dans notre droit. 2) Les sanctions édictées aux articles 20 et 23 de la *Loi 160* sont de nature pénale car elles visent à faire respecter les dispositions de cette loi par les employés en assurant le maintien des services essentiels plutôt qu'à faire régler l'ordre et la discipline au sein des établissements de santé et de services sociaux. On ne peut conclure que les sanctions qu'elle contient sont de nature disciplinaire. Une contravention à l'article 2 peut mener à une plainte pénale en vertu de l'article 10 ainsi qu'à l'application automatique des sanctions prévues aux articles 20 et 23. Deux séries de sanctions peuvent être imposées pour une même infraction: la réduction de traitement, qui peut être assimilée à une amende déguisée, et la perte d'ancienneté, laquelle a de graves conséquences de nature perpétuelle. L'article 11 de la charte canadienne ne peut cependant trouver application en l'espèce, car il vise à protéger les droits des «inculpés», notion qui doit être interprétée strictement et qui ne couvre pas le cas des employés ne répondant pas à une accusation dans le cadre du système judiciaire. 3) Les sanctions prévues à la *Loi 160* portent effectivement atteinte à la sécurité économique des employés, mais celle-ci n'est pas protégée par l'article 7 de la charte canadienne, non plus que la liberté syndicale, ainsi qu'il a été décidé dans le cadre du premier argument invoqué par les syndicats. Le fait de forcer des employés à travailler sans rémunération et de leur faire perdre leur ancienneté, qu'ils ont souvent acquise dans des conditions difficiles et qui constitue la seule façon d'accéder à d'autres postes, a affecté leur sécurité psychologique. L'application non uniforme des sanctions a créé des inéquités. Les sanctions prévues aux articles 20 et 23 de la *Loi 160* contreviennent aux règles d'équité en matière procédurale. Les employés n'ont eu droit à aucun procès ni à aucune forme de discussion avant l'application des mesures. Ces sanctions portent atteinte aux règles de justice naturelle et fondamentale, qui exigent qu'une personne soit entendue avant d'être condamnée. Les sanctions prévues à l'article 18 de la *Loi 160* ne sont toutefois pas visées par la même protection car elles visent des associations et non des individus. L'argument du syndicat selon lequel la loi est imprécise est rejeté. Les syndicats connaissaient très bien l'illégalité de leurs gestes, laquelle ne pouvait cependant justifier des sanctions elles-mêmes illégales et contraires aux droits et libertés garantis par les chartes. 4) La *Loi 160* ne viole pas le principe de la primauté du droit car elle ne s'appliquera que dans un contexte d'illégalité et tous, employeurs et employés, y sont soumis. Quant aux décrets, ils ont été régulièrement adoptés en vertu de l'une de ses dispositions. Elle ne contrevient pas non plus au principe de la séparation des pouvoirs. Le législateur, exerçant un pouvoir souverain, a adopté des mesures et a prévu des recours autres que ceux pouvant être exercés devant un tribunal. C'est son droit. On ne saurait annuler la *Loi 160* pour ce seul motif, ce qui ne signifie pas pour autant que toutes les sanctions sont valides en regard des chartes. 5) La *Loi 160* ne porte pas atteinte au principe de l'égalité. Elle ne crée pas de distinction du seul fait qu'elle s'applique aux employés d'un secteur en particulier. Il est certain qu'elle désavantage les employés de ce secteur, mais elle répond à un besoin précis et cela ne la rend pas discriminatoire pour autant. Le fait

que la très grande majorité des employés du secteur de la santé et des services sociaux soient des femmes ne suffit pas à établir un lien entre le sexe et la différence dans les conditions de travail. La Loi 160 vise indistinctement les hommes et les femmes. 6) Les sanctions prévues à la Loi 160 ne constituent pas des peines cruelles et inusitées, même si on les considère comme un tout. Elles sont loin d'être de même nature que celles que vise l'article 12 de la charte canadienne. 7) La retenue de salaire n'est pas une saisie abusive au sens de l'article 8 de la charte canadienne ni même une saisie au sens des règles générales du droit. 8) Les décrets ne constituent pas une mesure législative ; les règles se trouvent dans la Loi 160 même. Ils ne contiennent pas de normes à caractère général et impersonnel, mais constituent de simples décisions prises en fonction des normes établies dans la loi. L'article 133 de la Loi constitutionnelle de 1867 ne s'applique donc pas en l'espèce. Le fait que la loi parle de « décret » au singulier ne signifie pas qu'il devait n'y en avoir qu'un seul : l'article 54 de la Loi d'interprétation prévoit que « le nombre singulier s'étend à plusieurs personnes ou à plusieurs choses de même espèce, chaque fois que le contexte se prête à cette extension ». 9) La question de l'atteinte à l'ancienneté doit être considérée dans le cadre de la justification de la Loi 160 au regard de l'article 1 de la charte canadienne et de l'article 9.1 de la charte québécoise. Le législateur a exercé un choix légitime en adoptant la Loi 160 dans une situation grave et urgente. Il devait intervenir rapidement et fermement afin d'assurer le maintien des services essentiels. Le Procureur général n'a pas à justifier son intervention concernant les retenues à la source, car elles ne contreviennent à aucun droit ni à aucune liberté protégés par les chartes. Les dispositions relatives à la réduction du traitement sont justifiées dans une société libre et démocratique. Elles obéissent aux critères de rationalité établis par la jurisprudence et visent un si grand nombre de personnes qu'il est difficile d'imaginer des méthodes plus efficaces permettant au législateur d'atteindre autrement l'objectif qu'il s'était fixé en adoptant la Loi 160. Cette façon de briser le cercle de l'action illégale et d'éliminer les risques qui augmentaient démesurément dans le domaine névralgique des services de santé et des services sociaux ne constitue pas une sanction trop sévère, même si on la considère comme une « amende ». Elle est proportionnelle à l'infraction perpétrée. De plus, contrairement à la perte d'ancienneté visée par l'article 23, la réduction de traitement peut faire l'objet d'une procédure efficace d'arbitrage de grief (art. 21 de la Loi 160). La perte d'ancienneté, quant à elle, est une sanction rationnelle eu égard aux objectifs du législateur, mais elle n'est pas proportionnée à la gravité ni à l'urgence de la situation. Le caractère de pérennité rattaché à cette mesure la rend disproportionnée au regard de l'objectif visé. De plus, son application perturbe les relations de travail et cause des iniquités et des injustices qui ne peuvent être tolérées. La procédure de grief édictée à l'article 23 est faible, inefficace et ne peut être comparée à celle qui s'applique à la réduction de traitement (art. 21), puisque l'arbitre ne peut que confirmer ou infirmer la décision. Il dispose des pouvoirs les plus faibles pour la sanction la plus forte. L'article 23 de la Loi 160 est en conséquence annulé, mais ses autres dispositions sont déclarées valides.

Législation citée

Charte canadienne des droits et libertés dans *Loi de 1982 sur le Canada*, (L.R.C. 1985, app. II, n° 44, annexe B, partie I), art. 1, 2, 2 *d)*, 7, 7 à 14, 8, 11, 11 *a)*, 11 *d)*, 11 *h)*, 12, 15, 26 — *Constitutionnelle de 1867 (Loi)*, (L.R.C. 1985, app. II, n° 5), art. 92 paragr. 15, 96, 100, 133 — *Constitutionnelle de 1982 (Loi)* dans *Loi de 1982 sur le Canada*, (L.R.C. 1985, app. II, n° 44, annexe B), art. 52 — *C.C.*, art. 1024 — *Code criminel*, (S.R.C. 1970, c. C-34) — *Code de procédure pénale*, (L.R.Q. c. C-25.1) — *Code du travail*, (L.R.Q., c. C-27), art. 44, 100.12, 111.1 *et sqq.*, 111.11 *et sqq.*, 142, 146.2 — *Gendarmerie royale du Canada (Loi sur la)*, (S.R.C. 1970, c. R-9) — *Charte des droits et libertés de la personne*, (L.R.Q., c. C-12), art. 3, 9.1, 10, 16, 17, 19, 23, 24.1, 56 —

Interprétation (Loi d'), (L.R.Q., c. I-16), art. 54 — *Maintien des services essentiels dans le secteur de la santé et des services sociaux (Loi assurant le),* (L.Q. 1986, c. 74), art. 1, 1 à 9, 2, 3, 4, 9, 10, 10 à 17, 10 à 24, 11, 18, 18 à 23, 18 *et sqq.,* 19, 20, 21, 22, 23, 23 al. 1, 23 al. 4, 24, 25, 26 — *Poursuites sommaires (Loi sur les),* (L.R.Q., c. P-15) — *Régime de négociation des conventions collectives dans les secteurs public et parapublic (Loi sur le),* (L.R.Q., c. R-8.2) — *Reprise des services dans les collèges et les écoles du secteur public (Loi assurant la),* (L.Q. 1983, c. 1), art. 23, 28 — *Fixation d'une date aux fins de l'application de l'article 23 de la Loi assurant le maintien des services essentiels dans le secteur de la santé et des services sociaux (Décret concernant la),* Décret 1475-89 du 6/9/89, (1989) 121 G.O. II 5218 — *Fixation d'une date aux fins de l'application de l'article 23 de la Loi assurant le maintien des services essentiels dans le secteur de la santé et des services sociaux (Décret concernant la),* Décret 1501-89 du 13/9/89, (1989) 121 G.O. II 5231 — *Fixation d'une date aux fins de l'application de l'article 23 de la Loi assurant le maintien des services essentiels dans le secteur de la santé et des services sociaux (Décret concernant la),* Décret 1503-89 du 13/9/89, (1989) 121 G.O. II 5233 — *Fixation d'une date aux fins de l'application de l'article 23 de la Loi assurant le maintien des services essentiels dans le secteur de la santé et des services sociaux (Décret concernant la),* Décret 1505-89 du 13/9/89 (1989) 121 G.O. II 5234 — *Constitution of the United States,* premier amendement — *Droits civils et politiques (Pacte international relatif aux),* [1976] Recueil des traités du Canada, n° 47, art. 18, 19, 21, 22, 22 paragr. 1 — *Droits de l'homme (Déclaration universelle des),* A.G., 3ᵉ session, 1ʳᵉ partie, résolution 217 A (III), p. 71, Doc. N.U., A/810 (1948), préambule, art. 18, 19, 20 — *Droits économiques, sociaux et culturels (Pacte international relatif aux),* [1976] Recueil des traités du Canada, n° 46 — *Liberté syndicale et la protection du droit syndical (Convention n° 87 concernant la),* [1973] Recueil des traités du Canada, 14, art. 2, 5 — *Organisation internationale du travail (Constitution de l'),* Genève, mai 1989 (Bureau international du travail) — *Sauvegarde des droits de l'homme et des libertés fondamentales (Convention de),* (1955) 213 Recueil des traités des Nations-Unies 221, art. 9, 11.

Jurisprudence citée

Andrews c. Law Society of British Columbia, (1989) 1 R.C.S. 143, (1989) 56 D.L.R. 1 (S.C.C.), (1989) 91 N.R. 255 (S.C.C.), (1989) 2 W.W.R. 289 (S.C.C.), (1989) 34 B.C.L.R. 273 (S.C.C.) et (1989) 36 C.R.R. 193 (S.C.C.); *B.C.G.E.U. c. Colombie-Britannique (Procureur général),* (1988) 2 R.C.S. 214, (1989) 44 C.C.C. 289 (S.C.C.) et (1989) 53 D.L.R. 1 (S.C.C.); *Barry c. Alberta Securities Commission,* (1986) 67 A.R. 222 (C.A.) et (1986) 25 D.L.R. 730 (Alta. C.A.); *Centre hospitalier St-Charles Borromée c. Syndicat des travailleuses et travailleurs du Centre hospitalier St-Charles Borromée (C.S.N.),* C.S. Montréal 500-05-000936-870, le 12 novembre 1987 *(D.T.E. 88T-123); Charbonneau c. P.G. du Québec,* [1973] R.P. 10 (C.A.); *Code criminel (Man.) (Renvoi relatif à l'art. 193 et à l'al. 195.1 (1) c) du),* (1990) 1 R.C.S. 1123 et (1990) 77 C.R. 1 (S.C.C.); *Commission ontarienne des droits de la personne c. Simpsons-Sears Ltd.,* (1985) 2 R.C.S. 536, (1986) 64 N.R. 161 (S.C.C.), (1986) 23 D.L.R. 321 (S.C.C.), (1986) 52 O.R. 799 (S.C.C.), (1986) 17 Admin. L.R. 89 (S.C.C.), (1986) 9 C.C.E.L. 185 (S.C.C.), (1986) 17 C.L.L.C. 17,002 (S.C.C.) et (1986) 12 O.A.C. 241 (S.C.C.); *Forget c. Québec (Procureur général),* (1988) 2 R.C.S. 90 et (1989) 52 D.L.R. 432 (S.C.C.); *Francis c. R.,* [1956] R.C.S. 618, (1956) 3 D.L.R. 641 (S.C.C.) et (1956) 10 D.T.C. 1077 (S.C.C.); *Furnell c. Whangarei High Schools Board,* [1973] A.C. 660; *Henry Birks & Sons (Montreal) Ltd. c. Montreal (City of),* [1955] R.C.S. 799; *Hôpital St-Julien c. Syndicat national des employés de l'Hôpital St-Ferdinand (C.S.N.),* C.S. Québec 200-05-002803-844, le 31 octobre 1984; *Hôpital St-Julien c. Syndicat national des employés de l'Hôpital St-Ferdinand (C.S.N.),* C.S. Québec 200-05-002803-844, le 28 novembre 1984; *Hôtel-Dieu d'Alma (1964) c. Syndicat national des employés de l'Hôtel Dieu d'Alma*, C.S. Alma 160-05-000329-77, le 16 février 1978 *(J.E. 78-261)*; *Institut professionnel de la Fonction publique du Canada c. Territoires du Nord-Ouest (Commissaire)*, (1990) 2 R.C.S. 367 et (1990) 72 D.L.R. 1 (S.C.C.); *Irwin Toy Ltd. c. Québec (Procureur général)*, (1989) 1 R.C.S. 927, (1989) 58 D.L.R. 577 (S.C.C.), (1989) 94 N.R. 167 (S.C.C.), (1990) 24 Q.A.C. 2 (S.C.C.) et (1989) 25 C.P.R. 417 (S.C.C.); *McKinney c. Université de Guelph*, (1990) 3 R.C.S. 229 et (1991) 76 D.L.R. 545 (S.C.C.); *Nicholson c. Haldimand-Norfolk Regional Board of Commissioners of Police*, (1979) 1 R.C.S. 311, (1979) 88 D.L.R. 671 (S.C.C.) et (1978) 23 N.R. 410 (S.C.C.); *Public Service Employee Relations Act (Alb.) (Renvoi relatif à la)*, (1987) 1 R.C.S. 313, (1987) 38 D.L.R. 161 (S.C.C.), (1987) 78 A.R. 1 (S.C.C.), (1987) 3 W.W.R. 577 (S.C.C.), (1987) 51 Alta. L.R. 97 (S.C.C.), (1987) 18 C.L.L.C. 12,149 (S.C.C.) et (1987) 74 N.R. 99 (S.C.C.); *Québec (Procureur général) c. Centrale des professionnels de la santé*, C.S. Montréal 500-05-007358-888, le 17 octobre 1988; *Québec (Ville de) c. Commission des droits de la personne du Québec*, [1989] R.J.Q. 831 (C.A.) et (1989) 21 Q.A.C. 216 (C.A.); *R. c. Big M Drug Mart Ltd.*, (1985) 1 R.C.S. 295, (1985) 18 C.C.C. 385 (S.C.C.), (1985) 58 N.R. 81 (S.C.C.), (1985) 3 W.W.R. 481 (S.C.C.), (1985) 18 D.L.R. 321 (S.C.C.), (1985) 13 C.R.R. 64 (S.C.C.), (1985) 60 A.R. 161 (S.C.C.), (1985) 37 Alta. L.R. 97 (S.C.C.) et (1985) 16 C.L.L.C. 12,108 (S.C.C.); *R. c. Edwards Books and Art Ltd.*, (1986) 2 R.C.S. 713, (1987) 35 D.L.R. 1 (S.C.C.), (1987) 55 C.R. 193 (S.C.C.), (1987) 30 C.C.C. 385 (S.C.C.), (1987) 28 C.R.R. 1 (S.C.C.), (1987) 18 C.L.L.C. 14,001 (S.C.C.), (1987) 71 N.R. 161 (S.C.C.) et (1987) 19 O.A.C. 239 (S.C.C.); *R. c. Oakes*, (1986) 1 R.C.S. 103, [1986] D.L.Q. 270 (C.S. Can.), (1986) 26 D.L.R. 200 (S.C.C.), (1986) 24 C.C.C. 321 (S.C.C.), (1986) 65 N.R. 87 (S.C.C.), (1986) 19 C.R.R. 308 (S.C.C.), (1986) 50 C.R. 1 (S.C.C.) et (1986) 14 O.A.C. 335 (S.C.C.); *R. c. Shubley*, (1990) 1 R.C.S. 3, (1990) 52 C.C.C. 481 (S.C.C.), (1990) 65 D.L.R. 193 (S.C.C.) et (1990) 74 C.R. 1 (S.C.C.); *R. c. Smith (Edward Dewey)*, (1987) 1 R.C.S. 1045, (1987) 34 C.C.C. 97 (S.C.C.), (1988) 40 D.L.R. 435 (S.C.C.), (1987) 5 W.W.R. 1 (S.C.C.), (1987) 15 B.C.L.R. 273 (S.C.C.), (1987) 58 C.R. 193 (S.C.C.), (1988) 31 C.R.R. 193 (S.C.C.) et (1987) 75 N.R. 321 (S.C.C.); *R. c. Swain*, C.S. Can. 19758, le 2 mai 1991 *(J.E. 91-765)* et (1991) 63 C.C.C. 481 (S.C.C.); *R. c. Turpin*, (1989) 1 R.C.S. 1296, (1989) 48 C.C.C. 8 (S.C.C.), (1989) 69 C.R. 97 (S.C.C.) et (1989) 96 N.R. 115 (S.C.C.); *R. c. Wigglesworth*, (1987) 2 R.C.S. 541, (1988) 37 C.C.C. 385 (S.C.C.), (1988) 45 D.L.R. 235 (S.C.C.), (1988) 60 C.R. 193 (S.C.C.), (1988) 1 W.W.R. 193 (S.C.C.), (1988) 61 Sask. R. 105 (S.C.C.) et (1988) 81 N.R. 161 (S.C.C.); *Selvarajan c. Race Relations Board*, (1976) 1 All E.R. 12; *Singh c. Ministre de l'Emploi et de l'Immigration*, (1985) 1 R.C.S. 177, (1985) 17 D.L.R. 422 (S.C.C.), (1985) 14 C.R.R. 13 (S.C.C.), (1985) 58 N.R. 1 (S.C.C.) et (1985) 12 Admin. L.R. 137 (S.C.C.); *Slaight Communications Inc. c. Davidson*, (1989) 1 R.C.S. 1038 et (1989) 59 D.L.R. 416 (S.C.C.); *Syndicat des employés de l'Hôpital St-Augustin (C.S.N.) c. P.G. du Québec*, [1977] C.A. 539; *Trimm c. Police régionale de Durham*, (1987) 2 R.C.S. 582 et (1988) 45 D.L.R. 276 (S.C.C.).

Doctrine citée

Benyekhlef, Karim. « L'article 26 de la *Charte canadienne* : une négation constitutionnelle du positivisme juridique ? », (1988-89) 34 *R.D. McGill* 983-1020, 985-987; Bich, Marie-France. « Chroniques sectorielles. Le pouvoir disciplinaire de l'employeur — Fondements civils », (1988) 22 *R.J.T.* 85-105, 104-105; Proulx, Daniel. « Chroniques sectorielles. La norme québécoise d'égalité dérape en Cour suprême : commentaire des arrêts Forget, Devine et Ford », (1990) 24 *R.J.T.* 375-395, 379, 394-395.

●

TEXTE INTÉGRAL DU JUGEMENT

Table des matières

Introduction

Observations préliminaires

Première partie

Les atteintes aux droits et libertés

I. Liberté syndicale

A– *Propositions des parties demanderesses*

  1) Article 3 de la charte québécoise
  2) Liberté syndicale — une définition
  3) Charte québécoise et liberté syndicale

B– *Propositions du Procureur général*

  1) La charte canadienne
  2) La charte québécoise

C– *Réponses et répliques*

D– *Position du Tribunal*

II. Sanctions et article 11 de la charte canadienne

A– *Propositions des parties demanderesses*

  1) Objet de la Loi 160
  2) Caractère pénal des sanctions
  3) Analyse de la notion de sanction disciplinaire dans le domaine de la santé et des services sociaux
  4) La Loi 160 contrevient aux articles 11 d) et 11 h) de la Charte canadienne

B– *Propositions du Procureur général*

  1) Résumé des propositions
  2) Article 11 de la charte canadienne et nature des sanctions
  3) Article 11 de la charte canadienne et sanctions entraînant une véritable conséquence pénale
  4) Résumé des propositions relatives à l'article 11 de la charte canadienne

C– *Réponses et répliques*

  1) Nature pénale des sanctions
  2) Type de sanctions

D– *Position du Tribunal*

  1) Objet de la Loi 160
  2) Le caractère des sanctions
  3) La Loi 160 et l'article 11 de la charte canadienne

III. Garanties juridiques — article 7 de la charte canadienne

A– *Propositions des parties demanderesses*

  1) Portée générale de l'article 7 de la charte canadienne
  2) Atteinte à la sécurité et à la liberté
    a) Atteinte à la liberté d'exercer la profession de son choix
    b) Liberté syndicale
    c) Sécurité économique
    d) Sécurité psychologique
  3) Les principes de justice fondamentale
    a) Équité en matière procédurale
    b) Imprécision de la loi
    c) La Loi 160

B– *Propositions du Procureur général*

  1) L'article 7 de la charte canadienne et l'article 18 de la Loi 160
  2) L'article 7 de la charte canadienne et les articles 20 et 23 de la Loi 160
    a) Nature des droits visés à l'article 7 de la charte canadienne
    b) L'article 7 de la charte canadienne et les conditions de travail
    c) La sécurité au sens de l'article 7 de la charte canadienne
  3) S'il y a atteinte aux droits visés à l'article 7 de la charte canadienne, elle est conforme aux principes de justice fondamentale
    a) Imprécision de la Loi 160
    b) Équité procédurale

C– *Position du Tribunal*

IV. Séparation des pouvoirs — suprématie du droit et l'article 23 de la charte québécoise

A– *Propositions des parties demanderesses*

  1) Non-respect des principes de la séparation des pouvoirs et de la primauté du droit
    a) Les articles 9 et 18 de la Loi 160 sont nuls parce que contraires aux principes de

séparation des pouvoirs et de la primauté du droit
  i) Le principe de la séparation des pouvoirs
  ii) Le principe de la primauté du droit
 b) Les articles 20 et 23 de la Loi 160 sont nuls car ils ne respectent pas les principes de la séparation des pouvoirs et de la primauté du droit
2) Non-respect de l'article 23 de la *Charte des droits et libertés de la personne* L.R.Q., c. C-12
 a) Examen du libellé des articles 9, 18, 20 et 23 de la Loi 160
  i) Le libellé de l'article 9 de la Loi 160
  ii) Le libellé de l'article 18 de la Loi 160
  iii) Le libellé de l'article 20 de la Loi 160
  iv) Le libellé de l'article 23 de la Loi 160
  v) Interprétation et sanction d'une loi d'ordre public
 b) Examen du libellé de l'article 23 de la charte québécoise
  i) L'interprétation littérale
  ii) Interprétation découlant de l'arrêt *S.C.F.P. c. Conseil des services essentiels*
 c) Application de l'article 23 suivant l'une ou l'autre de ces interprétations
  i) L'accès au tribunal : une condition
  ii) L'accès au tribunal : un droit
  iii) L'accès au tribunal avant la détermination des droits

B– *Propositions du Procureur général*

1) La séparation des pouvoirs au Canada
2) Primauté du droit

C– *Position du Tribunal*

V. *Droits à l'égalité — articles 15 de la charte canadienne et 10 de la charte québécoise*

A– *Propositions des parties demanderesses*

1) Droits à l'égalité garantis par les deux chartes
 a) L'état du droit
2) Distinction de traitement
3) Motifs énumérés par la loi
4) Résultant des effets d'une mesure
5) Causant préjudice
6) Pleine égalité dans l'application des principes de justice fondamentale (art. 9.1, 23 de la charte québécoise)
7) La Loi 160 contrevient à un droit fondamental en obligeant des salariés à travailler sans rémunération (art. 26 de la charte canadienne)

B– *Propositions du Procureur général*

1) Propositions fondées sur l'article 10 de la charte québécoise
 a) Introduction
 b) Motifs énumérés à l'article 10 de la charte québécoise
 c) « Détruire ou compromettre »
2) Propositions fondées sur l'article 15 de la charte canadienne
 a) Introduction
 b) Analyse de la Loi 160
  i) Inégalité de traitement
  ii) Distinction discriminatoire ?

C– *Réponses et répliques*

D– *Position du Tribunal*

VI. *Cruauté — article 12 de la charte canadienne*

A– *Propositions des parties demanderesses*

B– *Proposition du Procureur général*

1) Les pertes financières
2) L'application de l'article 12 de la charte canadienne

C– *Position du Tribunal*

VII. *Saisies abusives — article 8 de la charte canadienne*

A– *Proposition des parties demanderesses*

B– *Proposition du Procureur général*

C– *Position du Tribunal*

VIII. *Les décrets et l'article 133 de la* Loi constitutionnelle de 1867

A– *Propositions des parties demanderesses*

B– *Propositions du Procureur général*

C– *Position du Tribunal*

IX. Les conventions collectives et l'ancienneté

A– Proposition des parties demanderesses

B– Proposition du Procureur général

C– Position du Tribunal

Seconde partie

La Loi 160 et les articles 1 de la charte canadienne et 9.1 de la charte québécoise

I. Principes

A– Propositions du Procureur général

1) Introduction
2) Rappel des principes
   a) Résumé des propositions
   b) Test applicable
   c) Un test souple

B– Propositions des parties demanderesses

II. La Loi 160

A– Propositions du Procureur général

1) Un objectif suffisamment important
2) Moyens employés
   a) Lien rationnel entre les mesures et l'objectif
   b) Atteinte minimale
   c) Atteinte minimale et proportion des moyens
3) Situation ailleurs au Canada

B– Propositions des parties demanderesses

1) Principes
2) La Loi 160
   a) Les services essentiels
   b) Des sanctions non justifiées
   c) Le processus
   d) L'article 23, sanction inéquitable et arbitraire
   e) Proportionnalité (art. 18, 20 et 23)
   f) Claude dérogatoire
   g) Sanctions exorbitantes
   h) Assouplissement de la jurisprudence

C– Position du Tribunal

1) Une situation grave et urgente
2) Les mesures prises
   a) Retenues à la source
   b) Réduction du traitement
   c) Perte d'ancienneté

Observations finales

Dispositif

●

Introduction

Les centrales syndicales et les personnes précitées attaquent en nullité la *Loi assurant le maintien des services essentiels dans le secteur de la santé et des services sociaux*[1]. Elles soutiennent principalement que cette loi est contraire à la *Charte canadienne des droits et libertés*[2] et à la *Charte des droits et libertés de la personne*[3]. Les parties demanderesses, dans les affaires impliquant la F.I.I.Q., la C.E.Q. et la F.A.S.-C.S.N., plaident particulièrement l'inconstitutionnalité des sanctions, tandis que dans celle impliquant la F.T.Q. celle-ci insiste davantage sur le fait que les dispositions de la Loi 160 violent les droits à l'égalité garantis à l'article 15 C.C.

Le Procureur général soutient pour sa part que les dispositions de la Loi 160 ne contreviennent pas à celles des chartes et que, si le Tribunal en décide autrement, les mesures qu'elle décrète sont raisonnables et justifiées dans le cadre d'une société libre et démocratique.

Observations préliminaires

Le 11 novembre 1986, la Loi 160 entre en vigueur. Elle vise les établissements et les conseils de la santé et des services sociaux auxquels s'applique la *Loi sur le régime de négociation des conventions collectives dans les secteurs public et parapublic*[4].

---

(1) L.Q. 1986, c. 74 [ci-après nommée «Loi 160»].

(2) Dans *Loi de 1982 sur le Canada*, (L.R.C. 1985, app. II, n° 44, annexe B, partie I) [ci-après nommée «C.C.» ou «charte canadienne»].

(3) L.R.Q., c. C-12 [ci-après nommée «C.Q.» ou «charte québécoise»].

(4) L.R.Q., c. R-8.2.

La Loi 160 s'applique également à toute association de salariés accréditée pour représenter des salariés d'un établissement ou d'un conseil régional ainsi qu'aux salariés qu'elle représente et à tout groupement auquel adhère, appartient, est affiliée ou est liée par contrat cette association de salariés (art. 1).

Cette loi est adoptée à la veille de débrayages massifs dans le réseau de la santé et des services sociaux afin d'obliger tout salarié à « accomplir tous les devoirs attachés à ses fonctions », comme on peut le constater à la lecture de l'article 2, dont voici le libellé.

> Tout salarié doit, à compter de 00 h 01 le 12 novembre 1986, accomplir tous les devoirs attachés à ses fonctions conformément aux conditions de travail qui lui sont applicables sans arrêt, ralentissement, diminution ou altération de ses activités normales.
>
> Un salarié qui a cessé d'exercer ses fonctions en raison d'une grève doit, à compter du même moment, retourner au travail selon son horaire habituel.
>
> Le présent article ne s'applique pas au salarié dont l'arrêt de travail fait partie d'une grève déclarée conformément aux articles 111.11 et 111.12 du Code du travail (L.R.Q., chapitre C-27).

Suivent plusieurs mesures pour persuader employeurs et employés de dispenser les services habituels dans les établissements du réseau : devoirs variés imposés aux établissements, aux salariés, aux associations de salariés et aux groupements d'associations ; interdiction de déclarer ou de poursuivre une grève ou de faire obstacle à l'exécution normale par les salariés des tâches qui leur incombent, etc.

Puis, à la section III (art. 10 à 24), des « sanctions ». Première série : les « Poursuites pénales », suivies de « Retenues à la source », de la « Réduction du traitement », de la « Perte d'ancienneté » et de la « Responsabilité civile ». On voit que seules la première et la cinquième série de sanctions sont qualifiées dans leur titre même.

De plus, la loi prévoit qu'elle « n'a pas pour effet de soustraire un salarié, une association de salariés ou groupement d'associations de salariés, un établissement ou un conseil régional à l'application du Code du travail » (Loi 160, art. 25). Quant aux dispositions de cette loi, « elles prévalent sur toutes dispositions inconciliables de la convention collective » (art. 26).

Autre point d'importance en l'espèce, la Loi 160 n'exclut aucune disposition des chartes. Celles-ci continuent donc à produire tous leurs effets.

Vu le nombre et la complexité des arguments invoqués, le Tribunal les examinera tous en se référant, si nécessaire, aux preuves présentées à leur appui.

Avant de commencer son exposé, le Tribunal prend acte de l'admission suivante : Le Procureur général admet que « dans la mesure où les questions de fond ont été débattues, de part et d'autre, par les procureurs des deux parties, et, sans pour autant reconnaître la qualité pour agir de tous les demandeurs, compte tenu des moyens invoqués, le défendeur ne soulève plus, aux fins des présentes actions seulement, la qualité pour agir de la partie demanderesse ». Cette admission vaut pour les quatre actions.

Automne 1989

Un bref rappel des mesures adoptées par les salariés et par le gouvernement au cours de l'automne 1989 permettra de situer le débat. Ce rappel est tiré du résumé qu'en ont fait MM. Rodrigue et Lemelin dans le rapport qu'ils ont remis, le 20 décembre 1990, au ministre de la Santé et des Services sociaux. Il est conforme aux faits mis en preuve devant le Tribunal.

> IV – *Déroulement des événements menant à l'application de la Loi 160.*
>
> *Les grèves* [Source d'information, Direction générale des relations de travail, Ministère de la Santé et des Services sociaux.]
>
> Une série de grèves sont déclenchées par des employées et employés membres de syndicats affiliés à différentes organisations syndicales dont :
>
> – des syndicats affiliés à la Fédération des infirmières et des infirmiers du Québec du 5 septembre 1989 au 12 septembre 1989 inclusivement ;

– des syndicats affiliés à la Fédération des Affaires sociales du 12 septembre 1989 (à 16 h 00) au 17 septembre 1989 inclusivement ;

– des syndicats affiliés à la Fédération des professionnelles et des professionnels salariés et des cadres du Québec le 13 septembre 1989 ;

– des syndicats affiliés à la Centrale de l'enseignement du Québec le 14 septembre 1989 et le 15 septembre 1989 ;

– des syndicats affiliés à la Centrale des professionnelles et des professionnels de la santé le 21 septembre 1989.

Les décrets [Les enquêtes du Conseil des services essentiels étant encore en cours, il nous est impossible d'identifier au complet tous les syndicats locaux qui ont fait la grève.]

Face aux grèves déclenchées par les différents syndicats du secteur de la santé et des services sociaux, le gouvernement réagit par l'application de la Loi 160. Nous reproduisons, ci-après, la liste des décrets adoptés par le gouvernement en rapport à cette loi.

Décret 1473-89, 6 septembre 1989. Pour les syndicats en grève affiliés à la Fédération des infirmières et des infirmiers du Québec. Application de l'article 20 (nomination d'œuvres de charité) entrant en vigueur le 5 septembre 1989.

Décret 1474-89, 6 septembre 1989. Pour les syndicats en grève affiliés à la Fédération des infirmières et des infirmiers du Québec. Application de l'article 9 visant à remplacer, modifier ou supprimer toute disposition d'une convention collective, entrant en vigueur le 7 septembre 1989.

Décret 1475-89, 6 septembre 1989. Pour les syndicats en grève affiliés à la Fédération des infirmières et des infirmiers du Québec. Application de l'article 23 sur la perte d'ancienneté entrant en vigueur le 8 septembre 1989.

Décret 1499-89, 13 septembre 1989. Pour les syndicats en grève affiliés à la Fédération des affaires sociales. Application de l'article 20 (nomination d'œuvres de charité) entrant en vigueur le 12 septembre 1989.

Décret 1500-89, 13 septembre 1989. Pour les syndicats en grève affiliés à la Fédération des affaires sociales. Application de l'article 9 visant à remplacer, modifier ou supprimer toute disposition d'une convention collective, entrant en vigueur le 13 septembre 1989.

Décret 1501-89, 13 septembre 1989. Pour les syndicats en grève affiliés à la Fédération des affaires sociales. Application de l'article 23 sur la perte d'ancienneté entrant en vigueur le 14 septembre 1989.

Décret 1502-89, 13 septembre 1989. Pour les syndicats en grève affiliés à la Centrale de l'enseignement du Québec. Application de l'article 20 (nomination d'œuvres de charité) entrant en vigueur le 13 septembre 1989.

Décret 1503-89, 13 septembre 1989. Pour les syndicats en grève affiliés à la Centrale de l'enseignement du Québec. Application de l'article 23 sur la perte d'ancienneté entrant en vigueur le 14 septembre 1989.

Décret 1504-89, 13 septembre 1989. Pour les syndicats en grève affiliés à la Fédération des professionnelles et des professionnels salariés et des cadres du Québec. Application de l'article 20 (nomination d'œuvres de charité) entrant en vigueur le 12 septembre 1989.

Décret 1505-89, 13 septembre 1989. Pour les syndicats en grève affiliés à la Fédération des professionnelles et des professionnels salariés et des cadres du Québec. Application de l'article 23 sur la perte d'ancienneté entrant en vigueur le 14 septembre 1989.

Décret 368-90, 21 mars 1990. Pour les syndicats en grève affiliés aux organisations syndicales suivantes : Fédération des infirmières et des infirmiers du Québec, Fédération des affaires sociales, Centrale de l'enseignement du Québec, Fédération des professionnelles et des professionnels salariés et des cadres du Québec. Application de l'article 20 (nomination d'œuvres de charité) en remplacement des décrets du 6 septembre et du 13 septembre 1989 (1473-89) (1499-89) (1502-89) (1504-89).

Le Tribunal suivra le plan adopté par les parties. Il analysera d'abord les propositions concernant les atteintes aux droits et libertés des salariés et des syndicats ; puis il étudiera les arguments portant que les atteintes, si elles existent, seraient justifiées dans le cadre d'une société qui se veut libre et démocratique.

Première partie
Les atteintes aux droits et libertés
I. Liberté syndicale

A– Propositions des parties demanderesses

Les parties demanderesses prétendent tout d'abord que les dispositions de la Loi 160 portent atteinte à la liberté syndicale et que celle-ci est protégée tant par la charte québécoise que par la charte canadienne. Voici comment elles expliquent cette proposition.

1) Article 3 de la charte québécoise

L'article 3 de la charte québécoise ne contient pas une énumération exhaustive des libertés fondamentales vu la rédaction même de l'article, dont voici le libellé :

> Toute personne est titulaire des libertés fondamentales telles la liberté de conscience, la liberté de religion, la liberté d'opinion, la liberté d'expression, la liberté de réunion pacifique et la liberté d'association.

Les mots « telles », en français, et « *including* », dans la version anglaise, démontrent ce point. Ce raisonnement est juste. D'ailleurs, il suffit de lire l'article 2 de la charte canadienne pour constater comment un législateur s'exprime lorsqu'il veut dresser une liste limitative de certaines libertés :

> 2. Chacun a les libertés fondamentales suivantes :
>
> *a)* liberté de conscience et de religion ;
> *b)* liberté de pensée, de croyance, d'opinion et d'expression, y compris la liberté de presse et des autres moyens de communication ;
> *c)* liberté de réunion pacifique ;
> *d)* liberté d'association.

2) Liberté syndicale — une définition

Les parties demanderesses prétendent que la liberté syndicale constitue un droit fondamental pour les salariés de s'organiser collectivement et d'exercer démocratiquement un contrôle sur leurs conditions de vie et de travail par le biais d'une négociation collective. Cette liberté est fondamentale, elle repose sur le respect de l'individu, elle participe à la dignité humaine et la valorise. Elle se trouve au cœur de nos traditions démocratiques, elle est essentielle au progrès de l'être humain. Elle est distincte de la liberté d'association (C.C. art. 2 *d)*), qui ne protège ni les fins des associations de salariés ni les moyens pris par ceux-ci pour améliorer leur sort. D'ailleurs, la liberté d'association aurait dû comprendre la liberté syndicale, et l'opinion du juge en chef Dickson dans l'affaire *Renvoi relatif à la Public Service Employee Relations Act (Alb.)*[5] aurait dû prévaloir mais, comme ce ne fut pas le cas, elles reprennent ici son raisonnement pour étayer leur proposition :

> En tant qu'êtres sociaux, notre liberté d'agir collectivement est une condition première de la vie communautaire, du progrès humain et d'une société civilisée. En s'associant, les individus ont été en mesure de participer à la détermination et au contrôle des conditions immédiates de leur vie et des règles, mœurs et principes qui régissent les collectivités dans lesquelles ils vivent. Comme l'a affirmé John Stuart Mill : [traduction] « si le civisme, les sentiments généreux ou la véritable justice et l'égalité sont souhaités, l'association, non pas l'isolement, des intérêts, est l'école où s'apprennent ces principes d'excellence » (*Principles of Political Economy* (1893), vol. 2, à la p. 352.)

> La liberté d'association est on ne peut plus essentielle dans les circonstances où l'individu risque d'être lésé par les actions de quelque entité plus importante et plus puissante comme le gouvernement ou un employeur. L'association a toujours été le moyen par lequel les minorités politiques, culturelles et raciales, les groupes religieux et les travailleurs ont tenté d'atteindre leurs buts et de réaliser leurs aspirations ; elle a permis à ceux qui, par ailleurs, auraient été vulnérables et inefficaces de faire face, à armes plus égales, à la puissance et à la force de ceux avec qui leurs intérêts interagissaient et, peut-être même, entraient en conflit. T.I. Emerson écrit ceci dans « Freedom of Association and Freedom of Expression » (1964), 74 *Yale L.J.* 1, à la p. 1 :

> > [Traduction] De plus en plus l'individu, afin de se réaliser lui-même ou de résister aux forces institutionnalisées qui l'entourent, s'est senti obligé de s'unir avec ceux

---

(5) (1987) 1 R.C.S. 313, 365-366.

qui partagent ses idées dans la poursuite d'objectifs communs.

Les parties demanderesses distinguent donc la liberté syndicale de la liberté d'association mentionnée à l'article 2 d) C.C. et à l'article 3 C.Q. Il s'agit d'une autre liberté fondamentale existant particulièrement au Québec et qui ne serait niée par aucune disposition des chartes (cf. C.C., art. 26).

Référant à l'histoire du mouvement ouvrier au Québec, les parties demanderesses insistent sur le fait que leur liberté syndicale fut acquise de haute lutte et que la législation ne fut adoptée qu'après d'âpres conflits, parfois funestes pour certains salariés. Bref, la loi a suivi les conflits. Citant notamment la *Constitution de l'Organisation internationale du travail*[6] (O.T.T.) (dont fait partie le Canada) ainsi que d'autres documents connexes, les parties demanderesses prétendent que la liberté syndicale existe au même titre que la liberté d'association et la liberté d'expression protégées par la charte québécoise.

3) Charte québécoise et liberté syndicale

Analysant ensuite certains documents, dont le préambule et les articles 18, 19 et 20 de la *Déclaration universelle des droits de l'homme*[7], les parties demanderesses affirment qu'au niveau international on a toujours distingué entre liberté d'association et liberté syndicale. Quant au Québec, ayant souscrit aux pactes internationaux relatifs aux droits civils et politiques[8], économiques, sociaux et culturels[9], il reconnaît que: « Toute personne a le droit de s'associer librement avec d'autres, y compris le droit de constituer des syndicats et d'y adhérer pour la protection de ses intérêts[10]. »

Cette liberté syndicale comprend nécessairement, disent-elles, le droit de négocier et celui de faire la grève. Ce dernier droit peut être limité, voire même interdit en autant que le travailleur obtienne alors une mesure compensatoire (l'arbitrage obligatoire, par exemple), permettant d'équilibrer le rapport de forces entre des parties nécessairement impliquées dans la situation conflictuelle que constitue une négociation portant sur des conditions de travail.

Revenant au droit canadien, particulièrement à l'arrêt de la Cour suprême dans l'affaire *R. c. Big M Drug Mart Ltd.*[11], les parties demanderesses soutiennent que celle-ci ne s'est jamais prononcée sur la notion de liberté syndicale et que, si elle devait le faire, elle la reconnaîtrait en se fondant sur l'opinion que M. le juge en chef Dickson émettait dans cet arrêt.

En somme, la liberté d'association aurait été interprétée par la Cour suprême comme n'incluant pas les activités syndicales, mais elle doit être considérée comme protégée par l'effet combiné des articles 26 C.C., 3 C.Q. et des ententes internationales reconnues au Canada. Cette liberté syndicale n'est pas essentiellement de nature purement économique puisqu'elle concerne les conditions de travail comme les conditions de vie des salariés. Ainsi la perte d'ancienneté affecte-t-elle, en l'espèce, non seulement les conditions de travail mais aussi les conditions de vie des individus (travail de nuit plutôt que de jour, impossibilité d'accéder avant longtemps à un poste de jour et conséquence sur la vie personnelle et familiale d'une salariée, agressivité et démotivation, etc.). Et, citant à nouveau M. le juge en chef Dickson, les parties demanderesses soulignent l'importance du travail pour une personne[12]:

---

(6) Genève, mai 1989 (Bureau international du travail).

(7) A.G., 3e session, 1re partie, résolution 217 A (III), p. 71, Doc. N.U., A/810 (1948), publié dans André Morel. *Code des droits et libertés*. 4e éd. Montréal: Éd. Thémis, 1991. Pp. 287, 290-291.

(8) *Pacte international relatif aux droits civils et politiques* [1976] Recueil des traités du Canada, no 47 et André Morel, *op. cit. supra*, note 7, p. 303.

(9) *Pacte international relatif aux droits économiques, sociaux et culturels* [1976] Recueil des traités du Canada, no 46 et André Morel, *op. cit. supra*, note 7, p. 295.

(10) Voir *supra*, note 8, art. 22 paragr. 1 et André Morel, *op. cit. supra*, note 7, p. 312.

(11) (1985) 1 R.C.S. 295.

(12) *Slaight Communications Inc. c. Davidson*, (1989) 1 R.C.S. 1038, 1054-1055.

L'indemnisation monétaire ne peut être qu'une mesure de rechange si le travail est assimilé à un produit et si chaque jour sans travail est considéré comme étant parfaitement réductible à une valeur monétaire. Comme je l'ai affirmé dans le *Renvoi relatif à la Public Service Employee Relations Act (Alb.)*, [1987] 1 R.C.S. 313, à la p. 368, « [l]'emploi est une composante essentielle du sens de l'identité d'une personne, de sa valorisation et de son bien-être sur le plan émotionnel ». Considérer le travail comme étant un produit est incompatible avec une telle perspective qui ressort de l'objectif de redressement choisi par l'arbitre. Présenter l'indemnisation monétaire comme une mesure moins envahissante revient en fait à contester la légitimité de l'objectif.

Enfin, la liberté syndicale (analogue à celles énumérées à l'article 3 C.Q.) est une liberté fondamentale distincte de la liberté d'association visée par l'article 2 *d)* C.C. et qui prend tout son effet par l'application des dispositions sur les garanties juridiques prévues à l'article 7 C.C. On ne saurait conséquemment porter atteinte à la liberté syndicale « qu'en conformité avec les principes de justice fondamentale ». La Loi 160 porte atteinte à cette liberté fondamentale en permettant au gouvernement de « remplacer, modifier ou supprimer toute disposition de la convention collective liant l'employeur et l'association qui représente ces salariés, afin de pourvoir au mode selon lequel l'employeur comble un poste, procède à l'embauche de nouveaux employés et à toute matière se rapportant à l'organisation du travail » (Loi 160, art. 9).

Ainsi, un tiers (le gouvernement) modifierait la convention collective conclue entre employeurs et employés, portant ainsi atteinte à la liberté syndicale. Enfin, certains articles de la loi, concernant les retenues à la source (art. 18, 19), la réduction du traitement (art. 20) et la perte d'ancienneté (art. 23), affectent directement des conditions négociées par les parties.

B– *Propositions du Procureur général*

Pour le Procureur général, les parties demanderesses tentent tout simplement de reprendre le débat sur la définition de la liberté d'association en en modifiant l'appellation. Elles veulent faire de la liberté syndicale une liberté fondamentale, ce à quoi s'objecte le Procureur général tout en reconnaissant que celle-ci est importante. La liberté syndicale, comprenant le droit de négocier et celui de faire la grève, n'est visée ni par les lois canadiennes et québécoises ni par le droit international.

Bref, la liberté syndicale est protégée par les chartes si l'on en restreint la définition à celle donnée par la Cour suprême lorsqu'elle a précisé le sens de la liberté d'association. Quant aux droits de négocier et de faire la grève, il s'agit de deux droits statutaires, de nature plutôt économique et qui ne se rattachent pas à l'individu, comme c'est le cas pour une liberté fondamentale.

Le Procureur général précise, comme suit, le contenu de ses propositions.

1) La charte canadienne

L'article 2 de la charte est exhaustif et la jurisprudence a précisé le sens qu'il fallait donner au terme « liberté d'association ». Il suffit de citer certains propos de MM. les juges Le Dain et McIntyre pour comprendre que cette question est présentement réglée [13] :

> Ce qui est en cause en l'espèce est non pas l'importance de la liberté d'association en ce sens, qui est celui que je prête à l'al. 2 *d)* de la *Charte*, mais la question de savoir si une activité particulière qu'exerce une association en poursuivant ses objectifs, doit être protégée par la Constitution ou faire l'objet d'une réglementation par voie de politiques législatives. Les droits au sujet desquels on réclame la protection de la Constitution, savoir les droits contemporains de négocier collectivement et de faire la grève, qui comportent pour l'employeur des responsabilités et obligations corrélatives, ne sont pas des droits ou libertés fondamentaux. Ce sont des créations de la loi qui mettent en jeu un équilibre entre des intérêts opposés dans un domaine qui, les tribunaux l'ont reconnu, exige une compétence spéciale. Il est étonnant que, dans un domaine où cette Cour a affirmé un principe de retenue judiciaire pour ce qui est de contrôler des mesures administratives, nous devions examiner la possibilité de substituer notre

---

(13) Voir *supra*, note 5, 391-392 et 413-414.

opinion à celle du législateur en constitutionnalisant, en termes généraux et abstraits, des droits que le législateur a jugé nécessaire de définir et d'édulcorer de diverses façons selon le domaine particulier des relations de travail en cause. La nécessité qui résulte d'appliquer l'article premier de la *Charte* à l'examen d'une mesure législative particulière dans ce domaine démontre à mon avis, jusqu'à quel point la Cour devient appelée à assumer une fonction de contrôle de politiques législatives qu'elle n'est vraiment pas faite pour assumer.

[...]

De plus, il faut reconnaître que le droit de grève conféré par la loi partout au Canada est une chose relativement récente. C'est vraiment le produit de ce siècle et, sous sa forme contemporaine, il est en réalité le produit de la seconde moitié de ce siècle. On ne peut dire qu'il soit devenu à ce point partie intégrante de nos traditions sociales et historiques au point d'acquérir le statut d'un droit immuable et fondamental, fermement enraciné dans nos traditions et dans notre philosophie politique et sociale. Il n'existe donc aucun motif, comme on le propose dans la quatrième conception de la liberté d'association, de présumer l'existence d'un droit de grève constitutionnel. On peut bien dire que les relations de travail ont acquis une importance fondamentale dans notre société, mais ce n'est pas le cas de chaque élément qui se rattache à ce sujet général. Le droit de grève, considéré comme un élément des relations de travail, a toujours fait l'objet d'un contrôle législatif. Il a parfois été abrogé, dans des circonstances spéciales, et il fait l'objet d'une réglementation et d'un contrôle juridiques dans tous les ressorts canadiens. À mon avis, on ne peut dire actuellement qu'il a atteint le statut d'un droit fondamental qui doit être considéré comme implicite en l'absence de mention expresse dans la *Charte*.

Le Procureur général refuse de reconnaître que la Loi 160 porte atteinte à la liberté syndicale en modifiant des conventions collectives négociées et en restreignant l'exercice du droit de grève. On ne saurait prétendre que l'objet de la Loi 160 est de limiter la liberté d'association telle qu'elle est entendue chez nous. Reprenant à son compte certains énoncés de M. le juge McIntyre, que nous citons ci-après, le Procureur général insiste sur le rapport existant entre la liberté d'association et la protection que lui accorde la charte canadienne et sur le fait que le droit de grève n'est pas protégé par celle-ci [14] :

> Il découle de cette analyse que j'interprète la liberté d'association de l'al. 2 d) de la *Charte* comme une protection que cette dernière accorde à l'exercice collectif des droits qu'elle protège lorsqu'ils sont exercés par un seul individu. De plus, la liberté d'association s'entend de la liberté de s'associer afin d'exercer des activités qui sont licites lorsqu'elles sont exercées par un seul individu. Mais comme le fait d'être associés ne confère en soi aucun droit supplémentaire aux individus, l'association n'acquiert aucune liberté, garantie par la Constitution, de faire ce qui est illicite pour l'individu de faire.
>
> Lorsqu'on applique cette définition de la liberté d'association, il devient manifeste qu'elle ne garantit pas le droit de faire la grève. Comme le droit de grève ne jouit d'aucune garantie indépendante en vertu de la *Charte*, la liberté d'association ne le protège que s'il s'agit d'une activité que la loi permet à l'individu d'exercer.

Enfin, référant à l'affaire *Institut professionnel de la Fonction publique du Canada c. Commissaire des territoires du Nord-Ouest* [15], le Procureur général montre que M. le juge Dickson s'est rallié à la position prise à la majorité par la Cour suprême dans l'arrêt précité.

2) La charte québécoise

Reconnaissant volontiers que le texte de l'article 3 C.Q. ne contient pas une énumération exhaustive des libertés protégées, le Procureur général soutient toutefois que les parties demanderesses ont omis de considérer le fait que cette disposition vise expressément « des libertés fondamentales ». Il s'ensuit donc que les exemples s'y retrouvant sont tous de la nature de ces libertés, ce qui n'est le cas ni pour le droit de négocier ni pour celui de faire la grève.

Comparant les articles 2 C.C. et 3 C.Q., on voit que certaines libertés (« de pensée » et « de croyance », par exemple) ne sont pas énumérées dans l'article 3 C.Q. mais, comme elles sont essentiellement des libertés fondamentales, on

---

(14) *Id.*, 409-410.
(15) (1990) 2 R.C.S. 367, 374.

peut aisément conclure qu'elles seraient protégées par la charte québécoise.

«Pensée», «conscience», «religion», «opinion», «expression», «réunion et association pacifiques», autant de termes que l'on retrouve aussi dans la *Déclaration universelle des droits de l'homme*[16]. Idées semblables ou identiques à celles exprimées dans le *Pacte international relatif aux droits civils et politiques*[17] dans la *Convention n° 87 concernant la liberté syndicale et la protection du droit syndical*[18], dans la *Convention de sauvegarde des droits de l'homme et des libertés fondamentales*[19], et dans le premier amendement de l'*American Bill of Rights*[20].

Selon le Procureur général, même dans les ententes internationales on ne tient comme fondamentaux ni le droit de négocier ni celui de faire la grève, et ce qui est considéré comme liberté syndicale équivaut à la liberté d'association telle qu'on la conçoit au Canada. À tout événement, il est clair que les libertés fondamentales, tant sur le plan international qu'au pays, sont toutes des notions qui réfèrent directement à l'individu, y compris la liberté d'association.

La prétendue liberté syndicale n'existe donc pas comme liberté fondamentale. C'est plutôt une expression recouvrant deux droits qui ne sauraient être qualifiés de fondamentaux et, partant, on ne pourrait les inclure dans l'énumération apparaissant à l'article 3 C.Q.

Autre point. Lorsqu'un gouvernement, tel celui du Québec par exemple, prend un décret ratifiant un pacte ou une entente internationale comme celles précitées, il faut y voir non pas de la législation nouvelle mais une manifestation du fait qu'il respecte, dans son droit interne, les engagements pris au niveau international. Il accepte aussi, le cas échéant, de répondre à des plaintes portées devant les organismes internationaux compétents.,

Enfin, les ententes internationales servent à interpréter le droit interne, y compris l'étendue d'une garantie, mais elles ne font pas partie de ce droit sauf si une loi le décrète, hormis évidemment quelques cas fort exceptionnels comme ceux concernant le statut diplomatique et les droits des belligérants en cas de guerre[21].

C– Réponses et répliques

Le Tribunal résumera réponses et répliques lorsqu'il le jugera nécessaire ou qu'il ne l'aura pas fait en présentant les propositions des parties. Dans ce chapitre sur la liberté syndicale, les propositions présentées comprennent réponses et répliques.

D– Position du Tribunal

Le Tribunal ne retient pas les propositions des parties demanderesses, car la liberté syndicale telle qu'elles la définissent ne constitue pas une liberté fondamentale protégée par l'une ou l'autre des chartes.

Les deux éléments principaux de la liberté syndicale (le droit de négocier et celui de faire la grève) ne sont pas inclus dans les catégories énumérées à l'article 2 C.C. et ces droits ne sont pas semblables aux libertés citées à l'article 3 C.Q. Quant aux documents internationaux, ils ne reconnaissent comme fondamentaux ni le droit de négocier ni celui de faire la grève, qui ne s'apparentent pas d'ailleurs aux notions de liberté de pensée, de conscience ou de religion apparaissant dans les pactes et les traités.

On sait que la liberté d'association est protégée par les chartes, mais il est clair qu'elle ne comprend pas les droits constituant la liberté syndicale telle que définie par les parties demanderesses. D'ailleurs, lorsqu'un document international en parle, il réfère à la même notion que celle de liberté d'association connue dans notre droit.

---

(16) Art. 18, 19 et 20; André Morel, *op. cit. supra*, note 7.
(17) Art. 18, 19, 21 et 22; André Morel, *op. cit. supra*, note 7, pp. 303 *et sqq.*
(18) [1973] Recueil des traités du Canada, n° 14, art. 2 et 5, et André Morel, *op. cit. supra*, note 7, pp. 337 *et sqq.*
(19) (1955) 213 Recueil des traités des Nations-Unies, 221, art. 9 et 11, et André Morel, *op. cit. supra*, note 7, pp. 355 *et sqq.*
(20) *Constitution of the United States*, publié dans André Morel, *op. cit. supra*, note 7, p. 373.

(21) *Francis c. R.*, [1956] R.C.S. 618, 625 et 626.

Cela dit, le droit de grève et celui de négocier reconnus par la législation peuvent être modifiés, voire même écartés (policiers, pompiers), mais l'autorité prévoit alors des mesures compensatoires (arbitrage obligatoire, par exemple). Cette question ne constitue toutefois pas l'objet de ce débat; le Tribunal n'a donc pas à en tenir compte.

II. Sanctions et article 11 C.C.

A– *Propositions des parties demanderesses*

1) Objet de la Loi 160

Les parties demanderesses font valoir un second argument dont voici le résumé. La Loi 160 est une mesure imposant le retour au travail de salariés à laquelle le législateur a conféré un caractère permanent pour empêcher certains débrayages éventuels. Elle est assortie d'une panoplie de sanctions répressives qui s'ajoutent à celles déjà prévues au *Code du travail*[22] (ex.: l'article 142, imposition d'amendes suite à une grève illégale, et l'article 46.2, qui en décrète aussi pour non-respect des dispositions relatives aux services essentiels). Ces deux mesures sont substantiellement reprises dans la Loi 160; on y retrouve de nouvelles infractions pour le même geste (Loi 160, art. 2 et 10); d'autres peines s'ajoutent donc à celles déjà prévues par ailleurs. Le législateur, en vue notamment d'empêcher de nouveaux débrayages « illégaux », prévoit des mesures qui ne visent pas à sanctionner une conduite fautive (mesure disciplinaire relevant de l'employeur) mais plutôt à faire respecter des dispositions législatives, conférant du même coup aux sanctions prévues aux articles 10 à 23 un caractère pénal, même s'il ne qualifie pas ainsi celles apparaissant aux articles 18 à 23 (« Retenues à la source », « Réduction du traitement » et « Perte d'ancienneté »). La Loi 160, en décrétant ces sanctions et, surtout, en prévoyant qu'elles s'appliquent sans discernement dans tous les cas, viole les garanties juridiques prévues aux deux chartes.

Élément important, le législateur n'a pas inséré dans la Loi 160 de disposition comme celle prévue dans la *Loi assurant la reprise des services dans les collèges et les écoles du secteur public*[23] :

28. La présente loi s'applique malgré la Charte des droits et libertés de la personne (L.R.Q. chapitre C-12) et malgré toute disposition inconciliable d'une loi générale ou spéciale, d'un règlement, d'une convention collective ou d'un contrat d'engagement.

Elle a effet indépendamment des dispositions des articles 2 et 7 à 15 de la Loi constitutionnelle de 1982 (Annexe B de la Loi sur le Canada, chapitre 11 du recueil des lois du Parlement du Royaume-Uni pour l'année 1982).

Aucune disposition des deux chartes n'a donc été écartée par la Loi 160.

2) Caractère pénal des sanctions

Pour déterminer la nature d'une sanction, il faut rechercher le but visé par le législateur en l'édictant. Il s'agit, en l'espèce, d'examiner la nature même des sanctions prévues aux articles 18 à 23.

Pour une meilleure compréhension des arguments ultérieurs, nous reproduisons au complet la section III de la loi :

Section III

Sanctions

§ 1.— *Poursuites pénales*

10. Quiconque contrevient, incite ou encourage une personne à contrevenir à une disposition des articles 2, 3 ou 7 commet une infraction et est passible, outre le paiement des frais, d'une amende :

1° de 25 $ à 100 $ s'il s'agit d'un salarié ou d'une autre personne physique non visée au paragraphe 2 ;

2° de 5,000 $ à 25,000 $ s'il s'agit d'une personne qui, le 11 novembre 1986, était un dirigeant, employé ou représentant d'une association de salariés ou d'un groupement d'associations de salariés ou un dirigeant ou représentant d'un établissement, d'un conseil régional ou d'un groupement d'établissements ou de conseils régionaux, ou qui l'est devenue par la suite ;

---

(22) L.R.Q., c. C-27.

(23) L.Q. 1983, c. 1 [ci-après nommée « Loi 111 »].

3° de 20,000 $ à 100,000 $ s'il s'agit d'une association de salariés ou d'un groupement d'associations de salariés.

11. L'association de salariés qui ne se conforme pas à l'article 4 ou à l'article 5 commet une infraction et est passible, outre le paiement des frais, de l'amende prévue au paragraphe 3° de l'article 10 pour chaque jour ou partie de jour pendant lequel des salariés de l'association, contreviennent à l'article 2.

12. Le groupement d'associations de salariés qui ne se conforme pas à l'article 6 commet une infraction et est passible, outre le paiement des frais, de l'amende prévue au paragraphe 3° de l'article 10 pour chaque jour ou partie de jour pendant lequel des associations qui adhèrent, appartiennent, sont affiliées ou sont liées par contrat à ce groupement contreviennent à l'article 4.

13. Quiconque contrevient à l'article 8 commet une infraction et est passible, outre le paiement des frais, d'une amende de 1,000 $ à 10,000 $.

S'il s'agit d'une personne visée au paragraphe 2° de l'article 10, l'amende prévue au premier alinéa est de 10,000 $ à 60,000 $.

14. Toute personne qui, par son acte ou son omission, en aide une autre à commettre une infraction est coupable de cette infraction comme si elle l'avait commise elle-même, si elle savait ou aurait dû savoir que son acte ou son omission aurait comme conséquence probable d'aider à la commission de l'infraction.

15. Toute personne qui, par des encouragements, des conseils ou des ordres, en amène une autre à commettre une infraction est coupable de cette infraction ainsi que de toute autre infraction que l'autre commet en conséquence des encouragements, des conseils ou des ordres, si elle savait ou aurait dû savoir que ceux-ci auraient comme conséquence probable la commission de l'infraction.

16. Lorsqu'une infraction visée aux articles 10 à 15 a duré plus d'un jour on compte autant d'infractions qu'il y a de jours ou parties de jour pendant lesquels elle a duré.

Malgré le paragraphe 2 de l'article 12 de la Loi sur les poursuites sommaires (L.R.C., chapitre P-15), ces infractions peuvent être reprochées sous un seul chef.

17. Toute poursuite est intentée conformément à la Loi sur les poursuites sommaires par le Procureur général ou par une personne qu'il autorise généralement ou spécialement par écrit à cette fin.

§ 2. — *Retenues à la source*

18. Un établissement ou un conseil régional doit cesser de retenir sur le salaire d'un salarié tout montant visé à l'article 47 du Code du travail ou toute cotisation syndicale visée par une convention collective, dès que l'association de salariés accréditée pour représenter ce salarié a déclaré ou poursuivi une grève contrairement à l'article 4.

Un établissement doit, de même, cesser de retenir un tel montant ou une telle cotisation sur le salaire de chacun des salariés que représente une association de salariés dès que ces salariés ne se conforment pas à l'article 2 en nombre suffisant pour assurer la prestation des services essentiels prévus à une entente ou à une liste ou, à défaut, ceux visés aux articles 111.10 et 111.10.1 du Code du travail.

19. La cessation de la retenue de tout montant prévue par l'article 18 est d'une durée de douze semaines par jour ou partie de jour pendant lequel dure l'arrêt de travail ou pendant lequel l'établissement fait le constat que les salariés représentés par l'association de salariés ne se conforment pas en nombre suffisant à l'article 2 pour assurer la prestation des services essentiels prévus à une entente ou à une liste ou, à défaut, ceux visés aux articles 111.10 et 111.10.1 du Code du travail.

§ 3. — *Réduction du traitement*

20. Un salarié qui contrevient à l'article 2 ne peut être rémunéré pour la période de contravention.

De plus, le traitement à lui être versé suivant la convention collective applicable pour le travail effectué après la contravention est réduit d'un montant égal au traitement qu'il aurait reçu pour chaque période d'absence ou de cessation s'il s'était conformé à l'article 2.

Chaque employeur doit, s'il constate une contravention à l'article 2 faire les retenues découlant de l'application du deuxième alinéa jusqu'à concurrence de 20% du traitement par période de paie. Il verse par la suite ces sommes à une œuvre de charité enregistrée au sens de la Loi sur les impôts (L.R.Q., chapitre I-3) désignée par décret du gouvernement.

21. Toute mésentente portant sur l'application de l'article 20 doit être soumise à l'arbitrage

comme s'il s'agissait d'un grief au sens de la convention collective applicable.

22. Le remboursement du montant visé au deuxième alinéa de l'article 20 ne peut être ordonné que si le salarié s'est conformé à l'article 2 ou s'il en a été empêché malgré qu'il ait pris tous les moyens raisonnables pour s'y conformer et que le fait de ne pas s'être conformé à l'article 2 n'était partie à aucune action concertée.

§ 4.— *Perte d'ancienneté*

23. À compter de la date déterminée par décret du gouvernement, tout salarié qui s'absente de son travail ou cesse d'exercer ses activités normales contrairement à l'article 2 perd un an d'ancienneté pour chaque jour ou partie de jour pendant lequel dure cette absence ou cette cessation.

Si le nombre d'années ou de fractions d'ancienneté acquises par un salarié suivant la convention collective qui le régit est inférieur au nombre total d'années résultant de l'application du premier alinéa, la perte d'ancienneté est égale au nombre d'années ou de fractions d'années acquises.

L'établissement informe le salarié de la perte d'ancienneté le concernant dans les quarante-cinq jours de la date de son retour au travail.

Le salarié a droit de faire reconnaître les années ou fractions d'année d'ancienneté qu'il a perdues par l'effet de l'application du présent article s'il s'est conformé à l'article 2 ou s'il en a été empêché malgré qu'il ait pris tous les moyens raisonnables pour s'y conformer et que le fait de ne pas s'être conformé à l'article 2 n'était partie à aucune action concertée.

Quiconque est saisi en arbitrage d'une décision prise par l'employeur suivant le présent article ne peut que la confirmer ou l'infirmer en se fondant uniquement sur le quatrième alinéa.

La perte d'ancienneté résultant du présent article n'a pas pour effet de soumettre un salarié qui a terminé sa période de probation dans un établissement ou un conseil régional à une nouvelle période de probation.

§ 5.— *Responsabilité civile*

24. Une association de salariés est responsable des dommages causés à l'occasion d'une contravention à l'article 2 par les salariés qu'elle représente à moins qu'elle ne prouve que les dommages ne sont pas dus à la contravention ou que celle-ci ne fait pas partie d'une action concertée.

Toute personne qui subit un préjudice en raison d'un acte posé en contravention de l'article 2 peut s'adresser au tribunal compétent pour obtenir réparation.

Malgré l'article 1003 du Code de procédure civile, lorsqu'un bénéficiaire au sens de la Loi sur les services de santé et les services sociaux (L.R.Q., chapitre S-5) exerce le recours collectif prévu au Livre IX du Code de procédure civile (L.R.Q., chapitre C-25) par une requête présentée conformément au deuxième alinéa de l'article 1002 de ce Code, le tribunal autorise l'exercice du recours collectif s'il est d'avis que le bénéficiaire auquel il entend attribuer le statut de représentant est en mesure d'assurer une représentation adéquate des membres du groupe décrit dans la requête.

L'objet de la loi est précis ; il apparaît dans son titre même : assurer le maintien des services essentiels. Où retrouve-t-on cette notion de services essentiels ? Dans le *Code du travail*. Ce sont les services que les salariés doivent assurer notamment en cas de grève. Les sanctions prévues dans une loi qui vise à assurer ces services seraient nécessairement de nature pénale, car elles visent à faire respecter la loi et à maintenir non pas la discipline parmi le personnel mais plutôt les services essentiels qui doivent être rendus aux bénéficiaires. S'il fallait conclure que les sanctions avaient été édictées pour maintenir la discipline dans un établissement, il faudrait reconnaître qu'il s'agit de mesures disciplinaires, mais ce n'est pas le cas, affirment les parties demanderesses. Seules certaines sanctions ne pourraient être qualifiées de pénales : celles décrétées à la sous-section 5 (art. 24), qui permet de compenser le préjudice causé par une association de salariés.

Analysant plus avant cette notion de sanction pénale dans la Loi 160, les parties demanderesses réfèrent à l'article 10, où l'on énonce qu'une contravention à l'article 2 constitue une infraction passible de poursuites pénales et d'amende. Or, l'article 20 réfère aussi à «[u]n salarié qui contrevient à l'article 2». C'est le fait de contrevenir à l'article 2 qui donne ouverture aux sanctions prévues aux articles 20 et 23. Donc, ces mesures sont édictées pour sanctionner des contraventions à une infraction pénale selon l'article 2.

Il faut raisonner de la même façon en regard des articles 18 et 4 (qui renvoie d'ailleurs à l'article 2). Selon l'article 11, une infraction à l'article 4 constitue une infraction pénale («[...] commet une infraction et est passible [...]»).

Pourquoi alors le salarié accusé d'avoir contrevenu à l'article 2 a-t-il droit à un procès si on l'accuse sous l'article 10 tandis que, si on lui impose les pénalités prévues aux articles 20 et 23, il n'a plus ce droit, même s'il s'agit de sanctionner la même infraction?

Ainsi retrouve-t-on deux infractions pour le même geste (l'une dans la Loi 160, l'autre dans le *Code du travail*, art. 142) et des sanctions différentes pour une même infraction à l'article 2 de la Loi 160.

Bref, le législateur a créé les infractions édictées par la Loi 160, il en a fait des infractions pénales, il a prévu des sanctions de même nature aux articles 10, 11 et 18, 20 et 23, et il oblige les établissements à les appliquer (art. 18, 20, 23) plutôt que de recourir aux tribunaux comme il devrait le faire en pareil cas.

Comment justifier cette position? Les parties demanderesses ne peuvent l'expliquer, encore moins l'admettre.

L'avocat des parties demanderesses examine ensuite minutieusement l'arrêt de la Cour suprême dans l'affaire *R. c. Wigglesworth*[24]. Dans cette cause, un policier avait commis des voies de fait simples au sens du *Code criminel*[25]; cela constituait également une «infraction majeure ressortissant au service» au sens de la *Loi sur la Gendarmerie royale du Canada*[26]. La question principale consistait à déterminer si la déclaration de culpabilité de l'appelant relativement à une «infraction majeure ressortissant au service», au sens de la *Loi sur la Gendarmerie royale du Canada*, empêchait des poursuites criminelles à l'égard de la même inconduite, car celles-ci porteraient atteinte au droit de l'accusé (art. 11 *h*) C.C.) de ne pas être jugé deux fois pour la même infraction. Première question d'ordre constitutionnel: Les poursuites intentées par le ministère public relativement à un acte pour lequel l'accusé s'est déjà vu déclarer coupable en vertu de la *Loi sur la Gendarmerie royale du Canada* vont-elles à l'encontre de l'article 11 de la charte? Si oui, se pose la seconde question: Les poursuites subséquentes sont-elles justifiables en vertu de l'article premier de la charte? Le pourvoi du policier fut rejeté et la première question constitutionnelle reçut une réponse négative.

Dans cette affaire, deux accusations distinctes avaient été portées suite au même incident, mais elles relevaient de lois distinctes, et la sanction prévue à la *Loi sur la Gendarmerie royale du Canada* ne visait que l'aspect professionnel de la conduite de l'appelant, celui-ci restant comptable envers la société de l'aspect criminel de sa conduite.

Dans l'affaire sous étude, les parties demanderesses posent la question ainsi: Est-ce que les sanctions de la Loi 160 pour une infraction à l'article 2 visent à faire respecter la loi ou à appliquer une mesure disciplinaire interne ou professionnelle? Il faut alors examiner l'objet de la garantie au sens de l'article 11 C.C., comme l'indique Mme la juge Wilson dans l'extrait suivant[27]:

> Comme je l'ai mentionné précédemment, la première question qui doit être examinée est de savoir si l'appelant était un gouvernement «inculpé» au sens de la disposition liminaire de l'art. 11. Cette Cour a énoncé la position qu'il faut adopter en matière d'interprétation de la *Charte* dans l'arrêt *R. c. Big M Drug Mart Ltd.*, [1985] 1 R.C.S. 295. Le juge en chef Dickson a dit à la p. 344:
>
> Le sens d'un droit ou d'une liberté garantis par la *Charte* doit être vérifié au moyen d'une analyse de l'*objet* d'une telle garantie; en d'autres termes, ils doivent s'interpréter en fonction des intérêts qu'ils visent à protéger.
>
> [...] il faut faire cette analyse et l'objet du droit ou de la liberté en question doit être déterminé

---

(24) (1987) 2 R.C.S. 541.
(25) S.R.C. 1970, c. C-34.
(26) S.R.C. 1970, c. R-9.

(27) Voir *supra*, note 24, 551-552.

en fonction de la nature et des objectifs plus larges de la *Charte* elle-même, des termes choisis pour énoncer ce droit ou cette liberté, des origines historiques des concepts enchâssés et, s'il y a lieu, en fonction du sens et de l'objet des autres libertés et droits particuliers qui s'y rattachent selon le texte de la *Charte*. Comme on le souligne dans l'arrêt *Southam*, l'interprétation doit être libérale plutôt que formaliste et viser à réaliser l'objet de la garantie et à assurer que les citoyens bénéficient pleinement de la protection accordée par la *Charte*. En même temps, il importe de ne pas aller au delà de l'objet véritable du droit ou de la liberté en question et de se rappeler que la *Charte* n'a pas été adoptée en l'absence de tout contexte et que, par conséquent, comme l'illustre l'arrêt de cette cour *Law Society of Upper Canada c. Skapinker*, [1984] 1 R.C.S. 357, elle doit être située dans ses contextes linguistique, philosophique et historique appropriés.

On ne saurait se limiter à rechercher s'il y a mise en accusation pour conclure qu'une personne est « inculpée » au sens de l'article 11. Et Mme la juge Wilson d'interpréter restrictivement l'article 11 [28] :

> À mon avis, l'interprétation plus restrictive de l'art. 11, préconisée par la majorité des auteurs mentionnés précédemment, est en fait la bonne façon d'interpréter cet article. Les droits garantis par l'art. 11 de la *Charte* peuvent être invoqués par les personnes que l'État poursuit pour des infractions publiques comportant des sanctions punitives, c.-à-d. des infractions criminelles, quasi criminelles et de nature réglementaire, qu'elles aient été édictées par le gouvernement fédéral ou par les provinces. Un certain nombre de facteurs m'amènent à cette conclusion.
>
> J'examine d'abord le texte de l'art. 11. En concluant, dans l'arrêt *Trumbley and Pugh v. Metropolitan Toronto Police (Sub nom. Re Trumbley and Fleming)* (1986), 55 O.R. (2d) 570, que l'art. 11 ne vise que les matières criminelles ou pénales, la Cour d'appel de l'Ontario a fait remarquer à bon droit que [traduction] « la nette impression qui se dégage de l'art. 11, pris dans son ensemble, est qu'il est destiné à offrir des garanties en matière de procédure relativement au processus du droit criminel ». L'article 11

contient des termes habituellement associés aux procédures criminelles : « jugé », « présumé innocent tant qu'il n'est pas déclaré coupable », « cautionnement raisonnable », « peine [...] prévue pour l'infraction », « acquitté [...] [d']une infraction » et « infraction dont il est déclaré coupable ». En fait, certains des droits que garantit l'art. 11 sembleraient n'avoir aucune signification hors du contexte criminel ou quasi criminel. Comme le juge en chef adjoint Hugessen de la Cour supérieure l'a dit dans *Belhumeur v. Discipline Committee of Quebec Bar Association*, précité, à la p. 281, l'art. 11 « s'adresse exclusivement à la procédure en matières criminelles et pénales ». Le juge Stevenson a fait la même observation dans *Re Barry and Alberta Securities Commission* (1986), 25 D.L.R. (4th) 730 (C.A. Alb.), à la p. 734, ainsi que le juge en chef Monnin dans *Re Law Society of Manitoba and Savino*, précité, à la p. 292.

Pour les parties demanderesses, les dispositions de la Loi 160, particulièrement les infractions à l'article 2, sont clairement d'ordre public et le législateur ne pouvait écarter les garanties prévues à l'article 1 C.C. en instaurant de toutes pièces un processus visant à sanctionner le non-respect de ces dispositions.

Référons ici à l'article 11 C.C. :

> 11. Tout inculpé à le droit :
>
> *a)* d'être informé sans délai anormal de l'infraction précise qu'on lui reproche ;
> *b)* d'être jugé dans un délai raisonnable ;
> *c)* de ne pas être contraint de témoigner contre lui-même dans toute poursuite intentée contre lui pour l'infraction qu'on lui reproche ;
> *d)* d'être présumé innocent tant qu'il n'est pas déclaré coupable, conformément à la loi, par un tribunal indépendant et impartial à l'issue d'un procès public et équitable ;
> *e)* de ne pas être privé sans juste cause d'une mise en liberté assortie d'un cautionnement raisonnable ;
> *f)* sauf s'il s'agit d'une infraction relevant de la justice militaire, de bénéficier d'un procès avec jury lorsque la peine maximale prévue pour l'infraction dont il est accusé est un emprisonnement de cinq ans ou une peine plus grave ;
> *g)* de ne pas être déclaré coupable en raison d'une action ou d'une omission qui, au moment où elle est survenue, ne constituait pas une infraction d'après le droit interne du Canada ou le droit international et n'avait pas de caractère

---

(28) *Id.*, 554-555.

criminel d'après les principes généraux de droit reconnus par l'ensemble des nations ;
h) d'une part de ne pas être jugé de nouveau pour une infraction dont il a été définitivement acquitté, d'autre part de ne pas être jugé ni puni de nouveau pour une infraction dont il a été définitivement déclaré coupable et puni ;
i) de bénéficier de la peine la moins sévère, lorsque la peine qui sanctionne l'infraction dont il est déclaré coupable est modifiée entre le moment de la perpétration de l'infraction et celui de la sentence.

Reprenant à leur compte l'analyse de Mme la juge Wilson, les parties demanderesses signalent qu'il existe plusieurs exemples d'infractions de nature criminelle n'entraînant que des conséquences relativement mineures en cas de déclaration de culpabilité. Les infractions de stationnement sont de ce type. Les caractéristiques fondamentales d'une affaire du genre de celles relevant de l'article 11 sont les suivantes [29] :

> À mon avis, si une affaire en particulier est de nature publique et vise à promouvoir l'ordre et le bien-être publics dans une sphère d'activité publique, alors cette affaire est du genre de celles qui relèvent de l'art. 11. Elle relève de cet article de par sa nature même. Il faut distinguer cela d'avec les affaires privées, internes ou disciplinaires qui sont de nature réglementaire, protectrice ou corrective et qui sont principalement destinées à maintenir la discipline, l'intégrité professionnelle ainsi que certaines normes professionnelles, ou à réglementer la conduite dans une sphère d'activité privée et limitée : voir, par exemple, *Re Law Society of Manitoba and Savino*, précité, à la p. 292, *Re Malartic Hygrade Gold Mines (Canada) Ltd. and Ontario Securities Commission* (1986), 54 O.R. (2d) 544 (H.C.), à la p. 549, et *Re Barry and Alberta Securities Commission*, précité, à la p. 736, le juge Stevenson. Il existe également une distinction fondamentale entre les procédures engagées pour promouvoir l'ordre et le bien-être public dans une sphère d'activité publique et les procédures engagées pour déterminer l'aptitude à obtenir ou à conserver un permis. Lorsque les disqualifications sont imposées dans le cadre d'un régime de réglementation d'une activité visant à protéger le public, les procédures de disqualification ne sont pas le genre de procédures relative à une « infraction » auxquelles s'applique l'art. 11. Les procédures de nature administrative engagées pour protéger le public conformément à la politique générale d'une loi ne sont pas non plus le genre de procédures relatives à une « infraction », auxquelles s'applique l'art. 11. Toutefois, toutes les poursuites relatives à des infractions criminelles aux termes du *Code criminel* et à des infractions quasi criminelles que prévoient les lois provinciales sont automatiquement assujetties à l'art. 11. C'est le genre même d'infractions auxquelles l'art. 11 était destiné à s'appliquer.
> Cela ne veut pas dire que la personne accusée d'une affaire privée, domestique ou disciplinaire qui est principalement destinée à maintenir la discipline, l'intégrité ou à réglementer une conduite ne peut jamais posséder les droits que garantit l'art. 11. Certaines de ces affaires peuvent très bien relever de l'art. 11, non pas parce qu'il s'agit du genre d'affaires classiques destinées à relever de l'article, mais parce qu'elles comportent l'imposition de véritables conséquences pénales. À mon avis, une véritable conséquence pénale qui entraînerait l'application de l'art. 11 est l'emprisonnement ou une amende qui par son importance semblerait imposée dans le but de réparer le tort causé à la société en général plutôt que pour maintenir la discipline à l'intérieur d'une sphère d'activité limitée. Dans « Annotation to *R. v. Wigglesworth* » (1984), 38 C.R. (3d) 388, le professeur Stuart dit à la p. 389 :
>> [Traduction] [...] d'autres formes de mesures disciplinaires *punitives*, comme les amendes ou l'emprisonnement, ne peuvent être distinguées des peines en matière criminelle et devraient certainement être assujetties à la protection de l'al. 11 h).
> Je fais mienne cette observation, mais avec deux mises en garde. D'abord, la possibilité d'imposer une amende peut être tout à fait conforme au maintien de la discipline et de l'ordre dans une sphère d'activité privée et limitée et ainsi ne pas entraîner l'application de l'art. 11. Je suis d'avis que si un organisme ou une personne responsable détient un pouvoir illimité d'imposer des amendes et s'il n'accorde pas les droits énumérés à l'art. 11, il ne peut imposer des amendes destinées à réparer le tort causé à la société en général. Il est plutôt limité au pouvoir d'imposer des amendes pour atteindre un objectif privé en particulier. La manière dont l'organisme doit employer les amendes qu'il per-

---

[29] *Id.*, 560-562.

çoit constitue un indice de l'objet d'une amende en particulier. Si, comme dans le cas des procédures prévues dans la *Loi sur la Gendarmerie royale du Canada*, les amendes doivent être non pas versées dans le Fonds du revenu consolidé, mais plutôt être utilisées dans l'intérêt de la Gendarmerie, il y a plus de chances que les amendes constituent purement une affaire de discipline interne ou privée : art. 45 de la *Loi sur la Gendarmerie royale du Canada*. Ma seconde mise en garde porte qu'il est difficile de concevoir qu'une procédure en particulier ne satisfasse pas au critère dit de la « nature même », mais satisfasse à celui que j'appelle le critère de la « véritable conséquence pénale ». Je doute fortement qu'un organisme ou une personne responsable qui est chargé d'atteindre un certain but administratif ou en matière de discipline privée puisse jamais imposer une peine d'emprisonnement à un particulier. Une telle privation de liberté ne semble justifiée comme étant conforme au principe de justice fondamentale énoncé à l'art. 7 de la *Charte* que lorsqu'un méfait public ou une faute contre la société ont été commis par opposition à un tort interne. Toutefois, comme ce point n'a pas été soulevé devant nous dans le présent pourvoi, je vais présumer qu'il est possible de ne pas satisfaire au critère de la « nature même », mais de satisfaire à celui de la « véritable conséquence pénale ». À supposer que cela soit possible, il me semble que dans les cas où il y a conflit entre les deux critères, le critère de la « nature même » doit céder devant celui de la « véritable conséquence pénale ». Si une personne doit subir des conséquences pénales comme l'emprisonnement, qui constitue la privation de liberté la plus grave dans notre droit, j'estime alors qu'elle doit avoir droit à la meilleure protection qu'offre notre droit en matière de procédure.

Pour Mme la juge Wilson, le code de déontologie de la G.R.C. concerne le maintien de la discipline et de l'intégrité au sein de la Gendarmerie ; « [i]l est conçu pour réglementer la conduite dans une sphère d'activité limitée et privée »[30] par opposition à l'action gouvernementale.

C'est autour de cette analyse que tourne tout l'argument des parties demanderesses. Pour elles, la Loi 160 portant de toute évidence sur des établissements publics (hôpitaux, centres d'accueil, etc.), les mesures prises pour en faire respecter les dispositions relèvent de l'article 11 car elles constituent, de par leur nature même, « une affaire » « de nature publique » visant « à promouvoir l'ordre et le bien-être publics dans une sphère d'activité publique » et elles ne sont pas « principalement destinées à maintenir la discipline, l'intégrité professionnelle ainsi que certaines normes professionnelles, ou à réglementer la conduite dans une sphère d'activité privée et limitée ».

Le fondement des sanctions prévues à la Loi 160 est le respect des dispositions de celle-ci, non le maintien de la discipline interne dans un établissement. C'est l'objet même de la loi qui conduit les parties demanderesses à cette conclusion, puisqu'elle a été adoptée dans le but avoué de faire respecter certaines dispositions du *Code du travail*, reprises d'ailleurs dans la Loi 160. Il s'agit pour le législateur non de contrôler une activité mais de punir certains gestes et de dissuader les personnes qui les commettent de récidiver.

En conséquence, les infractions prévues à la Loi 160 sont de nature quasi criminelle et, quoique édictées par un législateur provincial, elles sont assujetties à l'article 11 C.C.

Subsidiairement, les parties demanderesses plaident que, si le Tribunal ne retient pas leur proposition à l'effet que les sanctions sont de nature pénale, il doit conclure que les conséquences de celles-ci le sont. Il faut à nouveau examiner l'objet même des sanctions (emprisonnement, amende importante...). En l'espèce, aucune peine d'emprisonnement n'est prévue mais la réduction du traitement est perçue comme une amende ; elle est dirigée contre des organismes sans but lucratif (art. 20) et les sommes retenues sont versées à une œuvre de charité désignée par décret gouvernemental. On est loin ici d'une mesure disciplinaire comme dans l'affaire *Wigglesworth*, où celle-ci était prévue dans le code de discipline de la G.R.C., non dans une loi comme celle présentement sous étude.

---

(30) *Id.*, 562.

Deux infractions différentes rendaient le policier « coupable » de ses gestes, comme l'indique Mme la juge Wilson dans l'extrait suivant [31] :

> Je conclus que l'appelant en l'espèce n'est pas jugé ni puni de nouveau pour la même infraction. Les « infractions » sont totalement différentes. L'une porte sur une question de discipline interne. L'accusé a été déclaré coupable d'une infraction majeure ressortissant au service dont il a, par conséquent, rendu compte à sa profession. L'autre infraction est l'infraction criminelle de voies de fait. L'accusé doit maintenant rendre compte de sa conduite à la société en général. Il ne peut se plaindre, comme membre d'un groupe spécial d'individus assujettis à une discipline interne privée, qu'il ne devrait pas être responsable de son méfait envers la société. Sa conduite a un double aspect comme membre de la G.R.C. et comme membre du public en général. Pour reprendre les termes précités du Juge en chef, je suis d'avis que les deux infractions constituent « deux « choses » différentes, tout à fait distinctes l'une de l'autre, qui ne constituent pas des infractions de remplacement l'une par rapport à l'autre ». Bien qu'il n'y ait eu qu'un seul acte de voies de fait, il y a eu deux causes, choses ou délits distincts sur lesquels pourraient être fondées des déclarations de culpabilité distinctes. Avec égards, je fais mien le passage suivant des motifs du juge Cameron de la Cour d'appel :
>
>> [Traduction] Il est possible qu'un acte unique comporte plus d'un aspect et entraîne plus d'une conséquence juridique. S'il constitue un manquement à une obligation envers la société, il peut équivaloir à un crime dont l'auteur est responsable envers le public [...] Le même acte peut comporter un autre aspect, c'est-à-dire le manquement aux obligations découlant de l'exercice d'une fonction ou d'une profession, auquel cas l'auteur doit s'expliquer devant ses pairs. Ainsi, un médecin qui commet une agression sexuelle contre un patient sera passible à la fois d'une condamnation au criminel à l'instigation de l'État, d'une poursuite en dommages-intérêts sur les instances du patient, et d'une sanction disciplinaire à la demande du conseil d'administration de sa profession. De même, un agent de police qui agresse un prisonnier est comptable envers l'État pour le crime qu'il a commis, envers la victime pour le préjudice qu'il a causé, et envers le corps policier dont il est membre pour son manquement à la discipline.

Appliquant ces principes en l'espèce, les parties demanderesses se demandent envers qui est comptable une infirmière qui a fait une grève illégale si elle a causé quelque dommage ? Elle peut, disent-elles, être comptable envers un patient, qui, seul ou par voie de recours collectif, a le droit d'intenter un recours civil contre elle. Sa corporation professionnelle peut lui reprocher son geste et la convoquer devant un comité de discipline. Elle peut aussi être comptable envers son employeur s'il estime qu'elle a contrevenu au code de discipline de l'établissement ; c'est l'employeur qui prendrait alors une mesure disciplinaire, pas la loi, ni le gouvernement, ni un ministre. Elle peut enfin être comptable envers la société en général ; elle est alors punie pour l'infraction commise au *Code du travail* ou à la Loi 160. Il s'agit, dans ce cas, d'une sanction pénale que l'on ne retrouve évidemment pas dans le code de discipline d'un établissement, si ce code existe [32].

3) Analyse de la notion de sanction disciplinaire dans le domaine de la santé et des services sociaux

Les parties demanderesses analysent ensuite la notion de sanction disciplinaire en posant d'abord la question suivante : Existe-t-il une distinction entre une sanction imposée en vertu des articles 18 à 23 de la Loi 160 et celles imposées en vertu des articles 10 à 17 ? On se souviendra que seules les sanctions prévues aux articles 10 à 17 se trouvent dans la sous-section intitulée « Poursuites pénales », les autres ne portant que les titres suivants : « Retenues à la source », et « Réduction du traitement » et « Perte d'ancienneté ». Avant de répondre à leur question, les parties demanderesses postulent que la sanction

---

(31) *Id.*, 566-567.

(32) Voir aussi *Trimm c. Police régionale de Durham*, (1987) 2 R.C.S. 582 ; *R. c. Shubley*, (1990) 1 R.C.S. 3 ; *Barry c. Alberta Securities Commission*, (1986) 25 D.L.R. 730 (Alta. C.A.).

disciplinaire est une mesure de nature interne visant à assurer la discipline, non à sanctionner une loi, et qu'elle suppose l'exercice par l'employeur de son libre arbitre, de sa discrétion. Il s'agit d'une décision s'intégrant dans la politique générale de gestion d'un établissement en assurant la discipline interne parmi les employés.

Les articles 18 à 23 ne visent pas à assurer la discipline interne puisque l'établissement est lui-même affecté par la loi: il doit appliquer les mesures prises par le législateur et le gouvernement. Cela est bien étranger au pouvoir disciplinaire qui est détenu par un employeur en vertu d'une disposition de nature contractuelle comme celles que l'on retrouve dans les conventions collectives liant établissements et salariés. En vertu de ces conventions, l'employeur peut imposer des mesures disciplinaires sans recourir aux tribunaux; c'est une exception au droit civil, qui interdit à toute partie contractante de se faire justice elle-même.

Les parties demanderesses souscrivent aux propos de Mme la professeure Marie-France Bich [33], qui asseoit le pouvoir disciplinaire de l'employeur sur l'article 1024 du *Code civil du Bas Canada*. Voici comment Mme la P[re] Bich [34] s'exprime sur cette question dans son étude sur le fondement de ce pouvoir:

> Plus exactement, il nous semble que l'article 1024 C.c. permet de comprendre et, mieux, de justifier que le contenu obligationnel d'un contrat varie d'époque en époque, suivant en cela le développement des usages, par exemple, ou les avatars du concept d'équité. On ne doit pas accepter que les rapports contractuels soient limités à ce qu'ils étaient au moment de l'adoption du Code civil: l'article 1024 C.c. nous oblige justement à transcrire l'évolution sociale en termes contractuels. Ceci présente un intérêt évident en matière de contrat de travail, alors que le monde de l'emploi, en effervescence depuis quelque temps déjà, a développé nombre de concepts et de pratiques inconnus, parfois même inconcevables, il y a cinquante ans. Il en va ainsi, croyons-nous, du pouvoir disciplinaire de l'employeur, concept relativement nouveau: dans le cadre de ce qu'étaient autrefois les rapports employeurs-employés, la faute de l'employé résultait nécessairement en son congédiement. Aujourd'hui, bien qu'il puisse encore imposer le congédiement à titre disciplinaire, c'est-à-dire punitif, l'employeur peut infliger et de fait inflige à l'employé fautif des mesures allant, on le sait, de la réprimande à la suspension plus ou moins longue, en passant par la rétrogradation, la mutation, la coupure de salaire: n'est-ce pas là une réalité dont l'article 1024 C.c. permet de tenir compte parfaitement?

> Dans la mesure où le pouvoir disciplinaire de l'employeur est intégré au contrat de travail lui-même, il est permis d'envisager que son exercice donne lieu à l'application de l'article 1065 C.c. puisqu'il faut tout de même voir à la sanction des obligations contractuelles qui découlent de l'article 1024 C.c. Or, en raison de la nature particulière du pouvoir disciplinaire, ne doit-on pas alors songer, outre les dommages-intérêts, à une forme d'intervention judiciaire, rattachée à l'exécution en nature des obligations de l'employeur, qui autoriserait les tribunaux à se pencher sur le caractère justifié et approprié des sanctions et à les annuler ou, même, les remplacer au besoin? Il faut en tout cas convenir que l'article 1024 C.c. ouvre à cet égard des horizons nouveaux, même si le recours éventuel aux tribunaux de droit commun manque assurément de la souplesse qui convient à ces rapports aussi volatiles que ceux des employeurs et de leurs employés. Le problème du coût se pose également: imagine-t-on un employé (hors du cadre des rapports collectifs) contestant à grands frais devant les tribunaux de droit commun l'imposition d'une suspension de trois semaines, maintenant entièrement purgée, ou une coupure de salaire équivalant à deux heures de travail? Même si, par hypothèse, un renvoi à la Cour des petites créances était possible, la chose n'en serait guère plus commode.

Dans le cas des sanctions prévues aux articles 18 à 23 de la Loi 160, les parties demanderesses plaident que ces sanctions ne visent pas à assurer la discipline interne dans les établissements; bien plus, elles y ont semé la désorganisation dans les relations de travail, ont contribué à démotiver les employés et ont perturbé les bénéficiaires. Elles réfèrent tant au rapport Rodrigue-Lemelin qu'aux preuves émanant des salariés

---

(33) Marie-France Bich. «Chroniques sectorielles. Le pouvoir disciplinaire de l'employeur — Fondements civils», (1988) 22 *R.J.T.* 85-105.

(34) *Id.*, 104-105.

et des employeurs mêmes (ex. : Centre d'accueil Anne-Le-Seigneur, Centre hospitalier Honoré-Mercier, C.L.S.C. L'Estran, C.L.S.C. Maisonneuve-Rosemont...), et elles en reviennent toujours à leur conclusion initiale. Les mesures n'ont pas pour but de réglementer la vie interne d'un établissement mais de faire appliquer une loi par l'entremise d'employeurs qui agissent alors comme des mandataires de l'État, sans discrétion aucune et sans pouvoir disciplinaire réel. Il ne s'agit pas d'un pouvoir mais bel et bien d'un devoir, d'une obligation d'agir. Le libellé même de certains articles est particulièrement explicite sur cette question : « Un établissement [...] *doit* cesser [...] » (art. 18) ; « [c]haque employeur *doit* [...] faire les retenues [...] » (art. 20) ; « [...] tout établissement [...] *doit* prendre les moyens [...] » (art. 23) (Les italiques sont du soussigné.). Et l'article 10, visant « [Q]uiconque contrevient [...] », atteint évidemment l'employeur qui ne respecterait pas les injonctions de la loi.

Enfin, comment peut-on parler de mesure disciplinaire à l'article 8, où l'on retrouve une sanction qui affecte non pas un employé mais une association ? Comment un pouvoir disciplinaire pourrait-il sanctionner les actes d'un syndicat ?

En résumé, les sanctions prévues par la Loi 160 ne sont pas de nature disciplinaire car :

a) l'employeur lui-même est assujetti à la loi ;

b) il ne possède aucun pouvoir ni aucune discrétion dans l'imposition d'une sanction ;

c) les sanctions ne visent aucunement la discipline interne dans un établissement ;

d) elles n'entrent pas dans le cadre de la relation contractuelle employeur-employé, où l'on retrouve le pouvoir disciplinaire ;

e) on ne saurait parler de pouvoir disciplinaire employeur-syndicat ;

f) ces sanctions ne sont pas de nature civile ;

g) ces sanctions ont de véritables conséquences pénales.

Il s'agit clairement de sanctions qui, en vertu de l'article 92 paragraphe 15 de la *Loi constitutionnelle de 1867*[35], sont imposées en vue « de faire exécuter toute loi de la province [sur] des matières [rentrant] dans [l'une quelconque] des catégories de sujets énumérés [au] présent article ». Et les parties demanderesses, citant les propos de M. le juge Fauteux, de la Cour suprême, dans l'arrêt *Henry Birks & Sons (Montreal) Ltd. c. City of Montreal*[36], soutiennent qu'il s'agit bien de sanctions pénales car elles sont employées « uniquement comme moyen d'assurer la réalisation d'un ordre de choses qu'il est de la compétence de la Législature de réglementer et que, de fait, elle réglemente par la loi même qui impose la prohibition et la punition ».

Enfin, il faut noter que l'article 92 paragraphe 15 parle non seulement d'« emprisonnement » et d'« amende » mais aussi de « pénalité », ce qui comprend des sanctions comme celles édictées par la Loi 160.

4) La Loi 160 contrevient aux articles 11 *d)* et 11 *h)* C.C.

Pour les parties demanderesses, la Loi 160, par l'imposition de sanctions pénales, contrevient aux garanties juridiques relatives à la présomption d'innocence (art. 11 *d)*) et à celles d'« autrefois acquit » et d'« autrefois convict » (art. 11 *h)*).

La personne accusée en vertu de la Loi 160 « a droit, en pleine égalité, à une audition publique et impartiale de sa cause par un tribunal indépendant et qui ne soit pas préjugé, qu'il s'agisse de la détermination de ses droits et obligations ou du bien-fondé de toute accusation portée contre elle » (art. 23 C.Q.). En l'espèce, on a « accusé » des personnes d'avoir enfreint les dispositions d'une loi pénale.

L'employeur recherche les employés qui ont contrevenu à l'article 2 et il leur applique les sanctions décrétées aux articles 20 et 23. Il dit quelles associations ont violé l'article 4 et les sanctionne en vertu de l'article 18. Mais il y a

---

(35) L.R.C. 1985, app. II, n° 5.
(36) [1955] R.C.S. 799, 810.

plus : l'employeur est chargé par le législateur de transmettre au Procureur général toute information permettant à celui-ci d'intenter des poursuites pénales.

Ainsi le législateur oblige-t-il l'employeur à enquêter et à déterminer quels employés ont agi illégalement sans les entendre ni même les convoquer. Aucune preuve ni interrogatoire, aucune explication fournie avant que n'intervienne la décision. Ce faisant, l'employeur doit interpréter la Loi 160 sans débat aucun. Ainsi un employeur a-t-il décidé que deux personnes libérées à plein temps pour activités syndicales avaient violé la Loi 160 ; il leur a fait perdre des années d'ancienneté et a retenu une partie de leur salaire. Dans un autre établissement, décisions semblables, puis marche arrière, les mesures sont annulées. Justice expéditive, en marge des tribunaux, permettant de sanctionner des infractions qu'un employeur a cru déceler.

Problème semblable pour une association de salariés, même si celle-ci n'était pas d'accord avec la démarche des salariés. Calcul des effectifs établis sur des bases variables et des critères parfois flous qui ne correspondent pas aux services effectivement fournis en temps normal. Questions d'interprétation de la loi à résoudre. Que signifient exactement « tous les devoirs attachés à ses fonctions » (art. 2) ou les « conditions de travail qui lui sont applicables » (art. 2) ? Interrogations particulièrement pertinentes pour les employés inscrits sur la liste de rappel (voir le nombre de sentences arbitrales portant sur les problèmes d'interprétation des dispositions visées). Autre exemple : une préposée aux malades qui, travaillant de nuit, n'a, pour tout moyen de pression, que modifié l'horaire de sa période de repos. Aucune diminution d'activité, services rendus aux bénéficiaires, mais perte de deux ans d'ancienneté vu que le geste a eu lieu à deux reprises. Application pure et simple de la Loi 160 par l'employeur, qui devait agir de la sorte ; il n'avait pas d'autre choix.

L'objet de l'article 11 *d)* C.C. a été précisé comme suit par la Cour suprême. C'est M. le juge en chef Dickson qui écrit pour la Cour dans l'arrêt *R. c. Oakes*[37] :

> b) *La présomption d'innocence et l'al. 11* d) *de la* Charte
>
> L'alinéa 11 *d)* de la *Charte* enchâsse la présomption d'innocence dans la Constitution qui est la loi suprême du Canada. Par souci de commodité, je reproduis de nouveau cette disposition :
>
> 11. Tout inculpé a le droit :
>
> [...]
>
> *d)* d'être présumé innocent tant qu'il n'est pas déclaré coupable, conformément à la loi, par un tribunal indépendant et impartial à l'issue d'un procès public et équitable ;
>
> Il importe dans l'interprétation de l'al. 11 *d)* de tenir compte de son objet. Comme l'a souligné cette Cour dans l'arrêt *R. c. Big M Drug Mart Ltd.*, [1985] 1 R.C.S. 295, à la p. 344 :
>
>> Le sens d'un droit ou d'une liberté garantis par la *Charte* doit être vérifié au moyen d'une analyse de l'*objet* d'une telle garantie ; en d'autres termes, ils doivent s'interpréter en fonction des intérêts qu'ils visent à protéger.
>>
>> À mon avis, il faut faire cette analyse et l'objet du droit ou de la liberté en question doit être déterminé en fonction de la nature et des objectifs plus larges de la *Charte* elle-même, des termes choisis pour énoncer ce droit ou cette liberté, des origines historiques des concepts enchâssés et, s'il y a lieu, en fonction du sens et de l'objet des autres libertés et droits particuliers [...]
>
> Par conséquent, pour identifier l'objet qui sous-tend le droit garanti par la *Charte* dont il est question en l'espèce, il est important de commencer par comprendre les valeurs fondamentales inhérentes à ce droit.
>
> La présomption d'innocence est un principe consacré qui se trouve au cœur même du droit criminel. Bien qu'elle soit expressément garantie par l'al. 11 *d)* de la *Charte*, la présomption d'innocence relève et fait partie intégrante de la garantie générale du droit à la vie, à la liberté et à la sécurité de la personne, contenue à l'art. 7 de la *Charte* (voir *Renvoi : Motor*

---

(37) (1986) 1 R.C.S. 103, 119-120 et 121.

Vehicle Act de la *C.-B.* [1985] 2 R.C.S. 486, le juge Lamer). La présomption d'innocence a pour effet de sauvegarder la liberté fondamentale et la dignité humaine de toute personne que l'État accuse d'une conduite criminelle. Un individu accusé d'avoir commis une infraction criminelle s'expose à de lourdes conséquences sociales et personnelles, y compris la possibilité de privation de sa liberté physique, l'opprobre et l'ostracisme de la collectivité, ainsi que d'autres préjudices sociaux, psychologiques et économiques. Vu la gravité de ces conséquences, la présomption d'innocence revêt une importance capitale. Elle garantit qu'un accusé est innocent tant que l'État n'a pas prouvé sa culpabilité hors de tout doute raisonnable. Voilà qui est essentiel dans une société qui prône l'équité et la justice sociale. La présomption d'innocence confirme notre foi en l'humanité; elle est l'expression de notre croyance que, jusqu'à preuve contraire, les gens sont honnêtes et respectueux des lois.

[...]

Le paragraphe 14 (2) du *Pacte international relatif aux droits civils et politiques*, 1966 porte :

Article 14

2. Toute personne accusée d'une infraction pénale est présumée innocente jusqu'à ce que sa culpabilité ait été légalement établie.

Le Canada a adhéré à ce pacte ainsi qu'au Protocole facultatif prévoyant les modalités d'application du Pacte, le 19 mai 1976. Les deux sont entrés en vigueur le 19 août 1976.

Compte tenu de ce qui précède, le droit, prévu par l'al. 11 *d*), d'être présumé innocent tant qu'on n'est pas déclaré coupable exige à tout le moins que, premièrement, la culpabilité soit établie hors de tout doute raisonnable et, deuxièmement, que ce soit à l'État qu'incombe la charge de la preuve. Comme l'affirme le juge Lamer dans l'arrêt *Dubois c. La Reine* [1985] 2 R.C.S. 350, à la p. 357 :

L'alinéa 11 *d*) impose à la poursuite le fardeau de démontrer la culpabilité de l'accusé hors de tout doute raisonnable ainsi que de présenter sa preuve contre l'accusé avant que celui-ci n'ait besoin de répondre, soit en témoignant soit en citant d'autres témoins.

Troisièmement, les poursuites criminelles doivent se dérouler d'une manière conforme aux procédures légales et à l'équité. L'importance de ces dernières ressort de la dernière partie de l'al. 11 *d*) qui pose comme exigence que la culpabilité soit établie « conformément à la loi, par un tribunal indépendant et impartial à l'issue d'un procès public et équitable ».

Pour les parties demanderesses, la Loi 160 ne prévoyant même pas que les salariés sont des accusés ni des inculpés selon les articles 11 *a*) ou 11 *d*), il s'ensuit que les garanties dont ils doivent bénéficier en vertu de l'article 11 *d*) et de l'article 23 C.Q. n'existent pas car le législateur ne prévoit même pas de tribunal devant lequel ils pourraient comparaître. Pourtant le législateur n'a pas exclu la Loi 160 de l'application des chartes. Reprenant l'expression de M. le juge en chef Dickson dans l'affaire *B.C.G.E.U. c. Procureur général de la Colombie-Britannique*[38], les parties demanderesses se disent : « À quoi bon des droits et libertés garantis par la *Charte* si une personne qui veut les faire respecter se voit refuser l'accès à un tribunal compétent ou si cet accès est retardé ? »

Le droit d'accès à un tribunal est d'autant plus important en l'espèce qu'une décision de l'employeur peut donner ouverture à plusieurs erreurs et à plusieurs injustices (ex. : perte d'ancienneté, accès à un poste, puis supplantation et réaction en chaîne).

La Loi 160 contrevient à l'article 11 *h*) car elle vise une grève illégale en vertu non seulement de son article 2 mais aussi déclarée telle par l'article 142 du *Code du travail*. Il y a contravention à l'article 11 *h*) parce que le salarié est puni deux fois pour la même infraction (Loi 160, art. 20 à 23).

Fait important à noter en terminant. Plus de 100 000 personnes auraient contrevenu à la loi mais trois ou quatre poursuites seulement ont été intentées en vertu des articles 10 à 17 de la Loi 160 (poursuites pénales prises en vertu de la *Loi sur les poursuites sommaires*[39]). Résultat net de l'ensemble des opérations : des dizaines

---

(38) (1988) 2 R.C.S. 214, 229.
(39) L.R.Q., c. P-15.

de milliers de personnes furent punies sans avoir jamais comparu devant un tribunal.

B– *Propositions du Procureur général*

1) Résumé des propositions

La proposition principale du Procureur général est la suivante. Les sanctions prévues aux articles 18, 20 et 23 de la Loi 160 ne sont pas de nature pénale mais disciplinaire, car elles s'inscrivent dans le régime général de réglementation d'une activité pour la protection du public. L'article 11 C.C. ne s'appliquant qu'en matière criminelle ou pénale, on ne saurait l'invoquer en l'espèce, les personnes visées (individus et associations) n'étant pas des « inculpés » au sens de cet article.

La nature d'un geste entraînant une sanction n'est pas un élément concluant car un même acte peut entraîner plus d'une sanction juridique. Ainsi, le geste de faire une grève illégale peut être sanctionné par l'employeur mais il peut aussi faire l'objet de poursuites en vertu du *Code du travail*. Or, une sanction imposée par un employeur n'est ni pénale ni criminelle, contrairement à celles prévues au *Code du travail* qui, elles, sont pénales. Même si l'employeur est tenu, en vertu de la Loi 160, d'appliquer les sanctions et qu'il n'a aucune discrétion pour ce faire, il faut oublier ici les régimes prévus dans les conventions collectives puisque la Loi 160 est un système général de réglementation visant à assurer des services essentiels, et cela incombe à l'État. Il faut donc écarter du débat ces notions de mesures disciplinaires prévues aux conventions collectives et admettre le système général de réglementation assorti de diverses sanctions pénales et disciplinaires. D'ailleurs, un arbitre peut intervenir suite à l'application d'une sanction bien qu'il ne puisse la modifier. Son rôle se limite alors à décider si un individu a commis les actes reprochés, mais cela se retrouve aussi dans une convention collective.

Rappelant l'évolution des relations de travail dans le secteur public, le Procureur général note qu'aux cours des décennies 70 et 80 les services essentiels, en cas de grève, faisaient l'objet de négociations entre syndicats et employeur de chaque établissement. Au fil des ans et des conflits, le législateur a jugé le système inadéquat et il a décidé, par la Loi 37[40], de se substituer aux parties négociantes et de déterminer les services qui doivent être maintenus en cas de grève ; c'est la règle des pourcentages.

En 1986, le système de sanctions pénales dans le *Code du travail* et le système de sanctions disciplinaires par l'employeur ont été jugés inadéquats. Le législateur a décidé, par la Loi 160, de modifier le système de sanctions pénales, d'une part, et, d'autre part, de se substituer aux employeurs du réseau de la santé pour déterminer les sanctions disciplinaires applicables en cas de grève.

Le système de sanctions pénales (art. 10 à 17) suit le processus pénal normal prévu au *Code de procédure pénale*[41] québécois. Le système de sanctions disciplinaires suit le processus disciplinaire normal en matière de relations du travail : imposition unilatérale de la sanction effective immédiatement et droit de contestation ultérieure par voie de grief.

Le Procureur général pose ensuite la question suivante : Est-il possible de créer dans la Loi 160, qui vise le maintien des services essentiels, donc le respect des articles 111.1 *et sqq.* du *Code du travail*, un système pénal auquel s'appliquent les articles 11 et 7 C.C. et un système disciplinaire auquel ne s'appliquent pas les articles 11 et 7 C.C. ?

Il y répond comme suit : L'article 11 C.C. ne donne pas à la personne qui se voit imposer une sanction un droit au processus pénal et aux garanties juridiques énoncées. Il confère plutôt à la personne qui fait face à la justice criminelle ou pénale un droit aux garanties juridiques énoncées.

Puis il conclut son raisonnement de la façon suivante : La charte canadienne ne donne pas au salarié du secteur de la santé qui se voit imposer une sanction disciplinaire dans le cadre d'un pro-

---

(40) *Loi modifiant le Code du travail, le Code de procédure civile et d'autres dispositions législatives*, (L.Q. 1982, c. 37) [ci-après nommée « Loi 37 »].

(41) L.R.Q., c. C-25.1.

cessus disciplinaire un droit aux garanties juridiques prévues par les articles 11 et 7. Ainsi les tribunaux ont-ils conclu que les articles 11 et 7 ne s'appliquent pas au droit disciplinaire professionnel ni aux sanctions administratives, en matière fiscale notamment, et ce, peu importe le fait qu'un système pénal et un système disciplinaire coexistent dans une même loi et visent le même objectif.

2) Article 11 C.C. et nature des sanctions

Le Procureur général aborde ensuite l'analyse de l'article 11 C.C. par le biais de la procédure criminelle. Cet article s'applique, affirme-t-il, s'il s'agit d'une procédure criminelle par nature. La sanction pénale par nature est imposée à la suite d'une contravention à une règle que la société s'est donnée dans une loi. Les parties demanderesses soutiennent que les articles 18 à 23 visent à punir ceux qui contreviennent à l'article 2 et que ces sanctions sont pénales par nature. Pour le Procureur général, il faut plutôt lire l'article 2 dans le contexte du système élaboré au *Code du travail*, qui réglemente la conduite des individus dans une sphère d'activité privée et limitée. La Loi 160 ne vise pas les relations entre un employeur privé et ses salariés mais le fait que la personne en cause est comptable envers les autorités d'un secteur privé particulier. En l'espèce, le salarié est tout simplement comptable envers la loi, qui porte sur un secteur d'activités particulier et non sur un secteur d'activités général comme c'est le cas, par exemple, pour une infraction au *Code criminel*.

Abordant l'arrêt *Wigglesworth*[42], le Procureur général cite l'extrait suivant des notes de Mme la juge Wilson :

> Je conclus que l'appelant en l'espèce n'est pas jugé ni puni de nouveau pour la même infraction. Les « infractions » sont totalement différentes. L'une porte sur une question de discipline interne. L'accusé a été déclaré coupable d'une infraction majeure ressortissant au service dont il a, par conséquent, rendu compte à sa profession. L'autre infraction est l'infraction criminelle de voies de fait. L'accusé doit maintenant rendre compte de sa conduite à la société en général. Il ne peut se plaindre, comme membre d'un groupe spécial d'individus assujettis à une discipline interne privée, qu'il ne devrait pas être responsable de son méfait envers la société. Sa conduite a un double aspect comme membre de la G.R.C. et comme membre du public en général. Pour reprendre les termes précités du Juge en chef, je suis d'avis que les deux infractions constituent « deux « choses » différentes, tout à fait distinctes l'une de l'autre, qui ne constituent pas des infractions de remplacement l'une par rapport à l'autre. » Bien qu'il n'y ait eu qu'un seul acte de voies de fait, il y a eu deux causes, choses ou délits distincts sur lesquels pourraient être fondées des déclarations de culpabilité distinctes. Avec égards, je fais mien le passage suivant des motifs du juge Cameron de la Cour d'appel :

>> [Traduction] Il est possible qu'un acte unique comporte plus d'un aspect et entraîne plus d'une conséquence juridique. S'il constitue un manquement à une obligation envers la société, il peut équivaloir à un crime dont l'auteur est responsable envers le public [...] Le même acte peut comporter un autre aspect, c'est-à-dire le manquement aux obligations découlant de l'exercice d'une fonction ou d'une profession, auquel cas l'auteur doit s'expliquer devant ses pairs. Ainsi, un médecin qui commet une agression sexuelle contre un patient sera passible à la fois d'une condamnation au criminel à l'instigation de l'État, d'une poursuite en dommages-intérêts sur les instances du patient, et d'une sanction disciplinaire à la demande du conseil d'administration de sa profession. De même, un agent de police qui agresse un prisonnier est comptable envers l'État pour le crime qu'il a commis, envers la victime pour le préjudice qu'il a causé, et envers le corps policier dont il est membre pour son manquement à la discipline.

S'inspirant des commentaires de Mme la juge Wilson, le Procureur général soutient que, dans cette cause-ci, les personnes concernées ont manqué aux obligations « découlant de l'exercice d'une fonction ou d'une profession », soit l'exercice d'une fonction dans le secteur de la santé et des services sociaux. Il ne s'agirait donc pas d'une contravention à une règle que la so-

---

(42) Voir *supra*, note 24, 566-567.

ciété s'est donnée par le biais d'une loi et, partant, il n'y aurait pas sanction pénale par nature.

Quant à l'automatisme des sanctions, il est évident pour le Procureur général que le législateur a choisi ce mode d'application pour assurer le respect des règles établies au *Code du travail* et pour dissuader les employés de faire une grève illégale. Il voit là des mesures visant à assurer la discipline dans le secteur de la santé et des services sociaux.

Distinguant ensuite les sanctions qualifiées de pénales dans la Loi 160 (art. 10 à 17) de celles non qualifiées édictées aux articles 18, 20 et 23, le Procureur général plaide que les premières visent, au premier chef, à punir une infraction à la loi, tandis que les autres tendent principalement à assurer que les services essentiels soient fournis par les employés du secteur de la santé et des services sociaux. Voilà essentiellement ce qui permet de qualifier de disciplinaires les sanctions prévues aux articles 18, 20 et 23. Le Procureur général reconnaît volontiers que ces trois sanctions comportent un aspect punitif mais il ne s'agit pas là de leur objectif premier.

3) Article 11 C.C. et sanctions entraînant une véritable conséquence pénale

Ayant disposé de l'argument portant que les sanctions précitées seraient pénales par nature, le Procureur général tente ensuite de démontrer qu'elles n'entraînent pas une véritable conséquence pénale.

Il souligne, d'entrée de jeu, que les articles 18 et 23 ne prévoient ni emprisonnement ni amende et que la coupure de salaire prévue à l'article 20 n'est pas une amende, qu'à tout événement les montants qu'elle implique sont relativement «réduits» et qu'ils sont prédéterminés. Il trace ensuite un parallèle entre les sanctions (art. 18, 20, 23) et les pénalités appliquées automatiquement en cas d'évasion fiscale.

Référant à l'arrêt *Shubley* et particulièrement aux propos de Mme la juge McLachlin, le Procureur général insiste sur le fait que le même acte peut donner ouverture à deux sortes de procédures: les unes criminelles, les autres non criminelles. Voici le résumé des faits et des questions soulevés dans l'arrêt *Shubley*[43]:

> L'appelant, qui était lui-même détenu, aurait assailli un autre détenu. Le directeur du centre de détention a procédé à une enquête informelle pour vérifier les faits concernant la mauvaise conduite reprochés à l'appelant et l'a placé en isolement cellulaire pendant cinq jours à un régime alimentaire réduit. La victime de l'agression reprochée a plus tard déposé une plainte à la suite de laquelle l'appelant a été accusé d'avoir commis des voies de fait causant des légions corporelles, contrairement à l'al. 245 (1) *b*) du *Code criminel*. Après l'interpellation de l'appelant, son avocat a demandé la suspension des procédures relatives à l'acte d'accusation pour le motif qu'un procès violerait le droit que lui garantissait l'al. 11 *h*) de la *Charte*. Les questions ici en litige sont les suivantes (1) Y a-t-il eu violation de l'al. 11 *h*) de la *Charte*? (La réponse à cette question dépend du point de savoir si les procédures disciplinaires du centre de détention constituent une déclaration définitive de culpabilité et une punition pour un «infraction».) et (2) Le règlement 649 empêche-t-il d'intenter des poursuites en vertu du *Code criminel*?

Mme la juge McLachlin examine les procédures disciplinaires internes de l'établissement et elle conclut qu'elles ne sont pas criminelles par nature[44].

> Dans ce contexte, je reviens au critère établi dans l'arrêt *R. c. Wigglesworth*. Les procédures disciplinaires de l'établissement carcéral, auxquelles a été soumis l'appelant, étaient-elles criminelles de par leur nature même? Je conclus que non. Lors des procédures préliminaires, l'appelant n'était pas appelé à rendre compte à la société d'un crime contraire à l'intérêt public. Il était plutôt appelé à rendre compte aux autorités carcérales du manquement à l'obligation qu'il avait, en tant que détenu, de se comporter conformément aux règles de l'établissement carcéral. S'il avait été appelé à répondre deux fois de son crime à l'État, l'al. 11 *h*) s'appliquerait. Mais l'al. 11 *h*) ne s'applique pas de manière à empêcher qu'il soit comptable aux autorités carcérales d'un

---

(43) *Shubley*, supra, note 32, au résumé.
(44) *Id.*, 20.

manquement à la discipline et à l'État du crime qu'il a commis.

Les procédures disciplinaires internes auxquelles l'appelant a été soumis ne comportent pas les caractéristiques essentielles des procédures relatives à une infraction publique et criminelle. Elles visent non pas à punir pour une infraction criminelle, mais à maintenir l'ordre dans la prison. Conformément à cet objet, les procédures se déroulent de manière informelle, expéditive et privée. Aucun tribunal judiciaire n'intervient. Elles ne sont pas, pour reprendre l'expression du juge Wilson dans l'arrêt *R. c. Wigglesworth*, à la p. 560 : « de nature publique, et [ne visent pas] à promouvoir l'ordre et le bien-être publics dans une sphère d'activité publique. » Au premier volet du critère de l'arrêt *Wigglesworth*, il faut répondre que les procédures disciplinaires en milieu carcéral ne sont pas, de par leur nature même, des procédures criminelles. Ce sont des procédures disciplinaires internes même si elles découlent du même acte qui est à l'origine de procédures criminelles.

Plus loin, elle dira aussi que les sanctions imposées par le directeur d'une prison « ne constituent pas de ''véritables conséquences pénales'' ». Voici un extrait de ses notes [45] :

> J'examinerai maintenant le deuxième cas où l'al. 11 h) de la *Charte* peut s'appliquer. La peine dont il est question dans les procédures disciplinaires internes de l'établissement carcéral comporte-t-elle l'imposition de véritables conséquences pénales ? Il faut d'abord se demander en quoi consistent de véritables conséquences pénales. Le juge Wilson répond à cette question dans l'arrêt *R. c. Wigglesworth*. Après avoir affirmé que les personnes accusées d'une affaire privée ou interne peuvent néanmoins jouir des droits conférés par l'art. 11 puisque ces procédures comportent l'imposition de « véritables conséquences pénales », elle explique ce qu'elle veut dire par cette expression, à la p. 561 :
>
>> À mon avis, une véritable conséquence pénale qui entraînerait l'application de l'art. 11 *est l'emprisonnement ou une amende qui par son importance semblerait imposée dans le but de réparer le tort causé à la société en général plutôt*
>
> *que pour maintenir la discipline à l'intérieur d'une sphère d'activité limitée.* [Je souligne.]
>
> Le juge Wilson ajoute que le pouvoir restreint d'imposer des amendes en vue de réaliser un certain objectif privé peut ne pas entraîner l'application de l'art. 11. Pour ce qui est de l'emprisonnement, elle se demande (faisant observer que la question n'a pas été soulevée) si l'imposition d'une peine d'emprisonnement pourrait être autre chose qu'une conséquence pénale.
>
> En l'espèce, les procédures disciplinaires internes ne comportent ni amende, ni emprisonnement. La punition de l'appelant a consisté à le placer en isolement cellulaire pendant cinq jours et en une diète spéciale pourvoyant aux besoins alimentaires essentiels. Si on considère de façon plus générale les pouvoirs que l'art. 31 du Règlement 649 confère au directeur qui juge qu'un détenu s'est rendu coupable d'inconduite, on peut constater qu'ils se limitent ordinairement aux affaires qui influent sur les conditions de vie d'un détenu. Des privilèges comme le travail et les absences temporaires peuvent être retirés. Dans les cas plus graves, l'isolement cellulaire peut être ordonné et les crédits de réduction de peine inscrits au compte du détenu peuvent être supprimés.
>
> [...]
>
> Je conclus que les sanctions que le directeur d'une prison peut imposer à un détenu pour inconduite ne constituent pas de « véritables conséquences pénales » au sens du critère de l'arrêt *Wigglesworth*. Puisqu'elles sont limitées à la façon dont le détenu doit purger sa peine et qu'elles ne comportent ni amende, ni peine d'emprisonnement, ces sanctions paraissent tout à fait proportionnées à l'objectif de promouvoir le respect de la discipline interne dans les prisons et elles n'ont ni l'ampleur ni les conséquences auxquelles on s'attendrait pour ce qui est de réparer les torts causés à la société en général. Les sanctions disciplinaires infligées à l'appelant en l'espèce ne sont certainement pas de nature à entraîner l'application de l'al. 11 h).

Reprenant à nouveau sa thèse, le Procureur général applique comme suit ces principes aux actes posés par les employés. La Loi 160 comporte deux procédures parallèles, l'une pénale, l'autre disciplinaire. En vertu des articles 18, 20 et 23, l'employé n'est pas « appelé à

---

[45] *Id.*, 20-21 et 23.

rendre compte à la société d'un crime contraire à l'intérêt public » mais plutôt à rendre compte comme salarié des services de santé et des services sociaux en fonction de son comportement par rapport aux règles établies. Bref, le législateur, en adoptant les articles 18, 20 et 23, visait à maintenir l'ordre dans ces services.

4) Résumé des propositions relatives à l'article 11 C.C.

Résumant l'ensemble de ses propositions relatives à l'article 11 C.C., le Procureur général les présente en trois points:

a) La Loi 160 vise à assurer le maintien des services essentiels dans le réseau de la santé et des services sociaux et elle s'inscrit dans le cadre du système élaboré dans le *Code du travail* pour régir les relations de travail dans le secteur de la santé et des services sociaux, particulièrement dans l'exercice du droit de grève ;

b) Les sanctions édictées aux articles 18, 20 et 23 ne sont pas de nature pénale mais plutôt de nature disciplinaire dans la mesure où elles participent à cet objectif d'assurer le maintien des services essentiels. La nature des sanctions, le processus par lequel elles sont imposées et leur effet immédiat sont conçus précisément pour atteindre cet objectif d'assurer les services essentiels et la protection du public;

c) Les sanctions prévues aux articles 18, 20 et 23 ne comportent pas non plus de véritables conséquences pénales au sens de la jurisprudence car :

— l'article 18 retire un droit conféré par le *Code du travail* et, même si ce retrait peut avoir des conséquences pécuniaires, il ne s'agit pas d'une amende ;

— l'article 20 est une sanction pécuniaire qui ne constitue pas non plus une amende dans la mesure où cette sanction s'inscrit dans un cadre disciplinaire et dans la mesure où le montant en est relativement réduit par rapport à une amende importante dont parle la Cour suprême ;

— l'article 23 ne prévoit ni amende ni emprisonnement et cette sanction s'inscrit dans le même cadre disciplinaire que la précédente.

Quant au cumul des sanctions, il ne comporte pas de véritables conséquences pénales car, même combinées, elles sont moins graves que la perte d'un emploi, celle du droit d'exercer une profession ou l'expulsion du pays par exemple, sanctions qui ne comportent pas de conséquences pénales.

C– *Réponses et répliques*

1) Nature pénale des sanctions

En réplique aux propositions du Procureur général, les parties demanderesses soutiennent qu'on ne saurait, comme le veut le Procureur général, faire porter ce débat sur le seul processus accolé aux sanctions. Il faut considérer le but visé par une sanction ; il faut en examiner l'objet même afin d'en déterminer la nature exacte. Référant à l'arrêt *Wigglesworth*, le Procureur général a insisté sur le caractère réglementaire de la Loi 160. Or, on voit à la lecture de cet arrêt que le terme « réglementaire », employé dans l'arrêt, vise la législation provinciale par rapport aux lois fédérales de nature criminelle. Le mot « réglementaire » ne saurait ici laisser croire qu'il s'agit de simple réglementation disciplinaire par exemple. Et l'avocat des parties demanderesses de relire à nouveau cet extrait des notes de Mme la juge Wilson[46] :

> À mon avis, l'interprétation plus restrictive de l'art. 11, préconisée par la majorité des auteurs mentionnés précédemment, est en fait la bonne façon d'interpréter cet article. Les droits garantis par l'art. 11 de la *Charte* peuvent être invoqués par les personnes que l'État poursuit pour des infractions publiques comportant des sanctions punitives, c.-à-d. des infractions criminelles, quasi criminelles et de nature réglementaire, qu'elles aient été édictées par le gouvernement fédéral ou par les provinces. Un certain nombre de facteurs m'amènent à cette conclusion.

Ce passage montre bien que, pour Mme la juge Wilson, le terme « infractions publiques » comprend « des infractions criminelles, quasi criminelles et de *nature réglementaire*, qu'elles aient été édictées par le gouvernement fédé-

---

(46) Voir *supra*, note 24, 554.

ral ou *par les provinces* » (Les italiques sont du soussigné.).

Si on en vient à la conclusion que les sanctions (art. 18, 20 et 23 — Loi 160) sont de nature pénale, les garanties prévues à l'article 11 C.C. s'y appliquent, que ces sanctions aient été édictées par le gouvernement fédéral ou par une province. C'est le cas en l'espèce.

Les parties demanderesses réfèrent alors à l'exemple cité par Mme la juge Wilson concernant une infraction entraînant des conséquences « relativement mineures »[(47)].

Il y a de nombreux exemples d'infractions qui sont de nature criminelle mais qui entraînent des conséquences relativement mineures par suite d'une déclaration de culpabilité. Les procédures relatives à ces infractions seraient néanmoins assujetties à la protection de l'art. 11 de la *Charte*. On ne peut sérieusement soutenir que du seul fait qu'une infraction mineure en matière de circulation entraîne une conséquence très négligeable, voire une légère amende seulement, cette infraction ne relève pas de l'art. 11. Il s'agit d'une procédure criminelle ou quasi criminelle. C'est le genre d'infraction qui, de par sa nature même, doit relever de l'art. 11. Par conséquent, je suis d'accord avec les observations du juge Linden dans *Re McCutcheon and City of Toronto* [1983], 147 D.L.R. (3d) 193 (H.C.). Dans cette affaire, l'accusée a réclamé l'application de l'art. 11 par suite d'une prétendue infraction en matière de stationnement. À la page 205, le juge Linden a dit :

> [Traduction] Seuls les inculpés peuvent invoquer cette disposition de la Charte. Selon mon interprétation du règlement et de la loi en question, la requérante est une telle personne, ayant été accusée d'avoir commis des infractions lorsque les sommations ont été délivrées contre elle.
>
> Il est incontestable que les infractions de stationnement sont des « infractions » au sens de l'art. 11 de la Charte. Les intimés soutiennent que l'art. 11 de la Charte ne vise pas ce genre de fautes contre la société puisqu'un billet de stationnement ne laisse pratiquement aucun stigmate.

Toutefois, j'estime que la gravité des conséquences n'est pas importante.

Il faut donc analyser ici les sanctions en fonction de leur nature même plutôt qu'en fonction du processus ou des procédures qui les entourent. Le mot « procédure » apparaissant dans les notes de Mme la juge Wilson[(48)] traduit le terme anglais « *proceedings* », qui réfère à une notion plus large que « procédure ». C'est la façon prévue dans la loi pour atteindre une fin, le déroulement du débat, du recours, etc. On comprend mieux l'étendue de la notion de *proceedings* en lisant, par exemple, les notes de Mme la juge McLachlin dans l'arrêt *Shubley*. On y retrouve le mot « *proceedings* » dans les expressions suivantes : « *proceedings on the indictment* », « *disciplinary proceedings* », « *criminal proceedings* », etc. Bref, le sens du mot « *proceedings* » ne saurait être restreint à celui de « procédure conforme à l'article 11 C.C. ».

Examinant ensuite les arrêts *Wigglesworth* et *Shubley*, l'avocat des parties demanderesses plaide que, dans l'affaire *Wigglesworth*, l'officier de la Gendarmerie royale accusé d'une infraction au code de discipline était accusé et jugé selon une procédure s'apparentant à celle que l'on retrouve en matière criminelle ; le cas est différent dans l'affaire *Shubley*, où aucune procédure semblable n'est prévue. Cela n'empêche toutefois pas Mme la juge McLachlin de faire tout le cheminement usuel pour en arriver à l'objet visé par la sanction. S'il fallait suivre le raisonnement du Procureur général, il suffirait de s'arrêter une fois la procédure déterminée et d'écarter alors toute possibilité d'application de l'article 11 C.C. Il faut donc examiner la nature même des sanctions prévues aux articles 18, 20 et 23 de la Loi 160.

Autre point de comparaison. Il suffit de lire l'arrêt *Shubley* pour comprendre que la *ratio decidendi* en est que Shubley devait rendre compte de sa conduite non à la société mais bien aux autorités carcérales. Le cas est tout autre en l'espèce. Il suffit de voir comment le C.L.S.C. Hochelaga-Maisonneuve fut mis en tu-

---

(47) *Id.*, 559-560.

(48) *Id.*, 560.

telle pour constater que les employés étaient loin alors de rendre compte de leur conduite à leur employeur. Les employeurs du réseau de la santé et des services sociaux détenaient un pouvoir disciplinaire en vertu des conventions collectives et ils pouvaient effectivement l'exercer avec toutes les conséquences que cela comportait. Ils ne l'ont pas fait ; c'est plutôt l'État qui est intervenu en appliquant des sanctions automatiquement.

Revenant à l'affaire *Shubley*, on y relève que la mesure visait clairement non à punir mais à maintenir l'ordre dans la prison. L'objet de la Loi 160 est tout autre ; le législateur n'y recherche pas le maintien de l'ordre dans les établissements mais plutôt le maintien des services essentiels et ses mesures draconiennes découlent directement de l'objet qu'il veut atteindre.

Quant à l'argument du Procureur général relatif au caractère disciplinaire des sanctions, les parties demanderesses répliquent que, lorsque l'État veut faire de la réglementation disciplinaire, il peut le faire, mais alors ses mesures comportent toute une série de moyens connus dans le domaine tels que comités, plaintes, procédure précise, etc.

2) Type de sanctions

Les sanctions choisies par le législateur en l'espèce sont loin d'être semblables à celles que l'on retrouve en matière de relations de travail. La coupure salariale, par exemple, n'est pas une mesure valide sauf si la convention collective le prévoit expressément. Il en va de même pour la perte d'ancienneté.

Enfin, le Procureur général n'a pas répondu à l'argument voulant que l'article 18 (« Retenues à la source »), affectant les associations, n'ait rien à voir avec le bon ordre dans les établissements et, partant, qu'il ne s'agisse pas d'une mesure de nature disciplinaire.

Traçant ensuite un parallèle entre le directeur de la prison (dans *Shubley*) et le directeur général d'un établissement, les parties demanderesses soutiennent que, dans *Shubley*, le détenu est comptable non envers l'État mais envers le directeur de la prison. Or, par la Loi 160, les employés sont loin d'être comptables de leurs actes envers le directeur général, celui-ci ne possédant aucune discrétion quant à l'application et à l'importance de la sanction qu'il doit imposer. Et il en va non pas de l'ordre interne mais de l'ordre public, selon l'objet même de la loi.

Pourquoi le législateur n'a-t-il pas laissé quelque discrétion aux directeurs généraux d'établissements ? Parce qu'il fallait assurer l'ordre public et, pour ce faire, il a choisi de garder le contrôle de la situation. Il ne voulait pas laisser cette question aux aléas des relations de travail. Il est certain qu'on ne se trouve plus alors en matière de relations de travail mais dans le domaine de l'ordre public. Les preuves ont d'ailleurs démontré que plusieurs directeurs d'établissements étaient plus ou moins d'accord avec ce type de sanctions qui ont perturbé le climat et les relations de travail dans leur établissement.

Ainsi, on se rend compte que les sanctions prévues aux articles 18 à 23 ont exactement les mêmes objectifs et sont exactement de même nature que celles édictées aux articles 10 à 17 coiffées de la rubrique « Poursuites pénales ».

D– *Position du Tribunal*

1) Objet de la Loi 160

La Loi 160 a été adoptée à l'occasion d'un conflit majeur opposant les employés du secteur de la santé et des services sociaux et leurs employeurs, des établissements financés presque entièrement par des fonds publics. Depuis qu'au milieu des années 1960 le droit de grève a été conféré par le législateur aux employés des services publics, les négociations ont continuellement été ponctuées de moyens de pression et de mesures visant à limiter l'effet de ceux-ci sur la population. Le monde de la santé et des services sociaux, qui assure des services à des personnes parmi les plus démunies de notre société, a souvent requis des autorités une intervention énergique, suggérant même l'abolition pure et simple du droit de grève. Le législateur et le gouvernement ont toutefois préféré emprunter d'autres voies pour aboutir, en 1986, à l'adoption de la loi sous étude, qui vise essentiellement à assurer le maintien des services essentiels dans le secteur de la santé et des services sociaux.

Pour atteindre ses fins, le législateur a prévu des sanctions qui occupent pas moins de 15 articles sur les 27 que comporte la loi, une véritable « loi de sanctions », pour user du jargon législatif. Si les deux parties s'entendent sur l'objet de la loi, leur opinion diffère radicalement quant à la nature des sanctions. Une chose est certaine, les sanctions édictées par la Loi 160 s'ajoutent à celles prévues au *Code du travail* pour assurer le maintien des services essentiels (en cas de grève notamment) et à celles concernant un secteur bien particulier.

Enfin, le législateur n'a pas jugé nécessaire d'écarter quelque disposition des chartes comme il l'a fait dans la Loi 111, dont l'objet était d'assurer la reprise des services dans les collèges et les écoles du secteur public.

2) Le caractère des sanctions

Le Tribunal est d'avis que les sanctions édictées aux articles 20 et 23 de la Loi 160 sont pénales par nature car elles visent à faire respecter par les employés les dispositions de la loi en assurant le maintien de services essentiels plutôt qu'à faire régner ordre et discipline dans les établissements du réseau de la santé et des services sociaux. La dichotomie établie par le Procureur général entre sanctions pénales (art. 10) et sanctions disciplinaires (art. 18, 20 et 23) ne se fonde ni sur l'objet ni sur la lettre de la loi, pas plus qu'elle ne saurait prendre barre sur la notion de mesure disciplinaire connue en matière de relations de travail.

Une remarque préliminaire. Le législateur a qualifié les sanctions prévues aux articles 10 (« Poursuites pénales ») et 24 (« Responsabilité civile »). Il n'a pas jugé à propos de le faire quant aux mesures apparaissant aux articles 18 (« Retenues à la source »), 20 (« Réduction du traitement ») et 23 (« Perte d'ancienneté »). Il lui aurait été simple et facile de qualifier ces trois sanctions disciplinaires s'il avait voulu le faire. Bien que ce fait n'eût pas suffi à déterminer la nature même des sanctions, il aurait pu fournir un indice de l'intention du législateur lorsqu'il a effectivement exercé ses pouvoirs.

Une lecture, même sommaire, de la Loi 160 suffit pour nous convaincre que le fait de contrevenir à l'article 2 donne ouverture aux sanctions prévues aux articles 20 et 23 tout comme il permet d'intenter des poursuites pénales en vertu de l'article 10. Le raisonnement vaut aussi pour les articles 18 et 4 (qui renvoie d'ailleurs à l'article 2). Les parties demanderesses ont raison de se demander alors pourquoi un salarié accusé d'avoir contrevenu à l'article 2 a droit à un procès si on l'accuse sous l'article 10, tandis que ce droit n'existe pas si on lui impose les pénalités prévues aux articles 20 et 23. La preuve a révélé qu'on s'est contenté de porter quelques plaintes sous l'article 10, tandis que les sanctions d'application automatique (art. 20, 23) ont atteint des dizaines de milliers de personnes. Le moins que l'on puisse dire est que deux séries de sanctions sont appliquées pour une même infractions.

Mais, aux sanctions prévues aux articles 20 et 23 l'employé peut-il opposer un droit ou une liberté garanti par la charte canadienne ? Les employés visés par les sanctions prévues aux articles 20 et 23 peuvent invoquer des droits garantis par la charte canadienne puisque l'État a pris à leur endroit des sanctions punitives de nature réglementaire. Les dispositions de la Loi 160, particulièrement les infractions à l'article 2, sont d'ordre public et le législateur ne pouvait, sans porter atteinte à des droits garantis, instaurer de toute pièce un processus d'application automatique visant à sanctionner le non-respect de ces dispositions.

Le Tribunal parle ici de « sanctions punitives de nature réglementaire » dans le sens que Mme la juge Wilson donne à cette expression dans l'arrêt *Wigglesworth*. En l'espèce, la Loi 160 porte de toute évidence sur des établissements publics et les sanctions choisies pour faire respecter ces dispositions législatives constituent, par leur nature même, des « procédures [au sens de *proceedings* »] engagées pour promouvoir l'ordre et le bien-être public dans une sphère d'activité publique »[49]. On ne saurait, comme le prétend le Procureur général, soutenir qu'il

---

(49) *Ibid*.

s'agit là de mesures « principalement destinées à maintenir la discipline, l'intégrité professionnelle ainsi que certaines normes professionnelles, ou à réglementer la conduite dans une sphère d'activité privée et limitée »[50]. Le législateur vise clairement ici, non à contrôler l'activité professionnelle des employés, mais à punir certains de leurs gestes et à les forcer à assurer des services essentiels dans le réseau.

Au surplus, les sanctions édictées aux articles 20 et 23 ont de véritables conséquences pénales. La réduction de traitement est une amende à peine déguisée et la perte d'ancienneté, telle qu'appliquée dans le cadre de la loi, constitue une mesure d'une sévérité beaucoup plus grande que celles prévues à l'article 10, et ses conséquences sont perpétuelles.

Enfin, le Tribunal partage l'opinion de Mme la professeure Bich relativement à la nature d'une mesure disciplinaire. Une telle mesure implique une relation employeur-employé qui n'existe tout simplement pas en l'espèce. L'employeur est un simple mandataire de l'État, il doit agir sous peine de sanctions sévères (la tutelle notamment), il ne possède aucune discrétion quant à la proportionnalité de la mesure face à l'infraction commise. Si l'on se pose encore des questions sur le caractère disciplinaire ou non des sanctions, il suffit de souligner que celles prévues aux articles 18, 20 et 23 sont toutes de cette nature aux yeux du Procureur général; pourtant, l'article 18 concerne les syndicats qui n'ont évidemment aucun lien d'employé à employeur avec les établissements.

3) La Loi 160 et l'article 11 C.C.

Il faut situer l'article 11 C.C. dans son contexte. Il se trouve dans cette partie de la charte intitulée « Garanties juridiques » (art. 7 à 14). Ces garanties sont posées sous forme de règle générale à l'article 7 C.C., portant sur la vie, la liberté et la sécurité de chacun. Puis, le législateur passe à certains cas particuliers: fouilles, perquisitions ou saisies abusives; détention ou emprisonnement, etc., droit de tout inculpé dans les affaires criminelles et pénales, etc.

Les parties demanderesses, auxquelles se sont appliquées les sanctions édictées aux articles 20 et 23, ne peuvent prétendre bénéficier des garanties prévues aux articles 11 C.C. et 23 C.Q. Celles-ci ne peuvent être invoquées que lorsque existe un processus par lequel une personne a été placée dans le cadre du système judiciaire pour répondre à une accusation. Les droits protégés par l'article 11 C.C. sont ceux de l'« inculpé », notion d'interprétation restrictive, selon la Cour suprême. Or ce n'est pas le cas en l'espèce: les employés n'ont jamais eu l'occasion de se présenter devant quelque juridiction que ce soit. L'État n'a même pas eu recours au système judiciaire « en employant un mode de sanction et de peine qui relève traditionnellement du domaine judiciaire »[51].

Après avoir déclaré que l'article 11 ne s'applique pas en l'espèce, il faut maintenant discuter des propositions relatives à l'article 7 C.C. pour déterminer si des atteintes ont été portées aux droits protégés par cette disposition.

III. Garanties juridiques — article 7 C.C.

A– Propositions des parties demanderesses

1) Portée générale de l'article 7 C.C.

L'article 7 C.C. se lit comme suit:

> Chacun a droit à la vie, à la liberté et à la sécurité de sa personne; il ne peut être porté atteinte à ce droit qu'en conformité avec les principes de justice fondamentale.

Les parties demanderesses s'appuient principalement à ce titre sur les propos de M. le juge Lamer (aujourd'hui juge en chef) dans l'affaire du *Renvoi relatif à l'art. 193 et à l'al. 195.1 (1) c) du Code criminel (Man.)*[52]:

> Enfin, l'art. 7 intervient lorsque l'État, directement ou par ses mandataires, restreint certains privilèges ou libertés par la menace de sanctions dans les cas de violation.

Pour les parties demanderesses, la portée de l'article 7 ne se limite pas aux matières crimi-

---

(50) *Ibid.*

(51) *Renvoi relatif à l'art. 193 et à l'al. 195.1 (1) c) du Code criminel (Man.)* (1990) 1 R.C.S. 1123, 1174.

(52) *Id.*, 1178.

nelles ou pénales; elle s'étend à tous les cas où l'État impose des sanctions telles qu'un individu ne puisse plus connaître les limites de sa liberté, qu'il s'agisse de droit criminel, réglementaire ou disciplinaire.

La Loi 160 porte atteinte à la sécurité économique, psychologique ainsi qu'à la liberté syndicale et à celle d'exercer la profession de son choix.

2) Atteintes à la sécurité et à la liberté

a) Atteinte à la liberté d'exercer la profession de son choix

Selon les parties demanderesses, les preuves démontrent que la perte d'ancienneté a eu pour effet de faire perdre à certains salariés le poste qu'ils détenaient avant la grève ou qu'ils auraient pu obtenir par voie de supplantation n'eût été cette sanction. Ils ajoutent à cela l'insécurité morale des employés face à l'avenir.

b) Liberté syndicale

Elle aurait aussi été affectée puisque les parties avaient négocié de plein droit et conclu des conventions collectives prévoyant les retenues à la source des cotisations syndicales. En leur retirant un tel droit, on portait ainsi atteinte à leur liberté syndicale, et l'on devait respecter les principes de justice fondamentale.

c) Sécurité économique

Les parties demanderesses voient dans la jurisprudence[53] une « ouverture » importante concernant la protection de la sécurité économique qui, ajoutent-elles, a de fortes chances d'être considérée comme un droit fondamental lorsqu'on lui porte atteinte de façon injuste.

d) Sécurité psychologique

Les parties demanderesses réfèrent ici au *Renvoi relatif au Code criminel* pour appuyer leur argument. Ils citent les propos suivants de M. le juge Lamer[54]:

Les intérêts protégés par l'art. 7 sont ceux qui relèvent traditionnellement et à proprement parler du pouvoir judiciaire. L'article 7, et plus spécifiquement les art. 8 à 14, protègent les individus contre l'État lorsqu'il recourt au pouvoir judiciaire pour restreindre la liberté physique d'une personne, par l'imposition d'une peine ou par la détention, lorsqu'il restreint d'autres libertés en employant un mode de sanction et de peine qui relève traditionnellement du domaine judiciaire. Cela ne veut pas dire que l'art. 7 protège uniquement la liberté physique d'un individu. Il est révélateur que cet article protège également la sécurité de la personne. Comme je l'ai dit dans l'arrêt *Mills c. La Reine* [1986] 1 R.C.S. 863, aux pp. 919 et 920:

> [...] la notion de sécurité de la personne ne se limite pas à l'intégrité physique; elle englobe aussi celle de protection contre [...] « un assujettissement trop long aux vexations et aux vicissitudes d'une accusation criminelle pendante » [...] Celles-ci comprennent la stigmatisation de l'accusé, l'atteinte à la vie privée, la tension et l'angoisse résultant d'une multitude de facteurs, y compris éventuellement les perturbations de la vie familiale, sociale et professionnelle, les frais de justice et l'incertitude face à l'issue et face à la peine.

Notre Cour a réitéré depuis l'opinion que la stigmatisation d'un accusé peut le priver des droits garantis par l'art. 7, dans l'arrêt *R. c. Vaillancourt*, [1987] 2 R.C.S. 636, à la p. 651. De plus, dans l'arrêt *R. c. Morgentaler*, précité, à la p. 56, le Juge en chef a conclu que l'atteinte que l'État porte à l'intégrité corporelle ainsi que la tension psychologique grave causée par l'État peuvent constituer une restriction à la sécurité de la personne. Ce faisant, il a cité en l'approuvant l'affirmation de la Cour d'appel de l'Ontario dans l'arrêt *R. v. Videoflicks Ltd.* (1984), 48 O.R. (2d) 395, à la p. 433, selon laquelle le droit à la vie, à la liberté et à la sécurité de la personne « semble se rapporter à l'intégrité physique ou mentale d'une personne *et au contrôle qu'elle exerce à cet égard* » (je souligne).

Elles soulignent particulièrement les mots « tension », « angoisse » et « tension psychologique grave ». Procédant à une révision de la preuve, elles en concluent que ces éléments se retrouvent en l'espèce, suite à l'application des

---

(53) *Irwin Toy Ltd. c. Procureur général du Québec*, (1989) 1 R.C.S. 927.

(54) Voir *supra*, note 51, 1173-1174.

sanctions: démoralisation, stress, frustration, insécurité, etc. La perte d'ancienneté aurait notamment causé de graves problèmes tant aux salariés qu'au réseau tout entier. Ces preuves n'auraient pas été contredites par le Procureur général.

3) Les principes de justice fondamentale

a) Équité en matière procédurale

La règle en cette matière a été énoncée dans l'arrêt *Nicholson c. Haldimand-Norfolk Regional Board of Commissioners of Police*[55], où M. le juge en chef Laskin a cité des propos de lord Denning[56]:

> Cette obligation a été examinée dans un arrêt plus récent, *Selvarajan v. Race Relations Board* [[1976] 1 All E.R. 13.]. La Cour d'appel conclut que la Commission, un organisme administratif sans fonctions judiciaires, chargé de faire des enquêtes sur les plaintes de discrimination illégale et de se faire une opinion à cet égard dans un but de conciliation, avait agi équitablement en concluant, après examen de la preuve, à l'absence de pareille discrimination. Voici ce que lord Denning dit de l'obligation d'agir équitablement (à la p. 19):
>
> > [Traduction] [...] Ces dernières années nous avons examiné la procédure de nombreux organismes chargés de faire enquête et de se faire une opinion. Notamment la commission des jeux, qui doit faire enquête pour déterminer si le requérant peut exploiter un club de paris (voir *R. v. Gaming Board for Great Britain, ex parte Benaim*, [1970] 2 All ER 528), et, aux termes de la Companies Act, des inspecteurs qui doivent enquêter sur une compagnie et faire un rapport (voir *Re Pergamon Press Ltd.*, [1970] 3 All ER 535), et le tribunal nommé en vertu de l'art. 463 de la *Income and Corporation Taxes Act 1970*, qui doit décider s'il y a en apparence une cause à poursuivre (voir *Wiseman v. Borneman*, [1971] A.C. 297). Dans tous ces cas, on a jugé que l'organisme chargé d'enquêter a le devoir d'agir équitablement; mais les exigences de l'équité dépendent de la nature de l'enquête et de ses conséquences pour les personnes en cause. La règle fondamentale est que dès qu'on peut infliger des peines ou sanctions à une personne ou qu'on peut la poursuivre ou la priver de recours, de redressement ou lui faire subir de toute autre manière un préjudice en raison de l'enquête et du rapport, il faut l'informer de la nature de la plainte et lui permettre d'y répondre. Cependant, l'organisme enquêteur est maître de sa propre procédure. Il n'est pas nécessaire qu'il tienne une audition. Tout peut se faire par écrit. Il n'est pas tenu de permettre la présence d'avocats. Il n'est pas tenu de révéler tous les détails de la plainte et peut s'en tenir à l'essentiel. Il n'a pas à révéler sa source de renseignements. Il peut se limiter au fond seulement. De plus, il n'est pas nécessaire qu'il fasse tout lui-même. Il peut faire appel à des secrétaires et des adjoints pour le travail préliminaire et plus. Mais en définitive, l'organisme enquêteur doit arrêter sa propre décision et faire son propre rapport.

M. le juge en chef Laskin avait référé précédemment à la belle expression de lord Morris: «*Natural justice is but fairness writ large and juridically. It has been described as "fair play in action"*[57].»

Ainsi, lorsqu'on peut infliger des peines ou des sanctions à une personne, il faut, en toute équité, l'informer de la nature du grief porté à son endroit et lui permettre d'y répondre avant de prendre quelque action que ce soit. Ce ne fut pas le cas en l'espèce, la chose est évidente.

b) Imprécision de la loi

Une loi trop imprécise doit être annulée car elle ne permet pas à une personne de connaître la teneur de ses obligations et donne ouverture à une application arbitraire. Les parties demanderesses réfèrent ici à l'arrêt *R. c. Swain*[58] ainsi qu'à la jurisprudence antérieure, notamment à

---

(55) (1979) 1 R.C.S. 311, 327-328.
(56) *Selvarajan c. Race Relations Board*, (1976) 1 All E.R. 12, 19.

(57) Voir *supra*, note 55, 326, citant l'arrêt *Furnell c. Whangarei High Schools Board*, [1983] A.C. 660-679.
(58) (1991) 63 C.C.C. 481 (S.C.C.).

l'arrêt *Slaight*[59], et soutiennent qu'une disposition législative conférant une discrétion imprécise ne doit pas être interprétée comme permettant de violer les droits garantis par la charte.

Revenant à la Loi 160, les parties demanderesses plaident que celle-ci n'édicte pas de normes permettant à l'employeur de l'appliquer. Bien plus, l'employeur n'y avait aucune discrétion, il devait imposer les sanctions sous peine de mise en tutelle, ce qui s'est effectivement produit dans un cas. Les articles 18, 20 et 23 comportent une punition pour l'inobservation d'une loi ; ils restreignent les droits protégés par l'article 7 C.C. Il faut alors voir si la restriction est conforme aux principes de justice fondamentale.

Insistant à nouveau sur le caractère pénal et arbitraire des sanctions, les parties demanderesses soutiennent que l'absence de proportionnalité entre la peine et la gravité de l'infraction viole le principe de justice fondamentale portant notamment que la peine doit être proportionnelle à la gravité de l'infraction.

c) La Loi 160

L'article 2 de la Loi 160 comporte une obligation excédant celle prise normalement par l'employeur pour faire fonctionner son entreprise ou son service selon les dispositions d'une convention collective.

Il importe de reproduire ici le libellé des articles 1 à 9 de la Loi 160 :

Section I

Application

1. La présente loi s'applique aux établissements et aux conseils de la santé et des services sociaux auxquels s'applique la Loi sur le régime de négociation des conventions collectives dans les secteurs public et parapublic (L.R.Q., chapitre R-8.2). Elle s'applique également à toute association de salariés accréditée pour représenter des salariés d'un établissement ou d'un conseil régional ainsi qu'aux salariés qu'elle représente et à tout groupement auquel adhère, appartient, est affiliée ou est liée par contrat cette association de salariés.

Section II

Continuité des services

2. Tout salarié doit, à compter de 00 h 01 le 12 novembre 1986, accomplir tous les devoirs attachés à ses fonctions conformément aux conditions de travail qui lui sont applicables sans arrêt, ralentissement, diminution ou altération de ses activités normales.

Un salarié qui a cessé d'exercer ses fonctions en raison d'une grève doit, à compter du même moment, retourner au travail selon son horaire habituel.

Le présent article ne s'applique pas au salarié dont l'arrêt de travail fait partie d'une grève déclarée conformément aux articles 111.11 et 111.12 du Code du travail (L.R.Q., chapitre C-27).

3. À compter de 00 h 01 le 12 novembre 1986 tout établissement ou conseil régional doit prendre les moyens appropriés pour que soient dispensés ses services habituels.

4. Il est interdit à une association de salariés de déclarer ou poursuivre une grève ou d'organiser une action concertée si cette grève ou cette action concertée implique une contravention par des salariés à l'article 2.

Une association de salariés peut toutefois déclarer une grève en se conformant aux article 111.11 et 111.12 ou, selon le cas, 111.0.23 et 111.0.24 du Code du travail (L.R.Q., chapitre C-27).

5. Une association de salariés doit prendre les moyens appropriés pour amener les salariés qu'elle représente à se conformer à l'article 2.

6. Un groupement d'associations de salariés doit prendre les moyens appropriés pour amener toute association de salariés qui adhère, appartient, est affiliée ou est liée par contrat à ce groupement à se conformer à l'article 4.

7. Nul ne peut par omission ou autrement faire obstacle à l'exécution normale par les salariés des tâches qui leur incombent en vertu des conditions de travail qui leur sont applicables.

8. Nul ne peut entraver l'accès d'une personne à un lieu où elle a le droit d'accéder pour exercer ses fonctions ou pour bénéficier d'un service dans un établissement ou un conseil régional.

9. Si dans un établissement, un conseil régional ou dans une catégorie d'établissements ou de conseils régionaux que détermine le gouverne-

---

(59) Voir *supra*, note 12, 1078.

ment, les salariés ne se conforment pas à l'article 2 en nombre suffisant pour assurer la prestation des services essentiels prévus à une liste ou à une entente ou, à défaut, ceux visés aux articles 111.10 et 111.01 du Code du travail, le gouvernement peut, par décret, à compter de la date, pour la période et aux conditions qu'il fixe, uniquement aux fins d'assurer les services essentiels, remplacer, modifier ou supprimer toute disposition de la convention collective liant l'employeur et l'association qui représente ces salariés afin de pourvoir au mode selon lequel l'employeur comble un poste, procède à l'embauche de nouveaux employés et à toute manière se rapportant à l'organisation du travail.

Il peut, de plus, aux mêmes fins, par un tel décret, à compter de la date, pour la période et aux conditions qu'il fixe, remplacer, modifier ou supprimer toute disposition de cette convention collective pour exclure de l'application des dispositions de la convention collective relatives à l'ancienneté, les employés embauchés pour la prestation des services essentiels.

Les dispositions d'un décret adopté en vertu du présent article font partie, pour la période qui y est indiquée, de toute convention collective qu'elles visent.

À la lecture de ces textes on comprend bien l'automatisme des sanctions et l'obligation d'agir des employeurs, qui interviennent ici non pas à titre de gestionnaires autonomes mais comme des mandataires de l'État, forcés par la loi d'appliquer des sanctions visant à faire respecter des dispositions édictées pour assurer le maintien des services essentiels dans le réseau de la santé et des affaires sociales.

Les parties demanderesses reprennent ensuite la liste de leurs griefs sur l'imprécision des dispositions législatives, soutenant que celles relatives à la grève (art. 44 du *Code du travail*) et particulièrement celles concernant les avis (art. 111.11 *et sqq.* du *Code du travail*) sont trop vagues pour que l'on puisse connaître avec précision le moment où il faut maintenir les services essentiels déterminés par la loi. Conséquemment, les employés ne pourraient savoir quand leurs actes seraient légaux ou illégaux. Les preuves auraient montré le flottement dû à cette situation dans certains établissements du réseau.

Autre point: Aucun employé n'a été entendu par son employeur avant que celui-ci n'applique les sanctions, sous l'article 18 notamment, en vertu duquel aucun recours n'est prévu, comme un grief par exemple. Les retenues à la source peuvent s'effectuer en vertu d'une convention collective ou d'une loi. Or, ici, les clauses de la convention collective ne s'appliquent pas et l'association n'a aucun recours.

La situation diffère sous l'article 20, l'article 21 prévoyant le recours au grief, mais l'arbitre alors nommé ne possède pas les compétences que lui confèrent normalement le *Code du travail* et la convention collective en matière disciplinaire. En vertu de l'article 100.12 du *Code du travail*, un arbitre peut en effet déterminer la sanction appropriée en l'espèce et même casser une sanction. L'article 22 ne vise sûrement pas cet arbitre puisque sa compétence se limite à vérifier des faits; il n'a aucun pouvoir d'intervenir quant à la sanction proprement dite.

La compétence de l'arbitre est encore plus restreinte pour ce qui est de la perte d'ancienneté, car il ne peut confirmer ou infirmer la décision de l'employeur qu'en se fondant sur le quatrième alinéa de l'article 23. On ne parle même plus ici de convention collective et la procédure à suivre n'est même pas précisée, comme c'est le cas de l'article 21.

Conséquences de ces mesures: L'arbitre ne peut agir en équité et évaluer la peine imposée, s'il y a lieu de le faire. On porte ainsi atteinte à la capacité de vivre décemment au sein d'une société libre et démocratique. La chose est patente en ce qui concerne notamment la perte d'ancienneté, qui, fort probablement, affectera un employé pour le reste de ses jours.

Ainsi, la Loi 160 conduit l'employeur à appliquer une loi d'ordre public de façon semblable à celle qu'il emploie dans sa gestion pendant qu'une convention collective régit ses relations avec ses employés. Mais, en matière de relations de travail, l'employeur peut user de son droit de gérance dans les limites prévues par la convention, et le salarié doit se soumettre à ses directives, sous réserve de son droit de grief. Pour prétendre que la Loi 160 vise les relations de travail, il faudrait en trouver des traces dans le libellé de la loi ; ce n'est pas le cas.

B– *Propositions du Procureur général*

Le Procureur général souligne, en introduction, que l'article 7 se trouve dans le même chapitre que l'article 11 C.C., celui des garanties juridiques. L'article 7 a une portée plus large que l'article 11 puisqu'il s'applique à des matières autres que criminelles ou pénales.

1) L'article 7 C.C. et l'article 18 de la Loi 160

L'article 7 ne s'applique pas à l'article 18 de la Loi 160 tout simplement parce que l'article 18 concerne une association et que les dispositions de l'article 7 ne s'appliquent pas à une telle société, et le Procureur général de référer ici à l'arrêt *Irwin Toy*.

Au surplus, la déduction à la source réfère à des droits économiques qui, eux non plus, ne sont pas protégés par l'article 7 C.C.

2) L'article 7 C.C. et les articles 20 et 23 de la Loi 160

a) Nature des droits visés à l'article 7 C.C.

Premier point : Le droit à la vie, à la liberté et à la sécurité ne comprend pas les droits économiques. Le Procureur général réfère ici à l'arrêt *Irwin Toy* et à la distinction existant entre sécurité de la personne et propriété, celle-ci étant exclue de la garantie parce qu'il s'agit d'un droit économique. Il reconnaît toutefois que, dans certains cas, des droits de nature économique peuvent être inclus dans le terme « sécurité de la personne ».

Or, les effets des sanctions de la Loi 160 sont au premier chef de nature économique. Pour la coupure salariale, la chose est claire. Quant à la perte d'ancienneté, le Procureur général prétend que les preuves ont démontré que celle-ci pouvait entraîner un recul sur la liste d'ancienneté (d'où les appels au travail moins fréquents ou pour de courtes périodes). Pour d'autres employés, cette perte pourra diminuer leurs possibilités d'obtenir un autre poste, toutes des conséquences de nature économique non visées par l'article 7 C.C.

b) L'article 7 C.C. et les conditions de travail

L'article 7 C.C. ne comprend pas le droit d'exercer une profession ni celui d'occuper un emploi ; à plus forte raison ne comprend-il pas non plus quelque droit que ce soit au maintien de certaines conditions de travail. La liberté ne signifie pas absence totale de contraintes et la Loi 160 ne porte pas atteinte à la liberté. Quant à la liberté syndicale, si elle existe indépendamment de la liberté d'association, elle n'est pas protégée par l'article 7 C.C.

c) La sécurité au sens de l'article 7 C.C.

Le droit à la sécurité protège une personne contre toute intervention de l'État portant atteinte ou menaçant l'intégrité physique de la personne. Cette intégrité peut englober un fardeau psychologique grave occasionné par une procédure criminelle ou survenant dans un contexte de droit pénal.

La loi 160 a pu entraîner des inconvénients mais les preuves n'ont pas démontré de fardeau psychologique grave au sens de la jurisprudence.

Pour le Procureur général, les articles 7 et 11 C.C. ne peuvent s'appliquer que lorsqu'on parle d'une intervention judiciaire ayant pour but de réprimer une activité quelconque. Or, on ne retrouve pas aux articles 20 et 23 de recours au système judiciaire pour imposer une sanction. Il en est probablement ainsi parce que l'objectif du législateur n'est pas de punir mais de réglementer.

Résumant ses propositions antérieures, le Procureur général affirme à nouveau qu'il ne s'agit pas en l'espèce d'un processus criminel ni pénal et que c'est par ce biais qu'il faut aborder la question des garanties. Il voit bien la distinction pénale-disciplinaire dans la Loi 160 puisque, lorsque le processus pénal est mis en branle (art. 10 à 17), c'est le Procureur général qui agit tandis que, lorsque le processus disciplinaire entre en opération (art. 18 à 23), c'est l'employeur qui intervient.

3) S'il y a atteinte aux droits visés à l'article 7 C.C., elle est conforme aux principes de justice fondamentale

a) Imprécision de la Loi 160

Le Procureur général plaide ce troisième point en argument subsidiaire.

La Loi 160 est-elle imprécise au point que les employés se trouveraient dans l'insécurité face à la loi et à leur propre sort? Non, car les preuves ont démontré que salariés et associations étaient bien au fait du contenu de la loi, des décisions du Conseil des services essentiels et de l'illégalité de leurs actes. Donc, l'imprécision, s'il en existe une, n'a pas eu pour conséquence d'affecter un droit protégé par la charte. Il en va de même pour l'argument des parties demanderesses relatif aux avis et aux délais prévus au *Code du travail*.

b) Équité procédurale

Selon les parties demanderesses, l'équité procédurale aurait exigé que l'employeur rencontre tous les employés avant d'appliquer les sanctions. Cette notion n'est pas si exigeante que celle de justice naturelle; elle comprend les principes modulés de celle-ci.

Mais, la charte a constitutionnalisé des principes, elle n'en a pas créé de nouveaux ni ajouté en cette matière à ceux existant déjà. Pas de nouveau concept de justice naturelle dans la charte. La différence? Avant la charte, le législateur pouvait écarter les principes de justice naturelle; depuis, il ne lui est plus possible de les éliminer lorsque la loi porte atteinte à la vie, à la liberté ou à la sécurité.

Quant au pouvoir d'imposer des sanctions, il est de nature ministérielle et les règles de justice naturelle, comme celle d'équité procédurale, ne s'appliquent pas lors de l'exercice d'un tel pouvoir. Si les conditions prévues par la loi se trouvent réunies, l'employeur n'a pas le choix: il doit intervenir et appliquer celle-ci.

Plaçant à nouveau les dispositions attaquées dans le cadre des mesures disciplinaires, le Procureur général affirme que l'obligation de rencontrer les employés mettrait en péril l'efficacité des mesures et que, à tout événement, l'équité procédurale n'existe pas en cette matière. Sanction d'abord, grief ensuite.

L'article 7 C.C. ne s'applique donc pas en l'espèce.

C– Position du Tribunal

L'état du droit a été résumé de façon claire et concise par M. le juge en chef Lamer dans l'extrait de ses notes citées au début de la section A de ce chapitre. En l'espèce, les preuves ont révélé que l'État est intervenu par les employeurs, ses mandataires, et qu'il a restreint les privilèges, les libertés et les droits des employés du réseau en appliquant des sanctions sévères pour des violations aux dispositions de la Loi 160 et à celles du *Code du travail*. Ces mesures ont évidemment porté atteinte à la sécurité économique des employés, mais celle-ci n'est pas, en l'espèce, protégée par l'article 7 C.C. Il en va de même de la liberté syndicale pour les motifs que le Tribunal a donnés précédemment, ce qui n'exclut pas les recours de droit commun, le cas échéant. La chose est toutefois bien différente concernant la sécurité psychologique des employés.

Des preuves abondantes, provenant tant d'employés que de représentants d'employeurs, ont établi hors de tout doute que la sécurité psychologique des salariés a été gravement affectée par l'application des sanctions prévues aux articles 20 et 23, particulièrement par la perte d'ancienneté. Forcer une personne à travailler sans rémunération et lui faire perdre pour toujours une ancienneté acquise souvent dans des conditions difficiles sont des mesures qui, prises dans le contexte de la loi, ont eu des effets très graves chez de nombreux employés.

En effet, plusieurs personnes, travaillant sur appel par exemple, ont pu mettre six ou sept années pour acquérir deux ans d'ancienneté. Une sanction comme celle prévue à l'article 23 alinéa 1, dans plusieurs cas, fait perdre à des employés la chance d'accéder à un poste de jour ou à un poste supérieur. Des employés supplantés par d'autres peu expérimentés doivent entraîner ceux-ci, contrairement au sens commun le plus élémentaire. Et surtout, l'application d'une sanction uniforme pour toutes les infractions a créé des iniquités et, aux dires mêmes de certains employeurs, elle a perturbé gravement le climat de collaboration et l'esprit d'équipe devant régner dans un réseau aussi important que celui de la santé et des services sociaux.

Le Tribunal n'oublie ici ni les conséquences ni les problèmes que les gestes illégaux des salariés ont eus sur les bénéficiaires des établissements ainsi que sur l'administration de ces organismes et la vie de leurs cadres. Mais là n'est toutefois pas la question examinée dans ce chapitre.

Autre point important. Les sanctions prévues aux articles 20 et 23 contreviennent aux règles d'équité en matière procédurale : aucun procès ni forme quelconque d'auditions ; aucune discussion avec qui que ce soit avant l'application des mesures. Dans le cadre d'une convention collective on ne procède pas ainsi, la chose est bien connue. Ces sanctions portent aussi atteinte aux règles de la justice naturelle et fondamentale qui exigent d'être entendu avant d'être condamné. Le Procureur général a soutenu, plaidant toujours le caractère disciplinaire des sanctions, qu'en matière de relations de travail on prend action d'abord, puis vient le grief. Il oublie cependant que cette façon de procéder est encadrée par plusieurs dispositions de la convention collective visant à assurer un équilibre entre les droits de l'employeur et ceux de l'employé. Ce n'est pas le cas en l'espèce : l'employeur, pas plus que l'arbitre, n'a quelque marge de manœuvre ressemblant un tant soit peu à celle que l'on retrouve dans le cadre des relations de travail.

Passons à l'argument relatif à l'imprécision de la loi. Il n'est pas convaincant. Syndicats et employés connaissaient les dispositions du *Code du travail* depuis belle lurette et tous étaient bien au fait de l'illégalité de leurs gestes. Les salariés ont été informés des conséquences de leurs actes et des décisions et décrets pris tant par le Conseil des services essentiels que par le gouvernement. Bref, ni les syndicats ni les salariés ne peuvent plaider ignorance en l'espèce. Ils ont délibérément choisi de se faire justice à eux-mêmes et d'ignorer la loi et les principes de droit reconnus par notre société. Ils ne peuvent certes pas espérer que le Tribunal approuve leurs gestes

illégaux. Mais les actes illégaux d'une partie ne sauraient justifier ceux d'une autre, et les moyens pris par l'État, dans le contexte de la Loi 160 telle qu'elle existe présentement, portent atteinte aux libertés et aux droits fondamentaux protégés par l'article 7 C.C. En ce qui concerne les articles 20 et 23, la chose est claire. Pour ce qui est de l'article 18, la question pose problème car l'article 7 C.C. ne protège pas les droits d'une « société » dans un cas comme celui-ci ; c'est le principe que l'on retrouve dans l'arrêt *Irwin Toy*.

En résumé, les dispositions prévues aux articles 18, 20 et 23 sont de nature pénale. Celles apparaissant aux articles 20 et 23 portent atteinte aux droits des employés et violent l'article 7 C.C. Ce qui n'est pas le cas toutefois pour l'article 18, qui affecte non des personnes mais des associations.

IV. *Séparation des pouvoirs — suprématie du droit et l'article 23 C.Q.*

A– *Propositions des parties demanderesses*[60]

1) Non-respect des principes de la séparation des pouvoirs et de la primauté du droit

a) Les articles 9 et 18 de la Loi 160 sont nuls parce que contraires aux principes de la séparation des pouvoirs et de la primauté du droit

i) Le principe de la séparation des pouvoirs

Le principe de la séparation des pouvoirs fait maintenant partie de notre régime constitutionnel, particulièrement en ce qui concerne une de ses composantes essentielles, soit l'indépendance des tribunaux, et l'indépendance des tribunaux implique l'accès aux tribunaux.

Ce droit d'accès aux tribunaux est nié en ce qui concerne les articles 9 et 18 de la Loi 160 étant donné que le législateur a donné au gouvernement le pouvoir de rendre seul des jugements extrajudiciaires en jugeant du respect ou non de l'article 2, et ce, aux fins de décider s'il

---

(60) Le Tribunal reproduit dans cette sous-section A les propositions des parties demanderesses telles qu'elles lui ont été présentées par écrit. Toutes les autres propositions des parties n'ont été plaidées qu'oralement.

y a lieu ou non de priver, par décret, certains salariés des droits qui leur appartiennent suite à la négociation et la conclusion d'une convention collective.

Or, l'accès aux tribunaux ne peut être rendu impossible par une loi.

ii) Le principe de la primauté du droit

Le principe de la primauté du droit fait partie de notre droit constitutionnel, étant incorporé à la Constitution du pays dans le préambule de la *Charte canadienne des droits et libertés*. Le principe de la primauté du droit ou principe de la légalité est d'assurer la prédominance du droit. Cette prédominance du droit, pour avoir un sens, doit nécessairement impliquer l'accès aux tribunaux et, particulièrement, à des tribunaux indépendants.

> Ce droit constitutionnel [accès aux tribunaux] découle aussi du principe de la primauté du droit énoncé au préambule de la Charte canadienne [...] La primauté du droit implique le droit d'accéder aux tribunaux qui interprètent le droit. [Brun et Tremblay, *Droit constitutionnel*, 2e édition, p. 707.]

Dans l'affaire *B.C.G.E.U. c. Colombie-Britannique*, (1988) 1 R.C.S. 214, aux pages 228 et 229 et à la page 230 :

> Prenons d'abord le préambule de la Charte. Il porte :
>> Attendu que le Canada est fondé sur des principes qui reconnaissent la suprématie de Dieu et la primauté du droit.
>
> La primauté du droit constitue donc le fondement même de la Charte.
>
> [...]
>
> À quoi bon des droits et libertés garantis par la Charte si une personne qui veut les faire respecter se voit refuser l'accès à un tribunal compétent ou si cet accès est retardé ?
>
> [...]
>
> Il ne peut y avoir de primauté du droit sans accès aux tribunaux, autrement la primauté du droit sera remplacée par la primauté d'hommes et de femmes qui décident qui peut avoir accès à la justice.

En paraphrasant le juge en chef, on pourrait affirmer ici qu'en ce qui concerne notre problème la primauté du droit est remplacée par la primauté de la « branche exécutive » du gouvernement.

En effet, aucun accès à un tribunal n'est prévu aux termes des articles 9 et 18 de la loi, et pourtant le gouvernement est appelé ici à rendre une décision judiciaire :

> En conséquence en révoquant le certificat de l'Alliance, la Commission intimée la *privait de son droit* et la décision qu'elle rendait ainsi était strictement *une décision judiciaire* où la commission intimée était appelée à *juger qu'il existait une cause* pour enlever ce droit à l'Alliance. [nous soulignons] [*Alliance des professeurs catholiques de Montréal c. Labor Relations Board* (1953) R.C.S. 140, 152.]

et, dans ce cas, la situation ne laisse aucun doute :

> En pareil cas, la règle est que la partie dont le droit est en jeu doit être entendue et que l'opportunité lui soit fournie de se défendre. [*Alliance des professeurs catholiques de Montréal c. Labor Relations Board* (1953) R.C.S. 140, 152.]

Et plus loin, à la page 161, cette fois sous la plume du juge Rand, la Cour suprême écrit :

> The only answer suggested to this is that the Board, being an "administrative body," can, in effect, act as it pleases. But in this we are too much the prisoners of words. In one sense of administration, in the enactment of subordinate legislation or quasi-legislation, the principle has a limited application; but in the complexity of governmental activities today, a so-called administrative board may be charged not only with administrative and executive but also with judicial functions, and it is these functions to which we must direct our attention. When of a judicial character, they affect the extinguishment or modification of private rights or interests. The rights here, some recognized and other conferred by the statute, depend for their full exercise upon findings by the Board; but they are not created by the Board nor are they enjoyed at the mere will of the Board; and the Association can be deprived of their benefits only by means of a procedure inherent in judicial process.

Ainsi, compte tenu aujourd'hui de l'enchâssement constitutionnel du principe de la séparation des pouvoirs et de la suprématie du droit, les articles 9 et 18 sont inconstitutionnels puisqu'ils donnent au gouvernement le pouvoir d'interpréter la Loi 160, plus particulièrement l'article 2 de cette loi, et ce, afin de décider s'il y a lieu ou non de priver certain(e)s salarié(e)s ou associations de leur droit, et ce, sans que cette interprétation soit soumise au jugement d'un tribunal. De plus, en ce qui a trait à l'article 18, l'usurpation d'une fonction judiciaire par l'exécutif est encore plus flagrante étant donné que l'objectif de cette disposition est de sanctionner le non-respect de la loi. Ceci nous amène à l'examen des articles 20 et 23 de la Loi 160.

b) Les articles 20 et 23 de la Loi 160 sont nuls car ils ne respectent pas les principes de la séparation des pouvoirs et de la primauté du droit

Aux articles 20 et 23 de la Loi 160, le législateur a chargé les employeurs de sanctionner le non-respect de la loi lorsqu'il constate une contravention à l'article 2 de la Loi 160. Les sanctions prévues impliquent la privation des droits existant en vertu de la convention collective.

En vertu de ces dispositions, un employeur-établissement jugera s'il y a eu contravention ou non à l'article 2. S'il en vient à la conclusion qu'il y a eu telle contravention, il procédera à la retenue prévue à l'article 20 et réduira l'ancienneté conformément à l'article 23.

L'interprétation d'une loi aux fins de sanctionner son non-respect relève de la fonction judiciaire. Les articles 20 et 23 ne respectent pas la hiérarchie des fonctions étatiques, laquelle découle du principe de la primauté du droit.

> De ce point de vue, le règne du droit est une notion essentiellement formelle, qui exprime un rapport. Elle désigne le rapport de subordination qui existe entre les actes étatiques, entre les différentes fonctions de l'État. Cette hiérarchie des fonctions étatiques se résume ainsi : suprématie de la fonction législative sur les fonctions judiciaires et exécutives, de telle façon que les actes étatiques sont liés par la Loi par un lien de conformité ou de compatibilité selon le cas ; *suprématie de la fonction judiciaire sur la fonction exécutive, la fonction judiciaire étant d'abord et avant tout chargée de sanctionner la conformité ou la compatibilité des actes (en général) à la Loi,* y compris les actes du gouvernement et de l'administration. [Nous soulignons] [Brun et Tremblay, *Droit constitutionnel*, 2e édition, p. 631.]

S'il est vrai que les articles 21 et 23 prévoient un arbitrage postérieur à l'application de la sanction, nous soumettons que le principe de la primauté du droit exige en 1991 que seul un tribunal judiciaire ou quasi judiciaire soit chargé de sanctionner le non-respect d'une loi d'ordre public et non un fonctionnaire. En vertu des articles 20 et 23, c'est un « fonctionnaire » qui sanctionne. Les salarié(e)s se voient privé(e)s de leurs droits avant l'arbitrage prévu. En conséquence, ces dispositions sont également inconstitutionnelles.

2) Non-respect de l'article 23 de la *Charte des droits et libertés de la personne*, L.R.Q., c. C-12

a) Examen du libellé des articles 9, 18, 20 et 23 de la Loi 160

i) Le libellé de l'article 9 de la Loi 160

L'article 9 de la Loi 160 stipule ce qui suit :

> Si dans un établissement, un conseil régional ou dans une catégorie d'établissement ou de conseils régionaux que détermine le gouvernement, les salariés ne se conforment pas à l'article 2 en nombre suffisant pour assurer la prestation des services essentiels prévus à une liste ou à une entente ou, à défaut, ceux visés aux articles 111.10 et 111.10.1 du Code du travail, le gouvernement peut, par décret, à compter de la date, pour la période et aux conditions qu'il fixe, uniquement aux fins d'assurer les services essentiels, remplacer, modifier ou supprimer toute disposition de la convention collective liant l'employeur et l'association qui représente ces salariés, afin de pourvoir au mode selon lequel l'employeur comble un poste, procède à l'embauche de nouveaux employés et à toute matière se rapportant à l'organisation du travail.

> Il peut, de plus, aux mêmes fins, par un tel décret, à compter de la date, pour la période et aux conditions qu'il fixe, remplacer, modifier ou supprimer toute disposition de cette convention collective pour exclure de l'application des dispositions de la convention collective relatives à l'ancienneté, les employés embauchés pour la prestation des services essentiels.

> Les dispositions d'un décret adopté en vertu du présent article font partie, pour la période

qui y est indiquée, de toute convention collective qu'elles visent.

Comme nous l'avons vu précédemment à l'article 9 de la Loi 160, le législateur a confié au gouvernement le pouvoir d'abolir les droits de certains salariés en décrétant la suppression, par exemple, d'une ou plusieurs dispositions de leur convention collective. Ce pouvoir de décréter est cependant soumis à certaines conditions.

1– que les salariés ne se conforment pas à l'article 2 ;

2– en nombre suffisant pour assurer la prestation des services essentiels.

Qu'arrive-t-il si le gouvernement estime qu'il y a lieu de passer un décret alors qu'une personne susceptible d'être visée par ce décret croit que les conditions stipulées à l'article 9 ne sont pas rencontrées ? En d'autres termes, devant qui cette personne pourra-t-elle faire valoir sa cause ? Qui décide si les conditions prévues à la loi sont rencontrées ?

Il est clair ici que le respect ou non de l'article 2 de la Loi 160, tout comme l'évaluation de la suffisance du nombre de salariés en regard des services essentiels, sera déterminé par le gouvernement. La loi ne prévoit pas d'audition, pas de tribunal et encore moins de tribunal indépendant pour décider de cette question.

En d'autres termes, les droits de cette personne de ne pas voir sa convention collective modifiée, ou même supprimée en conformité avec l'article 9, seront décidés unilatéralement par le pouvoir exécutif.

ii) Le libellé de l'article 18 de la Loi 160

L'article 18 de la Loi 160 stipule ce qui suit :

> Un établissement ou un conseil régional *doit cesser de retenir* sur le salaire d'un salarié tout montant visé à l'article 47 du Code du travail ou *toute cotisation syndicale* visée par une convention collective, *dès que l'association de salariés* accréditée pour représenter ce salarié *a déclaré* ou poursuivi *une grève contrairement à l'article 4.*
>
> Un établissement doit, de même, cesser de retenir un tel montant ou une telle cotisation sur le salaire de chacun des salariés que représente une association de salariés *dès que ces salariés ne se conforment pas à l'article 2* en nombre suffisant pour assurer la prestation des services essentiels prévus à une entente ou à une liste ou, à défaut, ceux visés aux articles 111.10 et 111.10.1 du Code du travail. [nous soulignons]

Tout comme dans le cas de l'article 9 de la loi, l'article 18 prévoit que certaines conditions doivent être rencontrées avant que les droits d'un(e) salarié(e) soient affectés par le fait que son syndicat ne puisse bénéficier de l'article 47 du *Code du travail*, c'est-à-dire puisse être assuré d'une rentrée d'argent régulière grâce à la retenue syndicale obligatoire. Ces conditions sont les suivantes :

1– Que l'association de salariés accréditée pour représenter ce salarié ait déclaré ou poursuivi une grève contrairement à l'article 4 ; ou

2– Que ses salariés ne se conforment pas à l'article 2 en nombre suffisant pour assurer la prestation des services essentiels prévue à la loi.

Il ne fait pas de doute que la cessation de la retenue salariale relativement à la cotisation syndicale affecte l'efficacité du syndicat, ne serait-ce qu'à court terme. Cela a une conséquence directe sur les membres du syndicat, lesquels ont conséquemment un intérêt direct dans la détermination de leurs droits découlant de la violation de l'article 18.

Dans leur rapport au ministre Côté (F.I.I.Q., pièce R-18), les deux membres du comité de travail sur la Loi 160, MM. Norbert Rodrigue et Maurice Lemelin, écrivent ce qui suit :

> Pour un syndicat, la perte d'entrée de fonds a les mêmes conséquences que pour toute organisation ; ils ont dû couper dans les services et restreindre leurs activités.
>
> Mais, au-delà du manque d'argent, la mise sur pied des mécanismes de cotisations a drainé une partie importante des efforts aux dépens des services usuels offerts par l'appareil syndical.

Et plus loin :

> On pense qu'un travail de base a donc été négligé dû, en partie, aux sanctions de retenue à la source.
>
> [page 25]

Or, tout comme à l'article 9, la détermination des droits d'un membre d'un syndicat relativement à cette retenue syndicale, c'est-à-dire à l'application intégrale de l'article 47 du *Code du travail*, n'est soumise à aucun processus judiciaire, à aucune audition.

iii) Le libellé de l'article 20 de la Loi 160

L'article 20 de la Loi 160 stipule ce qui suit:

Un salarié qui contrevient à l'article 2 ne peut être rémunéré pour la période de contravention.

De plus, le traitement à lui être versé suivant la convention collective applicable pour le travail effectué après la contravention est réduit d'un montant égal au traitement qu'il aurait reçu pour chaque période d'absence ou de cessation s'il s'était conformé à l'article 2.

Chaque employeur doit, s'il constate une contravention à l'article 2, faire les retenues découlant de l'application du deuxième alinéa jusqu'à concurrence de 20 % du traitement par période de paie. Il verse par la suite ces sommes à une œuvre de charité enregistrée au sens de la Loi sur les impôts (L.R.Q., chapitre 1-3) désignée par décret du gouvernement.

Le troisième alinéa de l'article 20 énonce que c'est l'employeur qui fera la constatation, s'il en est, d'une contravention à l'article 2. S'il fait telle constatation, il devra effectuer la retenue du traitement prévu à cet alinéa. L'article 21 prévoit un arbitrage postérieur à l'imposition de la sanction suite à la constatation par l'employeur.

iv) Le libellé de l'article 23 de la Loi 160

L'article 23 de la Loi 160 se lit comme suit:

À compter de la date déterminée par décret du gouvernement, tout salarié qui s'absente de son travail ou cesse d'exercer ses activités normales contrairement à l'article 2 perd un an d'ancienneté pour chaque jour ou partie du jour pendant lequel dure cette absence ou cette cessation.

Si le nombre d'années ou de fractions d'année d'ancienneté acquises par un salarié suivant la convention collective qui le régit est inférieur au nombre total d'années résultant de l'application du premier alinéa, la perte d'ancienneté est égale au nombre d'années ou de fractions d'années acquises.

L'établissement informe le salarié de la perte d'ancienneté le concernant dans les quarante-cinq jours de la date de son retour au travail.

Le salarié a droit de faire reconnaître les années ou fractions d'année d'ancienneté qu'il a perdues par l'effet de l'application du présent article s'il s'est conformé à l'article 2 ou s'il en a été empêché malgré qu'il ait pris tous les moyens raisonnables pour s'y conformer et que le fait de ne pas s'être conformé à l'article 2 n'était partie à aucune action concertée.

Quiconque est saisi en arbitrage d'une décision prise par l'employeur suivant le présent article ne peut que la confirmer ou l'infirmer en se fondant uniquement sur le quatrième alinéa.

La perte d'ancienneté résultant du présent article n'a pas pour effet de soumettre un salarié qui a terminé sa période de probation dans un établissement ou un conseil régional à une nouvelle période de probation.

Le cinquième alinéa de l'article 23 indique que l'employeur devra prendre une décision suivant cette disposition quant à savoir si un(e) salarié(e) s'est absenté(e) de son travail ou a cessé d'exercer ses activités normales contrairement à l'article 2.

Encore une fois, l'employeur devra appliquer et interpréter l'article 2, et il découlera de cette interprétation application ou non de la sanction prévue à cette disposition, soit la perte de l'ancienneté.

L'article 23 ne prévoit pas d'audition avant l'imposition de la sanction. Un arbitrage est, par ailleurs, prévu postérieurement à l'imposition de la sanction par décision de l'employeur mais la compétence de l'arbitre est restreinte de par les stipulations du cinquième alinéa de cette disposition.

v) Interprétation et sanction d'une loi d'ordre public

Il ressort de l'examen du libellé des articles 9, 18, 20 et 23 que le pouvoir exécutif, dans un cas, et l'employeur, dans les trois autres cas, ont reçu pour mission de la part du législateur d'interpréter l'article 2 de la Loi 160 afin de s'assurer de son application (art. 9) et de sanctionner toute contravention à l'article 2 (art. 18, 20 et 23).

Or, l'interprétation de l'article 2 ne constitue pas l'exercice d'un simple pouvoir administratif compte tenu de la complexité de cette disposition et tout particulièrement quant à l'interprétation du troisième alinéa de cette disposition.

En effet, une simple lecture des articles 111.11 et 111.12 du *Code du travail* relève rapidement que l'application de ces dispositions laisse une très grande discrétion au pouvoir exécutif (quant à l'article 9) et aux employeurs (quant aux articles 18, 20 et 23).

b) Examen du libellé de l'article 23 de la charte québécoise

Nous soumettons respectueusement qu'il y a deux façons de lire l'article 23. Une première qui découle d'une interprétation littérale du texte de sa disposition et une autre qui se déduit d'une récente et unique décision de la Cour d'appel à cet égard.

Bien que les parties syndicales devant cette Cour favorisent nettement la première de ces deux interprétations, il va sans dire que nous devons tenir compte de la deuxième, compte tenu qu'elle découle d'une interprétation que l'on pourrait faire d'une décision de la Cour d'appel. Par ailleurs, nous entendons démontrer à cette honorable Cour que les articles 9, 18, 20 et 23 de la Loi 160 sont nuls parce que contraires à cette disposition importante de la charte québécoise [L'article 52 fait de l'article 23 une disposition quasi constitutionnelle car aucune disposition postérieure à la charte ne peut déroger, entre autres, à l'article 23. L'article 23 ne permet pas de dérogation à sa face même et la Loi 160 n'a pas de « clause nonobstant ».] et ce, suivant l'une ou l'autre de ces interprétations.

i) L'interprétation littérale

Suivant cette lecture de l'article 23, lecture qui, encore une fois, est celle des parties syndicales devant cette Cour, l'article 23 signifie ceci :

Relativement à la détermination de ses droits, une personne a droit en pleine égalité ;

a) à une audition publique et impartiale de sa cause ;

b) par un tribunal indépendant et non préjugé.

ii) Interprétation découlant de l'arrêt *S.C.F.P. c. Conseil des services essentiels*

Des notes de l'honorable juge Chevalier, auxquelles souscrivent les juges Tourigny et Gendreau, l'on peut déduire que l'article 23 de la charte québécoise permet d'affirmer ceci :

Relativement à la détermination de ses droits, une personne a droit en pleine égalité ;

a) à une audition publique et impartiale de sa cause ;

b) à l'indépendance et à l'absence de préjugé de la part dudit tribunal.

c) Application de l'article 23 suivant l'une ou l'autre de ces interprétations

Dans la première interprétation, l'accès au tribunal *est un droit* conféré par l'article 23 de la charte québécoise alors que, dans la deuxième, l'accès au tribunal *est une condition* à l'application même de l'article de cette disposition.

Nous examinerons ici tour à tour ces deux interprétations en démontrant que, suivant l'une ou l'autre, les articles 9, 18, 20 et 23 de la Loi 160 sont contraires à l'article 23 de la charte des droits.

i) L'accès au tribunal : une condition

Dans l'arrêt *S.C.F.P.*, la Cour d'appel décide que l'article 23 de la charte québécoise ne s'applique qu'à un organisme exerçant des fonctions quasi judiciaires.

Définir ce qui constitue un pouvoir quasi judiciaire est une affaire complexe.

Dans leur ouvrage *Principes de contentieux administratif* (2e éd. 1982), les professeurs Pépin et Ouellette décrivent un certain nombre de critères pouvant servir de moyens d'identification :

1– Le critère organique

2– Le critère de la décision ferme

3– Le critère du fondement de la décision

4– Le critère de la décision qui affecte les droits

5– Le critère du processus judiciaire

6– Les considérations de «*public policy*»

Ces critères sont tous issus de différentes décisions portant sur des faits fort différents très souvent.

Les auteurs nous mettent en garde contre une application mécanique de l'un ou l'autre de ces critères :

> Il suffit de faire la recension des arrêts récents de la Cour suprême du Canada où s'est posé le problème de la qualification d'un acte pour constater que la haute juridiction, sans toujours le dire expressément, tient compte des retombées sociales, économiques, politiques de ces décisions en matière de qualification et ne cède pas à la facilité d'une application mécanique des critères traditionnels. C'est sans doute le même passage que transmet le juge Dickson lorsqu'il prend en considération l'importance, les effets et les sanctions qui peuvent découler d'une décision pour qualifier cette dernière de quasi-judiciaire.

Nous référons la Cour aux pages 152 à 176 de l'ouvrage des professeurs Pépin et Ouellette.

Il est peut-être utile ici de reproduire ce «message» mentionné par les auteurs que transmet le juge Dickson dans l'affaire *Ministre du Revenu national c. Coopers and Lybrand*, (1979) 1 R.C.S. 495, 504 :

> En termes plus généraux, il faut tenir compte de l'objet du pouvoir, de la nature de la question à trancher et de l'importance de la décision sur ceux qui sont directement ou indirectement touchés par elle : voir l'arrêt *Durayappah v. Fernando*. Plus la question est importante et les sanctions sérieuses, plus on est justifié de demander que l'exercice du pouvoir soit soumis au processus judiciaire ou quasi judiciaire.

Cette réserve faite par le juge Dickson dans cet arrêt suit l'énumération des critères énoncés par la Cour suprême dans ledit arrêt, sur lesquels s'appuie notre Cour d'appel dans l'arrêt *S.C.F.P.*

Nous soumettons qu'à la lumière de cette réserve, c'est-à-dire en tenant compte de l'importance des questions soumises à l'exécutif (art. 9) de la Loi 160 ou à l'employeur (art. 18, 20 et 23 de la Loi 160) et du caractère sérieux des sanctions infligées aux contrevenants à l'article 2 de la Loi 160, nous croyons pouvoir convaincre cette honorable Cour que les pouvoirs ou organismes appelés à appliquer ces sanctions aux article 9, 18, 20 et 23 de la Loi 160 peuvent être qualifiés de quasi judiciaires. Les critères sont énoncés à la page 504 de l'arrêt *Coopers and Lybrand*.

Premier critère

Comme l'écrit la Cour suprême, commentant elle-même son premier critère :

> L'absence de termes express prescrivant la tenue d'une audience n'exclut pas nécessairement l'obligation et Common Law d'en tenir une.

Or, comme nous l'avons vu à l'examen de l'arrêt *Alliance des professeurs*, dans un cas comme ceux apparaissant aux articles 9, 18, 20 et 23 de la Loi 160, il y a obligation de tenir une audition.

Deuxième critère

Il n'y a pas de doute que l'application de chacune des sanctions et le décret de l'article 9 de la loi portent atteinte aux droits et obligations des salariés(e)s et associations visés.

Troisième critère

À sa face même, la procédure n'est évidemment pas contradictoire mais, compte tenu des difficultés d'interprétation en cause et de la nature des questions à trancher, nous soumettons qu'il y a obligation ici de tenir une procédure contradictoire.

Quatrième critère

Qu'il s'agisse de l'article 9 ou des sanctions prévues aux articles 18, 20 et 23 de la Loi 160, chaque cas est un cas d'espèce. Il ne s'agit pas ici d'appliquer une politique sociale ou économique au sens large.

Les critères de l'arrêt *Coopers and Lybrand* ne sont qu'une manifestation des moyens utilisés par les tribunaux supérieurs afin de déterminer si un tribunal peut être qualifié de quasi judiciaire. Ce moyen s'inscrit dans le critère du processus judiciaire énuméré plus haut par les professeurs Pépin et Ouellette. On se rend compte que, si on appliquait l'arrêt *Alliance des professeurs* vu précédemment, nous appliquerions alors le critère de la décision qui affecte les droits et nous n'aurions aucune difficulté à nous qualifier entièrement sous ce critère, et ce, pour tous les critères en cause de la Loi 160.

Enfin, nous désirons tout particulièrement attirer l'attention de cette honorable cour sur le sixième critère mentionné par les professeurs Pépin et Ouellette à la page 174 de leur ouvrage. Il s'agit des considérations de «*public policy*». Nous attirons l'attention de cette Cour à la note 414 au bas de la page 175, où les auteurs, après avoir cité un long extrait d'un arrêt ayant tenu compte de considération de «*public policy*», écrivent :

> L'émergence de la théorie de l'équité administrative, infra, témoigne du souci des juges de faire évoluer le droit administratif dans le sens d'une plus grande justice pour les administrés.

Ainsi, nous soumettons que, suivant l'interprétation et l'application de la Cour d'appel de l'article 23 de la charte, les articles 9, 18, 20 et 23 sont illégaux et nuls. Rappelons maintenant que c'est par respect pour la Cour d'appel que nous avons tenu compte de son interprétation de l'article 23. Mais, bien respectueusement, nous soumettons que cette façon de voir n'est pas conforme au texte clair de l'article 23, comme nous allons le voir.

Mais mentionnons tout de suite qu'à notre humble avis la Cour d'appel se trompe en exigeant une fonction «quasi judiciaire». En effet, l'article 23 nous parle simplement d'un tribunal qui «détermine des droits», ce qui n'est pas nécessairement «quasi judiciaire».

Comme on le voit tout de suite, la Cour d'appel se refuse à une interprétation littérale de cette disposition. Nous allons examiner maintenant cette interprétation.

ii) L'accès au tribunal : un droit

À notre humble avis, l'interprétation littérale de l'article 23 de la charte québécoise est non seulement conforme au libellé même du texte de cette disposition mais s'inscrit dans cette évolution du droit administratif vers une plus grande justice pour les justiciables.

À notre avis, une lecture attentive de l'article 23 de la charte québécoise révèle que le législateur québécois a opté pour le quatrième des critères énumérés par les professeurs Pépin et Ouellette, soit le critère de la décision qui affecte les droits.

L'examen de ce critère aux pages 165 à 169 de l'ouvrage mentionné plus haut révèle qu'il tire son origine d'importantes décisions de la Cour suprême.

Nous soumettons que le législateur québécois a décidé de le faire sien dans la *Charte des droits et libertés de la personne* en donnant à chaque personne le droit, en pleine égalité, à une audition de sa cause par un tribunal lorsqu'il en va de la détermination de ses droits. Cette audition devra être publique et impartiale, et le tribunal devra être indépendant et non préjugé.

Ainsi, le critère d'application de l'article 23 de la charte québécoise n'est plus le caractère quasi judiciaire du tribunal mais bien la détermination des droits du justiciable. Ainsi, nous soumettons que cette disposition s'applique dans la mesure où une personne peut démontrer que ses droits sont ou seront déterminés par l'organisme ou le fonctionnaire, c'est-à-dire que ses droits sont ou seront sérieusement affectés par la décision de ce dernier. Dans cette mesure, cette personne a droit à une audition publique et impartiale par un tribunal indépendant.

En l'occurrence, l'employeur, servant d'intermédiaire à l'État, comme nous l'avons vu à l'occasion de la plaidoirie de Me Laframboise, sanctionne une loi d'ordre public et interprétant des dispositions fort complexes. Il en va certainement de la détermination des droits des personnes ou associations visées.

Or l'examen des articles 9, 18, 20 et 23 de la Loi 160 révèle clairement que le législateur n'a pas prévu d'audition et encore moins par un tribunal indépendant.

Cette interprétation de l'article 23 de la charte implique, bien entendu, des obligations considérables à l'État. Elle oblige, comme en l'espèce, à offrir :

1– une audition (impartiale)

2– par un tribunal (indépendant)

et ce, chaque fois qu'il en va de la détermination des droits d'un justiciable. Ainsi, si un tribunal est appelé à déterminer des droits, la loi qui le crée doit rencontrer les exigences de l'article 23. Rappelons cependant qu'il ne s'agit pas d'une disposition constitutionnelle et que l'Assemblée nationale peut y mettre fin par un processus d'amendement traditionnel, sans compter que le législateur peut inscrire une clause dérogatoire dans sa nouvelle loi.

iii) L'accès au tribunal avant la détermination des droits

La doctrine reconnaît que l'audition dont il est question à l'article 23 doit précéder la détermination des droits :

> S'imposent également les droits procéduraux découlant de l'article 23 de la Charte des droits et libertés de la personne, L.R.Q. c. C-12, et de l'alinéa 2ᵉ) de la Déclaration canadienne des droits, L.R.C. 1985, App. III. Ces droits procéduraux se résument globalement dans le fait que la décision doit être rendue par une autorité impartiale et indépendante, *au terme d'une audition* valable dans les circonstances. [nous soulignons]
>
> [Brun et Tremblay, *Droit constitutionnel*, 2ᵉ édition, page 666]

De plus, la lecture de l'article 23 ne laisse, à notre avis, aucun doute à cet égard. En effet, il ne viendrait à l'idée de personne que le « bien-fondé de toute accusation » portée contre une personne soit déterminée avant l'audition du procès. Or, tel que rédigé, l'article 23 ne fait pas de distinction entre le « bien-fondé d'une accusation » ou « la détermination des droits et obligations d'une personne ». L'intention manifeste du législateur est à l'effet que l'un et l'autre trouvera sa conclusion au terme d'une audition et non avant. Il serait tout à fait illogique que des droits et obligations soient « déterminés » avant qu'une audition ait lieu.

Pour toutes ces raisons, nous soumettons que les articles 9, 18, 20 et 23 de la Loi 160 sont contraires à l'article 23 de la *Charte des droits et libertés de la personne*. (Fin des propositions écrites des parties demanderesses.)

B– Propositions du Procureur général

Le Procureur général résume comme suit les propositions des parties demanderesses. En empêchant l'accès aux tribunaux et en faisant prendre par le gouvernement plutôt que par ceux-ci les décisions prévues dans la Loi 160, le législateur viole le principe de la séparation des pouvoirs. Quant au principe de la primauté du droit, les parties demanderesses soutiennent que, pour assurer cette primauté, il faut donner accès à des tribunaux indépendants. Or, en l'espèce, cet accès n'est pas accordé, le gouvernement prenant les décisions en leur lieu et place. Ainsi, les articles 9 et 18 de la Loi 160 seraient inconstitutionnels. Quant aux articles 20 et 23 de la loi, ils souffriraient de la même carence puisque c'est l'employeur, plutôt que le gouvernement, qui usurperait alors les compétences du pouvoir judiciaire.

Ces propositions négligent tout simplement le principe de la suprématie du Parlement, qui subsiste toujours malgré les chartes. En l'absence d'une atteinte à des droits garantis dans les documents constitutionnels ou dans la *Loi constitutionnelle de 1867* (par exemple, les dispositions apparaissant aux articles 96 et 100), on ne saurait prétendre que la Loi 160 viole le principe de la séparation des pouvoirs.

i) La séparation des pouvoirs au Canada

S'il fallait interpréter restrictivement ce principe, les lois créant plusieurs tribunaux (comme le Tribunal du travail) et plusieurs organismes quasi judiciaires (commissions, régies, arbitres, etc.) contreviendraient à l'article 96 de la *Loi constitutionnelle de 1867*.

En dehors d'une atteinte à la Constitution ou à la charte, on ne peut prétendre que le législateur viole le principe de la séparation des pouvoirs lorsque, exerçant simplement sa souveraineté, il décide de prévoir dans une loi un recours autre que celui qui peut s'exercer devant un tribunal. Bref, l'indépendance des tribunaux n'inclut pas un droit d'y avoir accès dans tous les cas imaginables, et ce droit n'existe pas indépendamment de la suprématie du Parlement.

Quant à l'argument portant que l'article 23 C.Q. donne droit à une audition devant un tribunal indépendant et impartial dès qu'un droit ou une liberté est affecté, le Procureur général soutient qu'il résulte d'une interprétation erronée de la disposition. Lisant ensemble les articles 23 et 56, il faut en conclure que le véritable objectif de la charte est de conférer un droit d'accès à un tribunal indépendant à toute personne qui se retrouve effectivement devant un « tribunal au sens de l'article 56 », pas avant. En l'espèce, l'employeur qui impose une sanction n'exerce pas une fonction quasi judiciaire mais un simple pouvoir ministériel. Il ne détermine pas de droits au sens de l'article 23.

2) Primauté du droit

Pour le Procureur général, la Loi 160 ne s'applique que dans les cas où les employés agissent illégalement. Tous, employeurs comme employés, sont soumis à la loi et la Loi 160 ne porte pas atteinte à ce principe. Lorsque le gouvernement a pris un décret entraînant une perte d'ancienneté par exemple, il a agi en vertu d'une disposition législative. Il n'a donc pas violé le principe de primauté du droit.

C– *Position du Tribunal*

Le Tribunal est d'avis que les dispositions de la Loi 160 ne violent pas le principe de la primauté du droit parce qu'elles ne s'appliqueront que dans un contexte d'illégalité et tous, employés comme employeurs, sont soumis à la loi. Quant aux décrets, ils ont été pris par le gouvernement en vertu d'une disposition législative. Celui-ci n'a donc pas usurpé le pouvoir du législateur ; il en a appliqué les décisions.

La Loi 160 ne contrevient pas non plus au principe de la séparation (ou mieux de l'équilibre) des pouvoirs au sein de notre société. Le législateur, exerçant un pouvoir souverain, a adopté des mesures et prévu des recours autres que ceux pouvant s'exercer devant un tribunal ; c'est son droit strict. Le Tribunal ne saurait annuler la Loi 160 pour ce seul motif ; ce qui ne signifie cependant pas que toutes les sanctions sont valides en regard des chartes. Nous reparlerons de cette question plus loin.

L'exemple de la sanction édictée à l'article 18 montre bien le pouvoir souverain en action. On a vu que les syndicats ne peuvent, en l'espèce, être protégés par la charte canadienne puisqu'il s'agit de sociétés ou d'associations, non d'individus. Les mesures prises à leur endroit apparaissent dans des dispositions législatives (Loi 160) qui en modifient d'autres prévues au *Code du travail* et qui concernent la retenue d'une cotisation syndicale sur le salaire d'un employé. Le législateur a exercé là son pouvoir sans en cela porter atteinte à un droit ni à une liberté conférés par la charte. Il n'a pas agi « administrativement dans le cadre d'une loi, d'un règlement ou d'une politique ». On ne saurait donc lui appliquer les règles de l'équité procédurale (arrêt *Nicholson*) puisqu'on se trouve ici dans le domaine de l'exercice par le Parlement de son pouvoir souverain et suprême.

Ainsi, les dispositions prévues à l'article 18 ne contreviennent ni à la charte, ni aux règles de l'équité procédurale, ni aux deux principes mentionnés ici. Restent aux syndicats leurs recours de droit commun, le cas échéant.

V. *Droits à l'égalité* — Article 15 C.C. et 10 C.Q.

A– *Propositions des parties demanderesses*

1) Droits à l'égalité garantis par les deux chartes

a) L'état du droit

Après avoir tracé l'évolution du concept de discrimination, les parties demanderesses réfèrent à l'arrêt *Swain*, où se trouve résumé l'état du droit en matière de droits à l'égalité. Lisons ici les propos de M. le juge en chef Lamer[61] :

> Aussi, j'estime que les arrêts susmentionnés offrent un cadre fondamental d'analyse des plaintes fondées sur le par. 15 (1). La Cour doit d'abord déterminer si le plaignant a démontré que l'un des quatre droits fondamentaux à

---

(61) C.S. Can. 19758, le 2 mai 1991 (*J.E. 91-765*), p. 51 de l'opinion du juge en chef Lamer.

l'égalité a été violé (i.e. l'égalité devant la loi, l'égalité dans la loi, la même protection de la loi et le même bénéfice de la loi). Cette analyse portera surtout sur la question de savoir si la loi fait (intentionnellement ou non) entre le plaignant et d'autres personnes une distinction fondée sur des caractéristiques personnelles. Ensuite, la Cour doit établir si la violation du droit donne lieu à une « discrimination ». Cette seconde analyse portera en grande partie sur la question de savoir si le traitement différent a pour effet d'imposer des fardeaux, des obligations ou des désavantages non imposés à d'autres ou d'empêcher ou de restreindre l'accès aux possibilités, aux bénéfices et aux avantages offerts à d'autres. De plus, pour déterminer s'il y a eu atteinte aux droits que le par. 15 (1) reconnaît au plaignant, la Cour doit considérer si la caractéristique personnelle en cause est visée par les motifs énumérés dans cette disposition ou un motif analogue, afin de s'assurer que la plainte correspond à l'objectif général de l'art. 15, c'est-à-dire corriger ou empêcher la discrimination contre des groupes victimes de stéréotypes, de désavantages historiques ou de préjugés politiques ou sociaux dans la société canadienne.

Les articles 15 C.C. et 10 C.Q. auraient substantiellement la même signification et il faut examiner ces dispositions en tenant compte du contexte socio-politico-culturel prévalant chez nous. Certaines conceptions du rôle des femmes et des hommes seraient profondément ancrées au sein de notre société. Les femmes auraient toujours joué un rôle inférieur et de second plan. Même si elles forment 51 % de la population, elles seraient considérées comme une minorité discrète et isolée à laquelle doit s'appliquer la protection des chartes. Sans vouloir jeter la pierre à qui que ce soit, il faut reconnaître qu'en matière de discrimination on se trouve dans un domaine de « non-intention ».

Référant ensuite à un texte de M. le professeur Daniel Proulx [62], les parties demanderesses procèdent à l'application de sa grille d'analyse que voici:

i) Article 15 C.C. [63]

Il s'ensuit que l'égalité est violée par une mesure ou une politique donnée, c'est-à-dire qu'il y a discrimination, lorsqu'on peut en dégager les éléments suivants:

1° une distinction de traitement;

2° fondée sur l'un des motifs de discrimination exhaustivement énumérés par la loi (ou sur un motif *analogue* dans le cas de l'article 15 de la Charte canadienne);

3° exercée de façon intentionnelle *ou* résultant des seuls effets de la mesure ou de la politique.

4° causant un préjudice *sérieux* (sous forme de fardeaux, d'obligations ou de désavantages) et *exclusif* à un individu ou à un groupe d'individus en particulier (« des désavantages non imposés à d'autres... »).

ii) Article 10 C.Q. [64]

Bien comprise, la notion québécoise de discrimination, en tant que violation du principe d'égalité, comprend donc les mêmes éléments que la « canadienne », à savoir:

1° une distinction de traitement;

2° fondée sur l'un des motifs énumérés à l'article 10;

3° exercée intentionnellement ou résultant des seuls effets d'une mesure ou d'une politique;

4° causant un préjudice moral ou matériel sérieux et exclusif à un individu ou à un groupe d'individus en particulier;

5° effectuée dans le cadre de certaines activités protégées comme l'emploi ou le logement ou encore à l'occasion de l'exercice des droits et libertés garantis par la Charte.

La Charte québécoise ne se distingue de la législation canadienne sur les droits de la personne que par le cinquième élément. Elle élargit le champ d'application de l'égalité aux droits et libertés qu'elle reconnaît. La portée de la norme québécoise d'égalité est donc plus étendue que celle des autres lois canadiennes sur les droits de la personne. Elle est toutefois moins vaste que celle de l'article 15 de la Charte canadienne qui vise toute loi au Canada, qu'elle mette ou non en jeu un droit ou une liberté garantis.

---

(62) Daniel Proulx. « Chroniques sectorielles. La norme québécoise d'égalité dérape en Cour suprême: commentaire des arrêts Forget, Devine et Ford », (1990) 24 *R.J.T.* 375-395.

(63) *Id.*, 379.
(64) *Id.*, 394-395.

2) Distinction de traitement

La distinction de traitement serait fondée ici sur deux motifs :

a) Le groupe concerné subit le fardeau d'une loi tel qu'il apparaît des témoignages de plusieurs employés ainsi que des constats de MM. Rodrigue et Lemelin.

b) Comparant le traitement législatif réservé aux employés du réseau des services de santé et des services sociaux avec celui applicable à ceux d'autres secteurs, on pourrait affirmer qu'aucune autre loi ne contient un tel éventail de sanctions ; un véritable sommet dans le domaine. Au surplus la Loi 160 est permanente, non pour une durée déterminée comme le furent d'autres lois pouvant lui ressembler, et les employés doivent continuer à négocier leurs conditions de travail alors que leur droit de grève est purement symbolique ; aucun mécanisme compensateur. Cela dit, la Loi 37 n'est aucunement mise en cause en l'espèce bien qu'il faille nécessairement considérer l'ensemble du contexte législatif afin d'évaluer les effets préjudiciaires de la Loi 160.

Il faut tenir compte de ce contexte vu que, par la Loi 160 (a. 1 : secteur visé ; a. 2 al. 3 : référence directe au Code du travail et d'autres articles comme a. 18, 1.1.2., etc.), le législateur lui-même établit un lien avec un ensemble législatif. Et ce régime particulier, notamment celui décrétant le pourcentage de salariés à maintenir lors d'une grève (111.10 C.T.), montre que le droit de grève n'était à toutes fins utiles que purement symbolique. On le voit à la lecture même du premier paragraphe de l'article 11.10 portant que le pourcentage est « d'au moins » 90 % et qu'il s'applique « par quart de travail ». Cette restriction, rendant le droit de grève symbolique, n'est pas illégale en soi car celui-ci n'est pas protégé constitutionnellement mais tel n'est pas le cas pour la liberté syndicale qui exige l'existence d'un mécanisme compensateur lorsque la restriction est aussi sévère qu'en l'espèce.

3) Motifs énumérés par la loi

Près de 73 % des employés du secteur de la santé et des services sociaux sont des femmes. Aucun doute, on se trouve bel et bien dans un « secteur féminin ». Il y a discrimination à l'endroit d'un groupe de femmes dans le système instauré (discrimination systémique). Il s'agit d'un groupe fort important d'employées qui ont besoin de protection pour atteindre l'égalité avec les autres groupes. Protection nécessaire aussi pour des raisons historiques et sociologiques puisque les femmes étaient, jusqu'à ces derniers temps, considérées comme une minorité. Bref, on retrouve ici une distinction de traitement affectant un groupe féminin qui a besoin de protection.

4) Résultant des effets d'une mesure

Une question se pose à ce stade-ci. La distinction de traitement est-elle due au sexe ou simplement au secteur ? Les parties demanderesses répondent en plaidant d'abord que, depuis les arrêts *Commission ontarienne des droits de la personne c. Simpsons-Sears Ltd.*[65] et *Andrews c. Law Society of British Columbia*[66] notamment, on peut se demander s'il s'agit là d'un hasard. Or il ne s'agit pas d'un hasard, et cela n'est pas étonnant puisque la Loi 160 constitue une mesure prise dans un système préjudiciable aux femmes. Cela se voit aux caractéristiques propres au secteur et, entre autres, aux deux éléments suivants : il s'agit d'abord d'emplois impliquant la prise en charge de l'entretien physique et affectif de personnes se trouvant dans un lieu précis de façon permanente ou temporaire ; quant aux emplois qui ne sont pas de cette nature, ils sont quand même reliés à la personne (cuisiniers, aide-ménagers...) ; ensuite, ces emplois ont un rapport avec le rôle traditionnel dévolu à la mère. Il s'agit donc non d'un hasard mais d'un effet systémique dont la conséquence est que les femmes occupent de tels emplois, effet causé par la culture, l'éducation et le marché du travail.

5) Causant préjudice

Ce système cause un préjudice sérieux aux personnes et à leurs associations pour les raisons suivantes :

a) La Loi 160 ne fait subir un tel préjudice qu'à ce groupe ; rien de tel ailleurs au Québec ou au Canada ;

---

(65) (1985) 2 R.C.S. 536.
(66) (1989) 1 R.C.S. 143.

b) Aucune autre loi de cette nature ne comporte des mesures aussi répressives ;

c) Pas de véritable mécanisme compensateur ; bien au contraire, le préjudice causé aux salariés de ce secteur est d'autant plus important, en matière de perte d'ancienneté notamment, que celle-ci s'acquiert souvent dans une fonction à temps partiel.

En résumé, on vit dans un système discriminatoire pour les femmes et il leur est grandement préjudiciable. La Loi 160 est une mesure qui maintient un système « prolongeant » une distinction de traitement résultant de la loi. L'intention du législateur n'est pas en cause ici puisque la loi pénalise les femmes par son effet même. Ainsi la Loi 160 contrevient-elle à l'article 15 C.C. Elle contrevient aussi à la charte québécoise, particulièrement aux articles 16, 17 et 19, puisqu'elle constitue une distinction effectuée dans le cadre de certaines activités protégées ; c'est le cinquième élément mentionné par le professeur Proulx.

6) Pleine égalité dans l'application des principes de justice fondamentale (art. 9.1, 23 C.Q.)

Selon les parties demanderesses, la rédaction même de l'article 23 C.Q. (« en pleine égalité ») fait en sorte qu'il n'est pas nécessaire de prouver discrimination en fonction du sexe ; il suffit de se trouver dans le champ d'application de l'article. Ainsi en serait-il des personnes qui, dans certains cas, ne seraient pas traitées avec impartialité alors qu'elles ont droit à « une audition publique et impartiale [...] par un tribunal indépendant et qui [n'est] pas préjugé ».

7) La Loi 160 contrevient à un droit fondamental en obligeant des salariés à travailler sans rémunération (art. 26 C.C.)

Forcer, par une sanction sévère, des salariés à travailler bénévolement porte une atteinte directe à leur liberté.

Cette proposition des parties demanderesses prend appui sur une étude du professeur Benyekhlef[67] et sur les principes qui y sont résumés. Les deux tendances d'abord[68] :

1. L'article 26 de la *Charte canadienne*

L'article 26 se lit comme suit :

> Le fait que la présente charte garantit certains droits et libertés ne constitue pas une négation des autres droits ou libertés qui existent au Canada
>
> The guarantee in this Charter of certain rights and freedoms shall not be construed as denying the existence of any other rights or freedoms that exist in Canada.

L'article 26 se retrouve, dans la *Charte*, sous l'intitulé « Dispositions générales » (« General » en anglais) qui suit en fait l'énumération des droits et libertés garantis ; libertés fondamentales, droits démocratiques, liberté de circulation et d'établissement, garanties juridiques, droits à l'égalité, langues officielles au Canada, droits à l'instruction dans la langue de la minorité. Nous aurons l'occasion de revenir sur la position de l'article 26 dans l'ordonnancement textuel de la *Charte canadienne*.

Il est encore trop tôt pour déceler dans la jurisprudence ou la doctrine une tendance ferme quant à l'interprétation de l'article 26. L'un des rares auteurs, à notre connaissance, à avoir abordé, quoique très sommairement, l'article 26 est d'avis qu'il ne s'agit là que d'une disposition dont l'objet a été dicté par la prudence. De plus, l'article 26 ne serait pas une source de droits susceptibles de protection constitutionnelle. Le professeur Hogg écrit :

> Section 26 is a cautionary provision, included to make clear that the Charter is not to be construed as taking away existing undeclared rights or freedoms. Rights or freedoms protected by the common law or by statute will continue to exist notwithstanding the Charter. Section 26 does not incorporate these undeclared rights and freedoms into the Charter, or "constitutionalize" them in any other way. They continue to exist independently of the Charter, and receive no extra protection from the Charter. They differ from the

---

(67) Karim Benyekhlef. « L'article 26 de la *Charte canadienne* : une négation constitutionnelle du positivisme juridique ? », (1988-89) 34 *R.D. McGill* 983-1020.

(68) *Id.*, 985-987.

rights or freedoms guaranteed in the Charter in that, as creatures of common law or statute, the undeclared rights can be altered or abolished by the action of the competent legislative body. As well, the remedy under s. 24 is not available for their enforcement [P.W. Hogg, *Constitutional Law of Canada*, 2e éd., Toronto, Carswell, 1985 à la p. 703 et s.].

L'auteur avait exprimé la même idée quelques années auparavant, quoique le ton fût moins net, en prétendant que les droits ou libertés protégés par la *Déclaration canadienne des droits* [S.C. 1960, c. 44, reproduite dans L.R.C. 1985, app. III.] et non garantis par la *Charte canadienne* demeuraient en vigueur par le jeu de l'article 26 [« Dans la mesure où la *Déclaration canadienne des droits* protège des droits ou libertés autres que ceux que garantit la *Charte*, ces autres droits ou libertés demeurent en vigueur ». P.W. Hogg, « Comparaisons entre la *Charte canadienne des droits et libertés* et la *Déclaration canadienne des droits* » dans G.A. Beaudoin et E. Ratushny, éd., *Charte canadienne des droits et libertés*, Montréal, Wilson & Lafleur, 1989 à la p. 6.]. En d'autres termes, l'article 26 serait une disposition par laquelle le constituant préciserait simplement que les droits, autres que ceux consacrés par la *Charte*, continuent à exister et ne sont pas niés ou abrogés. L'objet de l'article 26 apparaît alors fort étroit. Dans un des rares arrêts à traiter de l'article 26, l'affaire *Re MacAusland*, le juge Mitchell adopte cette dernière interprétation :

> That section of the Charter [l'article 26] acknowledges that rights guaranteed in the Charter are not in lieu of any other rights that exist in Canada. Therefore, all Canadians continue to enjoy the protection provided for in the *Canadian Bill of Rights* which they had before the Charter as well the rights and freedoms as guaranteed in the Charter. However, while the rights and freedoms as recognized and declared in the *Canadian Bill of Rights* continue to exist, they are not guaranteed by the Charter. Section 26 would have been unnecessary and the words "as guaranteed by this Charter" would not have been used in s. 24(1) of the Charter if s. 24 applied to all rights whatever their source. Section 26 only indicates that the Charter is not limiting or interfering with any additional rights which already existed, but that is quite a different matter from saying the Charter guarantees those rights [*Re MacAusland and R.*, [1985] 19 C.C.C.(3d) 365 à la p. 375, 52 Nfld & P.E.I. R. 349 à la p. 358 (P.E.I.S.C.). La Cour suprême, dans l'arrêt *Singh c. Ministre de l'Emploi et de l'Immigration*, [1985] 1 R.C.S. 177, sous la plume du juge Wilson, fait allusion à la p. 185 à l'article 26 : "There can be no doubt that this statute [la *Déclaration canadienne des droits*] continues in full force and effect and that the rights conferred in it are expressly preserved by s. 26 of the *Charter*". Le juge Beetz, dans une opinion concurrente à la p. 224, affirme, après avoir cité l'article 26 : « Ainsi, la *Déclaration canadienne des droits* conserve toute sa force et son effet, de même que les diverses chartes des droits provinciales ». Ces affirmations relèvent certes de l'*obiter dictum*. Nous ne croyons pas qu'il faille en déduire une quelconque volonté d'imprimer un sens défini à l'article 26. À cet égard, nous reconnaissons d'emblée que l'article 26 a pour effet de consacrer l'existence continue des garanties de la *Déclaration canadienne des droits*. Mais là n'est pas son seul objet.]

Le juge McCarthy, de la Cour d'appel du Québec, s'exprimant dans une opinion concurrente lors d'une autre affaire, était du même avis : « Cet article n'a pas pour effet d'incorporer à la charte des droits et libertés qui n'y sont pas incorporés par d'autres articles » [*Léger c. Ville de Montréal*, (9 juin 1986), Montréal 500-10-000189-850, J.E. 86-722 (C.A.) à la p. 4 des motifs du juge McCarthy.].

Pour sa part, le juge Dickson, de la Cour du banc de la Reine du Nouveau-Brunswick, donnait à l'article 26, dans *Fisherman's Wharf*, une interprétation plus large. Se prononçant sur une question de droit de propriété et commentant l'article 26, il précisait :

> The right to enjoyment of property free from threat of confiscation without compensation has unquestionably been a right traditionally enjoyed by Canadians and may therefore be considered a right embodied in our Constitution, quite regardless of proclamation of the present Charter. Any statute of this Province purporting to destroy such a right must therefore be considered invalid and *ultra vires* in that respect. That interpretation must therefore,

if possible, be given to such statute which avoids that result [*R c. Fisherman's Wharf Ltd* (1982) 135 D.L.R. (3d) 307 à la p. 316. 40 N.B.R. (2d) 42 (B.R. 1re inst.). Notons qu'il s'agit d'un *obiter dictum*, puisque l'affaire semble avoir été entendue avant la promulgation de la Charte canadienne: "I should, in fairness to counsel, point out that the applicability of the *Canadian Charter of Rights and Freedoms* was not argued before me, the application having been heard before proclamation of the statute incorporating that Charter. Inasmuch as its application has in these reasons been advanced only as a corollary ground for relief sought by the claimants. I have not considered it necessary to hear further argument in that regard" (à la p. 317 et s.). Brandt précise à ce propos: "Since the application had been heard before the proclamation of the Constitution Act 1982, counsel quite properly did not argue its applicability. Nevertheless, the learned judge acted on his own initiative and relied on it in support of his construction of the statute". G.J. Brandt. "Canadian Charter of Rights and Freedoms — Rights to property as an extension of personal security — Status of undeclared rights" (1983) 61 R. du B. can. 398 à la p. 400].

Cette constitutionnalisation du droit de propriété a été vivement critiquée par le juge Nunn: "I do not find that property rights are entrenched in the provisions of the Charter, either directly or indirectly, through extension of the notion of personal security" [*Worker's Compensation Board of Nova Scotia c. Coastal Rentals, Sales and Services Ltd* (1983) 12 D.L.R. (4th) 564 à la p. 566 (N.S.S.C.T.D.)]. Le juge Nunn conteste cette constitutionnalisation, mais évite de se prononcer sur l'article 26 de la Charte.

Puis, les propos de M. le juge Beetz dans l'arrêt *Singh c. Ministre de l'Emploi et de l'Immigration*[69]:

Ainsi, la *Déclaration canadienne des droits* conserve toute sa force et son effet, de même que les diverses chartes des droits provinciales. Comme ces instruments constitutionnels ou quasi constitutionnels ont été rédigés de diverses façons, ils sont susceptibles de produire des effets cumulatifs assurant une meilleure protection des droits et des libertés. Ce résultat bénéfique sera perdu si ces instruments tombent en désuétude. Cela est particulièrement vrai dans le cas où ils contiennent des dispositions qu'on ne trouve pas dans la *Charte canadienne des droits et libertés* et qui paraissent avoir été spécialement conçues pour répondre à certaines situations de fait comme de celles en cause en l'espèce.

Et ceux de Mme la juge Wilson[70]:

Dans les observations écrites soumises en décembre 1984, les avocats ont examiné la question de savoir si la procédure établie pour statuer sur les revendications du statut de réfugié violait la *Déclaration canadienne des droits* et, en particulier, son al. 2*e*). Il ne peut y avoir de doute que cette loi continue de s'appliquer pleinement et que les droits qu'elle confère sont expressément préservés par l'art. 26 de la *Charte*. Cependant, étant donné que j'estime que la présente situation relève de la protection constitutionnelle que fournit la *Charte canadienne des droits et libertés*, je préfère fonder ma décision sur la *Charte*.

L'article 26 « préserverait » donc la légalité des droits énoncés dans la charte canadienne mais existant par ailleurs. Ainsi en serait-il de la liberté syndicale telle que définie précédemment par les parties demanderesses. Quant à la liberté de travailler gratuitement, elle serait protégée par l'article 7 et l'imposition du bénévolat constituerait une contravention à cette disposition. Par interprétation, il en irait de même pour l'article 26 C.C.: forcer un employé à travailler sans salaire contreviendrait à un droit fondamental innommé.

B– Propositions du Procureur général

1) Propositions fondées sur l'article 10 C.Q.

a) Introduction

La Cour suprême, dans l'arrêt *Forget c. Procureur général du Québec*[71], a énoncé les éléments à prouver pour établir une violation de la disposition prévue à l'article 10 C.Q. Nous

---

(69) (1985) 1 R.C.S. 177, 224.

(70) *Id.*, 185.
(71) (1988) 2 R.C.S. 90.

retrouvons ces éléments dans les propos suivants de M. le juge en chef Lamer [72] :

> À l'époque pertinente, l'art. 10 se lisait ainsi :
>
> 10. Toute personne a droit à la reconnaissance et à l'exercice, en pleine égalité, des droits et libertés de la personne, sans distinction, exclusion ou préférence fondée sur la race, la couleur, le sexe, l'orientation sexuelle, l'état civil, la religion, les convictions politiques, la langue, l'origine ethnique ou nationale, la condition sociale ou le fait qu'elle est une personne handicapée ou qu'elle utilise quelque moyen pour pallier son handicap.
>
> Il y a discrimination lorsqu'une telle distinction, exclusion ou préférence a pour effet de détruire ou de compromettre ce droit.
>
> Avant de poursuivre, j'ouvre une parenthèse pour noter que l'intimée a fondé ses allégations de discrimination sur les art. 10 et 16 de la *Charte*. Selon moi, les art. 10 et 17 sont les seules dispositions susceptibles de recevoir application en l'occurrence. En effet, l'art. 16 réprime la discrimination exercée par l'employeur, ce qui n'est pas le cas en l'espèce. C'est l'article 17 qui prévoit le droit d'une personne d'être admise dans toute corporation professionnelle sans discrimination, ce que revendique l'intimée :
>
> 17. Nul ne peut exercer de discrimination dans l'admission, la jouissance d'avantages, la suspension ou l'expulsion d'une personne d'une association d'employeurs ou de salariés ou de toute corporation professionnelle ou association de personnes exerçant une même occupation.
>
> À la lecture de l'art. 10 de la *Charte* et selon l'affaire *Johnson c. Commission des affaires sociales*, [1984] C.A. 61, décision avec laquelle je suis d'accord sur ce point, trois éléments doivent être présents pour qu'il y ait discrimination : (1) une « distinction, exclusion ou préférence ». (2) fondée sur l'un des motifs énumérés au premier alinéa et (3) qui « a pour effet de détruire ou de compromettre » le droit à la pleine égalité dans la reconnaissance et l'exercice d'un droit ou d'une liberté de la personne.

Pour le Procureur général, la Loi 160 ne crée pas de distinction ; elle s'applique plutôt aux employés d'un secteur, celui de la santé et des services sociaux, incluant celui des services ambulanciers. Quant au droit à l'égalité, il n'exige pas que tous soient traités de la même façon. Le Procureur général cite ici les propos suivants de M. le juge en chef Lamer [73] :

> À mon avis, le droit à l'égalité prévu à l'art. 10 de la *Charte* ne signifie pas que tous les candidats à une corporation professionnelle doivent être traités de la même façon. En fait, c'est parfois l'égalité de traitement qui est discriminatoire, parce qu'on omet alors de tenir compte des particularités qui caractérisent certains groupes. L'intimée reconnaît d'ailleurs que la simple présence de distinctions ne contrevient pas au droit à l'égalité, dans la mesure où l'on traite de la même façon les personnes dont les attributs pertinents sont semblables. Puisqu'elle soutient que la distinction en litige est discriminatoire, c'est donc qu'elle estime que tous les aspirants professionnels ont les mêmes attributs pertinents. La position de l'intimée à cet égard est paradoxale puisqu'elle semble affirmer d'une part que tous les candidats ont les mêmes attributs pertinents, alors qu'en reconnaissant l'existence de deux groupes linguistiques (francophones et anglophones), elle admet implicitement d'autre part que tous n'ont pas ces attributs. Selon moi, il est évident que les postulants ne possèdent pas tous le même bagage linguistique. Vu l'exigence, non contestée répétons-le, selon laquelle les postulants doivent connaître le français, le Règlement qui établit des distinctions pour tenir compte du bagage linguistique de chacun ne compromet pas à première vue le droit à l'égalité.

Les preuves n'établissent pas en quoi la Loi 160 crée une distinction avec d'autres dispositions applicables dans le même secteur et il ne suffit pas, pour cela, de comparer les conditions de travail prévalant dans divers autres secteurs (policiers, employés de la construction ou d'Hydro-Québec, par exemple). Quant au caractère symbolique de la grève dans le réseau, il s'est avéré que les moyens pour la contrôler étaient inefficaces et le régime instauré par la Loi 37 n'est pas en cause en l'espèce (% de services à

---

(72) *Id.*, 98.

(73) *Id.*, 102-103.

maintenir, avis, etc.). Il n'y a donc pas lieu de déterminer si ce régime est désavantageux pour les employés du secteur visé. D'ailleurs, grève symbolique et loi sévère n'équivalent pas nécessairement à distinction entre secteurs d'emploi. Conclusions: les parties demanderesses n'ont pas prouvé le premier élément d'analyse mentionné à l'arrêt *Forget*.

b) Motifs énumérés à l'article 10 C.Q.

La «victime» d'une atteinte doit établir un lien entre celle-ci ou la discrimination invoquée et le motif de discrimination prévu à l'article 10 C.Q. Le Procureur général reconnaît que depuis l'arrêt *Simpsons-Sears* il n'est plus nécessaire de prouver l'intention de discriminer, mais il soutient qu'il faut toujours prouver la discrimination même. Or, en l'espèce, il fallait démontrer que la cause efficiente de la distinction — si distinction il y avait — était le sexe, et le Procureur général de référer ici à l'arrêt *Ville de Québec c. Commission des droits de la personne du Québec*[74]:

> Il est maintenant bien établi qu'en matière de discrimination une victime n'a pas à prouver l'intention de discriminer ou de porter préjudice, pas plus que l'auteur d'une discrimination ne peut se justifier en prouvant sa bonne foi ou ses bonnes intentions.
>
> Cependant, la dispense de prouver la mauvaise foi d'un employeur ne dispense pas de prouver la discrimination.
>
> La dispense ne vaut qu'à l'égard du préjudice ou, si l'on veut, de l'effet de la discrimination.
>
> Lorsqu'une victime a prouvé atteinte à un droit garanti et démontre que la cause efficiente de cette atteinte est l'un des motifs de discrimination prévus à l'article 10, l'auteur ne peut pas prétendre pouvoir se justifier en démontrant sa bonne foi.
>
> Ceci impose à la victime le fardeau de prouver un lien de causalité entre le motif de discrimination et l'atteinte au droit garanti.
>
> Dans le concret, cela signifie que la Commission a l'obligation de prouver que l'inégalité dépend d'une distinction faite par l'employeur à cause du sexe des personnes impliquées.

> En d'autres mots, je dirais que, pour que l'atteinte au droit garanti soit illicite ou constitue une discrimination, il faut prouver que la distinction est fondée sur le sexe.
>
> Dans le présent cas, il faudrait qu'on puisse inférer de la preuve que la Ville de Québec accorde un traitement inégal aux surveillants de cellules parce que les policiers sont des hommes et que les matrones sont des femmes.
>
> Or, il suffit de se référer au contexte historique pour conclure que tel n'est pas le cas. Avant même qu'on crée la fonction de matrone, déjà les policiers surveillaient les cellules. Et la fonction de matrone fut créée pour des raisons de convenance parce que la Ville de Québec, devançant les impératifs de la charte, crut plus convenable de faire surveiller les détenus de sexe féminin par des femmes. Comme il n'y avait pas à l'époque de femmes policières, on eut recours à des matrones. Les qualifications étant différentes, les salaires le furent aussi.
>
> La doctrine et la jurisprudence démontrent, à mon sens, qu'il incombe à la victime de prouver ce lien de causalité entre l'atteinte au droit garanti et le motif de discrimination.
>
> Quant à la doctrine, point n'est besoin de chercher très loin car, dans ses propres publications, la Commission le reconnaît d'une manière quasi expresse. Au cahier n° 3 intitulé *À travail équivalent, salaire égal, sans discrimination*, on traite de l'expression «sans discrimination» de la façon suivante:
>
>> Le terme qu'il s'agit de définir est tout à fait central. Il réfère en effet au principe qui doit sous-tendre la relation entre les deux parties à un contrat de travail: cette relation doit s'effectuer sans discrimination. Le sens du terme est donné à l'article 10 de la Charte des droits et libertés de la personne [...] [Voir Commission des droits de la personne, *À travail équivalent, salaire égal, sans discrimination*. Cahier n° 3, p. 48.].
>
> Après avoir cité l'article 10, on poursuit:
>
>> Cette notion situe en fait la sphère d'application du principe d'égalité de rémunération tel que défini à l'article 19: celui-ci ne s'applique que lorsque des différences de rémunération sont attribuables à l'un ou l'autre des motifs de discrimination spécifiés à l'article 10. Deux emplois pourraient ainsi recevoir une

---

(74) [1989] R.J.Q. 831 (C.A.), 841-843.

évaluation équivalente et commander des salaires différents sans que l'article 19 ne s'applique si ces distinctions salariales intervenaient sans qu'aucun des motifs de discrimination énumérés ne soit impliqué.

Ce texte rejoint en définitive ce que je tente d'exprimer depuis le début : il incombe à celui qui se prétend victime de discrimination de prouver un lien de causalité entre l'inégalité salariale dont il se plaint et le motif de discrimination qu'il invoque. Le motif de discrimination doit être la cause efficiente de l'inégalité.

Ce principe juridique me paraît élémentaire. Dans l'arrêt *Ville de Brossard c. Québec (Commission des droits de la personne)*, M. le juge Beetz n'a pas jugé à propos d'élaborer sur le sujet, mais ses remarques sont significatives lorsqu'il écrit : « De plus, l'état civil des candidats est la cause efficiente de leur exclusion [(1988) 2 R.C.S. 279, 302.]. »

S'il a jugé à propos de formuler cette prémisse, c'est qu'elle était nécessaire à sa conclusion. Elle signifie qu'il doit y avoir un lien de cause à effet entre le motif de discrimination et l'atteinte au droit garanti.

Pour qu'il y ait discrimination, il fallait de toute évidence que l'état civil soit la cause efficiente de l'exclusion dont étaient l'objet ceux qui postulaient un emploi auprès de Ville de Brossard.

L'état civil est un des motifs de discrimination prévus à l'article 10 au même titre que le sexe.

De la même manière, il faut ici que le sexe des personnes impliquées soit la cause efficiente de l'inégalité de traitement.

J'estime que ce lien de causalité n'existe pas ici, et ce, indépendamment de la bonne ou mauvaise foi de la Ville.

Or les parties demanderesses n'ont démontré que les faits suivants : un secteur, dans lequel 70 % des employées sont des femmes. Elles ne peuvent en tirer la conclusion qu'il y a là discrimination fondée sur le sexe car elles n'ont pas établi de lien entre le sexe et la différence des conditions car :

— la Loi 160 vise indistinctement hommes et femmes et les effets sont les mêmes pour les deux groupes ;

— la Loi 160 s'applique aussi aux ambulanciers, où, semble-t-il, les hommes sont plus nombreux que les femmes (mais il n'y a pas de preuve à cet effet) ;

— on n'a pas établi que la différence de traitement est fondée sur celle existant entre un groupe d'hommes et un groupe de femmes ;

— Rien ne permet de conclure que les dispositions de la Loi 160 créent une discrimination, la F.T.Q. plaidant d'ailleurs que la discrimination résulte d'un système discriminatoire et qu'elle s'inscrit dans le cadre d'un tel système. La preuve n'a pas permis d'établir la distinction dans chacun des types d'emplois ni de situer la Loi 160 dans ce cadre.

c) « Détruire ou compromettre »

Quant au troisième élément mentionné dans l'arrêt *Forget*, la F.T.Q. réclame au fond le droit à des sanctions identiques en cas de grève illégale. Or les articles 16, 17 et 19 C.Q. ne protègent pas cela. Cet élément n'a pas été établi.

2) Propositions fondées sur l'article 15 C.C.

a) Introduction

Le Procureur général pose d'abord que légiférer c'est distinguer. Il cite ici les propos de M. le juge McIntyre dans l'arrêt *Andrews*[75] :

Ce ne sont pas toutes les distinctions ou différences de traitement devant la loi qui portent atteinte aux garanties d'égalité de l'art. 15 de la *Charte*. Il est certes évident que les législatures peuvent et, pour gouverner efficacement, doivent traiter des individus ou des groupes différents de façons différentes. En effet, de telles distinctions représentent l'une des principales préoccupations des législatures. La classification des individus et des groupes, la rédaction de différentes dispositions concernant de tels groupes, l'application de règles, de règlements, d'exigences et de qualifications différents à des personnes différentes sont nécessaires pour gouverner la société moderne. Comme je l'ai déjà souligné, le respect des différences, qui

---

(75) Voir *supra*, note 66, 168-169.

est l'essence d'une véritable égalité, exige souvent que les distinctions soient faites.

Puis, référant à l'arrêt *R. c. Turpin*[76], le Procureur général montre que l'analyse d'une disposition relative à la notion que l'on prétend discriminatoire se fait en deux étapes :

— La loi porte-t-elle atteinte aux quatre principaux droits à l'égalité ?

— La disposition est-elle discriminatoire ?

— La distinction est-elle fondée sur un motif énuméré à l'article 15 ou analogue à ceux qui y sont énumérés ?

— Peut-on y constater un effet discriminatoire ?

Ensuite seulement interviendra la justification en vertu de l'article 1 C.C.

b) Analyse de la Loi 160

i) Inégalité de traitement

Il faut premièrement comparer la situation des personnes visées avec celle d'autres personnes, ce qui n'empêche pas la comparaison entre groupes d'individus. Or cette comparaison n'a pas été établie en l'espèce, et il ne suffit pas qu'une loi soit d'application universelle pour affirmer qu'elle crée une distinction. Les preuves offertes ne montrent pas en quoi la Loi 160 crée une distinction par rapport à des secteurs autres que ceux qu'elle vise. Elles ne permettent pas de savoir avec quels secteurs la comparaison est faite ni si d'autres lois s'appliquent dans un contexte de grève illégale semblable à celui prévalant dans le secteur de la santé et des services sociaux.

ii) Distinction discriminatoire ?

La distinction de secteurs et d'employés établie par la Loi 160 est-elle fondée sur un motif énuméré ou analogue à ceux apparaissant à l'article 15 C.C. ?

Le Procureur général appuie ici son argument sur les extraits suivants des notes de M. le juge McIntyre dans l'affaire *Andrews*[77] :

> Le concept d'égalité fait partie de la pensée occidentale depuis longtemps. Enchâssé au par. 15 (1) de la *Charte*, c'est un concept difficile à saisir qui, plus que tous les autres droits et libertés garantis dans la *Charte*, ne comporte pas de définition précise. Comme le déclarait John H. Schaar, « Equality of Opportunity and Beyond », dans *Nomos IX : Equality*, éd. J. Roland Pennock et John W. Chapman (1967), à la p. 228.
>
> > [Traduction] L'égalité est un terme changeant. Elle constitue l'un de ces symboles politiques — liberté et fraternité en sont d'autres — dans lesquels les hommes ont enfoui les désirs les plus profonds de leur cœur. Chaque théorie ou conception ardemment défendue de l'égalité relève à la fois de la psychologie, de l'éthique, d'une conception des relations sociales et d'une vision de la société juste.
>
> C'est un concept comparatif dont la matérialisation ne peut être atteinte ou perçue que par comparaison avec la situation des autres dans le contexte socio-politique où la question est soulevée. Il faut cependant reconnaître dès le départ que toute différence de traitement entre des individus dans la loi ne produira pas forcément une inégalité et, aussi, qu'un traitement identique peut fréquemment engendrer de graves inégalités. Cette proposition a souvent été exprimée dans la documentation sur le sujet mais, comme je l'ai déjà souligné à une autre occasion, nulle part n'a-t-elle été formulée plus justement que dans la fameuse phrase du juge Frankfurter dans l'arrêt *Dennis v. United States.* 339 U.S. 162 (1950), à la p. 184 :
>
> > [Traduction] C'était un homme sage celui qui a dit qu'il n'y avait pas de plus grande inégalité que l'égalité de traitement entre individus inégaux.
>
> Cette même pensée a été exprimée en cette Cour au sujet de l'al. 2 *b)* de la *Charte* dans l'arrêt *R. c. Big M Drug Mart Ltd.*, [1985] 1 R.C.S. 195, où le juge en chef Dickson affirme, à la p. 347 :

---

(76) (1989) 1 R.C.S. 1296.

(77) Voir *supra*, note 66, 164-165.

L'égalité nécessaire pour soutenir la liberté de religion n'exige pas que toutes les religions reçoivent un traitement identique. En fait, la véritable égalité peut fort bien exiger qu'elles soient traitées différemment.

Donc, en termes simples, on peut affirmer qu'une loi qui prévoit un traitement identique pour tous et l'égalité de traitement entre «A» et «B» pourrait fort bien causer une inégalité à «C», selon les différences de caractéristiques personnelles et de situations. Pour s'approcher de l'idéal d'une égalité complète et entière devant la loi et dans la loi — et dans les affaires humaines, une approche est tout ce à quoi on peut s'attendre — la principale considération doit être l'effet de la loi sur l'individu ou le groupe concerné. Tout en reconnaissant qu'il y aura toujours une variété infinie de caractéristiques personnelles, d'aptitudes, de droits et de mérites chez ceux qui sont assujettis à une loi, il faut atteindre le plus possible l'égalité de bénéfice et de protection et éviter d'imposer plus de restrictions, de sanctions ou de fardeaux à l'un qu'à l'autre. En d'autres termes, selon cet idéal qui est certes impossible à atteindre, une loi destinée à s'appliquer à tous ne devrait pas, en raison de différences personnelles non pertinentes, avoir un effet plus contraignant ou moins favorable sur l'un que sur l'autre.

Le juge McLachlin de la Cour d'appel exprime, à la p. 605, l'opinion que:

> [Traduction] [...] le sens fondamental de l'obligation constitutionnelle d'une égalité de protection et de bénéfice est que les personnes qui se trouvent dans une « situation analogue doivent être traitées de façon analogue » et, inversement, que les personnes qui se trouvent dans des « situations différentes doivent être traitées différemment » [...]

En affirmant cela, elle adoptait et appliquait comme critère une proposition qui semble avoir été généralement acceptée, sous réserve de certaines modifications, dans les décisions des tribunaux de première instance et d'appel du pays relatives au par. 15 (1) de la *Charte*.

Et il adopte la définition du mot «discrimination» donnée par M. le juge McIntyre, toujours dans l'arrêt *Andrews*[78]:

Il existe plusieurs autres énoncés où l'on a tenté de définir succinctement le terme «discrimination». Ils sont généralement conformes aux descriptions mentionnées auparavant. J'affirmerais alors que la discrimination peut se décrire comme une distinction, intentionnelle ou non, mais fondée sur des motifs relatifs à des caractéristiques personnelles d'un individu ou d'un groupe d'individus, qui a pour effet d'imposer à cet individu ou à ce groupe des fardeaux, des obligations ou des désavantages non imposés à d'autres ou d'empêcher ou de restreindre l'accès aux possibilités, aux bénéfices et aux avantages offerts à d'autres membres de la société. Les distinctions fondées sur des caractéristiques personnelles attribuées à un seul individu en raison de son association avec un groupe sont presque toujours taxées de discriminatoires, alors que celles fondées sur les mérites et capacités d'un individu le sont rarement.

Les parties demanderesses devaient donc démontrer que la Loi 160 établit entre les personnes des distinctions fondées sur des caractéristiques personnelles. Cela n'a pas été établi; il n'y a pas eu de preuve à l'effet que la différence de traitement était fondée sur le sexe. La Loi 160, ayant pour effet de créer une distinction en raison d'un secteur expressément visé, est donc fondée sur une catégorie d'emplois, non sur un motif analogue à ceux énoncés à l'article 15 C.C.

iii) Le secteur de la santé et des services sociaux

La Loi 160 s'applique au secteur de la santé et des services sociaux à cause du contexte historique et de la spécificité du secteur où la grève a un impact particulier. Ce secteur se compare difficilement à d'autres du même domaine. Donc, aucune analogie avec les motifs prévus à l'article 15 C.C.

C– *Réponses et répliques*

Référant aux preuves, les parties demanderesses plaident que dans certains cas (policiers, par exemple) où le droit de grève a été aboli l'arbitrage est obligatoire. Seul le réseau de la santé et des services sociaux a été traité aussi sévèrement, et l'effet de la Loi 160 est permanent.

---

(78) *Id.*, 174-175.

Quant à la discrimination à l'endroit des femmes, la Loi 160 empêche le groupe visé de négocier avec les moyens usuels et cela crée une discrimination à son endroit, même si le législateur n'a pas voulu cela. L'aspect particulier de la discrimination en l'espèce vient non pas de ce que la loi atteint directement des personnes mais du fait qu'elle établit un régime différent pour un groupe de femmes. La chose se passerait non plus « en direct » mais « en systémique ».

Quant au secteur ambulancier, on n'a pas démontré qu'il comprend surtout des hommes. Mais, même si c'était le cas, le secteur complet visé par la Loi 160 comprendrait alors 70 % de femmes, plutôt que 72 %. Au surplus, les employés du secteur ambulancier ne sont pas soumis à la règle des pourcentages de services à maintenir; ils doivent négocier les services essentiels avec leur employeur.

D– *Position du Tribunal*

Le Tribunal partage substantiellement l'opinion du Procureur général. Voici pourquoi. Tout d'abord, la Loi 160 ne crée pas de distinction du seul fait qu'elle s'applique aux employés d'un secteur particulier. Quant aux preuves présentées, elles n'ont pas établi en quoi la Loi 160 créait une distinction avec d'autres dispositions applicables dans le même secteur. Il est évident que la loi désavantage les employés du secteur de la santé et des services sociaux, mais elle répond à un besoin précis, et cela ne la rend pas discriminatoire pour autant.

Depuis l'arrêt *Simpsons-Sears*, il n'est par ailleurs plus nécessaire de prouver l'intention d'agir de façon discriminatoire, mais il faut tout de même établir le fait qu'il y a eu discrimination. En l'espèce, il fallait prouver que la cause efficiente de la distinction était le sexe. En démontrant que plus de 70 % des employés du secteur sont des femmes, les parties demanderesses ne peuvent prétendre que cela suffit à établir un lien entre le sexe et la différence dans les conditions de travail. La Loi 160 vise indistinctement hommes et femmes d'un même secteur; elle ne traite pas différemment groupe de femmes et groupe d'hommes.

Par ailleurs, le Procureur général a raison d'affirmer que légiférer, c'est distinguer, et il a bien explicité les étapes à suivre dans l'analyse d'une disposition législative pour déterminer si elle porte atteinte à l'article 15 C.C. Premièrement, y a-t-il en l'espèce inégalité de traitement ? Non, car les preuves présentées ne permettent pas d'établir avec précision si les lois régissant les autres secteurs choisis par les parties demanderesses s'appliquent dans un contexte identique, voire même simplement semblable à celui qui nous intéresse. Policiers, employés de la construction ou d'Hydro-Québec, autant de personnes dont les liens avec le travail de l'infirmière ou celui de la technicienne de laboratoire sont loin d'être évidents.

Deuxièmement, les preuves n'ont pas permis d'établir que la différence de traitement des employés du secteur de la santé et des services sociaux est fondée sur le sexe; le fort pourcentage d'employés féminins ne suffit pas à démontrer ce fait. Bref, les preuves ne permettent pas de conclure que la distinction créée par la Loi 160 est fondée sur le sexe; elle provient plutôt du fait qu'un secteur particulier y est visé. Il s'agit d'une distinction fondée sur une catégorie d'emplois, non sur un motif semblable à ceux énumérés à l'article 15 C.C.

Le Tribunal ne retient donc pas les propositions des parties demanderesses au chef des droits à l'égalité.

VI. *Cruauté — article 12 C.C.*

A– *Propositions des parties demanderesses*

Les parties demanderesses énoncent, en proposition principale à ce chapitre, que la Loi 160, par la gravité et la multitude des sanctions qu'elle impose, contrevient à l'article 12 C.C.; elle doit donc être déclarée invalide si elle « ne passe pas le test » de l'article 1 C.C. L'article 12 C.C. décrète que « [c]hacun a droit à la protection contre tous traitements ou peines cruels et inusités ».

Révisant les preuves, les parties demanderesses soutiennent que la perte d'ancienneté en particulier est d'une sévérité hors de proportions avec les infractions commises par plusieurs employés. La Loi ne contient aucune disposition permettant d'adapter la peine à l'importance de l'infraction; cela est d'autant plus grave que le processus judiciaire est écarté (art. 20 et 23). Bien plus, même l'arbitre chargé d'entendre les griefs ne peut tenir compte ni des personnes ni des circonstances; il doit se contenter de vérifier les faits et ne peut modifier la sanction si ces faits sont établis. Enfin, la Loi 160 ne parle certainement pas d'exemplarité de la peine puisque celle-ci est la même pour tous.

Dans certains cas, des personnes ont perdu des années d'ancienneté pour avoir simplement changé leur heure de repos; dans d'autres, pour avoir travaillé sur des demi-quarts de travail tout en maintenant 100 % des services. Ces personnes ne respectaient pas les dispositions rigides prévues à l'article 2. Au surplus, les sanctions furent appliquées « au hasard » des cédules de travail: seuls les employés inscrits sur les listes des jours de grève ont été pénalisés.

Plusieurs employeurs ont même référé aux sanctions comme à des « sanctions inéquitables », « abusives », « une mesure sauvage », des « sanctions disproportionnées », « arbitraires », « injustes », « sans lien avec la gravité de l'infraction ni avec l'objectif de qualité des soins ».

Quant à la perte d'ancienneté, son effet dure tout au long de la vie de l'employé et plusieurs employeurs ont eu des réticences à appliquer (pour ce motif et pour d'autres) les dispositions de la Loi 160. Un C.L.S.C. fut même « mis en tutelle » pour avoir refusé d'obtempérer aux ordres des autorités du ministère des Affaires sociales et d'appliquer les sanctions.

L'ensemble des sanctions, leur sévérité, la réprobation publique qu'elles ont entraînée en font des peines cruelles et inusitées au sens de l'article 12 C.C.

B– *Propositions du Procureur général*

Le Procureur général répond comme suit à ces arguments.

1) Les pertes financières

Selon les parties demanderesses, les pertes financières subies par l'application de certaines sanctions porteraient atteinte aux droits conférés par la charte canadienne. C'est le cas notamment des mesures relatives aux cotisations syndicales (art. 18 *et sqq.* de la Loi 160). Or ici, le droit de perception est accordé au syndicat, non au salarié, et le syndicat ne peut plaider violation d'un droit individuel. Au surplus, l'article 18 n'impose pas de sanctions financières au syndicat puisqu'on ne retire pas de fonds de la caisse syndicale en lui enlevant le droit statutaire de percevoir des cotisations à la source.

Quant aux autres sanctions, leur effet est limité et d'une importance restreinte quant aux sommes d'argent impliquées. Pour ce qui est de la perte d'ancienneté, on trouve des mesures plus sévères dans les conventions collectives du secteur.

2) L'application de l'article 12 C.C.

Plus sérieux encore est le fait que l'article 12 C.C. ne s'applique pas en matière autre que pénale et que l'ensemble des sanctions sont loin de constituer un régime de peines cruelles et inusitées.

C– *Position du Tribunal*

Même si les sanctions imposées sont très sévères et que les faits cités par les parties demanderesses ont été prouvés au procès, le Tribunal est d'avis que les sanctions prévues dans la Loi 160 ne sont pas des peines cruelles et inusitées, même si on les considère comme un tout. Il fut question précédemment de la sévérité des sanctions, mais celles-ci sont loin d'être de même nature que celles visées à l'article 12 C.C. Ainsi, les tribunaux ont considéré qu'une peine minimale de sept années d'emprisonnement (pour possession de marijuana, par exemple) portait atteinte aux droits protégés à l'article 12 C.C. et qu'elle n'était pas justifiée dans une société libre et démocratique [79]. Il n'est pas nécessaire d'en

---

(79) *Cf. R. c. Edward Dewey Smith*, (1987) 1 R.C.S. 1045, 1053, opinion du juge Lamer.

dire davantage pour écarter cet argument qui porte sur une tout autre question que celle relative à la proportionnalité de la sanction imposée en regard du but visé par le législateur.

VII. Saisies abusives — article 8 C.C.

A– Proposition des parties demanderesses

La proposition des parties demanderesses à ce chapitre se résume comme suit :

> Les articles 20, 21 et 22 de la Loi 160 constituent une saisie abusive contraire aux articles 8 de la Charte canadienne et 24.1 de la Charte québécoise.
>
> La Loi 160 permet en effet à l'employeur de saisir sans autre autorisation judiciaire préalable l'équivalent d'un jour de paie supplémentaire pour chaque jour de grève.

B– Proposition du Procureur général

Le Procureur général répond à cela qu'on se trouve ici en matière de réglementation de relations de travail, non en matière criminelle ou pénale, et que les coupures salariales ne portent pas atteinte à la vie privée. S'il fallait conclure à une atteinte, il faudrait alors reconnaître qu'elle est faible. Enfin, il ne s'agirait pas de saisie de documents mais de sommes d'argent, et l'article 8 C.C. ne s'appliquerait pas de toute façon.

C– Position du Tribunal

Vu la conclusion à laquelle le Tribunal en est déjà venu concernant la retenue de salaire, il estime qu'il ne saurait s'agir ici de saisie abusive au sens de l'article 8 C.C. La retenue n'est tout simplement pas une saisie au sens des règles générales du droit.

VIII. Les décrets et l'article 133 de la Loi constitutionnelle de 1867

A– Propositions des parties demanderesses

Les parties demanderesses présentent ici deux propositions :

1) Le gouvernement ne pouvait décréter qu'une seule date d'application de toutes les sanctions et les décrets prévoyant des dates différentes sont invalides ; ou

2) Il pouvait prendre des décrets à des dates différentes, et alors il aurait dû utiliser le français et l'anglais. Les décrets sont nuls car ils n'ont pas été publiés en anglais.

Ce raisonnement se fonde sur le fait que les décrets constitueraient de la législation car ils poseraient des règles de droit. Quant à la proposition relative à la « date unique », elle ressortirait du libellé même de la Loi 160.

B– Propositions du Procureur général

Le Procureur général prétend que le gouvernement n'a pas adopté une mesure législative ; il a exercé un pouvoir décisionnel en répondant à des situations particulières. Il est donc erroné de présenter le problème sous l'angle précité puisque le gouvernement n'a pas établi de règles ; elles se trouvent dans la loi même. L'article 133 de la *Loi constitutionnelle de 1867* ne s'applique donc pas en l'espèce.

Ces décrets ne comportent pas en effet de normes législatives à caractère général et impersonnel mais une décision prise en fonction de normes établies dans la loi. Le gouvernement agissait donc conformément aux vœux du législateur ; c'est l'exemple parfait de l'exercice d'un pouvoir décisionnel en accord avec une norme législative.

En ce qui concerne l'argument du « décret unique », il s'agit non pas d'une loi mais d'une décision prise en conformité avec un texte législatif qui l'autorise. Cet argument des parties demanderesses ne tient tout simplement pas compte du fait qu'en vertu de l'article 54 de la *Loi d'interprétation*[80] « [l]e nombre singulier s'étend à plusieurs personnes ou à plusieurs choses de même espèce, chaque fois que le contexte se prête à cette extension » ; c'est le cas en l'espèce.

C– Position du Tribunal

Le Tribunal ne retient pas les propositions des parties demanderesses car il est d'accord avec celles du Procureur général et pour les mêmes motifs.

---

(80) L.R.Q., c. I-16.

IX. Les conventions collectives et l'ancienneté

A– Propositions des parties demanderesses

Les parties demanderesses soutiennent que l'ancienneté est un acquis fort important pour les employés du secteur visé et que la Loi 160 a porté un coup irréparable à cet acquis, atteignant par le fait même des conventions librement négociées et conclues par ceux-ci.

L'ancienneté est une méthode objective de « rangement » des salariés les uns par rapport aux autres et ce critère est accepté tant par les employeurs que par les employés. Or, la Loi 160 vient transformer ce critère car l'ancienneté équivaut désormais aux années de service diminuées des hasards des mesures appliquées en 1989. Certains employés avaient voté la grève mais n'ont pas été sanctionnés car ils n'avaient pas à travailler pendant que celle-ci se déroulait ; ils étaient malades, en vacances, etc.

La perte d'ancienneté attaque l'objet même de la convention collective en affectant les « rapports ordonnés » et les « bonnes relations » que veulent promouvoir employeurs et employés en signant une convention.

L'ancienneté, dans le secteur de la santé et des services sociaux, est le premier critère eu égard à l'attribution des postes, au mécanisme de supplantation, au choix des quarts (nuit-soir-jour), aux périodes de vacances, aux remplacements (liste de rappel), aux mises à pied, à la sécurité d'emploi, aux déplacements, à l'accès aux postes de chefs d'équipe et d'assistants-chefs, à l'accès à des cours de perfectionnement et d'initiation, etc. Bref, un élément majeur dans le contexte de ces services publics.

La Loi 160 aurait illégalement porté atteinte à cet important droit acquis.

B– Propositions du Procureur général

Le Procureur général ne nie pas l'importance de l'ancienneté dans le domaine de la santé et des services sociaux ni l'impact sérieux que la perte de cette ancienneté a pu avoir chez les salariés. Il soutient toutefois que le législateur était justifié d'agir ainsi dans le contexte où il se trouvait alors. Il présente une rétrospective de la législation et des nombreux rapports précédant l'adoption de la Loi 160 pour en conclure que, les moyens utilisés auparavant ayant à toutes fins utiles échoués ou n'ayant eu que peu d'efficacité, il fallait prendre des mesures assez fermes pour assurer le maintien des services essentiels.

Le législateur a fait son choix en accordant clairement la priorité aux droits des bénéficiaires sur ceux des salariés et, ce faisant, il a tout aussi clairement décrété que les dispositions de la Loi 160 prévalaient « sur toutes dispositions inconciliables de la convention collective » (art. 26). Il souligne aussi que la loi « ne s'applique pas au salarié dont l'arrêt de travail fait partie d'une grève déclarée conformément aux articles 111.11 et 111.12 du Code du travail » (art. 2), écartant du même coup les moyens de pression légaux. Enfin, tous les employés étaient au courant des dispositions de la loi et connaissaient les conséquences des gestes illégaux qu'il pourraient poser.

La mesure était sévère mais légale et surtout justifiée.

C– Position du Tribunal

Le Tribunal considérera ces propositions en discutant de celles apparaissant dans la seconde partie de ce jugement.

Seconde partie

La Loi 160 et les articles 1 C.C. et 9.1 C.Q

I. Principes

A– Propositions du Procureur général

1) Introduction

Le Procureur général présente dans cette partie des arguments à titre purement subsidiaire puisqu'il prétend qu'aucune disposition de la Loi 160 ne porte atteinte aux droits et libertés garantis par les chartes. Si le Tribunal en venait à la conclusion qu'il y a atteinte à un tel droit ou à une telle liberté, le Procureur général prétend que la loi rencontre les exigences édictées aux articles 1 C.C. et 9.1 C.Q., dont voici le libellé :

1. La *Charte canadienne des droits et libertés* garantit les droits et libertés qui y sont

énoncés. Ils ne peuvent être restreints que par une règle de droit, dans des limites qui soient raisonnables et dont la justification puisse se démontrer dans le cadre d'une société libre et démocratique.

9.1. Les libertés et droits fondamentaux s'exercent dans le respect des valeurs démocratiques, de l'ordre public et du bien-être général des citoyens du Québec.

La loi peut, à cet égard, en fixer la portée et en aménager l'exercice.

Le Procureur général souligne, d'entrée de jeu, qu'il faut lire l'article 1 C.C. en corrélation avec l'article 52 de la *Loi constitutionnelle de 1982*[81] ci-après :

> 52. (1) La Constitution du Canada est la loi suprême du Canada ; elle rend inopérantes les dispositions incompatibles de toute autre règle de droit.
>
> (2) La Constitution du Canada comprend :
>
> *a)* la *Loi de 1982 sur le Canada*, y compris la présente loi ;
>
> *b)* les textes législatifs et les décrets figurant à l'annexe ;
>
> *c)* les modifications des textes législatifs et des décrets mentionnés aux alinéas *a)* ou *b)*.
>
> (3) La Constitution du Canada ne peut être modifiée que conformément aux pouvoirs conférés par elle.

et que l'objet de l'article 9.1 C.Q. est le même que celui de l'article 1 C.C.

2) Rappel des principes

a) Résumé des propositions

Les règles de droit posées par la Loi 160 sont particulièrement justifiées en raison de l'importance d'assurer à la population les services de santé et les services sociaux auxquels elle a droit, de prévenir, par des moyens raisonnables, des agissements illégaux dans ce secteur (c'est-à-dire non conformes au *Code du travail*, notamment en matière de services essentiels) et d'intervenir lorsque ces agissements peuvent mettre en péril la qualité et la quantité de ces services.

Conséquemment, si l'une des dispositions de la Loi 160 limite un droit ou une liberté protégés ou garantis, elle est raisonnable et justifiée dans une société libre et démocratique.

b) Test applicable

Première observation : il n'est pas contesté que la Loi 160 édicte des règles de droit.

Seconde observation : les parties demanderesses admettent qu'il existe une réalité urgente dans une société libre et démocratique de maintenir les services essentiels dans les services de santé et les services sociaux. Cet objectif est « suffisamment important », selon le sens donné à cette expression par la jurisprudence.

Passons maintenant à la méthode établissant le test applicable sous l'article 1 C.C. Elle a été fort bien expliquée par M. le juge en chef Dickson dans l'arrêt *Oakes*[82] :

> Un second élément contextuel d'interprétation de l'article premier est fourni par l'expression « société libre et démocratique ». L'inclusion de ces mots à titre de norme finale de justification de la restriction des droits et libertés rappelle aux tribunaux l'objet même de l'enchâssement de la *Charte* dans la Constitution : la société canadienne doit être libre et démocratique. Les tribunaux doivent être guidés par des valeurs et des principes essentiels à une société libre et démocratique, lesquels comprennent, selon moi, le respect de la dignité inhérente de l'être humain, la promotion de la justice et de l'égalité sociales, l'acceptation d'une grande diversité de croyances, le respect de chaque culture et de chaque groupe et la foi dans les institutions sociales et politiques qui favorisent la participation des particuliers et des groupes dans la société. Les valeurs et les principes sous-jacents d'une société libre et démocratique sont à l'origine des droits et libertés garantis par la *Charte* et constituent la norme fondamentale en fonction de laquelle on doit établir qu'une restriction d'un droit ou d'une liberté constitue, malgré son effet, une limite raisonnable dont la justification peut se démontrer.
>
> Toutefois, les droits et libertés garantis par la *Charte* ne sont pas absolus. Il peut être nécessaire de les restreindre lorsque leur exercice em-

---

(81) Dans *Loi de 1982 sur le Canada*, (L.R.C. 1985, app. II, n° 44, annexe B).

(82) Voir *supra*, note 37, 136-140.

pêcherait d'atteindre des objectifs sociaux fondamentalement importants. C'est pourquoi l'article premier prévoit des critères de justification des limites imposées aux droits et libertés garantis par la *Charte*. Ces critères établissent une norme sévère en matière de justification, surtout lorsqu'on les rapproche des deux facteurs contextuels examinés précédemment, savoir la violation d'un droit ou d'une liberté garantis par la Constitution et les principes fondamentaux d'une société libre et démocratique.

La charge de prouver qu'une restriction apportée à un droit ou à une liberté garantis par la *Charte* est raisonnable et que sa justification peut se démontrer dans le cadre d'une société libre et démocratique incombe à la partie qui demande le maintien de cette restriction. Il ressort nettement du texte de l'article premier que les restrictions apportées aux droits et libertés énoncés dans la *Charte* constituent des exceptions à la garantie générale dont ceux-ci font l'objet. On présume que les droits et libertés sont garantis, à moins que la partie qui invoque l'article premier ne puisse satisfaire aux critères exceptionnels qui justifient leur restriction. C'est ce que confirme l'emploi de l'expression « puisse se démontrer » qui indique clairement qu'il appartient à la partie qui cherche à apporter la restriction de démontrer qu'elle est justifiée : *Hunter c. Southam Inc*, précité.

La norme de preuve aux fins de l'article premier est celle qui s'applique en matière civile, savoir la preuve selon la prépondérance des probabilités. L'autre possibilité, la preuve hors de tout doute raisonnable qui s'applique en matière criminelle, imposerait selon moi une charge trop lourde à la partie qui cherche à apporter la restriction. Des concepts comme « le caractère raisonnable », « le caractère justifiable » et « une société libre et démocratique » ne se prêtent tout simplement pas à l'application d'une telle norme. Néanmoins, le critère de la prépondérance des probabilités doit être appliqué rigoureusement. En fait, l'expression « dont la justification puisse se démontrer », que l'on trouve à l'article premier de la *Charte*, étaye cette conclusion. La norme générale applicable en matière civile comporte différents degrés de probabilité qui varient en fonction de la nature de chaque espèce : voir Sopinka et Lederman, *The Law of Evidence in Civil Cases* (Toronto : 1974), à la p. 385. Comme l'explique lord Denning dans *Bater v. Bater*, [1950] 2 All E.R. 458 (C.A.), à la p. 459 :

> [Traduction] La preuve peut être faite selon la prépondérance des probabilités, mais cette norme peut comporter des degrés de probabilité. Ce degré dépend de l'objet du litige. Une cour civile, saisie d'une accusation de fraude, exigera naturellement un degré de probabilité plus élevé que celui qu'elle exigerait en examinant si la faute a été établie. Elle n'adopte pas une norme aussi sévère que le ferait une cour criminelle, même en examinant une accusation de nature criminelle, mais il reste qu'elle exige un degré de probabilité proportionné aux circonstances.

Ce passage a été cité et approuvé dans l'arrêt *Hanes v. Wawanesa Mutual Insurance Co.*, [1963] R.C.S. 154, à la p. 161. Un point de vue semblable a été exprimé par le juge Cartwright dans l'arrêt *Smith v. Smith*, [1952] 2 R.C.S. 312, aux pp. 331 et 332 :

> [Traduction] Je tiens toutefois à souligner que, dans toute action civile, pour pouvoir conclure sans risque à l'exactitude d'une question de fait qui doit être établie, le tribunal doit être convaincu d'une manière raisonnable qui dépendra de l'ensemble des circonstances à partir desquelles il formera son jugement, y compris la gravité des conséquences [...]

Compte tenu du fait que l'article premier est invoqué afin de justifier une violation des droits et libertés constitutionnels que la *Charte* vise à protéger, un degré très élevé de probabilité sera, pour reprendre l'expression de lord Denning, « proportionné aux circonstances ». Lorsqu'une preuve est nécessaire pour établir les éléments constitutifs d'une analyse en vertu de l'article premier, ce qui est généralement le cas, elle doit être forte et persuasive et faire ressortir nettement à la cour les conséquences d'une décision d'imposer ou de ne pas imposer la restriction. Voir : *Law Society of Upper Canada c. Shapinker*, précité, à la p. 384 ; *Singh c. Ministre de l'Emploi et de l'Immigration*, précité, à la p. 217. La cour devra aussi connaître les autres moyens dont disposait le législateur, au moment de prendre sa décision, pour réaliser l'objectif en question. Je dois cependant ajouter qu'il peut arriver que certains éléments constitutifs d'une analyse en vertu de l'article premier soient manifestes ou évidents en soi.

Pour établir qu'une restriction est raisonnable et que sa justification peut se démontrer dans le cadre d'une société libre et démocratique, il faut satisfaire à deux critères fondamentaux. En premier lieu, l'objectif que visent à servir les mesures qui apportent une restriction à un droit ou à une liberté garantis par la *Charte*, doit être « suffisamment important pour justifier la suppression d'un droit ou d'une liberté garantis par la Constitution ». *R. c. Big M Drug Mart Ltd.*, précité, à la p. 352. La norme doit être sévère afin que les objectifs peu importants ou contraires aux principes qui constituent l'essence même d'une société libre et démocratique ne bénéficient pas de la protection de l'article premier. Il faut à tout le moins qu'un objectif se rapporte à des préoccupations urgentes et réelles dans une société libre et démocratique, pour qu'on puisse le qualifier de suffisamment important.

En deuxième lieu, dès qu'il est reconnu qu'un objectif est suffisamment important, la partie qui invoque l'article premier doit alors démontrer que les moyens choisis sont raisonnables et que leur justification peut se démontrer. Cela nécessite l'application d'« une sorte de critère de proportionnalité » : *R. c. Big M Drug Mart Ltd.*, précité, à la p. 352. Même si la nature du critère de proportionnalité pourra varier selon les circonstances, les tribunaux devront, dans chaque cas, soupeser les intérêts de la société et ceux de particuliers et de groupes. À mon avis, un critère de proportionnalité comporte trois éléments importants. Premièrement, les mesures adoptées doivent être soigneusement conçues pour atteindre l'objectif en question. Elles ne doivent être ni arbitraires, ni inéquitables, ni fondées sur des considérations irrationnelles. Bref, elles doivent avoir un lien rationnel avec l'objectif en question. Deuxièmement, même à supposer qu'il y ait un tel lien rationnel, le moyen choisi doit être de nature à porter « le moins possible » atteinte au droit ou à la liberté en question : *R. c. Big M Drug Mart Ltd.*, précité, à la p. 352. Troisièmement, il doit y avoir proportionnalité entre les *effets* des mesures restreignant un droit ou une liberté garantis par la *Charte* et l'objectif reconnu comme « suffisamment important ».

Quant au troisième élément, il est évident que toute mesure attaquée en vertu de l'article premier aura pour effet général de porter atteinte à un droit ou à une liberté garantis par la *Charte*, d'où la nécessité du recours à l'article premier. L'analyse des effets ne doit toutefois pas s'arrêter là. La *Charte* garantit toute une gamme de droits et de libertés à l'égard desquels un nombre presque infini de situations peuvent se présenter. La gravité des restrictions apportées aux droits et libertés garantis par la *Charte* variera en fonction de la nature du droit ou de la liberté faisant l'objet d'une atteinte, de l'ampleur de l'atteinte et du degré d'incompatibilité des mesures restrictives avec les principes inhérents à une société libre et démocratique. Même si un objectif est suffisamment important et même si on a satisfait aux deux premiers éléments du critère de proportionnalité, il se peut encore qu'en raison de la gravité de ses effets préjudiciables sur des particuliers ou sur des groupes, la mesure ne soit pas justifiée par les objectifs qu'elle est destinée à servir. Plus les effets préjudiciables d'une mesure sont graves, plus l'objectif doit être important pour que la mesure soit raisonnable et que sa justification puisse se démontrer dans le cadre d'une société libre et démocratique.

Le Procureur général soutient que la Loi 160 a été adoptée pour assurer le « respect et la dignité inhérente à l'être humain », particulièrement le respect et la dignité de personnes parmi les plus démunies et les plus dépendantes de la société : les bénéficiaires des services de santé et des services sociaux. Le législateur devait en l'espèce arbitrer des intérêts opposés ; il l'a fait en assurant que des services essentiels soient rendus lors de grèves illégales.

Le législateur pouvait aussi restreindre des droits car il s'avérait que « leur exercice empêcherait d'atteindre des objectifs sociaux fondamentalement importants ». Il est évident, pour le Procureur général, que les soins et services dus aux bénéficiaires primaient sur le droit des salariés de faire valoir leurs revendications. Il s'agissait d'un objectif important et le législateur a choisi des moyens rationnels eu égard à cet objectif. Ces moyens ne portaient qu'une atteinte minimale aux droits et libertés, et ils étaient proportionnés à l'effet recherché.

c) Un test souple

Il faut accorder au législateur une marge de manœuvre suffisante pour qu'il puisse adopter des mesures adéquates car il est présumé connaître à fond le contexte global entourant la mise en œuvre de ces mesures, et il connaissait bien ce contexte en l'espèce. Ce caractère de souplesse est d'autant plus important dans le domaine socio-économique, particulièrement en matière du droit du travail. Il faut se demander si le législateur était fondé à conclure qu'il ne portait qu'une atteinte minimale aux droits et libertés, compte tenu des objectifs visés. C'est ce qu'il a fait avec la Loi 160.

On ne doit pas s'attendre à la perfection de la part du législateur, il faut plutôt « vérifier dans quelle mesure l'ensemble législatif est adapté à son objet », pour reprendre les mots de M. le juge en chef Dickson dans l'affaire *R. c. Edwards Books and Art Ltd.*[83]. Quant au critère de proportionnalité, sa nature « pourrait varier en fonction des circonstances »[84]. Au surplus, les « tribunaux ne sont pas appelés à substituer des opinions judiciaires à celles du législateur quant à l'endroit où tracer une ligne de démarcation »[85].

Procédant à une révision exhaustive des mesures adoptées avant la Loi 160 et des études effectuées relativement aux relations de travail dans le secteur visé, le Procureur général en vient à la conclusion que la loi était adéquate dans les circonstances. Des sanctions plus lourdes que celles prévues au *Code du travail* étaient justifiées pour que cessent immédiatement les moyens de pression illégaux et que soient assurés les services essentiels.

Et le Procureur général de référer ici aux propos de M. le juge La Forest sur la méthode à suivre pour déterminer si une loi impose une limite raisonnable à un droit reconnu par la charte. Voici les propos qu'il tenait dans l'arrêt *McKinney c. Université de Guelph*[86] :

> L'article premier de la Charte
> Considérations générales

---

(83) (1986) 2 R.C.S. 713, 770.
(84) *Id.*, 768.
(85) *Id.*, 782.
(86) (1990) 3 R.C.S. 229, 280-281.

La méthode qu'il faut suivre pour déterminer si une loi impose une limite raisonnable à un droit reconnu par la *Charte* a été énoncée à maintes reprises, à commencer par l'arrêt *R. c. Oakes*, précité, et il suffit simplement que je la résume ici. L'obligation de justifier la limite imposée à un droit reconnu par la *Charte* incombe aux parties qui veulent la maintenir. Le point de départ de l'analyse consiste à évaluer les objectifs de la loi pour déterminer s'ils sont suffisamment importants pour justifier la limitation du droit garanti par la Constitution. La loi contestée est ensuite assujettie à un critère de proportionnalité où l'objectif de cette loi est soupesé en fonction de la nature du droit, de l'étendue de sa violation et de la mesure dans laquelle la limite apportée favorise d'autres droits ou politiques importants dans une société libre et démocratique.

Comme la Cour l'a récemment affirmé dans l'arrêt *États-Unis d'Amérique c. Cotroni*, [1989] 1 R.C.S. 1469, aux pp. 1489 et 1490, il faut, en effectuant cette évaluation, éviter de recourir à une méthode mécaniste. En effet, comme on l'a dit dans cet arrêt, « Bien qu'il faille accorder priorité dans l'équation aux droits garantis par la *Charte*, les valeurs sous-jacentes doivent être, dans un contexte particulier, évaluées délicatement en fonction d'autres valeurs propres à une société libre et démocratique que le législateur cherche à promouvoir ». D'ailleurs, au début de la formulation de ce critère d'évaluation, le juge en chef Dickson a souligné que « Tant dans son élaboration de la norme de preuve que dans sa description des critères qui comprennent l'exigence de proportionnalité, la Cour a pris soin d'éviter de fixer des normes strictes et rigides » ; voir l'arrêt *R. c. Edwards Books and Art Ltd.*, [1986] 2 R.C.S. 713, aux pp. 768 et 769. Traitant précisément de l'art. 15 dans l'arrêt *Andrews c. Law Society of British Columbia*, à la p. 198, j'ai alors entrepris d'énoncer les considérations qu'il faut avoir à l'esprit :

> Il n'est pas facile de vérifier jusqu'à quel point une société libre et démocratique comme le Canada devrait tolérer la différenciation fondée sur des caractéristiques personnelles. Il y aura rarement, si jamais il peut y en avoir, de correspondance parfaite entre les moyens et les fins sauf si la loi a des objectifs discriminatoires. Comme il ressort de décisions antérieures, un critère de proportionnalité

doit jouer. Dans des cas comme celui-ci, le critère doit être abordé d'une manière souple. L'analyse devrait être pratique et porter sur la nature de la classification en question, l'importance des intérêts lésés sur les plans de la Constitution et de la société, l'importance relative que revêt pour les individus touchés l'avantage dont ils sont privés et l'importance de l'intérêt de l'État.

Je devrais ajouter que par intérêt de l'État, j'inclus ici non seulement les cas où l'État lui-même est, pour reprendre les propos de la Cour à la majorité dans l'arrêt *Irwin Toy Ltd. c. Québec (Procureur général)*, [1989] 1 R.C.S. 927, à la p. 994, « l'adversaire singulier » qui poursuit habituellement les criminels, mais également ceux où l'intérêt de l'État comprend « la conciliation de revendications contraires de groupes ou d'individus ou la répartition de ressources [...] limitées ». Je m'étendrai davantage sur ce point plus loin.

B– *Propositions des parties demanderesses*

Les parties demanderesses ne soulèvent pas véritablement de moyens à l'encontre des principes exposés par les tribunaux et résumés ci-haut. Elles mentionnent que le législateur avait un objectif important en adoptant la Loi 160, un objectif suffisant, réel et urgent. Mais rien ne va plus, disent-elles, lorsque le législateur choisit les moyens pour atteindre ses objectifs. Si la chose s'était avérée urgente et importante comme l'affirme aujourd'hui le Procureur général, le législateur, se souvenant sans doute de la Loi 111, aurait tout simplement exclu les deux chartes par l'insertion d'une clause dérogatoire comme ce fut alors le cas. Il faut donc examiner la nature et l'impact des moyens adoptés.

II. *La Loi 160*

A– *Propositions du Procureur général*

1) Un objectif suffisamment important

À sa proposition principale le Procureur général ajoute que, si, en 1986, le législateur envisage d'adopter la Loi 160, c'est qu'il prévoit des débrayages contrevenant aux dispositions législatives visant à assurer les services essentiels. Il est justifié d'agir comme il le fait vu l'urgence et la très grande importance des moyens de pression prévus. Toutes les mesures adoptées visent d'ailleurs à assurer le maintien des services essentiels. La preuve montre bien l'escalade des moyens de pression ainsi que l'abondance des études et des mesures prises antérieurement.

2) Moyens employés

a) Lien rationnel entre les mesures et l'objectif

Par l'adoption de la Loi 37, les règles à suivre sont clairement établies, particulièrement en ce qui concerne le pourcentage des services à maintenir en cas de débrayage. Il existe un lien rationnel entre la Loi 160 et la Loi 37 ; on vise toujours à maintenir les services essentiels, et des sanctions nouvelles viennent s'ajouter à celles prévues au *Code du travail* pour s'assurer que l'on atteindra l'objectif. Là encore il est rationnel d'inclure dans la loi des mesures avant tout dissuasives dans le cadre du *Code du travail*. Dans ce train de sanctions, on en retrouve des pénales, des civiles ainsi que d'autres, qualifiées de disciplinaires au procès.

b) Atteinte minimale

Le Procureur général affirme ensuite que le gouvernement était raisonnablement fondé, compte tenu des éléments de preuve présentés, à conclure que la loi porte le moins possible atteinte à un droit garanti, vu les objectifs urgents et réels poursuivis. Il faut savoir qu'en 1986 l'objectif est de maintenir les services essentiels et d'obliger les salariés à cesser ou à s'abstenir de poser des gestes illégaux affectant ces services. D'où l'urgence de donner aux mesures un effet dissuasif immédiat et, pour y parvenir, le législateur a jugé qu'il fallait ajouter des sanctions à celles prévues au *Code du travail* puisque les mesures alors connues s'avéraient insuffisantes (ordonnances du Conseil des services essentiels, injonctions, plaintes pénales, etc.).

Le Procureur général revient alors aux sanctions qu'il qualifie de disciplinaires en soutenant que ce choix était particulièrement adéquat puisqu'elles sont, de par leur nature, applicables immédiatement.

c) Atteinte minimale et proportion des moyens

Le test consiste ici à déterminer s'il y a équilibre entre l'objectif et l'atteinte aux droits et libertés et à décider si l'atteinte supplante l'objectif. À ce stade-ci, le Tribunal n'a pas à évaluer la sagesse ni l'opportunité de la mesure.

Quant à la «liberté syndicale», la Loi 160 ne l'affecte pas puisque son objet ne vise pas à empêcher les employés ni les associations à négocier ou à faire la grève, pourvu qu'ils respectent les dispositions du *Code du travail*. Les limitations ne concernent que le maintien des services essentiels.

L'article 18 vise les cotisations syndicales et, si la disposition affecte la liberté syndicale, l'atteinte est minimale ; elle n'empêche pas les syndicats de percevoir des cotisations de leurs membres. En affectant les retenues à la source, le législateur veut essentiellement empêcher le financement par cette voie de moyens de pression illégaux. Enfin, la cessation de retenue est limitée dans le temps, ce que le Tribunal n'a d'ailleurs pas à apprécier.

L'article 20, portant sur la réduction de traitement, ne prévoit pas une mesure disproportionnée à l'objectif du législateur. Il en va de même pour la perte d'ancienneté (art. 23). Elles sont proportionnées à l'importance et à l'urgence de la situation, et la procédure de grief permet de corriger les erreurs de faits, le cas échéant. Au surplus, rien n'empêche un employé d'obtenir, en cas d'erreur, une correction de la situation avant même de recourir au grief.

Quant à la sévérité des mesures, il en existe de plus sérieuses dans les conventions collectives, telle la perte d'ancienneté après trois jours d'absence non motivée. Il faut aussi ajouter que salariés et syndicats étaient bien au fait de la Loi 160 et des décrets ; ils ont agi illégalement en toute connaissance de cause, violant des dispositions du *Code du travail* qui ne font pas l'objet de ce débat-ci.

3) Situation ailleurs au Canada

À l'examen de la législation prévalant ailleurs au Canada [87], il appert que les dispositions de la Loi 160 ne sont pas disproportionnées compte tenu de la situation. Les mesures sont sévères mais nécessaires et surtout elles ne sont pas uniques en leur genre.

B– Propositions des parties demanderesses

1) Principes

Les parties demanderesses ne contestent pas les principes énoncés par le Procureur général à ce chef, du moins pas en substance ; elles sont plutôt d'avis que celui-ci ne peut justifier les moyens employés (art. 1 C.C. et 9.1 C.Q.).

Elles soulignent aussi que, malgré les abus inhérents à un tel conflit et les problèmes que les grèves ont pu susciter, les employés ont assuré correctement les services essentiels aux bénéficiaires.

2) La Loi 160

a) Les services essentiels

Les parties demanderesses réfèrent ici au rapport Picard, qui, traitant des moyens de pression des années 1979, 1980, estime que le bilan en est positif. Cela ressort d'ailleurs de plusieurs rapports d'expertise requis par le Conseil de l'époque, bien que d'autres signalent l'existence de problèmes sérieux.

Quant à la situation qui a prévalu en 1989, elle est loin de correspondre à la «dramatisation» que, selon les parties demanderesses, en a faite le Procureur général. Elles réfèrent à cet effet à une lettre du 23 janvier 1991 signée par la présidente du Conseil des services essentiels et qui se lit comme suit :

Montréal, le 23 janvier 1991

CA-001-01-89

Monsieur Pierre Jarry, D.R.H.
C.H. de Lachine
640, 16e Avenue
Lachine (Québec)
H3S 3N5

Madame Liette Veillette
Représentante syndicale
A.P.P.Q / C.P.S.
1595, rue Saint-Hubert, bureau 202
Montréal (Québec)
H2L 3Z2

---

[87] Voir notamment l'arrêt *Irwin Toy, supra*, note 53.

Monsieur, Madame,

Le Conseil est investi des pouvoirs de redressement prévus aux articles 111.16 et suivants du Code du travail et peut ordonner réparation lorsque, lors d'un conflit, un préjudice a été causé.

Le Conseil a été informé des événements survenus dans l'établissement nommé en titre le 21 septembre 1989. Le Conseil a fait enquête par l'entremise d'un médiateur et les membres se sont réunis pour analyser l'impact de ce débrayage sur le maintien des services auxquels le public a droit.

D'après les informations recueillies, le service au public n'aurait pas été affecté de manière à justifier réparation.

À moins que vous ne nous transmettiez vos observations par écrit à ce sujet d'ici le 25 février 1991, ce dossier sera fermé sans autre forme d'enquête.

Veuillez agréer, Monsieur, Madame, mes salutations.

La présidente,
Mᵉ Madeleine Lemieux
ML/sh

c.c. Madame Huguette Côté, présidente (APPQ)

Les parties demanderesses analysent ensuite des preuves démontrant, selon elles, que les employés ont pris les mesures appropriées pour réduire au minimum l'impact de leurs gestes sur les bénéficiaires.

b) Des sanctions non justifiées

Les sanctions sévères auraient eu pour effet de contourner le système judiciaire avant même de s'y adresser par les moyens connus (plaintes pénales, injonctions, etc.).

Si le Procureur général avait voulu montrer l'inefficacité du système judiciaire dans les circonstances, il aurait dû en faire la preuve et surtout établir que la situation ne pouvait pas être améliorée. Les parties demanderesses déposent le tableau suivant, qui, selon elles, prouve qu'à quelques exceptions près les seules personnes ayant fait l'objet de sanctions, suite aux moyens de pression antérieurs, sont les chefs syndicaux et les associations de salariés; très peu d'employés ordinaires.

Nom des parties	Personnes objets des sanctions
Charbonneau c. P.G. du Québec [88]	— Les 3 chefs du Front Commun — 13 syndicats — 44 dirigeants syndicaux
Syndicat des employés de l'Hôpital St-Augustin (C.S.N.) c. P.G. du Québec [89]	— Le syndicat — 7 officiers du syndicat
Hôtel Dieu d'Alma (1964) c. Syndicat national des employés de l'Hôtel Dieu d'Alma [90]	— Le syndicat — 8 officiers du syndicat
Procureur général du Québec c. Centrale des professionnels (les) de la santé [91]	— Les syndicats — 2 salariés **N.B.** Un des deux salariés est le président du syndicat. L'autre, on ne le sait pas puisque le jugement ne le mentionne pas.
Centre hospitalier St-Charles Borromée c. Syndicat des travailleuses et travailleurs du Centre hospitalier St-Charles Borromée (C.S.N.) [92]	— Le syndicat — 4 officiers du syndicat
Hôpital St-Julien c. Syndicat national des employés de l'Hôpital St-Ferdinand (C.S.N.) [93]	— 9 membres de l'exécutif — Une salariée

---

[88] [1973] R.P. 10 (C.A.).
[89] [1977] C.A. 539.
[90] C.S. Alma 160-05-000329-77, le 16 février 1978 (*J.E. 78-261*).
[91] C.S. Montréal 500-05-007358-888, le 17 octobre 1988.
[92] C.S. Montréal 500-05-000936-870, le 12 novembre 1987 (*D.T.E. 88T-123*).
[93] C.S. Québec 200-05-002803-844, le 31 octobre 1984.

Nom des parties	Personnes objets des sanctions
Hôpital St-Julien c. Syndicat national des employés de l'Hôpital St-Ferdinand (C.S.N.) [94]	— Le syndicat — 4 membres de l'exécutif — 12 salariés

En l'absence de preuves établissant que les plaintes pénales portées sous le *Code du travail* furent inefficaces par le passé, il n'existe pas de lien rationnel permettant de justifier l'adoption d'autres moyens que celles-ci. Et le Procureur général n'a pas fait la preuve que de telles plaintes étaient inefficaces à l'endroit des employés.

c) Le processus

Si le Tribunal estime que les sanctions additionnelles semblent raisonnables, il doit alors conclure que les « sanctions pénales » prévues aux articles 18, 20 et 23 ne se justifient pas puisqu'il n'existe pas de lien rationnel entre l'objectif de maintenir les services essentiels et l'adoption d'une mesure qui exclut le processus édicté aux articles 10 à 17. Comment en effet peut-on raisonnablement justifier que des sanctions portant atteinte directement à l'article 11 C.C. ne soient pas soumises au même processus que celles qualifiées de pénales (art. 10 à 17)? Pourquoi deux types de mesures pour un même objectif: protection dans un cas, rien dans l'autre? Le Procureur général justifie cela par le fait qu'il faut agir vite, stopper la grève. Ainsi les autorités disposeraient-elles d'un moyen additionnel pour atteindre cette fin.

Quant à la sanction prévue à l'article 18, le syndicat en est affecté une fois la grève terminée: elle n'a donc pas d'effet sur celle-ci. La sanction prévue à l'article 21 s'applique aussi après la grève, les employés devant alors travailler gratuitement pendant une journée complète. Quant à la perte d'ancienneté (art. 23), elle n'a pas empêché les employés de poursuivre la grève.

Bref, l'argument du Procureur général sur l'impact immédiat ne justifie pas la violation des droits et libertés garantis par les chartes.

d) L'article 23, sanction inéquitable et arbitraire

Les dispositions prévues à l'article 23 ne rencontrent pas les exigences prévues dans l'arrêt *Oakes* car les effets de celles-ci sont inéquitables et arbitraires. Ainsi, dans un département où l'ancienneté des employés ne présente pas de grands écarts, un plus jeune passe facilement devant un plus ancien suite à l'application de l'article 23. Dans le cas contraire, personne n'est véritablement affecté. Dans certaines circonstances, les effets de la sanction sont considérables; dans d'autres, ils sont nuls. Il en va de même lorsqu'un employé devait travailler tandis qu'un autre n'avait pas à le faire. Le premier perd son ancienneté, le second ne la perd pas.

L'automatisme de la sanction entraîne donc des effets tout à fait arbitraires et inéquitables. On sait que certains employés moins expérimentés que d'autres ont obtenu des promotions suite à l'application de cette sanction et cela n'est certainement pas rationnel compte tenu de l'importance des services dans ce secteur.

e) Proportionnalité (art. 18, 20 et 23)

Lorsque le gouvernement prend un décret en vertu de la loi, l'employé est automatiquement pénalisé de trois façons, et cela, sans que le Procureur général ait pu établir que les sanctions pénales y prévues étaient inadéquates (art. 10 à 17). Ainsi, le Tribunal ne saurait conclure que les trois peines portent le moins possible atteinte aux droits et libertés. Encore faut-il considérer que dans les trois cas on brime des libertés sans procès. Il s'agit de trop fortes atteintes compte tenu du contexte factuel en l'espèce.

Comparant l'article 23 de la Loi 160 à l'article 23 de la Loi 111 (reproduit ci-après), les parties demanderesses soutiennent que, contrairement à cette dernière, la disposition de la Loi 160 ne permet pas, sans modification législative, de remédier à la perte permanente de l'ancienneté:

23. Sauf à l'égard des infractions déjà commises, la présente loi cesse de s'appliquer

---

(94) C.S. Québec 200-05-002803-844, le 28 novembre 1984.

à une association de salariés et aux salariés qu'elle représente, à compter de la date fixée par décret du gouvernement, si ce dernier l'estime approprié compte tenu de la conclusion d'une entente entre les parties.

Bref, aucune entente possible sur cette question sans modification de la Loi 160; c'est très sévère.

f) Clause dérogatoire

Les parties demanderesses reprennent ici un argument invoqué précédemment. Si la situation était si grave et si urgente, le législateur pouvait toujours exclure les chartes, comme ce fut le cas dans la Loi 111.

g) Sanctions exorbitantes

Les trois sanctions s'appliquent peu importe le type de violation reproché à l'employé (journée complète de grève, heure de repos changée ou quarts de travail réaménagés sans réduire quelque service que ce soit, etc.). Ces sanctions sont donc sans rapport ou, du moins, sans proportion avec l'objet avoué de la Loi 160 (le maintien des services essentiels) puisque la preuve a montré des situations où ils étaient effectivement assurés par des employés qui ont quand même été pénalisés.

h) Assouplissement de la jurisprudence

Depuis l'arrêt *Edward Books*, il faut tenir compte de la situation factuelle et accorder plus de latitude au législateur afin qu'il puisse atteindre son objectif lorsqu'il est au centre de pressions opposées. Il a le choix entre des politiques sociales alors que certains groupes favorisent des mesures et d'autres en suggèrent de différentes.

Or l'État assume ici son rôle de responsable de l'ordre public; on ne peut donc parler de la souplesse de l'arbitre. C'est pour des fins d'ordre public que le législateur est intervenu par la Loi 160, mais cela ne justifie pas la violation de libertés fondamentales.

C– Position du Tribunal

1) Une situation grave et urgente

En adoptant la Loi 160, le législateur a donné priorité aux bénéficiaires des services de santé et des services sociaux; il pouvait effectuer ce choix. Devant l'urgence et la gravité de la situation, l'impossibilité de fermer des établissements, de soigner des malades, de déplacer des vieillards, d'apporter assistance à des jeunes en difficulté, l'État devait intervenir rapidement et fermement afin d'assurer le maintien des services essentiels dans le réseau. Que les employés aient fourni des services essentiels adéquats, la chose est possible, même si des preuves démontrent clairement qu'ils n'ont généralement assuré que les services essentiels répondant à leurs propres critères, sans respecter le *Code du travail* ni les ordonnances du Conseil des services essentiels. Or les dispositions du code sont, en l'espèce, considérées comme valides car elles ne font pas l'objet du présent litige (Loi 37).

La situation exigeait donc une intervention rapide et efficace de la part du gouvernement.

Cela dit, venons-en aux mesures déjà adoptées en 1986 et utilisées en 1989 au moyen de décrets.

2) Les mesures prises

a) Retenues à la source

Le Procureur général n'avait pas à justifier son intervention concernant les retenues à la source, les syndicats ne pouvant faire valoir, dans les circonstances, aucun droit ni aucune liberté protégés par une charte. Quant à l'intervention de l'Assemblée nationale, elle relevait de l'exercice pur et simple de son pouvoir législatif.

b) Réduction du traitement

Les dispositions relatives à la réduction du traitement sont justifiées dans une société libre et démocratique. Elles rencontrent les critères de rationalité établis par la jurisprudence et elles s'appliquent ici dans une situation grave et urgente. Elles visent d'ailleurs un si grand nombre de personnes qu'il est difficile d'imaginer des méthodes plus efficaces permettant au législateur d'atteindre autrement l'objectif qu'il s'était fixé en adoptant la Loi 160.

L'État devait prendre des mesures d'urgence pour rétablir le fonctionnement normal d'un système sur le point de s'enrayer. Il lui fallait briser le cercle de l'action illégale et éliminer les risques qui augmentaient démesurément dans le domaine névralgique des services de santé et des services sociaux auxquels la population a droit.

Dans les circonstances, la sanction adoptée à l'article 20 n'est pas trop sévère, même en la considérant comme une « amende ». Elle est de plus proportionnée à l'infraction commise.

Enfin, et c'est là un point qui distingue cette mesure de celle adoptée à l'article 23, l'employé auquel elle est appliquée peut s'adresser à un arbitre; son grief est alors « soumis à l'arbitrage comme s'il s'agissait d'un grief au sens de la convention collective applicable » (art. 21). On réfère ici à un régime éprouvé, dont tous connaissent les règles et la protection qu'il confère aux salariés comme à l'employeur.

Ce moyen est raisonnable, proportionné aux infractions et acceptable dans une société libre et démocratique. La sanction prévue à l'article 20 est donc justifiée sous les articles 1 C.C. et 9.1 C.Q., même si elle porte atteinte à la liberté des employés protégée par les deux chartes.

c) Perte d'ancienneté

Reste à examiner la perte d'ancienneté. Le Tribunal est d'avis, pour les motifs exposés ci-haut (art. 20), que la sanction édictée à l'article 23 est rationnelle eu égard aux objectifs du législateur. Elle n'est toutefois proportionnée ni à la gravité ni à l'urgence de la situation. En matière de relations de travail, on considère la destitution comme la peine capitale et la perte d'ancienneté comme la privation de ses droits à perpétuité. Ce caractère de pérennité rend cette mesure disproportionnée avec l'objectif visé. Et que dire de la perturbation et surtout de l'iniquité causées par son application? Iniquité résultant du texte même de la disposition qui atteint indistinctement l'employé coupable d'une infraction grave comme le responsable d'une simple vétille. L'exemple de la préposée ayant perdu deux ans d'ancienneté pour avoir changé deux fois son heure de repos tout en fournissant scrupuleusement tous les services requis par les bénéficiaires de son centre d'accueil constitue peut-être un cas limite, mais il illustre fort bien jusqu'où va cette mesure, appliquée ici dans le strict respect de la loi. Une telle injustice ne peut être tolérée, surtout lorsqu'elle est créée de toutes pièces par la rigidité même d'une disposition législative.

De plus, une simple lecture des articles traitant de la réduction du traitement et de ceux concernant la perte d'ancienneté démontre la faiblesse, voire l'inefficacité, de la procédure de grief édictée à l'article 23. On ne retrouve pas à cet article l'encadrement prévu à l'article 21 et aucune marge de manœuvre n'y est accordée à l'arbitre; il ne peut que confirmer ou infirmer une décision. La sanction la plus sévère est donc assortie du recours le plus faible et le moins efficace.

Enfin, il n'existe aucune possibilité d'atténuer ultérieurement l'effet de la sanction. L'ancienneté est perdue pour toujours, à moins que la Loi 160 ne soit modifiée.

Bref, les dispositions relatives à la perte d'ancienneté sont rationnelles, compte tenu de l'objectif de la Loi 160, mais elles sont nettement disproportionnées par rapport à celui-ci. Cette mesure n'est pas justifiée dans le cadre d'une société libre et démocratique. Le Tribunal annulera donc l'article 23 de la loi ainsi que les décrets pris en application de celui-ci.

Observations finales

Avant de terminer, le Tribunal note que la plupart des objections présentées au cours du procès ont été retirées formellement ou qu'elles n'ont pas fait l'objet de plaidoiries comme prévu pendant l'audition. Quant aux autres, le Tribunal en a décidé en cours d'instance.

Les conclusions de ce jugement valent pour les quatre actions en nullité et les dépens sont accordés aux parties demanderesses dans l'action qu'elles ont intentée.

Outre les journées de préparation et celles réservées aux conférences préliminaires, ce procès a duré pas moins de 43 jours, dont 20 ont été consacrés exclusivement aux plaidoiries. Cela a exigé un travail considérable de la part des avocates et des avocats. Ils ont représenté les parties avec beaucoup de compétence et de courtoisie sans jamais oublier leurs devoirs comme officiers de justice. Le Tribunal les félicite pour l'excellence du travail qu'ils ont accompli et les remercie de leur collaboration.

Dispositif

Pour ces motifs, le Tribunal :

Accueille partiellement les quatre actions en nullité

Faisant droit partiellement aux propositions du Procureur général :

Déclare valides les dispositions des articles 18 à 22 de la *Loi assurant le maintien des services essentiels dans le secteur de la santé et des services sociaux* ainsi que les décrets pris en application de ces dispositions ;

Faisant droit partiellement aux propositions des parties demanderesses :

Déclare invalides et contraires à la *Charte canadienne des droits et libertés* et à la *Charte des droits et libertés de la personne* les dispositions de l'article 23 de la *Loi assurant le maintien des services essentiels dans le secteur de la santé et des services sociaux* ainsi que les décrets pris en application de ces dispositions (principalement les numéros 1475-89, 1501-89, 1503-89 et 1505-89[95]) ; et

Annule cet article et ces décrets ;

Avec dépens en faveur des parties demanderesses dans l'action qu'elles ont intentée.

---

(95) *Décret concernant la fixation d'une date aux fins de l'application de l'article 23 de la Loi assurant le maintien des services essentiels dans le secteur de la santé et des services sociaux*, Décret 1475-89 du 6/9/89, (1989) 121 G.O. II 5218, Décret 1501-89 du 13/9/89, (1989) 121 G.O. II 5231, Décret 1503-89 du 13/9/89, (1989) 121 G.O. II 5233 et Décret 1505-89 du 13/9/89, (1989) G.O. II 5234.

[1991] R.J.Q. 2683 à 2693

Cour supérieure

PROTECTION DE LA JEUNESSE — 482*

FAMILLE — protection de la jeunesse — mesures volontaires — validité — possibilité de porter le dossier devant les tribunaux malgré la signature d'une entente avec les parents — intérêt de l'enfant.

Appel d'une décision de la Cour du Québec, Chambre de la jeunesse, ayant accueilli une requête en irrecevabilité formulée par le père de l'enfant à l'encontre d'une demande du directeur de la protection de la jeunesse (D.P.J.) visant à faire déclarer que la sécurité et le développement de l'enfant étaient compromis. Accueilli ; le dossier est renvoyé devant la Cour du Québec, Chambre de la jeunesse.

Au mois de décembre 1989, l'enfant a quitté le domicile de sa mère afin d'aller vivre chez son père. Le 13 février 1990, elle a déclaré avoir été agressée sexuellement par lui, sa compagne et une tierce personne. Des accusations criminelles ont été portées contre ces trois personnes. Le lendemain, le père et la mère ont signé une entente intitulée « En-

---

Juge Ginette Piché — C.S. Montréal 500-24-000005-917, 1991-07-15 — Boudreau, Zonato et associés, Me *Réjeanne Gagnon*, pour l'appelante — Pichette, Tremblay et associés, Me *Chantal Décarie*, pour le défendeur intimé — Me *Alain Beausoleil*, pour la défenderesse intimée — Bastien, Prescott et associés, Me *Pauline R. Laforce*, pour l'enfant.

*Requête pour permission d'appeler rejetée, 1991-09-12.

Référence antérieure : [1991] R.J.Q. 881 (C.Q.) (J.E. 91-478)

N.D.L.R. : Le nom de certaines personnes a été omis.

91-02-1541

J.E. 91-1457

tente sur des mesures volontaires », qui prévoyait le placement de l'enfant durant le temps requis pour faire l'évaluation du dossier, soit un maximum de un mois. Le 8 mars suivant, les parents ont signé une nouvelle « Entente sur des mesures volontaires », qui prévoyait le placement de l'enfant dans une famille d'accueil pour une période de six mois. Cette entente mentionne expressément que, selon l'enquête, les allégations de l'enfant sont fondées mais que le père nie les agressions sexuelles. Le 27 avril 1990, les parties ont signé une troisième « Entente sur des mesures volontaires », visant cette fois le placement de l'enfant dans un centre d'accueil pour une période de un an. Les parents reconnaissent dans l'entente l'existence d'une situation de compromission, mais le père continue à nier que les agressions sexuelles ont eu lieu. Les trois ententes mentionnent que les parents ont pris connaissance des dispositions applicables de la Loi sur la protection de la jeunesse et ont été informés de leur droit de refuser l'application des mesures et de consulter un avocat. Le 4 mai 1990, le D.P.J. a signé une déclaration adressée au Tribunal de la jeunesse visant à faire déclarer que la sécurité et le développement de l'enfant étaient compromis. Lors de l'audition de cette demande, au mois de janvier 1991, le procureur du père a soulevé son irrecevabilité vu l'existence de mesures volontaires toujours en vigueur. Le Tribunal de la jeunesse a accueilli cette requête en irrecevabilité. Le D.P.J. interjette appel de cette décision.

L'article 51 de la loi prévoit qu'il revient au D.P.J. de décider s'il y a lieu de proposer des mesures volontaires ou de saisir le tribunal du problème de l'enfant. L'article 53 prévoit qu'une entente sur des mesures volontaires doit être consignée par écrit et contenir certaines informations. Ces conditions ont été remplies en l'espèce. Toutefois, de telles ententes ne sont pas de la nature d'un contrat civil et ne peuvent être interprétées de la même façon. Seul le consentement des parents est requis. Le D.P.J. n'a pas à donner son consentement puisque c'est lui qui propose l'application des mesures volontaires. Il conserve le pouvoir de porter le dossier devant les tribunaux si le développement et la sécurité de l'enfant sont compromis. Il est impossible de traiter un enfant victime d'agressions sexuelles si le parent agresseur nie son comportement. Sans l'aveu de ce dernier, les mesures proposées restent sans effet. Dans les circonstances, les mesures volontaires étaient invalides puisque le père a constamment nié les agressions à la source de la prise en charge du dossier par le D.P.J. L'intérêt de l'enfant ne peut être protégé par une telle entente. Compte tenu des objectifs de la Loi sur la protection de la jeunesse, rien n'empêchait le D.P.J. de porter le dossier devant les tribunaux, vu la persistance du père à nier les agressions. Le D.P.J., qui suggère les mesures volontaires, n'a pas à les respecter s'il estime après analyse que l'intérêt et le développement de l'enfant sont toujours compromis ou qu'il est impossible, en raison du refus du parent agresseur d'admettre les agressions, de mettre en branle tous les mécanismes de protection et de correction. Il peut retirer la proposition de mesures volontaires s'il le juge à propos.

Législation citée

Protection de la jeunesse (Loi sur la), (L.R.Q., c. P-34.1), art. 2.2, 38, 51, 53, 132.

Doctrine citée

Boisclair, Claude. « L'entente sur les mesures volontaires dans la Loi sur la protection de la jeunesse », (1982-83) 13 *R.D.U.S.* 143-210 ; Boisclair, Claude. « La nature juridique de l'entente sur les mesures volontaires dans la Loi sur la protection de la jeunesse », dans Formation permanente du Barreau du Québec. *Droit et enfant.* Cowansville : Y. Blais, 1990. Pp. 123-154, 125-126, 128, 140-141 ; Boulais, Jean-François. *Loi sur la protection de la jeunesse, texte annoté.* 2e éd. Montréal : Soquij, 1990. 571 p., pp. 199-200, 202-203, 408-409.

TEXTE INTÉGRAL DU JUGEMENT

Le Tribunal a devant lui aujourd'hui un problème inusité. Il y a appel d'une décision provenant de la Cour du Québec, Chambre de la jeunesse. Ce qui est particulier, c'est qu'il s'agit d'un appel qui provient non pas d'un des parents intimés, mais de l'intervenante sociale ayant agi pour le directeur de la protection de la jeunesse (le «D.P.J.»).

L'appel porte sur le motif que Mme la juge Durand-Brault aurait erré en droit en accueillant une requête en irrecevabilité faite par le père de l'enfant suite à une demande de compromission.

Comme on le sait, lorsqu'un signalement est fait et qu'un enfant semble être dans une situation dangereuse, le D.P.J. doit intervenir. Il a le choix de s'adresser au Tribunal afin que la sécurité et le développement de l'enfant soient déclarés compromis et que des mesures de protection soient ordonnées ou de faire signer des «mesures volontaires».

Les questions en litige

Y a-t-il eu erreur de droit de la part de la juge de première instance? Quelle était la situation devant la Chambre de la jeunesse? Y avait-il eu signature de mesures volontaires? Et si oui, est-ce que ceci empêchait le D.P.J. de «judiciariser» le dossier?

Telles sont les questions posées au Tribunal.

Afin de bien comprendre le litige, il importe d'abord de faire un résumé de ce qui était survenu dans le dossier lorsqu'il fut présenté à la Chambre de la jeunesse. Pour ce, il nous faut voir l'histoire de S... B..., l'enfant au centre du présent litige.

La chronologie des événements

1) *Décembre 1989* : S... B..., 12 ans, part de chez sa mère et va demeurer avec son père, avec qui elle n'a pas eu de contacts depuis cinq ans.

2) *13 février 1990* : S... déclare avoir été abusée sexuellement par son père, sa conjointe et par son oncle paternel. Ce même jour des accusations criminelles sont portées contre chacune de ces personnes.

3) *14 février 1990* : Une entente intitulée «Entente sur des mesures volontaires» est signée avec la mère et le père seulement, l'enfant n'ayant pas atteint alors ses 14 ans. Dans cette entente, les parents reconnaissent que:

> S... déclare avoir été abusée sexuellement de la part de plusieurs personnes dont son père, P... B..., et son oncle, Se... B... Et qu'actuellement la mère, L... Bé..., nous dit ne pas être en mesure de la reprendre chez elle.

Les parents acceptent l'intervention du D.P.J. pour corriger la situation et évaluer la situation de S... et permettre la meilleure orientation possible pour l'enfant. Les parents s'engagent à:

— Participer à l'évaluation de la situation de S...;

— Accepter le placement de S... pour le temps de l'évaluation;

— Accepter que le père pour la période d'évaluation n'entre pas en contact avec sa fille S... et pour nous permettre de s'assurer qu'aucun contact ne s'effectue, l'adresse et le numéro de téléphone de l'endroit où réside S... ne sera pas donné au père.

L'entente est prise pour une durée de un mois jusqu'au 14 mars 1990. Il est stipulé que «l'entente pourra être révisée en tout temps à la demande d'une des parties».

4) *8 mars 1990* : Une nouvelle entente sur mesures volontaires est signée par les parents. Cette nouvelle entente reconnaît:

> Un signalement a été fait le 13 février 1990. On rapporte que S... a été agressée sexuellement par son père P... B... et son oncle Se.. B... La mère se sent incapable de reprendre la garde de sa fille. Après avoir rencontré S..., la D.P.J. croit que *les faits sont fondés* et que S... a aussi été agressée sexuellement par la conjointe du père, C... (L...) D... Le père nie avoir agressé sexuellement sa fille S... Il exprime toutefois ne pas vouloir reprendre sa garde.

Dans cette entente, les parties acceptent l'intervention du D.P.J. « pour corriger la situation » avec comme but de :

— Fournir un hébergement à S... ;

— Protéger S... des agressions sexuelles dont elle dit avoir été victime et auxquelles la D.P.J. croit ;

— Déterminer la meilleure ressource en terme d'hébergement qui réponde aux besoins de S... (C.A. ou F.A.) ;

— Évaluer le type de service que la famille peut et/ou veut recevoir.

Enfin, les parties s'engagent à l'application des mesures suivantes :

— Placement de S... en famille d'accueil de transition ;

— Interdit de contact entre S... et son père P... B..., son oncle Se... B... et C... (L...) D... ;

— Que S..., sa mère L... Bé... et son père P... B... fassent l'objet d'une évaluation psychologique ;

— Que la famille participe activement aux rencontres fixées par l'intervenante sociale.

L'entente est prévue pour une durée de six mois, soit du 8 mars 1990 au 8 septembre 1990.

5) *27 avril 1990*: Malgré que la deuxième entente ait été prévue pour six mois, les parties reprennent au complet une nouvelle entente. Ils reconnaissent l'existence d'une situation qui compromet la sécurité et le développement de l'enfant, à savoir :

— Un signalement a été fait le 13 février 1990 ;

— On rapporte que S... a été agressée sexuellement par son père P... B... et son oncle Se... B... ;

— La mère se sent incapable de reprendre la garde de sa fille ;

— Après avoir rencontré la famille, la D.P.J. croit que les faits sont fondés et que S... a aussi été agressée sexuellement par la conjointe du père, C... (L...) D... Le père nie les agressions. Il exprime toutefois ne pas pouvoir reprendre la garde de S... Le 13 février 1990, S... a été placée en famille d'accueil de transition. Elle y manifeste des troubles de comportement sérieux : relation conflictuelle avec ses pairs, comportement sexué, vol, mensonge, manipulation par les sentiments, deux fugues, instabilité scolaire. La famille d'accueil ne veut plus garder S...

Les parents acceptent l'intervention du D.P.J. dans le but de :

— Fournir un hébergement à S... ;

— Protéger S... des agressions sexuelles par son père, L... D... et Se... B... dont elle se dit victime et auxquelles la D.P.J. croit ;

— Résorber les troubles de comportement que S... manifeste ;

— Clarifier la position de la mère par rapport à S... « reprendre ou pas sa garde suite au placement ».

Enfin, les parties s'engagent à participer à l'application des mesures suivantes :

— Placement de S... en *centre d'accueil* ;

— Interdiction de tout contact entre S... et son père, S... et L... D..., S.... et Se... B... tant que la situation des agressions sexuelles n'est pas clarifiée ;

— Respecter le plan d'interventions du centre d'accueil ;

— Que la mère et S... B... participent au programme des abus sexuels ;

— Évaluation psychologique de S..., de la mère et du père ;

— Que la famille participe activement aux rencontres fixées par l'intervenante sociale.

L'entente est signée le 27 avril 1990 pour une durée d'un an.

Notons que les trois ententes, tel que le mentionne Mme la juge Durand-Brault dans son jugement, utilisent le même formulaire et comportent des stipulations comme quoi les parents ont pris connaissance des articles de la *Loi sur la protection de la jeunesse*[1] et ont reçu une réponse à toute demande d'information au sujet de l'entente et de l'application des mesures. Les parents reconnaissent avoir été informés de leurs droits, et notamment de leur droit de refuser l'application d'une mesure et de consulter un avocat. Ils disent être informés que, advenant la nécessité de procéder à un placement de leur enfant, une contribution parentale sera exigible et, finale-

---

(1) L.R.Q., c. P-34.1

ment, que l'entente pourra être révisée en tout temps à la demande de l'une des parties, son contenu pouvant être modifié du consentement des parties. Les trois «ententes» mentionnent que:

> Toutefois, si l'enfant de 14 ans ou plus ou ses parents se retirent de l'entente et que la sécurité ou le développement de l'enfant demeure compromis, le Directeur de la protection de la jeunesse devrait saisir le Tribunal.

6) *4 mai 1990* : Le D.P.J. signe une déclaration en vertu de l'article 38 de la *Loi sur la protection de la jeunesse* demandant que la sécurité et le développement de S... B... soient déclarés compromis.

7) *18 juin 1990* : Le procureur du D.P.J. obtient de la Cour la nomination d'un procureur à l'enfant vu la nature du signalement.

8) *16 juillet 1990* : Le dossier est ajourné *pro forma* au 7 août 1990 pour fixation de date au rôle des causes de longue durée. À ce moment-là, l'enquête est reportée *pro forma* au 13 septembre. Le 13 septembre 1990, on fixe l'enquête au fond aux 27 et 28 novembre 1990, avec conférence préparatoire prévue pour le 24 octobre. Le 24 octobre 1990, conférence préparatoire. Les dates des 27 et 28 novembre pour l'enquête au fond sont confirmées. Le 27 novembre 1990, demande de remise est accordée. Les 28 et 29 janvier 1991, *audition de la demande de compromission signée en mai 1990*. C'est à l'occasion de cette demande qu'une requête en irrecevabilité est faite. Un jugement amendé accueillant la requête en irrecevabilité est signé le 5 mars 1991. C'est de ce jugement que le D.P.J. appelle aujourd'hui.

L'argumentation présentée

Toute la chronologie des événements survenus au présent cas devait être rappelée, car le jugement de Mme la juge Durand-Brault y réfère constamment. Elle mentionne en effet, à la page 5 de son jugement, qu'on n'a signé aucune entente provisoire visant la protection de la jeune S... B... entre la date du signalement et l'audition devant elle. Et elle se questionne :

> Faut-il imputer cette abstention au fait justement qu'une entente de mesures volontaires avait été signée au mois d'avril 1990 ?

En fait, dans la requête en irrecevabilité présentée devant Mme la juge Durand-Brault, on a plaidé que la Chambre de la jeunesse n'avait pas juridiction pour entendre une demande de compromission car le D.P.J. avait «choisi» déjà de procéder par entente sur des mesures volontaires. Le D.P.J. ayant «choisi» la voie des mesures volontaires, il ne peut plus «judiciariser» le dossier. Mme la juge Durand-Brault a donné raison au père de l'enfant.

Pour bien comprendre l'argumentation, il importe de voir d'abord brièvement le mécanisme de la *Loi sur la protection de la jeunesse*.

Le mécanisme de la loi

Le mandat du D.P.J., lorsqu'il reçoit un signalement à l'effet qu'un enfant est en danger, c'est de faire cesser cette situation. C'est de voir à «protéger» l'enfant. La loi emploie les mots « situation de compromission » : ces mots veulent simplement dire que l'enfant se trouve à être dans une situation où il y a danger pour lui. Son avenir et son développement sont susceptibles d'être compromis, il est en « situation de compromission » et le D.P.J. doit voir à ce que cela cesse. Il peut le faire de deux façons : lorsqu'un signalement est fait, il peut «*judiciariser*» le dossier ou voir à *l'application de mesures volontaires*.

Voyons à ce sujet l'article 51 de la *Loi sur la protection de la jeunesse* :

> Art. 51 Lorsque le directeur est d'avis que la sécurité ou le développement d'un enfant est compromis, il prend la situation de l'enfant en charge et décide de son orientation. À cette fin, le directeur propose l'application de mesures volontaires ou saisit le tribunal de la situation.

On voit donc que l'article 51 prévoit que le D.P.J. décide seul s'il y a lieu de proposer l'application de mesures volontaires ou s'il saisira plutôt le tribunal du problème de l'enfant.

Dans un excellent exposé paru d'abord dans la *Revue de droit de l'Université de Sherbrooke*[2] et repris partiellement dans un volume intitulé *Droit et enfant*[3], M⁰ Claude Boisclair dira ceci au sujet de la nature des mesures dites « volontaires » :

> Les mesures volontaires prévues dans la *Loi sur la protection de la jeunesse* reposent sur le concept de la « déjudiciarisation ». Leur utilisation permet de fournir aide et protection à l'enfant sans faire appel à la Chambre de la jeunesse. *Ce n'est pas une orientation que les intervenants sociaux doivent privilégier à n'importe quel prix*, mais uniquement si les circonstances justifient leur application pour répondre aux besoins de protection de l'enfant.
>
> Les mesures volontaires se distinguent des mesures obligatoires ordonnées par le tribunal au plan des mécanismes et non au plan de leur finalité. L'intervention, qu'elle soit sociale ou judiciaire, doit rechercher la meilleure protection pour l'enfant ou, à tout le moins, l'alternative qui serait la moins préjudiciable pour lui. En d'autres termes, l'utilisation de mesures volontaires ou obligatoires *réfère au régime choisi en vue de protéger l'enfant et non aux mesures de protection elles-mêmes*.
>
> Les mesures volontaires ne constituent pas une étape nécessaire, mais seulement une éventualité que le directeur envisage en tenant compte de l'intérêt de l'enfant. *La décision de les appliquer doit s'appuyer sur des critères permettant de conclure que la judiciarisation n'est pas utile*, eu égard aux circonstances, pour fournir à l'enfant la protection appropriée à sa situation.

Et un peu plus loin[4] :

> Parler « d'antériorité » des mesures volontaires comme mécanisme de protection laisse entendre que le directeur devrait, dans tous les cas, orienter l'enfant vers celles-ci ou encore tenter de le faire avant de recourir au tribunal. Cela contredit non seulement la lettre, mais également l'esprit de la loi. En effet, l'article 51 L.P.J. édicte que :
>
>> Lorsque le directeur est d'avis que la sécurité ou le développement d'un enfant est compromis, il prend la situation de l'enfant en charge et décide de son orientation. À cette fin, le directeur propose l'application de mesures volontaires ou saisit la Cour du Québec de la situation.
>
> L'article 51 L.P.J. est complété par l'article 52 énonçant simplement l'obligation du directeur d'en venir à une entente avec les parties « lorsque la décision sur l'orientation implique l'application de mesures volontaires ». Il en aurait été autrement si le législateur avait prévu que le directeur devait tenter d'appliquer ces mesures avant de recourir au tribunal.

Notons donc que la décision de recourir aux mesures volontaires revient au D.P.J. seul. Il n'a pas, à ce stade, à tenir compte du désir des personnes accusées, qui voudraient ainsi, par exemple, s'exempter de « passer devant le juge ». C'est le D.P.J. qui décide, et la loi est claire là-dessus[5] :

> La proposition de mesures volontaires ne constitue pas une étape obligatoire et préalable à la saisie du tribunal, mais plutôt un moyen de mettre fin à une situation de compromission hors du processus judiciaire.
>
> Des mesures volontaires ne peuvent être convenues que si le directeur est d'avis que la sécurité ou le développement d'un enfant est compromis. Les parents ou l'enfant peuvent se retirer en tout temps, ce qui implique une orientation différente.

Le Tribunal ne discutera d'ailleurs pas ici des raisons pour lesquelles le D.P.J. prend une option ou l'autre. Dans le présent cas, nous avons au dossier des « ententes ».

À ce stade, le Tribunal appellera les ententes signées « ententes » sans leur donner l'appellation de « mesures volontaires » puisque ce qui a été plaidé devant le Tribunal et devant Mme la juge Durand-Brault, c'est que ces ententes

---

(2) Claude Boisclair. « L'entente sur les mesures volontaires dans la Loi sur la protection de la jeunesse », (1982-83) 13 *R.D.U.S.* 143-210.

(3) Claude Boisclair. « La nature juridique de l'entente sur les mesures volontaires dans la Loi sur la protection de la jeunesse », dans Formation permanente du Barreau du Québec. *Droit et enfant*. Cowansville: Y. Blais, 1990. Pp. 123, 125, 126.

(4) *Id.*, p. 128.

(5) Jean-François Boulais. *Loi sur la protection de la jeunesse, texte annoté.* 2ᵉ éd. Montréal: Soquij, 1990. Pp. 199-200.

n'étaient pas véritablement des «ententes volontaires» selon la loi.

À l'article 53 de la *Loi sur la protection de la jeunesse*, on note que l'entente doit être consignée par écrit. La durée de l'entente ne peut excéder un an. Voici d'ailleurs quels sont les commentaires émis par Me Jean-François Boulais dans la *Loi sur la protection de la jeunesse, texte annoté*[(6)] :

> L'article 53 prévoit que l'entente intervenue doit être consignée par écrit, et elle est limitée à une durée d'un an. L'ancienne disposition ne prévoyait pas de limite dans le temps, sauf pour la durée de l'hébergement volontaire. Cette modification fait suite à une recommandation du *Rapport de la Commission parlementaire spéciale sur la protection de la jeunesse*.

Enfin, l'entente doit contenir de l'information sur les droits reconnus par la loi. Nous avons vu que, dans les trois ententes signées, il y a eu une telle information de donnée. L'entente n° 3, celle du 27 avril 1990, est aussi pour une durée de un an, ce qui fait que dans le cas présent une «mesure volontaire» ne pourrait plus être signée, à cause de cet article 53 de la loi. Le fait que la déclaration de compromission ait été déclarée irrecevable fait en sorte que le D.P.J. a les mains liées. Il ne peut plus faire signer d'ententes volontaires ni judiciariser le cas de S... B...

Y a-t-il eu une «entente volontaire» de signée?

Le procureur du D.P.J. a plaidé qu'il n'y avait ici jamais véritablement eu d'«entente» puisque le père n'avait jamais admis avoir commis des abus sexuels sur la personne de S...

Dans sa plaidoirie, l'appelante soumet que Mme la juge Durand-Brault a fait erreur en accordant une trop grande importance au titre du document signé entre les parties. Elle ne s'est pas interrogée sur les conditions préalables à la signature de ce document, même si elle a permis que soit faite devant elle la preuve des intentions des signataires. En effet, la preuve a révélé que le D.P.J. avait choisi de prendre des mesures judiciaires à cause de la non-reconnaissance des abus sexuels par le père.

Le 27 avril 1990, plaide-t-on, on a signé une entente privée innommée qui n'est pas, en fait, l'entente prévue dans la *Loi sur la protection de la jeunesse*, l'entente signée n'ayant été là que pour protéger S... jusqu'à l'audition devant la Cour. On plaide que le caractère provisoire des mesures prévues s'infère de son contenu et de l'intention des signataires.

Une entente, soumet-on, devait absolument comporter une reconnaissance par le père des abus sexuels. Or, il a toujours nié les avoir commis. Comment le D.P.J. peut-il orienter un dossier vers des mesures volontaires alors que le principal responsable, le père, nie ces abus sexuels? Une entente faite sous l'égide de l'article 51 n'est qu'un moyen et non une fin, plaide-t-on. La seule façon de mettre fin à une situation de compromission, c'est que l'abuseur reconnaisse la situation et, ici, ceci n'a jamais été fait.

Dans son témoignage lors de l'audition devant la Chambre de la jeunesse, Janick Gagné dira qu'elle a utilisé le document intitulé «Entente volontaire» simplement «pour avoir une autorisation écrite des parents pour placer S... en centre d'accueil».

La mère de S... a également dit lors de l'audition que, lors de la signature, il était entendu qu'ils se présenteraient en cour. Et l'entente du 27 avril 1990 précise que la mesure d'intervention vaudra «tant que la situation des abus sexuels n'est pas clarifiée».

On plaide que Mme la juge Durand-Brault n'a pas apprécié la preuve selon les règles de la prépondérance en matière civile. Elle a accordé une importance exagérée au témoignage du père, dont l'impartialité n'était pas évidente, et a mis de côté les témoignages de l'intervenante sociale et de la mère.

Une entente a été signée : est-elle valide?

Le Tribunal dira immédiatement que, tout comme Mme la juge Durand-Brault, il estime que oui, le 27 avril 1990, les parents ont signé une entente sur mesures volontaires, cette entente ayant toutes les caractéristiques que l'on retrouve à l'article 51 de la *Loi sur la protection de la jeunesse*.

---

(6) *Id.*, pp. 202-203.

Au moment où Mme la juge Durand-Brault entend la demande de compromission, il y a donc une entente sur mesures volontaires qui est au dossier. *La question qui demeure, c'est de se demander si cette entente sur mesures volontaires était valide.* Et d'abord, est-ce que cette entente doit être considérée de la même façon qu'un contrat signé entre deux parties? Le Tribunal croit que l'entente sur mesures volontaires faite en vertu de l'article 51 de la *Loi sur la protection de la jeunesse* n'est pas de la même nature qu'un contrat civil et ne peut être interprétée comme telle.

Le Tribunal rejoint ici l'opinion exprimée par Me Claude Boisclair dans l'article déjà cité. Selon Me Boisclair, en effet, l'entente n'est pas un contrat. À l'exception du consentement, dira Me Boisclair, tout s'oppose à la notion même de contrat. Et, même alors, on doit noter que, dans l'entente dont il est question ici, seul le consentement des parents est requis. Le directeur (D.P.J.) n'a pas à donner de consentement puisque c'est lui qui propose l'application des mesures volontaires [7]:

> Nous savons que la *décision d'orienter l'enfant vers les mesures volontaires relève de l'autorité exclusive du directeur à l'origine. Il n'a nul besoin du consentement des parents et de l'enfant pour prendre cette décision. Il lui appartient également de formuler seul le projet des mesures de protection puisqu'il doit assumer la responsabilité entière de proposer les mesures susceptibles de faire cesser la situation de danger.*
>
> Il est facile de comprendre, à l'intérieur de ce processus, pourquoi le directeur n'a pas à donner son consentement au moment d'en venir à une entente avec les parents et l'enfant. *Il a déjà pris seul cette décision* qui est fondée sur son analyse des différentes conditions pour appliquer des mesures volontaires, et il l'a prise conformément aux pouvoirs que la loi lui attribue. *Ce n'est pas le consentement des parents et de l'enfant qui sert de fondement à sa décision à l'égard de cette orientation.*
> [...]
> Le but visé par le directeur est la protection de l'enfant, qu'il doit atteindre de toute façon avec ou sans l'accord des parents et de l'enfant. *L'en-*

> *tente ne porte que sur la manière et non sur la nécessité de protéger* l'enfant lorsqu'il se trouve dans l'une des situations prévues aux articles 38 et 38.1 L.P.J. *Il faut éviter de confondre, à notre avis, l'autorisation d'agir et le consentement dans son sens strict, capable d'engendrer des rapports contractuels.*
>
> [...]
>
> Les parents et l'enfant prennent tout au plus *l'engagement moral de respecter les conditions proposées par le directeur et contenues dans l'entente*. Ils ne peuvent s'appuyer sur celle-ci pour contraindre le directeur à la respecter si ce dernier estime qu'il ne peut plus assurer la protection par la voie des mesures volontaires. Inversement, le directeur ne peut invoquer l'entente pour obliger les parents ou l'enfant à respecter les conditions de celles-ci.

On ne peut donc dans un premier temps parler de «consentement» de la part du D.P.J., consentement qui fermerait la possibilité de judiciariser le dossier si le développement et la sécurité de l'enfant sont en jeu.

Il nous fait cependant voir *qu'il n'y a rien aujourd'hui dans la loi ou dans les règlements qui dit ce qu'une entente sur mesures volontaires doit contenir.* Les éléments et modalités que doit contenir une entente de mesures volontaires ne sont encore déterminés par aucun règlement (art. 132, ch. VI, sur la réglementation et les directives) [8]:

> *Art. 132* Le gouvernement peut faire des règlements pour:
>
> *a)* déterminer les modalités selon lesquelles un enfant et ses parents peuvent donner leur consentement à des mesures volontaires;
>
> *b)* déterminer les éléments que doit contenir une entente sur l'application de mesures volontaires;
>
> *c)* déterminer les normes relatives à la révision de la situation d'un enfant par le directeur;
>
> *d)* déterminer les rapports ou les documents nécessaires à la révision et les délais dans lesquels ils doivent être transmis au directeur;
>
> *e)* prescrire les normes relatives au contenu du sommaire des antécédents d'un enfant et d'un adoptant;

---

(7) *Op. cit. supra*, note 3, 140-141.

(8) *Op. cit. supra*, note 5, pp. 408-409.

f) déterminer dans quels cas, selon quels critères et à quelles conditions le ministre de la Santé et des Services sociaux peut accorder une aide financière pour favoriser l'adoption d'un enfant ;

g) déterminer les conditions et les modalités selon lesquelles le directeur peut intervenir en vertu de l'article 72.3.1.

Commentaires

La réglementation actuelle ne concerne que la révision (paragr. *c* et *d*).

Les « modalités » prévues au paragraphe *a* concernent le consentement aux mesures volontaires. L'article 53 prévoit déjà que le consentement doit être consigné par écrit. Le paragraphe *e* prévoit le pouvoir réglementaire aux fins de l'application de l'article 131.2. Le paragraphe *f* fait référence à l'article 72.4.

Et le Tribunal se pose la question suivante : même si l'article 132 ne mentionne pas ce que devrait contenir une entente sur mesures volontaires, est-ce que l'entente dont il est question ici était valide ?

Comme tout accusé, celui ou celle qui est accusé devant le Tribunal de la jeunesse bénéficie, comme devant tout autre tribunal, de la présomption d'innocence. Il a le droit de se défendre et de nier les accusations portées contre lui ou elle. Comment alors le D.P.J. peut-il agir lorsqu'il a affaire à une urgence où un enfant semble en danger ? Comme on l'a vu, le D.P.J. a deux choix : il peut choisir de judiciariser immédiatement le dossier ou faire signer des mesures dites « volontaires ».

Les mesures volontaires sont certes un moyen plus expéditif et qui fait moins peur aux accusés. C'est ce qui fait que le D.P.J. fera souvent appel à la signature de mesures volontaires. Mais les mesures volontaires doivent être « volontaires » car, contrairement aux mesures qui sont imposées par le tribunal saisi du signalement, elles ne peuvent être coercitives comme le sont les ordonnances du tribunal.

La *Loi sur la protection de la jeunesse* vise essentiellement à protéger un enfant dont la sécurité et le développement sont compromis. Sa sécurité et son développement peuvent être compromis pour plusieurs motifs. Ici, il s'agit d'abus sexuels. Comment protégera-t-on l'enfant ? Par le biais de mesures susceptibles de corriger la situation, ces mesures devant être nécessairement en corrélation avec le motif de compromission.

Il est facile de comprendre que l'on devra soigner un enfant victime d'abus physiques différemment de celui qui est victime d'abus sexuels. Comment dès lors pourrait-on traiter un enfant victime de tels abus si le parent abuseur nie son comportement ? Il y a une faille à la base.

Si le parent abuseur n'admet pas la situation dénoncée, où va-t-on ? Quel « consentement » peut-il donner ? Comment atteindre les objectifs de la loi ? L'article 2.2 de la loi dit bien que la responsabilité de pourvoir aux soins, à l'entretien et à l'éducation d'un enfant et d'en assurer la surveillance incombe en premier lieu à ses parents. Il ne faut jamais oublier, en effet, que c'est de façon supplétive seulement que l'on substitue aux parents.

Tout ceci démontre l'importance que peut prendre l'admission du parent comme dans le cas présent. S'il n'y a pas admission, où allons-nous ? Nulle part. Nulle part parce qu'il ne pourra y avoir intervention auprès du parent abuseur, celui-ci niant. Comment le D.P.J. pourra-t-il mettre en marche des mesures correctives et protectrices si le parent nie les abus ? Le Tribunal estime que les mesures volontaires signées étaient invalides.

Mais doit-on dire en conséquence que le D.P.J. a « erré » et qu'il doit « vivre avec ses erreurs » ? S'agit-il d'un cas où le D.P.J. ne peut « qu'invoquer sa propre turpitude », puisqu'il a « signé » des mesures volontaires invalides ? Avec respect, le Tribunal ne le croit pas. Il est vrai que l'entente signée entre le D.P.J. et les parents de S... ne peut être considérée comme valide car il y avait vice au départ ; l'intérêt de S... ne pouvait être protégé à long terme par cette entente qui n'avait de « volontaire » que le nom.

Mais le Tribunal estime que, compte tenu des buts de la *Loi sur la protection de la jeunesse*, rien n'empêchait le D.P.J. de « judiciariser » son dossier afin d'atteindre les objectifs de la loi pour que l'intérêt et le développement de S... soient entièrement protégés. D'ailleurs, si on examine attentivement l'entente sur les mesures volontaires qui a été signée, on peut aussi lire ceci au-dessus des signatures :

> Cette entente pourra être révisée en tout temps à la demande d'une des parties et son contenu pourra être modifié du consentement des parties. Toutefois, si l'enfant de 14 ans ou plus ou ses parents se retirent de l'entente et que la sécurité ou le développement de l'enfant demeure compromis, le D.P.J. devra saisir le Tribunal.

Dans le cas présent, la sécurité et le développement de S... B... demeuraient compromis car le père niait encore les abus le 27 avril 1990 :

> Le père nie les agressions, il exprime ne pas vouloir reprendre la garde de S... [...]

Également, le Tribunal estime que le D.P.J. n'a pas à donner son « consentement » aux mesures volontaires. C'est lui qui les suggère et il n'y a pas d'engagement de sa part à « respecter » le processus s'il estime, après analyse, que l'intérêt et le développement de l'enfant sont toujours compromis, ou encore que, à cause du refus d'admettre l'abus, il est impossible de mettre en branle tous les mécanismes de protection et de correction.

Dans ce cens, il pourra « retirer » la proposition de mesures volontaires et « judiciariser » le dossier lorsqu'il n'y a pas de consentement véritable.

Dans un premier temps, Mme la juge Durand-Brault [9] dira ceci :

> [...] lorsque le directeur de la Protection de la jeunesse décide de s'orienter vers des mesures volontaires, il choisit du même coup de ne pas utiliser la saisie du tribunal. Dès lors, il doit vivre avec ce choix et les parties doivent s'attendre à l'exécution du plan proposé et même y participer. S'il y a défection de leur part ou, plus particulièrement, si elles se retirent de l'entente alors que l'état de compromission perdure, alors le directeur de la Protection de la jeunesse perd toute discrétion et doit orienter le dossier vers le tribunal.

Et, dans un deuxième temps, elle affirme [10] :

> Mais la loi ne donne aucun autre motif qui justifie le directeur de la Protection de la jeunesse lorsqu'il a ainsi orienté un dossier de changer d'idée pour une raison ou pour une autre, que ce soit par politique d'intervention ou dans le cadre d'un protocole quelconque. Concevoir autrement l'entente reviendrait à assujettir les parties à une discrétion constante du directeur de la Protection de la jeunesse, et les droits des parties en seraient constamment mis en péril.

Avec respect, le Tribunal n'est pas d'accord avec le raisonnement de Mme la juge Durand-Brault. Le Tribunal estime que la *Loi sur la protection de la jeunesse* a le but bien spécifique de protéger les enfants qui sont en détresse. Dans ce sens, lorsque Mme la juge Durand-Brault dit que, « lorsque le D.P.J. a fait un choix, il doit vivre avec », le Tribunal estime que c'est comme si on affirmait que le D.P.J. doit faire passer avant l'intérêt de la protection de l'enfant les « droits » de ceux qui ont signé des mesures volontaires. Le Tribunal estime qu'il est clair, de par le contenu entier de la loi, que le D.P.J. pourra toujours intervenir advenant le cas où il estime que la sécurité et le développement de l'enfant sont compromis.

Pour ces motifs, le Tribunal estime que la requête en irrecevabilité était mal fondée, et le Tribunal retournera le dossier à la Cour du Québec pour que la déclaration de compromission puisse être entendue et jugée.

Par ces motifs, le Tribunal :

Accueille l'appel ;

Infirme à toutes fins que de droit la décision rendue par Mme la juge Durand-Brault le 29 janvier 1991 ;

Retourne le dossier en première instance et ordonne à la Cour du Québec, Chambre de la jeunesse, pour le district de Montréal, de procéder à l'audition de la déclaration de compromission de S... B... par le directeur de la protection de la jeunesse, aux fins de statuer sur l'état de compromission de l'enfant en regard des abus

---

(9) [1991] R.J.Q. 881 (C.Q.), 888.

(10) *Ibid.*

sexuels allégués dans la déclaration et, le cas échéant, d'ordonner les mesures correctives visant la cessation des abus sexuels, la réparation des dommages psychologiques et autres à l'enfant, et la protection de celle-ci contre une éventuelle récidive par le père, défendeur intimé ;

Sans frais.

[1991] R.J.Q. 2693 à 2703

Cour supérieure

ALAIN ROY, demandeur, c.
CAISSE POPULAIRE
DE THETFORD MINES,
défenderesse

TRAVAIL — contrat individuel de travail — congédiement (ou autre forme de rupture d'emploi) — démission — congédiement déguisé — obligations des parties — obligation de fournir un cadre de travail adéquat.

Action en dommages à la suite d'une démission que le demandeur prétend être un congédiement déguisé. Accueillie en partie (14 500 $).

Le 22 juin 1988, après 18 ans de service auprès de la caisse populaire défenderesse, le demandeur a remis sa démission. Au début de son engagement, il avait été affecté à la section des prêts à titre de commis-conseil. Lorsque le directeur de cette section s'absentait, le demandeur le remplaçait à la commission de crédit, qui examine les demandes de prêts préparées par les employés de la caisse. En 1985, un nouveau directeur des prêts a succédé à l'ancien et, comme il n'avait aucune connaissance technique des prêts, il se faisait représenter par le demandeur à la commission de crédit. En 1986, le demandeur a présenté sa candidature au poste d'analyste en crédit commercial, mais on lui a préféré un autre employé de la caisse. Quelques mois plus tard, il a appris que le directeur des prêts avait prévenu l'analyste de crédit commercial de se méfier de lui. En mai 1987, il a présenté sa candidature au nouveau poste de chef d'équipe du secteur

Juge Robert Lesage — C.S. Frontenac (Thetford Mines) 235-05-000065-897, 1991-05-08 — Grondin, Poudrier, M⁰ *Jean Morin*, pour la défenderesse.

91-02-1534

J.E. 91-1518

« conseil », mais il ne l'a pas obtenu. À partir de ce moment, c'est le titulaire de ce poste qui a représenté le directeur des prêts à la commission de crédit. Le demandeur prétend que, à compter du début de l'année 1988, il se sentait supplanté par ses collègues de travail et non apprécié de ses supérieurs. Il s'est néanmoins résigné mais a par ailleurs mis des heures à monter une petite entreprise avec l'aide de son père, tout en travaillant 34 heures par semaine à la caisse. Souffrant d'épuisement, il a demandé au chef d'équipe du secteur « conseil » de prendre ses vacances à raison de deux jours par semaine, soit les mardis et vendredis. On lui a répondu de faire sa demande chaque fois, deux semaines à l'avance. Le demandeur s'est absenté quelques jours pour raison de santé. Le chef du secteur « conseil » est venu chez lui pour chercher le certificat médical justifiant son absence, lequel mentionnait qu'il pourrait reprendre son travail le 20 juin. Le 22 juin, il a remis sa démission dans une lettre adressée au président de la caisse et dans laquelle il réclamait une indemnité de séparation. Sa démission fut acceptée mais on l'a informé qu'aucune indemnité ne lui serait versée vu qu'il s'agissait d'un départ volontaire.

Le demandeur n'a jamais fait l'objet de reproches. Même après avoir décidé de mettre du temps dans une entreprise familiale, au su de ses supérieurs, sa prestation de travail n'a pas diminué. En démissionnant, il n'a pas renoncé à l'indemnité de départ puisqu'il l'a expressément demandée. Normalement, un employé qui démissionne n'a pas droit à une telle indemnité, à moins qu'il ne soit forcé de démissionner, ce qui est assimilable à un congédiement déguisé. Il y a des situations où l'employeur, bien que ne cherchant pas à congédier l'employé, modifie ses conditions de travail d'une façon telle qu'on peut parler de congédiement déguisé; dans un tel cas, l'employé a droit à la même indemnité que s'il était congédié. Le contrat de travail oblige l'employeur à fournir à l'employé des conditions de travail adéquates et à les maintenir. L'employé doit bénéficier d'un cadre approprié pour remplir ses fonctions. Si l'employeur déroge à ses obligations, il s'expose à des poursuites pour faute contractuelle (art. 1065 du Code civil du Bas Canada). L'employeur ne peut plaider que, en démissionnant, l'employé a fait défaut de fournir sa prestation de travail lorsqu'il est établi d'une façon probante que le cadre de travail fourni par l'employeur ne le permet pas. Dans un tel cas, l'employé, quant à lui, a l'obligation de réduire au minimum ses dommages en cherchant un emploi ailleurs. À compter de la nomination du chef de la section « conseil », le demandeur a perdu toute l'autorité et le prestige que lui apportait son emploi. Il a cessé de siéger à la commission de crédit. Les relations avec son supérieur se sont détériorées, notamment en raison du fait que le demandeur et un autre employé soupçonnaient un conflit d'intérêts de la part de leur supérieur vu que son épouse était agente immobilière et qu'ils avaient dû approuver des prêts relatifs à des transactions auxquelles elle était partie. La caisse avait l'obligation, en tant qu'employeur, de fournir au demandeur un cadre de travail dans lequel il pouvait remplir ses fonctions; elle devait prendre les mesures pour éliminer de pareilles tensions. Si celles-ci ont persisté, la faute ne peut en être imputée au demandeur. La preuve révèle que, au cours de ces derniers mois de travail, on a cherché à le mettre à l'écart. La modification de son milieu de travail et de ses responsabilités ne pouvait être acceptable pour lui. Il avait 36 ans lorsqu'il a démissionné et il a été sans revenus pendant 12 mois. Il gagnait 28 933 $ lors de son départ. Dans les circonstances, la Cour accorde une indemnité de 14 500 $, ce qui équivaut à environ six mois de salaire.

Législation citée

C.C., art. 1065, 1073, 1074, 1075 — *Caisses d'épargne et de crédit (Loi sur les)*, (L.R.Q., c. C-4) — *Normes du travail (Loi sur les)*, (L.R.Q., c. N-1.1), art. 124 — *Cour supérieure du Québec en matières civiles (Règles de pratique de la)*, (R.R.Q. 1981, c. C-25, r. 8), n° 18.

Jurisprudence citée

Chouinard c. Groupe Commerce (Le), Cie d'assurances, C.S. Saint-Hyacinthe 750-05-000106-863, le 12 mars 1990 *(D.T.E. 90T-528)*; *Courchesne c. Restaurant & Charcuterie Bens Inc.*, [1990] R.D.J. 148 (C.A.); *Désormeaux c. Banque de Montréal*, C.S. Montréal 500-05-007511-858, le 14 janvier 1987 *(D.T.E. 87T-210)*; *Gagnon c. Thetford Transport Ltd.*, C.S. Frontenac (Thetford Mines) 235-05-000061-854, le 30 juillet 1987 *(J.E. 87-1168* et *D.T.E. 87T-935)*; *Lavigne c. Sidbec-Dosco Inc.*, [1985] C.S. 26; *Lavigne c. Sidbec-Dosco Inc.*, C.A. Montréal 500-09-001556-844, le 4 mai 1988; *Montreal Public Services Co. c. Champagne*, (1917) 33 D.L.R. 49 (P.C.); *Morin c. Honeywell Ltée*, C.S. Montréal 500-05-005445-851, le 14 mars 1990 *(J.E. 90-679* et *D.T.E. 90T-529)*; *Nyveen c. Russell Food Equipment Ltd.*, C.S. Montréal 500-05-007091-836, le 27 novembre 1987 *(D.T.E. 88T-294)*; *Owens Illinois Canada Inc. c. Boivin*, [1988] R.L. 494 (C.A.) et (1990) 25 Q.A.C. 315 (Que. C.A.); *Reilly c. Hotels of Distinction (Canada) Inc. (Hotel Le Grand/Grand Hotel)*, [1987] R.J.Q. 1606 (C.S.); *Rubel Bronze and Metal Co. and Vos (In re)*, (1918) 1 K.B. 315; *Vigeant c. Canadian Thermos Products Ltd.*, C.S. Montréal 500-05-008513-853, le 27 novembre 1987 *(D.T.E. 88T-295)*; *Zocchi c. Wang Canada Ltée*, C.S. Montréal 500-05-008617-852, le 21 mai 1987 *(J.E. 87-851* et *D.T.E. 87T-646)*.

Doctrine citée

Gagnon, Robert, LeBel, Louis et Verge, Pierre. *Droit du travail en vigueur au Québec*. Québec: P.U.L., 1971. 441 p., p. 27.

●

TEXTE INTÉGRAL DU JUGEMENT

Après 18 années d'emploi auprès de la défenderesse, le demandeur donna sa démission le 22 juin 1988, réclamant une «prime de séparation». Il allègue s'être vu imposer des modifications à ses conditions de travail et placer dans une situation où il n'avait pas d'autre choix que de démissionner. Il réclame 46 945 $ pour 12 mois d'avis-congé, frais de recherche d'emploi, préjudice à la réputation, humiliation, anxiété et traumatisme.

La défenderesse (la «Caisse») plaide que la démission du demandeur a été libre et volontaire, que le demandeur n'a jamais manifesté le désir de rescinder cette démission et que, en conséquence, elle ne doit rien.

Le demandeur n'était pas représenté par procureur lors de l'enquête et de l'audition. Cependant, la contestation avait été liée par ministère d'avocats, et un exposé sommaire, suivant la règle 18, avait été produit pour le compte du demandeur.

Le procureur de la Caisse souleva une objection générale à la preuve de certains faits postérieurs à la démission du demandeur, à savoir la réalisation par la défenderesse de la garantie hypothécaire qu'elle détenait sur un immeuble, propriété du demandeur, suite au défaut de ce dernier de rembourser un emprunt. Cette objection fut prise sous réserve. Le demandeur déclara que son refus de rembourser avait été intentionnel, dans le but de mettre de la pression sur la défenderesse. C'est le seul lien qui peut être fait avec la réclamation sous examen.

L'objection doit être maintenue. Ces faits postérieurs sont étrangers au litige et ne peuvent affecter les obligations de la Caisse. En conséquence, le témoignage de l'acquéreure de l'immeuble, dame Murielle Bourret, de même que la plus grande partie du témoignage de J.-Arthur Rousseau, ancien membre du conseil d'administration de la Caisse, sont écartés de la preuve. Il en va de même de la partie du témoignage du demandeur concernant ces événements.

La preuve reçue consiste dans le témoignage de collègues de travail du demandeur, de supérieurs hiérarchiques, de membres et officiers du conseil d'administration, de fonctionnaires de la Fédération des caisses populaires de Québec et de la Confédération des caisses populaires, du directeur général de la Caisse entré en fonction après la démission du demandeur ainsi que de quelques clients de la Caisse.

Une objection à la preuve fut encore formulée par le procureur de la Caisse lors du témoignage du demandeur, au moment où ce dernier rapportait ses communications avec le client Chaîné. Ce dernier avait été entendu antérieurement. L'objection fut prise sous réserve. Elle est rejetée dans la mesure où le témoignage du demandeur tend à établir qu'il y a eu une communication avec Chaîné, lequel sollicitait un emprunt, et qu'il a donné suite à cette demande. Quant au fait que la première demande de ce client ait été refusée par la Caisse, il est établi par Chaîné lui-même. Ce qui n'est pas établi, c'est que le premier contact du client Chaîné avait été fait auprès de Godbout, le directeur des prêts. Chaîné ne pouvait l'affirmer. Il croyait plutôt qu'il avait communiqué avec le demandeur. Ces éléments sont toutefois sans importance pour la solution du litige.

Les faits

Peu après son engagement par la Caisse, le demandeur fut assigné au secteur « Prêts » comme commis-conseil. Ce secteur était sous la direction de Nelson Godbout et ne comprenait que trois personnes. Les effectifs furent portés à cinq avec les années, mais le personnel du secteur était surchargé de travail. Le demandeur et son directeur se plaignaient à la direction générale de ne pas avoir l'assistance suffisante. Lorsque le directeur Godbout s'absentait, le demandeur était chargé de le remplacer à la commission de crédit de la Caisse, qui examinait les demandes de prêt préparées par les employés du secteur « Prêts ».

Le demandeur croyait à la « cause », suivant son expression, pour les membres de la Caisse. Il travaillait sans compter ses heures, sacrifiant ses jours de congé et même certaines périodes de vacances.

Le directeur Godbout dut s'absenter plusieurs fois, pour cause de surmenage, au cours des années 1980 à 1982. Le demandeur espérait obtenir une délégation de pouvoirs pour autoriser certains prêts, mais il n'en fut rien. Il en vint à se plaindre d'assumer des responsabilités qui ne lui incombaient pas. La tension monta avec son supérieur immédiat, le directeur Godbout. En mars 1982, les deux étaient à couteaux tirés, au point que le demandeur sollicita l'intervention du directeur général Lessard.

Malgré ces événements, Godbout témoigna à l'effet que, tout en étant nerveux et prompt, le demandeur était un travailleur honnête et dévoué à ses dossiers. Comme supérieur immédiat, il en a toujours été satisfait.

En 1984, le directeur général Lessard annonce un réaménagement administratif par l'implantation du système G.O.R.H. (gestion, organisation, ressources humaines). Le demandeur y espère trouver amélioration au fonctionnement de la Caisse, s'étant plaint, jusque-là, de l'absence de communications et de l'inexistence de réunion et de consultation interne.

Première déception: Luc Juneau, un conseiller en ressources humaines, détaché de la Fédération des caisses populaires de Québec, vient rencontrer les employés avec le mandat d'implanter le système G.O.R.H. Le demandeur avait des choses à dire, comme l'a reconnu Juneau. Juneau le convoque en présence du directeur général Lessard et du directeur du secteur « Épargne », Denis Vachon, déjà désigné implicitement pour devenir le directeur du nouveau secteur « Conseil », regroupant le secteur « Prêts » et le secteur « Épargne ». Le demandeur avait cru pouvoir s'exprimer confidentiellement auprès de Juneau, mais il dut le faire en face du directeur général et de son futur supérieur immédiat. Cette réunion fut très éprouvante pour lui et le demandeur quitta pour une semaine de vacances.

Ces faits éloignés font partie de la toile de fond, qui permet d'évaluer les conditions de travail du demandeur et leurs modifications ultérieures.

Le demandeur fit un mauvais placement en demandant de rencontrer le président de la Caisse, le notaire DeBlois, qu'il entretint du paternalisme du directeur général Lessard et du directeur adjoint Vachon. Subséquemment, il fut convoqué par ces derniers, relativement à la mise en place du système G.O.R.H. et fut averti en termes virils de se tenir coi et de ne pas chercher à influencer les autres employés. Selon le demandeur, il fut alors menacé d'être congédié.

Le système G.O.R.H. fut mis en vigueur le 1er janvier 1985. Comme le nouveau directeur Vachon n'avait pas de compétence technique en matière de prêts, il se faisait représenter à la commission de crédit par le demandeur. Ce dernier conservait son rôle de substitut. L'ancien directeur du secteur « Prêts », Nelson Godbout, désenchanté d'avoir été rétrogradé à la fonction de commis-conseil, préférait ne pas remplir ce rôle.

En juillet 1986 s'ouvre un poste d'analyste en crédit commercial, pour lequel le demandeur pose sa candidature. Le poste échoue à Yves Groleau, avec lequel le demandeur établit de bons rapports. Les dossiers de prêts commerciaux devenaient la responsabilité de Groleau et le demandeur était la personne-ressource pour Groleau.

Deux ou trois mois plus tard, le demandeur apprend de Groleau que ce dernier, lors de son engagement, avait été mis en garde par Vachon au sujet du demandeur. Vachon avait décrit le demandeur comme « une personne dangereuse, qu'il valait mieux garder à distance ». Vachon avait aussi indiqué que l'ancien directeur Godbout était « dépassé et non motivé ». Cette preuve non contredite est corroborée par Groleau lui-même, qui témoigna honnêtement, malgré l'embarras qu'il manifestait du fait qu'il est toujours à l'emploi d'une autre « caisse populaire ».

Le demandeur et Groleau s'interrogeaient sur le fait que l'épouse du directeur Vachon agissait comme agent d'immeubles, depuis de nombreuses années, dans des dossiers de la Caisse. Une inspection fut conduite par la Confédération des caisses populaires à cette époque, relativement à une situation potentielle de conflits d'intérêts. Suivant le chef inspecteur Lacoursière, des anomalies furent constatées, mais aucun conflit d'intérêts ne fut établi. Dans le cas de deux clients, soit Chaîné et Cloutier, le demandeur eut l'impression, à tort ou à raison, d'être utilisé pour la soumission de demandes de prêt où l'épouse du directeur Vachon agissait comme agent d'immeubles. Il déclare qu'il ne « se sentait pas bien ».

Au début de 1987, Groleau menace de démissionner parce que le directeur Vachon lui laisse entendre qu'il n'est qu'un « simple analyste » et que ses ambitions d'accéder à un poste supérieur sont compromises. À la suite d'une intervention du demandeur lui-même auprès du vice-président Labbé, des pressions sont exercées sur Groleau par des membres du conseil d'administration de la Caisse, et ce dernier demeure en poste.

En mai 1987, le demandeur et son collègue de travail Cadorette posent leur candidature au nouveau poste de chef d'équipe du secteur « Conseil ». Cadorette obtient le poste. À compter de ce moment, Cadorette représentera le directeur Vachon à la commission de crédit. Cadorette reconnaît que le demandeur continua d'avoir une bonne attitude envers lui et de lui apporter sa collaboration. Selon Cadorette, le demandeur est un homme intègre, qui était apprécié dans son travail. Il était assidu, même s'il eut des problèmes de santé en 1988.

En novembre 1987, l'ancien directeur Godbout, toujours attaché au secteur « Prêts », donne subitement sa démission. Godbout était demeuré un homme de confiance dans le département. Ainsi, l'employée Allaire trouvait plus facile de passer par lui, plutôt que de s'adresser directement au directeur Vachon, lorsqu'elle avait des demandes à faire. Godbout obtint une indemnité de départ de 22 000 $.

En février 1988, Groleau donne sa démission après avoir été informé par un fonctionnaire de la Fédération des caisses populaires de Québec qu'il ne pouvait espérer obtenir le poste de directeur adjoint « Crédit commercial », qu'on lui avait laissé miroiter. Le demandeur en fut fort déçu.

Après ces événements, le demandeur se sentait très malheureux. Les personnes qu'il reconnaissait compétentes quittaient. Le directeur général avait annoncé sa démission. L'inquiétude régnait.

Au travail, le demandeur, selon son affirmation, était supplanté par des collègues pour répondre aux clients. Cette preuve n'est pas contredite, même si une étude, au sujet de laquelle Cadorette a témoigné, révèle que le demandeur manipulait autant de dossiers que les autres. Le demandeur n'était plus apprécié dans son travail. Certains dossiers montés par lui revenaient avec la mention « incomplet ». D'après le demandeur, c'étaient là manœuvres pour le harceler et faire pression sur lui. Il se voyait le prochain à partir. Le demandeur souffrit d'hypertension et dut être hospitalisé.

Le demandeur décida de se résigner « en mettant ses énergies ailleurs ». Il demanda à son père d'acheter un commerce de fertilisation de pelouse, dont il pourrait s'occuper à temps partiel tout en « donnant ses 34 heures par semaine » à la Caisse. Le demandeur en prévint le président de la Caisse.

Le demandeur souffrait d'épuisement. Il proposa à Cadorette de prendre ses vacances à raison de deux jours par semaine, soit le mardi et le vendredi, qui, selon lui, étaient des jours morts à la Caisse, afin de lui permettre de « jouer dans la compagnie », c'est-à-dire l'entreprise familiale dont il voulait s'occuper. Il eut comme réponse de faire sa demande à chaque fois, deux semaines d'avance.

Ce fut la goutte qui fit déborder le vase. Le demandeur décida d'abandonner. Il s'absenta quelques jours pour raison de santé. Le directeur Vachon lui-même vint chez lui chercher le certificat médical dont il avait fait état (pièce P-4). Ce certificat était à l'effet que le demandeur était apte à reprendre son travail le 20 juin 1988. Le 22 juin, le demandeur faisait parvenir au président de la Caisse la lettre de démission suivante :

Thetford Mines, le 22 juin 1988.

Caisse populaire de Thetford Mines
81, rue Notre-Dame sud
Thetford Mines, Québec
G6G 5V3

À l'attention de Me André DeBlois

Cher Monsieur,

Par la présente, je vous avise de ma démission au poste d'agent conseil et à titre d'employé depuis dix-huit (18) ans à la Caisse Populaire de Thetford Mines.

Je sollicite de votre part une entrevue afin de négocier une prime de séparation.

Bien à vous,

M. Alain Roy

La veille, le conseil d'administration de la Caisse avait tenu une réunion où mandat avait été donné au nouveau directeur général, Gagnon, appelé à remplacer le directeur général Lessard, d'offrir au demandeur de l'aide médicale et les services d'un conseiller en gestion humaine afin de le « ramener », vu que le demandeur possédait du « potentiel » et une « expérience intéressante » : ainsi en a témoigné le vice-président Labbé, devenu par la suite président de la Caisse.

Le demandeur n'en fut jamais informé. Il ne revint pas au travail. Le nouveau directeur, Gagnon, entra en service le 11 juillet et apprit le lendemain la démission du demandeur. Le dossier cessa d'être prioritaire pour lui. La démission du demandeur fut acceptée à la réunion du conseil du 16 août 1988.

Le demandeur fit des démarches pour être entendu par le conseil d'administration, où il fut reçu le 15 novembre 1988. Suivant le président DeBlois, le demandeur fut entendu en tant que membre et non comme employé démissionnaire.

Le 22 décembre 1988, le demandeur fut informé que la Caisse maintenait la décision communiquée dans sa lettre du 1er septembre 1988, *i.e.* « que votre démission dut acceptée par le conseil d'administration à sa réunion du 16 août 1988 ». Suivant le témoignage du président Labbé, aucune offre d'indemnisation ne fut faite au demandeur, suivant « l'avis juridique de notre conseiller Vachon » (il ne s'agit pas de la même personne que le directeur Denis Vachon), car le demandeur avait démissionné volontairement. L'action fut intentée le 15 juin 1989. En aucun moment, pas plus que dans les procédures, le demandeur n'a cherché à révoquer cette démission.

Analyse

Le contrat d'emploi du demandeur est un contrat verbal à durée indéterminée. La nature de ce contrat de louage de services est liée à la nature des opérations de la Caisse, organisme membre d'un mouvement hiérarchisé, soit le Mouvement Desjardins, dont les structures étaient notamment régies, à l'époque, par la *Loi sur les caisses d'épargne et de crédit*[1]. D'ailleurs, la preuve révèle que la Caisse fit appel à un conseiller en ressources humaines de la Fédération dont elle fait partie pour l'implantation du système G.O.R.H. et qu'une inspection fut conduite par le Service d'inspection de la Confédération des caisses populaires et d'économie Desjardins du Québec après la constatation de certaines anomalies.

Le demandeur était un employé permanent de la Caisse et devait respecter les traditions d'affaires et d'entraide dont le Mouvement fait la promotion et qu'il met en application. Le demandeur faisait carrière dans ce mouvement et en épousait l'idéologie, au bénéfice des membres, dont il était. Le demandeur était un travailleur acharné et puisait sa motivation dans sa croyance à cette idéologie et, présumément, dans l'influence qu'elle lui donnait auprès de la clientèle.

Durant les années passées au secteur « Prêts » de la Caisse, en aucun moment le demandeur ne paraît avoir recherché directement des avantages monétaires. La source des conflits auxquels il a été mêlé a toujours été centrée sur l'exercice de son influence et de son autorité.

Le demandeur a contribué à l'augmentation des affaires de la Caisse et aucun reproche ni soupçon de reproche ne lui est adressé quant à l'exécution de son mandat ou à sa prestation de travail. Même en 1988, après que le demandeur eut décidé de s'intéresser à une compagnie financée par son père, aucun reproche ne lui a été fait. Le président était au courant de la chose. Le demandeur, selon les représentants de la Caisse, traitait autant de dossiers que ses collègues, sauf lorsqu'il dut s'absenter pour cause de maladie.

Le demandeur démissionna de son poste le 22 juin 1988. Il ne renonçait pas à exiger une indemnité. Cette démission faisait expressément la demande d'une « prime de séparation ». Le demandeur plaide qu'il n'avait pas d'autre choix et que la situation dans laquelle il a été placé constitue un « congédiement déguisé » au sens de la jurisprudence. Par contre, la Caisse soutient que le demandeur a démissionné volontairement et qu'il n'a jamais cherché à réintégrer son poste.

Disposons immédiatement de ce dernier argument. Le demandeur n'avait pas l'obligation de demander d'être réintégré. La *Loi sur les normes du travail*[2] offre au salarié qui justifie de cinq ans de service continu une option de porter plainte pour congédiement sans cause juste et suffisante et de demander sa réintégration. Là encore, une démission libre et volontaire est une fin de non-recevoir. En toutes circonstances, le recours en dommages-intérêts demeure ouvert à l'employé non syndiqué qui ne reçoit pas d'avis-congé suffisant lors de la terminaison, sans cause, de son contrat de travail à durée indéterminée.

En l'espèce, la Caisse ne plaide aucunement que le demandeur a été renvoyé pour cause. La question est de savoir si la démission qu'il a donnée et que la Caisse a acceptée libère cette dernière de ses engagements envers le demandeur. Le demandeur a-t-il démissionné volontairement, parce qu'il ne voulait plus fournir sa prestation de travail, ou était-il objectivement justifié de considérer qu'on ne lui permettait plus de fournir cette prestation dans les conditions convenues ?

Que ce soit dans des instances soulevées par l'application de la *Loi sur les normes du travail* ou par une réclamation basée sur les principes contractuels, la jurisprudence québécoise reconnaît aujourd'hui qu'il y a congédiement déguisé si l'employeur a pris des mesures pour inciter l'employé à démissionner ou a modifié ses conditions de travail de façon fondamen-

---

[1] L.R.Q., c. C-4.

[2] (L.R.Q., c. N-1.1), art. 124.

tale [3]. Même si l'application de la règle fut écartée dans cet arrêt de la Cour d'appel, il est à remarquer que l'opinion de la Cour est émise par M. le juge Hannan, siégeant *ad hoc* dans cette affaire. M. le juge Hannan a rendu quelques autres décisions, qui sont publiées, en la matière, notamment *Morin c. Honeywell Ltée* [4], où le refus de l'employeur de réembaucher un employé mis à pied a été considéré comme un congédiement déguisé malgré l'absence de malice et, surtout, la décision de principes *Lavigne c. Sidbec-Dosco Inc.* [5], où la « mise sur la tablette » d'un employé fut considérée comme un congédiement déguisé sans qu'il n'y ait abus de droit de la part de l'employeur. Cette décision réfère à l'arrêt du Conseil privé dans *Montreal Public Service Co. c. Champagne* [6]. Nous reviendrons sur cet arrêt d'importance.

Il est maintenant acquis que la rétrogradation non autorisée équivaut à un congédiement déguisé [7]. Sans doute, comme en common law (« *constructive dismissal* »), lorsque, de mauvaise foi, l'employeur cherche directement, par des manœuvres, à provoquer la démission de l'employé, il y a « congédiement déguisé ».

Il existe par contre d'autres situations où les conditions de travail d'un employé sont modifiées sans que l'employeur ne cherche à congédier l'employé. Dans ces cas, la jurisprudence parle encore de congédiement déguisé, en ce sens que le départ volontaire de l'employé donne droit aux mêmes indemnités que s'il était congédié.

Dans *Nyveen c. Russell Food Equipment Ltd.* [8], M. le juge Gonthier, aujourd'hui de la Cour suprême du Canada, a reconnu comme congédiement déguisé certains changements unilatéraux dans la rémunération de l'employé et certaines autres circonstances, malgré une entente intervenue entre l'employeur et l'employé après la démotion de cette personne d'un poste de directeur à celui de simple vendeur.

Dans *Zocchi c. Wang Canada Ltée* [9], une directrice de succursale dont les responsabilités furent amputées par la nomination d'un directeur général démissionne devant son éventuelle rétrogradation. Le Tribunal lui accorde 35 000 $ d'indemnité compensatoire.

Dans *Gagnon c. Thetford Transport Ltd.* [10], le soussigné a lui-même reconnu comme congédiement une modification substantielle des conditions de travail de l'employé, à qui on avait demandé d'abandonner ses intérêts dans des entreprises personnelles.

Dans *Vigeant c. Canadian Thermos Products Ltd.* [11], le juge Gomery a retenu comme congédiement déguisé, malgré l'absence de mauvaise foi, le fait pour un employé d'être obligé de travailler dans des conditions différentes pour un nouvel employeur à qui l'entreprise avait été vendue.

Lorsque l'employeur agit sans intention d'obtenir la démission de l'employé, il est difficile de parler de congédiement déguisé. Pourtant, les règles fondamentales des contrats ne cessent pas de s'appliquer. Le contrat de travail oblige l'employeur à maintenir les conditions de travail et à fournir le cadre approprié pour son

---

(3) *Owens Illinois Canada Inc. c. Boivin*, [1988] R.L. 494 (C.A.).

(4) C.S. Montréal 500-05-005445-851, le 14 mars 1990 (*J.E. 90-679* et *D.T.E. 90T-529*), désistement d'appel le 3 juillet 1990 (C.A. Montréal 500-09-000517-904).

(5) [1985] C.S. 26, 30 confirmée en appel, C.A. Montréal 500-09-001556-844, le 4 mai 1988.

(6) (1917) 33 D.L.R. 49 (P.C.).

(7) *Courchesne c. Restaurant & Charcuterie Bens Inc.*, [1990] R.D.J. 148 (C.A.); *Chouinard c. Le Groupe Commerce, Cie d'assurances*, C.S. Saint-Hyacinthe 750-05-000106-863, le 12 mars 1990 (*D.T.E. 90T-528*), juge Nolin; *Reilly c. Hotels of Distinction (Canada) Inc. (Hotel Le Grand/ Grand Hotel)*, [1987] R.J.Q. 1606 (C.S.), juge Martineau; *Désormeaux c. Banque de Montréal*, C.S. Montréal 500-05-007511-858, le 14 janvier 1987 (*D.T.E. 87T-210*), juge Deslongchamps.

(8) C.S. Montréal 500-05-007091-836, le 27 novembre 1987 (*D.T.E. 88T-294*).

(9) C.S. Montréal 500-05-008617-852, le 21 mai 1987 (*J.E. 87-851* et *D.T.E. 87T-646*), juge Archambault.

(10) C.S. Frontenac (Thetford-Mines) 235-05-000061-854, le 30 juillet 1987 (*J.E. 87-1168* et *D.T.E. 87T-935*).

(11) C.S. Montréal 500-05-008513-853, le 27 novembre 1987 (*D.T.E. 88T-295*).

exécution[12]. Si l'employeur déroge à ses obligations, il est susceptible de poursuite en dommages-intérêts comme pour toute autre dérogation contractuelle (art. 1065 C.C.). Une question importante devient celle de savoir si, en démissionnant, l'employé ne se voit pas exposé à la défense de ne pas offrir lui-même sa prestation (*exceptio non adimpleti contractus*).

Le Conseil privé, siégeant comme plus haut tribunal d'appel pour le Québec, dans l'arrêt précité *Montreal Public Service Co. c. Champagne*, n'a pas dit autrement. Le lord chancelier Dunedin énonce, suivant la citation rapportée par M. le juge Hannan dans l'affaire *Lavigne c. Sidbec-Dosco Inc.*[13], précitée :

> The real question in dispute is whether or no the appellants have committed such a breach of a contract made by them with the respondent as to entitle the respondent to treat the contract as determined and upon this basis to sue for damages.

Il n'est pas requis que la rupture d'un contrat soit accompagnée de dol pour ouvrir le recours en dommages-intérêts (art. 1073, 1074 et 1075 C.C.). C'est donc par commodité que l'expression « congédiement déguisé » est utilisée lorsque l'employeur modifie les conditions du contrat unilatéralement sans chercher à renvoyer l'employé. Bien qu'il convienne mieux de parler alors de répudiation du contrat de travail, comme on le fait aussi en common law[14], l'expression « congédiement déguisé » conserve un sens parce que l'employé est justifié de démissionner. Dans de telles circonstances, en l'absence même de mauvaise foi ou de malice de la part de l'employeur, l'employé a droit à une indemnité pour rupture de contrat.

Quant à la défense basée sur l'obligation d'offrir sa prestation, elle ne peut être admise si la preuve révèle de façon probante que cette offre serait inutile parce que refusée d'avance ou que le cadre de travail fourni par l'employeur ne le permet pas. Au contraire, l'employé a l'obligation de minimiser ses dommages en recherchant en emploi ailleurs.

Le demandeur a occupé pour la Caisse un emploi stable pendant de nombreuses années. Il comptait gravir les échelons du système, mais finit par réaliser que ses possibilités d'avancement étaient inexistantes. On lui a fait reproche de ne pas avoir suivi les cours offerts par le Mouvement Desjardins afin de mieux se qualifier. Suivant le demandeur, il en a suivi quand son fardeau de travail lui a permis de le faire. Les qualifications d'autres employés démontrent que, à l'intérieur du mouvement, l'expérience compense parfois la formation académique. Tout au moins, la Caisse, comme employeur, avec le bénéfice des services périphériques du Mouvement Desjardins, permettait au demandeur de compter sur une certaine sécurité d'emploi.

À compter de mai 1987, avec la nomination de Cadorette comme chef d'équipe, le prestige, sinon l'autorité effective du demandeur, fut réduit. Il n'était plus appelé à remplacer le directeur pour présenter à la commission de crédit certains dossiers de prêt. Les événements se précipitèrent dans les 12 mois qui suivirent.

Cette période vit le départ de l'ancien directeur du secteur « Prêts », Godbout (novembre 1987), et du conseiller en crédit commercial, Groleau (février 1988). Groleau explique que, à compter de l'automne 1987, les relations étaient très tendues entre le directeur Vachon, d'une part, et lui-même et le demandeur, d'autre part. Cette situation serait attribuable en grande partie au fait que le demandeur et Groleau avaient donné à l'inspecteur de la Confédération des caisses populaires leur version sur certains dossiers qu'ils considéraient suspects en raison d'un conflit d'intérêts potentiel du directeur Vachon. Le demandeur et Groleau n'étaient plus *persona grata* auprès du directeur Vachon. Il y avait plus de compétition que de collaboration. Groleau déclare avoir vécu des situations orageuses, sans en dire plus. Groleau conclut qu'il n'était plus « capable de vivre dans ça et monsieur Roy non plus ».

---

(12) Robert Gagnon, Louis LeBel et Pierre Verge. *Droit du travail en vigueur au Québec*. Québec : P.U.L., 1971. P. 27.

(13) Voir *supra*, note 5, 28, citant l'arrêt *Montreal Public Service Co.*, *supra*, note 6.

(14) *In re Rubel Bronze and Metal Co. and Vos*, (1918) 1 K.B. 315.

La direction de la Caisse avait l'obligation, comme employeur, dans son rapport contractuel avec le demandeur, de placer ce dernier dans un cadre où il pouvait remplir sa fonction et de prendre les mesures pour éliminer de pareilles tensions. Si elles ont persisté indépendamment de la bonne foi des membres du conseil d'administration, la faute n'en peut être imputée au demandeur, en l'absence d'une preuve à cet effet. Vachon n'a pas été entendu.

Le vide commença à se faire autour de la personne du demandeur après le départ de Groleau. Le Tribunal ajoute foi aux affirmations du demandeur à cet égard, qui sont fort vraisemblables. Le travail du demandeur n'était plus respecté. On lui retournait ses dossiers. Il n'était plus celui à qui la clientèle devait faire confiance. À toutes fins pratiques, on cherchait à le mettre à l'écart. Le demandeur ne se sentait plus utile et avait maintenant du temps libre.

Le demandeur proposa comme *modus vivendi* de se faire accorder deux jours de congé par semaine. Sa proposition fut refusée implicitement. Ce refus fut l'occasion de sa démission mais n'en est pas la cause.

Cette cause se trouve dans la modification du milieu de travail et des responsabilités confiées au demandeur. Le Tribunal doit se demander si, d'une part, ces changements peuvent se situer à l'intérieur de la convention de travail et, d'autre part, si le demandeur les a acceptés en tardant à les contester. Dans cette analyse, le Tribunal doit maintenir une approche réaliste et faire abstraction des vétilles ou des difficultés momentanées, qui sont inévitables dans un milieu de travail.

La question se pose comme suit:

Est-il objectivement acceptable qu'un employé ayant 18 ans de service, qui a travaillé à l'édification des affaires d'une caisse populaire, à qui on a reconnu une compétence débordant le cadre de sa tâche normale, possédant « du potentiel et une expérience intéressante », se voie privé des responsabilités et de l'autorité morale qu'il avait exercées antérieurement tant auprès de ses collègues que des sociétaires de la Caisse ?

Un employé consciencieux, qui fait abstraction des contraintes et des conséquences financières, ne peut, dans ces circonstances, demeurer à l'emploi d'un organisme qui recherche l'efficacité optimale dans l'intérêt de ses membres. Le témoignage de Groleau, donné au risque d'indisposer ses patrons, est concluant à cet égard.

Nous n'avons pas la preuve que la Caisse a poussé le demandeur à démissionner. Au contraire, le conseil d'administration de la Caisse voulait le « ramener » lorsque le cas du demandeur fut abordé, la veille de sa démission. La Caisse avait droit de modifier substantiellement les conditions de travail du demandeur sans qu'on puisse l'accuser d'abus de droit. Un employeur est même justifié de congédier sans cause un employé non conventionné, sous réserve des droits garantis par la *Loi sur les normes du travail*. Dans ces circonstances, cependant, il est tenu de dédommager l'employé, à défaut de préavis raisonnable.

De la même façon, la réaction de l'employé à un changement substantiel ne doit pas tarder au point que l'on puisse en déduire qu'il a accepté de nouvelles conditions.

Après plus de 17 ans d'emploi, il est raisonnable que le demandeur ait cherché à s'accommoder des conditions qui lui étaient faites, tant et aussi longtemps qu'il n'était pas touché au plus profond de lui-même par la constatation de l'inutilité de ses services. Le délai de quatre mois entre le départ de Groleau, un cadre qui lui faisait confiance, et sa démission n'équivaut pas à une renonciation, d'autant que, pendant cette période, le demandeur dut être hospitalisé et prendre du repos. Une réaction trop rapide aurait été intempestive.

Au moment de sa démission, le demandeur était justifié de croire qu'il n'y avait plus de place pour lui à la Caisse. La décision du conseil d'administration de chercher à le récupérer ne lui a pas été communiquée. Son cadre de travail était radicalement changé et il ne pouvait plus exercer son occupation dans la confiance requise de ses supérieurs et de ses collègues de travail.

La Caisse avait répudié ses obligations contractuelles envers lui.

Le demandeur a cherché par la suite à négocier une prime de séparation. Ce n'est qu'en décembre 1988 qu'un refus définitif lui fut manifesté. Encore là, ce refus d'indemnité n'est pas explicite, puisque la seule décision de la Caisse fut celle prise le 16 août 1988 de « confirmer la démission » du demandeur. Dès lors, le contrat était résilié mais aucune entente n'était prise sur la prime de séparation réclamée dans la démission du demandeur, en date du 22 juin 1988.

Le demandeur a droit à une indemnité pour couvrir une période de préavis raisonnable. En l'espèce, le demandeur a travaillé pour l'entreprise familiale Fertivert jusqu'à l'automne 1988. Subséquemment, il touchait des prestations d'assurance-chômage. Il travailla encore pour Fertivert au cours de l'année 1989, mais il déclare que sa participation n'a toujours été que pour se distraire et qu'il n'en a tiré aucun bénéfice pécuniaire. À défaut d'autre preuve, nous devons considérer que la rémunération du demandeur pendant les 12 mois qui ont suivi sa démission fut négligeable. On sait aussi que, pendant cette période, l'état de santé du demandeur était déplorable et que son père finançait l'entreprise.

Le salaire du demandeur à la Caisse, en 1988, était de 556 $ par semaine, ou de 28 933 $ par année. Le demandeur était alors âgé de 36 ans. Le demandeur réclame 12 mois de délai-congé. Le Tribunal estime, compte tenu de l'âge du demandeur, de ses années de service, des circonstances qui ont amené sa démission, de la nature de son emploi et du délai de six mois pris par la Caisse pour donner une réponse définitive, qu'une indemnité équivalant à une période de six mois de salaire doit lui être versée, soit, pour faire un chiffre rond, 14 500 $.

Le demandeur n'a fait aucune preuve sur sa réclamation pour frais de recherche d'emploi et préjudice à sa réputation.

L'humiliation, l'anxiété et le traumatisme qui ont sûrement accompagné les événements qu'il a vécus ne peuvent être compensés, car nous n'avons pas la preuve que la Caisse a commis un abus de droit ou une faute délictuelle.

Par ces motifs :

Condamne la défenderesse à payer au demandeur la somme de 14 500 $, avec intérêt au taux légal depuis l'assignation, plus l'indemnité additionnelle prévue à l'article 1078.1 C.C. et les dépens, exclusion faite de tout honoraire d'enquête et d'audition.

[1991] R.J.Q. 2704 à 2713

Cour supérieure

JEANNE LEDOUX, demanderesse, c.
REINE FRANCE, défenderesse,
et LE REGISTRATEUR DE LA DIVISION D'ENREGISTREMENT DE CHAMBLY, mis en cause

SÛRETÉS — dation en paiement — OBLIGATIONS — offres réelles et consignation — offres conditionnelles — offres faites avant l'instance et renouvelées pendant l'instance — conditions de validité — droit de retrait.

Action en dation en paiement. Accueillie en partie.

Le 23 décembre 1988, la demanderesse a vendu son immeuble à la défenderesse. Le même jour, elle a consenti à cette dernière un prêt de 42 701 $ dont le remboursement en capital et intérêts était garanti par une hypothèque de troisième rang sur l'immeuble. La défenderesse étant en défaut d'effectuer ses versements mensuels depuis juillet 1989, la demanderesse a fait signifier, le 25 septembre 1989, un avis de transport de loyers aux locataires de l'immeuble et un avis de 60 jours à la défenderesse. Le 1er octobre suivant, celle-ci a déposé entre les mains du protonotaire de la Cour supérieure le montant correspondant aux sommes dues à la demanderesse pour les mois de juillet à octobre, conformément à la Loi sur les dépôts et consignations. Le 30 octobre, elle a intenté une action en diminution de prix contre la demanderesse, alléguant que l'immeuble vendu présentait des vices cachés. Le 8 novembre, elle a signifié à la demanderesse un avis du dépôt accompagné d'une déclaration selon laquelle celui-ci était conditionnel au jugement qui serait rendu dans l'action en diminution de prix. Par la suite, la défenderesse a continué à déposer chez le protonotaire les versements mensuels prévus au contrat de prêt. Le 15 décembre 1989, un jugement a déclaré que les avis de transport de loyers signifiés par la demanderesse étaient illégaux. Cette dernière a intenté la présente action le 21 février 1990. Elle prétend qu'elle n'a reçu aucun paiement de la part de la défenderesse et que les montants consignés sont insuffisants car ils ne comprennent pas l'intérêt additionnel requis en raison du fait que le paiement fait au protonotaire ne porte pas intérêt. L'action en diminution de prix intentée par la défenderesse a été instruite en même temps que la présente action, et elle a été rejetée par un jugement séparé.

Les articles 1162 et sqq. du Code civil du Bas Canada et l'article 17 de la Loi sur les dépôts et consignations visent à donner à un débiteur les moyens d'exercer son droit de payer afin qu'il puisse s'acquitter de son obligation malgré le refus injustifié de son créancier de recevoir le paiement. Les offres réelles faites en dehors de l'instance supposent le refus ou l'absence du créancier. En l'espèce, les dépôts faits par la défenderesse depuis le 30 octobre 1989 jusqu'au moment de l'institution de la présente action ne pouvaient constituer des offres réelles. En effet, ces dépôts n'étaient pas justifiés par le refus ou l'absence de la demanderesse car celle-ci désirait être payée, comme en fait foi son avis de 60 jours en date du 25 septembre 1989. De plus, ces dépôts étaient conditionnels au jugement qui serait rendu dans l'action en diminution du prix de vente. En agissant ainsi, la défenderesse rendait impossible leur retrait « à demande », qui est prévu à l'article 18 de la Loi sur les dépôts et consignations. Or, pour que des offres équivaillent à paiement et libèrent le débiteur, elles doivent être faites sans condition, à moins que cette condition ne soit une suite légale du paiement ou de l'extinction de la dette, ce qui n'est pas le

---

Juge Paul Reeves — C.S. Longueuil 505-05-000278-900, 1991-09-10 — Lazare et Altschuler, Me Harvey Lazare, pour la demanderesse — Lapointe, Schachter, Me André Champagne, pour la défenderesse.

91-02-1555
J.E. 91-1549

cas ici. *Par conséquent, les offres et consignations faites avant l'institution de la présente action étaient irrégulières et illégales. Par ailleurs, la défenderesse a renouvelé ses offres en présentant sa défense. Pour que les offres faites en cours d'instance soient considérées valables et libératoires, elles doivent en principe ne pas être assujetties à une condition. Cependant, si une condition attachée à une offre faite antérieurement à une instance peut invalider celle-ci, la même condition renouvelée en cours d'instance peut être écartée et ne pas l'invalider. En effet, le créancier pourra alors retirer les sommes consignées suivant le principe voulant qu'un débiteur ne puisse s'opposer à ce que son créancier retire les sommes qu'il admet lui devoir. Puisque, en l'espèce, la défenderesse a reconnu ses obligations aux termes du contrat de prêt, la condition touchant le dépôt ne pouvait empêcher le retrait des sommes consignées selon l'article 190 C.P. La demanderesse était bien fondée à poursuivre puisque, entre l'avis de 60 jours et l'institution de la présente action, la défenderesse n'a pas mis à sa disposition les sommes dues, selon l'article 1040b C.C. De plus, celle-ci a fait défaut d'offrir les intérêts dus sur les sommes déposées entre le 30 octobre 1989 et le 6 mars 1990, date du renouvellement des offres. Par ailleurs, le jugement ayant déclaré illégaux les avis de transport de loyers semble avoir reconnu la validité de la déclaration de dépôt faite par la défenderesse le 8 novembre 1989. Compte tenu du fait que la demanderesse, en se soumettant à ce jugement, laissait croire à la défenderesse que les dépôts étaient réguliers et légaux, et du fait que les offres renouvelées pouvaient constituer des offres réelles au sens de la loi, il y a lieu de permettre à la défenderesse de parfaire ses offres en y ajoutant les intérêts contractuels courus entre le 30 octobre 1989 et le 6 mars 1990.*

Législation citée

C.C., art. 1040*a*, 1040*b*, 1162, 1162 *et sqq*. — C.P., art. 189, 190, 733 — Dépôts et consignations (Loi sur les), (L.R.Q., c. D-5), art. 17, 18, 19, 20.

Jurisprudence citée

Auberge Ste-Adèle (Canada) Inc. c. Carrefour Ste-Adèle Inc., C.S. Terrebonne (Saint-Jérôme) 700-05-001590-888, le 18 juillet 1991 ; *Barrington c. Très St-Sacrement (Corp. de la paroisse du)*, (1926) 40 B.R. 441 ; *Bédard Deltair Inc. c. 295515 Ontario Ltd.*, [1990] R.D.J. 267 (C.A.) ; *Brandt Plumbing Co. c. Montreal Boys' and Girls' Association*, [1982] R.P. 157 (C.S.) ; *Canada Gum Ltd. c. Double E. Electric Inc.*, [1983] R.D.J. 303 (C.A.) ; *Côté c. Sternlieb*, [1958] R.C.S. 121 ; *Intersexion Inc. c. Bell Canada*, C.S. Montréal 500-05-007430-851, le 31 juillet 1989 (J.E. 89-1235) ; *Investissements Salias Inc. c. Brunelle*, [1988] R.J.Q. 1778 (C.A.) et (1990) 26 Q.A.C. 161 (Que. C.A.) ; *Labrèche c. Bergeron*, C.A. Montréal 500-09-000822-825 et 500-09-000823-823, le 22 mai 1985 (J.E. 85-563) ; *Miles c. Van Horne Sales Ltd.*, [1969] R.P. 85 (C.S.) ; *Provencher c. Placements V.I.A. Inc.*, C.S. Montréal 500-05-003472-816, le 15 avril 1982 (J.E. 82-588) ; *Rechtshaffen c. Ellis*, [1977] C.A. 168 ; *Schwartz c. Kravitz*, [1973] C.S. 53 ; *Sindoni c. 140838 Canada Inc.*, [1987] R.D.J. 349 (C.A.) ; *Toussaint c. Toussaint & Frères Ltée*, [1979] C.S. 612 ; *Valentino c. Genovesi*, [1989] R.D.J. 255 (C.A.) ; *Vazenios c. Marachlian*, [1971] R.P. 239 (C.P.)

●

TEXTE INTÉGRAL DU JUGEMENT

Il s'agit d'une action en dation en paiement. La demanderesse allègue un prêt de 42 701,55 $ fait à la défenderesse (pièce P-1), l'existence d'une hypothèque sur l'immeuble désigné aux procédures pour garantir le remboursement de ce prêt, une clause de dation en paiement stipulée à l'acte de prêt, le défaut de la débitrice de payer les versements tels que convenus, la signification d'un avis de soixante (60) jours conformément à la loi, l'enregistrement de l'avis et le défaut de réception d'aucun paiement de la part de la défenderesse. Invoquant la clause de dation en paiement, elle conclut à ce que par jugement elle soit déclarée propriétaire absolue de l'immeuble hypothéqué.

Il y a lieu de reproduire le paragraphe 5 de la déclaration :

> Que depuis la date de la signification de l'avis de soixante jours, et ce, jusqu'à la présente date, la partie demanderesse n'a reçu aucun paiement de la part de la partie défenderesse mais la partie défenderesse dépose ses paiements auprès du protonotaire de la cour supérieure du district de Longueuil. Cependant, le montant des paiements est insuffisant pour mettre l'hypothèque à date vu qu'elle ne fait aucun paiement pour l'intérêt additionnel dû étant donné que le paiement fait au soin du protonotaire ne porte pas intérêt.

La défenderesse conteste l'action alléguant en particulier ce qui suit :

> 4) La défenderesse n'est pas en défaut envers la demanderesse car tous les versements en capital et intérêts dus à la demanderesse en vertu de l'acte de prêt déjà produit au dossier sous cote P-1 sont consignés au greffe de la cour sous le numéro 505-05-002520-895 ;
>
> 5) Eu égard à ce qui précède, la demanderesse n'est pas en droit de se prévaloir de la clause de dation en paiement stipulée dans ledit acte de prêt et ne peut lui réclamer aucun autre intérêt additionnel que celui prévu dans ledit acte de prêt.

La clause de dation en paiement de l'acte P-1 stipule :

> Advenant l'accomplissement de l'un ou l'autre des événements prévus à la clause de déchéance du terme, le Créancier aura en outre le droit d'exiger la possession immédiate de l'immeuble à titre de propriétaire absolu, sans autre avis que celui prévu par la Loi. Dans ce cas, le Créancier prendra alors l'immeuble, franc et quitte de toute dette, redevance, charge, droit, privilège ou hypothèque subséquents à l'enregistrement des présentes, sans être tenu à aucune restitution pour les acomptes reçus jusqu'alors en capital ou intérêts, ni à aucune indemnité pour les impenses ou augmentations faites par qui que ce soit, l'immeuble devenant sa propriété à titre de dation en paiement en vertu de l'abandon qu'en fait présentement le Débiteur, avec effet rétroactif à ce jour, pour le cas où le Créancier se prévaudrait de la présente clause.

Le 26 septembre 1989, un avis selon l'article 1040a C.C. (pièce P-2) fut signifié à la débitrice. Les deux derniers paragraphes en sont ainsi libellés :

> Considérant que si quelque paiement de capital ou d'intérêt relatif à la présente hypothèque n'était pas effectué à échéance, ledit acte de prêt prévoyait que Dame Jeanne Ledoux pourrait se prévaloir de la procédure de dation en paiement afin de prendre possession et devenir propriétaire absolu dudit immeuble hypothéqué ou, que Dame Jeanne Ledoux pourrait exiger, sans mise en demeure ou avis, le paiement de tout solde en capital ainsi que des intérêts et des accessoires qui lui sont dus aux termes de l'acte de prêt ;
>
> En conséquence, soyez par les présentes avisée qu'à défaut par vous de remédier à votre défaut dans les délais de soixante jours prévus au Code Civil, Dame Jeanne Ledoux pourra se prévaloir des dispositions de la loi afin de se faire déclarer propriétaire, sans préjudice à tous ces autres droits et recours.

Le 1er octobre 1989, donc dans le délai de 60 jours, la débitrice, se prévalant des dispositions de la *Loi sur les dépôts et consignations*[1], dépose entre les mains de l'agent du ministre des Finances, soit le protonotaire de la Cour supérieure de Longueuil, la somme de 1 772,91 $ (le reçu indique 1 708,00 $) couvrant la dette et les frais (voir dossier n° 505-05-002520-895 (505-05-001520-895)).

Le 8 novembre 1989, avis de ce dépôt fut signifié à la créancière avec la déclaration suivante :

> Déclaration
> (Article 17, Loi des Dépôts et Consignations)
>
> La déposante déclare ce qui suit :
>
> 1. Le ou vers le 23 décembre 1988, la déposante a emprunté de la créancière la somme 42 701,55 $ et s'est obligée à rembourser cette somme par versements mensuels, égaux et consécutifs d'intérêts seulement de quatre cent vingt-sept dollars chacun (427 $), le capital étant payable le ou avant le 21 décembre 1993 ;
>
> 2. Le même jour, la déposante a fait l'acquisition d'une propriété appartenant à la créan-

---

[1] L.R.Q., c. D-5.

cière Jeanne Ledoux pour la somme totale de cent trente-cinq mille dollars (135 000 $), cent quinze mille dollars (115 000 $) apparaissant toutefois comme étant le montant de la transaction au contrat ;

3. À la sûreté du remboursement de la somme prêtée et du paiement des intérêts et des frais encourus, la déposante a affecté et hypothéqué en troisième rang l'immeuble qu'elle a acquis le même jour de la créancière ;

4. L'immeuble acheté par la déposante est, selon elle, entaché de vices cachés sérieux et, par conséquent, la déposante a institué une action en diminution du prix de vente contre la créancière Jeanne Ledoux ;

5. Pour éviter d'être en défaut face aux obligations contractées par l'acte de prêt, la déposante dépose et consigne ce jour la somme de mille sept cent soixante-douze dollars et quatre-vingt-onze cents (1 772,91 $), montant correspondant aux sommes dues en vertu du contrat pour les mois de juillet, août, septembre et octobre 1989 et aux frais requis par la Loi ;

6. La présente consignation est conditionnelle au jugement à intervenir dans l'action en diminution du prix de vente intentée par la déposante contre la créancière ;

7. La présente est signifiée à la créancière.

Depuis la signification de ces avis et déclaration, la débitrice a déposé et consigné auprès du protonotaire du district de Longueuil des versements mensuel de 443,22 $, soit le capital et les intérêts prévus au contrat de prêt.

Le 30 octobre 1989, comme mentionné au paragraphe 4 de sa déclaration, la débitrice a institué une action en diminution de prix. L'action porte le numéro 505-05-001515-896 des dossiers de la Cour supérieure du district de Longueuil. Les conclusions se lisent ainsi :

Condamner la défenderesse (Jeanne Ledoux) à payer à la demanderesse (Reine France) la somme de quarante-trois mille dollars (43 000 $), montant correspondant à la différence entre le montant payé par la demanderesse pour l'achat de la propriété et le montant qu'elle aurait dû payer pour cet immeuble ;

Le tout avec dépens contre la défenderesse.

Montréal, ce 30e jour d'octobre 1989.

Cette action ne conclut pas à compensation éventuelle entre la somme réclamée de 43 000 $ et les sommes déposées au dossier n° 500-05-001521-896. Toutefois, le paragraphe 6 de la déclaration de dépôt de la débitrice, stipulant que « la consignation est conditionnelle au jugement à intervenir dans l'action en diminution du prix », implique nécessairement pareille demande.

L'action en diminution du prix fut contestée et instruite en même temps que la présente action. Par un jugement séparé, cette action en diminution du prix a été rejetée avec dépens.

Enfin, l'incident suivant semble pertinent :

Le 25 septembre 1989, en même temps qu'elle signifiait son avis de 60 jours, la créancière signifiait un avis de transport de loyers.

Le 22 novembre 1989, la débitrice formulait une requête en déclaration d'illégalité de l'avis de transport des loyers (voir dossier n° 505-05-001638-896, district de Longueuil). Le 15 décembre 1989, cette requête fut accueillie. Il y a lieu de reproduire les allégués de cette requête et le jugement, lequel a force de chose jugée entre les parties :

Requête en vertu des articles 2 et 20 C.P.C.

1. Le ou vers le 23 décembre 1988, l'intimée a prêté à la requérante la somme de quarante-deux mille sept cent un dollars et cinquante-cinq cents (42 701,55 $) et, à la sûreté du remboursement, la requérante a affecté et hypothéqué en troisième rang l'immeuble qu'elle venait d'acquérir de l'intimée, le tout tel qu'il appert de l'acte de prêt dont une copie est produite au soutien des présentes sous la cote R-1 ;

2. Le ou vers le 25 septembre 1989, considérant que la requérante avait fait défaut de payer les versements mensuels d'intérêts dus et échus sur le prêt susdit, l'intimée signifiait à la requérante un avis en vertu de l'article 1040A du Code civil, le tout tel qu'il appert dudit avis dont une copie est produite au soutien des présentes sous cote R-2 ;

3. Le même jour, l'intimée a fait signifier un avis de transport de loyer aux locataires de l'immeuble décrit, connu et désigné comme suit :

Un emplacement situé en la Ville de Longueuil, Province de Québec, et ayant front sur la rue Lafayette, connu et désigné comme étant le lot numéro soixante et un de la subdivision officielle du lot originaire cent cinquante-neuf (159-61) aux plan et livre de renvoi officiels de la paroisse de Saint-Antoine de Longueuil, division d'enregistrement de Chambly.

Avec bâtisse y érigée portant le numéro domiciliaire 888, 890 et 892 dudit boulevard Lafayette en ladite Ville de Longueuil.

le tout tel qu'il appert dudit avis, dont une copie est produite au soutien des présentes sous cote R-3 ;

4. Le ou vers le 30 septembre 1989, la requérante a déposé au greffe de cette cour, conformément à l'article 17 de la Loi des dépôts et consignations (L.R.Q. chap. d-4), une somme de 1 772,91 $, lequel montant correspondant aux sommes dues en vertu du contrat précité, pour les mois de juillet, août, septembre et octobre 1989 et aux frais requis par la loi, le tout tel qu'il appert de la déclaration de dépôt dont une copie est produite au soutien des présentes sous la cote R-4, la requérante s'engageant à déposer toutes les sommes devenant exigibles dans le futur au greffe de cette cour ;

5. La requérante n'est pas en défaut envers l'intimée et celle-ci, par conséquent n'est pas en droit de se prévaloir de ladite clause de transport de loyer ;

6. En conséquence de quoi, la requérante est en droit de demander que les avis de transport de loyer soient déclarés illégaux, et exiger que l'intimée notifie lesdits locataires de l'immeuble de l'illégalité des avis de transport signifiés à ces derniers ;

7. Au surplus, le ou vers le 30 octobre 1989, la requérante a intenté contre l'intimée une action en diminution de prix de vente dont le numéro est 505-05-001515-896, le tout tel qu'il appert au dossier de cette Cour ;

Par ces motifs, plaise à la Cour :

Accueillir la présente requête ;

Déclarer que les avis de transport de loyer sont illégaux ;

Ordonner à l'intimée d'aviser les locataires de l'immeuble que lesdits avis de transport de loyer signifiés sont illégaux ;

Ordonner à l'intimée de remettre à la requérante tous les loyers perçus à ce jour en vertu des avis de transport de loyer illégaux ;

Ordonner l'exécution provisoire du jugement à être rendu sur la présente requête et ce, nonobstant appel ;

Le tout avec dépens.

Montréal, le 22 novembre 1989.

Jugement

La requête est accueillie.

Le Tribunal déclare que les avis de transport de loyer sont illégaux.

Ordonne à l'intimée d'aviser les locataires de l'immeuble que lesdits avis de transport de loyer signifiés sont illégaux.

Ordonne à l'intimé de remettre à la requérante tous les loyers perçus à ce jour en vertu des avis de transport de loyer illégaux.

Ordonne l'exécution provisoire du présent jugement, nonobstant appel.

Sans frais.

(S) Kevin Downs j.c.s.

L'intimée n'en a pas appelé de ce jugement et s'y est conformée. L'effet de ce jugement fut d'empêcher la créancière d'être payée. D'une part, le transport des loyers lui était interdit ; d'autre part, les versements déposés l'étaient sous condition suspensive de compensation éventuelle.

Le 21 février 1990, la créancière intenta la présente action en dation en paiement dans un contexte où elle ne paraissait pas pouvoir recevoir paiement de sa créance.

La question principale à résoudre est la suivante : le débiteur d'une dette due et exigible qui se prétend créancier d'une créance ni liquidée ni exigible s'acquitte-t-il de son obligation en déposant et consignant la somme due, sous condition de compensation future ? Vu les termes de l'article 1162 C.C., la question sera examinée dans les deux situations où les dépôt et consignation conditionnels ont été faits avant l'institution de procédures et après l'institution de procédures.

Il y aura ensuite lieu de se demander si, en l'espèce, le jugement du 15 décembre 1989 de cette cour déclarant l'avis de transport de loyer illégal au motif des dépôt et consignation conditionnels des sommes dues a modifié les relations des parties.

Les articles pertinents de la loi sont les suivants :

Article 1162 C.C. :

Lorsque le créancier refuse de recevoir son paiement, le débiteur peut lui faire des offres réelles de la somme de deniers ou de la chose due ; et dans toute poursuite instituée subséquemment pour en obtenir le recouvrement, il peut plaider et renouveler ses offres, et si la chose due est une somme de deniers, il peut la consigner ; ces offres ou offres avec consignation, si la chose due est une somme de deniers, équivalent, quant au débiteur, à un paiement fait le jour des premières offres, pourvu que, depuis ces premières offres, le débiteur ait toujours été prêt et disposé à livrer la chose ou à payer la somme due.

Lorsqu'une personne désire payer une somme d'argent et qu'elle en est empêchée par le refus de son créancier ou par son absence du lieu où la dette est payable, cette personne peut déposer cette somme au bureau général de dépôts de la province, conformément aux dispositions de la loi concernant les dépôts judiciaires ; ce dépôt libère le débiteur du paiement des intérêts depuis le jour du dépôt, pourvu que le créancier présent ait sans droit refusé d'accepter les offres.

Loi sur les dépôts et consignations :

17. [Offres réelles.] Une personne qui désire payer une somme d'argent à un créancier qui refuse de la recevoir, ou qui est absent du lieu où la dette est payable, peut déposer cette somme au bureau du ministre des finances, avec un écrit indiquant la nature de la dette, le titre ou le contrat qui l'a créée et les personnes auxquelles elle désire que cette somme soit payée.

[Effet.] L'offre de paiement que comporte ce dépôt libère le débiteur des intérêts pour l'avenir, si le créancier refuse, sans droit, de l'accepter ; et les deniers déposés pour un créancier absent du lieu où la dette est payable, cessent aussi de porter intérêt contre le débiteur, si le montant est suffisant. [S.R. 1964, c. 64, a. 66.]

18. [Retrait du dépôt.] Le ministre des finances doit payer à demande, au créancier ainsi désigné, le montant déposé, sauf le droit du déposant, si le reçu du dépôt n'a pas été enregistré et si la somme n'a pas été consignée devant le tribunal comme offre réelle, de retirer son dépôt avant qu'il soit demandé par le créancier. [S.R. 1964, c. 64, a. 67.]

19. [Dépôt sur contestation.] Lorsqu'une personne désire payer une somme d'argent qui lui est demandée pour des réclamations en contestation, elle peut déposer cette somme au bureau du ministre des finances. [S.R. 1964, c. 64, a. 68.]

20. [Paiement. Droit du déposant.] Dans le cas mentionné dans l'article 19, le ministre des finances doit payer le montant déposé au réclamant, qui produit et dépose une copie authentique d'un jugement d'une cour de justice l'autorisant à toucher la somme d'argent, sauf le droit du déposant, si le reçu du dépôt n'a pas été enregistré et si la somme n'a pas été consignée devant le tribunal comme offre réelle, de retirer son dépôt avant qu'il soit demandé par le réclamant. [S.R. 1964, c. 64, a. 69.]

Article 189 C.P. :

Dans une instance, une partie peut faire ou réitérer des offres réelles et en demander acte, par simple déclaration dans un acte de procédure.

Les offres qui ont pour objet une somme d'argent doivent être accompagnées de la consignation au greffe du tribunal, à moins que celle-ci n'ait déjà été faite au bureau des dépôts du Québec et que le récépissé n'en ait été versé au dossier.

En l'espèce, aucun récépissé attestant les dépôts n'accompagnait le plaidoyer de la défenderesse, mais la demanderesse n'a pas soulevé ce défaut.

Une remarque préliminaire semble indiquée concernant la clause du lieu de paiement. Cette clause se lit ainsi :

Tout paiement ou remboursement devra être effectué en monnaie ayant cours légal au Canada, entre les mains du Créancier, à son adresse ci-dessus mentionnée ou à tout autre endroit dans le District de Longueuil, ou autre endroit que le Créancier pourra désigner par écrit au Débiteur.

Dans cette clause, l'expression « ou à tout autre endroit dans le district de Longueuil » doit être rattachée à la proposition relative « que le

Créancier pourra désigner [...] au Débiteur ». Il n'y a pas de preuve que la créancière avait désigné d'autre endroit de paiement. La débitrice devait donc payer à l'adresse de la créancière.

Examinons la question principale à l'étape précédant l'institution de l'action en dation en paiement.

Le dépôt des sommes dues par la défenderesse au greffe le fut dans le but de mettre ces sommes hors de portée de la créancière afin de pouvoir les percevoir immédiatement, advenant qu'elle eût gain de cause dans sa poursuite en réduction du prix.

Dans la déclaration accompagnant le dépôt, le seul motif invoqué est celui apparaissant au paragraphe 5 : « Pour éviter d'être en défaut face aux obligations contractées par l'acte de prêt. » La déclaration ne mentionne aucune circonstance analogue à celles de l'article 733 C.P. — par exemple, que, sans un dépôt conditionnel dûment autorisé par la Cour, le recouvrement de sa créance sera mis en péril.

La Cour d'appel a récemment décrit, dans *Bédard Deltair Inc. c. 295515 Ontario Ltd.* [2], les différentes situations qui peuvent donner ouverture à la procédure de dépôt d'offres réelles :

> L'article 1162 indique de quelle façon la consignation peut se faire. Si c'est le créancier qui, par une poursuite en justice, prend l'initiative de réclamer la somme que le débiteur reconnaît devoir, la consignation aura lieu par le dépôt au greffe de la Cour. Si, par contre, le refus se produit hors du cadre d'une procédure judiciaire, le débiteur a la faculté de déposer la somme au bureau du ministre des Finances, conformément à l'article 17 de la *Loi sur les dépôts et consignations*.
>
> Il existe cependant une troisième circonstance, celle où le créancier de la somme offerte refuse de la recevoir et où le débiteur se trouve dans l'obligation d'entreprendre lui-même la poursuite visant à faire reconnaître le droit qu'il entend revendiquer suite à son paiement. [...] S'applique alors l'article 189 du *Code de procédure civile* [...]

Le débiteur obligé de payer a aussi le droit de le faire. Les articles 1162 *et sqq.* C.C. et l'article 17 de la *Loi sur les dépôts et consignations* visent à lui donner les moyens d'exercer ce droit et de s'acquitter de son obligation malgré le refus injustifié de son créancier de recevoir le paiement. En faisant des offres réelles et en les consignant selon les prescriptions de la loi, le débiteur se libère des intérêts pour l'avenir. Les droits du débiteur sont ainsi protégés et les droits du créancier le sont également puisque les sommes qui lui sont dues sont mises à sa disposition. Les offres réelles faites hors instance supposent donc un refus du créancier ou son absence. En 1977, la Cour d'appel du Québec, dans *Rechtshaffen c. Ellis* [3], s'exprimait ainsi :

> Or, en vertu de 1162 C.C., les offres et consignations ne sont libératoires que si elles sont rendues nécessaires par le refus du créancier de recevoir son paiement. Les dispositions de la *Loi des dépôts et consignations* sont au même effet [...]. C'est à cette condition que la consignation entre les mains du protonotaire peut lier le créancier. En réalité, les appelants veulent, dès maintenant, avoir le bénéfice de la compensation qui ne pourra s'opérer qu'au moment du jugement final [...].

En l'espèce, les dépôts faits par la défenderesse depuis le 30 octobre 1989, avant que ne soit intentée l'action en dation en paiement, ne pouvaient constituer des offres réelles, et ce, pour deux raisons. D'abord, ces dépôts n'étaient pas justifiés par le refus ou l'absence de la demanderesse, laquelle désirait être payée, comme en fait foi l'avis sous 1040a du C.C., daté du 25 septembre 1989. Ensuite, ils étaient conditionnels « au jugement à intervenir dans l'action en diminution du prix de vente intentée par la déposante contre la créancière ».

Or, pour que des offres équivaillent à paiement et libèrent le débiteur, elles doivent être faites sans condition, à moins que cette condition ne soit une suite légale du paiement ou de l'extinction de la dette que le débiteur est en droit d'exiger. Dans la présente instance, la défen-

---

(2) [1990] R.D.J. 267 (C.A.), 271.

(3) [1977] C.A. 168, 169 ; voir aussi *Côté c. Sternlieb*, [1958] R.C.S. 121, 124.

deresse a soumis ses paiements à la condition que se réalise un événement entièrement indépendant du contrat de prêt entre elle et la demanderesse, c'est-à-dire le jugement dans l'action en diminution de prix intentée contre la même personne, mais en vertu du contrat de vente. La condition imposée par la défenderesse dans son acte de dépôt constitue en fait une demande de compensation judiciaire, laquelle ne peut être accordée par les tribunaux que sous certaines conditions, qui ne sont en aucun cas rencontrées ici[4]. Des procédures appropriées sont prévues par la loi lorsqu'on a sérieusement à craindre pour le recouvrement de sa créance. En retenant sans autorisation les sommes dues à la demanderesse sous prétexte d'assurer une hypothétique créance contre celle-ci, la défenderesse rendait impossible leur retrait «à demande», tel que prévu à l'article 18 de la *Loi sur les dépôts et consignations*.

Les offres et consignations faites avant l'institution de l'action étaient donc irrégulières et illégales.

Quelle était la situation après l'institution de l'action en dation en paiement ?

Avec sa défense à l'action en dation en paiement, la défenderesse a renouvelé ses offres des sommes consignées pour couvrir le défaut invoqué dans l'avis sous 1040*a* C.C. La jurisprudence reconnaît cette pratique, qui consiste à faire des offres réelles en cours d'instance, ces situations étant assimilées, sans que cela soit précisé, à un refus du créancier de traiter directement avec le débiteur. Pour que ces offres soient considérées valables et libératoires et déclarées telles par le Tribunal, elles doivent inclure le capital, les intérêts et les dépens au stade de procédure où elles sont faites. Elles doivent aussi constituer un paiement et ne pas être soumises à une condition. Les offres faites par la défenderesse, au paragraphe 4 de sa défense, rencontrent-elles ces exigences ?

Concernant la condition énoncée dans l'avis de dépôt accompagnant les offres et consignations, il est intéressant de citer les propos tenus par M. le juge Masson dans *Toussaint c. Toussaint & Frères Ltée*[5] :

> Il faut donc distinguer entre les offres faites hors instance et celles faites dans une instance.
>
> Le dépôt de décembre 1976, donc avant l'instance, était accompagné de la mention «en règlement complet et final». Les offres étaient donc conditionnelles et si, à l'époque, le demandeur avait retiré ledit dépôt, nous voyons mal comment par la suite, ayant accepté les conditions imposées, il aurait pu intenter des procédures pour réclamer quelques sommes additionnelles. Le créancier a donc refusé, avec droit, de l'accepter.
>
> D'autre part, la situation et les droits des parties sont différents lorsque les offres sont faites ou réitérées pendant l'instance.
>
> [...]
>
> Dès qu'il y a instance, le créancier peut exiger de retirer les offres et droit lui sera fait si les conditions n'affectent pas le fond du litige. En l'espèce, la défenderesse reconnaît devoir la somme déposée, ses objections portent uniquement sur le surplus. Il appartenait donc au demandeur de faire diligence et de prendre les mesures qui s'imposaient pour retirer le dépôt [...].

Pendente lite, le droit de retrait sans égard à des conditions non pertinentes est confirmé par une jurisprudence prédominante.

Dans *Miles c. Van Horne Sales Ltd.*[6], M. le juge Mayrand, alors de la Cour supérieure, observait :

> Normalement, lorsqu'un débiteur offre une partie de ce que le créancier réclame, *il ne doit pas s'opposer à ce que ce dernier retire immédiatement ce que l'on admet lui devoir*. Le débiteur ne doit pas forcer son créancier à accepter de renoncer à son action en l'affamant, en refusant de lui laisser toucher immédiatement ce que l'on reconnaît lui devoir. Si l'offre du débiteur est suffisante, le créancier sera adéquatement puni de l'exagération de sa demande, car il verra son action rejetée pour le surplus avec dépens ; si

---

(4) *Investissements Salias Inc. c. Brunelle*, [1988] R.J.Q. 1778 (C.A.); *Labrèche c. Bergeron*, C.A. Montréal 500-09-000822-825 et 500-09-000823-823, le 22 mai 1985 (*J.E. 85-563*).

(5) [1979] C.S. 612, 614.
(6) [1969] R.P. 85 (C.S.), 87-88.

l'offre est insuffisante, il n'est pas raisonnable d'empêcher le créancier de la toucher immédiatement et de continuer l'action pour le surplus. Comme l'a si bien dit l'hon. juge I.-J. Deslauriers dans l'affaire *Michaud c. Douglas Bremmer Construction Ltd.* [1959 R.P. 258 à 260] : « Il n'est pas juste de subordonner le paiement d'une dette certaine à l'issue du débat sur un montant disputé. »

[Les italiques sont du soussigné.]

Dans *Provencher c. Placements V.I.A. Inc.*[7], décision rendue en 1982 par M. le juge Belleville, on retrouve les propos suivants :

> Le soussigné ne saurait admettre l'attitude prise par le demandeur. Il ne suffit pas au débiteur d'une créance claire et liquide, résultant d'un contrat, de cesser soudainement ses paiements à son créancier jusqu'à ce qu'il soit fait droit à sa propre réclamation pour une somme non liquidée, déposant entre les mains du protonotaire les versements périodiques prévus par tel contrat [...].

En 1989, dans *Intersexion Inc. c. Bell Canada*[8], M. le juge Crépeau abondait dans le même sens :

> [...] les *locataires* étaient sans justification de se faire justice eux-mêmes, et de cesser de payer le loyer à partir de mars 1988 sous le prétexte qu'ils désiraient une réduction de un tiers du loyer pour violation par la défenderesse de certaines obligations contenues au bail. *La procédure adoptée était tout à fait irrégulière, savoir déposer le loyer en vertu de l'article 189.1 C.p.c. comme s'il s'agissait d'une offre réelle.*

[Les italiques sont du soussigné.]

Il appert de ces décisions qu'une condition attachée à une offre antérieure à une instance peut invalider l'offre alors que la même condition attachée à l'offre renouvelée en cours d'instance peut être écartée et ne point invalider l'offre.

Le principe généralement reconnu est le suivant : un débiteur ne peut s'opposer à ce que son créancier retire les sommes qu'il admet lui devoir[9]. En l'espèce, la défenderesse a reconnu ses obligations en vertu du contrat de prêt P-1. Par conséquent, la condition contenue à l'acte de dépôt ne pouvait empêcher le retrait, en vertu de l'article 190 C.P., des sommes consignées. La jurisprudence est de plus à l'effet qu'un créancier doit se prévaloir avec diligence de son droit de retrait lorsqu'il désire profiter des intérêts[10].

Depuis quelques années semble s'être répandue une pratique qui n'a aucun fondement légal et qui consiste à tenter de mettre à l'abri du créancier d'une dette liquide et exigible les sommes qui lui sont dues sous prétexte d'une créance hypothétique, ni liquide ni exigible. Une certaine jurisprudence y a donné suite sans toutefois se prononcer sur l'effet de ces dépôts quant aux obligations contractuelles du déposant et sans se prononcer sur leur nature véritable[11]. Comme le souligne M. le juge Ferland dans *Vazenios c. Marachlian*[12] :

> Chargé d'appliquer la loi, le juge ne peut sanctionner une pratique même courante. Offres et consignation sont régies par des règles précises qu'exposent le Code civil et le Code de procédure [...].

La demanderesse était donc bien fondée de poursuivre, puisque à aucun moment entre l'avis sous l'article 1040a C.C. et le début de son action la défenderesse n'avait mis les sommes dues à sa disposition selon l'article 1040b. De plus, la défenderesse a fait défaut d'offrir les intérêts dus sur les sommes déposées entre le 30 octobre 1989 et le 6 mars 1990, date de la production de la défense et du renouvellement des offres.

---

(7) C.S. Montréal 500-05-003472-816, le 15 avril 1982 (*J.E. 82-588*), p. 7 du jugement.

(8) C.S. Montréal 500-05-007430-851, le 31 juillet 1989 (*J.E. 89-1235*), p. 35 du jugement.

(9) Voir *supra*, note 6 ; *Canada Gum Ltd. c. Double E. Electric Inc.*, [1983] R.D.J. 303 (C.A.) ; *Brandt Plumbing Co. c. Montreal Boys' and Girls' Association*, [1982] R.P. 157 (C.S.) ; *Sindoni c. 140838 Canada Inc.*, [1987] R.D.J. 349 (C.A.).

(10) *Schwartz c. Kravitz*, [1973] C.S. 53.

(11) *Auberge Ste-Adèle (Canada) Inc. c. Carrefour Ste-Adèle Inc.*, C.S. Terrebonne (Saint-Jérôme) 700-05-001590-888, le 18 juillet 1991, M. le juge Denis Lévesque ; voir aussi *Valentino c. Genovesi*, [1989] R.D.J. 255 (C.A.).

(12) [1971] R.P. 239 (C.P.).

Quel fut l'effet du jugement du 15 décembre 1989? Ce jugement semble avoir reconnu la validité de la déclaration de dépôt de la requérante invoquée comme pièce R-4 au soutien de sa requête. En effet, nonobstant la condition attachée au dépôt, ce jugement, en déclarant illégal l'avis de transport de loyer, se fonde en partie sur la prétention énoncée au paragraphe 5 à l'effet que «la requérante n'est pas en défaut envers l'intimée». En se soumettant à ce jugement, l'intimée, demanderesse en la présente instance, laissait croire à sa débitrice que ses dépôts étaient réguliers et légaux.

Pour les raisons exposées plus haut, ce n'est qu'au moment de sa défense que la défenderesse a fait des offres susceptibles d'être déclarées valables et suffisantes, ses offres antérieures ne pouvant constituer des offres réelles au sens de la loi.

Ne se pose donc finalement, eu égard à la validité des offres lorsque renouvelées, que la question de leur suffisance. Les sommes déposées antérieurement ne portant pas intérêt et ne pouvant être retirées «à demande», la demanderesse invoque à bon droit leur insuffisance pour cette période. Le défaut d'offrir les frais encourus par la demanderesse pour recouvrer sa créance (frais relatifs à l'avis et à l'action) ne peut à lui seul entraîner l'insuffisance des offres puisqu'il n'a pas été invoqué par la demanderesse [13].

Eu égard aux circonstances et à l'esprit de l'article 1040*b*, la défenderesse sera autorisée à parfaire ses offres en leur ajoutant les intérêts contractuels courus entre le 30 octobre 1989 et le 6 mars 1990.

Pour ces motifs:

Accueille l'action en partie;

Déclare les offres et consignations renouvelées avec le plaidoyer du 6 mars 1990 bonnes, valables et libératoires, sauf pour les intérêts sur les sommes déposées antérieurement à cette date;

Permet et ordonne à la défenderesse de parfaire ses offres en payant les intérêts sur les sommes déposées entre le 30 octobre 1989 et le 6 mars 1990 au fur et à mesure de la date d'échéance des versements dus, selon l'acte de prêt P-1, le tout dans les trente (30) jours de la date où le présent jugement deviendra exécutoire;

Condamne la défenderesse à payer à la demanderesse les frais de l'action après défense;

À défaut par la défenderesse de payer intérêts et frais, réserve à la demanderesse de se pourvoir à nouveau en dation en paiement.

---

(13) *Barrington c. Corp. de la paroisse du Très St-Sacrement*, (1926) 40 B.R. 441, 442.

[1991] R.J.Q. 2714 à 2723

Cour supérieure

PROCUREUR GÉNÉRAL
DU QUÉBEC, requérant, c.
JEAN-PAUL DECOSTE,
intimé,
et GUY HAMOND et autres,
défendeurs mis en cause

TRAVAIL — industrie de la construction — champ d'application et compétences administratives — infraction pénale — interprétation — travail de construction — Cour du Québec — ajournement refusé — contrôle judiciaire.

Requête en évocation d'une décision de la Cour du Québec, Chambre pénale, ayant refusé d'ajourner l'audience de plaintes pénales et de déférer certaines questions au Commissaire de la construction. Rejetée.

Les dénonciations reprochent aux salariés d'avoir exécuté des travaux de construction sans être titulaires des certificats de compétence requis et reprochent à l'employeur d'avoir fait exécuter de tels travaux par ces salariés. Les infractions alléguées sont prévues aux articles 119.1 et 120 de la Loi sur les relations du travail, la formation professionnelle et la gestion de la main-d'œuvre dans l'industrie de la construction. *Les travaux en cause, des travaux de pavage imbriqué, ont été effectués le 28 octobre 1988. Les dénonciations ont été portées le 26 octobre 1989. Avant que les témoins ne soient entendus, la poursuite a demandé une remise pour permettre à un commissaire de la construction de statuer si les travaux en cause sont inclus dans la définition de « travaux de construction » contenue à la loi précitée, ce que le juge intimé a refusé dans un jugement signé le 14 janvier 1991. Il a décidé qu'il ne pouvait demander une opinion juridique à un tiers, en l'occurrence le Commissaire de la construction, sur l'existence d'un des éléments essentiels de l'infraction. Le Procureur général attaque cette décision par voie d'évocation.*

L'article 197 du Code de procédure pénale *reconnaît au juge la compétence pour rejeter ou accueillir une demande d'ajournement de l'instruction de la cause. Le Procureur général avait le fardeau de prouver que, en rejetant cette demande, le juge avait excédé sa compétence. Il est vrai que, dans les litiges civils, les tribunaux doivent, lorsqu'il s'agit d'interpréter l'article 19 de la loi dans l'industrie de la construction, appliquer l'article 21 de cette même loi et déférer la question au Commissaire de la construction. Toutefois, le Procureur général n'a pas réussi à démontrer que le juge intimé avait erré en décidant que cette règle ne pouvait recevoir application en matière pénale. Au moment où le juge intimé a signé sa décision, il s'était déjà écoulé plus de deux ans depuis les faits en litige. Les mis en cause ont le droit de connaître sans délai l'infraction précise qu'on leur reproche (art. 11 a) de la* Charte canadienne des droits et libertés). *Le juge à qui l'on demande un ajournement doit tenir compte de cette disposition de la charte canadienne. En demandant qu'une difficulté d'interprétation soit déférée au Commissaire de la construction, le poursuivant a voulu changer les règles du jeu à un stade très avancé de l'affaire. Les mis en cause avaient raison de s'y opposer, puisque le fait d'accepter cette demande aurait signifié qu'ils renonçaient à un droit d'appel que la loi leur accorde. Le juge a pour sa part eu raison de refuser l'ajournement demandé : le poursuivant avait l'obligation de lui fournir toutes les informations essentielles, ce qu'il a omis de faire. Il n'a pas réussi à lui démontrer que,*

Juge Édouard Martin — C.S. Gaspé (Percé) 110-05-000018-917, 1991-08-21 — Rochette, Boucher et associé, M\ :sup:`e` *Luc Chamberland*, pour le requérant — Roy, Arseneau, M\ :sup:`e` *Pierre Roy*, pour les mis en cause.

Référence antérieure: [1991] R.J.Q. 1186 (C.Q.) *(J.E. 91-584 et D.T.E. 91T-358)*

91-02-1551

J.E. 91-1591

devant le Commissaire de la construction, les mis en cause seraient des «parties» au sens de l'article 22. Tant que ce fait n'est pas prouvé, il n'y a pas lieu de se demander si le juge intimé avait l'obligation de déférer une question au Commissaire de la construction.

Législation citée

Charte canadienne des droits et libertés dans *Loi de 1982 sur le Canada*, (L.R.C. 1985, app. II, n° 44, annexe B, partie I), art. 11, 11 *a)* — *C.P.*, art. 288 — *Code de procédure pénale*, (L.R.Q., c. C-25.1), art. 197 — *Poursuites sommaires (Loi sur les)*, (L.R.Q., c. P-15), art. 45, 58, 59, 60, 61, 63, 63.3, 63.8, 63.9, 75 et sqq. — *Relations du travail dans l'industrie de la construction (Loi des)*, (S.Q. 1968, c. 45), art. 2*b* — *Relations du travail, la formation professionnelle et la gestion de la main-d'œuvre dans l'industrie de la construction (Loi sur les)*, (L.R.Q., c. R-20), art. 1 *f)* «construction», 19, 21, 21.2, 22, 109.1, 119.1, 120, 121.1.

Jurisprudence citée

Barrette c. R., (1977) 2 R.C.S. 121, (1976) 29 C.C.C. 189 (S.C.C.), (1976) 68 D.L.R. 260 (S.C.C.) et (1976) 33 C.R. 377 (S.C.C.); *Commission de l'industrie de la construction du Québec c. Steinman*, [1977] C.A. 340; *Côte-Nord Sanitation c. Office de la construction du Québec*, [1990] R.L. 173 (C.A.); *Dufour c. Office de la Construction du Québec*, C.S. Chicoutimi 150-36-000010-865, le 6 mars 1987 *(D.T.E. 87T-537)*; *Dumas (Corp. mun. du canton) c. Commission de l'industrie de la construction du Québec*, C.A. Québec 200-09-000725-76, le 14 mars 1985 *(J.E. 85-336 et D.T.E. 85T-283)*; *Mathews Conveyer Co. c. Geoffroy*, [1978] C.A. 108; *Office de la construction du Québec c. Clôtures Antenor Ltée*, [1983] R.L. 314 (C.S.); *Office de la construction du Québec c. Entreprises Jean Pruneau Inc.*, [1990] R.J.Q. 1272 (C.A.); *Office de la construction du Québec c. Paysages Rodier Inc.*, C.P. St-Hyacinthe 750-27-000584-865, le 27 novembre 1987; *Office de la construction du Québec c. Préfabec Métal Inc.*, C.S. Chicoutimi 150-36-000001-79, le 13 février 1980 *(J.E. 80-185)*; *Québec (Procureur général) c. Goulet*, [1991] R.J.Q. 2354 (C.S.); *R. c. Nathalie Fleuriste inc.*, C.Q. Québec 200-27-003792-891, le 2 février 1990 *(D.T.E. 91T-216)*; *Roy c. R.F. Baril Inc.*, C.A. Montréal 500-10-000123-792, 500-10-000124-790 et 500-10-000125-797, le 23 février 1982 *(J.E. 82-267)*; *S.A.F. Construction (1973) Inc. c. Office de la construction du Québec*, C.A. Québec 200-09-000627-791 et 200-09-000628-790, le 10 février 1982 *(J.E. 82-239 et D.T.E. n° T82-135)*.

●

TEXTE INTÉGRAL DU JUGEMENT
(sur requête en évocation)

Selon le Procureur général, l'intimé a commis une erreur de juridiction lorsqu'il a refusé de référer une question au Commissaire de la construction. En fait, l'intimé a refusé d'ajourner l'instruction de plaintes pénales.

La requête a été signifiée les 13 et 14 février 1991 à l'intimé et à tous les mis en cause, sauf un. Les mis en cause ont comparu par avocats. Ces derniers acceptent que leur comparution couvre l'absence de signification à l'un des mis en cause. L'intimé n'a pas comparu.

Voyons les faits, les textes applicables, les informations pertinentes et les prétentions des parties. Nous examinerons ensuite les questions que soulève la requête.

Les faits

Le 28 octobre 1988, Paysage Gaspé inc. exécute par ses salariés des travaux de pavage imbriqué pour un client à Gaspé Harbour, Québec. Cette information nous a été donnée par les parties en cours d'audition de la requête.

Cinq plaintes pénales ont été déposées contre les mis en cause; les dénonciations (pièces R-1 à R-5) portent la date du 26 octobre 1989, soit près de un an après la date des faits. Dans les quatre premières, on reproche à Guy Hamond, Michel Cabot, Jean-Robert Cabot et Mario Synnott d'avoir, le ou vers le 28 octobre 1988:

En tant que salariés [...] exécuté des travaux de construction sans être titulaires du certificat de compétence requis ou d'une exemption délivré par la Commission.

La cinquième plainte reproche à Paysage Gaspé inc. d'avoir, le ou vers le 28 octobre 1988 :

[...] En tant qu'employeur [...] utilisé les services du salarié Mario Synnott, ou l'a affecté à des travaux de construction sans que ce dernier soit titulaire d'un certificat de compétence requis ou d'une exemption délivré par la Commission.

Dans tous les cas, il s'agit d'infractions aux articles 119.1 et 120 de la *Loi sur les relations du travail, la formation professionnelle et la gestion de la main-d'œuvre dans l'industrie de la construction* [1].

La requête allègue (paragr. 6 et 7) :

6. Lors de l'audition des plaintes alléguées aux paragraphes précédents, une difficulté d'interprétation ou d'application est survenue en ce qui concerne les travaux de construction visés par la Loi ;

7. En présence d'une semblable difficulté d'interprétation ou d'application de l'article 19 de la Loi, le procureur du poursuivant demanda au tribunal de référer cette difficulté au commissaire de la construction conformément à l'article 21 de la Loi ; [...]

Selon la pièce R-6, une copie de la « décision sur demande de remise », les cinq dossiers étaient « devant le tribunal pour procès » ; on ne connaît pas la date. Dans sa décision signée le 14 janvier 1991, *i.e.* plus de deux ans après les faits, l'intimé écrit [2] :

Avant que des témoins ne soient entendus, le Procureur en poursuite fait une demande de remise pour permettre à un commissaire de la construction de statuer si les travaux présumément exécutés sont inclus dans la définition de travaux de construction prévus dans la loi.

[p. 2, pièce R-6]

Plus loin, l'intimé ajoute [3] :

La demande de la Couronne vise un ajournement d'un procès débuté pour qu'une autre instance (aussi experte soit-elle) statue sur un des éléments essentiels de l'infraction.

[p. 3, pièce R-6]

Les défendeurs (présents mis en cause) se sont objectés à la demande de remise. L'intimé a entendu les arguments de part et d'autre et a rejeté la demande de remise pour les motifs suivants [4] :

[...] une dénonciation n'est déposée contre un individu lui reprochant la commission d'une infraction uniquement si le poursuivant est convaincu qu'il en est l'auteur, surtout si on a la conviction d'être en mesure de le prouver.

Qu'on demande avant le dépôt d'une dénonciation à un commissaire de statuer sur la définition de « travaux de construction » pour ensuite déposer cette décision devant une instance pénale pourrait apparaître acceptable, et encore ! Le procédé s'apparente à une opinion juridique donnée par un tiers au tribunal saisi de l'affaire.

[p. 5]
[...]

À mon humble avis, et je le dis en toute déférence pour l'opinion contraire, l'article 21 ne peut pas avoir d'application en matière pénale puisqu'un juge ne peut pas déférer à un tiers le pouvoir de se prononcer sur un des éléments essentiels. [autorités citées à ce sujet]

[p. 7]
[...]

On imagine mal qu'une poursuite pénale débute par un débat devant une instance quasi judiciaire, où un accusé en puissance irait plaider, pour finir devant un tribunal de droit commun.

[p. 7]
[...]

[...] d'aucune façon la Cour ne tiendra compte de l'« opinion juridique » que pourrait entretemps avoir émise un commissaire de la construction sur la définition de ce que constitue un « travail de construction ».

[p. 7]

---

(1) L.R.Q., c. R-20 [ci-après nommée « loi R-20 »].
(2) [1991] R.J.Q. 1186 (C.Q.), 1187.
(3) *Ibid.*

(4) Voir *supra*, note 2, 1188 et 1189.

Textes applicables

La loi R-20 contient les dispositions pertinentes suivantes :

1. [Interprétation]

[...]

f) *« construction »* :

les travaux de fondation, d'érection, d'entretien, de rénovation, de réparation, de modification et de démolition de bâtiments et d'ouvrages de génie civil exécutés sur les lieux mêmes du chantier et à pied d'œuvre, y compris les travaux préalables d'aménagement du sol ;

En outre, le mot « construction » comprend l'installation, la réparation et l'entretien de machinerie et d'équipement, le travail exécuté en partie sur les lieux mêmes du chantier et en partie en atelier, le déménagement de bâtiments, les déplacements des salariés, le dragage, le gazonnement, la coupe et l'émondage des arbres et arbustes ainsi que l'aménagement de terrains de golf, mais uniquement dans les cas déterminés par règlement ;

Article 19 :

La présente loi s'applique aux employeurs et aux salariés de l'industrie de la construction ; toutefois [...]

[apparaît ici une série d'exceptions]

Article 21 :

Toute difficulté d'interprétation ou d'application de l'article 19 ou des règlements adoptés en vertu de l'article 20 doit être déférée au commissaire de la construction. Ce dernier peut en saisir le commissaire adjoint de la construction.

Article 21.2 :

Sitôt l'enquête terminée, le commissaire de la construction ou le commissaire adjoint de la construction doit rendre sa décision. La décision doit être rendue par écrit et motivée.

Article 22 :

La décision du commissaire de la construction ou du commissaire adjoint de la construction est sans appel et lie les parties.

Article 109.1 :

Une poursuite ne peut être intentée en vertu de la présente loi, des règlements ou d'un décret plus de douze mois après la date à laquelle l'infraction a été commise [...]

Article 119.1 : [Infraction et peine]

Commet une infraction et est passible, en outre du paiement des frais, des amendes prévues à l'article 120 :

1° un salarié ou un employeur qui exécute lui-même des travaux de construction sans être titulaire soit d'un certificat de compétence-compagnon, soit d'un certificat de compétence-occupation, soit d'un certificat de compétence-apprenti ou soit d'une exemption, délivré par la Commission ou sans avoir en sa possession ce certificat ou une preuve d'exemption ;

[...]

3° quiconque utilise les services d'un salarié ou l'affecte à des travaux de construction sans que ce dernier soit titulaire soit d'un certificat de compétence-compagnon, soit d'un certificat de compétence-occupation, soit d'un certificat de compétence-apprenti ou soit d'une exemption, délivré par la Commission ou sans qu'il ait en sa possession ce certificat ou une preuve d'exemption ;

[...]

Article 120 :

Quiconque viole une prescription de la présente loi, d'un décret ou d'un règlement adopté sous son autorité commet une infraction et est passable, si aucune autre peine n'est prévue pour cette infraction, en outre du paiement des frais,

a) dans le cas d'un individu, d'une amende d'au moins 125 $ et d'au plus 700 $;

b) dans le cas de toute autre personne ou d'une association, d'une amende d'au moins 575 $ et d'au plus 2 000 $;

[...]

Article 121.1 :

Les poursuites pénales en vertu de la présente loi sont intentées conformément à la Loi sur les poursuites sommaires (chapitre P-15) par le Procureur général ou par toute personne qu'il autorise généralement ou spécialement à cette fin.

La *Loi sur les poursuites sommaires*[5], à l'article 58, crée le poste de « percepteur » qui peut prendre des ententes, accorder des délais à un contrevenant condamné (art. 59) ; procéder à la saisie des biens d'un défendeur condamné,

---

(5) L.R.Q., c. P-15.

procéder à l'exécution contre les biens de ce défendeur comme en matière civile (art. 60 et 61).

Le percepteur peut accepter en exécution de l'amende ou des frais l'exécution par le défendeur condamné de travaux compensatoires suivant l'annexe A de la loi (art. 63) en appliquant le tarif fondé sur les «unités de travail» déterminées à l'article 63.3.

Les articles 63.8 et 63.9 prévoient la possibilité d'emprisonnement si, après la demande du percepteur, le juge «estime que les mesures prévues dans la présente section pour le recouvrement de l'amende ne peuvent permettre de recouvrer entièrement l'amende due».

Les articles 75 et sqq. permettent un large droit d'appel.

Le *Code de procédure pénale* [6] est entré en vigueur dans ses parties les plus importantes le 1er octobre 1990 [7].

L'article 197 du *Code de procédure pénale* mentionne :

> 197. Le juge peut, d'office ou sur demande d'une partie, ajourner l'instruction; il peut [...]

On sait que l'article 45 de la *Loi sur les poursuites sommaires* avait le même effet. Ajoutons qu'en matière civile l'article 288 du *Code de procédure civile* donne une discrétion semblable à tout juge saisi d'une matière civile.

Le *Code de procédure pénale* maintient en grande partie le rôle du percepteur qui était prévu dans la loi antérieure.

Informations pertinentes

La requête et le dossier ne contiennent pas les informations suivantes :

---

(6) L.R.Q., c. C-25.1.
(7) Décret 1385-90 du 26/9/90, (1990) 122 G.O. II 3693; *Loi modifiant diverses dispositions législatives concernant l'application du Code de procédure pénale*, (L.Q. 1990, c. 4), entrée en vigueur le 1er octobre 1990, à l'exception de certains articles, voir Décret 1386-90 du 26/9/90, (1990) 122 G.O. II 3693.

— la date à laquelle les dossiers étaient fixés pour procès;

— la date à laquelle on demandait d'ajourner l'audition;

— la nature exacte de la question qu'on voulait référer au commissaire de la construction (s'agit-il d'une question théorique ou d'une question concrète qui intéresse directement les mis en cause ?);

— la raison pour laquelle, le 14 janvier 1991, soit plus de deux ans après les faits, on n'avait pas encore soumis cette question au Commissaire de la construction;

— en quoi précisément les mis en cause avaient un intérêt personnel à cette question qu'on voulait référer au Commissaire de la construction;

— les mis en cause seraient-ils des «parties» devant le Commissaire de la construction au sens de l'article 22 de la loi R-20?

Prétention des parties

Selon le Procureur général du Québec, l'intimé a commis les erreurs suivantes :

— Il a fait une erreur de juridiction et a excédé sa compétence (allégation n° 9);

— Il a donné une «interprétation totalement déraisonnable d'une loi d'ordre public et a ainsi excédé sa juridiction» (allégation n° 10);

— Toute difficulté d'interprétation relative à l'article 19 de la loi R-20 doit être référée au Commissaire, qui a une juridiction exclusive sans distinction entre les affaires pénales et les affaires civiles;

— L'intimé a ainsi confondu les motifs raisonnables et probables en matière de preuve et le mécanisme d'interprétation de la loi R-20.

Les mis en cause soutiennent :

— Parce que nous sommes en matière pénale, ils ont droit à une défense pleine et entière;

— Si on accepte la demande du Procureur général, les mis en cause ignorent ce que le poursuivant leur reproche alors que plus de un an s'est écoulé depuis le 28 octobre 1988 ;

— Ils font face à des procédures pénales depuis octobre 1989. Ils avaient le droit de procéder lorsque l'instruction a été fixée et c'est à bon droit qu'ils se sont objectés à une demande d'ajournement dont on ne connaît pas la durée ;

— Le juge saisi d'une plainte pénale a une compétence complète sur la matière qui lui est soumise, indépendamment de toute autre personne ;

— Accepter la démarche de l'intimé équivaut à priver les mis en cause d'un droit d'appel sur une matière qui forme la substance même des faits ou du droit pour lesquels ils sont poursuivis.

Juridiction de l'intimé

L'intimé a pleine juridiction pour accorder ou refuser une demande d'ajournement de l'instruction. L'article 197 du *Code de procédure pénale* tout comme l'article 45 de la *Loi sur les poursuites sommaires* sont clairs à ce sujet. Le Procureur général du Québec a donc le fardeau complet de prouver devant nous qu'en refusant d'accorder la demande d'ajournement l'intimé a fait une erreur de juridiction, a excédé sa compétence ou a injustement refusé d'ordonner un ajournement qu'il avait l'obligation d'accorder.

Le Procureur général soutient que l'intimé devait, dès la demande présentée par le Procureur général, déférer la question soumise au Commissaire de la construction. Il devait en conséquence accorder un ajournement de l'audition.

Dans les litiges civils provenant de la loi R-20, il semble acquis que les tribunaux doivent, lorsqu'il s'agit d'interpréter l'article 19 de la loi R-20, appliquer l'article 21 de cette même loi et déférer le problème ou la question au Commissaire de la construction. En effet, dans l'arrêt *Commission de l'industrie de la construction du Québec c. Steinman*[8], l'honorable Albert Mayrand écrit :

> La déclaration et la défense font voir que le litige repose sur des thèses contraires de l'appelante et des intimés quant à l'interprétation ou l'application de l'article 2 de la *Loi des relations du travail dans l'industrie de la construction*. Or l'article 2b de cette loi donne au commissaire de la construction la compétence exclusive pour trancher cette difficulté ; en termes explicites et impératifs, il prive la Cour provinciale de la juridiction ordinaire qu'elle aurait pour trancher cette « difficulté d'interprétation ou d'application ».
>
> [...]
>
> Pour ces motifs, je suis d'avis de ne pas accueillir les conclusions de l'appelante telles que formulées et selon lesquelles la Cour provinciale devrait décider de *tout* le litige ; je crois cependant que le dispositif du jugement de première instance doit être modifié pour qu'il se lise ainsi :
>
>> Le tribunal raye le délibéré ;
>>
>> Se déclare incompétent *ratione materiæ* pour décider si les défendeurs sont soumis au champ d'application de la *Loi sur les relations du travail dans l'industrie de la construction* ;
>>
>> Renvoie d'office le dossier devant le commissaire de la construction pour qu'il décide de l'interprétation et de l'application de l'article 2 de ladite Loi dans le présent litige ;
>>
>> Surseoit à la présente action jusqu'à ce que la décision du commissaire ait été rendue, et homologuée suivant la loi ;
>>
>> Frais réservés.[9]

Depuis cet arrêt, la Cour d'appel et les tribunaux de première instance ont suivi cette autorité en matière civile, voir entre autres :

— *Mathews Conveyer Co. c. Geoffroy*[10]

---

(8) [1977] C.A. 340, 341-342.
(9) L'article 21 de la loi R-20 actuelle reproduit en substance ce que contenait l'article 2b de la *Loi des relations de travail dans l'industrie de la construction*, (S.Q. 1968, c. 45), ajouté par la *Loi modifiant la Loi sur les relations du travail dans l'industrie de la construction*, (L.Q. 1970, c. 35), art. 2, que le juge Mayrand a étudié.
(10) [1978] C.A. 108.

— *Corp. mun. du canton Dumas c. Commission de l'industrie de la construction du Québec*[11]

— *S.A.F. Construction (1973) Inc. c. Office de la construction du Québec*[12]

— *Côte-Nord Sanitation c. Office de la construction du Québec*[13]

— *Office de la construction du Québec c. Entreprises Jean Pruneau Inc.*[14]

Dans la présente affaire, il s'agit d'un recours pénal. La même règle doit-elle s'appliquer?

Sur cette question, le Procureur général cite les autorités suivantes:

— *Dufour c. Office de la construction du Québec*[15]

Il s'agissait d'un appel par procès *de novo*. Le juge en matière pénale avait prononcé, après délibéré, un jugement dont les conclusions se lisaient comme suit[16]:

Raye le délibéré;

Se déclare incompétent «ratione materiæ» pour décider si l'intimé est soumis au champ d'application de la Loi sur les relations de travail dans l'industrie de la construction;

Renvoie d'office le dossier devant le Commissaire de la construction [...]

Surseoit à la présente plainte jusqu'à ce que la décision du Commissaire [...] ait été rendue et homologuée suivant [la] loi.

L'honorable Pierre Bergeron, j.c.s., a rejeté l'appel pour deux motifs:

1°: Il n'y a pas d'appel d'un jugement interlocutoire de la nature de celui qu'il étudiait:

2°: L'arrêt *Steinman* précité au sujet duquel le juge Bergeron écrit[17]:

Dans cet arrêt, la Cour d'appel reconnaît formellement au juge saisi du dossier le pouvoir de faire trancher par le commissaire de la construction toute difficulté d'interprétation ou d'application de l'article 19 de la Loi sur les relations de travail dans la construction. Selon cette décision, seul le commissaire de la construction a juridiction pour décider si un défendeur est soumis au champ d'application de cette loi.

Notons que le juge Bergeron n'a pas décidé que le juge en matière pénale avait *l'obligation* de déférer la question au Commissaire de la construction.

— *Office de la construction du Québec c. Clôtures Antenor Ltée*[18]

L'honorable Avila Labelle, j.c.s., était saisi d'un litige de nature pénale par appel sous forme de procès *de novo*. Dans les faits de ce dossier, le Commissaire de la construction avait décidé que l'intimée était soumise au décret de l'industrie de la construction. Le juge Labelle écrit[19]:

Malheureusement, pour l'intimé, le Tribunal n'a pas juridiction pour décider lui-même s'il s'agit ici de travaux de construction. C'est ce que la Cour d'appel a décidé dans la cause [...] [arrêt *Steinman*, précité]

Notons que les faits étudiés par le juge Labelle diffèrent de ceux du présent dossier en ce que le Commissaire de la construction avait tranché une question. De plus, le juge Labelle ne décide pas de la question qui nous intéresse ici, *i.e.* le juge saisi de la plainte pénale a-t-il *l'obligation* de déférer une difficulté d'interprétation au Commissaire de la construction?

— *Office de la construction du Québec c. Préfabec Métal Inc.*[20]

---

(11) C.A. Québec 200-09-000725-76, le 14 mars 1985 *(J.E. 85-336* et *D.T.E. 85T-283)*.
(12) C.A. Québec 200-09-000627-791 et 200-09-000628-790, le 10 février 1982 *(J.E. 82-239* et *D.T.E. 82T-135)*.
(13) [1990] R.L. 173 (C.A.).
(14) [1990] R.J.Q. 1272 (C.A.).
(15) C.S. Chicoutimi 150-36-000010-865, le 6 mars 1987 *(D.T.E. 87T-537)*, honorable juge Bergeron.
(16) *Id.*, p. 3 du jugement.

(17) *Id.*, pp. 4-5 du jugement.
(18) [1983] R.L. 314 (C.S.).
(19) *Id.*, 317.
(20) C.S. Chicoutimi 150-36-000001-79, le 13 février 1980 *(J.E. 80-185)*, honorable juge Lemieux.

Les faits de cette affaire se présentent comme suit: Préfabec Métal inc. avait été acquittée par le Tribunal en matière pénale. L'Office de la construction du Québec s'était porté appelant par procès *de novo*. Entre le moment du jugement de première instance et celui du jugement de la Cour supérieure, le Commissaire à la construction avait été saisi du litige et avait décidé que Préfabec inc. exécutait des travaux de construction et devait respecter le décret de l'industrie de la construction. L'honorable Lyse Lemieux observe, au sujet de la décision du Commissaire de la construction, qu'on voulait produire [21]:

> Le procureur de l'intimée ne s'est pas objecté au dépôt dudit rapport mais a prétendu qu'il constituait une simple opinion qui n'avait pas pour conséquence de lier la Cour Supérieure.

L'honorable Lyse Lemieux, j.c.s., après avoir cité l'arrêt *Steinman*, précité, a cassé le jugement de première instance et déclaré l'intimée coupable de l'infraction reprochée. On note encore ici que Mme la juge Lemieux n'a pas tranché la question qui nous intéresse.

Les mis en cause ont produit des autorités.

Dans un jugement signé le 27 novembre 1987, l'honorable Denis Robert, j.c.q., écrit, au sujet de l'arrêt *Steinman* [22]:

> Il faut bien noter que cette décision de la Cour d'appel du Québec a été prononcée en appel d'un jugement d'une cause en matière civile.
>
> Les principes et les règles de preuve en matière civile sont essentiellement différents de ceux en matière criminelle et pénale.
>
> [...]
>
> Les dispositions de l'article 21 de la Loi sur les relations de travail dans l'industrie de la construction sont inopérantes en matière pénale.

L'honorable Denis Lanctôt, j.c.q., a accepté la même interprétation dans une décision qu'il a signée à Québec le 2 février 1990 [23]. Il écrit notamment [24]:

> L'indépendance du pouvoir judiciaire s'accorde mal d'un système de partage de juridiction tel que la décision d'un tribunal de droit commun dépende d'une interprétation que donnera un tribunal quasi-judiciaire irresponsable des conséquences pénales ou économiques de ses décisions.

Depuis l'audition, le soussigné a pris connaissance d'un jugement récent signé par l'honorable François Tremblay, j.c.s., le 21 mai 1991 [25]. Dans ce cas le juge de la Cour du Québec, Chambre pénale, avait acquitté des défendeurs et refusé de déférer une question au Commissaire de la construction. Le juge Tremblay écrit [26]:

> Je fais miennes les remarques du juge Denis Lanctôt dans la cause de Sa Majesté La Reine c. Nathalie Fleuriste Inc. [200-27-003792-891, 2 février 1990]

et plus loin [27]:

> En conséquence de ce qui précède, j'en viens à la conclusion que les parties liées par l'article 22 de la Loi sur les relations du travail dans la construction sont les parties mentionnées à l'article 1 de la même Loi, et non pas les parties devant un Tribunal pénal.

L'intimé, à bon droit je crois, a considéré qu'il était d'abord saisi d'une demande d'ajournement de l'instruction. En matière d'ajournement, il jouit d'une grande discrétion. Voir en particulier:

— *Roy c. R.F. Baril Inc.* [28]

— *Barrette c. R.* [29]

---

(21) *Id.*, pp. 2-3 du jugement.
(22) *Office de la construction du Québec c. Paysages Rodier Inc.*, C.P. St-Hyacinthe 750-27-000584-865, le 27 novembre 1987.
(23) *R. c. Nathalie Fleuriste inc.*, C.Q. Québec 200-27-003792-891, le 2 février 1990 (*D.T.E. 91T-216*).
(24) *Id.*, p. 16 du jugement.
(25) *Procureur général du Québec c. Goulet*, [1991] R.J.Q. 2354 (C.S.).
(26) *Id.*, 2360.
(27) *Id.*, 2361.
(28) C.A. Montréal 500-10-000123-792, 500-10-000124-790 et 500-10-000125-797, le 23 février 1982 (*J.E. 82-267*).
(29) (1977) 2 R.C.S. 121.

Au moment où il signe sa décision, l'intimé sait qu'il s'est passé plus de deux ans depuis les faits qui sont à la source de la plainte portée par le Procureur général. L'article 11 de la *Charte canadienne des droits et libertés*[(30)] contient les mentions suivantes :

11. [Affaires criminelles et pénales] :

Tout inculpé a le droit :

a) d'être informé sans délai anormal de l'infraction précise qu'on lui reproche ;

b) d'être jugé dans un délai raisonnable ;

[...]

g) de ne pas être déclaré coupable en raison d'une action ou d'une omission qui, au moment où elle est survenue, ne constituait pas une infraction d'après le droit interne du Canada ou le droit international et n'avait pas de caractère criminel d'après les principes généraux de droit reconnus par l'ensemble des nations ;

[...]

Dans l'arrêt *Barrette c. R.*[(31)], l'honorable juge Pigeon écrit :

[...] la décision sur une demande d'ajournement relève de la discrétion du juge. Mais c'est une discrétion qu'il a le devoir d'exercer judicieusement de sorte que sa décision peut être révisée en appel si elle repose sur des motifs erronés en droit. *Ce pouvoir de révision est particulièrement rigoureux lorsque l'exercice de la discrétion a eu pour conséquence la privation d'un droit, que ce soit en matière civile ou en matière criminelle.*

[Les italiques sont du soussigné.]

Le poursuivant semble admettre qu'il y a incertitude sur la question de savoir si les travaux effectués par les mis en cause le 28 octobre 1988 étaient ou non des travaux de construction. Étant poursuivis, les mis en cause ont le droit de connaître l'infraction précise qu'on leur reproche (art. 11 *a)* de la charte canadienne) « *sans délai* ». Le juge à qui on demande un ajournement pour déterminer cette question doit avoir égard à l'article 11 *a)* de la *Charte canadienne des droits et libertés* avant d'accorder un ajournement.

La dénonciation a été déposée il y a maintenant près de deux ans. Au moment où l'intimé a rendu sa décision, la plainte était déposée depuis près de 15 mois. C'est un fait qui devait influencer le juge sur sa décision d'accorder ou de refuser un ajournement.

L'intimé affirme que les mis en cause (défendeurs devant lui) avaient droit à un procès *équitable* devant un Tribunal *indépendant et impartial*.

On admet généralement qu'il y a iniquité lorsqu'on « change les règles du jeu après le début de la partie », en utilisant, par comparaison, une expression bien connue en matière de sports.

En demandant de déférer une difficulté d'interprétation au Commissaire de la construction, le poursuivant a voulu changer les règles du jeu à un stade très avancé des procédures. Les mis en cause avaient raison de s'objecter. Accepter la demande du poursuivant équivalait pour eux à renoncer à un droit d'appel qu'ils possédaient par la loi.

Pour ce motif, il m'apparaît que l'intimé a eu raison de refuser l'ajournement demandé.

L'intimé semble affirmer qu'un tribunal ne serait pas *indépendant* s'il était lié par une décision rendue par un tiers dans une autre instance.

À ce sujet, le poursuivant avait le fardeau de donner à l'intimé toutes les informations pertinentes. Nous avons déjà souligné que plusieurs informations, toutes pertinentes sinon essentielles, n'ont pas été fournies.

L'honorable François Tremblay, j.c.s., dans la décision précitée, a conclu que les parties, au sens de l'article 22 de la loi R-20, n'étaient pas les mêmes que les parties devant la Cour du Québec siégeant en matière pénale.

Le requérant avait certainement l'obligation de prouver devant l'intimé le fait que les mis en cause seraient des « *parties* », au sens de l'article

---

[(30)] Dans *Loi de 1982 sur le Canada*, (L.R.C. 1985, app. II, n° 44, annexe B, partie I).
[(31)] Voir *supra*, note 29, 125.

22 de la loi R-20, devant le Commissaire de la construction.

Tant que ce fait n'est pas prouvé, il n'y a pas lieu de s'interroger si l'intimé avait l'obligation de déférer une question au Commissaire de la construction.

Il m'apparaît que le requérant n'a pas renversé le fardeau de preuve qui était le sien, tant devant nous que devant l'intimé. En conséquence, il y a lieu de rejeter la requête.

Par ces motifs, le Tribunal:

Rejette la requête, avec dépens en faveur des mis en cause contre le requérant.

COUR DU QUÉBEC

[1991] R.J.Q. 2727 à 2736

**Cour du Québec
(Chambre civile)**

CHARLOTTE HÉBERT-GRAVEL,
requérante, c.
SOUS-MINISTRE DU REVENU
DU QUÉBEC, intimé

FISCALITÉ — revenu (impôt sur le) — cession d'actions entre conjoints — don manuel.

Appel d'un avis de cotisation réclamant des droits de 66 150 $ pour l'année d'imposition 1976. Accueilli en partie.

Le mari de la requérante s'est vu attribuer, le 10 février 1959, 98 actions ordinaires d'une compagnie dont il a été l'un des dirigeants de 1959 à 1978. Au cours d'une conversation privée, le 24 décembre 1965, il a donné à la requérante lesdites actions, sans que cette cession soit confirmée par un écrit. Ce n'est que le 20 avril 1976 qu'il a annoncé le don à ses collègues en les priant de l'approuver rétroactivement. Il avait alors une dette de 138 488 $ envers le ministère du Revenu. Les administrateurs ont accepté et un nouveau certificat a été délivré au nom de la requérante pour les 98 actions. La mention du don de 1965 ne fut cependant ajoutée au grand livre des actionnaires qu'en 1978. L'intimé allègue que les actions ont fait l'objet d'une cession entre conjoints, par don manuel, le 20 avril 1976, d'où la responsabilité solidaire de la requérante pour la dette fiscale de son mari jusqu'à concurrence de la valeur des actions au jour de la cession, selon l'article 759 paragraphe 2 de la Loi sur les impôts de 1972. La requérante admet l'existence d'un don manuel, mais elle le situe le 24 décembre 1965 ou en 1978. Selon la première hypothèse, il serait nul, étant donné la prohibition de s'avantager entre époux qui existait à l'époque ; si l'on retient qu'il est survenu en 1978, la requérante prétend que l'avis de cotisation doit également être cassé car le montant de celle-ci a déjà été déterminé par aveux réciproques.

Le don d'actions de compagnie constitue une cession de biens aux fins de l'article 759 paragraphe 1 de la Loi sur les impôts. On ne peut cependant conclure qu'il y a eu don manuel en l'espèce du seul fait que les parties l'affirment. Il appartient au Tribunal de décider si le don manuel d'actions est juridiquement possible. Les tenants de l'école restrictive ont toujours soutenu que, aux termes de l'article 776 alinéa 2 C.C., seuls les biens meubles corporels étaient susceptibles de délivrance ou de tradition manuelle. Cette proposition n'est plus soutenable de nos jours car les créances qui peuvent se transmettre par la délivrance d'un titre sont universellement assimilées à des choses mobilières aux fins de don manuel. Le même critère devrait valoir pour les actions. Il faut donc déterminer si les droits de l'actionnaire sont incorporés dans le certificat qui les constate au point de se transmettre utilement par sa livraison, avec ou sans endossement. En ce qui concerne le certificat au porteur, il n'y a aucun doute que sa délivrance confère un titre clair à l'acquéreur de bonne foi. Quant au certificat nominatif, dont il est question en l'espèce, malgré les dispositions de l'article 71 de la Loi sur les compagnies, s'il a été dûment endossé, sa livraison transfère la propriété des actions mais l'opposabilité de ce transfert est différée, quant à la compagnie et aux tiers, jusqu'à l'enregistrement. Le don manuel étant juridiquement possible, on doit présumer qu'en l'espèce il s'est réalisé le 20 avril 1976, l'avis de cotisation bénéficiant d'une présomption d'exactitude. Faute d'indication contraire dans le texte ou le contexte de l'article 759 de la loi, on peut considérer que celui-ci vise une cession simple et non une

---

Juge F.-Michel Gagnon — C.Q. Montréal 500-02-015882-827, 1991-09-05 — Ogilvy, Renault, Mᵉ Patrice Marceau, pour la requérante — Ouellette, Desruisseaux et associés, Mᵉ Pierre Zemaitis, pour l'intimé.

91-03-1260
J.E. 91-1460

cession devenue opposable aux tiers. Pour déterminer la date du don manuel, il n'y a donc pas lieu de retenir l'inscription sur le registre des transferts faite en mars 1978. Quant à la date du 24 décembre 1965, elle ne peut non plus être retenue car le mari de la requérante ne s'était pas départi à ce moment du certificat. On ne saurait prétendre que ce dernier détenait le certificat pour la requérante à titre de mandataire. La tradition par mandataire est admise, mais le mandataire doit être un tiers par rapport au donateur. Le dessaisissement et l'entrée en possession sont survenus en réalité vers le 20 avril 1976. Le fait que la requérante n'ait pas reçu à cette date le nouveau certificat importe peu, l'identité des actions visées étant suffisante. Il est également indifférent que l'offre et l'acceptation n'aient pas été renouvelées puisque la promesse de don manuel subsiste indéfiniment. Elle peut donc servir à constituer le contrat si une tradition manuelle s'y ajoute avant révocation et du vivant du donateur.

Législation citée

C.C., art. 387, 776 al. 2, 1265 (1888), 1472, 1570 à 1573, 2098 — *Clauses générales refondues des compagnies à fonds social (Acte des)*, (S.C. 1861, c. 18), art. 25 — *Impôt sur le revenu (Loi de l')*, (S.R.C. 1952, c. 148 modifiée par S.C. 1970-71-72, c. 63), art. 160 — *Sociétés par actions (Loi sur les)*, (L.R.C. 1985, c. C-44), art. 48 (2), 48 (3), 49 (2) — *Compagnies (Loi sur les)*, (L.R.Q., c. C-38), art. 71, 109 — *Impôts (Loi sur les)*, (L.Q. 1972, c. 23), art. 1 « bien », 744, 759, 759 paragr. 1, 759 paragr. 2, 760 — *Impôts (Loi sur les)*, (L.R.Q., c. I-3), art. 1034, 1035 — *Ministère du Revenu (Loi sur le)*, (L.R.Q., c. M-31), art. 14.4 à 14.7.

Jurisprudence citée

Aitken c. Gardiner, (1956) 4 D.L.R. 119 (Ont. H.C.J.); *Allard c. Hamel*, [1976] C.S. 1454; *Amyot c. Millette*, [1969] C.S. 523; *Boisselle c. Ministre du Revenu national*, (1989) 43 D.T.C. 269; *Bonner c. Moray*, (1916) 22 R. de J. 398 (C.A.); *Chase National Bank of the City of New York c. Bank of Rockville Centre Trust Co.*, (1933) 55 B.R. 161; *Colonial Bank c. Cady*, (1890) 15 A.C. 267; *Congrégation du Très St-Rédempteur c. School Trustees of the Municipality of the Town of Aylmer*, [1945] R.C.S. 685; *Côté c. Québec (Sous-ministre du Revenu)*, [1988] R.D.F.Q. 98 (C.P.); *Dominion Engineering Works Ltd. c. Lachine (Cité de)*, [1966] B.R. 621; *Fournier Jennewein c. Ministre du Revenu national*, (1991) 45 D.T.C. 594; *Furfaro-Siconolfi c. R.*, (1989) 43 D.T.C. 5519 (F.C.T.D.); *Genest c. Castonguay*, [1975] C.S. 166; *Geoffrion, Robert & Gélinas Ltée c. Toronto-Dominion Bank*, [1978] C.A. 564; *Inspecteur général des institutions financières c. Assurances funéraires Rousseau et Frère Ltée*, [1990] R.R.A. 473 (C.A.); *Kennedy c. Williams*, (1937) 75 C.S. 65; *Lacroix c. Benoit*, (1916) 22 R.L. 158 (C. Rev.); *Leduc c. Leduc*, [1959] B.R. 779; *Lorsch & Co. c. Shamrock Consolidated Mines Ltd.*, (1917) 36 D.L.R. 557 (Ont. C.A.); *Miracle Mile Industrial Park Corp. c. Montréal (Ville de)*, [1987] R.D.I. 239 (C.A.) et [1987] R.L. 6 (C.A.); *O'Meara c. Bennett*, (1919) 28 B.R. 332; *O'Meara c. Bennett*, (1922) 1 A.C. 80; *Outremont (Ville d') c. Doucet*, [1981] C.P. 69; *Paquin c. Dunlop*, (1933) 71 C.S. 506; *Perrault c. Poirier*, [1959] R.C.S. 843; *Pesant c. Pesant*, [1934] R.C.S. 249; *Philipps c. Cameron Copper Mines Ltd.*, [1959] C.S. 433; *Rivière-du-Loup (Cité de) c. Leclerc*, C.P. Kamouraska 250-02-000451-77, le 18 janvier 1979 (J.E. 79-180); *Rochon c. Rochon*, (1928) 45 B.R. 170; *Sauvé c. Hébert*, [1950] B.R. 275; *Smith c. Rogers*, (1899) 30 O.R. 256 (Div. Ct.); *Sparling c. Javelin International Ltd.*, [1986] R.J.Q. 476 (C.S.); *Spina c. Sauro*, [1990] R.L. 232 (C.A.); *Toronto-Dominion Bank c. Geoffrion, Robert & Gélinas Ltd./Geoffrion, Robert & Gélinas Ltée*, [1976] C.S. 381; *Victuni c. Ministre du Revenu du Québec*, (1980) 1 R.C.S. 580.

Doctrine citée

Billette, J. Émile. *Traité théorique et pratique de droit civil canadien : donations et tes-*

taments. Tome 1. Montréal: L'auteur, 1933. 755 p., pp. 259, 261; Bird, R. *Osborn's Concise Law Dictionary*. 7th ed. London: Sweet & Maxwell, 1983. «Negotiable instrument»; Brière, Germain. «Quelques observations sur le don manuel», (1963) 13 *R.J.T.* 24-33, 27-28; Caron, Yves. «De l'action réciproque du droit civil et du common law dans le droit des compagnies de la province de Québec», dans Jacob S. Ziegel. *Studies in Canadian Company Law/Études sur le droit canadien des compagnies*, Toronto: Butterworths, 1967. Pp. 102-148, 105, 109; Centre de recherche en droit privé et comparé du Québec. *Dictionnaire de droit privé*. Montréal: Le Centre, 1985. 210 p., «don manuel»; Ciotola, Pierre. «La tradition, condition d'existence du don manuel», (1975-76) 78 *R. du N.* 3-25, 78-96, 144-154 et 197-212, 197-202; Dickerson, Robert W.V., Howard, John L. and Getz, Leon. *Proposals for a New Business Corporation Law for Canada*. Volume 1. Ottawa: Information Canada, 1971. 175 p., p. 59; Dutheillet-Lamonthezie, Bernard. «Donations entre vifs — Don manuel», dans *Juris-classeur civil*, app. art. 931, paragr. 33; Fabien, Claude. «L'utilisation par le juge de ses connaissances personnelles, dans le procès civil», (1987) 66 *R. du B. can.* 433-489, 448; Gower, L.C.B., Cronin, J.B., Easson, A.J. et al. *Gower's Principles of Modern Company Law*. 4th ed. London: Stevens & Sons, 1979. 770 p., pp. 454-456; Langelier, François. *Cours de droit civil de la province de Québec*. Tome 3. Montréal: Wilson & Lafleur, 1907. 541 p., p. 38; Martel, Maurice et Martel, Paul. *La compagnie au Québec*. Volume 1. Montréal: Wilson & Lafleur, mis à jour. Pp. 263, 312, 316; Mazeaud, Henri, Mazeaud, Léon et Mazeaud, Jean. *Leçons de droit civil*. 4e éd. par A. Breton. Tome 4. Volume 2. Paris: Montchrestien, 1982. 1108 p., p. 672; Montredon, Jean-François. *La désolennisation des libéralités*. Paris: L.G.D.J., 1989. 321 p., pp. 72, 95; Pacilly, Georges. *Le don manuel*. Paris: Dalloz, 1936. 622 p., p. 252; Pépin, François-Jude. «Le transfert des valeurs mobilières de corporations commerciales», (1978) 9 *R.G.D.* 243-422, 245, 279, 289-290, 295-297, 310-313; Perrault, Antonio. *Traité de droit commercial*. Tome 3. Montréal: Imprimerie de Lamirande, 1940. 1432 p., p. 1207; Phipson, Sidney Lovell. *Phipson on Evidence*. 14th ed. by M.N. Howard, P. Crane and D.A. Hochberg. London: Sweet & Maxwell, 1990. 1239 p., pp. 34-35, 365-366; Rivard, Eugène. *Les droits sur les successions dans la province de Québec*. Québec: P.U.L., 1959. 573 p., p. 96; Smith, James et Renaud, Yvon. *Droit québécois des corporations commerciales*. Volume 2. Montréal: Judico, 1975. Pp. 897-904, 910-911; Watt, Alastair M. «The Object of the Don Manuel», (1937-38) 16 *R. du D.* 146-147, 156; Wegenast, F.W. *The Law of Canadian Companies*. Toronto: Burroughs, 1931. 1227 p., pp. 546, 551-552, 560-562.

•

TEXTE INTÉGRAL DU JUGEMENT

La requérante se pourvoit contre deux cotisations qui mettent à sa charge des droits de 66 150 $ et de 37 414 $, pour les années 1976 et 1978, en vertu de la *Loi sur les impôts*[1].

La cotisation de 1978 est hors de cause. Par des aveux réciproques déposés en début d'audience, les parties demandent qu'elle soit déférée à l'intimé afin de réduire les droits à 13 000 $.

Sauf indication contraire, le terme «cotisation» désigne désormais la cotisation de 1976. Entièrement nulle suivant la requérante, elle est à tout le moins inexacte. En effet, dans l'hypothèse où le Tribunal la tiendrait pour valide, les parties s'accordent à demander son renvoi à l'intimé, avec ordre de réduire les droits à 58 950 $.

Les faits constants

Le débat touche 98 actions ordinaires des Immeubles B.-G. inc., compagnie québécoise fondée en 1959 et dirigée jusqu'en 1978 par deux particuliers qui en étaient les seuls actionnaires véritables, avec leurs conjointes: Charles-Édouard Gravel, époux de la requérante, et Armand Bourget.

---

(1) L.Q. 1972, c. 23, ci-après nommée «L.I.».

De février 1959 à janvier 1978, la requérante a constamment figuré parmi les actionnaires de la compagnie. Dès lors, les mentions portées aux livres de cette dernière lui sont opposables jusqu'à preuve du contraire, selon l'article 109 de la *Loi sur les compagnies* [2].

À la lumière de cette disposition, les aveux réciproques, les pièces et les témoignages obligent à retenir ce qui suit :

Les actions en cause sont transférables sans condition si ce n'est l'acquittement intégral du prix d'émission et la production du certificat. Elles furent attribuées à C.-É. Gravel, libres de toute charge, par une résolution du conseil d'administration en date du 10 février 1959, d'où le certificat n° 4, délivré peu après.

Au cours d'une conversation privée tenue le 24 décembre 1965, C.-É. Gravel déclara à la requérante qu'il lui donnait les actions en cause, ce à quoi elle consentit. Cet accord ne fut jamais confirmé par écrit. Il resta même inconnu des autres actionnaires et dirigeants pendant plus de 10 ans.

Lors d'une réunion du conseil tenue le 20 avril 1976, l'époux de la requérante annonça le prétendu don à ses collègues, les priant de l'approuver rétroactivement. Il avait alors une dette de 138 488 $ envers le fisc provincial tandis que la valeur des actions en cause s'établissait à 58 950 $.

Les administrateurs acquiescèrent. On ordonna à la secrétaire de la compagnie d'annuler le certificat n° 4 et d'en émettre deux nouveaux, datés du 24 décembre 1965, l'un au nom de la requérante, pour 98 actions ordinaires (n° 11), et l'autre au nom de son époux, pour une action ordinaire (n° 12).

Finalement, le 16 janvier 1978, la requérante, son époux et la secrétaire personnelle de ce dernier vendaient toutes leurs actions à A. Bourget et son épouse, en vertu d'une résolution du conseil qui prévoit notamment, quant aux actions en cause, l'annulation du certificat n° 11 et son remplacement par un nouveau certificat au nom de dame Bourget.

Le grand livre des actionnaires restait en blanc lorsque la fille des époux Bourget devint actionnaire et secrétaire de la compagnie en mars 1978. Quelques mois plus tard, elle le fit confectionner avec mention du prétendu don de 1965 et des ventes de 1978.

La cotisation remonte au 24 avril 1979. Elle vise nommément l'année 1976. La requérante s'y est opposée le 16 juillet suivant, mais en vain. Par une notification du 5 février 1982, le ministre passait outre. D'où le présent pourvoi.

Fondement de la cotisation et prétentions des parties

Les articles 759 et 760 L.I. forment la base de la cotisation. Inspirés de l'article 160 de la *Loi de l'impôt sur le revenu* [3] (fédérale), devenus les articles 1034 et 1035 dans la refonte de 1977 [4] et substantiellement inchangés jusqu'à la suppression du paragraphe 2 de l'article 1034 par la loi de 1989 [5], ils édictaient ce qui suit :

> 759.1. Lorsqu'une personne cède des biens, directement ou indirectement, au moyen d'une fiducie ou de toute autre façon, à son conjoint ou à une personne qui, après cette cession, devient son conjoint, ou à une personne qui est âgée de moins de dix-huit ans, le cessionnaire et le cédant sont solidairement tenus de payer une partie de l'impôt du cédant, pour chaque année d'imposition, égale au montant par lequel l'impôt pour l'année est supérieur à ce qu'il aurait été sans l'application des articles 370 et 379, relativement au revenu provenant des biens ainsi cédés ou des biens qui leur ont été substitués.

---

(2) L.R.Q., c. C-38, ci-après nommée «L.C.Q.». Les dispositions pertinentes de cette loi n'ont pas varié depuis 1959; pour fins de simplicité, nous renvoyons au titre et à la numérotation actuels.

(3) S.R.C. 1952, c. 148 modifiée par S.C. 1970-71-72, c. 63, ci-après nommée «L.I.R.».

(4) *Loi sur les impôts*, (L.R.Q., c. I-3).

(5) *Loi modifiant la Loi sur les impôts et d'autres dispositions législatives d'ordre fiscal*, (L.Q. 1989, c. 77), art. 102. Voir cependant l'article 108 de cette loi, qui réédicte le paragraphe 2 sous la forme des articles 14.4 à 14.7 de la *Loi sur le ministère du Revenu*, (L.R.Q., c. M-31).

2. Le cessionnaire et le cédant sont aussi solidairement tenus de verser le moindre des deux montants suivants :

a) tout montant que le cédant était tenu de payer, en vertu de la présente loi, le jour de la cession ;

ou

b) une partie de tout montant que le cédant était tenu de payer, en vertu de la présente loi, égale à la valeur des biens cédés.

3. Toutefois, le présent article ne libère pas le cédant de ses obligations aux termes de toute autre disposition de la présente loi.

760. Le ministre peut, en tout temps, cotiser le cessionnaire à l'égard d'un montant payable aux termes de l'article 759 et le présent titre s'applique *mutatis mutandis* à cette cotisation comme si elle avait été établie aux termes du chapitre II du présent titre.

Nul doute que le don d'actions de compagnie constitue une «cession» de «biens» pour les fins de l'article 759 paragraphe 1. Suivant l'article 1 L.I., le terme «bien» comprend une «action» (*share*). Quant au vocable «cession», il embrasse par lui-même tout acte translatif de propriété, gratuit ou onéreux[6]. Cette acception générale est retenue en matière fiscale, qu'il s'agisse de «cession» dans l'article 759[7] ou du terme «transfert» dans son équivalent fédéral, l'article 160 L.I.R.[8].

Comme postulat de sa cotisation, l'intimé soutient que les actions en cause ont fait l'objet d'une cession entre conjoints, par don manuel, le 20 avril 1976, d'où la responsabilité solidaire de la requérante pour la dette fiscale de son époux, au jour de la cession, jusqu'à concurrence de la valeur des actions à la même date, le tout suivant l'article 759 paragraphe 2.

La requérante admet aussi l'existence d'un don manuel mais elle le situe à d'autres époques : le 24 décembre 1965 ou quelques mois après mars 1978. Dans les deux cas, il faudrait casser la cotisation purement et simplement. D'une part, le don manuel intervenu en 1965 serait nul pour manquement à la prohibition de s'avantager entre vifs qui frappait les époux à l'époque, selon l'article 1265 C.C.[9] ; d'autre part, le montant de la cotisation de 1978 est déjà déterminé par aveux réciproques, comme on l'a vu.

Faut-il conclure à la réalité du don manuel simplement parce que les deux parties l'affirment ? Assurément non. La qualification d'un contrat est toujours une question mixte. En cette matière, le juge est lié par l'accord des parties sur les faits, certes, mais il reste maître et gardien du droit[10].

Ici, l'opinion commune des parties se heurte à un courant restrictif, dominant en jurisprudence, qui exclut totalement le don manuel d'actions ou le limite aux titres cotés en Bourse[11]. Par contre, une école extensive, tout aussi dominante chez les auteurs, admet le don manuel en principe, sauf le cas où les administrateurs

---

(6) Voir les définitions de «céder» et «cession» dans le *Petit Robert 1*, Paris, 1989 et le *Petit Larousse Illustré*, Paris, 1985.

(7) *Côté c. Sous-ministre du Revenu du Québec*, [1988] R.D.F.Q. 98 (C.P.), 100.

(8) *Boisselle c. Ministre du Revenu national*, (1989) 43 D.T.C. 269, 278-279 ; *Furfaro-Siconolfi c. R.*, (1989) 43 D.T.C. 5519 (F.C.T.D.), 5521-5522 et les références.

(9) «Remplacé» et non réédicté par la *Loi concernant les régimes matrimoniaux*, (L.Q. 1969, c. 77), art. 27.

(10) *Perreault c. Poirier*, [1959] R.C.S. 843, 847 ; *Congrégation du Très St-Rédempteur c. School Trustees of the Municipality of the Town of Aylmer*, [1945] R.C.S. 685, 711.

(11) *O'Meara c. Bennett*, (1922) 1 A.C. 80, 84 confirmé par (1919) 28 B.R. 332 ; *Leduc c. Leduc*, [1959] B.R. 779, 783-784 ; *Sparling c. Javelin International Ltd.*, [1986] R.J.Q. 476 (C.S.), 482 ; *contra* : *Pesant c. Pesant*, [1934] R.C.S. 249, juge Rinfret, seul mais non dissident, 263 *et sqq*.

ont un droit de regard sur le transfert[12]. Il faut donc y regarder de plus près.

Le débat se ramène ainsi à deux questions : les actions de compagnie sont-elles susceptibles de don manuel? Si oui, quelle date de cession faut-il retenir dans l'espèce au regard de l'article 759?

La possibilité juridique du don manuel d'actions

Deux dispositions sont au cœur de la controverse touchant le don manuel d'actions : l'article 776 alinéa 2 C.C., qui décrit le don manuel sans le nommer, et l'article 71 L.C.Q., qui prescrit l'enregistrement du transfert sur le registre tenu à cet effet par la compagnie. L'un est d'origine française tandis que l'autre s'inspire du droit anglo-américain, comme l'ensemble de notre législation sur les compagnies.

Cette dualité de sources oblige à envisager la question non seulement sous l'éclairage du droit français mais aussi, suivant une habitude de longue date en droit des compagnies, à la lumière du droit anglo-saxon[13].

Aux termes de l'article 776 alinéa 2, la donation de « choses mobilières, accompagnées [*sic*] de délivrance » est dispensée de la forme notariée et peut s'effectuer, de même que son acceptation, « par acte sous seing privé, ou par convention verbale ».

Pour certains tenants de l'école restrictive, le terme « choses mobilières » ne peut viser ici que les biens meubles corporels, seuls susceptibles de délivrance ou de tradition manuelle[14]. D'où leur conclusion que les meubles incorporels, y compris les créances et les actions de compagnie, meubles par détermination de la loi selon l'article 387 C.C., échappent au don manuel.

Cette proposition n'est plus soutenable de nos jours, si jamais elle le fut. Sont universellement assimilées à des choses mobilières pour fins de don manuel les créances qui font corps avec un titre au point de pouvoir se transmettre utilement par la délivrance matérielle de celui-ci[15]. Ainsi, on qualifie de don manuel non seulement la livraison gratuite d'un titre au porteur, libellé tel ou endossé en blanc[16], mais aussi celle d'un effet de commerce — billet à ordre[17] ou chèque[18] — fait au nom du gratifié et négociable par endossement et délivrance.

Logiquement, le même critère doit valoir pour les actions. Il s'agit donc de savoir si les droits de l'actionnaire sont incorporés dans le certificat qui les constate au point de se transmettre utilement par sa livraison, avec ou sans endossement. Mis à part la clause d'agrément du conseil, absente ici et qui exclut manifestement le don manuel, la question doit être envisagée par rapport aux deux genres de certificats connus en droit québécois.

---

(12) Pierre Ciotola. « La tradition, condition d'existence du don manuel », (1975-76) 78 *R. du N.* 197 à 202 ; James Smith et Yvon Renaud. *Droit québécois des corporations commerciales*. Volume 2. Montréal : Judico, 1975. Pp. 897-903, 910-911 ; Germain Brière. « Quelques observations sur le don manuel », (1963) 13 *R.J.T.* 24, 27-28 ; J. Émile Billette. *Traité théorique et pratique de droit civil canadien : donations et testaments*. Tome 1. Montréal : L'auteur, 1933. Pp. 259-261 ; *contra* François Langelier. *Cours de droit civil de la province de Québec*. Tome 3. Montréal : Wilson & Lafleur, 1907. P. 38.

(13) Yves Caron. « De l'action réciproque du droit civil et du common law dans le droit des compagnies de la province de Québec », dans Jacob S. Ziegel. *Studies in Canadian Company Law/Études sur le droit canadien des compagnies*. Toronto : Butterworths, 1967. Pp. 102, 105 et 109.

(14) François Langelier. *Cours de droit civil de la province de Québec*. Tome 3. Montréal : Wilson & Lafleur, 1907. P. 38 ; *O'Meara c. Bennett*, (1922) 1 A.C. 80, 84 et (1919) 28 B.R. 332, 338 et 351 ; *Sparling c. Javelin International Ltd.*, [1986] R.J.Q. 476 (C.S.), 482 ; voir aussi Centre de recherche en droit privé et comparé du Québec. *Dictionnaire de droit privé*. Montréal : Le Centre, 1985. P. 72 « don manuel ».

(15) *Pesant c. Pesant*, [1934] R.C.S. 249, 264-265, juge Rinfret.

(16) *Spina c. Sauro*, [1990] R.L. 232 (C.A.), 241-242, juge LeBel ; *Amyot c. Millette*, [1969] C.S. 523, 531 *et sqq.* ; *Chase National Bank of the City of New York c. Bank of Rockville Centre Trust Co.*, (1933) 55 B.R. 161, 166-167, 177-178, 180.

(17) Voir *supra*, note 15, 268.

(18) *Rochon c. Rochon*, (1928) 45 B.R. 170, 171-172 ; voir aussi Henri Mazeaud, Léon Mazeaud et Jean Mazeaud. *Leçons de droit civil*. 4e éd. par A. Breton. Tome 4. Volume 2. Paris : Montchrestien, 1982. P. 672 et les références.

Le certificat au porteur énonce que « le détenteur [...] a droit [...] aux actions y désignées » (art. 54 L.C.Q.) et sa « livraison » opère le transfert de ces mêmes actions *(ibid.)*. Tous le considèrent comme un effet négociable [19], c'est-à-dire qu'en plus de transmettre la propriété sa délivrance confère un titre clair à l'acquéreur de bonne foi et contre valeur [20]. L'eût-on employé en l'espèce que le don manuel ne ferait aucun doute. Mais la compagnie ne peut émettre ce genre de titre sans une habilitation expresse dans son acte constitutif *(ibid.)*. Ce n'est pas notre cas.

Quant au certificat nominatif, il constitue la règle. C'est pourquoi le législateur en traite sans le dire expressément, à l'article 71 L.C.Q. D'un style négligé, au moins pour le paragraphe 2, cette disposition édicte :

71.1. Nul transfert d'actions, s'il n'est effectué par vente forcée ou à la suite d'un décret, ordre ou jugement d'une cour compétente, n'a, jusqu'à ce qu'il soit dûment inscrit sur le registre des transferts, aucun effet, excepté celui de constater les droits respectifs des parties au transfert et de rendre le cessionnaire responsable, dans l'intervalle, conjointement et solidairement avec le cédant, envers la compagnie et ses créanciers.

2. Cette disposition ne s'applique pas cependant aux compagnies dont les actions sont cotées et négociées à une bourse reconnue, au moyen de certificats *(scrips)* communément en usage, endossés en blanc et transférables par livraison, lesquels constituent des transports valables; le détenteur d'un certificat *(scrip)* n'a pas néanmoins droit de voter sur les actions avant qu'elles aient été enregistrées en son nom dans les livres de la compagnie.

Une remarque préliminaire s'impose : contrairement à ce que l'on pourrait croire à la lecture de ce texte, il n'existe pas de différence, du point de vue de la forme du certificat nominatif et de son mode de transmission, entre les actions cotées en Bourse et celles qui ne le sont pas. Dans les deux cas, un usage nord-américain, constaté depuis longtemps en jurisprudence [21] et connaissable d'office pour ce motif [22], veut que l'on trouve au verso un formulaire d'endossement imprimé portant transfert des actions et procuration à fin de signature sur les registres de la compagnie; en outre, advenant cession, le titulaire se contente de signer cet endossement en blanc et de remettre le certificat au cessionnaire ou à son mandataire, qui lui-même peut en faire autant, et ainsi de suite.

D'autres tenants de l'école restrictive infèrent de l'article 71 paragraphe 1 que la livraison d'un certificat nominatif dûment endossé constate les droits des parties mais ne transfère pas la propriété des actions [23]. À leur avis, seules les actions cotées en Bourse échappent à cette règle et sont négociables par livraison d'un certificat nominatif endossé en blanc, suivant l'exception du paragraphe 2.

Cette analyse ne résiste pas à l'examen, soit dit avec égards. Tout d'abord, elle suppose une interprétation large de l'article 71 — dans sa lettre, ce dernier parle de l'« effet » du transfert, non de son existence. Or, au contraire, l'article

---

(19) Maurice Martel et Paul Martel. *La compagnie au Québec*. Volume 1. Montréal : Wilson & Lafleur, mis à jour. P. 263 ; James Smith et Yvon Renaud. *Droit québécois des corporations commerciales*. Volume 2. Montréal : Judico, 1975. P. 904 ; *Allard c. Hamel*, [1976] C.S. 1454, 1455 ; Antonio Perrault. *Traité de droit commercial*. Tome 3. Montréal : Imprimerie de Lamirande, 1940. P. 1207.

(20) *Colonial Bank c. Cady*, (1890) 15 A.C. 267, 283 ; R. Bird. *Osborn's Concise Law Dictionary*. 7th ed. London : Sweet & Maxwell, 1983. « Negotiable instrument ».

(21) *Colonial Bank, supra*, note 20, 277-278 ; *Smith c. Rogers*, (1899) 30 O.R. 256 (Div. Ct.), 259-260 ; *Lorsch & Co. c. Shamrock Consolidated Mines Ltd.*, (1917) 36 D.L.R. 557 (Ont. C.A.), 562-563 ; *Bonner c. Moray*, (1916) 22 R. de J. 398 (C.A.), 409-401, 412 ; F.W. Wegenast. *The Law of Canadian Companies*. Toronto : Burroughs, 1931. Pp. 546, 560-562.

(22) *Dominion Engineering Works Ltd. c. Cité de Lachine*, [1966] B.R. 621, 625 ; *Lorsch & Co. c. Shamrock Consolidated Mines Ltd.*, (1917) 36 D.L.R. 557 (Ont. C.A.), 563 ; *Bonner c. Moray*, (1916) 22 R. de J. 398 (C.A.), 414-415 ; Sidney Lovell Phipson. *Phipson on Evidence*. 14th ed. by M.W. Howard, P. Crane and D.A. Hochberg. London : Sweet & Maxwell, 1990. Pp. 34-35, 365-366. Voir aussi Claude Fabien. « L'utilisation par le juge de ses connaissances personnelles, dans le procès civil », (1987) 66 *R. du B. can.* 433, 448.

(23) *Leduc c. Leduc*, [1959] B.R. 779, 783-784.

71 exige une lecture limitative, en raison de son caractère restrictif. C'est pourquoi on le juge inapplicable à la mise en gage d'actions ou à leur transport en garantie [24].

En réalité, l'enregistrement n'est qu'une mesure de publicité subséquente, comme celui des mutations immobilières (art. 2098 C.C.). Il a pour seul objet de rendre opposable aux tiers, y compris la compagnie, un transfert déjà parfait et efficace entre les parties. La jurisprudence va dans ce sens en matière de transfert onéreux [25] et rien ne justifie une autre solution pour l'aliénation gratuite.

Entre les parties, le transfert d'actions devient parfait non par leur seul consentement, comme dans la vente ordinaire (art. 1472), mais bien « par l'exécution du titre, s'il est authentique, ou sa délivrance, s'il est sous seing privé », comme dans la vente de créances (art. 1570).

Cette règle découle de l'article 1573. Assimilant les actions de compagnie à des créances, celui-ci soustrait leur transport, comme celui des divers effets de commerce et des *debentures*, à la formalité de signification (art. 1571 et 1572). Et de préciser que le transport d'actions est régi par les « actes d'incorporation », c'est renvoyer implicitement à une disposition supplétive voisine de l'article 71 qui existait en 1866 [26]. Par contraste, la non-mention de l'article 1570 montre bien qu'on le tient pour applicable *inter partes*.

Vis-à-vis des tiers, tous s'appuient sur l'article 71 ou sur des dispositions analogues pour refuser au certificat nominatif la qualification d'effet négociable [27]. De plus, contrairement à la législation fédérale actuelle [28] et à plusieurs lois provinciales, qui écartent cette règle par des déclarations expresses édictées au cours des années 1970 [29], la nôtre reste muette sur ce sujet.

Mais le certificat nominatif n'est pas dépourvu de caractère translatif pour autant. D'aucuns parlent même d'« effet quasi-négociable », avant toute intervention législative [30]. Appellation justifiée, aux yeux du Tribunal.

Ici comme en pays de common law, la remise d'un certificat nominatif, endossé en blanc par le titulaire pour valoir aliénation, transfère *ipso facto* la propriété, sous réserve des exceptions liées à la personne du cédant [31]. À cela s'ajoute un droit immédiatement opposable à la compagnie : celui d'exiger l'enregistrement du transfert et l'émission d'un nouveau certificat, au nom du cessionnaire ou d'un tiers [32]. Enfin, l'enregistrement vient confirmer la propriété de l'acqué-

---

(24) *Paquin c. Dunlop*, (1933) 71 C.S. 506, 508 ; *Genest c. Castonguay*, [1975] C.S. 266, 268 ; *Toronto-Dominion Bank c. Geoffrion, Robert & Gélinas Ltd./Geoffrion, Robert & Gélinas Ltée*, [1976] C.S. 381, 384 et les références (infirmé sur une autre question [1978] C.A. 564).

(25) *Inspecteur général des institutions financières c. Assurances funéraires Rousseau et Frère Ltée*, [1990] R.R.A. 473 (C.A.), 476 ; *Philipps c. Cameron Copper Mines Ltd.*, [1959] C.S. 433, 435 ; *Kennedy c. Williams*, (1937) 75 C.S. 65, 68-69 ; *Lacroix c. Benoit*, (1916) 22 R.L. 158 (C. Rev.), 161 ; contra : *Sauvé c. Hébert*, [1950] B.R. 275, 282 juge St-Germain, mais voir p. 292 juge Casey.

(26) *Acte des clauses générales refondues des compagnies à fonds social*, (S.C. 1861, c. 18), art. 25.

(27) François-Jude Pépin. « Le transfert des valeurs mobilières de corporations commerciales », (1978) 9 *R.G.D.* 243, 279 ; *Colonial Bank c. Cady*, (1890) 15 A.C. 267, 272, 285, 287 ; *Aitken c. Gardiner*, (1956) 4 D.L.R. 119 (Ont. H.C.J.), 131-132.

(28) *Loi sur les sociétés par actions*, (L.R.C. 1985, c. C-44), art. 48 (2), 48 (3) et 49 (2).

(29) Voir généralement Pépin, *loc. cit. supra*, note 27, 245 et 295-297.

(30) Pépin, *loc. cit. supra*, note 27, 279, 310-312 ; *Smith c. Rogers*, (1899) 30 O.R. 256 (Div. Ct.), 267 ; Robert W.V. Dickerson, John L. Howard and Leon Getz. *Proposals for a New Business Corporation Law for Canada*. Volume 1. Ottawa : Information Canada, 1971. P. 59.

(31) Pépin, *loc. cit. supra*, note 27, 312-313 ; *Smith c. Rogers*, (1899) 30 O.R. 256 (Div. Ct.), 274 ; *Aitken c. Gardiner*, (1956) 4 D.L.R. 119 (Ont. H.C.J.), 131 et 133 ; L.C.B. Gower, J.B. Cronin, A.J. Easson *et al. Gower's Principles of Modern Company Law*. 4th ed. London : Stevens & Sons, 1979. P. 454.

(32) Maurice Martel et Paul Martel. *La compagnie au Québec*. Volume 1. Montréal : Wilson & Lafleur, mis à jour. Pp. 312 et 316 ; L.C.B. Gower, J.B. Cronin, A.J. Easson *et al. Gower's Principles of Modern Company Law*. 4th ed. London : Stevens & Sons, 1979. P. 455 ; F.W. Wegenast. *The Law of Canadian Companies*. Toronto : Burroughs, 1931. Pp. 551-552.

reur par un titre opposable *erga omnes*, clair ou non selon qu'il y a bonne foi ou pas [33].

Bref, malgré l'article 71, la livraison du certificat nominatif dûment endossé transfère bel et bien la propriété des actions, l'opposabilité de ce transfert étant cependant différée, quant à la compagnie et aux tiers seulement, jusqu'à l'enregistrement. Joint à l'intention libérale, cela suffit pour constituer un don manuel.

Le contrat étant juridiquement possible, on doit présumer que, dans l'espèce, ses conditions de fait se sont réalisées à la date de cession retenue par le fisc, soit le 20 avril 1976. Ainsi le veut la présomption d'exactitude dont bénéficie la cotisation (art. 744 L.I.). Reste à savoir si l'article 759 et la preuve situent le contrat à une autre date.

La date du don manuel au regard de l'article 759 L.I.

Deux sous-questions se posent ici : L'article 759 vise-t-il une « cession » simple ou une cession devenue opposable aux tiers, par enregistrement ou autrement ? À quelle date se situe, suivant le cas, la conclusion du don manuel ou sa prise d'effet vis-à-vis des tiers dans l'espèce ?

Faute d'indication contraire dans le texte ou le contexte de l'article 759, on doit présumer que « cession » y est pris dans son sens naturel. Or, par lui-même, le terme n'implique nullement l'idée d'opposabilité aux tiers, pas plus que le mot « vente », « échange » ou « donation ».

En outre, il y a lieu d'appliquer par analogie la jurisprudence et la doctrine qui situent les contrats translatifs au jour de leur conclusion et non de leur enregistrement, pour fins de droits de mutation [34] et de droits successoraux [35]. Est aussi applicable, à titre supplétif, l'arrêt qui, en matière d'impôt sur le capital ou sur le revenu, fait primer un titre véritable mais non enregistré sur un titre enregistré mais fictif [36].

Seule importe la date de conclusion du don manuel. Dès lors, on ne saurait s'attarder à l'argument voulant que l'inscription sur le registre des transferts et l'opposabilité aux tiers aient été retardées au moins jusqu'en mars 1978. Rappelons simplement qu'un transfert peut devenir opposable à la compagnie autrement que par enregistrement.

Entre les deux dates de conclusion qui restent théoriquement possibles, le choix est aisé : un motif péremptoire exclut le 24 décembre 1965 et rien n'infirme le 20 avril 1976.

Certes, il y a eu offre et acceptation le 24 décembre 1965, mais sans que C.-É Gravel se départisse du certificat n° 4, dont il allait conserver la possession pendant plus de 10 ans encore.

Or, à cause de son caractère réel, le don manuel ne se conçoit pas sans tradition matérielle de l'objet donné. Celle-ci comprend deux choses : le dessaisissement actuel et irrévocable du donateur et l'entrée en possession du donataire [37]. Faute de l'une ou de l'autre, l'offre et son acceptation ne forment qu'une promesse inexécutoire [38]. Toutes deux manquaient ici.

La requérante prétend qu'à compter de décembre 1965 C.-É. Gravel détenait le certificat pour elle, en vertu d'un mandat général d'administrer ses affaires et celles du couple. Vainement.

Si tous admettent aujourd'hui la tradition par mandataire, encore faut-il que celui-ci soit un tiers véritable par rapport au donateur. Ici l'on est en présence d'un constitut possessoire, acte par

---

(33) Gower, *op. cit. supra*, note 32, pp. 455-456 ; Pépin, *loc. cit. supra*, note 27, 289-290.
(34) *Ville d'Outremont c. Doucet*, [1981] C.P. 69 ; *contra* : *Cité de Rivière-du-Loup c. Leclerc*, C.P. Kamouraska 250-02-000451-77, le 18 janvier 1979 (*J.E. 79-180*).
(35) Eugène Rivard. *Les droits sur les successions dans la province de Québec*. Québec : P.U.L., 1959. P. 96.

(36) *Victuni c. Ministre du Revenu du Québec*, (1980) 1 R.C.S. 580, 583-584 ; voir aussi *Miracle Mile Industrial Park Corp. c. Ville de Montréal*, [1987] R.D.I. 239 (C.A.) (droits de mutation) ; *contra* : *Fournier Jennewein c. Ministre du Revenu national*, (1991) 45 D.T.C. 594.
(37) *Spina c. Sauro*, [1990] R.L. 232 (C.A.), 241, juge LeBel.
(38) Alastair M. Watt. « The Object of the Don Manuel », (1937-38) 16 *R. du D.* 146, 156 et les références ; Jean-François Montredon. *La désolennisation des libéralités*. Paris. L.G.D.J., 1989. P. 95 note 201.

lequel le propriétaire d'une chose prétend la donner tout en la gardant en qualité de mandataire du gratifié. La tradition n'est pas réelle mais feinte, et donc inutile pour fins de don manuel[39].

En réalité, le dessaisissement et l'entrée en possession se sont produits vers le 20 avril 1976. Peu importe si la requérante a reçu un nouveau certificat en remplacement de celui livré par son époux. L'identité des actions visées suffit. Quant au rôle de la secrétaire de la compagnie, il s'apparente à celui du banquier dans le virement de compte à compte. Or nul ne conteste que cette opération vaut tradition pour fins de don manuel[40].

Il est également indifférent que l'offre et l'acceptation n'aient pas été renouvelées le 20 avril 1976. Malgré son caractère inexécutoire, la promesse de don manuel subsiste indéfiniment comme élément intentionnel. Elle peut donc servir à constituer le contrat plus tard, si une tradition réelle vient s'y ajouter avant révocation et du vivant du donateur[41]. Tel est bien notre cas.

Somme toute, loin d'infirmer la date du 20 avril 1976, la preuve renforce la présomption d'exactitude qui s'y attache. Le pourvoi échoue par conséquent, sauf la mise en application des aveux réciproques.

Par ces motifs, le Tribunal :

Accueille en partie la requête ;

Renvoie à l'intimé la cotisation n° MHA-085115, datée du 22 juin 1978, pour l'année 1976, et la cotisation n° MHA-140840, datée du 24 avril 1979, pour l'année 1978, avec ordre d'en émettre de nouvelles indiquant des droits de 58 950 $ pour 1976 et de 13 000 $ pour 1978.

Le tout, avec dépens.

---

(39) Montredon, *op. cit. supra*, note 38, p. 72 ; *O'Meara c. Bennett*, (1922) 1 A.C. 80, 85-86.
(40) Voir *supra*, note 37, 242.
(41) Bernard Dutheillet-Lamonthezie. « Donations entre vifs – Don manuel », dans *Juris-classeur civil*, app. art. 931, paragr. 33 ; Georges Pacilly. *Le don manuel*. Paris : Dalloz, 1936. P. 252.

[1991] R.J.Q. 2736 à 2747

**Cour du Québec
(Chambre criminelle et pénale)**

SA MAJESTÉ LA REINE, plaignante, c.
HYDRO-QUÉBEC, accusée,
et LE PROCUREUR GÉNÉRAL DU QUÉBEC, intervenant*

ENVIRONNEMENT — CONSTITUTIONNEL (DROIT) — Arrêté d'urgence sur les biphényles chlorés — Loi canadienne sur la protection de l'environnement — *intérêt national — droit criminel.*

Requête demandant de déclarer ultra vires *une disposition législative du Parlement du Canada.*

*Accusée d'avoir illégalement rejeté dans l'environnement plus d'un gramme de biphényles chlorés par jour, contrairement à l'article 6 a) de l'*Arrêté d'urgence sur les biphényles chlorés, *et d'avoir omis de faire rapport de la situation à l'inspecteur dans les plus brefs délais possible, commettant ainsi les infractions prévues aux paragraphes h) et i) de l'article 113 de la* Loi canadienne sur la protection de l'environnement, *Hydro-Québec allègue que le Parlement du Canada n'avait pas le pouvoir d'édicter les dispositions sur lesquelles se fonde l'accusation. La plaignante soutient que ces dispositions relèvent du pou-*

Juge Michel Babin — C.Q. Saint-Maurice (Shawinigan) 410-27-000925-903, 1991-08-12 — Me *Helen Paré*, pour la plaignante — Me *François Fontaine*, pour l'accusée — Me *Alain Gingras*, pour l'intervenant.

*Inscription en appel C.S. Saint-Maurice (Shawinigan) n° 410-36-000024-914.

N.D.L.R. : Un jugement ayant rejeté une requête contestant la recevabilité de la preuve recueillie par un inspecteur d'Environnement Canada a été résumé au *J.E. 91-1450*.

91-03-1261
J.E. 91-1451

voir de légiférer en droit criminel (art. 91 paragr. 27 de la Loi constitutionnelle de 1867) et du pouvoir résiduaire de faire des lois visant l'intérêt national (préambule de l'article 91).

Le juge Le Dain, dans l'arrêt R. c. Crown Zellerbach Canada Ltd., a précisé les critères d'application de la théorie de l'intérêt national. En l'espèce, compte tenu des définitions trop larges données aux termes « environnement » et « substance toxique », l'article 6 a) de l'arrêté d'urgence, qui ne fait pas de distinction entre les rejets qui ont des conséquences extraprovinciales et ceux qui n'en ont pas, ne répond pas à ces critères. En effet, il ne s'agit pas d'une matière possédant un caractère d'unicité, une particularité et une indivisibilité qui la distinguent des matières d'intérêt provincial, puisque certains déversements visés par l'arrêté n'auront aucune conséquence pour les autres provinces, même en cas d'inertie de la province où a lieu le déversement. Par ailleurs, l'arrêté ne peut relever du pouvoir du Parlement fédéral de légiférer en droit criminel. La loi vise la protection de l'environnement, ce qui ne correspond pas nécessairement à la protection de la santé publique, une substance pouvant être toxique sans représenter un danger pour la vie ou la santé humaine au Canada. Lorsqu'il n'y a pas de lien avec la santé publique, il est difficile de relier la protection de l'environnement au pouvoir de légiférer en droit criminel. Les articles 33 et sqq. de la loi ne relèvent pas du droit criminel mais constituent des dispositions purement réglementaires qui empiètent sur des domaines réservés exclusivement aux provinces. Même si l'article 115 de la loi crée un acte criminel, la loi est de nature réglementaire. L'article 6 a) ne pouvait donc relever du pouvoir du Parlement fédéral de légiférer en droit criminel ni de celui de faire des lois pour « la paix, l'ordre et le bon gouvernement ».

Législation citée

Charte canadienne des droits et libertés dans Loi de 1982 sur le Canada, (L.R.C. 1985, app. II, nº 44, annexe B, partie I) — Constitutionnelle de 1867 (Loi), (L.R.C. 1985, app. II, nº 5), art. 91, 91 préambule, 91 paragr. 27, 92 — Immersion de déchets en mer (Loi sur l'), (S.C. 1974-75-76, c. 55), art. 4 — Lutte contre la pollution atmosphérique (Loi sur la), (S.C. 1970-71-72, c. 47) — Protection de l'environnement (Loi canadienne sur la), (L.R.C. 1985, 4e suppl., c. 16), art. 3 « environnement », 11, 11 a), 33 et sqq., 34, 35, 36 (1) a), 113 h), 113 i), 113 o), 115, 9999 I art. 1 — Biphényles chlorés (Arrêté d'urgence sur les), C.P. 1989-296 du 23/2/89, (1989) 123 Gaz. Can. I 1281, art. 6 a).

Jurisprudence citée

A.G. of Ontario c. A.G. of the Dominion, [1896] A.C. 348 ; A.G. of Ontario c. Canada Temperance Federation, [1946] A.C. 193 ; Canada Metal Co. c. R., (1983) 144 D.L.R. 124 (Man. Q.B.) ; Dairy Industry Act (Reference re Validity of Section 5 (a) of the), [1949] R.C.S. 1 ; R. c. Crown Zellerbach Canada Ltd., (1988) 1 R.C.S. 401 ; R. c. Wetmore, (1983) 2 R.C.S. 284, (1984) 7 C.C.C. 507 (S.C.C.) et (1984) 38 C.R. 161 (S.C.C.).

Doctrine citée

Canada. Commission de réforme du droit du Canada. Les crimes contre l'environnement = Crimes Against the Environment. Ottawa : la Commission, 1985. 85 p., p. 3.

●

TEXTE INTÉGRAL DU JUGEMENT

Hydro-Québec, en date du 5 juin 1990, a été accusée de la façon suivante :

1. Du 1er janvier au 3 janvier 1990, a illégalement rejeté, dans l'environnement, plus d'un gramme par jour de biphényles chlorés contrairement à l'alinéa 6 a) de l'Arrêté d'urgence sur les biphényles chlorés[1], commettant ainsi l'infraction prévue aux alinéas 113 i) et o) de la Loi canadienne sur la protection de l'environnement[2].

---

(1) C.P. 1989-296 du 23/2/89, (1989) 123 Gaz. Can. I 1281.
(2) L.R.C. 1985, 4e suppl., c. 16.

2. Le ou vers le 8 janvier 1990, après le rejet dans l'environnement en violation de l'alinéa 6 *a)* de l'*Arrêté d'urgence sur les biphényles chlorés*, d'une substance inscrite à l'annexe I de la *Loi canadienne sur la protection de l'environnement*, à savoir: des biphényles chlorés dont la formule moléculaire est $C_{12}H_{10-n}\text{-}Cl_n$, où « n » est plus grand que 2, a omis de faire rapport de la situation à l'inspecteur dans les meilleurs délais possible, contrairement à l'alinéa 36 (1) *a)* de ladite loi, commettant ainsi l'infraction prévue aux alinéas 113 *h)* et *o)* de ladite Loi.

Elle réclame le rejet des procédures parce que le Parlement du Canada n'aurait pas, d'après la *Loi constitutionnelle de 1867*[3], le pouvoir d'édicter les dispositions qui constituent la base des présentes procédures.

Elle argumente que la législation attaquée ne peut être rattachée à un pouvoir spécifique de l'article 91 de la loi constitutionnelle directement ou de façon accessoire. Le pouvoir de légiférer en matière criminelle ne pourrait donc permettre cette législation.

Elle plaide également que l'objet de la *Loi canadienne sur la protection de l'environnement* ne rencontre pas les critères d'une matière d'intérêt national. On ne pourrait donc s'appuyer sur le pouvoir résiduaire spécifié au préambule de l'article 91 de la *Loi constitutionnelle de 1867*.

La poursuivante réplique que les dispositions sur lesquelles les accusations sont assises sont *intra vires*. Elles le sont en vertu de l'article 91 paragraphe 27 de la loi constitutionnelle, soit le pouvoir de légiférer en droit criminel. Elles le sont également en vertu du pouvoir de faire des lois « pour la paix, l'ordre et le bon gouvernement du Canada », soit le pouvoir résiduaire ci-haut mentionné. Le Procureur général du Québec est intervenu. Il partage les prétentions d'Hydro-Québec. Le Parlement aurait outrepassé ses pouvoirs. C'est une immixtion dans la juridiction des provinces.

Comme l'a souligné la poursuivante dans son mémoire, je n'ai pas à déterminer de la validité de la loi mais uniquement de ses dispositions qui sont à la base des accusations dans le présent dossier.

Je suis d'opinion que la question que j'ai à décider est la suivante:

Est-ce que le Parlement avait le pouvoir de créer la disposition interdisant le rejet d'une substance toxique dans l'environnement lorsque cet environnement est à l'intérieur d'une province ?

La poursuivante, dans son mémoire, a admis que cette loi n'était pas rattachée de façon accessoire à un des pouvoirs énumérés à l'article 91. Le débat sera donc limité à déterminer si le Parlement est à l'intérieur de sa juridiction soit en vertu de son pouvoir en matière de droit criminel ou en vertu de l'intérêt national.

Je commencerai par l'intérêt national. Quel est l'objet véritable de cette loi ? Le titre est *Loi visant la protection de l'environnement, de la vie humaine et de la santé*.

Le préambule se lit comme suit:

> Il est déclaré que la protection de l'environnement est essentielle au bien-être de la population du Canada.
>
> Attendu:
>
> que la présence de substances toxiques dans l'environnement est une question d'intérêt national;
>
> qu'il n'est pas toujours possible de circonscrire au territoire touché la dispersion de substances toxiques ayant pénétré dans l'environnement;
>
> que le gouvernement fédéral, à titre de chef de file national en la matière, se doit d'établir des objectifs, des directives et des codes de pratique nationaux en matière de qualité de l'environnement;
>
> qu'il est nécessaire de limiter la dispersion des substances nutritives dans les eaux canadiennes;
>
> que la législation régissant les terres, entreprises et ouvrages fédéraux ne prévoit pas toujours à leur égard de mesures de protection de l'environnement;
>
> que le Canada se doit d'être en mesure de respecter ses obligations internationales en matière d'environnement.

---

(3) L.R.C. 1985, app. II, n° 5.

Bien entendu, ce n'est pas parce que le Parlement mentionne « que la présence de substances toxiques dans l'environnement est une question d'intérêt national » que les dispositions concernant leur rejet dans l'environnement le sont nécessairement. Autrement, il serait facile pour le Parlement de justifier n'importe quelle loi.

À l'article 11 de la loi, on définit « substances toxiques » de la façon suivante :

11. Pour l'application de la présente partie, est toxique toute substance qui pénètre ou peut pénétrer dans l'environnement en une quantité ou une concentration ou dans des conditions de nature à :

a) avoir, immédiatement ou à long terme, un effet nocif sur l'environnement ;

b) mettre en danger l'environnement essentiel pour la vie humaine ;

c) constituer un danger au Canada pour la vie ou la santé humaine.

Le mot « environnement » est défini à l'article 3 :

[...]

« environnement » Ensemble des conditions et des éléments naturels de la terre, notamment :

a) l'air, l'eau et le sol ;

b) toutes les couches de l'atmosphère ;

c) toutes les matières organiques et inorganiques ainsi que les êtres vivants ;

d) les systèmes naturels en interaction qui comprennent les éléments visés aux alinéas *a)* et *c)*.

L'article 35 de la loi stipule ce qui suit :

35. (1) Le ministre peut prendre un arrêté d'urgence pouvant comporter les mêmes dispositions qu'un règlement d'application des paragraphes 34 (1) ou (2), lorsque les conditions suivantes sont réunies :

a) la substance n'est pas inscrite sur la liste de l'annexe I et les ministres la croient toxique, ou bien elle y est inscrite et ils estiment qu'elle n'est pas réglementée comme il convient ;

b) les ministres croient qu'une intervention immédiate est nécessaire afin de parer à tout danger appréciable soit pour l'environnement, soit pour la vie humaine ou la santé.

C'est effectivement en vertu d'un arrêté d'urgence qui est conforme au paragraphe (1) *a)* de l'article 34 de la loi que les présentes accusations sont portées.

L'arrêté d'urgence :

6. La quantité de biphényles chlorés qui peut être rejetée, dans l'environnement, dans une région du Canada ne peut excéder 1 g par jour pour chaque pièce d'équipement ou contenant ou emballage d'équipement au cours de l'exploitation, de l'entretien, de la maintenance, de la mise hors service, du transport ou de l'entreposage de l'équipement suivant :

a) des condensateurs électriques ainsi que des transformateurs électriques et de l'équipement connexe, fabriqués ou importés au Canada avant le 1er juillet 1980 ;

C'est à partir du préambule de l'article 91 de la *Loi constitutionnelle de 1867* qu'a pris naissance la théorie de l'intérêt national.

Le voici :

91. Il sera loisible à la Reine, de l'avis et du consentement du Sénat et de la Chambre des Communes, de faire des lois pour la paix, l'ordre et le bon gouvernement du Canada, relativement à toutes les matières ne tombant pas dans les catégories de sujets par la présente loi exclusivement assignés aux législatures des provinces ; mais, pour plus de garantie, sans toutefois restreindre la généralité des termes ci-haut employés dans le présent article, il est par la présente déclaré que (nonobstant toute disposition contraire énoncée dans la présente loi) l'autorité législative exclusive du parlement du Canada s'étend à toutes les matières tombant dans les catégories de sujets ci-dessous énumérés, savoir :

[...]

Ce pouvoir fut discuté par le juge Dickson dans l'affaire *R. c. Wetmore*[4]. Le texte qui suit, comme ceux que j'ai l'intention de rapporter sur la notion d'intérêt national, est cité dans les mémoires des parties en cause[5] :

Dans le *Renvoi sur la Loi anti-inflation*, [1976] 2 R.C.S. 373, le juge Beetz, dont le jugement sur

---

(4) (1983) 2 R.C.S. 284.
(5) *Id.*, 294-295.

ce point a reçu l'appui de la majorité, a examiné la jurisprudence abondante sur la question et a conclu que la compétence en matière de paix, d'ordre et de bon gouvernement doit se limiter à justifier (i) des lois provisoires relatives à une situation d'urgence nationale (p. 459) et (ii) des lois relatives à des « sujets distincts qui ne se rattachent à aucun des paragraphes de l'art. 92 et qui, de par leur nature, sont d'intérêt national » (p. 457). Dans l'arrêt *Labatt* précité, aux pp. 944 et 945, le juge Estey a divisé ce second chef ainsi : (i) les domaines dans lesquels la question de la compétence fédérale est soulevée parce que la matière n'existait pas à l'époque de la Confédération et ne peut être placée dans la catégorie des sujets de nature purement locale ou privée, et (ii) les domaines où la matière « dépasse les intérêts locaux ou provinciaux et doit par sa nature même constituer une préoccupation pour le Dominion dans son ensemble ». Cette dernière catégorie est celle énoncée par le vicomte Simon dans l'arrêt *Attorney General for Ontario v. Canada Temperance Federation*, [1946] A.C. 193, à la p. 205. La catégorie précédente constitue le fondement de la décision de la majorité dans l'arrêt *Hauser* que la *Loi sur les stupéfiants*, S.R.C. 1970, chap. N-1, relève de la compétence relative à la paix, à l'ordre et au bon gouvernement puisqu'elle vise « un problème récent qui n'existait pas à l'époque de la Confédération ».

Voici maintenant la théorie de l'intérêt national énoncée par lord Watson dans la décision *A.G. of Ontario c. A.G. of the Dominion* [6] :

> Their Lordships do not doubt that some matters, in their origin local and provincial, might attain such dimensions as to affect the body politic of the Dominion, and to justify the Canadian Parliament in passing laws for their regulation or abolition in the interest of the Dominion. But great caution must be observed in distinguishing between that which is local or provincial, and therefore within the jurisdiction of the provincial legislatures, and that which has ceased to be merely local or provincial, and has become matter of national concern, in such sense as to bring it within the jurisdiction of the Parliament of Canada.

Selon le vicomte Simon, dans l'arrêt *A.G. of Ontario c. Canada Temperance Federation* [7] :

> In their Lordships' opinion, the true test must be found in the real subject matter of the legislation: if it is such that it goes beyond local or provincial concern or interests and must from its inherent nature be the concern of the Dominion as a whole (as, for example, in the *Aeronautics* case and the *Radio* case), then it will fall within the competence of the Dominion Parliament as a matter affecting the peace, order and good government of Canada, though it may in another aspect touch on matters specially reserved to the provincial legislatures. War and pestilence, no doubt, are instances; so, too, may be the drink or drug traffic, or the carrying of arms. In *Russell v. The Queen*, Sir Montague Smith gave as an instance of valid Dominion legislation a law which prohibited or restricted the sale or exposure of cattle having a contagious disease. Nor is the validity of the legislation, when due to its inherent nature, affected because there may still be room for enactments by a provincial legislature dealing with an aspect of the same subject in so far as it specially affects that province.

Dans l'affaire *R. c. Crown Zellerbach Canada Ltd.* [8], la Cour suprême, dans un jugement majoritaire, sous la plume du juge Le Dain, précise davantage ce pouvoir du fédéral et ces critères d'application.

Voici le passage [9] :

> 1. La théorie de l'intérêt national est séparée et distincte de la théorie de la situation d'urgence nationale justifiant l'exercice de la compétence en matière de paix, d'ordre et de bon gouvernement, qui peut se distinguer surtout par le fait qu'elle offre un fondement constitutionnel à ce qui est nécessairement une mesure législative provisoire ;
>
> 2. La théorie de l'intérêt national s'applique autant à de nouvelles matières qui n'existaient pas à l'époque de la Confédération qu'à des matières qui, bien qu'elles fussent à l'origine de nature locale ou privée dans une province, sont depuis devenues des matières d'intérêt

---

(6) [1896] A.C. 348, 361.

(7) [1946] A.C. 193, 205-206.
(8) (1988) 1 R.C.S. 401.
(9) *Id.*, 431-432.

national, sans qu'il y ait situation d'urgence nationale ;

3. Pour qu'on puisse dire qu'une matière est d'intérêt national dans un sens ou dans l'autre, elle doit avoir une unicité, une particularité et une indivisibilité qui la distinguent clairement des matières d'intérêt provincial, et un effet sur la compétence provinciale qui soit compatible avec le partage fondamental des pouvoirs législatifs effectué par la Constitution ;

4. Pour décider si une matière atteint le degré requis d'unicité, de particularité et d'indivisibilité qui la distingue clairement des matières d'intérêt provincial, il est utile d'examiner quel effet aurait sur les intérêts extraprovinciaux l'omission d'une province de s'occuper efficacement du contrôle ou de la réglementation des aspects intraprovinciaux de cette matière.

Est-ce que la théorie de l'intérêt national s'applique à l'article 6 a) de l'arrêté d'urgence ou à l'article 34 de la loi ?

Dans notre cas, l'on reproche à l'accusée d'avoir rejeté dans l'environnement des biphényles chlorés dans une concentration excédant ce qui est permis. En fait, il s'agit d'un déversement de B.P.C. dans la rivière Saint-Maurice. (Même s'il n'y a pas de preuve à l'occasion de la présente requête, il y en a eu en rapport avec une autre requête présentée en vertu de la *Charte canadienne des droits et libertés*[10] et dont le jugement est rendu aujourd'hui[11] — de là ma connaissance de ce fait.)

Mais je n'ai pas à décider si la pollution d'une rivière par des B.P.C. est une matière d'intérêt national au sens énoncé dans les extraits précités. Comme l'air, l'eau des rivières traverse les frontières de la province, et je n'ignore pas, même si on ne m'en a pas fait la preuve, que la Saint-Maurice se jette dans le fleuve, le fleuve dans le golfe et le golfe dans l'océan. La pollution de l'eau peut avoir des conséquences pour la santé humaine. Il y a aussi cette dimension extraterritoriale.

Dans *Canada Metal Co. c. R.*[12], le juge Simonsen a décidé que le *Clean Air Act*[13] était de la juridiction du Parlement. La juridiction se justifie selon lui et en vertu de la théorie de l'intérêt national et en vertu du pouvoir de légiférer en droit criminel. Pour ce qui est de l'intérêt national, voici ce qu'il mentionne[14] :

> The inquiry must now be directed to whether the *Clean Air Act* meets the test of national dimension or concern. The test, which I adopt, was stated by the learned author, P.W. Hogg, *Constitutional Law of Canada* (1977), p. 261, as follows:
>
>> These cases suggest that the most important element of national dimension or national concern is a need for one national law which cannot realistically be satisfied by cooperative provincial action because the failure of one province to cooperate would carry with it grave consequences for the residents of other provinces. A subject matter of legislation which has this characteristic has the necessary national dimension or concern to justify invocation of the p.o.g.g. power.
>
> I now propose to examine that test criterion as it applies to the *Clean Air Act*.
>
> The *Clean Air Act*, as earlier noted, is specific and narrow in the area of environmental concerns which it seeks to control. It is related to quality of air. It is a notorious fact that air is not impounded by provincial boundaries. Air moves with prevailing winds and other atmospheric conditions and its movement is not one which respects geographical limitations. Air is a free agent in the atmosphere and does not alter its quality or kind at provincial or national borders.

Comme je l'ai mentionné plus haut, les critères de cette théorie ont été précisés davantage par le juge Le Dain dans la cause *Crown Zellerbach Canada Ltd.*, précitée.

En ce qui concerne la pollution de l'eau, peut-être pourrions-nous adopter le même raisonnement. Dans *R. c. Crown Zellerbach Ltd.*, précitée, majoritairement, on a décidé que l'article

---

(10) Dans *Loi de 1982 sur le Canada*, (L.R.C. 1985, app. II, n° 44, annexe B, partie I).
(11) *R. c. Hydro-Québec*, C.Q. Saint-Maurice (Shawinigan) 410-27-000925-903, le 12 août 1991 (*J.E. 91-1450*).

(12) (1983) 144 D.L.R. 124 (Man. Q.B.).
(13) *Loi sur la lutte contre la pollution atmosphérique*, (S.C. 1970-71-72), c. 47).
(14) Voir *supra*, note 12, 129.

4 de la *Loi sur l'immersion de déchets en mer*[15] était de la juridiction du Parlement, et ce, en vertu du pouvoir de faire des lois pour la paix, l'ordre et le bon gouvernement, c'est-à-dire l'intérêt national.

Dans cette affaire, il s'agissait d'un déversement de bois dans un cours d'eau salée, à l'intérieur d'une province. Il n'y avait aucune preuve que le déversement était nocif. Et la disposition à la base de l'accusation n'exigeait pas cette preuve. Même si le juge Le Dain s'est servi dans ce cas-ci de la distinction eau douce par rapport à eau salée pour voir l'unicité requise pour qu'une matière soit d'intérêt national, c'est le caractère extraprovincial de la pollution de l'eau qui justifie probablement cette dimension d'intérêt national.

Ce qui me semble avoir causé des difficultés au juge La Forest, qui a exprimé la dissidence dans l'affaire *Crown Zellerbach Canada Ltd.*, est le fait, entre autres, que la disposition attaquée n'exige pas de lien entre le fait reproché et la pollution effective. Il mentionnait[16]:

> Un autre facteur pertinent, dit-on, est l'effet sur les intérêts extraprovinciaux de l'omission d'une province de s'occuper efficacement de contrôler les aspects intraprovinciaux de la question. Il m'est quelque peu difficile d'en saisir toutes les conséquences mais, à première vue, nous avons ici affaire à une situation où, comme nous l'avons vu précédemment, le Parlement jouit de pouvoirs étendus pour remédier à ces conditions qui entraînent la pollution du milieu marin partout où elles se présentent. La difficulté que pose la disposition contestée réside dans le fait qu'elle cherche à régir des activités dont on ne peut démontrer qu'elles polluent ou qu'il est raisonnable de croire qu'elles peuvent polluer l'océan. L'interdiction s'applique à une substance inerte au sujet de laquelle il n'y a aucune preuve qu'elle se déplace ou qu'elle pollue.

Nous avons vu plus haut la définition, en ce qui nous concerne, du mot « environnement ». Ce terme est large. L'eau et l'air en font partie, le sol également. La disposition attaquée dans la loi vise le rejet d'une substance toxique dans l'environnement, donc aussi le rejet sur le sol.

Le libellé de l'article 6 *a)* de l'arrêté d'urgence ne nuance pas entre les rejets dans l'environnement qui peuvent avoir des conséquences extraprovinciales et ceux qui n'en ont pas.

Et il y a certainement des rejets de substances toxiques qui sont bien localisés à l'intérieur d'une province et qui le demeurent. L'arrêté vise également ce type de rejets.

Il est important de se remémorer les critères d'application de la théorie de l'intérêt national énumérés par le juge Le Dain dans *Crown Zellerbach Canada Ltd*, précité, et plus particulièrement les troisième et quatrième.

Est-ce que cette matière a ce « caractère d'unicité, a une particularité et une indivisibilité qui la distinguent clairement des matières d'intérêt provincial » ? Quel serait l'effet de cette attribution au Parlement sur le partage des pouvoirs ?

On nous enseigne que, pour décider de ce caractère d'unicité, de particularité, etc., l'on doit se demander quel serait l'effet pour les autres provinces du défaut de l'une d'elles de s'occuper du problème adéquatement. Il y a sûrement des déversements de substances toxiques dans des endroits localisés dans une province qui n'ont aucune conséquence pour les autres provinces, même en cas d'inertie. Ces déversements sont pourtant couverts à l'article 6 *a)* de l'arrêté d'urgence.

En attribuant ce pouvoir au fédéral, on lui permet d'empiéter sur les domaines provinciaux. Je répète ici ceux énumérés par la requérante :

92 paragraphe 5	Terres du domaine public provincial
92 paragraphe 8	Institutions municipales
92 paragraphe 10	Ouvrages et entreprises de nature locale
92 paragraphe 13	Propriété et droits civils
92 paragraphe 16	Matières de nature purement locale

---

(15) S.C. 1974-75-76, c. 55.
(16) Voir *supra*, note 8, 458-459.

Dans l'affaire *R. c. Crown Zellerbach Canada Ltd.*[17], précitée, le juge La Forest, dissident, disait ce qui suit sur l'empiétement, en parlant de la pollution du milieu marin :

> Un tel pouvoir équivaut donc simplement à une compétence fédérale tronquée en matière de contrôle de la pollution, qui ne s'applique qu'en partie pour répondre à son objectif présumé nécessaire, à moins bien entendu que l'on ne soit prêt à l'étendre à la pollution émanant des eaux douces et de l'atmosphère, alors que, pour les raisons déjà fournies, une telle extension pourrait engloutir complètement la compétence provinciale, aucun lien n'étant nécessaire pour établir l'objectif fédéral.

À mon avis, quand on pense au rejet d'une substance toxique sur le sol, l'on va encore plus loin que la « pollution émanant des eaux douces et de l'atmosphère ».

Je suis d'opinion que l'application de l'article 6 a) de l'arrêté d'urgence est trop large, principalement à cause de la définition du terme « environnement » et aussi du terme « toxique ». Il est à noter, comme je l'expose dans la partie qui suit de ce jugement, qu'une substance peut être « listée » toxique sans qu'elle ait d'incidence sur la santé. C'est mon interprétation de l'article 11 a), précité.

Non seulement l'application de l'article 6 a) est-elle trop large, mais une partie de la matière n'a certainement pas atteint cette dimension d'intérêt national.

Pour toutes ces raisons, je ne crois pas que l'article 6 a) de l'arrêté d'urgence sur les biphényles chlorés relève de la juridiction du Parlement fédéral en vertu du pouvoir énoncé au préambule de l'article 91 de la *Loi constitutionnelle de 1867*. À mon humble avis, il ne s'agit pas d'une matière d'intérêt national. Cette disposition ne rencontre pas les critères d'application de la théorie, tels qu'exposés par le juge Le Dain dans *R. c. Crown Zellerbach Canada Ltd.*, précitée.

Voyons maintenant si cette disposition peut trouver des assises sur le pouvoir de légiférer en droit criminel (art. 91 paragr. 27 de la *Loi constitutionnelle de 1867*).

Il nous faut revenir au but, à l'objet véritable de la loi. J'ai, au chapitre précédent, cité le préambule, le titre et ce que je considère comme étant les définitions importantes, soit celle de substances toxiques et celle d'environnement. Il s'agit d'une loi qui réglemente la manipulation de substances toxiques. Si le but est énoncé dans le titre et le préambule, il est reflété également par les définitions auxquelles je viens tout juste de référer.

Je ne suis pas d'accord avec la prétention de la substitut de la Procureure générale du Canada que le but est la protection de la santé publique. Le but me semble plus large que cela. Il vise aussi la protection de l'environnement. Et la protection de l'environnement n'a pas nécessairement de conséquence directe sur la santé publique. C'est en référant principalement à la définition de « substance toxique » que j'en arrive à cette conclusion. Est toxique au sens de la définition :

> [...] toute substance [...] de nature à :
>
> a) avoir, immédiatement ou à long terme, un effet nocif sur l'environnement ;
>
> [...]

Il n'est pas nécessaire que la substance rencontre les prescriptions de l'alinéa b) ou c) de la définition pour être déclarée toxique.

Elle peut donc être « toxique » sans avoir de conséquence sur « l'environnement essentiel pour la vie humaine » ou « sans constituer un danger au Canada pour la vie ou la santé humaine ».

Les articles 33 *et sqq.* de la loi, qui traitent de la réglementation des substances toxiques, ne font évidemment aucune distinction de ce qui fait que la substance est toxique. En d'autres termes, la même réglementation s'applique aussi bien à une substance qui constitue un danger pour la santé publique qu'à une substance qui n'en constitue pas. Et le pouvoir de réglementation de ces substances toxiques, établi par l'article 34 de la loi, est très vaste et touche des matières dévolues au pouvoir des législatures

---

(17) *Id.*, 457.

provinciales de par l'article 92 de la *Loi constitutionnelle de 1867.*

Voici l'article 34 :

34. (1) Sous réserve du paragraphe (3), le gouverneur en conseil peut, sur recommandation des ministres et après avoir donné au comité consultatif fédéro-provincial la possibilité de formuler ses conseils dans le cadre de l'article 6, prendre des règlements concernant une substance inscrite par décret sur la liste de l'annexe I, notamment en ce qui touche :

a) la qualité ou la concentration dans lesquelles elle peut être rejetée dans l'environnement, seule ou combinée à une autre substance émise par quelque source ou type de sources que ce soit ;

b) les lieux ou zones de rejet ;

c) les activités commerciales, de fabrication ou de transformation au cours desquelles le rejet est permis ;

d) les modalités et conditions de son rejet, seule ou en combinaison avec une autre substance ;

e) la quantité qui peut être fabriquée, transformée, utilisée, mise en vente ou vendue au Canada ;

f) les fins pour lesquelles la substance ou un produit qui en contient peut être importé, fabriqué, transformé, utilisé, mis en vente ou vendu ;

g) les modalités et conditions d'importation, de fabrication, de transformation ou d'utilisation de la substance ou d'un produit qui en contient ;

h) la quantité ou la concentration dans lesquelles celle-ci peut être utilisée ;

i) la quantité ou la concentration dans lesquelles celle-ci peut être importée ;

j) les pays d'exportation ou d'importation ;

k) les conditions, modalités et objets de l'importation ou de l'exportation ;

l) l'interdiction totale, partielle ou conditionnelle de la fabrication, de l'utilisation, de la transformation, de la vente, de la mise en vente, de l'importation ou de l'exportation de la substance ou d'un produit qui en contient ;

m) la quantité ou concentration de celle-ci que peut contenir un produit fabriqué, importé, exporté ou mis en vente au Canada ;

n) les modalités, les conditions et l'objet de la publicité et de la mise en vente de la substance ou d'un produit qui en contient ;

o) les modalités et les conditions de stockage, de présentation, de transport, de manutention ou d'offre de transport soit de la substance, soit d'un produit ou d'une matière qui en contient ;

p) l'emballage et l'étiquetage soit de la substance, soit d'un produit ou d'une matière qui en contient ;

q) les modalités, lieux et méthodes d'élimination soit de la substance, soit d'un produit ou d'une matière qui en contient, notamment les normes de construction, d'entretien et d'inspection des sites d'élimination ;

r) la transmission au ministre, sur demande ou au moment fixé par règlement, de renseignements concernant la substance ;

s) la tenue de livres et de registres pour l'exécution des règlements d'application du présent article ;

t) l'échantillonnage, l'analyse, l'essai, la mesure ou la surveillance de la substance et la transmission des résultats au ministre ;

u) la transmission d'échantillons de la substance au ministre ;

v) les méthodes et procédures à suivre pour les opérations mentionnées à l'alinéa *t)* ;

w) les cas ou conditions de modification par le ministre, pour l'exécution de la présente loi, soit des exigences imposées pour les opérations mentionnées à l'alinéa *t)*, soit des méthodes et procédures afférentes ;

x) toute autre mesure d'application de la présente partie.

Comme le souligne le Procureur général du Québec, intervenant, la majorité des sujets énumérés concerne le commerce local, une matière de juridiction provinciale.

La protection de l'environnement comme tel ne constitue par une matière énumérée à l'un des items mentionnés à l'article 91 ou 92 de la *Loi constitutionnelle de 1867*. Lorsqu'il n'y a pas de lien avec la santé publique, il m'apparaît encore plus difficile de rattacher cette matière au pouvoir de légiférer en droit criminel. Bien sûr, certaines matières de juridiction fédérale, comme les pêcheries, peuvent permettre au Parlement de légiférer en protection de l'environnement, mais il faut qu'il y ait un lien entre la législation et le pouvoir constitutionnel.

Faisant abstraction pour le moment de celui mentionné au paragraphe 27 de l'article 91, c'est-à-dire droit criminel, ce lien n'existe pas.

Même si la réglementation visée par les articles 33 *et sqq.* de la présente loi peut s'appliquer à la protection de l'environnement sans conséquence pour la santé publique ou pour la vie humaine, est-ce qu'elle peut être considérée comme une matière criminelle ?

Ce qui constitue une matière criminelle au sens de l'article 91 paragraphe 27 et ce qui n'en constitue pas n'est pas toujours facile à percevoir à mon humble avis. Dans l'arrêt concernant la margarine, *Reference re Validity of Section 5 (a) of the Dairy Industry Act*[18], le juge Rand disait, sur le concept de droit criminel, ceci :

> Under a unitary legislature, all prohibitions may be viewed indifferently as of criminal law; but as the cases cited demonstrate, such a classification is inappropriate to the distribution of legislative power in Canada.
>
> Is the prohibition then enacted with a view to a public purpose which can support it as being in relation to criminal law? Public peace, order, security, health, morality: these are the ordinary though not exclusive ends served by that law, but they do not appear to be the object of the parliamentary action here.

Le juge Taschereau, dans ce même jugement, a cité avec approbation des extraits d'autres jugements sur la notion de droit criminel. Les voici[19] :

Dans *Attorney-General for British Columbia v. Attorney-General for Canada* [[1937] A.C. 368 at 376.] le Comité Judiciaire a dit :

> The object of an amendment of the criminal law as a rule is to deprive the citizens of the right to do that which, apart from the amendment, he could lawfully do.

Mais dans ce dernier jugement, [[1937] A.C. 368 at 376.] Lord Atkin dit aussi :

> The only limitation on the plenary power of the Dominion to determine what shall or shall not be criminal is the condition that Parliament shall not *in the guise of enacting criminal legislation* in truth and in substance encroach on any of the classes of subjects enumerated in s. 92. It is no objection that it does in fact affect them.

Auparavant en 1929, le Juge Newcombe dans la Référence sur *Validity of the Combines Investigation Act* [[1929] S.R.C. 409 at 422.] s'était déjà exprimé ainsi :

> It is not necessarily inconsistent, and I do not think it was meant to be incompatible, with the notion, that one must have regard to the subject matter, the aspect, the purpose and intention, instead of the form of the legislation, in ascertaining whether, in producing the enactment, Parliament was engaged in the exercise of its exclusive and comprehensive powers with respect to the criminal law, or was attempting, in excess of its authority, under colour of the criminal law, to entrench upon property and civil rights, or private and local matters, in the provinces; and when, in the case of the *Combines and Fair Prices Act*, 1919, as in the case of the *Insurance Act*, 1910, their Lordships found that Parliament was really occupied in *a project of regulating property and civil rights*, and outside of its constitutional sphere, there was no footing upon which the exercise of Dominion powers, with relation to the criminal law, could effectively be introduced — no valid enactment to which criminal sanction could be applied.

À la lumière de ces extraits, je suis d'opinion que les articles 33 *et sqq.* de la loi ne constituent pas du droit criminel.

Il s'agit à mon avis de dispositions purement réglementaires. Et cette réglementation empiète dans des domaines exclusivement réservés aux législations provinciales de par l'article 92 de la *Loi constitutionnelle de 1867*.

Dans l'affaire *R. c. Crown Zellerbach Canada Ltd.*, précitée, la loi en cause était l'article 4 de la *Loi sur l'immersion de déchets en mer*. Le but de cette loi est, de toute évidence, de contrer la pollution des milieux marins. C'est une loi qui

---

(18) [1949] R.C.S. 1, 50.
(19) *Id.*, 41.

protège l'environnement. Elle crée des prohibitions.

Voici un extrait du jugement du juge Le Dain[20]:

> Je suis d'accord avec le juge Schmidt de la Cour provinciale et la Cour d'appel de la Colombie-Britannique pour dire que la compétence législative fédérale en matière de pêcheries des côtes de la mer et de l'intérieur n'est pas suffisante en soi pour étayer la constitutionnalité du par. 4 (1) de la Loi, *puisque cette disposition, prise dans le contexte de l'ensemble de la Loi,* ne satisfait pas au critère énoncé dans les arrêts *Fowler* et *Northwest Falling*. Certes, l'effet qu'a sur les pêcheries la pollution des mers résultant de l'immersion de déchets constitue manifestement l'un des sujets de préoccupation de la Loi, *mais ce n'est pas là le seul effet de ce genre de pollution auquel la Loi s'intéresse. Le fondement d'une compétence législative fédérale pour contrôler la pollution des mers en général, dans les eaux provinciales, ne saurait se trouver dans les chefs de compétence fédérale énumérés à l'art. 91 de la* Loi constitutionnelle de 1867, *pris individuellement ou collectivement.*
>
> [Les italiques sont du soussigné.]

Donc l'article 4 de la *Loi sur l'immersion de déchets en mer* ne peut relever du pouvoir de légiférer en droit criminel. Il en va de même de l'article 6 a) de l'arrêté d'urgence dans notre affaire.

Tel que souligné par la requérante, il est intéressant de voir de quelle façon la Commission de réforme du droit du Canada[21] a traité des infractions contre l'environnement.

Voici l'extrait tiré du document de travail[22]:

> Dans le même rapport, la Commission avait proposé, ou du moins esquissé cinq critères afin de déterminer si une infraction devrait continuer d'être reconnue et prohibée à titre de crime véritable, ou être réduite à une infraction réglementaire. Ainsi, une infraction ne devrait être considérée comme un crime véritable que si elle porte atteinte à une valeur fondamentale, qu'elle soit gravement dommageable, qu'elle soit commise avec l'élément moral requis, que les mesures nécessaires à la mise en application du texte d'incrimination ne contreviennent pas elles-mêmes à d'autres valeurs fondamentales, et que le fait de la considérer comme un crime ait un effet significatif en vue de prévenir les dangers qu'elle représente.
>
> Par l'application de ces critères aux cas de pollution, on peut, de toute évidence, se prémunir contre le danger de voir *toutes* les infractions écologiques devenir des infractions criminelles. Sans doute, reste-t-il préférable de considérer la plupart des infractions de pollution comme des infractions réglementaires, dont la poursuite est réglée par les lois *fédérales ou provinciales* applicables en matière d'environnement. Du reste, la plupart de ces violations ne rempliraient pas tous les critères énumérés ci-dessus, puisqu'il s'agit, dans la plupart des cas, d'actions ou d'omissions caractérisées par la négligence ou l'imprudence, commises dans le cours d'activités par ailleurs légitimes et n'entraînant aucun danger ni dommage graves.
>
> [Les italiques sont du soussigné.]

Si j'en venais à la conclusion que la législation attaquée relève du pouvoir de légiférer en droit criminel, je serais obligé d'admettre que la province n'a pas ce pouvoir de réglementer sur son territoire le rejet d'une substance toxique. Elle ne pourrait protéger son environnement contre ce problème.

Ce n'est pas parce que la loi crée à l'article 115 un acte criminel au sens propre du terme que la loi est de nature criminelle. La loi est de nature réglementaire avec quelques dispositions de nature criminelle qui répondent aux critères de ce que l'on entend par acte criminel, tel que stipulé dans l'extrait du document de travail de la Commission de réforme ci-haut mentionné.

J'ai déjà émis l'opinion que l'article 6 a) de l'*Arrêté d'urgence sur les biphényles chlorés* ne pouvait relever du pouvoir général du Parlement de faire des lois pour la paix, l'ordre et le bon gouvernement. Je suis également d'opinion qu'il ne peut relever du pouvoir de légiférer en droit criminel.

---

(20) Voir *supra*, note 8, 422-423.
(21) Canada. Commission de réforme du droit du Canada. *Les crimes contre l'environnement = Crimes Against the Environment.* Ottawa: la Commission, 1985. 85 p.
(22) *Id.*, p. 3.

Je le déclare donc *ultra vires*.

Je tiens à remercier les procureurs en cause et celui de l'intervenant pour les mémoires et le matériel qu'ils m'ont fournis. Ils ont grandement facilité ma tâche dans un domaine du droit des plus ardus.

TABLE ET INDEX

TABLE DES NOMS DES PARTIES

• L'astérisque suivant le nom des parties signifie que le jugement a été porté en appel.

A

Alex Couture inc., Canada (Procureur général) c. *   2534

B

Banque Toronto-Dominion c. Korea Exchange Bank of Canada 2497

C

C.A.L.P. *Voir* Commission d'appel en matière de lésions professionnelles du Québec
Cadieux c. Service de gaz naturel Laval inc. ... 2490
Caisse populaire de Thetford Mines, Roy c. ... 2693
Canada (Procureur général) c. Alex Couture inc. * 2534
Centrale de l'enseignement du Québec c. Procureur général du Québec *Voir* Fédération des infirmières et infirmiers du Québec c. Québec (Procureur général)
Commission d'appel en matière de lésions professionnelles du Québec, Domtar inc. c. * 2438

D

Daishowa inc., division de Scierie Leduc, Syndicat démocratique des salariés de la Scierie Leduc (C.S.D.) c. * 2477
Decoste, Québec (Procureur général) c. 2714
Domtar inc. c. Commission d'appel en matière de lésions professionnelles du Québec * 2438
Droit de la famille – 1463 2514

F

Fédération des affaires sociales (F.A.S.) c. Procureur général du Québec *Voir* Fédération des infirmières et infirmiers du Québec c. Québec (Procureur général)
Fédération des infirmières et infirmiers du Québec c. Québec (Procureur général) * 2607
Fédération des travailleurs et travailleuses du Québec (F.T.Q.) c. Procureur général du Québec *Voir* Fédération des infirmières et infirmiers du Québec c. Québec (Procureur général)
France, Ledoux c. 2704

H

Hébert-Gravel c. Québec (Sous-ministre du Revenu) 2727
Hydro-Québec, R. c. * 2736

I

Investissements Contempra ltée (Remorquage québécois à vos frais) c. R. 2519

J

Janoff c. R. 2427

K

Korea Exchange Bank of Canada, Banque Toronto-Dominion c. 2497

L

Ledoux c. France 2704

P

P.G... *Voir* Canada ou au nom de la province
Plamondon c. R. * 2447
Prévoyance (La), Compagnie d'assurances c. Silos élévateurs Ste-Brigide inc. 2434
Procureur général du Québec, Centrale de l'enseignement du Québec c. *Voir* Fédération des infirmières et infirmiers du Québec c. Québec (Procureur général)
Procureur général du Québec, Fédération des affaires sociales (F.A.S.) c. *Voir* Fédération des infirmières et infirmiers du Québec c. Québec (Procureur général)

Procureur général du Québec, Fédération des travailleurs et travailleuses du Québec (F.T.Q.) c. *Voir* Fédération des infirmières et infirmiers du Québec c. Québec (Procureur général)
Protection de la jeunesse – 482 * 2683

Q

Québec (Procureur général) c. Decoste 2714
Québec (Procureur général), Fédération des infirmières et infirmiers du Québec c. * 2607
Québec (Procureur général), 127097 Canada Ltd. c. 2526
Québec (Sous-ministre du Revenu), Hébert-Gravel c. 2727

R

R. c. Hydro-Québec * 2736
R., Investissements Contempra ltée (Remorquage québécois à vos frais) c. 2519
R., Janoff c. 2427
R., Plamondon c. * 2447
Roy c. Caisse populaire de Thetford Mines ... 2693

S

Service de gaz naturel Laval inc., Cadieux c. .. 2490
Silos élévateurs Ste-Brigide inc., Prévoyance (La), Compagnie d'assurances c. 2434
Sous-ministre... *Voir* Canada ou au nom de la province
Syndicat démocratique des salariés de la Scierie Leduc (C.S.D.) c. Daishowa inc., division de Scierie Leduc * 2477

1,2,3...

127097 Canada Ltd. c. Québec (Procureur général) 2526

INDEX

- Cet index sommaire comprend un paragraphe de mots-clés pour chaque jugement publié dans ce fascicule. Ces paragraphes débutent par la mention de la rubrique principale du jugement concerné (ex.: ASSURANCE, RESPONSABILITÉ, etc.) et sont classés par ordre alphabétique.

C

CONCURRENCE – Tribunal de la concurrence – CONSTITUTIONNEL (DROIT) – partage des compétences – principe de l'indépendance judiciaire – DROITS ET LIBERTÉS – droit d'association – *Charte canadienne des droits et libertés* – *Déclaration canadienne des droits* – constitutionnalité de la loi.
- *Canada (Procureur général) c. Alex Couture inc.* * (C.A.) 2534

D

DROITS ET LIBERTÉS – libertés fondamentales – activités de pression – services essentiels – validité de la *Loi assurant le maintien des services essentiels dans le secteur de la santé et des services sociaux* (Loi 160) – libertés fondamentales – liberté d'association – nature pénale ou disciplinaire des sanctions – droits judiciaires – équité procédurale.
- *Fédération des infirmières et infirmiers du Québec c. Québec (Procureur général)* * (C.S.)   2607

E

ENVIRONNEMENT – CONSTITUTIONNEL (DROIT) – *Arrêté d'urgence sur les biphényles chlorés* – *Loi canadienne sur la protection de l'environnement* – intérêt national – droit criminel.
- *R. c. Hydro-Québec* * (C.Q.) 2736

F

FAMILLE – mariage – patrimoine familial – biens meubles donnés au conjoint par contrat mariage.
- *Droit de la famille – 1463* (C.A.) 2514

FAMILLE – protection de la jeunesse – mesures volontaires – validité – possibilité de porter le dossier devant les tribunaux malgré la signature d'une entente avec les parents – intérêt de l'enfant.
- *Protection de la jeunesse – 482* * (C.S.) 2683

FISCALITÉ – revenu (impôt sur le) – cession d'actions entre conjoints – don manuel.
- *Hébert-Gravel c. Québec (Sous-ministre du Revenu)* (C.Q.) 2727

P

PÉNAL (DROIT) – garanties fondamentales du processus pénal – présomption d'innocence – avoir été trouvé dans une maison de débauche – présomption de l'article 198 (1) *d)* C.Cr. – renversement du fardeau de la preuve – violation des articles 7 et 11 *d)* de la *Charte canadienne des droits et libertés* – absence de justification au sens de l'article premier de la charte – article 198 (1) *d)* C.Cr. déclaré inopérant.
- *Janoff c. R.* (C.A.) 2427

PÉNAL (DROIT) – procédure pénale – acte d'accusation privilégié – trois chefs d'accusation – meurtre au premier degré – procès conjoint – procès devant jury – divulgation de la preuve – mise en garde – témoins complices et non fiables

– droit à un procès juste et équitable – tribunal impartial – attitude du juge à l'égard du procureur de l'accusé.
- *Plamondon c. R.* * (C.A.) **2447**

PÉNAL (DROIT) – responsabilité pénale – peine – vol – méfait – remorquage – stationnement privé – droit de rétention – défense d'apparence de droit (notion) – amende – appel de verdict et de sentence.
- *Investissements Contempra ltée (Remorquage québécois à vos frais) c. R.* (C.A.) **2519**

PREUVE – objection – enregistrement d'une conversation – admissibilité – critères – droit à la vie privée.
- *Cadieux c. Service de gaz naturel Laval inc.* (C.A.) **2490**

PROCÉDURE CIVILE – appel – rejet – absence d'autorisation préalable – péremption d'instance – jugement interlocutoire.
- *Prévoyance (La), Compagnie d'assurances c. Silos élévateurs Ste-Brigide inc.* (C.A.) **2434**

PROTECTION DU CONSOMMATEUR – pratiques de commerce interdites – frais exigés lors de l'encaissement de chèques émis par le gouvernement – constitutionnalité de l'article 251 de la *Loi sur la protection du consommateur.*
- *127097 Canada Ltd. c. Québec (Procureur général)* (C.A.) **2526**

S

SÛRETÉS – dation en paiement – OBLIGATIONS – offres réelles et consignation – offres conditionnelles – offres faites avant l'instance et renouvelées pendant l'instance – conditions de validité – droit de retrait.
- *Ledoux c. France* (C.S.) **2704**

SÛRETÉS – gage – connaissance – trust receipt – BANQUES ET INSTITUTIONS FINANCIÈRES – article 178 de la *Loi sur les banques* – rang des créanciers.
- *Banque Toronto-Dominion c. Korea Exchange Bank of Canada* (C.A.) **2497**

T

TRAVAIL – accident du travail et maladie professionnelle – indemnité – remplacement du revenu – période initiale de 14 jours – mise à pied – interprétation de l'article 60 de la *Loi sur les acci-*dents du travail et les maladies professionnelles (L.A.T.M.P.) – «aurait normalement travaillé» – contrôle judiciaire.
- *Domtar inc. c. Commission d'appel en matière de lésions professionnelles du Québec* * (C.A.) **2438**

TRAVAIL – activité de pression – grève – vote de grève – retour au travail – infraction pénale – interprétation stricte en droit pénal.
- *Syndicat démocratique des salariés de la Scierie Leduc (C.S.D.) c. Daishowa inc., division de Scierie Leduc* * (C.A.) **2477**

TRAVAIL – contrat individuel de travail – congédiement (ou autre forme de rupture d'emploi) – démission – congédiement déguisé – obligations des parties – obligation de fournir un cadre de travail adéquat.
- *Roy c. Caisse populaire de Thetford Mines* (C.S.) **2693**

TRAVAIL – industrie de la construction – champ d'application et compétences administratives – infraction pénale – interprétation – travail de construction – Cour du Québec – ajournement refusé – contrôle judiciaire.
- *Québec (Procureur général) c. Decoste* (C.S.) . **2714**

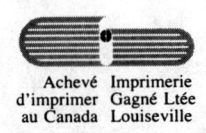

Achevé d'imprimer au Canada Imprimerie Gagné Ltée Louiseville